S0-DTH-241

LE POÈTE SAINT-AMANT
(1594-1661)

JEAN LAGNY

LE POÈTE SAINT-AMANT

(1594-1661)

Essai sur sa Vie et ses Œuvres

A. G. NIZET
Paris — 1964

841.59
S133Z
L17

AVANT-PROPOS

Parmi tous les poètes du XVIIᵉ siècle que notre époque s'efforce de remettre à leur vraie place, Saint-Amant reste un de ceux dont la vie est la plus mal connue. Il s'est en effet formé autour de lui une sorte de Légende dorée, dont personne jusqu'à présent n'a sérieusement songé à le débarrasser. A l'origine de ce fâcheux état de choses on trouve, comme il se doit, un fervent admirateur du poète. Lorsqu'il y a trois quarts de siècle Paul Durand-Lapie ramassait « sur le sol de la place publique de Montauban » (heureux temps pour les amateurs de vieux livres !) un bouquin jauni par le temps, et que, séduit par les vers qu'il y découvrait, il décidait de faire de son auteur la figure centrale d'une audacieuse reconstitution — celle d'une époque —, se doutait-il que, longtemps après sa mort, les chapitres qu'il allait lui consacrer passeraient encore pour parole d'Evangile ? On n'aime pas accabler un homme qui n'est plus là pour se défendre ; il faut pourtant le dire, peu de livres, en histoire littéraire, ont fait autant de mal que le sien ; peu sont aussi mauvais. Absence complète de méthode, mépris souverain de la chronologie, débauche d'imagination échafaudant les hypothèses les plus aventureuses, et les présentant comme des certitudes, accumulation de contre-vérités et d'affirmations gratuites, sans aucune note pour justifier quoi que ce soit, voilà ce qu'on trouve malheureusement dans ce volume. Et l'on reste stupéfait de constater combien son auteur a gardé de crédit jusque dans les travaux les plus récents.

C'est à détruire cette légende que je me suis attaché. Le plus simple aurait sans doute été de considérer comme négligeable le volume de Durand-Lapie, et de repartir sur nouveaux frais, sans même le citer. Un tel procédé m'a paru présenter plus d'inconvénients que d'avantages : il eût été fâcheux de ne pas montrer nettement les points sur lesquels on doit réviser de fond en comble les vues traditionnelles, trop solidement ancrées dans les esprits pour qu'on puisse se contenter de les passer sous silence. Je ne me suis cependant pas astreint à réfuter tout ce qui aurait mérité de l'être, à souligner toutes les erreurs : la partie destructrice de ce travail est assez importante sans cela.

Il arrivera plus d'une fois que, me refusant à accepter certaines affirmations, je ne propose à leur place qu'une hypothèse, voire

un simple point d'interrogation ; il ne faut éprouver aucun scrupule à reconnaître une ignorance qu'une heureuse découverte viendra peut-être un jour dissiper. Certes, la figure de Saint-Amant
telle qu'elle ressortira des pages qui vont suivre sera souvent
ramenée à des proportions moins avantageuses ; les faits et gestes du poète seront parfois plus modestes, sa position plus subal-
terne. D'aucuns le regretteront ; mais il faut le prendre comme il
fut : ni gentilhomme, ni diplomate, ni même, sans doute, vraiment
soldat — simplement, à l'occasion, spectateur, à la suite d'un de
ses protecteurs. Je n'ignore pas combien est vive, pour qui aime
ses vers, la tentation de rester fidèle au portrait chatoyant, et séduisant, auquel on s'est accoutumé : raison de plus pour se tenir sur
ses gardes, et ne pas se laisser entraîner par les mirages de l'imagination.

Ces considérations ne doivent nullement empêcher, cela va de
soi, de regarder Saint-Amant comme un des plus authentiques
poètes de son temps, pour ne pas dire un des plus grands. Il a ses
faiblesses, c'est entendu : mais, à part les génies supérieurs, quel
écrivain en fut exempt ? Sans doute a-t-il eu tort de sacrifier parfois à la mode du temps, dans certaines poésies amoureuses par
exemple, ou dans les excès d'un concettisme trop brillant ; il lui
est également arrivé de forcer son talent, en se lançant dans des
entreprises pour lesquelles il n'était pas fait, et cette imprudence
lui a valu des échecs comme celui du *Moyse sauvé* (dont on ne
saurait nier pourtant les beautés de détail) ; à la fin de sa longue
existence, enfin, il a multiplié les poésies de circonstances, dont la
médiocrité n'est pas à démontrer. Mais ce ne sont que des ombres
au tableau : elles ne feront jamais oublier la réussite de tant de
pièces presque parfaites. Quelle variété dans cette œuvre, jamais
ennuyeuse, qu'on lit et relit sans se lasser, en y découvrant constamment de nouvelles raisons d'admirer !

L'objet de mon étude est essentiellement biographique. Toutefois l'homme et l'œuvre, chez Saint-Amant, sont si intimement
mêlés qu'on ne saurait s'interdire d'insister sur celle-ci pour éclai-
rer celui-là, dont elle n'est souvent qu'un reflet. On m'en voudrait
d'ailleurs à juste titre si j'avais oublié qu'il s'agit d'un poète, et
qu'on ne peut se contenter de raconter sa vie comme on le fait
pour d'autres. Le mieux connaître pour mieux comprendre son
œuvre, tel est le but que l'on doit se proposer. C'est du reste cette
œuvre, autant que les témoignages contemporains, trop peu nombreux, qui nous guidera ; elle sera continuellement mise à contribution, et citée. J'ose espérer qu'on m'en saura gré, même si je
me suis laissé entraîner quelquefois dans une analyse un peu
minutieuse, mais nécessaire. Malgré tout, on ne cherchera pas ici
une étude littéraire, même sommaire ; et pas davantage une étude
de sources et d'influence, bien que je ne me sois pas interdit, à
l'occasion, quelques incursions dans ce domaine, que rendait

indispensables le désir de préciser du mieux possible la physionomie intellectuelle du poète.

On s'apercevra rapidement de la place très importante que
tient la chronologie. C'est en s'y attachant strictement qu'il est
possible de déceler les erreurs, d'apporter à leur place parfois des
certitudes, parfois des hypothèses suffisamment vraisemblables.
On ne saurait jamais, à mon sens, être trop précis dans ce
domaine : il arrive que des ouvrages dont les mérites sont indiscutables soient d'une consultation difficile, et ne rendent pas tous
les services qu'on serait en droit d'en attendre, parce que le cadre
des événements n'y est pas tracé avec assez de rigueur. J'ai préféré m'exposer au reproche d'avoir trop insisté, et j'espère qu'en
fin de compte on m'en saura gré.

L'orthographe des citations, question secondaire en elle-même,
mérite cependant quelques mots d'explication, les solutions adop-
tées de nos jours par les critiques, pour les ouvrages du XVIIᵉ
siècle, étant parfois diamétralement opposées. Faut-il moderniser,
ou doit-on respecter scrupuleusement le texte que l'on a sous les
yeux ? C'est à ce dernier parti que je me suis arrêté — en distin-
guant cependant, selon la coutume, les *i* et les *j*, les *u* et les *v*. Il me
semble en effet que les poésies de Saint-Amant, dont le vocabulaire
et quelquefois même la syntaxe sont assez éloignés de notre usage
moderne, perdraient une part de leur saveur à n'être pas reproduites telles qu'elles apparurent à ses contemporains. De plus, lui-
même a toujours attaché beaucoup d'importance à l'impression de
ses ouvrages, jusque dans les moindres détails. Déplorant dans la
préface du *Moyse sauvé* de n'avoir pu revoir comme il l'aurait
désiré les épreuves du volume, il se plaint particulièrement que
l'emploi des majuscules n'ait pas toujours été celui qu'il aurait
voulu. Ne nous indique-t-il pas en cet endroit ce qu'il convient de
faire ? Ses vers seront cités d'après le texte des éditions originales,
avec leur ponctuation, dont les usages diffèrent parfois des nôtres,
mais sont à peu près constants.

Les références seront cependant données, pour plus de com-
modité, à l'édition procurée par Livet il y a un siècle dans la
Bibliothèque elzévirienne, qui n'a jamais été remplacée, malgré
ses défauts. Pour les citations tirées d'œuvres manuscrites, je ne
me suis permis que le minimum de changements, essentiellement
lorsqu'il s'agissait d'apostrophes et d'accents.

Au terme d'une longue enquête dans les sources imprimées et
manuscrites, j'ai conscience qu'il reste encore bien des lacunes
dans ma documentation : je ne pouvais songer à les combler sans
retarder indéfiniment la parution de cet ouvrage. Mais il faut
souhaiter que, petit à petit, ces lacunes disparaissent. Les archives
n'ont certainement pas encore livré tous leurs secrets, et des
dépouillements systématiques dans celles qui sont conservées à
Rouen, tout particulièrement, permettraient vraisemblablement

de compléter nos connaissances sur plus d'un point ; peut-être aussi ne reviendrait-on pas bredouille en orientant ses recherches vers les documents qui se trouvent en Angleterre. Rappelons enfin qu'il existe quelque part, sans doute dans une collection particulière, un manuscrit contenant des inédits de Saint-Amant (on le verra plusieurs fois mentionné) dont l'examen serait infiniment précieux pour la connaissance de son œuvre : formons le vœu qu'un jour son heureux propriétaire décide d'en faire profiter les admirateurs du poète.

J'ai contracté de nombreuses dettes au cours de l'élaboration de ce volume. Qu'il me soit au moins permis de nommer ici quelques-uns de ceux auxquels j'ai des obligations toutes particulières. Ma reconnaissance va tout d'abord à M. Raymond Lebègue, membre de l'Institut, qui a bien voulu lire mon manuscrit, me faire profiter de ses remarques, et m'encourager à le publier. Dirai-je une fois encore combien je suis redevable à mon ami Pierre Breillat, conservateur de la Bibliothèque de Versailles, et à tout le personnel de ce riche dépôt ? Je dois beaucoup au regretté Doyen de Félice, pour l'accueil chaleureux qu'il m'a toujours réservé à la Bibliothèque du Protestantisme français ; à Mme Helleu, archiviste au ministère des Affaires Etrangères, à Mlle Dupic, conservateur de la Bibliothèque de Rouen, à M. Blanchet, conservateur des Archives de la Seine-Maritime, qui m'ont facilité la tâche au maximum dans les dépôts dont ils ont la garde ; à Mme Vinet enfin, qui m'a renseigné avec une parfaite bonne grâce sur Belle-Ile au temps du duc de Retz. Je désire également souligner combien les travaux de M. Adam, professeur à la Sorbonne, m'ont sans cesse aidé et dirigé ; on les trouvera cités presque à chaque page, parfois discutés : qu'il veuille bien ne pas m'en tenir rigueur, et accepter l'expression de ma respectueuse gratitude.

Il est enfin pour moi un devoir sacré entre tous, celui d'évoquer le souvenir du grand libraire et du grand lettré que fut Maurice Escoffier. Sans lui, sans les nombreux ouvrages dont il a généreusement enrichi ma bibliothèque personnelle, jamais je n'aurais pu faire paraître ce travail ; il en a suivi jusqu'à sa mort les progrès, et c'est avec un sentiment d'affectueuse et filiale reconnaissance envers sa mémoire qu'il a été poursuivi et mené à son terme.

PRINCIPALES ABREVIATIONS

A. E. : Archives du ministère des Affaires étrangères (sauf indication contraire, les renvois sont faits à la *Correspondance politique*).

A.N. : Archives nationales.

B.N. : Bibliothèque nationale.

B.N. fr. : Manuscrit du fonds français de la Bibliothèque nationale.

B.N. n.a.fr. : Manuscrit du fonds français, nouvelles acquisitions.

ADAM : A. ADAM, *Histoire de la littérature française au XVIIe siècle*, Tomes I et II, P., 1948-1951.

ADAM, *Théophile* : A. ADAM. *Théophile de Viau et la libre pensée française en 1620*, P., 1935.

AUDIBERT et BOUVIER : R. AUDIBERT et R. BOUVIER, *Saint-Amant, capitaine du Parnasse*, P., 1946.

CHAPELAIN : *Lettres de Jean Chapelain, publiées par Ph. Tamizey de Larroque*, P., 1880-1883, 2 vol.

DURAND-LAPIE : P. DURAND-LAPIE, *Un académicien du XVIIe siècle. Saint-Amant, son temps, sa vie, ses poésies*, P., 1898.

GIRANCOURT : A. de GIRANCOURT, *Nouvelle Etude sur la Verrerie de Rouen et la fabrication du cristal à la façon de Venise aux XVIe et XVIIe siècles*, Rouen, 1886.

GOURIER : F. GOURIER, *Etude des œuvres poétiques de Saint-Amant*, Genève et P., 1961.

HANOTAUX : G. HANOTAUX et le duc de LA FORCE, *Histoire du cardinal de Richelieu*, P., 1932-1947, 6 tomes en 7 vol.

LACHÈVRE : F. LACHÈVRE, *Bibliographie des recueils collectifs de poésies publiés de 1597 à 1700*, P., 1901-1905, 4 vol.

LACHÈVRE, *Glanes* : F. LACHÈVRE, *Glanes bibliographiques et littéraires*, P., 1929, 2 vol.

LA RONCIÈRE : Ch. de LA RONCIÈRE, *Histoire de la marine française*, Tomes IV (2e éd.) et V (3e éd.), P., 1923-1934.

MAROLLES : *Mémoires de Michel de Marolles, abbé de Villeloin, avec des notes historiques et critiques*, Amsterdam, 1755, 3 vol.

PEIRESC : *Lettres de Peiresc, publiées par Ph. Tamizey de Larroque*, P., 1888-1898, 7 vol.

PELLISSON : *Histoire de l'Académie française par Pellisson et d'Olivet avec une introduction, des éclaircissements et notes par M. Ch.-L. Livet,* P., 1858, 2 vol.

RICHELIEU : *Lettres, instructions diplomatiques et papiers d'état du cardinal de Richelieu publiés par Avenel,* P., 1859-1877, 8 vol.

TALLEMANT : TALLEMANT des RÉAUX, *Historiettes, texte intégral établi et annoté par A. Adam* (Bibliothèque de la Pléiade), P., 1960-1961, 2 vol.

V.H.L. : *Variétés historiques et littéraires. Recueil de pièces volantes rares et curieuses en prose et en vers revues et annotées par E. Fournier* (Bibliothèque elzévirienne), P., 1855-1863, 10 vol.

Bibliographie : J. LAGNY, *Bibliographie des éditions anciennes des œuvres de Saint-Amant,* P., 1960 (tirage à part du Bulletin du Bibliophile, 1960, nos 3-6, pp. 97-236).

Protestantisme : J. LAGNY, *Le Poète Saint-Amant et le protestantisme,* Bulletin de la Soc. d'histoire du Protest. français, 1957, pp. 236-266.

Les œuvres de Saint-Amant sont citées d'après l'édition donnée par Ch.-L. Livet en 1855, dans la Bibliothèque elzévirienne, par la simple indication du tome et de la page, incluse dans le texte.

BIBLIOGRAPHIE

On me permettra de renvoyer, pour les ouvrages et articles concernant Saint-Amant, à la bibliographie donnée par Mlle Gourier dans son *Etude des œuvres poétiques,* pp. 253-256. Il faut maintenant y ajouter, outre son ouvrage lui-même et la *Bibliographie des éditions anciennes* citée ci-dessus, les articles suivants :

BAILBÉ (Jacques), *La Couleur baroque de la langue et du style dans les premières œuvres de Saint-Amant (fin),* Le Français moderne, XXIX, 1961, pp. 43-61.

JANNATTONI (Livio), *La Rome ridicule di Saint-Amant,* Almanacco dei bibliotecari italiani, 1962, pp. 117-121.

LABBÉ (Jean), *Saint-Amant, ce grand poète de la mer,* Revue maritime, n° 183, 1961, pp. 1627-1645.

LAGNY (Jean), *Saint-Amant serait-il l'auteur de la Berne mazarine?* Bulletin du Bibliophile, 1961, pp. 335-344.

LASSERRE (Henri), *Saint-Amant délivré de Bacchus,* L'Ecole, classes du premier cycle, 19 mars 1960.

LEBÈGUE (Raymond), *Saint-Amant et l'homme marin de Belle Isle,* Annales de Bretagne, LXVIII, 1961, pp. 214-227.

MAZZARA (Richard A.), *Saint-Amant's L'Andromede and Lope de Vega's La Andromeda,* Kentucky foreign Language Quaterly, 1961, fascicule 1.

MAZZARA (Richard A.), *The « anti-hero » in Saint-Amant, ibid.,* 1962, fascicule 3.

SEZNEC (Alain), *Saint-Amant, le poète sauvé des eaux,* Studies in Seventeenth-Century French Literature, presented to Morris Bishot, New-York, 1962.

CHAPITRE I

LA FAMILLE DE SAINT-AMANT

Jusqu'à la fin du siècle dernier, on s'est contenté de reproduire, sur la famille de Saint-Amant, les quelques renseignements qu'on peut glaner dans les œuvres du poète. Nous sommes aujourd'hui mieux outillés, les érudits normands ayant mis au jour des documents authentiques, puisés dans les fonds d'archives conservés à Rouen. Il m'a été possible d'en revoir un certain nombre, apportant ainsi quelques compléments ou rectifications. Bien que laissant encore trop de points dans l'ombre, ils constituent cependant une précieuse base de départ.

Le père de notre héros se nommait Antoine Girard. Les actes d'état-civil ont confirmé le témoignage de Tallemant, lequel écrivait à propos de son fils : « C'est peu de chose que sa naissance, il estoit huguenot » (1). Ce sont en effet les registres des protestants pour la paroisse de Rouen-Quevilly, aux Archives de la Seine-Maritime, qui ont gardé trace des événements familiaux. Précisons qu'en 1594, après la reddition de la ville à Henri IV, les réformés obtinrent d'avoir une Eglise à Rouen même ; mais l'édit de Nantes leur en supprima le droit, et le culte fut transporté à Dieppedalle en 1599, puis à Quevilly, à huit kilomètres de la ville, à la fin de l'année (2). Antoine Girard naquit probablement en 1551 : son acte d'inhumation, du 18 novembre 1624, donne en effet son âge à cette date, soixante-treize ans (3). Il habita d'abord paroisse Saint-Vincent, avant de se fixer sur la rive gauche de la Seine, au faubourg Saint-Sever, rue du Pré (4). Le contrat de mariage de sa fille, en 1619, le qualifie d' « honorable homme Anthoine Girard, marchand bourgeois de Rouen » ; en 1634, dix ans après sa mort, il est devenu « feu Antoine de Gerard, vivant escuyer » : il eût probablement été le premier surpris de cette métamorphose. Il fut diacre de l'Eglise de Rouen, puis ancien (5). C'était donc un personnage en vue dans les milieux réformés, et les documents

---

(1) Tallemant, I 589.
(2) R. Rouault de la Vigne, *Les Protestants de Rouen et de Quevilly sous l'Ancien Régime*, Rouen-P., 1940, p. 6.
(3) *Protestantisme*, p. 237.
(4) Girancourt, p. 83.
(5) Pour les références, cf. *Protestantisme, loc. cit.*

conservés attestent qu'il était en relations étroites, de parrainage
par exemple, avec bien des protestants notoires de la ville. L'érudit normand Emile Lesens cite ainsi le grand armateur Lucas Le
Gendre (un des commanditaires de Champlain), un important
fabricant de drap, Nicolas Lemonnier, un riche orfèvre, Simon
Leplantier, qui furent tous anciens de l'Eglise réformée, sans
oublier la famille d'Abraham Duquesne, dont la mère, Anne de
Gaux, habitait le faubourg Saint-Sever (6). Je ne retiendrai que le
premier, pour préciser qu'Anne Hatif, femme d'Antoine Girard,
fut marraine de l'un de ses enfants en août 1602 ; que lui-même
fut parrain, en avril 1621, de Marie d'Azémar, second enfant
d'Anne Girard ; et qu'enfin sa fille épousa Philippe de Saint-Léger,
fils de feu Jean, lequel avait été parrain de cette même Anne
Girard.

Antoine Girard était certainement fort à son aise, on le constatera, ayant bien su mener sa barque. On ne saurait trop insister
là-dessus, Saint-Amant était le fils aîné d'un homme d'affaires
avisé (je le soupçonne d'avoir lui-même hérité cette qualité de son
père), à la fortune relativement modeste, mais bien assise. Il n'a pu
être le poète famélique que l'on s'est plu trop souvent à imaginer —
bien gratuitement.

Saint-Amant donne, sur son père, des renseignements fort différents. Dans l'épître *A Monseigneur le comte d'Arpajon,* qu'il a
placée en tête de la *Troisiesme Partie* de ses *Œuvres,* en 1649, et qui
se transforme de façon inattendue en un panégyrique familial, et
une oraison funèbre des Girard défunts, il récapitule les maux
dont ceux-ci furent redevables aux Mahométans. Son père, affirme-
t-il, fut une de leurs victimes :

> Feu mon Pere qui commanda autresfois par l'espace de vingt-
> deux années, une Escadre des Vaisseaux d'Elisabeth Reyne
> d'Angleterre, en fut trois toutes entieres prisonnier dans la
> Tour-noire à Constantinople.   (I 379)

Auprès de certains, ce furent là paroles d'évangile. Le Clerc,
Niceron, Titon du Tillet, Goujet, Chauffepié s'empressèrent d'utiliser ce témoignage ; s'élevant contre ceux qui le prétendaient fils
d'un gentilhomme verrier, ils abondèrent dans le sens de Saint-
Amant, réfutant ce qu'ils appelaient un « conte » par la phrase qui
vient d'être citée. De nos jours, si Durand-Lapie accepte sans examen l'affirmation du poète, et renchérit même sur ses devanciers,
puisqu'il y voit une preuve de la noblesse du personnage (7), Girancourt assure que la biographie composée par Saint-Amant pour
son père est des plus fantaisistes (8), et Pierre Brun, « n'en déplaise

(6) Bibl. de la Soc. d'hist. du Protest. franç., ms. 1209/2.
(7) P. 9. AUDIBERT et BOUVIER, p. 14, ne font que le suivre.
(8) P. 82.

à Théophile Gautier », repousse également ses allégations (9), que Lachèvre ne juge même pas utile de mentionner.

Ce que nous apprennent d'Antoine Girard les actes officiels, et les belles déclarations de son fils, sont-ce là choses inconciliables ? Puisqu'il ne saurait être question de nier les documents, refusera-t-on tout crédit aux dires du poète ? Il n'est peut-être pas nécessaire d'en venir à cette extrémité. Récemment, M. Adam appelait le personnage « un loup de mer qui a fait fortune » (10) ; de leur côté, Fleuret et Perceau écrivaient : « Il avait été vingt-deux ans au service d'Elisabeth d'Angleterre... et s'était retiré à Rouen » (11). Il faut certainement, comme chacun de ces auteurs le fait à sa manière, distinguer deux périodes dans son existence.

Il ne s'est sans doute marié qu'assez tard. On ne peut préciser la date exacte, mais son fils aîné, le poète, étant né en 1594, on ne saurait guère remonter plus haut que 1590 ; il avait alors à peu près quarante ans, et sa femme en avait vingt. Il a navigué avant cette date, et rien ne s'oppose à ce qu'il ait été au service de l'Angleterre. Nous savons que plus d'un réformé quitta Rouen en 1562, après la prise de la ville par les catholiques, et passa à l'étranger (12) ; dix ans plus tard, au moment de la Saint-Barthélémy, le gouverneur laissa échapper ceux qui voulurent s'enfuir (13) ; le 2 octobre, l'ambassadeur français à Londres mentionne le nom d'un certain nombre de réfugiés, « et quelques autres de Roan et de Normandye, en assez grand nombre » (14). La marine anglaise accueillit certains de ces réfugiés. Antoine a pu quitter Rouen (si sa famille en était bien originaire) en l'une de ces occasions, et passer outre-Manche. Il est toutefois impossible de prendre au pied de la lettre les affirmations de son fils ; comment admettre qu'il ait atteint le haut grade qui lui est attribué, et qui laisse fort sceptiques, à juste titre, les historiens britanniques ? Saint-Amant a connu ces faits par les récits de son père, et l'un ou l'autre, sinon tous deux, les aura enjolivés. Nous prendrons du reste le poète en flagrant délit quand il s'agira de ses frères.

On ne voit pas qu'Antoine Girard ait quitté Rouen après son mariage. Il était, nous l'avons vu, marchand-bourgeois. Peut-on préciser davantage ? Fut-il armateur, ainsi qu'on l'a supposé ? Cela ne se déduit d'aucun texte. Il semble assuré qu'il n'occupait pas une place de premier plan dans le commerce rouennais : les registres officiels de la ville ne paraissent avoir gardé nulle trace de son nom, et je ne le vois pas davantage mentionné parmi ceux qui figurent le plus souvent dans les actes de vente (15).

(9) *Autour du XVIIe siècle*, Grenoble, 1901, p. 226.
(10) ADAM, I 92.
(11) *Les Satires françaises du XVIIe siècle*, P., 1923, I 190.
(12) E. LESENS, *Le Protestantisme dans le Pays de Caux*, Bolbec, s. d., p. 58.
(13) *Ibid.*, p. 68.
(14) F. de SCHICKLER, *Les Eglises du Refuge en Angleterre*, P., 1892, I 188.
(15) E. GOSSELIN, *Documents inédits pour servir à l'histoire de la marine normande et du commerce rouennais...*, Rouen, 1876, p. 114.

D'où la famille Girard tirait-elle son origine? On s'est demandé s'il ne faudrait pas penser au Languedoc. Voyant citer, dans un volume consacré aux verriers de cette province (16), des Girard, gentilshommes verriers, en assez grand nombre, R. Garreta estimait qu'on peut « y rattacher vraisemblablement notre Antoine », certainement parce que celui-ci, à la fin de son existence, s'est occupé d'une fabrique de cristal : les Girard auraient possédé quelques terres là-bas, d'où le nom de Saint-Amant donné au fils aîné (17).

Il convient de remarquer d'abord que le nom de Girard est fort répandu : il suffit, pour s'en convaincre, de se reporter, par exemple, à l'index d'une édition de Tallemant. A Rouen même, et simplement en dépouillant les registres protestants, j'ai noté l'existence d'un Jean Girard, toilier, d'un Moyse Girard, passementier, d'un Jacob Girard, flamand, qui ne sont certainement pas de la famille de Saint-Amant. Aussi l'hypothèse paraît-elle de prime abord très aventureuse. Pourquoi d'ailleurs Antoine ne se serait-il prévalu nulle part du titre que portaient ses ancêtres, même quand il s'associait avec deux authentiques gentilshommes verriers, les frères d'Azémar, et mariait sa fille à l'un d'eux ?

Certes, on peut relever quelques détails troublants : des Girard et des D'Azémar, tous protestants, sont constamment en relations d'affaires ou de voisinage (18) ; de plus, du XIVe au XVIIIe siècles, les familles de verriers se marient exclusivement entre elles, au Languedoc tout au moins (19). Il existe cependant une objection majeure, devant laquelle ces remarques perdent toute leur valeur: les Girard languedociens sont toujours qualifiés de nobles, Antoine est marchand-bourgeois. Il faut donc considérer qu'il n'y a pas, actuellement, de raison suffisante pour nous empêcher de songer à une ascendance normande, sinon déjà rouennaise. En tout cas, Saint-Amant s'est toujours considéré lui-même comme normand.

Antoine Girard se maria au plus tard à la fin de 1593. Sa femme, Anne Hatif, née sans doute en 1570, puisque son acte de décès, en août 1646, lui donne soixante-seize ans, appartenait à une famille bien connue à Rouen (20) ; un Louis Hatif, marié à Suzanne Tudor, serait son père, selon E. Lesens : c'est oublier qu'un acte de baptême donne le prénom de celui-ci, Guillaume (21). Anne Hatif avait

---

(16) Saint-Quirin (A. de Cazenove), *Les Verriers du Languedoc*, 1290-1790, Montpellier, 1904.
(17) R. Garréta, *Note sur le poète Saint-Amant*, Bull. de la Soc. d'Hist. du Protest., LVIII, 1909, p. 191. Il est juste de signaler que Garreta est moins affirmatif à la fin de sa note.
(18) Saint-Quirin, *op. cit.*, p. 19.
(19) *Ibid.*, p. 67.
(20) Cf. E. Lesens, *Le Poète Saint-Amant et sa famille*, Normandie littéraire, 1893, p. 77.
(21) Registre des baptêmes, 1594-1604, fo 4. Louis Hatif était peut-être frère de Guillaume ; ce dernier, en 1614, est parrain d'un fils de sa fille, Madeleine Hatif, femme de Pierre Motteux.

sans doute au moins un frère, car je trouve la mention d'un Guillaume Hatif, fils de Guillaume et d'Anne Pain, marié à Diane de Gueudeville, qui a quatre fils de 1609 à 1615 (22) : si cette supposition est exacte, nous avons par là le nom de la grand-mère maternelle de Saint-Amant, issue d'une famille importante de la ville (23). On ne connaît pas, jusqu'à présent, la profession de Guillaume Hatif ; on peut néanmoins penser qu'il était, lui aussi, marchand de Rouen. En tout cas l'affirmation, apportée sans aucune preuve, mais généralement acceptée, qu'il vivait à Paris, n'est absolument pas fondée (24).

Les naissances se succédèrent rapidement au foyer des Girard à partir de 1594. Les registres d'état-civil nous ont transmis le prénom et la date de baptême de six enfants ; je ne saurais affirmer qu'il n'y en eut pas d'autres, une lacune existant dans ces registres entre 1604 et 1609. Voici ceux dont on a conservé les traces :

1° Antoine (le poète), baptisé le 30 septembre 1594, présenté par Guillaume Lecœur.

2° Guillaume, baptisé le 7 novembre 1595, présenté par son aïeul maternel, dont il porte le prénom.

3° Anne, baptisée le 19 novembre 1596, présentée par Jehan de Saint-Leger le jeune (25).

4° Suzanne, baptisée le 22 décembre 1597, présentée par Guillaume Toutain et la femme de Jean Thorel (26).

5° Salomon, baptisé le 16 mars 1599, présenté par Salomon Le Mazure et Marie Pymont, femme de Jaspar Anthoine (27).

6° Esther, baptisée le 25 avril 1601, présentée par Guillaume de La Croix et Esther Travache (ou Tuvache) (28).

Je n'ai trouvé aucun renseignement sur les deux plus jeunes filles, sans doute mortes en bas âge. L'autre fille, Anne, sera souvent mêlée de près à l'existence de son frère Antoine, et nous la retrouverons. Il est préférable de relever dès maintenant ce que nous connaissons des deux frères, sur lesquels Saint-Amant, toujours dans l'épître au comte d'Arpajon de 1649, apporte quelques détails qu'ils sera possible de préciser.

---

(22) Registre des baptêmes, 1609-1619, f° 7 (le parrain est Antoine Girard), f° 33 v°, f° 38, f° 61.

(23) Guillaume Pain est consul des marchands en 1596, prieur des marchands en 1612 ; Georges Pain est consul en 1616, prieur en 1617 (FARIN, *Histoire de Rouen*, 3ᵉ éd., Rouen, 1738, II, 445). Marie Hatif, femme de David Lequesne, est aussi fille de Guillaume et d'Anne Pain (Registre des mariages, 1609-1619, f° 5 v°).

(24) Cf. *Protestantisme*, p. 243.

(25) Registre des baptêmes, 1594-1604, f° 11 v°.

(26) Ibid., f° 18 v°. Le parrain doit être Guillaume Toutain, sieur du Roule, conseiller-échevin en 1605 (FARIN, *op. cit.*, II 340).

(27) *Ibid.*, f° 28 v°.

(28) *Ibid.*, f° 50.

> Je n'avois que deux Freres, y lisons-nous... Le premier fut tué
> en un furieux Combat qui se donna à l'embouchure de la Mer-
> rouge, entre un Vaisseau Malabare qui revenoit de la Meque, et
> un Vaisseau François qui s'en alloit aux Indes Orientales, sur
> lequel, tous deux poussez de la belle curiosité de voir le Monde,
> et de l'honorable ambition d'acquerir de la gloire, ils s'estoient
> embarquez ensemble au sortir des Estudes.   (I 377)

Il se trouve que, par un heureux hasard, nous sommes à même
de dater exactement ce « furieux combat », et par conséquent la
mort de Guillaume. Le 2 octobre 1619, un Rouennais, Augustin de
Beaulieu, fils d'un important marchand drapier, attaché depuis
1616 à la compagnie des Indes orientales, s'embarque à Honfleur
sur le *Montmorency,* emmenant un autre vaisseau, l'*Espérance,*
et une patache (29). Après avoir doublé le cap de Bonne-Espérance
et longé la côte orientale d'Afrique, il croise quelque temps à l'entrée de la mer Rouge dans l'attente d'un vent favorable, puis
aperçoit la côte de Malabar. Parvenu à ce point de son récit, il
raconte comment, le 28 septembre 1620, une chaloupe montée par
vingt-trois hommes s'en va reconnaître un vaisseau encalminé.
Montés à bord imprudemment, ils sont assaillis par soixante ou
quatre-vingts forbans armés jusqu'aux dents, et seuls cinq d'entre
eux regagnent leur bord. Beaulieu précise leurs noms :

> ...la Vigne de Rouen ayant le nez couppé tout net avec la levre
> de dessus abbattue, et 5. ou 6. grands coups de coutelas : un
> matelot Breton nommé François Monel ayant trois furieux coups
> de coutelas sur la teste : Malo ayant un coup de picque le travers
> du bras : Malet legerement blessé, et le jeune Girard point du
> tout (30).

Leur chaloupe avait été trop bien amarrée, ce qui fut une des
causes de leur perte. Heureusement, explique Beaulieu,

> un de ceux qui sont rechappez, nommé Malo, gagna à nage le
> batteau du Navire More, à qui il coupa l'amarre, et sauva les
> quatre autres qui vinrent à bord d'iceluy, puis l'appareillerent
> sans attendre leurs compagnons qui furent noyez, comme il faut
> conjecturer.

Comment ne pas reconnaître, dans le « jeune Girard », le frère
de Saint-Amant, Salomon, qui a la chance de s'en sortir indemne,
tandis que son aîné périt dans l'aventure ? Pour l'essentiel, les
faits concordent de manière très satisfaisante. Beaulieu est rouennais, ce qui constitue déjà une légère présomption. La date de son
départ convient parfaitement : quelques mois plus tard, et il n'aurait pas même fallu y songer, puisque Guillaume a signé au con-

---

(29) La relation de son voyage, rédigée par lui-même, a été publiée par
THÉVENOT, *Relation de divers voyages curieux. Seconde partie,* P., 1664.
(30) *Op. cit.,* p. 33.

trat de mariage de sa sœur Anne, le 4 mars 1619. Le vaisseau
« more », ainsi que Beaulieu l'apprendra quelques heures après,
venait de La Mecque, ou plutôt de Djeddah, où il avait débarqué
une cargaison de poivre, et rejoignait son port d'attache, Calicut :
c'était donc bien un vaisseau malabare, comme le précise Saint-
Amant. Ce dernier parle de « l'embouchure de la Mer-rouge », ce
qui est peu précis et ne fait pas difficulté. Enfin, et c'est
là le point capital, un Girard qualifié de « jeune », sans aucun
doute parce qu'il y en avait un autre, du même nom, mais plus
âgé, échappe à la mort.

Voyons la suite. Saint-Amant ajoute, parlant de son second
frère, qu'après avoir reçu cinq ou six blessures, avoir été ren-
versé d'un coup de pique dans la mer, il se sauva « plus d'une
lieue à la nage, tout blessé qu'il estoit ». Dans la réalité, le jeune
Girard est le seul à s'être tiré sans dommages de l'affaire. Il me
semble que son frère a raconté de lui ce qui était vrai d'un autre,
ou de plusieurs : ce La Vigne, qui a reçu « 5 ou 6 grands coups
de coutelas », ce Malo surtout, blessé d'un coup de pique et qui,
malgré cela, nage jusqu'à la chaloupe du navire ennemi (nous
sommes fort loin de la grande lieue dont parle le poète, mais la
chose n'en est que plus vraisemblable). Je crains qu'il ne faille
inscrire ces inexactitudes et ces exagérations au compte de Saint-
Amant, plutôt qu'en rendre responsable Salomon. Beaulieu s'est
en effet retrouvé, par la suite, avec les fils Girard, avec ceux
aussi qui, à Rouen, les connaissaient. Nous savons que les trois
hommes ont été de l'expédition des îles de Lérins en 1636 ; il serait
étonnant qu'ils n'eussent pas évoqué le souvenir du voyage aux
Indes, première expérience de la mer pour Salomon : ce dernier
pouvait difficilement transformer radicalement son rôle en présence de celui sous les ordres duquel il s'était alors trouvé. En
1649, Beaulieu est mort depuis douze ans ; Salomon a été tué
l'année précédente ; ajoutons que le matelot Malo a disparu depuis
longtemps, surpris par un requin au retour de l'expédition. Saint-
Amant se voit donc tout à fait libre d'arranger les choses au gré
de sa fantaisie, pour la plus grande gloire de sa famille et du
frère qu'il vient de perdre.

Tandis que, pour l'infortuné Guillaume, le voyage s'est trouvé
si tragiquement interrompu, Salomon a pu le poursuivre jusqu'à
Java. Nous en avons un écho dans une lettre de Peiresc, où nous
voyons Saint-Amant faire à ce grand amateur de toutes curiosités le récit de ses « pérégrinations jusques aux Indes » ; et Peiresc
ajoute :

> ...ensemble de celles d'un sien frere qui y est allé bien plus avant
> que luy et qu'il dit avoir veu en la Jave majeure, en la province
> de Batas, plusieurs de ces animaux qui font un troisiesme genre
> entre l'homme et le singe (31).

(31) Peiresc, II 671.

L'expédition, ou plutôt ce qui en restait, revint en France le 1ᵉʳ décembre 1622 : l'*Espérance* avait été incendiée par les Hollandais, la patache vendue pour acheter du poivre ; il ne restait plus, en fait d'équipage, que soixante-quinze hommes environ sur deux cent soixante-quinze. Ce simple chiffre suffit à faire ressortir le danger de ces voyages lointains, et à justifier (mais est-ce nécessaire ?) ces mots de Saint-Amant, parlant toujours de son frère : « Après s'estre veu en mille autres périls, devant que de revenir d'un voyage si long, si hazardeux, et si pénible... »

A son retour, Salomon Girard commença une carrière militaire dont nous suivons les principales étapes, toujours grâce à son frère, qui, espérons-le, n'aura pas trop embelli la réalité. On ne peut préciser exactement quand elle commença ; mais il faut remonter au moins jusqu'en 1625, car Salomon servit « dans la Cavalerie sous le renommé Comte Mansfeld » : or celui-ci, battu par Wallenstein, en avril 1626, abandonna la lutte en Allemagne avant de mourir en novembre (32). Nous le retrouvons ensuite sous les ordres de Gustave-Adolphe, « Cornette Colonelle d'un Regiment François sous cet admirable Roy de Suède, en ses plus fameuses expéditions » (33). C'est au début de 1631 que celui-ci se lança en Allemagne. Qu'était devenu Salomon entre 1626 et 1631 ? Sans doute avait-il continué à y guerroyer. Notons cependant qu'il se trouvait à Rouen, au moins momentanément, en août 1630 ; il y représentait sa mère pour l'achat d'un jardin (34). Gustave-Adolphe fut tué le 6 novembre 1632 ; mais cela n'interrompit pas la carrière de notre homme, puisqu'un acte de 1634 le désigne comme « Salomon de Gerard escuyer Cornette Colonel d'un regiment de Cavallerie en Allemagne » ; il se trouvait alors à Paris.

A partir de 1636, Salomon se transforme en marin ; il commande

> plusieurs Campagnes navales un des Vaisseaux de nostre puissant Monarque Louis le Juste... sous la charge de cet invincible Heros, Monseigneur le Comte de Harcourt.

On sait que ce dernier fut mis à la tête de l'armée navale qui reprit sur les Espagnols les îles de Lérins, en 1637 ; il resta chef de l'escadre de la Méditerranée jusqu'à la mort, en septembre 1639, du cardinal de La Valette, qu'il remplaça en Italie. Nous aurons à reparler de l'expédition des Iles, puisque Saint-Amant s'y trouvait à côté de son frère. Livet supposait que Salomon y commandait le vaisseau *La Licorne*, de l'escadre de Bretagne ; il aurait alors porté le titre de sieur de Montigny. Mais Montigny est bien connu, et n'a rien à faire avec Salomon Girard : c'était un Bour-

---

(32) F. Charvériat, *Histoire de la guerre de Trente ans*, P., 1878, I 411.
(33) Le « cornette-colonel » est le cornette (ou porte-étendard) de la compagnie colonelle, ou première compagnie d'un régiment.
(34) Girancourt, p. 85.

guignon, du diocèse de Sens, admis dans l'ordre de Malte en 1607
(35), et qui fit une belle carrière, puisqu'il porta le titre d'amiral.
Du reste, un texte permet de préciser le rôle que jouait alors Salomon auprès du comte d'Harcourt. En 1639 parut un petit volume
retraçant les exploits du comte, œuvre d'un certain Jean de
Meaulx, avocat au parlement d'Aix (36), qui s'étendait avec complaisance sur les extraordinaires mérites de son héros au cours
de l'expédition. Un jour, raconte-t-il, passant de sa chaloupe à une
autre, il eut le malheur de tomber à l'eau ; et l'auteur de préciser
en marge de son texte :

> M. le Comte de Harcourt fut retiré de la Mer par les sieurs de
> Keruel, de Montado, de Gerad (*sic*), et le jeune Beaulieu, qui seuls
> estoient dans sa Chaloupe (37).

Un peu plus loin, on voit le comte « environné de ses Gentilshommes », parmi lesquels le sieur de Gerard (38). Il ne peut s'agir,
dans ce M. de Gérard deux fois nommé, de Saint-Amant, qui n'eût
certainement pas été désigné ainsi en 1639 : il faut y reconnaître
son frère Salomon. Celui-ci ne commandait donc pas, à ce moment
du moins, un vaisseau, mais faisait partie de l'entourage immédiat du comte d'Harcourt, place qu'il devait sans doute à la recommandation de son frère aîné. C'est après la reprise des Iles seulement qu'on dut lui confier un navire.

Il se pourrait bien qu'il faille reconnaître Salomon dans le
« Monsieur de Gerard, Capitaine d'un Vaisseau du Roy dans
l'Armée navale à Toulon », à qui Adam Billaut adressa une *Epistre* (39), et qui lui-même glissa une épigramme dans l'*Approbation
du Parnasse* qui ouvre le volume du menuisier de Nevers ; rien ne
semble, en tout cas, s'y opposer. Une seule chose me gêne un peu,
c'est l'absence, dans l'épître de Maître Adam, de toute allusion à
Saint-Amant.

Salomon termina son existence en Crète. En 1648, les Turcs, qui
avaient attaqué l'île au printemps de 1645, mirent le siège devant
la ville de Candie ; ils furent repoussés, mais, parmi les morts,
figurait notre héros, glorieusement tombé alors qu'il était « Colonel d'un Regiment d'Infanterie Françoise, au service de la Serenissime Republique de Venise ». L'ambassadeur de France, Nicolas Bretel de Grémonville, en écrivit aussitôt à Saint-Amant ; nous
n'avons pas conservé ses lettres, mais la réponse du poète, qui
l'en remercie, est venue jusqu'à nous (II 491).

(35) VERTOT, *Histoire des Chevaliers hospitaliers de Saint-Jean de Jérusalem*,
nlle éd., P., 1778, VII 234.
(36) *Panégyrique à Mgr le comte de Harcourt*, Aix, 1639.
(37) *Op. cit.*, p. 33.
(38) *Ibid.*, p. 39.
(39) *Les Chevilles de Me Adam, menuisier de Nevers*, P., 1644, p. 285.

Les avatars de Salomon Girard nous ont entraînés jusqu'à une date assez tardive. Revenons cependant au début du siècle, pour retrouver son père, Antoine. Nous manquons de renseignements sur son compte entre 1601, date de la naissance de sa dernière fille, Esther, et 1619 ; on relève seulement qu'il est parrain à deux reprises, en 1603 d'un fils de Michel Girard (40), en 1609 d'un fils de Guillaume Hatif (41). Mais, en 1619, apparaît pour la première fois la mention de la verrerie, laquelle jouera un rôle important dans la vie de Saint-Amant.

Un gentilhomme de Provence, François de Garsonnet, avait obtenu en 1605 la permission d'établir une verrerie de cristal en la ville de Rouen ; son privilège, accordé pour dix ans, faisait défense à quiconque d'en élever aucune autre dans tout le ressort du parlement de Normandie (42). Mais ses débuts ne furent pas heureux. Il s'était installé faubourg Saint-Sever, dans la maison de Jean Bocadœuvre, « en la rue tendant à Bonne-Nouvelle » (plus tard rue du Pré). Or voici qu'un incendie y éclate, détruisant son matériel et ravageant sa provision de bois, ce qui provoque un chômage forcé de deux ans ; puis une disette de vin « et aultres boissons qui ont cours audit pays » le contraint à limiter sa production. Aussi, quand son privilège approche de sa fin, en demande-t-il le renouvellement pour dix autres années, qu'il obtient le 4 mai 1613 (43).

Mais le 17 janvier 1619, il cède tous ses droits à deux gentilshommes du Languedoc, Jean et Pierre d'Azémar, fils de Thibault d'Azémar, sieur de Colombier, et de damoiselle Jeanne Rayne, de Saint-Maurice-de-Cassebielle, au diocèse d'Uzès, tous deux décédés, dont les ancêtres exerçaient depuis deux cent cinquante ans l'art de la verrerie. Le contrat de cession fut sanctionné par des lettres patentes du 23 avril. Défenses étaient faites à tous non seulement d'établir d'autres verreries, mais encore d'importer des objets en cristal à Rouen et dans le ressort de son parlement, ce qui créait en leur faveur un monopole abusif. Aussi, en enregistrant les lettres, le parlement y apportait un correctif : le commerce, sinon l'établissement de verreries, restait libre (44).

C'est au mois de janvier que s'était précisé le rôle d'Antoine Girard dans l'affaire. Garsonnet cédait son privilège, s'engageait même à obtenir à ses frais, si faire se pouvait, prolongation de celui-ci ; en revanche, le contrat énumérait les obligations incombant aux d'Azémar (45). Ils versaient comptant dès le 17 la

---

(40) Registre des baptêmes, 1594-1604, f° 90.
(41) Registre des baptêmes, 1609-1619, f° 7.
(42) GIRANCOURT, p. 113.
(43) Id., p. 114.
(44) Id., p. 116.
(45) Ce contrat, ainsi que le contrat de société avec Antoine Girard, ont été analysés par GIRANCOURT, Notice sur la verrerie de Rouen..., Revue de Normandie,

somme de 7.500 livres tournois pour le privilège, et reconnais-
saient devoir à Garsonnet 22.307 livres 17 sols 8 deniers pour son
matériel ; ils promettaient enfin, naturellement, de se substituer
à lui dans le payement à Bocadœuvre des 180 livres annuelles qui
lui étaient dues jusqu'à la fin du bail, dont il restait encore cinq
ans à courir.

Cependant les d'Azémar n'étaient pas d'opulents personnages,
il faut le croire, car ils furent obligés de faire appel à un bailleur
de fonds ; c'est ainsi que nous apprenons comment

> Honorable homme Antoine Girard, marchand, demeurant en la
> paroisse de Saint Sever, a volontairement cautionné les dits
> d'Azémar pour les sommes qu'ils se sont engagés de payer.

Deux jours plus tard, le 19 janvier, fut signé un contrat
de société qui précisait le rôle d'Antoine. Ses associés, qui n'étaient
sans doute pas à Rouen depuis bien longtemps, avaient élu domicile chez lui. L'association se faisait sur un pied d'égalité, le contrat est bien clair là-dessus :

> ...pour jouir et leurs ouvriers de la verrerie concedée à de Garson-
> net, duquel ils représentent le droit, ...où les dits d'Azémar y
> entrent pour une moitié, et le dit Girard pour l'autre moitié.

Pour l'instant, c'est lui qui a versé la presque totalité de l'argent,
et les associés reconnaissent « que le dit Girard a déposé 3.000 l.
pour leur moitié des 7.500 l. versées à de Garsonnet ; ils promet-
tent par corps et biens le rembourser ». Tous continueront d'habi-
ter ensemble, partageant la « dépense de bouche » par moitié. La
maison des Girard était voisine de celle de Bocadœuvre : peut-
être est-ce là ce qui avait donné à Antoine l'idée de se lancer dans
le commerce du verre ; il est prévu dès lors que les fourneaux se
transporteront chez lui, et qu'il supportera seul les frais d'aménage-
gement que l'opération entraînera. Elle ne se fit probablement
qu'un peu plus tard (46), mais elle eut lieu effectivement, et la
maison familiale sera souvent désignée sous le nom de « maison
de la Verrerie » ; le terrain s'étendra par des agrandissements
ultérieurs (47).

Peu après la signature du contrat, les relations d'affaires se
doublaient de liens familiaux : Pierre d'Azémar, le plus jeune des
deux frères (il avait environ trente ans), devenait le gendre d'Antoine Girard en épousant la fille de celui-ci, Anne, alors âgée d'un
peu plus de vingt-deux ans. Il est certain que les deux faits sont

---

1867, Pièces justificatives n°s 3 bis et 4, mais ne sont plus dans son volume
de 1886.

(46) GIRANCOURT, p. 77, dit « en 1631 », sans donner de raisons. Je pencherais
pour 1623, quand expirait le bail consenti à Garsonnet, et repris par ses successeurs.

(47) GIRANCOURT, pp. 77 et 85.

en rapport : un mariage devait être aux yeux des parties la meilleure manière de sceller leur bonne entente. Le contrat fut paraphé le 4 mars (48) ; en dehors des futurs époux, y signèrent Antoine Girard, Anne Hatif, Jean d'Azémar et Guillaume Girard. Antoine promettait aux époux de leur donner, trois jours avant le mariage, mille livres comptant (Pierre d'Azémar en donne quittance en dessous du contrat), deux coffres de cyprès et du linge, le tout évalué à cent cinquante livres ; de plus Anne Girard apportait « son bon lict fourny et ses bagues et joiaux », de la valeur de cinq cents livres; à la naissance de leur premier enfant, ils auraient « deux coupes d'argent du prix de soixante-quinze livres tournois ». Le mariage eut lieu au début d'avril (49). Nous retrouverons Anne par la suite ; il faudra préciser quels furent ses rapports (pas toujours excellents) avec son frère aîné. Indiquons dès maintenant qu'elle resta veuve d'assez bonne heure, Pierre d'Azémar étant mort en 1642, et chargée d'une nombreuse famille : le ménage dut avoir douze enfants, dont plusieurs moururent en bas âge.

Dans l'association de 1619, les rôles respectifs étaient bien définis. Les d'Azémar, comme il était naturel, étant donné leurs traditions familiales et leur expérience, se réservaient ce qui touchait à la fabrication, tandis qu'Antoine Girard se chargeait d'écouler les produits, s'occupant uniquement de la partie commerciale de l'affaire ; cela ressort clairement de ce passage du contrat de société :

> Sans que les dits d'Azémar puissent pretendre ni toucher pour leur travail autres gages dudit Girard, lequel de ses peines n'en pourra vers eux pretendre pour le travail qu'il fera de la negociation de la dite marchandise de verre.

On ne peut donc en aucun cas le qualifier de gentilhomme verrier, quoique ce titre lui ait été attribué anciennement par certains auteurs ; il lui était du reste impossible de s'en parer, car il n'était pas noble, et c'était là une condition indispensable (50).

Antoine Girard ne put s'occuper bien longtemps de la verrerie ; il mourut en effet en novembre 1624 (51), longtemps avant sa femme, qui lui survécut vingt-deux ans. Des difficultés s'élevèrent au moment de la succession : nous y reviendrons.

Pour en terminer avec la famille de Saint-Amant, signalons

(48) On le trouve aux Archives de la Seine-Maritime, *Registres du tabellionnage de Rouen, Héritages*, janvier-mars 1625 (gros registre), à la date du 8 janvier, annexé à une transaction.

(49) Registre des mariages, 1609-1619, fº 112 vº : les dernières annonces sont faites le 31 mars.

(50) GIRANCOURT, pp. 45-48.

(51) Cf. *Protestantisme*, p. 237.

que, selon Lesens (52), Antoine Girard avait au moins deux frères, Michel et Jacob. Pour le premier, la chose est presque certaine: en effet son fils aîné, Daniel, eut pour parrain notre Antoine,
et pour marraine Diane de Gueudeville, femme de Guillaume
Hatif (53). Par contre, je n'ai rien trouvé de semblable pour Jacob.
Michel Girard épousa successivement Antoinette Fraire, dont il
eut quatre enfants, et Marie Coquin, dont il eut un fils, Etienne ;
il mourut à soixante-dix-sept ans, en 1631, au faubourg Saint-Sever,
étant alors qualifié de « capitaine de navire » (54). Ce peut être lui
dont Saint-Amant écrivait, toujours dans son épitre de 1649 : « Un
de mes Oncles gemit long-temps sous les cruelles chaisnes des
Turcs ». Le poète rappelle encore comment « deux de *ses* Cousins-
germains ont perdu la vie en combattant genereusement contre
eux » ; il peut évidemment s'agir des fils de Michel, mais comment le savoir ?

Des enfants d'Antoine Girard, seule Anne se maria. Une de ses
filles, Marie-Anne (1621-1664), épousa en 1642 Charles de Guilhem,
sieur de la Roche et du Pouzin en Vivarais ; elle en eut trois filles.
L'aînée, Anne de la Roche Guilhem, baptisée le 24 juillet 1644 (55),
est connue par les nombreux romans sortis de sa plume. Elle tenait
peut-être de son grand-oncle ses dispositions littéraires; mais, contrairement à lui, elle resta fidèle à la foi protestante, et se réfugia
à Londres après la Révocation. Elle y vécut difficilement, ayant
« accepté la misère pour conserver sa religion » (56), et y mourut
en 1706. Une autre fille d'Anne Girard, Marthe, née en 1624 et
filleule du poète mourut en 1640. Nulle part dans son œuvre Saint-
Amant n'a fait allusion à ce petit monde de neveux et de nièces
qu'il ne pouvait manquer de voir à chacun de ses passages à
Rouen ; il est vrai qu'il ne parle pas davantage de sa mère : littérature et vie de famille restent deux choses tout à fait indépen-
dantes à cette époque.

(52) *Art. cit.*, p. 77.
(53) Registre des baptêmes, 1594-1604, fᵒ 90.
(54) Registre des mortuaires, 1628-1642, fᵒ 47.
(55) Bibl. de la Soc. d'hist. du protest., ms. 412/1 (*Table alphabétique des baptêmes, dressée en 1791 par P. Legendre*).
(56) Cl.-E. ENGEL, *Figures et aventures du XVIIIᵉ siècle. Voyages et décou-
vertes de l'abbé Prévost*, P., 1939, p. 211.

CHAPITRE II

LA JEUNESSE DE SAINT-AMANT. ETUDES ET VOYAGES.

C'est vraiment le hasard qui nous permet de connaître la date exacte du baptême de Saint-Amant. Les registres protestants de Rouen sont très incomplets pour le XVIᵉ siècle, ce qui n'a rien d'exceptionnel ; l'un d'eux s'arrête en juillet 1585, et le suivant ne commence qu'en 1594 : encore ne comporte-t-il, pour cette année, qu'une seule mention, celle qui nous intéresse. Ce registre présente, à la première page, le titre suivant :

> Registre des baptesmes administrez aux enfans de ceux de la religion reformée en ceste eglise de Rouen depuis la reduction dicelle a lobeissance du Roy.

Immédiatement au-dessous, on lit :

> Premierement du dernier de septembre 1594 a esté baptisé le filz de Anthoine Girard et de Anne Hatif presenté par Guillaume Le Cœur et a esté nommé Anthoine.

Cette mention est suivie d'un espace blanc, et l'on n'a recommencé à écrire que dans le dernier tiers de la page, en 1595. On sait que d'ordinaire le poète est désigné par le nom beaucoup plus reluisant de Marc-Antoine de Gérard, sieur de Saint-Amant. Il est possible d'assister, à travers les actes officiels, à la métamorphose, qui s'est faite progressivement. En 1625, au moment où se règle la succession paternelle, notre héros est toujours Antoine Girard (1), et c'est ainsi qu'il signe au bas de l'acte ; pourtant deux plaquettes avaient paru dès 1623, où ses vers sont signés Saint-Amant, qui ne fut peut-être d'abord qu'un nom de plume. En 1627, il devient Antoine Girard, sieur de Saint-Amant (2), mais dès 1628 le voilà prénommé Marc-Antoine dans un acte de baptême (3) ; en même temps s'ajoutent à son nom la particule, et le titre d'écuyer : « Marc-Antoine de Girard, Escuyer, Sieur de Saint-Amant », ainsi le voyons-nous désigné par le privilège de ses *Œuvres* en 1629. En 1634 enfin une procuration fait apparaître

---

(1) GIRANCOURT, p. 85.
(2) *Id.*, p. 119.
(3) Cf. *Protestantisme*, p. 239.

le nom sous sa forme définitive, que présenteront tous les privilèges postérieurs (4).

Le pasteur de l'Eglise de Rouen était, au moment de sa naissance, René Bochart, sieur du Menillet, dont le fils Samuel deviendra un érudit fameux, que nous rencontrerons ; c'est René qui
baptisa sans doute l'enfant.

Nous sommes très mal renseignés sur ses premières années. Il
les passa dans ce milieu profondément protestant qu'attestent les
fonctions remplies par son père dans l'Eglise. Est-ce par hasard
pour cette raison que le poète fut avare de détails à leur sujet, ne
tenant pas à rappeler trop souvent, devenu catholique, le temps où
il était en danger, suivant ses propres termes, de « choir en
l'éternelle flamme » ? J'en serais étonné. Tout simplement, sa poésie n'a rien à faire avec des souvenirs d'enfance. Il en a cependant
rappelé au moins un dans une pièce de sa vieillesse, la *Vistule
sollicitée*, composée en 1650. S'adressant, pour lui faire honneur,
au fleuve de Pologne, il précise qu'il n'en fit jamais tant en faveur
de celui près duquel il naquit. C'est que par trois fois les eaux de
la Seine faillirent lui être fatales. Ne nous arrêtons pas sur la première des trois aventures qu'il rapporte avec complaisance : c'est
à l'âge d'homme qu'il manqua couler avec le bateau sur lequel il
se trouvait. Mais la seconde nous emmène plus haut, « Sous le
septième Hyver du Siecle où je respire », écrit-il, c'est-à-dire durant
l'hiver 1607-1608, alors qu'il avait douze ans. L'hiver fut très
rude (5), et l'enfant sans doute très imprudent. S'étant hasardé sur
la glace trop peu épaisse pour le soutenir, il en fut quitte pour un
bain froid, dont il omet de préciser quelles furent les conséquences : l'affaire aurait pu se terminer très mal. Voici comment, près
de quarante-cinq ans plus tard, il rappelait son équipée :

> Si je te dépeignois, avec ma tendre Lyre,
> Sous le septiéme Hyver du Siecle où je respire,
> Cét homme encore enfant, sur un fresle glaçon
> Qui se creva sous luy d'une horrible façon,
> Qui pourtant le soustint, qui pourtant à la veuë
> De toute une Cité sensiblement esmeuë,
> Le gardoit du naufrage, et se montroit humain,
> Tandis que le Chetif, d'une débile main,
> Et d'un bras estendu dessus l'onde gelée,
> Taschoit à prolonger sa trame desolée,
> Et donnoit, cependant, aux autres le loisir
> De tromper le trespas, qui le vouloit saisir...   (II 21)

---

(4) Le poète signera tantôt St Amant (acte de baptême de 1628, dédicaces
en tête des volumes offerts), tantôt Marc Antoine de Gerard (procuration de 1634),
tantôt Marc Antoine de Gerard, St Amant (procuration du 1ᵉʳ juillet 1658).

(5) Cf. L'Estoile, *Journal pour le règne de Henri IV, II*, présenté par A. Martin, P., 1958, p. 306.

On ne peut parler, comme on l'a fait, d'une enfance livrée à elle-même, puisqu'il était alors sous la coupe de ses parents ; l'aventure donne cependant l'impression d'un garçon volontiers casse-cou, ce que ne démentira pas la suite de son existence.

Est-ce beaucoup plus tard qu'il fut victime d'un autre accident ? Ou, malgré l'expression « sous un autre aage », faut-il y voir encore les conséquences d'une imprudence d'enfant ? Toujours est-il qu'il enchaîne :

> Si je te racontois qu'en la mesme Riviere
> Cét homme, à qui cette Eau fut pitoyable et fiere,
> Tomba, sous un autre Aage, et sans savoir les tours
> Où les membres au corps fournissent de secours,
> Sans avoir esté duit, comme on le devroit estre,
> Au bel Art de nager, si profitable au Maistre,
> Toucha du pié l'Abisme, en vit les sombres lieux,
> Et fut si fortuné que de revoir les Cieux...

On peut en tout cas conclure de ce tableau trop imprécis que Saint-Amant, qui glorifiera plus tard, dans la *Lune parlante,* la nage de son souverain, ne s'est mis lui-même à pratiquer cet art (si même il l'a jamais fait) qu'après avoir touché du doigt le danger qu'il y avait à le négliger.

On ne sait malheureusement rien de précis sur ses études. J'espère avoir montré que l'opinion traditionnelle ne repose sur rien, et se heurte même à des impossibilités (6). Rappelons seulement ici qu'on voyait volontiers en lui un élève du collège de la Marche, ce qui veut dire, en fait, des Jésuites, mais qu'il est très probable que ses études, au moins pour une bonne part, se sont faites en Normandie, peut-être dans un collège que les réformés avaient eu le droit d'ouvrir dans la province, et qu'on n'a pas localisé de façon certaine pour la période qui nous occupe.

Le vrai problème, d'ailleurs, n'est pas là. Il serait beaucoup plus important de pouvoir répondre avec certitude aux autres questions qui se posent, de connaître la durée de ces études, le sérieux qu'il y apporta, de mesurer le profit qu'il en tira. S'il était possible d'accepter la tradition du collège de la Marche, telle qu'on la présente, le problème serait en partie résolu : j'ai déjà souligné la contradiction dont ne se sont pas avisés certains auteurs, qui la recueillent pieusement, tout en insistant sur des ignorances peu compatibles avec l'instruction qui y était certainement dispensée. Mais, puisque nous nous refusons à les suivre, il faut essayer de trouver autre chose.

Saint-Amant lui-même contribuera à nous renseigner. On se souvient que, parlant de ses deux frères, il écrit qu'ils se sont

---

(6) *Protestantisme,* pp. 240-244.

embarqués pour les Indes « au sortir des études ». Le plus jeune, Salomon, a vingt ans quand ils mettent à la voile. Même en ne prenant pas au pied de la lettre l'expression qu'emploie son frère, il reste qu'il avait terminé ses études assez récemment, et les avait probablement poussées jusque vers dix-huit ans. Or c'était l'âge normal lorsqu'elles étaient régulièrement menées, avec le désir d'assurer une base solide, et qui permît, le cas échéant, de pousser plus avant.

Nous avons la très nette impression qu'Antoine Girard vivait au milieu d'une société où le savoir était en honneur. Est-ce un hasard si les pasteurs de l'Eglise de Rouen, René Bochart, Jean-Maximilien de l'Angle et son fils Samuel, plus tard Jacques Basnage, ont été des hommes remarquables, et savants ? Les relations d'Antoine, nous l'avons vu, sont à chercher parmi les dignitaires de l'Eglise réformée, c'est-à-dire « les personnages notables soit comme commerçants, soit comme tenant un rang distingué dans les carrières libérales » (7). Il a tenu à faire donner à ses fils, avant de les lancer par le vaste monde, une éducation soignée, qui, même s'ils restaient à son exemple « marchands-bourgeois », ne pouvait que les aider à s'assurer une position enviable parmi leurs pairs. Ainsi, peut-être pour une question de prestige, et pour ne pas être en reste auprès de ses amis, a-t-il fait pour ses cadets ce qui convenait à sa situation ; aurait-il négligé l'instruction de son aîné ? Sous réserve que des témoignages certains n'y contredisent pas, il sera permis d'admettre que Saint-Amant, lui aussi, a poursuivi ses études jusqu'à dix-huit ou vingt ans.

Reportons-nous, pour commencer, à ses propres déclarations. Il s'est expliqué à ce sujet dans l'avertissement au lecteur de ses *Œuvres* de 1629 ; le passage a été souvent cité et exploité : dès 1631, dans la préface de la *Silvanire*, Mairet y faisait allusion, pour déclarer que de beaux esprits, soutenus seulement de la vigueur de leur génie, étaient capables de faire « de si belle choses » (8). Il ne sera pas inutile de le reproduire, avant d'essayer d'en dégager la portée. En voici l'essentiel :

> ...Dieu mercy, ny mon Grec ny mon Latin ne me feront jamais passer pour Pedant : que si vous en voyez deux ou trois mots en quelques endroits de ce Livre, je vous puis bien asseurer que ce n'est pas de celuy de l'Université. Mais une personne n'en est pas moins estimable pour cela, et tous ceux qui sçauront qu'Homere, sans entendre d'autre langue que celle que sa Nourrice luy avoit enseignée, n'a pas laissé d'emporter le prix sur tous les Poëtes qui sont venus après luy, ne jugeront pas qu'un bon esprit ne puisse rien faire d'admirable sans l'ayde des langues estrangeres. Il est vray que la conversation familiere des honnestes

(7) E. Lesens, *art. cit.*, p. 77.
(8) Mairet, *La Silvanire*, éd. Otto, Bamberg, 1890, p. 12.

> gens, et la diversité des choses merveilleuses que j'ay veuës dans
> mes Voyages..., jointes à la puissante inclination que j'ay euë
> dès ma Jeunesse à la Poësie m'ont bien valu un estude... J'avoüe
> qu'il faut qu'un Advocat sçache le Latin pour alleguer les Loix
> de Justinian, qu'un Grammairien soit consommé dans les Langues
> pour enseigner l'ethymologie des mots, et qu'un Docteur de
> Sorbonne ayt appris le Grec et l'Hebreu, pour puiser dans leur
> propre source les Textes formels de l'Escriture Saincte : Mais
> pour ce qui est d'un Poëte, d'un Philosophe moral, ou d'un
> Historien, je ne croy pas qu'il soit absolument necessaire. Je dy
> cecy pour certaines gens à la vieille mode, qui lorsque la verité
> les contraint d'approuver ce que je fay, n'ont rien à dire sinon,
> C'est dommage qu'il n'ayt point estudié !　　(I 12)

Tel est le texte primordial, qu'il s'agit d'abord de bien entendre. Si l'on n'en retenait que la partie centrale, et qu'on l'inter-
prétât sans se débarrasser des habitudes de langage moderne, on
risquerait d'en tirer le portrait d'une sorte d'autodidacte, pour qui
les voyages et la fréquentation de ses semblables ont remplacé les
bancs du collège et ce qu'on y peut apprendre. Cette erreur a malheureusement parfois été commise ; écoutons plutôt Faguet, en
général mieux inspiré :

> Il eut une éducation infiniment négligée... ; il s'est contenté de
> savoir un peu d'italien (*Faguet se trompe : il savait fort bien cette
> langue*) et un peu d'espagnol ; ces deux langues étaient alors
> fort à la mode, et il était à peu près impossible de les ignorer (9).

On n'a jamais, je pense, été plus loin : en somme, Saint-Amant
n'aurait appris qu'une teinture de ce qui était absolument indispensable pour faire figure à peu près décente dans le monde.
Quelle absurdité ! C'est oublier qu'au XVIIᵉ siècle « il n'a point
étudié » ne veut pas dire simplement « il n'a pas fait ses études »,
mais aussi « il n'a pas approfondi ses connaissances », et tout spécialement cette langue latine qui restait, aux yeux des doctes, la
base de toute science. Furetière distingue soigneusement les deux
sens : étudier, c'est « apprendre les éléments, les principes des
arts et des sciences » ; mais c'est également « lire, méditer pour
apprendre, pour inventer » ; et il donne cet exemple : « Scaliger,
Lipse, Casaubon, ont beaucoup *étudié,* ont bien leu des Auteurs
Anciens ». Ce que reconnaît Saint-Amant, c'est qu'il est « estran-
ger ès Pays Latins », suivant l'expression qu'emploie Ménage dans
la *Requête des Dictionnaires* (10), en l'appliquant à notre poète et
à quelques autres. Retenons donc de la claironnante profession de
foi de Saint-Amant ce qui regarde les langues anciennes, ou, d'un
point de vue général, la culture classique ; aller plus loin serait
à mon avis un contre-sens.

---

(9) *Histoire de la poésie française*, tome II, P., 1925, p. 275.
(10) *Menagiana*, éd. 1715, IV 268.

De bons juges pourtant, et pas d'aujourd'hui seulement, se sont élevés contre l'opinion trop généralement admise, quoiqu'elle repose pour l'essentiel sur le témoignage de l'intéressé lui-même. Essayons donc de serrer les choses de plus près, en examinant en premier lieu ce que l'on peut tirer des œuvres du poète. Même s'il s'est attaché de parti-pris à dissimuler ses connaissances, il est possible qu'il se soit trahi quelquefois.

Que dire tout d'abord de l'emploi de la mythologie ? A le lire, on ne peut manquer d'être frappé par le rôle qu'elle joue chez lui. Il serait pourtant dangereux de surestimer l'importance de cette constatation. Il existait alors trop de dictionnaires de la Fable et de traductions d'auteurs anciens pour qu'il ait été impossible de se documenter à peu de frais ; la *Requête des Dictionnaires* n'omet pas de le dire. Il faudrait, pour que cela fût concluant en ce qui concerne notre propos, constater chez Saint-Amant une véritable érudition, qui dépassât ce que l'on trouve ordinairement chez ses contemporains, lesquels, on le sait de reste, nous auraient aisément rendu des points sur ce sujet. Or nous sommes presque toujours avec lui dans une honorable moyenne, également éloignée de la banalité (ce qui ne l'empêche évidemment pas de citer Apollon, les Muses et Bacchus) et des recherches qui furent, par exemple, celles de la Pléiade. S'il nous arrive plus d'une fois d'hésiter devant un nom ou une allusion, n'est-ce pas tout simplement parce nous ne connaissons plus — ou nous connaissons mal — ce qui restait très familier à nos ancêtres ? Et pourtant ! Il convient de remarquer que Chevreau, qui fut grand ami de Saint-Amant, dans un passage où il assure que celui-ci ne savait « ni Latin, ni Grec », reconnaît néanmoins qu' « il entendoit fort bien la Fable », ce qui, sous sa plume, nous garantit qu'il en avait une connaissance approfondie (11). Dans cette abondance de mythologie (il me semble que Saint-Amant en est plus prodigue que Mainard, par exemple, ou Théophile), dans le choix de sujets comme celui de l'*Andromède,* ou même l'*Arion,* ne faut-il pas voir les traces d'un goût, ou de préoccupations, qui seraient bien étonnants chez quelqu'un qui aurait peu étudié ? On remarque que la place de la mythologie est plus grande dans les premiers recueils que dans les suivants ; il semble se produire une espèce de coupure aux environs de 1640. Est-ce tout simplement que le goût du poète a évolué ? Ou qu'il suit une mode littéraire ? Ce n'est pas ici que la question peut être résolue ; mais il est permis de se demander si, le temps des études s'éloignant, la Fable, qu'elles avaient rendue familière, ne le devient pas un peu moins. L'emploi de la mythologie apporte donc quelques présomptions en faveur d'une éducation plus poussée que Saint-Amant n'a

---

(11) *Chevraeana*, P., 1697, p. 33.

voulu nous le faire croire. Un texte, auquel je m'étonne qu'on n'ait pas davantage songé à ce propos, sera beaucoup plus probant ; il prend toute sa valeur du fait que le poète ne le destinait pas à la publication. Il s'agit d'une lettre écrite à Samuel Bochart, au sujet du *Moyse sauvé*, recueillie par Conrart, et, nous dit Livet quand il la publie dans son édition, restée inédite. En réalité, elle ne l'était pas tout à fait, puisqu'on peut en lire une traduction latine dans les œuvres de Bochart ; elle y est suivie, comme dans le manuscrit de Conrart, d'une réponse qu'y fit l'érudit (12). On n'a jamais prêté grande attention à cet échange de lettres, n'y voyant qu'un épisode sans importance, un combat inégal dans lequel Bochart, armé de son érudition redoutable aux plus doctes, avait triomphé sans la moindre peine du peu savant poète (13). Ici encore c'est la figure d'un Saint-Amant qui n'a guère étudié — je n'ose tout de même pas dire ignare — qui nous est présentée. Je ne saurais certes soutenir le paradoxe qu'il ait été de taille à lutter avec son adversaire à armes égales : à chacun son métier, celui du poète est de faire des vers. Mais quelques phrases de la lettre de Saint-Amant donnent à réfléchir. Il remercie son correspondant de sa « chère et obligeante lettre » (celle-ci n'a pas été conservée), et poursuit :

> ...j'ay songé à vos judicieuses remarques, et j'ay voulu voir s'il n'y auroit pas moyen d'y repondre. Mais comme je ne suis pas trop chargé de livres, et que ma paresse ne se peut donner la peine d'en aller chercher ailleurs, vous vous contenterez, s'il vous plaist, de ce que ma memoire presente, mon petit jugement et quelques autheurs me peuvent fournir à cet effet. Je vous diray donc... qu'encore que j'aye leu autrefois la plupart des auteurs que vous m'alleguez... j'ay creu que je me devois arrester à l'opinion la plus commune et la plus celebre. (II 325)

Voilà donc un Saint-Amant qui, s'il ne peut s'empêcher de faire allusion à sa paresse naturelle, probablement avec une certaine coquetterie, avoue qu'il a lu, pour son *Moyse*, de gros ouvrages que les doctes se réservent d'ordinaire. Ne possédant pas la première lettre de Bochart, nous ignorons quels sont ceux qu'il se vante d'avoir eus entre les mains; mais ici nous le voyons citer Stace, Philon, et surtout Josèphe, dont les *Antiquités judaïques* reviennent à plusieurs reprises, avec des références précises à une édition in-folio. Sans doute s'agit-il là de traductions — le fait est avéré pour Josèphe (14) ; quoi de plus naturel ? On m'objectera qu'il s'agis-

---

(12) *Samuelis Bocharti Opera omnia... editio quarta*, Lugduni Batavorum, 1712, I col. 1094-1097.

(13) Une exception cependant : André Beaunier (Revue des Deux Mondes, janvier 1918, p. 217) écrit : « ...le grave Samuel Bochart n'a point dédaigné de lui soumettre ses remarques d'érudit, et Saint-Amant réplique sans maladresse ».

(14) Saint-Amant s'est servi de la traduction de Génébrard, utilisant une des cinq éditions parues entre 1609 et 1639 ; cf. R. A. SAYCE, *The French biblical Epic in the seventeenth century*, Oxford, 1955, p. 84.

sait de lectures faites dans une intention précise ; que d'ailleurs, s'adressant à un savant, Saint-Amant a fort bien pu en dire plus qu'il n'en avait fait, peut-être même se parer des plumes du paon, en empruntant à l'un de ses amis, à quelque confrère de l'Académie, la documentation nécessaire à son propos. Il ne faut cependant pas oublier qu'il connaissait depuis son enfance Samuel Bochart, fils de l'ancien pasteur de Rouen, que leurs bonnes relations avaient survécu à sa conversion au catholicisme (15), et que l'érudit devait savoir à quoi s'en tenir sur la science de son compatriote. Se serait-il donné la peine d'envoyer par deux fois des observations à quelqu'un dont il aurait connu l'ignorance, et qu'il aurait vu dans sa jeunesse (né en 1599, il n'avait donc que cinq ans de moins que Saint-Amant) ne recevoir qu'une instruction rudimentaire ? C'est d'autant moins vraisemblable qu'il use de termes extrêmement flatteurs ; même en tenant compte des usages de courtoisie et des formules de politesse, Bochart n'eût pas parlé d'un plaidoyer érudit, ni rappelé que les plus savants, eux aussi, sont sujets à des erreurs, s'il avait su qu'il s'adressait à un homme intelligent, capable de faire illusion par quelques lectures bien choisies, mais auquel manquaient les bases d'une instruction solide.

Signalons en passant qu'on a parlé, pour le *Moyse sauvé*, d'une source possible dans un poème latin paru quelques années plus tôt, le *Moyses viator* du jésuite Antoine Millieu (16) ; mais il semble bien que les ressemblances entre les deux ouvrages se limitent à un très court passage : on ne peut donc probablement rien en conclure (17).

La préface du *Moyse* contient, rapprochée de la lettre à Bochart, quelques indications intéressantes. Outre que Saint-Amant y cite déjà Josèphe et Philon, auxquels s'ajoutent Aristote, Horace et Polydore Virgile, il montre qu'il n'ignore pas les théoriciens modernes, « Scaliger, Castelvetre, Picolomini » ; et surtout il laisse échapper la phrase suivante, très significative : « ...sans m'arrester tout à fait aux règles des anciens, que je revere toutesfois et que je n'ignore pas... »

Ces quelques remarques suffisent, me semble-t-il, pour établir que Saint-Amant n'a pas été absolument sincère dans son *Avertissement*. Il serait du reste peu croyable que cet homme, dont les œuvres et l'existence révèlent la curiosité intellectuelle sans cesse en éveil, et s'exerçant dans tous les domaines, n'eût pas acquis, pour la satisfaire, les bases indispensables, parmi lesquelles il fallait toujours compter une culture classique au moins ébauchée.

(15) Cf. *Protestantisme*, p. 252.
(16) Un rapprochement est fait par Brossette dans son édition de Boileau, Genève, 1716, I 327.
(17) Cf. R.A. Sayce, *op. cit.*, p. 75.

Pourquoi a-t-il tenté de donner le change ? Plusieurs raisons doivent sans doute être invoquées.

N'oublions pas d'abord que cet *Avertissement* était un vrai manifeste, et que, dans un écrit de cette sorte, on est toujours tenté de schématiser, et de grossir les choses. Sur un autre point du reste il est facile de convaincre Saint-Amant d'exagération, pour le moins. S'élevant contre ceux qui pillent sans vergogne les ouvrages d'autrui, il fait une magnifique profession de foi, se défendant de jamais imiter qui que ce soit :

> ...je l'aborre tellement, que mesme si je ly par fois les œuvres d'un autre, ce n'est que pour m'empescher de me rencontrer avec luy en ses conceptions.   (I 14)

Comment, déjà, le croire ici sur parole ? Il poursuit :

> Il me semble desja que je vous oy dire que je ne laisse pas pourtant d'imiter, et qu'Ovide a traitté devant moy des Fables que j'ay escrites apres luy : Je le confesse, mais je n'ay pris de luy que le suject tout simple, lequel j'ay conduit et manié selon ma fantaisie : que s'il s'y rencontre en quelque endroit des choses qu'il ayt dittes, c'est que je les ay trouvées si convenables et si necessaires, que la matiere me les eust fournies d'elle-mesme, quand il ne m'en auroit pas ouvert le chemin, et que je ne les en pouvois oster sans faire une faute.

Voyez le bel apôtre ! Pouvait-il cependant vraiment s'imaginer qu'on le croirait sur parole, sans aller y regarder de plus près ? A l'égard d'Ovide, mis en cause nommément, le poète n'est pas exempt de ce qu'il reproche si véhémentement aux autres. Il est aisé de faire, surtout entre l'*Andromède* et les *Métamorphoses,* certains rapprochements significatifs, qui ne sauraient être de simples rencontres d'expression.

On ne peut donc faire entièrement confiance à Saint-Amant lorsqu'il proteste de son originalité, quelque catégoriques que soient ses déclarations ; dès lors, n'avons-nous pas le droit de mettre en doute ce qu'il affirme sur ses études et ce qu'elles auraient eu d'incomplet ?

Déjà Baillet, vingt-cinq ans environ après sa mort, le soupçonnait de s'être livré à un véritable calcul. Saint-Amant se vante, écrivait-il, « de n'avoir jamais passé par la ferule, dans la pensée que ses Lecteurs y auront égard, et qu'ils considéreront ses fautes avec plus d'indulgence ». Mais, ajoutait-il, son but n'a pas été atteint, et « quelques-uns de nos critiques luy ont fait voir qu'il s'est trompé » (18). C'est à un calcul également que songeait E. Lesens à la fin du siècle dernier, mais il mettait en cause la

---

(18) BAILLET, *Jugemens des Savans*, P., 1722, V 243.

vanité du poète, désireux « de prouver par là qu'il avait puisé
dans son propre génie, en dehors de toute éducation sérieuse, son
talent de poète » (19). Je crois qu'il n'avait pas tort. Le témoignage
de Tallemant, qui a bien connu Saint-Amant, vient à l'appui de
son hypothèse. Le mémorialiste ne manque pas une occasion de le
taxer de suffisance : « Fier à un point estrange, qui se louë jusqu'à faire mal au cœur », déclare-t-il, en accompagnant son affirmation de deux anecdotes (20) ; plus loin il revient à la charge :
« Il se tient au-dessus de tout le monde (21) ». On pourrait objecter que Tallemant eut toujours la dent dure pour Saint-Amant,
parfois injustement. Mais ici les préfaces et les épîtres de dédicace
confirment son témoignage. C'est la préface du *Passage de Gibraltar*, qui proclame :

> Je croy que ma Muse ne s'y sera pas épargnée, et que peu de gens
> s'en fussent mieux acquittez que moy.   (I 288)

C'est l'épître au comte d'Arpajon de 1649, ou il ne craint pas
d'écrire :

> Si j'estois un faiseur de Panegyriques, et que mon talent s'estendit
> aussi bien sur la Prose, que peut-estre il se peut vanter par dessus
> le commun de s'estendre sur les Vers...   (I 375)

C'est enfin la préface du *Moyse sauvé*, où se trouve cette déclaration :

> Ce n'est pas que je n'embrasse avec plaisir et avec ardeur les
> matieres les plus difficiles, et les plus relevées ; et que quelques
> leçons de temperance et d'humilité que je fasse à mon Genie, il
> ne presume en soy-mesme, que si je luy eusse donné un champ,
> où selon toute l'estenduë de l'Heroïque, il eust eu lieu de monstrer
> tout son courage et toutes ses forces, il se fust, possible, acquité
> avec autant d'honneur des plus grandes choses que des plus
> petites : Ce n'est pas, dis-je, que dans une certaine vanité
> secrete, dont la Muse a bien de la peine à se deffendre, il ne
> croye avoir produit quelques eschantillons qui peuvent legitimer
> en quelque sorte la bonne opinion qu'il a de luy, et faire voir
> qu'il n'est jamais mieux dans son Element, que lors qu'il s'en-
> fonce dans les sujets les plus graves et les plus sublimes....
> (II 144)

Qui ne voit, sous l'apparente modestie des formules, derrière les
« peut estre » et les « possible », apparaître l'orgueil de l'écrivain,
qui n'a pas tort d'avoir conscience de sa valeur, mais le montre
un peu trop, et se laisse entraîner plus loin qu'il ne serait raisonnable ? Il peut bien, ensuite, écrire :

---

(19) *Art. cit.*, p. 80.
(20) I 589.
(21) II 630.

Mais c'est une flaterie de l'amour propre que je desavouë tout-à-fait, et que je ne veux escouter en aucune des façons du monde.

Personne ne le croira.

Or, parmi ses prétentions les mieux établies, se trouve celle d'être original ; nous la retrouvons encore dans la préface du *Moyse,* lorsqu'il écrit :

> Il est vray que je ne me plais pas beaucoup à me parer des plumes d'autruy, comme la Corneille d'Horace ; et que la plupart du temps je ne m'amuse à faire que des bouquets de simples fleurs tirées de mon propre Parterre.   (II 143)

Quel meilleur moyen, pour se faire reconnaître comme tel, que de proclamer bien haut qu'on n'a pas étudié, que les Grecs et les Latins vous sont des inconnus, et que tout est tiré de votre propre fonds ? C'est ce qu'il a fait, et beaucoup s'y sont laissé prendre.

Une autre raison, soulignée par M. Adam (22), est le modernisme. Ne nous arrêtons pas sur ce point, car ce sont toutes les théories littéraires de Saint-Amant qui sont en jeu. Il est certain en tout cas, à une époque où la base de la culture restait essentiellement gréco-latine, que celui qui voulait répudier l'antiquité se trouvait entraîné à rejeter en même temps cette culture, au moins en paroles : Saint-Amant n'y a pas fait exception.

J'insisterai davantage sur un point qui me paraît essentiel. M. Magendie a jadis accumulé les textes attestant l'ignorance à peu près générale de la noblesse au début du XVIIᵉ siècle (23). Il rappelle, par exemple, que le duc de Montbazon était pris à partie dans une pièce de Guillaume Bautru, au titre significatif de l'*Onozandre,* qui contient ces vers typiques :

> Onozandre, occupé à ne croire qu'un homme
> Qui sçait parler Latin puisse estre Gentil-homme.

Un peu plus tard, entre 1645 et 1660, cela devient presque une tradition, et un thème, de critiquer la pauvreté intellectuelle des courtisans — thème qui contient toujours une part de vérité (24). On conçoit dès lors quelle sera l'attitude de Saint-Amant. Faut-il rappeler que ce fils de bourgeois transforme peu à peu le nom qu'il avait reçu à son baptême, qu'entre 1625 et 1627 il devient sieur de Saint-Amant, qu'en 1628 il est écuyer ? Il cherche à s'agréger à ce milieu de gentilshommes parmi lesquels le savoir n'est pas toujours en honneur, et ceux-ci l'accueillent avec faveur ; sa première préoccupation sera de se mettre à l'unisson, et, puisqu'il

---

(22) Adam, I 93.
(23) M. Magendie, *La Politesse mondaine et les théories de l'honnêteté en France au XVIIᵉ siècle*, P., s.d. (1925), pp. 51-55.
(24) *Ibid.,* pp. 498-499.

est poète, de prétendre qu'il tire tout de lui-même, car il n'a pas étudié. « Pour un homme de ma profession, et de la vie que je meine, ce n'est pas tant mal s'escrimer de la plume » ; ainsi termine-t-il son *Avertissement* de 1629. Cette formule est du reste loin de lui être particulière : volontiers les écrivains d'alors, feignant de s'être laissé dérober leurs productions, ou de céder aux sollicitations pressantes de leurs amis, prétendent ne guère attacher d'importance à ce qui n'a jamais été pour eux qu'un passe-temps. Il existait, même chez les auteurs, un « climat » favorable à de belles déclarations d'ignorance.

Reste un problème à résoudre : comment se fait-il que des contemporains, dont certains le connaissaient fort bien, aient pu s'y laisser tromper ? Le cas, remarquons-le, n'est pas unique. Mairet alliait à ce sujet les noms de Saint-Amant et de Racan ; mais voilà déjà longtemps que Louis Arnould a remis les choses au point pour ce dernier : une de ses habituelles vantardises d'ignorance, soigneusement recueillie par Costar, est à l'origine de la légende pieusement répétée pendant trois siècles (25). Ce qui s'est passé pour Racan a bien pu se passer, *mutatis mutandis*, pour Saint-Amant.

Les témoignages contemporains sont, à ma connaissance, au nombre de quatre : ceux de Mairet, de Chevreau, de Rosteau, et de Tallemant. Ecartons d'emblée le premier, puisqu'il n'a pas d'autre source que les déclarations de notre poète. Chevreau connaissait très bien Saint-Amant : nous en avons la certitude par ses œuvres, et par la dédicace que lui adressa le poète en 1653, sur un exemplaire du *Moyse sauvé*. Or il affirme nettement que son ami ne savait ni latin, ni grec. Comment l'expliquer ? Peut-être Chevreau, qui ne publia qu'à quatre-vingts ans le volume dans lequel se lit cette phrase, s'est-il plus ou moins inconsciemment laissé influencer par les écrits de Saint-Amant, rouverts pour rafraîchir des souvenirs trop anciens. Mais il y a mieux. On a remarqué qu'après 1640 ceux qui déplorent l'ignorance des courtisans sont fort souvent des érudits (26) : or Chevreau en était un. Il s'agirait de savoir ce que voulait dire pour lui « ne pas savoir de latin ». Tout est relatif ; Saint-Amant, qui n'était assurément pas un latiniste de première force, et préférait dissimuler ce qu'il savait plutôt que d'en faire étalage, passait facilement aux yeux de son savant ami pour un profane en la matière (27).

---

(25) L. Arnould, *Racan* (1589-1670). *Histoire anecdotique et critique*, P., 1896, p. 58.
(26) Magendie, *op. cit.*, p. 499.
(27) M. Lebègue me rappelle le « Marotus latine nescivit » de Boyssoné, et la discussion à ce sujet (par exemple, H. Guy, *Clément Marot et son école*, P., 1926, p. 110).

Que valent les assertions du chirurgien Rosteau, l'ami de Scarron (28) ? Voici ce qu'il dit peu de temps après la mort de notre
poète (sept ou huit mois, précise-t-il), dans le recueil, resté manuscrit, de ses « sentiments » sur divers écrits :

> Il a esté facille de cognoistre en la personne de St Amant ce que
> peut un beau genie sans estre aydé d'aucune institution. En
> effet sans le secours des premieres estudes qui font ordinairement
> le fondement des belles cognoissances et sans latin il a produit
> d'aussy belles choses en nostre poesie françoyse qu'autre de son
> temps (29).

On notera l'outrance des termes: « aucune institution » (au sens,
alors courant, d'éducation), « sans le secours des premières estu-
des ». A l'en croire, Saint-Amant ne se serait jamais assis sur les
bancs de l'école, il aurait tout tiré de son « beau génie » et de ce
qu'il a appris de sa propre initiative. Il est inconcevable qu'il en
soit ainsi. Il me semble presque certain que Rosteau a pris au pied
de la lettre, et interprété à sa façon, les déclarations que lui offrait
l'*Avertissement* de 1629. La notice qu'il consacre aux œuvres de
Saint-Amant est d'ailleurs brève et superficielle ; elle ne donne
guère l'impression qu'il ait connu personnellement celui dont il
parle, et dont il dit simplement :

> C'estoit un homme d'humeur libre pour ne dire licentieuse, et
> qui marque assez dans ses œuvres qu'il aymoit les desbauches.

On présente toujours Rosteau lui-même comme un viveur, habitué des sociétés de goinfres, ne s'occupant guère de littérature qu'à
ses moments perdus ; mais ses notes de lecture prouvent l'étendue de sa culture, dans laquelle les Anciens tiennent leur bonne
place. Sans être un érudit comme Chevreau, il devait considérer
avec un certain mépris un écrivain qui répudiait, en somme, cette
Antiquité dont il était lui-même nourri.

On retrouve la même exagération, systématique, chez Tallemant, lorsqu'il écrit :

> Il a du genie, mais point de jugement ; il ne sçait rien et n'a
> jamais estudié... Il avoit pretendu pour son Moyse une abbaye
> ou mesme un evesché, luy qui n'entendoit pas son breviaire...
> (30).

M. Adam note qu'il « se place ici au point de vue de l'huma-
nisme contemporain, pour qui la seule étude véritable est celle du
latin et du grec » (31). Mais le mémorialiste va plus loin par
ces mots : « Il ne sçait rien », qu'on ne peut accepter pour peu

---

(28) Voir sur lui H. CHARDON, *Scarron inconnu*, P., 1904, I 301-310.
(29) Bibl. Ste-Geneviève, ms. 3339, p. 74.
(30) TALLEMANT, I 589.
(31) *Id.*, I 1196.

qu'on ait parcouru les œuvres du poète. Cependant Tallemant l'a bien connu ; si l'on veut récuser son témoignage avec quelque apparence de justice, il convient d'éclaircir les raisons qui l'ont amené à condamner sans appel, quitte à se rendre coupable d'une entorse à la vérité.

Une chose est sûre, Tallemant n'aimait pas Saint-Amant. Lui aussi faisait des vers: éprouvait-il par hasard quelque jalousie d'auteur? Il n'est pas toujours tendre pour d'autres rimeurs, pour Bensserade, par exemple, dont il dit, reprenant presque les termes employés pour Saint-Amant : « Il a du génie, mais il ne sçait rien (32) ». Mais je crois qu'il y a autre chose, beaucoup plus important.

D'abord, une conséquence de mésententes familiales. Saint-Amant était ami de Pierre Tallemant, sieur de Boisneau (33) ; or celui-ci n'était que le demi-frère de Des Réaux, lequel laisse entendre que l'harmonie ne régnait pas toujours entre les enfants des deux lits (34). E. Magne parle même d'une « scission » qui s'était produite avec le temps : cela me paraît aussi exagéré que le pittoresque tableau qu'il trace ensuite des relations entre notre poète et Boisneau, où presque tout est de son invention (35). Pourtant il y eut certainement des frottements, et le mémorialiste devait être naturellement porté à juger sans indulgence les amis de son demi-frère.

On sait d'autre part quel rôle ont joué au XVIIe siècle les coteries, rôle qu'ont mis spécialement en valeur les travaux de M. Adam. Or, quand Tallemant se met à la rédaction de ses *Historiettes,* le milieu dans lequel semble évoluer Saint-Amant est un de ceux sur lesquels il s'acharne ; le poète fréquente, entre autres, Costar, chez lequel il fait un séjour, et le personnage est fort ridiculisé par Tallemant. Rien d'étonnant, en fin de compte, qu'il ait englobé Saint-Amant dans ses antipathies, rapportant sur son compte ce qu'il pouvait trouver de peu flatteur, et poussant les choses à l'extrême.

Avant de quitter ce sujet, apportons un dernier argument. Dans sa correspondance, Chapelain parle à plusieurs reprises de Saint-Amant ; s'il signale son embonpoint et son goût pour le vin, nulle part il ne fait la moindre allusion à son manque d'instruction. Peiresc ne le fait pas davantage, non plus que les frères Dupuy, qui ne sont pourtant pas toujours bien disposés à son égard.

En fin de compte, j'estime qu'il est bien difficile de refuser à Saint-Amant une culture classique au moins superficielle, telle

---

(32) II 493.
(33) « Mon frère aisné », dit Tallemant, II 630 ; il avait deux frères plus âgés que lui, mais c'est toujours l'aîné de tous, Pierre, qu'il désigne ainsi.
(34) II 572.
(35) E. MAGNE, *La Joyeuse Jeunesse de Tallemant des Réaux*, P., 1926, p. 100.

que pouvait l'avoir un élève, même médiocre, ayant fait au collège des études d'une durée normale. Il sut du reste compléter cette culture, en particulier par l'étude des langues étrangères. « Il entendoit l'Anglois, l'Epagnol, l'Italien », écrit Chevreau. Son anglais se bornait peut-être à ce qu'il avait retenu de ses séjours à Londres en 1631 et 1643, à moins que son père, qui avait probablement vécu plusieurs années en Angleterre, n'en eût inculqué les rudiments à ses enfants. L'espagnol et l'italien étaient les langues qu'un « honnête homme » se devait alors de connaître (36). Nous savons par Chapelain que, pour l'italien en tout cas, Saint-Amant était un véritable connaisseur, familier de la littérature d'au-delà des monts. « Pour son *Adone* », écrit-il par exemple, parlant de Marino, « c'est une mer qui n'a ni fond ni rive et que jamais personne que Saint-Amant n'a pu courir entièrement » (37).

Ne manquons pas de signaler que Saint-Amant pratiquait avec brio un art auquel, certainement, il s'était initié dès sa jeunesse : celui du luth. Jouer de cet instrument était un talent fort apprécié. « Je veux encore, s'il se peut, qu'il sçache jouer du Luth et de la Guiterre, puisque nos Maistres et nos Maistresses s'y plaisent », écrivait Faret (38). Il pouvait être content, sur ce point, de son ami. Plus d'une fois celui-ci fait allusion à ses capacités, parfois sans modestie. Nous avons confirmation de ce talent, par une poésie anonyme, *Louange de Clidamant, à Lysis* (39). Après avoir couvert d'éloges les vers de Saint-Amant, le rimeur poursuit :

> Mais on ne doit pas seulement
> Pour cela l'aller estimant :
> C'est encore pour ce qu'il trace
> Des notes de si bonne grace
> Et qu'il les sçait faire parler
> D'un si doux et si gentil air
> Aux cordes de sa docte Lyre
> Qu'on ne sçauroit pas en eslire
> Aucun dans le siecle passé
> Qui l'ait en cela surpassé.

L'ayant comparé successivement à Orphée, puis à Amphion, il continue :

> Aussi son luth a-t-il des traits
> Si pleins de graces et d'attraits,
> Qu'il pourroit par leur energie

----

(36) FARET, *L'Honneste Homme ou L'Art de plaire à la cour*, éd. Magendie, P., 1925, p. 31.

(37) CHAPELAIN, II 217.

(38) *Op. cit.*, p. 16.

(39) *Jardin des Muses*, P., 1643, p. 181. Le *Recueil de diverses poésies choisies*, P., 1666, donne comme titre : « Louange de Saint Amand, sous le nom de Clyda-mant à Lysis. »

> S'il vouloit comme par magie
> Ensorceler bons et pervers,
> Et se gagner tout l'Univers.

Ajoutons le témoignage de Théophile, écrivant en 1624 dans sa *Prière aux poètes de ce temps :*

> Saint-Amant sçait polir la rime
> Avec une si douce lime
> Que son luth n'est pas plus mignard (40),

ainsi que les déclarations de Faret, dans sa préface aux *Œuvres* de notre poète :

> ...et jusques au son et à la cadence de ses Vers il se trouve une harmonie qui peut passer pour sœur legitime de celle de son Luth,   (I 9)

et dans celle qu'il plaça en tête de son *Honneste Homme :*

> ...et que vous jouez de la guitare et du luth comme mon cher ami M. de Saint-Amant, ou comme nostre moderne Orphée, M. d'Assoucy.

Boissière enfin, dans la *Pauvreté des Muses,* n'oublie pas l'instrument, quand il silhouette

> ...Saint-Amant dans ce rebut
> Le ventre creux comme son Luth
> Pensant vivre de la fumée
> Du tabac de sa renommée (41).

Saint-Amant et son luth, c'était devenu une habitude de ne pas les séparer.

Il ne faut pas l'oublier cependant, les études, quelles qu'elles aient été, n'ont représenté qu'un aspect de sa formation, et celui qu'il estimait lui-même le moins important (mais était-il sincère?). Bien plus décisifs, à l'en croire, ont été la fréquentation du monde et les voyages qu'il accomplit durant sa jeunesse.

Pour ces derniers, nous en serons malheureusement réduits aux hypothèses ; j'espère néanmoins qu'une critique serrée des éléments dont nous disposons aboutira à des conclusions qui seront jugées vraisemblables. Mais il est indispensable d'utiliser les documents tels que nous les avons, sans nous embarrasser d'idées préconçues, et surtout sans nous laisser influencer par ce que l'on a écrit sur ces voyages, trop souvent avec une grande fantaisie.

---

(40) *Œuvres complètes,* éd. Alleaume, II 177.
(41) Je cite d'après le *Nouveau Recueil des plus belles poésies,* P., Loyson, 1654 ; mais la pièce est antérieure d'une trentaine d'années.

Saint-Amant, pour sa part, ne dit pas grand chose de bien précis. Le texte le plus important se trouve dans l'*Avertissement* des *Œuvres* de 1629, où on lit :

> ...la diversité des choses merveilleuses que j'ay veuës dans mes Voyages tant en l'Europe qu'en l'Afrique, et en l'Amerique, jointes à la puissante inclination que j'ay euë dès ma jeunesse à la Poësie m'ont bien valu un estude.   (I 12)

Notons tout de suite qu'il ne parle pas de l'Asie, ce qui, nous le verrons, a son importance. Les allusions plus précises sont rares, et le plus souvent fort vagues. En 1658, dans la *Vistule sollicitée,* est évoqué l'Etna :

> ...moy qui sans crainte ay razé les dangers
> Et des Bords naturels, et des Bords estrangers ;
> Qui du large Ocean ay traversé le Gouffre,
> Qui sur l'un de ses bras ay veu luire le Souffre
> Que vomit la Montagne, où d'un coup renvoyé
> Tonne contre le Ciel l'enorme Foudroyé...   (II 20)

Voilà la seule indication qui puisse se rapporter à des voyages « en l'Europe » remontant à ces années de jeunesse. Saint-Amant rappelle dans ce passage, dont quelques vers ont déjà été cités, des souvenirs anciens ; et l'on ne voit pas à quel moment, dans la suite de son existence, il aurait pu descendre jusqu'en Sicile ; quant à préciser davantage, inutile de l'essayer.

En ce qui concerne les autres continents, on ne trouve guère à glaner que des indications sur un passage aux îles Canaries. Saint-Amant en parle dans la *Vigne :*

> Non pas pour ces grandes prairies
> Que la saison qu'aux Canaries
> Mes yeux ont veu regner jadis
> Comme en un second Paradis,
> En Janvier mesme rend si vertes,
> Et de tant de troupeaux couvertes,
> Qu'on n'y sauroit lequel choisir,
> Ou du profit, ou du plaisir.   (I 168)

Plus tard, il consacrera un sonnet à *l'Automne des Canaries*. Et c'est pratiquement tout ; le reste, ou demeure si vague qu'on peut légitimement se demander s'il ne s'agit pas d'un simple jeu littéraire, voire d'une imitation — c'est le cas d'une épigramme du *Dernier Recueil,* parue sous le titre *Le Voyageur* (II 60) —, ou ne permet qu'une localisation très approximative. Dans sa lettre à Samuel Bochart, par exemple, Saint-Amant affirme avoir vu « en divers lieux » des dattiers ; par malheur il ne songe pas à préciser davantage. Ailleurs il nomme « le Cocos, fruit délecta-

ble » (I 200), dont il parle certainement par expérience : nous y reviendrons tout à l'heure.

Il est assez étonnant que les souvenirs précis de ses voyages ne tiennent pas une place plus importante dans l'œuvre du poète. Pas un mot, par exemple, du passage de la ligne, qui aurait pu facilement devenir prétexte à développements pittoresques ; pas un mot non plus des trombes, ou « puchots », qu'il savait décrire avec force détails à ses interlocuteurs, nous allons le voir. Nous n'avons pas affaire à des récits de voyage, mais à de la poésie : il est toutefois étrange, pour quelqu'un qui se vante d'avoir « traversé le gouffre » de l'Océan, de ne pas nous offrir la plus petite description de tempête !

La correspondance de Peiresc, par chance, apporte un précieux supplément d'information. C'est à son retour d'Italie, en 1633, que Saint-Amant passa voir celui-ci, qui connaissait et appréciait ses œuvres, et se montra enchanté de la visite. Peiresc, l'universel curieux, n'eut de cesse que le poète — je devrais plutôt dire le voyageur — ne lui eût longuement parlé de ses expéditions de jeunesse. Nous avons les échos de ces récits dans les lettres qu'il adressa à ses amis, et dont voici les passages les plus intéressants pour notre propos :

> Nous avons icy gouverné tout le jour d'hier le sieur de St Amand de retour de Rome avec un grand playsir d'ouyr le recit de ses poemes et de ses peregrinations jusques aux Indes, ensemble de celles d'un sien frere qui y est allé bien plus avant que luy et qu'il dict avoir veu en la Jave majeure, en la province de Batas, plusieurs de ces animaux qui font un troisiesme genre entre l'homme et le singe... Il a veu des forests d'orangers et citronniers saulvages si grandes que c'estoit à perte de veue vers le Tagris en la coste occidentale d'Afrique... (42).
> C'est un trez agreable et trez doux entretien que celuy de ce gentilhomme qui a esté aux Indes plusieurs fois, et a observé des choses bien curieuses, particulièrement soubs la ligne ou entre les Tropiques, où il a veu des grandes forests à perte de veue d'orangers et de citronniers au droict du Tagrin à la coste occidentale d'Afrique. Il a veu quelquefoys en cet endroit là sept ou huit foys pour un jour de ces puissots (selon qu'ils les appellent en Normandie)... qui en plein jour et jamais la nuict, viennent du ciel puiser de l'eau avec un bruict et une violance effroyable, et font perdre les navires, s'ils s'adressent à prendre leur route sur eulx... Il nous dict qu'un sien frere avoit esté encore plus avant que luy dans les Indes (43).

D'autres lettres de Peiresc n'apportent aucun renseignement supplémentaire, pas plus que sa vie écrite par Gassendi, qui mentionne la visite du poète et ses récits.

_____

(42) PEIRESC, II 671 (à MM. Dupuy).
(43) *Id.*, IV 393 (à Gassendi).

Avant de pousser plus avant, il conviendrait de s'entendre sur
le degré de créance qu'on peut accorder aux déclarations de Saint-
Amant. « Nous avons un Proverbe populaire, a beau mentir qui
vient de loin ; et ce Proverbe, qui est pour les Voyageurs, doit
regarder aussi les Poëtes. » En écrivant plus tard ces lignes (44),
Chevreau ne pensait-il pas malicieusement à son ami, qui réunissait en sa personne la double qualité de voyageur et de poète ?
Il n'aurait en tout cas pas été le premier à insinuer que notre
homme, à l'occasion, avait enjolivé la réalité. Au reçu de la lettre
que leur avait écrite Peiresc, les frères Dupuy, renseignés sans
doute par quelque relation parisienne, attirèrent l'attention de
leur correspondant sur la prudence qui s'imposait, et la nécessité
de contrôler soigneusement les dires de leur hôte, car il leur répondit quelques jours plus tard en ces termes :

> Quant au sieur de St Aman, je ne voids pas qu'il nous en ayt tant
> peu donner à garder (*c'est-à-dire nous en faire accroire*), quelque
> mauvaise reputation dont on l'ayt voulu charger, aux discours
> que je vous en ay faicts.

Et Peiresc d'invoquer, pour les singes dont il lui a parlé, « le
portraict que le frère de M. Grotius envoya, 3 ou 4 ans il y a, d'un
animal fort approchant à cette nature », et une relation manuscrite d'Afrique ; pour les trombes, la même relation, et les récits
de « nos matelots qui en ont aulcunes foys dans nostre mer Medi-
terranée, mais beaucoup moings frequents ». Il ajoute enfin :

> Comme ce qu'il nous dict des forests d'orangers est dans la rela-
> tion de Guillaume Schoutten, que je fis traduire et imprimer à
> Paris par le sieur Tavernier. Combien que nous n'y ayions pas
> toutes les particularitez que nous en apprend Mr de St Amand,
> mais puisque constat de corpore mortuo, comme l'on dict, les
> conjectures sont toujours recevables pour peu qu'il y ait de
> probabilité, et à plus forte raison des supplements de circons-
> tances qui rendent les choses toujours plus vraysemblables, et
> plus cogneues (45).

Je me trompe peut-être : ce passage me donne l'impression
que Peiresc s'efforce de défendre une cause qu'il sait médiocre.
Ses correspondants ne sont pas gens à paroles en l'air, et ne se ris-
queraient pas à jeter la suspicion sur la véracité de quelqu'un sans
avoir des raisons pour cela. Mais le savant, que les récits de Saint-
Amant ont visiblement enchanté, serait désolé qu'ils fussent non
pas forgés de toutes pièces, il n'en est pas question, mais trop
enjolivés : d'où sa réaction. Elle n'enlève rien au fait que, grâce
aux frères Dupuy, nous pouvons soupçonner notre voyageur d'un

---

(44) *Chevraeana*, p. 385.
(45) PEIRESC, III 9.

peu d'exagération dans ses récits passionnants. On se rappellera d'ailleurs qu'il existait certaines divergences entre la façon dont il présentait le rôle de son frère Salomon lors du combat dans l'océan Indien et le récit d'Augustin de Beaulieu ; à ce propos déjà son exactitude avait pu être mise en doute. Les deux faits se corroborent, acquérant ainsi plus de poids.

Soyons donc prudents dans l'utilisation de nos maigres renseignements. Il ne faut tenir compte que de ce qui paraît, en définitive, incontestable, c'est-à-dire ceci : avant 1620 Saint-Amant a vu une partie de l'Afrique, dont certainement les Canaries et le Tagrin, et de l'Amérique ; il a été aux Indes, plusieurs fois : et cette dernière précision permet d'affirmer que les voyages dont parle Peiresc sont différents de celui qu'entreprendra le poète en « ces Pays où l'on va chercher les Trésors » et qu'il annonce dans l'épître de dédicace de ses *Œuvres* de 1629 ; elle légitime ainsi l'emploi que nous faisons ici de ses lettres de 1633.

Que désigne Peiresc par le mot « Indes » ? A le lire, il semble qu'il s'agisse des Indes orientales. Je crois pourtant en dernière analyse que Saint-Amant n'a jamais doublé le cap de Bonne-Espérance. D'abord, il ne dit nulle part avoir été en Asie ; pour quelle raison l'omettrait-il, alors qu'il cite complaisamment l'Afrique et l'Amérique ? De plus, aucune allusion dans ses œuvres ne s'applique à cette partie du monde que ses contemporains désignaient sous le nom de « les Indes », c'est-à-dire, ainsi que l'écrit Moréri, « toute la partie de l'Asie qui est au Levant de la Perse, et au Midi de la Grande Tartarie », alors qu'au contraire il lui arrive à plusieurs reprises de rappeler plus ou moins ouvertement quelque fait se rapportant aux autres continents et à ce qu'il y a observé : il évoque par exemple « un vieux singe du Perou » dans la *Gazette du Pont-Neuf*, ou, dans la *Rome ridicule*, désigne le soleil par la périphrase « ce dieu du Perou » ; dans le *Melon* il vante « le Cocos, fruict delectable », qu'il a pu goûter aux Antilles ou en Afrique. Il faut aussi penser que les expéditions dans l'océan Indien restaient rares ; les navires, en général malouins, pourchassés par les Hollandais, voyaient souvent leur périple se terminer tragiquement (46) ; pendant ce temps, nous allons le voir, un voyage aux Antilles faisait figure, pour les marins normands, d'une sorte de routine. Pour toutes ces raisons, je crois qu'il nous faut penser aux Indes occidentales, soit que Peiresc ne se soit pas exprimé avec toute la clarté souhaitable, soit que Saint-Amant, en l'occurrence, lui en ait un peu « donné à garder ».

L'indication la plus précise que nous ayons concerne le Tagrin « en la coste occidentale d'Afrique ». Par une curieuse inadvertance, Tamizey de Larroque identifiait ce lieu avec le royaume de Tigré en Abyssinie : il faudrait vraiment que Peiresc eût été

_____

(46) Cf. LA RONCIÈRE, IV 255-296, *passim*.

très distrait, et à deux reprises, pour placer ce royaume sur la
côte occidentale ! Le nom se retrouve en fait dans de nombreux
récits de voyage, et désigne tantôt un cap, tantôt une rivière qui
se trouvait à peu près à l'emplacement actuel de la ville de Free-
town, en Sierra-Leone. « Le Samedy 23 de Novembre sommes parvenus au Cap de Serlione, et le soir avons mouillé à l'ancrage
ordinaire que les François appellent Tagrin », écrit par exemple
Beaulieu (47). C'était une escale habituelle pour les navigateurs,
qu'ils se dirigeassent vers le Cap ou vers le Brésil. Ils s'y munis-
saient des précieux citrons, si nécessaires pour lutter contre le
scorbut. C'est du reste la région dans laquelle les voyageurs notent
les « puissots » dont a parlé Peiresc. Beaulieu, qui vient de perdre
de vue des îles situées à vingt-cinq lieues du cap Tagrin, raconte :

> Le lendemain avons veu plusieurs puchots, qui sont tourbillons
> de vent descendans des nuées en la Mer, qui tournoyans attirent
> l'eau en amont, avec grande violence (48).

Sierra-Leone, Amérique, tels sont les deux points qu'on peut
considérer comme acquis ; et leur juxtaposition a son importance,
ainsi qu'on va en juger.

A la fin du XVIe siècle et au XVIIe, la ville de Honfleur a joué
un rôle important pour le commerce rouennais, comme port d'attache de navires affrétés par des armateurs de cette ville. Beaulieu
en partit l'année 1619, et bien d'autres en firent autant. De nombreux documents se rapportant à ces départs ont été étudiés par
deux érudits normands, Ch. et P. Bréard (49). A côté de navires
qui se dirigent vers le Canada pour s'y livrer à la pêche, on en
rencontre d'autres dont l'itinéraire réunit précisément deux noms
que nous venons de trouver : Sierra-Leone et Pérou, ce dernier
terme n'ayant pas son sens actuel, mais désignant la partie nord
de l'Amérique du Sud, tandis que les « îles du Pérou » sont les
Antilles (50). De 1575 à 1620 la mention de ces deux pays, et du
Brésil, sous une forme plus ou moins précise, est constante. On
trouve ainsi quinze fois de 1575 à 1584 la formule « pour la côte
de Serlione et Indes du Perou » ; en 1580 « Cap de Vert, Serlione,
côte de Mine et Perou, isles du Perou et terre ferme d'iceluy », et
« côte de Guynée, Serlione et isles du Perou » ; en 1606, « Serlione
et coste du Perou » ; en 1607 « Cap de Vert, Serlione, Guinée, Bre-
sil ». D'autres fois n'est mentionnée, en Afrique, que la Guinée ;

---

(47) *Op. cit.*, p. 2.
(48) *Ibid.*
(49) *Documents relatifs à la marine normande et à ses armements aux XVIe
et XVIIe siècles*, Rouen, 1889, pp. 141-178 et 201-204.
(50) *Ibid.*, p. 145.

fréquemment, surtout au XVIIe siècle, les actes parlent du « voyage de l'aval », sans plus préciser. En définitive nous avons la preuve d'un trafic très régulier entre l'embouchure de la Seine et le Brésil ou les Antilles. Les termes des contrats d'affrètement permettent de supposer que le plus grand nombre des capitaines embarquaient sur la côte d'Afrique du « bois d'ébène » avant de traiter de bois de teinture au Brésil, de sucre, de cacao, de tabac, de coton et d'indigo aux Antilles (51).

J'ai nettement l'impression que les fameux voyages de Saint-Amant « en l'Afrique et en l'Amerique » se sont réduits à ces expéditions de négriers et de trafiquants en bois ou denrées exotiques. C'est évidemment enlever à ces voyages, et du même coup à l'existence de notre héros, une bonne part de leur attrait de curiosité : remplacer de mystérieuses croisières par de vulgaires courses aux fins intéressées, quelle déchéance ! Ne perdons pas de vue cependant que Saint-Amant était le fils aîné d'un marchand. Puisque, dans le cas présent, nous n'avons guère le choix, et qu'en l'absence des documents qui seuls apporteraient une certitude il faut nous aventurer dans le domaine des hypothèses, encore devons-nous essayer de rester le plus près possible de la vraisemblance, qu'elle soit dans les faits ou dans la psychologie des personnages. Il me paraît raisonnable de supposer que pendant un certain temps au moins Antoine Girard espéra voir son fils lui succéder dans son négoce. Afin de lui donner l'expérience du monde qui lui était nécessaire, et de l'initier à ce commerce maritime qui faisait en partie la prospérité de Rouen, peut-être parce que lui-même l'avait fait dans sa jeunesse et que cela ne répugnait pas au tempérament du jeune homme, il le fit embarquer sur un de ces nombreux navires qui appareillaient d'Honfleur, et se rendaient sur la côte ouest d'Afrique, puis en Amérique. Très souvent les bailleurs de fonds étaient rouennais ; il est possible qu'Antoine ait confié son fils à un capitaine auquel un de ses amis avait ainsi prêté de l'argent : on rencontre souvent dans les contrats le nom de Lucas Le Gendre, dont j'ai signalé les relations avec les Girard. Un voyage de ce genre durait à peu près huit ou neuf mois, semble-t-il : cela n'était évidemment pas aussi long, ni aussi dangereux, que l'expédition entreprise jusqu'aux Indes orientales par Guillaume et Salomon, mais devait avoir un intérêt pratique plus immédiat.

Pouvons-nous fixer l'époque où cessèrent ces voyages qui, si mes hypothèses sont exactes, conduisirent plusieurs fois Saint-Amant dans les mêmes contrées ? Je serais tenté de répondre par l'affirmative. En 1619, on s'en souvient, a lieu le mariage d'Anne, sœur du poète, avec Pierre d'Azémar ; précédé par le contrat d'association pour l'exploitation de la verrerie, n'a-t-il pas été conclu

---

(51) *Ibid.,* pp. 148 et 203.

pour des questions d'intérêt uniquement, et parce qu'Antoine
Girard savait alors qu'il ne pouvait compter sur son fils pour l'aider ou lui succéder ? Cette année 1619 marquerait donc la fin
d'une période dans l'existence de notre héros, qui venait d'avoir
vingt-quatre ans, et, ne se sentant probablement aucun goût pour
le négoce, aurait décidé de l'abandonner à jamais pour se consacrer aux lettres, qui l'attiraient davantage. Il est vrai qu'en général on estime antérieurs son arrivée à Paris et le début de sa
carrière mondaine et littéraire ; là encore il conviendra d'examiner de près sur quoi repose l'opinion traditionnelle : il faut
indiquer tout de suite qu'elle ne repose sur rien.

Saint-Amant n'en reniait pas pour autant sa ville natale. Nous
le verrons y revenir constamment, et c'est peut-être pur hasard
qu'il n'y soit pas mort. J'ajoute que ses œuvres gardent des traces
de ses origines normandes. Quand il veut donner un nom, de fantaisie certainement, au héros de la *Chambre du Desbauché*, il l'appelle « Gouspin », c'est-à-dire « luron » en patois normand. Dans
la *Chanson à boire*, il écrit :

> Pour moy disant ce qui m'en plaist,
> C'est de le voir Seigneur de Briosne comme il est,
> Ce lieu vaut l'Estat des plus grands Roys,
> Puis qu'un Pot y tient autant que trois.   (I 181)

Livet voyait là une allusion à Chassaingrimont, de la maison de
Pot, alors que tout simplement le poète, qui connaissait sa province, savait que « la mesure de Brionne est une des grandes de
Normandie » (52). De même, il n'ignorait pas que Pitres, village
à quatre lieues de Rouen, sur l'Andelle, avait un grenier à sel (53),
d'où la mention, dans la *Chambre du Desbauché,* du « bœuf salé
de Pître ». Dans la *Cassation de soudrilles* il joint deux noms de
danses ou de chansons, la Robinette et la Guimbarde, tandis qu'à
la même époque Racan cite Robinette et Guéridon (54) : c'est que
la guimbarde est normande, tandis que Guéridon doit venir du
Poitou ou de la Marche (55). Tout cela s'explique mieux si nous
admettons que Saint-Amant, après avoir fait ses études dans sa
ville natale, ou tout au moins dans sa province, est resté quelques
années soit à Rouen, dans l'intervalle de ses voyages, soit en contact avec des Normands, durant ceux-ci. Qui sait ? Le futur com-

---

(52) Bruzen de La Martinière, *Grand Dictionnaire géographique et histori-*
que.
(53) *Ibid.*
(54) Racan, *Poésies*, éd. Arnould, I 237. Arnould voyait dans Robinette un
nom de servante, à tort je crois.
(55) Cf. V.H.L., VIII 281. « Guimbarde » est attesté en 1625 dans la *Muse*
normande.

mensal du duc de Retz et du comte d'Harcourt a peut-être aidé pendant un temps son père, « marchand bourgeois », dans son négoce. La chose n'aurait en tout cas rien d'invraisemblable.

CHAPITRE III

L'ARRIVEE DE SAINT-AMANT A PARIS (1619 ?)

A quelle date Saint-Amant a-t-il quitté Rouen pour venir s'établir à Paris ? Que furent les premières années qui suivirent son arrivée ? Questions importantes, puisque ce sont ces années, sans doute, qui ont orienté définitivement sa destinée. Il s'agissait, en fin de compte, d'abandonner un chemin tout tracé, qui l'aurait conduit à vieillir tranquillement dans le commerce rouennais, à se laisser marier, peut-être, avec la fille d'un marchand réformé, à seconder son père et son beau-frère dans l'exploitation de la verrerie. Il n'était pas fait pour cela, et c'est vers une existence plus agitée que le pousse son esprit aventureux.

Que de points, malheureusement, restent obscurs ! Pour quelle raison profonde, par exemple, abandonna-t-il la maison familiale? Etait-ce une aversion insurmontable pour le commerce auquel il se voyait destiné ? Ou le désir de se soustraire à une autorité paternelle trop intransigeante ? Etait-ce uniquement l'impérieux appel d'une vocation poétique irrésistible, et l'impossibilité dans laquelle il se sentait de la concilier avec d'autres occupations, avec, surtout, le milieu dans lequel elles l'auraient confiné — milieu réformé, et demeuré probablement assez austère ? Et puis, partant ainsi, était-il d'accord avec ses parents, ou les ponts se trouvaient-ils rompus, au moins provisoirement ? Savait-il à quelles portes il irait frapper dans la capitale, quels appuis, quels encouragements l'y attendaient ? Autant de questions auxquelles on aimerait répondre avec certitude. Trop souvent, cependant, nous en serons réduits à formuler des hypothèses, si même il ne faut pas conclure par un simple aveu d'ignorance, au terme de discussions qui risqueront de paraître bien longues. Impossible, pourtant, d'y échapper ; ici plus que partout ailleurs il est indispensable de déblayer le terrain, encombré par des affirmations dénuées de fondement, afin de retrouver à l'aide des textes authentiques les quelques éléments solides sur lesquels il est permis de s'appuyer.

Il existe, touchant les débuts de Saint-Amant dans sa nouvelle carrière, un schéma traditionnel qui n'a guère été sérieusement contesté. C'est en 1616, à vingt-deux ans, qu'il aurait débarqué sur le pavé parisien, pour s'attacher sans tarder à la fortune

d'Henri de Gondi, duc de Retz. Après la mort de Concini, au printemps de 1617, Retz quitte la cour pour se réfugier à Belle-Ile,
et son domestique, naturellement, le suit ; ils reviennent, le duc
étant rentré en grâce, au début de l'année suivante, et le poète rapporte dans ses bagages son ode de la *Solitude,* composée là-bas.

En fait, la belle construction s'écroule, en tout cas présentée
sous cette forme, pour la simple raison que Retz n'a pas quitté
la cour à ce moment. Selon Durand-Lapie, quelques jours après
le meurtre du favori, lorsque Marie de Médicis partit en exil, les
grands seigneurs suivirent son exemple. Rien de plus opposé à la
réalité. On assiste alors au contraire à un retour de ceux-ci vers
le roi. Le duc de Retz, le seul qui nous intéresse ici, bien loin de se
retirer dans ses terres, arrive de Bretagne le 4 mai (1) ; pendant
presque trois ans, il partage son temps entre la cour et cette province, dont il était gouverneur par commission (2), et c'est au
début de 1620 seulement qu'il s'éloigne de la capitale, à la suite
d'un duel manqué (3), et s'associe, pour peu de temps, à la coali-
tion formée contre Luynes autour de la Reine Mère. Il n'est pas
exclu que, durant ces années 1617-1620, il ait passé quelques jours
à Belle-Ile ; il n'avait probablement ni le loisir, ni l'envie d'y faire
de longs séjours.

On fait cependant souvent état d'un témoignage selon lequel
la *Solitude* aurait été composée à Belle-Ile. Saint-Amant lui-même
la nomme son « noble coup d'essay » ; s'il était vérifié, ce témoignage devrait nous amener à réviser notre jugement. Que faut-il
en penser ?

Il s'agit d'une lettre écrite le 15 décembre 1737 à Desforges-
Maillard, dont il faut chercher le texte dans un recueil de l'époque (4). Elle a pour auteur un « Monsieur Roger », habitant de
l'île, alors âgé d'environ soixante-dix ans (5). Desforges-Maillard
a passé chez lui quelques semaines en 1740, et porte sur son hôte
un jugement flatteur : « Il sçait beaucoup, il se souvient de tout
ce qu'il a lû, et son esprit ne vieillit point », écrit-il à son sujet (6).
Or, voici l'essentiel de ce que M. Roger racontait :

> Vous me demandez des nouvelles de Saint-Amant. Je vous
> dirai qu'il vint à Belleisle, il y a environ cent ans, non pas en
> exil, comme on vous l'a dit, mais à la suite du Duc de Retz,
> comme de sa Maison, en qualité de bel Esprit... Le Duc de Retz

---

(1) ARNAULD d'ANDILLY, *Journal inédit* (1614-1620), p. 301.
(2) RICHELIEU, I 444 (note d'Avenel à une lettre du 24 mars 1617).
(3) ARNAULD d'ANDILLY, *Journal inédit* (1620), p. 6.
(4) *Le Recueil du Parnasse, ou Nouveau Choix de pièces fugitives en prose et
en vers* (par Ph. de Prétot ?), P., 1743, II 454. La lettre est reproduite par O. de
GOURCUFF, *Le Poète Saint-Amant à Belle-Ile,* Vannes, 1889.
(5) DESFORGES-MAILLARD, *Œuvres nouvelles,* Nantes, 1882, II 109.
(6) *Œuvres, Amsterdam,* 1759, II 233.

dont je vous parle ayant mené à Belleisle M. de Saint-Amant, ce Poëte y demeura bien des années. Il y composa une grande partie de ses Ouvrages, et surtout sa Solitude qui est le meilleur de tous. Son Sonnet qui commence par ce Vers

> Assis sur un fagot, une pipe à la main

fut fait chez un Cabaretier du Bourg de Sauzon, nommé La Plante, dont la Postérité vit encore.

Saint-Amant étoit un débauché. La seule nature l'avoit fait Poëte. Le vin lui donnoit de l'enthousiasme ; car il n'aimoit pas l'eau, eût-elle été puisée dans la Fontaine d'Hippocrène. Mon ayeul maternel, Sénéchal de Belleisle (7), étoit du même goût, et intime ami de notre Poëte. J'ai encore une vieille armoire, sur laquelle nos deux champions montoient ; ils avoient entr'eux une petite table chargée de bouteilles de vin. Là, chacun étant sur sa chaise, ils y faisoient des séances de vingt-quatre heures.

Le Duc de Retz les venoit voir de temps en temps dans cette attitude. Quelquefois la table, les pots, les verres, les chaises, les Buveurs, tout dégringoloit de haut en bas. Quand Saint-Amant étoit malade à force d'avoir bû, il se retiroit dans une grotte qui porte encore le nom de « la Grotte de Saint-Amant » (8), où il a composé plusieurs de ses Pièces.

Voilà certes un tableau pittoresque, haut en couleurs — presque trop pour être vrai, tant il correspond à ce que l'on imagine d'un belle scène de beuverie, ainsi qu'à l'image traditionnelle de Saint-Amant, pilier de cabaret, composant ses plus beaux vers dans les fumées du vin. La lettre a été écrite plus d'un siècle après les événements qu'elle prétend rapporter ; il ne s'agit, en mettant les choses au mieux, que d'une tradition de famille, et l'on sait que celles-ci ne brillent pas toujours par une exactitude scrupuleuse.

Tout cela rappelle un racontar de ce même M. Roger, encore plus sujet à caution : c'est l'histoire de Boileau courtisant la fille du libraire Cramoisy, jusqu'au jour où quelque bonne âme l'informe que celle-ci reçoit, le soir, un mousquetaire dans sa chambre. Ch.-H. Boudhors a très bien marqué le peu de créance que mérite cette anecdote (9). Pas davantage il ne faut accepter ce qui nous est raconté sur Saint-Amant. M. Roger n'était plus jeune à l'époque, et, malgré les éloges que lui prodiguait Desforges-Maillard (peut-être pour donner plus de crédit aux histoires piquantes

---

(7) Livet, dont l'erreur est pieusement recueillie depuis lors, écrit « le Maréchal de Belle-Ile » ! Ce Sénéchal serait sans doute Guillaume Ballay ; sa signature paraît souvent dans les registres du Palais.

(8) Il existe toujours, à Belle-Ile, une grotte baptisée de ce nom ; est-il bien sûr qu'elle ne l'ait pas été plus anciennement, c'est une autre histoire. Je connais également à l'Ile-d'Yeu une « Grotte de Saint-Amant » ; l'origine du nom n'y est pas douteuse : il s'agit du saint évêque du VIIe siècle, qui fut novice dans un monastère de l'île. Je soupçonnerais volontiers une origine analogue à Belle-Ile.

(9) BOILEAU-DESPRÉAUX, *Odes et poésies diverses*, P., 1941, p. 245.

qu'il rapportait), il se pourrait fort bien qu'il eût embrouillé ses
souvenirs. En tout cas, l'exagération est manifeste : Saint-Amant
n'est certes pas resté à Belle-Ile « bien des années », et n'y a pas
composé « une grande partie de ses ouvrages ». Pour M. Roger,
né vers 1670, la *Solitude* est restée l'œuvre marquante du poète,
celle qui a presque trouvé grâce aux yeux de Boileau ; quelle tentation de la rattacher aux lieux dans lesquels il vit ! Il est curieux
qu'il ne dise pas un mot du *Contemplateur,* qui y fut effectivement
composé ; n'y a-t-il pas eu, dans les souvenirs du vieillard, confusion entre les deux poèmes, qui ne sont pas sans présenter des
traits communs ? Quoi qu'il en soit, son témoignage ne mérite
pas d'être retenu.

D'ailleurs, si je parlais plus haut d'un schéma traditionnel, il
est juste d'indiquer que F. Lachèvre avait déjà mis en lumière un
fait qui lui paraissait, à juste titre, nous contraindre à reculer de
quelques années la « domesticité » de Saint-Amant chez le duc
de Retz. Avant d'être recueilli dans le volume des *Œuvres* de 1629,
le poème de l'*Arion* avait paru séparément en 1623. Il est dès lors
dédié au duc de Montmorency, comme il le restera ; mais on
relève dans les derniers vers une variante importante. Ce qui
deviendra, en 1629 :

> Invincible Heros, dont la valeur m'estonne,
> Reçoy ces nouveaux fruits que ma Muse te donne,   (I 81)

était, en 1623 :

> Invincible Heros, mon unique Mecene,
> Reçoy ces nouveaux fruits qui naissent de ma veine.

La conclusion s'impose : le poète n'aurait pu nommer un autre
son unique Mécène s'il avait été depuis plusieurs années au service de Retz (10). Le fait qu'il ait éprouvé le besoin de modifier
son texte en 1629 est peut-être encore plus significatif.

On m'objectera qu'une part des affirmations traditionnelles
n'est pas touchée par ce qui précède. Il a pu venir à Paris dès
1616, et n'entrer que plus tard au service d'Henri de Gondi. Encore
faudrait-il trouver, dans les témoignages contemporains ou dans
les œuvres du poète, ce qui serait susceptible d'étayer cette hypothèse.

On a souvent cru que les *Mémoires* de Marolles fournissaient
une indication précieuse, parce qu'exactement datée, permettant
d'affirmer la présence à Paris de Saint-Amant dans les premiers

---

(10) LACHÈVRE, II 453.

mois de 1619 au plus tard. Marolles raconte comment, au début
de l'année, il vint se loger dans la rue Saint-Etienne-des-Grecs
(aujourd'hui rue Cujas), chez un certain Piat Maucors, « qui
tenoit force honnêtes gens en pension ». Dans les pages qui suivent, il mentionne, un peu pêle-mêle, ceux qu'il fréquentait durant
les années qu'il y passa, soit qu'il les vît chez son hôte, où s'était
formée une espèce de « petite Académie », soit qu'il allât les visiter en leurs demeures. A la fin d'un paragraphe, après avoir parlé
de Nicolas Coëffeteau, qu'il rencontrait au couvent des Jacobins,
et des Jésuites du collège de Clermont, il ajoute :

> Ce fut aussi dans le même logis que je vis la premiere fois Mon-
> sieur de Saint-Amant, qui s'est acquis tant de réputation par
> ses beaux Vers, aïant composé dès-lors son Poéme de la solitude,
> qui fut reçu avec tant d'applaudissement (11).

L'importance de ce passage saute aux yeux ; encore faut-il ne
pas lui faire dire ce qu'il ne contient pas. En fait, Marolles n'indique nullement la date exacte à laquelle il fit la connaissance de
Saint-Amant, début d'une amitié qui ne devait se rompre que par
la mort du poète. Ce fut « dans le même logis » ; mais celui-ci
resta son point d'attache jusqu'à la fin de l'année 1622, où il alla
loger à l'hôtel de Nevers (12). Tout ce que nous sommes en droit
d'affirmer, par conséquent, c'est que la rencontre s'est produite
avant 1622, et que, par suite, la *Solitude* est elle aussi antérieure
à cette date ; mais de combien, le texte ne le précise pas.

De même, il ne dit nullement que Saint-Amant fût logé chez
Piat Maucors, comme on l'a prétendu. On ne s'est jamais demandé
comment il se faisait que Marolles, énumérant les membres de
sa « petite Académie », n'ait pas nommé notre héros : ne serait-ce
pas tout simplement qu'il n'est venu qu'occasionnellement, et
peut-être assez tard, rue Saint-Etienne-des-Grecs ? Il est possible
qu'il ait logé dès lors chez le sieur Monglas, « son ancien hôte »,
écrira plus tard François Colletet — un protestant, ami de la
famille Duquesne, elle-même en relations avec les Girard (13).

Le témoignage de Marolles, si on en a tiré des conclusions
imprudentes, n'en garde pas moins sa valeur. On ne peut en dire
autant de celui qu'il nous faut bien examiner maintenant. Il s'agit
d'une épigramme de Mainard, parue d'abord anonyme en 1618,
dans le *Cabinet satyrique*, et reprise dans le *Recueil des plus beaux
vers* de 1626. La voici, dans son texte original :

> Vostre noblesse est mince,
> Car ce n'est pas d'un Prince,

---

(11) MAROLLES, I 77.
(12) *Id.*, I 101.
(13) Cf. LESENS, *art. cit.*, p. 82.

> Pompant, que vous sortez ;
> Gentilhomme de verre,
> Si vous tombez à terre,
> Adieu vos qualitez ! (14).

En 1626, Pompant sera remplacé par Daphnis. A la fin du siècle, on affirmera que le personnage visé sous ce nom est Saint-
Amant.

C'est, je crois, Ménage qui fit le premier le rapprochement dans
l'*Anti-Baillet*. Peu après le *Recueil Barbin* emboîta le pas, suivi
de dix autres jusqu'à la fin du XVIIIe siècle. Presque toujours
l'épigramme de Mainard est accompagnée d'une autre, de Gombauld, dont il est très incertain qu'elle ait effectivement visé notre
poète :

> Tes Vers sont beaux quand tu les dis,
> Mais ce n'est rien quand je les lis ;
> Tu ne peux pas toûjours en dire,
> Fais-en donc que je puisse lire.

Est-ce vraiment Saint-Amant que vise Mainard ? S'il s'agit
de lui, ces vers attestent que dès 1618 il était connu dans les
milieux littéraires de la capitale, en relations avec Mainard, et
que, pour une raison inconnue, il n'avait pas eu l'heur de plaire
à celui-ci, son aîné de douze ans. La question vaut bien qu'on s'y
arrête.

Il est facile de se rendre compte de la manière dont a pu s'avi-
ser qu'il s'agissait de Saint-Amant. On se trouvait devant une épigramme qui paraissait viser un verrier, de noblesse au moins contestable. Rien, dans son texte, n'indique qu'elle se soit adressée à
un homme de lettres. Mais on n'ignorait pas (on le trouve écrit
noir sur blanc dans son œuvre) que Saint-Amant, personnage fort
connu, ce qui donnait plus de piquant à la chose, avait eu à faire
avec l'industrie du verre. Le rapprochement était tentant.

Cependant, il n'est même pas certain que soit visé un gentilhomme verrier. L'expression peut être prise au figuré, par simple
image. On se rappelle les termes savoureux dans lesquels Mme de
Sévigné morigène sa fille, qui ne fait pas assez attention à sa santé:
« Vous trouverez que vous ne serez plus bonne à rien, car on
devient une femme de verre (15) ». Gentilhomme « de verre », ne
serait-ce pas simplement gentilhomme « de pacotille », que la
moindre anicroche rend à son premier état, Gros-Jean comme
devant ?

Admettons toutefois qu'il soit fait allusion à un verrier. Ce
n'est certainement pas une raison suffisante pour y reconnaître

_____

(14) *Cabinet satyrique*, éd. Fleuret-Perceau, P., 1924, II 22.
(15) Lettre du 6 avril 1689, éd. Gérard-Gailly, III 411.

Saint-Amant. Livet remarquait déjà qu'en 1618 il est à peine âgé de vingt-cinq ans, et encore inconnu. L'objection majeure ne réside pourtant pas dans l'âge du poète, mais dans le fait que l'épigramme est antérieure de près d'un an à l'acte par lequel Antoine Girard s'associait aux d'Azémar pour l'exploitation d'une verrerie. Charles Drouhet avait remarqué la chose ; il s'en tirait en déclarant que, pour conclure une telle affaire, on dut la débattre quelques mois auparavant, et que le poète, afin d'étonner ses confrères roturiers, se vantait dans ses beuveries des pourparlers en cours (16). Il est en réalité tout à fait invraisemblable que Saint-Amant se soit ainsi fait baptiser « gentilhomme de verre » à la suite d'indiscrétions de cabaret ! J'imagine que le brave marchand de Rouen n'aurait pas été satisfait de savoir que quelqu'un, fût-ce son propre fils, criait sur les toits les intentions qu'il avait — à supposer qu'il les eût déjà, ce qui est fort improbable. Tout cela n'est qu'une légende, dont on ne doit tenir aucun compte.

Rien n'atteste donc encore un séjour de Saint-Amant à Paris dès 1618. Trouverons-nous dans ses œuvres quelque pièce datée de façon précise qui nous reporte à cette période ? Toutefois une date ne suffit pas ; il faudra être sûr que la pièce a été écrite à Paris. Qui nous prouve en effet que l'activité littéraire du poète ne s'est pas exercée d'abord dans sa ville natale ? Rouen était un centre intellectuel bien vivant ; pourquoi n'aurait-il pas comme d'autres, ses compatriotes, fait en province ses premières armes avant de se lancer sur le théâtre de la capitale ?

On n'a pas été embarrassé pour dater du « retour de Belle-Ile » toute une série d'œuvres. Ecartons d'emblée celles que rien ne permet d'attribuer à cette époque plutôt qu'à une autre, plus tardive (l'*Epigramme sur un portrait du roy*, la *Plainte sur la mort de Sylvie*, l'*Inconstance*), pour n'en retenir que deux.

Une épigramme de quatre vers est consacrée à l'incendie du Palais de Justice de Paris (I 185). Le sinistre eut lieu le 7 mars 1618 ; mais pouvons-nous déduire de ces quatre vers, simple plaisanterie d'un goût douteux, que Saint-Amant en avait été spectateur ? Ce serait étrangement solliciter le texte. Même à Rouen, le fait ne passa certainement pas inaperçu. On pourrait se demander si l'expression « à Paris », qui s'y lit, ne serait pas justement un indice que l'épigramme n'a pas été écrite dans la capitale. Elle a même pu l'être plus tard, car l'événement était assez considérable pour ne pas sombrer immédiatement dans l'oubli.

La *Naissance de Pantagruel, pour une mascarade,* mentionne l'apparition d'une comète :

> Et la nuict de devant on vit avec merveille
> Briller une Comette en forme de Bouteille,

---

(16) Ch. DROUHET, *Le Poète François Mainard*, P., 1909, p. 163.

> Pour presage certain, non de mortalité
> Comme les autres sont, mais de pleine santé ;
> J'entens de ces santez que l'on fait à la table,
> Et par qui l'homme est dit Animal raisonnable.   (I 179)

Durand-Lapie bondit sur l'occasion. Marolles lui apprenant que l'année 1618 fut « remarquable par trois feux, l'un d'accident, le second d'artifice et le troisième de la Nature » (17), il commence par intervertir sans scrupules les faits, en reproduisant la phrase de manière erronée ; cela lui permet de dater la *Naissance de Pantagruel* du carnaval de 1618, juste après le prétendu retour du duc de Retz. Impossible : la fameuse comète, qui fit couler des flots d'encre, est bien le dernier des trois feux de cette année, puisqu'elle fut visible, en gros, de novembre 1618 à janvier 1619 (18). Si donc Saint-Amant y fait vraiment allusion comme à un fait d'actualité, nous voilà reportés au carnaval de 1619. Mais, cela étant prouvé, supposons-le, serions-nous plus avancés ? Nullement, car la comète avait été vue en Normandie aussi bien qu'à Paris, et le carnaval se fêtait à Rouen comme ailleurs, peut-être même plus qu'ailleurs (19). Du reste, pouvons-nous être certains que le texte de Saint-Amant soit contemporain du phénomène ? Rabelais, dont il s'inspire, n'est pas sans parler de comètes, sinon dans le chapitre consacré à la naissance de son géant, du moins en d'autres passages. Saint-Amant donne à la sienne une forme très particulière, qui n'a aucun rapport, cela va sans dire, avec l'aspect réel de celle qui fut observée en 1618, et qui nous est décrite dans ses moindres détails. Il en fait, contrairement à l'usage, un astre bénéfique, qui n'est pas sans rappeler ce qu'on dit du « vin de la comète ». Une grande part de fantaisie apparaît donc ici, ce qui ne peut qu'augmenter notre incertitude.

Nous voilà déçus une fois encore, et nous ignorons toujours la date de l'arrivée du poète à Paris. Avant 1622, telle est, pour l'instant, la seule conclusion solide à laquelle nous soyons arrivés, grâce au témoignage de Marolles. Il faut cependant remonter plus haut ; car, en 1621, Saint-Amant donne aux œuvres de deux de ses confrères des pièces liminaires.

Au début de l'année (le privilège est du 6 mars) paraissent les *Œuvres* de Théophile. Dans les feuillets préliminaires, se lit une ode anonyme, « Esprits de feu, sçavants genies », qui sera suivie, dans les éditions postérieures, des initiales S. A. On l'attribue à notre poète, et je crois qu'il suffit de la lire pour ne pas douter

---

(17) MAROLLES, I 68.
(18) Voir, par exemple, Gilles MACÉ, *Discours véritable des admirables appa-rences, mouvemens et significations de la prodigieuse comète de l'an 1618*, Caen, 1619, p. 5.
(19) F. BOUQUET, *Points obscurs et nouveaux de la vie de Pierre Corneille*, P., 1888, p. 33.

qu'elle soit de lui. On y trouve en particulier, traduites déjà avec
précision, deux idées qui lui seront toujours chères : la valeur
descriptive de la poésie d'abord, exprimée ainsi :

> Peintres dont les pinceaux parlans
> Avecques des traicts excellens
> Tirent les choses invisibles,
> Le bruict, les pensers, les accords,
> Les vents courroucez ou paisibles,
> Et l'ame au travers de son corps.   (II 487)

En second lieu, le rôle capital de l'inspiration, qui devient une
véritable fureur poétique :

> Vous qui dedans la solitude
> D'un bois, d'un antre, ou d'un estude
> Imaginez vos beaux escrits,
> Lors que la saincte Poësie
> Vous anime, et vous rend espris
> De sa plus douce frenesie.   (II 488)

La date du privilège des *Œuvres* de Théophile nous oblige à
remonter au moins à 1620 ; il serait peu vraisemblable en effet
que Saint-Amant eût publié des vers dans ce volume sans même
être connu de son auteur. Il convient donc de rechercher, en précisant les dates des séjours de Théophile dans la capitale, à quelle
époque a pu intervenir le début de leurs relations.

En feuilletant l'ouvrage de M. Adam, on voit que, selon lui,
Théophile se trouve à Paris depuis la fin de 1616 au moins [20]
jusqu'à son exil en juin 1619 [21], sans qu'il paraisse y avoir eu dans
cette période d'interruptions notables. Il revient en mars ou avril
1620 [22], repart au début de juillet avec l'armée royale, qu'il
accompagne jusqu'à Bordeaux ; puis il séjourne à Boussères de
fin septembre à début décembre [23], et dès le 30 de ce mois part
pour l'Angleterre à la suite du maréchal de Cadenet ; il en revient
au début de février 1621.

Un long séjour, donc, entre 1617 et 1619, quelques mois à peine
en 1620 : à priori, la première période semble s'imposer, et c'est la
solution qu'ont adoptée M. Adam [24], et Lachèvre avant lui [25]. En
fait, on ne peut l'affirmer. Je pense en effet qu'il n'est pas nécessaire de supposer des relations déjà suivies, ni très anciennes,
quand Saint-Amant adresse son ode à Théophile. Boisrobert a pu
s'entremettre en apportant, avec ses propres vers, qui paraissent

(20) ADAM, *Théophile*, p. 86.
(21) *Ibid.*, p. 161.
(22) *Ibid.*, p. 180.
(23) *Ibid.*, p. 192.
(24) *Ibid.*, p. 122.
(25) *Procès de Théophile*, I 19.

anonymes eux aussi en tête de l'édition, ceux de son compatriote
encore peu connu. De plus, je ne suis pas sûr du tout que Théophile soit resté absent de Paris, dans la seconde moitié de 1620,
aussi longtemps que l'affirme son biographe. Il était à la bataille
des Ponts-de-Cé le 7 août, lui-même en témoigne. Mais ensuite ?
Suivit-il le roi qui se rendait à Bordeaux ? Aucun des deux
arguments qu'apporte ici M. Adam ne me semble péremptoire. Un
séjour à Boussères n'est pas plus sûrement attesté. Il est fort possible qu'il soit revenu à Paris soit au début de septembre, au
moment où l'armée royale quitte la région de Poitiers, soit au
début de novembre, avec Luynes. En mettant les choses au pire,
on peut raisonnablement compter trois mois (avril-juin) au printemps, et deux (novembre-décembre) à l'automne, délai qui serait
amplement suffisant. En définitive donc, l'ode des *Œuvres* de
Théophile n'apporte qu'un élément certain : il est impossible de
faire descendre plus tard que 1620 l'arrivée de Saint-Amant.

La même année que ces *Œuvres,* sans que l'on puisse préciser
davantage, parut une imitation du *Menosprecio de Corte* d'Anto-
nio de Guevara, œuvre déjà traduite plusieurs fois au XVI⁰ siècle ; elle était l'œuvre de François de Molière, sieur d'Essertines,
que nous retrouverons, car il fut grand ami de Saint-Amant. Au
verso du titre de ce rarissime volume se trouve le sonnet suivant,
signé de notre poète :

> Quand je vy tes beaux vers dont Amour prend la loy,
> Moliere, que mon âme en demeura ravie !
> Qu'ils me firent gouster de douceurs en ta vie !
> Et que je t'estimay bien plus heureux qu'un Roy !
>
> J'eus lors un tel desir d'estre cogneu de toy,
> Que quittant mon pays et ma chere Sylvie,
> Je trouvay le moyen d'accomplir mon envie
> En te venant offrir mon service et ma foy.
>
> Pipé du vain esclat d'une belle apparence
> Je m'allois embarquer avec quelque espérance
> Parmy tout ce grand monde où volent tes escrits :
>
> Mais quand je serois seur d'y faire ma fortune,
> Puis que tu hais la Cour et qu'elle t'importune,
> J'ayme mieux vivre gueux que d'estre en ton mespris (26).

Rien de plus banal en apparence que ce sonnet, analogue à
tant d'autres ; il n'y manque ni la louange de l'auteur et de ses
« beaux vers » (curieuse louange, du reste, en tête d'un ouvrage

---

(26) LACHÈVRE, II 456.

en prose), ni le rappel discret du sujet traité et de son efficacité, si l'on peut dire : simple jeu d'esprit que tout cela. Pourtant, à regarder de près, on est surpris de trouver au second quatrain quelques vers plus personnels. Saint-Amant affirme là qu'il a quitté son pays, malgré ce qui pouvait l'y retenir (en l'occurrence sa chère Sylvie), parce que les poésies de Molière lui donnèrent envie d'être connu de lui. Je ne voudrais pas me laisser entraîner à mon tour au hasard des déductions aventureuses ; mais, sans chercher dans ces vers une exactitude scrupuleuse qui ne s'y trouve certainement pas, je crois qu'on y peut déceler une part de vérité. Si la lecture des œuvres de Molière ne suffisait évidemment pas pour décider Saint-Amant à venir tâter la fortune auprès des grands, il est très plausible que les deux faits, leur publication et le départ du jeune provincial, quittant Rouen pour se produire sur un théâtre plus digne de ses talents, aient coïncidé. Un sonnet de Molière avait paru dès 1618 (27) ; mais le gros de ses poésies ne vit le jour qu'en 1620 (28). Aussi, jusqu'à preuve du contraire, je crois infiniment probable que cette année 1620, ou la fin de l'année précédente, a vu l'arrivée de notre héros à Paris.

Ce que nous connaissons par ailleurs n'y contredit pas. Cette date s'accorde fort bien avec le témoignage de Marolles ; elle est tout à fait acceptable pour l'ode des *Œuvres* de Théophile. Faut-il rappeler que 1619 est la date proposée plus haut comme terme aux voyages lointains de Saint-Amant ? C'est aussi l'année où Guillaume et Salomon s'embarquent, en octobre. Les enfants se dispersent, et la raison en est peut-être fort simple : le ménage d'Azémar s'est installé chez Antoine Girard ; or, nous le constaterons, les rapports se révéleront assez tendus entre les deux frères survivants, appuyés par leur mère, et les deux époux ; après la mort du chef de famille, on pourra craindre des difficultés. Il ne me semble pas téméraire de supposer que dès les premiers temps, très rapidement en tout cas, l'entente n'a pas été parfaite, et que ce fut une des causes du départ des trois frères.

Il faut signaler, pour en finir avec ces poésies liminaires, que Saint-Amant en composa une troisième, un peu postérieure : c'est un madrigal en tête de la *Centaura* du comédien italien Andreini, qui n'ajoute rien à sa gloire, étant fort médiocre (29). La dédicace du volume à Marie de Médicis est datée de janvier 1622. Les comédiens italiens ont fait à Paris plusieurs séjours avant 1625 : Saint-Amant entra certainement en relations avec Andreini pendant celui qui prit place à la fin de 1620 et au début de 1621, car ils ne sont ensuite revenus qu'à la fin de 1622, ce qui serait trop tard (30).

---

(27) *Id.*, I 45.
(28) *Id.*, I 57 et 61.
(29) *Bibliographie*, p. 133.
(30) Les dates de ces séjours ont été précisés par A. Baschet, *Les Comédiens italiens à la cour de France*, P., 1882.

Ici encore, on constate que cela s'accorde parfaitement avec la date à laquelle nous avons abouti.

Il est à peu près certain qu'en arrivant à Paris Saint-Amant transportait dans ses bagages quelques échantillons de sa Muse. Il est impossible le plus souvent de les distinguer de ses productions postérieures. Faudrait-il essayer de reconstituer, en partant de l'indication fournie par le sonnet à Molière, un « cycle de Sylvie » ? Ce serait trop hasardeux, vu la banalité du nom : on le trouve, entre autres, dans l'*Elégie à une Dame,* composée au moment du siège de La Rochelle. Rappelons à tout hasard qu'il apparaît dans la *Métamorphose de Lyrian et de Sylvie,* dans la *Nuict,* dans la *Jouyssance* : aucun élément ne permet de dater ces pièces à quelques années près (31). La question, pour la *Métamorphose,* serait peut-être tranchée si l'on connaissait l'identité de la personne à qui elle est adressée, Me D.L.B. : ce n'est malheureusement pas le cas. Une curieuse hypothèse a été émise à ce sujet : il s'agirait d'un homme, Maître Guy de la Brosse, auquel le poète prêterait sa plume (32). Le début du poème interdit de s'y arrêter, Saint-Amant s'adressant indubitablement à la femme qu'il dissimule sous ces initiales, comme il en dissimule une autre au titre de l'*Elégie pour Damon* sous le nom conventionnel de Phylis.

Par contre un point me paraît acquis, c'est que la *Solitude* a été écrite à Rouen, sinon naturellement sous sa forme définitive, au moins dans un premier état qui ne devait pas en être très éloigné. N'était-ce pas le meilleur passeport que pût présenter le poète au moment de s'introduire dans le monde de ses pairs ?

Lui-même, dans l'*Elégie* à Retz, l'appelle « Mon noble coup-d'essay, ma chère Solitude ». Même s'il ne faut pas prendre cette affirmation à la lettre, il n'est pas possible de la négliger : la *Solitude* est la première pièce importante qu'il ait écrite. Voici qui va venir renforcer notre conviction : la *Solitude* est dédiée à un magistrat du parlement de Normandie, Bernières qu'il cache d'abord sous le nom d'Alcidon (ceci, en gros, jusqu'à l'époque de sa mort), mais qui fut certainement dès l'origine le dédicataire : son nom apparaît du reste en clair en 1629 dans certains exemplaires, non cartonnés, d'une contrefaçon de l'édition originale (33). Or c'est la seule pièce en tête de laquelle se trouve le nom d'un Rouennais — mise à part la *Gazette du Pont-Neuf,* adressée à Boisrobert, mais alors que celui-ci avait depuis longtemps quitté sa province : toutes les autres du recueil de 1629, quand elles seront dédiées, le seront à des amis ou protecteurs « parisiens » du poète. Je ne pense pas qu'il y ait là un simple hasard.

---

(31) Pour la *Jouyssance,* cf. cependant *infra,* p. 89.
(32) R.A. MAZZARA, *A Case of creative imitation in Saint-Amant,* French Review, XXXI, oct. 1957, p. 28.
(33) *Bibliographie,* p. 77.

Dans le texte même du poème, il est facile de relever certains traits qui s'appliquent spécialement bien à la Normandie. Les

> Bois qui se trouverent
> A la nativité du Temps   (I 21)

font songer à ces belles forêts que Saint-Amant avait dû parcourir aux environs de sa ville natale, la forêt de Rouvray, qui s'étendait jusqu'en bordure du faubourg Saint-Sever, ou la forêt Verte, la bien nommée. Lorsque le poète descend

> Sous une falaize escarpée

où il regarde

> L'onde qui l'a presque sappée,   (I 25)

nous avons devant les yeux ces falaises crayeuses du Pays de Caux, dont tous les ans les vagues font écrouler quelque pan. C'est sur les plages de galets de Dieppe ou de Fécamp que Saint-Amant a pu voir l'eau

> Se roullant dessus les cailloux
> Qu'elle apporte et qu'elle r'entraine.   (I 26)

Tout cela est pris sur le vif, par un écrivain qui a toujours recherché la description exacte (jusque dans un poème épique) à côté de ce que sa « fantaisie » lui suggérait pour embellir cette description — ici, sinon les ruines, ou la voûte sombre, qu'il a peut-être vues effectivement, du moins le squelette, l'orfraie, les Tritons, etc. —, à côté aussi de détails beaucoup plus conventionnels : ainsi le tableau de

> Ces Monts pendans en precipices
> Qui pour les coups du desespoir
> Sont aux malheureux si propices,   (I 22)

ou la mention des ravages

> De ces fiers Torrens vagabonds
> Qui se precipitent par bonds
> Dans ce valon vert et sauvage.   (*ibid.*)

La peinture apparaît là bien artificielle, à côté des strophes qui suivent, consacrées au marais, où les animaux sont si finement observés :

> ...l'on voit sauter les grenoüilles,
> Qui de frayeur s'y vont cacher
> Si tost qu'on veut s'en approcher,   (I 23)

ou, s'agissant des oiseaux :

> L'un, tout joyeux d'un si beau jour,
> S'amuse à becquetter sa plume ;
> L'autre allentit le feu d'Amour
> Qui dans l'eau mesme le consume,
> Et prennent tous innocemment
> Leur plaisir en cét Element.   (*ibid.*)

Reconnaissons, pour conclure, que la différence est considérable avec le *Contemplateur*, composé à Belle-Ile, mais plus tard. Je m'étonne que Rémy de Gourmont, qui reconnaissait dans la *Solitude* « la plupart des paysages des environs de Rouen » (34), n'ait pas été jusqu'à la conclusion qui s'impose : la *Solitude* a été composée, au moins pour une très large part, dans cette ville, et nullement en Bretagne.

---

(34) *Saint-Amant, Collection des plus belles pages*, P., 1907, p. viii.

5

CHAPITRE IV

LES PREMIERES ANNEES A PARIS (1619?-1623).
MECENES ET PROTECTEURS.

Arrivé donc à Paris en 1619 ou 1620, Saint-Amant ne tarda pas à se ménager une place enviable dans le monde de la capitale. Chevreau écrira plus tard :

> Dés sa jeunesse il s'étoit familiarisé avec les Grands, qui étoient ravis de l'avoir à table, et quoy-qu'il fût tres-libre avec eux, il n'abusoit point de la liberté qu'ils luy permettoient par l'estime singuliere qu'ils avoient pour luy (1).

Ce témoignage flatteur n'explique nullement, et c'est fort regrettable, de quelle façon il fut mis en relations avec ces grands, que son heureux naturel séduisit ensuite, au point qu'il devint parfois véritablement leur ami. La moindre indication, une date, un nom, ferait bien notre affaire : une fois de plus nous sommes déçus par la rareté et l'imprécision de nos documents.

Chez qui alla-t-il frapper en descendant du carrosse de Rouen, par lequel il arriva sans doute, suivant les traces de son compatriote Boisrobert, son aîné de cinq ans, qui l'avait précédé de quelques années dans ce voyage (2) ? C'est précisément à Boisrobert que l'on songe tout de suite, puisqu'il était rouennais, et de famille réformée. Cependant cette hypothèse ne tient pas contre les faits : Boisrobert était absent de Paris. Ayant suivi la Reine Mère en exil à Blois, puis à Angoulême, il n'avait pu en revenir qu'après la paix de Brissac, au mois d'août 1620, trop tard pour accueillir son jeune confrère.

Boisrobert avait débarqué vers 1616 muni de lettres de recommandation émanant de parlementaires rouennais. Je ne pense pas que Saint-Amant, dont la famille était d'un tout autre bord, ait eu les mêmes relations que le fils d'un procureur, lui-même avocat. Cependant, la dédicace de la *Solitude*, et surtout les strophes qui la terminent, paraissent indiquer des rapports assez suivis avec le président de Bernières, auquel il s'adresse en ces termes :

---

(1) *Chevraeana*, p. 33.
(2) E. Magne, *Le Plaisant Abbé de Boisrobert*, P., 1909, p. 33.

> Mais mon plus aymable entretien,
> C'est le ressouvenir du tien,   (I 26)

et, un peu plus loin :

> Je l'ayme pour l'amour de toy,
> Connoissant que ton humeur l'ayme,
> Mais quand je pense bien à moy,
> Je la hay pour la raison mesme ;
> Car elle pourroit me ravir
> L'heur de te voir, et te servir.   (I 27)

On sent autre chose qu'une dédicace de commande. Charles II Maignart, seigneur de Bernières, était sensiblement du même âge que Saint-Amant. Il semble s'être intéressé de près à la littérature : Boisrobert lui offrit un *Discours en forme de satyre,* paru dans le *Cabinet des Muses* de 1619 ; Jean Auvray lui dédia le *Banquet des Muses* en 1623 ; les *Œuvres* de Pierre de Marbeuf, en 1628, contiennent une *Satyre à M. le président de Bernières.* Ajoutons que Balzac, qui le connut probablement par Boisrobert, lui écrivit pour le remercier d'un envoi de vin d'Espagne et de cidre (3). Je ne serais pas étonné que Saint-Amant eût cherché en lui un premier protecteur, avant même de quitter Rouen, et se fût souvenu, en lui dédiant le poème qui le fit connaître et applaudir, des encouragements qu'il en avait reçus.

Il semble d'autre part exclu que notre héros soit parti sans avoir en poche quelques lettres d'introduction auprès d'hommes influents de la communauté protestante parisienne. De plus, Boisrobert, une fois rentré, put contribuer pour sa bonne part à fournir son compatriote de relations dans tous les milieux.

Avant de rechercher quels ont été ces protecteurs, ces relations, il convient d'examiner, dans l'œuvre du poète, quelles pièces peuvent être attribuées à ces premières années parisiennes — à la période, en gros, qui s'étend jusqu'en 1623, date de la publication de l'*Arion.* En même temps certains témoignages extérieurs (trop rares) aideront à préciser les choses.

Nous disposons pour 1622 d'un document qui serait précieux, si nous pouvions vraiment en tenir compte, ce qui n'est pas certain du tout. Cette année-là parut, à la suite d'une édition de l'*Espadon satyrique* de Claude d'Esternod, une assez longue pièce de vers, la *Satyre du temps,* signée Besançon. L'auteur y passe en revue un certain nombre de poètes, morts ou vivants, rapportant les griefs qui leur sont adressés par un groupe d'adversaires. Le texte le plus accessible de cette *Satyre* renferme les deux vers suivants :

---

(3) GUEZ DE BALZAC, *Les Premières Lettres,* éd. Bibas et Butler, P., 1934, II 57.

> Disent que Saint-Amant ressemble le tonnerre,
> Tantost voisin du ciel et voisin de la terre (4).

Mais ce n'est là qu'une correction postérieure, et le texte de 1622 porte « Saint-Amour ». Pour F. Lachèvre, il n'était pas douteux qu'il s'agît d'une faute d'impression : c'est bien notre poète qui se trouve visé, quoiqu'il n'ait encore rien publié, et les deux vers font allusion à la variété de son inspiration (5). Mais cela ne constituerait nullement une critique : en fait, il lui est reproché d'ignorer le juste milieu, d'être tantôt plat et prosaïque, tantôt ampoulé et prétentieux. Sont-ce là les défauts de Saint-Amant ? De plus, il y a de bonnes raisons pour penser que les critiques malveillants visés dans la *Satyre* se confondent avec la Petite Académie, le groupe qui se réunissait chez Piat Maucors autour de Marolles (6). Il est peu vraisemblable que ces gens-là, Marolles et Molière en tête, aient attaqué Saint-Amant.

La correction s'impose-t-elle ? Je sais bien qu'on ne connaît à cette époque qu'un auteur et collecteur de chansons du nom de Saint-Amour (7). Son bagage paraît des plus minces, lorsqu'on le voit à côté de Malherbe, de Régnier, de Racan, même de Lingendes ou de Gombauld. Mais l'obscur Nasse, cité aussi, a-t-il fait beaucoup mieux ? Les bibliographes ne signalent de lui qu'une traduction, en prose, de l'*Art d'aimer* d'Ovide, et une pièce de trente-deux vers en tête de *Théagène et Cariclée* d'Alexandre Hardy (1623). L'obscurité du personnage ne suffit donc pas à autoriser la correction. Cependant, objectera-t-on, l'édition de 1626 de l'*Espadon satyrique*, qui contient elle aussi la *Satyre,* ne porte plus Saint-Amour, mais Saint-Amant : n'est-ce pas la preuve qu'il y eut effectivement en 1622 faute d'impression, et que celle-ci a été corrigée ? Ce n'est pas certain. On constate en effet qu'entre temps le texte a paru à la suite de la *Satyre Ménippée* de Courval-Sonnet, en 1623 : à cette date il s'agit toujours de Saint-Amour. Trois ans plus tard, les circonstances expliquent un changement : le renom de Saint-Amant se répand largement, il a publié plusieurs œuvres ; cependant Saint-Amour reste dans l'obscurité dont il ne sortira pas. N'était-il pas alors tentant de faire la correction ?

Saint-Amour, Saint-Amant ? On voit que le problème n'est pas entièrement résolu. Laissons donc ce témoignage de côté, et cherchons autre chose, du côté des œuvres du poète lui-même.

Il existe quelque part un manuscrit qui serait peut-être susceptible d'apporter certaines précisions. C'est un recueil de poésies

---

(4) Fleuret et Perceau, *Satires françaises du XVII⁰ siècle*, P., 1923, I 119.
(5) Lachèvre, *Glanes*, I 65. E. Tricotel, qui le premier a reproduit cette pièce, était un peu moins affirmatif (*Variétés bibliographiques*, P., 1863, p. 259).
(6) Cf. Adam, *Théophile*, p. 230.
(7) *Trésor et triomphe des plus belles chansons et airs de cour, par les sieurs de St Amour et de St Etienne*, P., 1624. Son nom apparaît au titre de recueils analogues jusqu'à la fin du siècle.

rassemblées par Conrart qui, après les avoir copiées de sa main, les offrit à Julie d'Angennes ; il fut vendu en 1926 à un anonyme anglais, et on ne l'a pas revu depuis. Il porte, sur le premier feuillet de garde, la date de 1624 : on peut très logiquement y voir le millésime de l'année qui marqua sa mise en train, et nous avons là une indication fort intéressante à ce qu'il semble. A ce qu'il semble seulement, car il est difficile d'en tirer quelque chose actuellement. Il faudrait avant tout faire une étude sérieuse du manuscrit ; or nous sommes réduits à la notice du catalogue de vente, assez développée, mais insuffisante, et aux quelques indications qu'y ajoute Lachèvre (8), pour l'avoir eu entre les mains, mais, à ce qu'il précise, deux heures à peine, et sans avoir la possibilité de prendre aucune note ! Il faut aussi le remarquer, nous ignorons absolument à quelle cadence le manuscrit a été rempli. Il présente certainement un intérêt capital pour l'étude du texte de Saint-Amant, offrant des pièces inédites et des variantes importantes ; mais serait-il d'un grand secours dans les questions qui nous occupent actuellement ? On peut toutefois dire que les pièces recueillies vont, d'après Lachèvre, de 1617 à 1630 (en fait, ne donne-t-il pas cette indication de 1617 parce c'est, traditionnellement, celle que l'on accepte pour la *Solitude* ?), et que bon nombre de celles de Saint-Amant sont dans les premières du recueil, qui s'ouvre par la *Jouyssance,* la *Solitude* et la *Pluye.*

Il est deux pièces que j'assignerais volontiers à la période qui nous occupe, car elles contiennent des allusions assez précises. La première est le *Fromage,* dont quelques vers indiquent clairement qu'il a été écrit alors que sévissait une épidémie :

> Rien n'est de si confortatif ;
> C'est le meilleur preservatif
> Qu'en ce temps malade et funeste
> On puisse avoir contre la Peste. (I 155)

Impossible d'apporter une précision complète, cependant, ni sur la date, ni sur l'endroit où se trouvait le poète quand il écrivit ces vers. La maladie a en effet exercé ses ravages durant plusieurs années, en gros de 1620 à 1623, et n'a pas plus épargné Rouen que Paris (9). Ce n'est certainement pas pour la raison qu'elle s'est déchaînée avec une particulière violence en 1621 qu'il est permis de dater la pièce de cette année-là en toute sécurité. Mais l'essentiel est de pouvoir la retenir pour cette période.

Ecartons en passant une affirmation qui se rapporte à cette épidémie, et qui risque de n'être qu'une légende. Durand-Lapie

---

(8) Vente H. de V(riès), 22 avril 1926, librairie J. Meynial ; Lachèvre, *Glanes,* II 138-147.
(9) Pour Paris, cf. Marolles, I 85 ; pour Rouen, Farin, *op. cit.,* I 534.

assure que Saint-Amant, durant le terrible été de 1621, avait quitté Paris, fuyant la contagion (10). Il s'appuie sur une phrase de Marolles, déclarant que, des dix ou douze pensionnaires qui se trouvaient chez Piat Maucors, il demeura seul « avec le plus jeune de ses Enfans, Bachelier en Théologie », et sur la *Jouyssance*. Le premier argument est loin d'être valable, car il n'est pas sûr du tout, on l'a vu, que Saint-Amant ait jamais logé chez Piat Maucors, ni qu'il fût à Paris cet été-là. Quant à la *Jouyssance*, il faut avoir beaucoup d'imagination pour trouver dans cette pièce, qui appartient à un genre bien déterminé, et obéit à certaines lois du genre, un commencement de preuve. Chose curieuse, Durand-Lapie ne met pas en relations avec la « peste » le *Fromage*, qu'il date de 1623, sans dire pourquoi (11).

Peut-être, d'autre part, doit-on dater la *Berne* de 1623. Cette pièce reste obscure par certains côtés : qu'est-ce que cette « vieille Amelite aux grands yeux » contre laquelle se déchaîne le poète ? Personnage réel, ou tout de convention, simplement inspiré des caricatures de Sigogne et de ses émules ? La date suggérée permettrait de rendre compte tout naturellement d'une allusion qui est faite aux Rose-Croix :

> ...La rendant ainsi que vous trois
> De l'ordre de la Rose-crois.   (I 160)

Ceux-ci sont alors d'actualité : c'est au printemps de cette année que sont placardées à Paris leurs premières affiches, et que se répandent les livrets qui les concernent (12). Je ne cacherai pas cependant que cela nous offre surtout un point de départ, d'autant plus que la *Berne* cite deux personnages dont l'histoire est beaucoup plus ancienne : Salcède, que n'avait pas identifié Livet, est certainement cet aventurier, espion au service de l'Espagne, exécuté en 1582 (13), et Gaufridis, ou Gauffredy, curé à Marseille, fut brûlé vif pour sorcellerie en 1611. Un vers du poème (tiré d'ailleurs textuellement de l'*Espadon satyrique* de D'Esternod) réunit les noms de « Regnier, Berthelot et Sygongne » : on ne peut rien en tirer, sachant maintenant que le second est mort dès 1615 (14).

C'est à l'époque qui nous occupe qu'il convient d'attribuer le premier état de la *Chambre du Desbauché* et de la *Desbauche*. Nous en avons pour garant la déposition d'un témoin à charge au procès de Théophile, le frère Guérin, religieux minime. Pour

---

(10) Durand-Lapie, p. 55.
(11) *Id.*, p. 67.
(12) Cf. V.H.L., I 115.
(13) L'Estoile, *Journal pour le règne de Henri III*, éd. L.-R. Lefèvre, P., 1943, p. 303.
(14) G. Daumas, *Notes et recherches sur le poète Berthelot*, Revue des Sciences humaines, juill.-sept. 1950.

accabler le malheureux poète, l'accusation, sans aucun scrupule, verse à son dossier plus d'une œuvre qui ne lui appartient pas ; c'est ainsi que Saint-Amant est mis à contribution. Le 6 mai 1624, le frère Guérin explique comment à Rennes, alors qu'il y prêchait le carême, un de ses auditeurs est venu lui remettre un papier contenant plusieurs « sortes de vers »,

> le premier (sic) intitulé la Chambre de Justice commençant par ces motz : *Plus enffumé qu'un vieux jambon* et contenant dix coupletz de dix vers chacun, ...plus un autre en la seconde page intitulé Yvrognerye, contenant cinquante huict vers començant : *Nous perdons le temps à rimer,* et finissant : *Ne la laisse jamais sans viz...* (15).

Le frère Guérin cite en outre un sonnet commençant par *Toy qu'un demon arma d'une furye,* placé entre les deux, et « quelques autres vers imparfaiz finissantz par ce vers : *du demon qui m'a transporté* », dans lesquels on reconnaît un fragment de la *Solitude* (16). Quant aux deux pièces, on y retrouve sans difficulté la *Chambre du Desbauché,* qui comportera plus tard vingt-quatre strophes, et la *Desbauche,* qui comptera quatre-vingt-deux vers. Elles ne peuvent être postérieures au début de 1624, ou même à la fin de 1623. Pour la première, cette constatation mène à une impasse, car nous ignorons tout de son état primitif ; il est très vraisemblable cependant qu'on n'y trouvait pas le long développement consacré à Don Quichotte, mais on ne peut rien dire de plus. Le titre qui lui est donné — la *Chambre de Justice* — permet de se demander si par hasard le contenu de la pièce n'était pas tout à fait différent. Une dernière remarque : le compte-rendu de l'interrogatoire du 3 juin ne parlera plus que de « cinq coupletz » ; il donnera le dernier vers, qui ne se retrouve pas dans la *Chambre du Desbauché* (17). On voit que nous restons tout à fait dans l'imprécision.

Le cas est bien différent pour l'*Yvrognerie*. On a signalé depuis longtemps que nous possédions, sous le titre *Le Mespris des Muses,* un texte de la *Desbauche* certainement antérieur à celui de 1629. La plaquette qui le contient n'est malheureusement pas datée, et rien dans son aspect extérieur ne permet d'apporter des précisions à ce sujet. Mais ce qui est remarquable, c'est que le *Mespris des Muses* comprend cinquante-huit vers, exactement autant que l'*Yvrognerie* dénoncée au procès de Théophile (18). Il ne peut s'agir d'un pur hasard ; il faut mettre étroitement en rapport les deux textes, qui représentent en gros un même état. Ils n'étaient cepen-

(15) F. Lachèvre, *Le Procès du poète Théophile de Viau,* I 418.
(16) Cf. Bull. du Bibliophile, 1955, p. 241.
(17) Lachèvre, *op. cit.,* I 431.
(18) Cf. *Bibliographie,* n⁰ˢ 6-7.

dant pas identiques. Citant le premier vers de la pièce, le frère
Guérin lui donne la forme suivante :

> Nous perdons le temps à rimer,

et ce sera le texte définitif, celui de 1629 ; on lit au contraire dans
le *Mespris des Muses* :

> Nous perdons temps de retiver.

Saint-Amant a supprimé un verbe vieilli (19), modifié un vers
peu harmonieux : voilà qui conduit à penser que le texte du *Mespris des Muses* pourrait être antérieur à celui que connut le frère
Guérin, et remonter au moins à 1623.

L'*Yvrognerie* se terminait, selon la déposition du Minime, par
un vers obscène, que la plaquette, comme plus tard l'édition de
1629, remplace par

> Ne la laisse jamais sans Vin.

Se fondant sur cette différence, et sur ce que la *Chambre de
Justice* se terminait, elle aussi, par un mot obscène (le même), on
admet que le poète possédait, à l'usage de ses amis, une rédaction de ses poésies difficilement publiable (20). C'est possible.
Pourtant, dans le cas présent, si l'on remarque qu'il suffit de
changer une seule lettre, la dernière, pour qu'apparaisse le mot
vin, tellement naturel dans une pièce qui s'intitule *Yvrognerie,* on
en arrive à se poser une question : la version obscène a-t-elle véritablement existé, et n'y a-t-il pas eu tout simplement quelque
machination du frère Guérin, destinée à donner plus de poids à
son témoignage, lequel a tout l'air d'être jugé assez douteux par
le procureur Molé lui-même (21) ? Une possibilité encore : la parodie. On sait qu'il en existe une de ce genre pour la *Solitude* de
Théophile, plus exactement pour une partie de cette *Solitude* (22) ;
on pourrait avoir la même chose ici : mais rien ne permettrait
d'affirmer, si l'on acceptait cette hypothèse, que la parodie fût de
Saint-Amant, et non d'un autre.

Les perspectives seraient assurément bien différentes si l'on
admettait, ainsi qu'on l'a fait, que le cahier incriminé était écrit
de la propre main de Saint-Amant. On s'appuie sur une réponse
de Théophile, lors de son interrogatoire du 15 Juin. Les commissaires lui demandent « s'il congnoist l'escripture et la main de

---

(19) BRUNOT, *Histoire de la langue française*, III 141, ne cite que le participe
rétivé chez Nicot, Cotgrave. Monet, Oudin.
(20) ADAM, *Théophile*, p. 387.
(21) LACHÈVRE, *op. cit.*, I 419.
(22) Cf. L. PERCEAU, *Le Cabinet secret du Parnasse, Théophile de Viau et les
libertins*, P., 1935, p. 43, et ADAM, *Théophile*, p. 46.

celuy qui l'a escript » (il s'agit du sonnet *Toy qu'un demon arma d'une furye*, qui accompagne les deux pièces de Saint-Amant, et peut être de lui également) ; l'accusé répond par la négative, et le procès-verbal porte : « A dit que non ; bien croit qu'il est de l'escripture d'un maistre escripvain » (23). En note, Lachèvre pose une question : « Veut-il sous-entendre Saint-Amant, qui est l'auteur des deux pièces accompagnant ce sonnet ? C'est probable ». M. Adam, beaucoup plus affirmatif, précise : « Non seulement ce cahier contenait des vers de Saint-Amant, mais il était écrit de sa propre main. Théophile, sans nommer personne, le fait comprendre » (24). C'est, je crois, une erreur. « Maistre escripvain » a un sens parfaitement clair à l'époque : il désigne un maître en écriture (25). Lorsqu'on présente à Théophile les trois feuilles qui sont, aux dires du frère Guérin, son œuvre, il se défend aussitôt de la manière la plus simple : ces vers ne sont pas de lui, et ils ont été copiés par un professionnel, c'est-à-dire que n'importe qui a pu être à leur origine.

Dans ce qui précède, nous nous sommes vus plus d'une fois ramenés à la date de 1623, qui est celle de l'*Arion*. Le terrain va devenir, cette année-là, beaucoup plus solide ; il est temps d'en arriver aux quelques certitudes que nous possédons.

L'année 1622 a vu la pacification, pour un temps, du Midi protestant, après la prise de Montpellier. C'est sans arrière-pensée que les courtisans, au début de 1623, se livrent aux plaisirs du carnaval. « Sur la fin du mois de fevrier, et commencement de mars, ce ne furent en Cour que recreations et ballets », écrit le rédacteur du *Mercure* (26). Le 26 février est dansé au Louvre le ballet royal des *Bacchanales*, auquel Saint-Amant est appelé à collaborer — preuve qu'il était à Paris à ce moment-là. Ses couplets sont recueillis, avec d'autres, dans un livret publié alors (27), avant de l'être partiellement en 1629 sous le titre de *Bacchus conquérant*. Il nous intéresse à plus d'un titre qu'il ait contribué à ce divertissement. D'abord, parce que nous savons que c'était une faveur recherchée, rien ne pouvant mieux mettre en lumière les talents d'un poète ; Furetière assure qu'il fallait un certain crédit pour se trouver au nombre des élus (28). Il est vrai que la part de notre poète paraît assez modeste, puisqu'elle se réduit à neuf strophes

(23) LACHÈVRE, *op. cit.*, I 444.
(24) *Op. cit.*, p. 388.
(25) Cf. RICHELET : « Ecrivain, Maître à écrire. C'est un bon écrivain, un fameux écrivain. Il est reçu maître écrivain. » FURETIÈRE : « Escrivain se dit plus particulièrement de celuy qui est reçu Maistre en l'art d'escrire... Il va apprendre à escrire chez un tel Maistre Escrivain. »
(26) *Mercure françois*, IX 427.
(27) *Bibliographie*, nᵒˢ 1-2.
(28) FURETIÈRE, *Roman bourgeois*, in *Romanciers du XVIIᵉ siècle*, éd. Adam, P., 1958, p. 976. Voir aussi SOREL, *Histoire comique de Francion*, *ibid.*, p. 1287.

de six vers ; mais peut-être n'avons-nous pas tout ce qu'il écrivit à cette occasion : Théophile, Boisrobert ont composé des couplets qui ne figurent pas dans la plaquette. Il est important, d'autre part, de relever les noms qui voisinent avec le sien : Théophile et Boisrobert, ce qui ne saurait nous étonner, mais aussi Malleville et Sorel, c'est-à-dire un groupe de jeunes hommes que devaient rapprocher, sur certains points, leurs idées littéraires ou philosophiques. Toutefois il ne faut pas aller trop loin : on peut difficilement tirer de ce voisinage, en l'absence d'autres documents (ce qui est le cas pour Malleville et Sorel), la preuve de relations autres qu'accidentelles entre ceux qu'a peut-être réunis, tout à fait momentanément, le hasard des protections. Si ces poètes apparaissent comme formant un groupe, avec du Vivier, dont on sait fort peu de chose, en face de Bordier, qui fait cavalier seul (aussi oublie-t-on, en général, de le citer parmi les collaborateurs du ballet), n'est-ce pas simplement parce qu'aucun d'eux n'en avait fait suffisamment pour remplir une plaquette, quelque mince qu'elle fût ?

Il est bien malaisé de savoir qui avait commandé ses vers à Saint-Amant ; nombreux sont en effet les seigneurs qui figurèrent dans le ballet, et dont la plaquette de Bordier nous offre la liste la plus complète. Il est fort possible que le poète ait dû à Montmorency l'occasion qui lui fut offerte de se mettre en vedette : mais cela ne reste qu'une hypothèse.

Rappelons ici que les *Œuvres* de 1629 contiennent d'autres vers de ballet : *Junon à Pâris,* et le *Sorcier amoureux* (I 129-130). De quand datent-ils ? Durand-Lapie assigne aux premiers la date de 1618 (29) ; il ne dit pas de quel ballet il s'agirait. Ce n'était certainement pas un ballet royal : on notera la différence de titre, *Bacchus conquérant, pour un ballet du Roy,* et *Junon à Pâris, pour un ballet.* Le *Sorcier amoureux,* toujours selon Durand-Lapie, aurait fait partie du ballet des *Fées de Saint-Germain,* dansé le 11 février 1625 (30) ; je n'en vois aucune raison. Avouons donc tout simplement notre ignorance.

Nous savons, de bonne source, que Saint-Amant n'était déjà plus un inconnu alors, tout au moins dans le monde des beaux esprits. Si le témoignage de la *Satyre du temps,* trop douteux, ne peut être retenu, il en est un autre, irrécusable, de très peu postérieur au ballet des *Bacchanales.* Le 4 avril 1623, un jeune Grenoblois que nous retrouverons, Salvaing de Boissieu, venu à Paris à l'issue de ses études, écrivait à son ami Expilly, et mentionnait Saint-Amant parmi les écrivains qu'il fréquentait, en le mettant sur le même plan que Boisrobert, dont la réputation était alors bien assurée :

(29) DURAND-LAPIE, p. 42.
(30) *Id.,* p. 78.

J'ay fort pratiqué depuis mon arrivée Saint-Amand, Boisrobert et les autres esprits de cette volée, mais il me semble que leur merite ne va pas de pair avec leur reputation (31).

On ne saurait assez souligner l'importance de cette lettre, témoignage sûr, exactement daté. Elle confirme que Saint-Amant est bien à Paris pendant ces premiers mois de 1623, qu'il y fréquente les cercles cultivés, et s'y est taillé une place au premier rang. Il semble pourtant qu'il n'ait encore publié que les cinquante-quatre vers du ballet des *Bacchanales*. Il faut croire que les poésies qui circulaient manuscrites, à commencer par la *Solitude,* suffisaient à sa réputation.

C'est alors cependant qu'il allait se décider à « endurer la presse », ainsi qu'il l'écrivit quelques années plus tard dans son *Elégie* au duc de Retz. Il n'est pas indifférent qu'il ait commencé par l'*Arion.* N'exprime-t-il pas sans ambiguïté sa prédilection pour ce genre de poèmes, en écrivant en 1629 :

> ...et particulierement j'ay pris quelque plaisir à de certains petits essais de Poëmes heroïques, dont parmy les Modernes le Cavalier Marin nous a donné les premiers exemples dans son livre intitulé *La Sampogna ?*   (I 11)

Les poèmes héroïques, ce sont évidemment l'*Arion,* l'*Andromède,* et, peut-être moins directement, la *Métamorphose de Lyrian et de Sylvie.* M. Adam a fait à leur sujet de suggestifs rapprochements avec les œuvres de Marino (32). A ceux qu'il apporte, on peut ajouter le suivant : un sonnet du manuscrit Conrart, dont Lachèvre donne le premier vers, « Que tu es belle et noire, ô monstrueuse gloire » (33), paraît bien venir du fameux sonnet du poète italien « *Nera si ma se' bella...* », traduit par Tristan et paraphrasé par Malleville (34). Saint-Amant avait certainement le sentiment d'avoir été là, plus que dans d'autres domaines, un initiateur, en France au moins. Il sera à son tour suivi, par Tristan par exemple, dans l'*Orphée,* où l'on peut aisément distinguer des souvenirs précis de l'*Arion.* Mais c'est bien lui qui aura montré la voie, et il pourra légitimement en concevoir une certaine fierté.

Il a dédié son poème, on l'a vu, au duc de Montmorency. Impossible de préciser où et dans quelles circonstances il lui fut présenté. Serait-ce à Paris, où Montmorency s'est trouvé de décembre 1619 à avril 1620, puis durant toute l'année 1623 ? Ne négli-

---

(31) Lettre publiée par H. GARIEL, Le Dauphiné, 26 juin 1861 ; je la cite d'après C. LATREILLE, *Pierre de Boissat et le mouvement littéraire en Dauphiné,* Grenoble, 1900, p. 76.
(32) ADAM, *Théophile,* pp. 444-448.
(33) LACHÈVRE, *Glanes,* II 141.
(34) ADAM, *op. cit.,* pp. 450 et 452.

geons pas une autre possibilité. Un acte officiel de 1625, sur lequel
nous reviendrons, accole au nom de Saint-Amant (ou plutôt d'Antoine Girard) le titre de « commissaire ordinaire de l'artillerie
de France ». On ne peut écarter à priori l'éventualité qu'il ait porté
ce titre depuis plusieurs années, remplissant effectivement les
devoirs de sa charge ; il n'est donc pas exclu qu'il ait passé une
partie des années 1620-1623, qui restent fort mal connues, à la suite
de l'armée royale, séjournant à Paris dans les intervalles des campagnes, et qu'il ait approché Montmorency lorsque celui-ci se trouvait auprès du roi, soit à Montauban en 1621, soit à Montpellier en
1622.

Aucune trace n'est cependant restée dans son œuvre d'éven-
tuelles campagnes dans le Midi de la France ; pas la moindre allusion aux guerres contre les réformés, ses coreligionnaires à l'époque, ni aux contrées dans lesquelles elles se sont déroulées. Aussi
paraît-il plus logique de supposer qu'il fut présenté à Montmorency
dans la capitale, et probablement en 1623. Il n'est plus alors un
nouveau venu, et s'est créé des relations; Théophile, devenu à cette
époque un familier du duc, a pu jouer le rôle d'introducteur. Si
l'on devait remonter jusqu'à 1620, le poète eût-il attendu trois ans
pour offrir à son « Mécène » quelqu'une de ses productions ? Il
faudrait imaginer l'*Arion* présenté d'abord sous forme manuscrite.
Tout ce qu'on peut dire, c'est que certains vers, et précisément
ceux qui, à la fin du poème, s'adressent à Montmorency, ont été
écrits peu avant leur publication. On y lit, en effet :

> En fin toute la France à ton bras obligée,
> Au sortir des travaux qui l'ont tant affligée,
> Fera mille souhaits pour ta prosperité (35).

Ces termes s'appliquent spécialement bien à l'année 1623 : le
siège de Montpellier heureusement terminé, la paix faite avec les
protestants, le roi est rentré après un voyage triomphal dans le
Midi, et « tout l'hiver se passe en réjouissances » (36), parmi lesquelles s'insère le ballet des *Bacchanales*. Montmorency s'est distingué au siège de Montpellier, dans son propre gouvernement, ce
qui explique, mieux que les affaires auxquelles il a pris part auparavant, les mots « à ton bras obligée ». Les Mémoires des contemporains ne donnent pas du tout, pour les années précédentes, la
même impression de soulagement au sortir d'épreuves qui durent
depuis trop longtemps. C'est ainsi que Fontenay-Mareuil constate
que 1622 s'est levé sous de bien fâcheux auspices, l'année 1621
s'étant terminée sur l'échec de Montauban (37).

---

(35) Texte de 1623 (et 1629) ; en 1642, on lira « pour ta postérité ».
(36) FONTENAY-MAREUIL, *Mémoires*, p. 173.
(37) *Ibid.*, p. 165.

Les tout derniers vers, allusion fort nette à la charge de conné-table briguée par Montmorency, n'apportent par contre aucun élé-ment de datation, et peuvent aussi bien s'appliquer à l'année 1620, où la charge est vacante, qu'aux années suivantes, où elle est suc-cessivement remplie par Luynes, puis par Lesdiguières. Mais, il faut en venir là, cette question de date n'est pas la plus importante. Il nous intéresse davantage de savoir quelle fut la position de Saint-Amant à l'égard de Montmorency. Il convient d'exclure toute idée de « domesticité ». Le poète traite le duc de « Mécène », et c'est tout ; il n'a pas dû y avoir autre chose qu'une gratification accordée soit pour l'*Arion* lui-même, soit pour quelque autre pièce, peut-être les vers du ballet : Saint-Amant remercie Montmorency d'une largesse qu'il a reçue, caressant l'espoir que ce mécénat occa-sionnel se transforme en une protection stable et sûre.

Espoir déçu, cependant, les places devaient être toutes occu-pées. Tallemant, notant le fait que Montmorency avait des poètes à ses gages — Théophile, Mairet — ne cite pas Saint-Amant parmi eux, et pourtant il n'a pas omis de mentionner ses rapports avec le duc de Retz, l'évêque de Metz ou la reine de Pologne. Du reste, nous n'avons aucun commencement de preuve qu'il ait suivi le duc dans son gouvernement, ou ailleurs : pas la moindre allu-sion au Languedoc, pas davantage à Chantilly : lui qui a vanté les mérites de Princé, demeure de Retz, ou, dans la *Vigne,* ceux de la maison de son ami Pontmenard, qui plus tard, dans l'*Epistre diver-sifiée,* évoquera le « Petit Olympe d'Issy » de Jean de Choisy, n'eût-il pas dit un mot de ce magnifique domaine ? Encore un détail : nulle part ailleurs il ne nomme Montmorency, alors qu'il a toujours, même après sa triste fin, laissé son nom au titre de l'*Arion.* La convergence de ces indications me paraît singulière-ment forte : la dédicace de l'*Arion* correspond très probablement à quelque chose de précis, mais aussi de momentané.

Saint-Amant n'aurait donc pas eu de protecteur attitré pendant quelques années ? Il faut se résigner à l'envisager. Il n'aurait pas été le seul dans son cas : si certains de ses confrères ne voient de salut qu'à s'attacher « domestiquement » à la fortune d'un grand, quitte à aliéner leur liberté, il en est aussi qui se fient au hasard des dédicaces, et d'autres qui se passent facilement de tout appui. N'ou-blions pas que le poète était le fils aîné d'un homme qui ne man-quait pas de ressources. Il n'a rien d'un poète crotté. « Fils de famille », ainsi le qualifie Théophile Gautier (38), le défendant con-tre les assertions de ceux qui le font vivre d'aumônes et mourir dans la misère. Sans être en mesure de le prouver, je suis persuadé qu'en cette période de son existence il pouvait compter sur le bon-homme Girard. Et qui nous assure qu'il n'avait pas, durant ses

(38) *Les Grotesques,* 2ᵉ éd., P., 1845, I 243.

années de navigation, amassé lui-même un petit pécule, qui lui fut alors précieux ?

Il est bien possible toutefois qu'avant de trouver dans le duc de Retz celui qui contribua, durant un certain nombre d'années, à assurer sa sécurité matérielle, il ait fait sans succès diverses tentatives dont nous n'avons guère de trace. Faut-il penser, par exemple, qu'il cherchait alors à s'attirer les faveurs de Gaston d'Orléans, frère du roi ? L'*Andromède* lui est dédiée, et cette pièce présente bien des caractères communs avec l'*Arion* : inspiration puisée en partie chez les Anciens (Ovide en particulier), couleur mythologique accentuée, influence de Marino aussi, pointes et concetti à un degré qu'on ne retrouvera pas. Tout cela permet de les croire contemporaines. Saint-Amant a peut-être essayé dès 1623, ou peu après, de se concilier Monsieur et son entourage.

Les louanges qu'il décoche au Prince sont aussi banales qu'hyperboliques. Elles semblent du reste avant tout s'appliquer au futur, et c'est assez normal, étant donné le jeune âge de Gaston. Si le poète promet pour plus tard une grande œuvre, ne veut-il pas indiquer par là qu'un encouragement matériel lui permettrait de s'y atteler ? Tel semble être le sens caché de ces vers :

> Prince, à qui les Destinées
> Ont tissu de filets d'or
> Les plus illustres Années
> Dont le temps face thresor,
> En attendant que ma plume
> Dans un precieux volume
> Vous monstre à tout l'Univers,
> D'une faveur nompareille,
> Grand Gaston prestez l'oreille
> Au doux accents de ces vers.   (I 44)

Nous sommes à l'époque où Monsieur fait concevoir de grandes espérances par son intelligence et son application à l'étude (39) ; les éloges qu'il reçoit sont donc en partie mérités. Ils le seront certes moins en 1644, et pourtant Saint-Amant n'épargnera pas l'encens dans l'*Epistre héroï-comique* qu'il lui dédiera alors. Cette dernière apportera de précieux renseignements sur les rapports entre le Prince et le poète : ils seront assez familiers pour que celui-ci se qualifie de « ton gros Virgile », et Monsieur lui accordera à l'occasion quelque gratification dont les derniers vers gardent le souvenir. Mais nous ne sommes pas en 1644, et la tentative faite vingt ans plus tôt ne dut pas être couronnée de succès. Je n'ai en tout cas trouvé aucune trace ni d'un don, quel qu'il fût, ni même de relations entre les deux hommes dans la période qui sépare

---

(39) G. DETHAN, *Gaston d'Orléans*, P., 1959, p. 38.

l'*Andromède* de l'*Epistre*. Tout ce qu'on peut dire, c'est que Saint-Amant apparaîtra vers 1627 lié avec des personnages qui gravitent autour de Monsieur, Maricourt, Blot, que nous retrouverons, peut-être Bouteville : celui-ci était en grande faveur auprès de Gaston (40), et quand il fut exécuté en 1627, le poète consacra à sa mémoire une épigramme qu'il recueillit soigneusement dans ses œuvres (I 133) ; il ne craignit pas d'écrire à son sujet : « Digne objet de pitié, mais beaucoup plus d'envie » ; et, ironie, cette épigramme en suit immédiatement une autre, *Sur un portrait du Roy!*

Il faut cependant remarquer que peut-être l'*Andromède* n'était-elle pas initialement destinée au frère du roi ; les premières strophes, telles que nous les avons, ne seraient-elles pas un peu postérieures ? C'est en 1626, après le mariage de Gaston avec Mlle de Montpensier, que lui est organisée une maison presque royale ; c'est alors qu'il y a des places à prendre, et que Saint-Amant a pu être tenté de chercher à s'en assurer une, mais sans y réussir.

A côté de ces nobles personnages, susceptibles de vous compter parmi leurs « domestiques », il s'en rencontrait d'autres qui contribuaient pour leur bonne part à rendre l'existence agréable, bien qu'étant de moindre volée. Je veux parler de ces amis que la fortune a suffisamment pourvus de biens pour qu'ils puissent tenir table ouverte, accueillir dans leur maison des champs une société choisie, dont font partie quelques favoris des Muses, capables de payer en rimes l'hospitalité qu'ils auront reçue. Qu'on se rappelle les séjours de La Fontaine chez ses amis Hervart, les conversations enjouées entre gens d'esprit, les promenades ou les rêveries dans un cadre enchanteur. Cela, Saint-Amant l'a connu chez le sieur Payen, quand celui-ci le conviait en son domaine de Rueil.

François-Pierre Payen, sieur Deslandes, reçu conseiller au parlement de Paris le 19 février 1621 (41), était le second fils de Pierre Payen, sieur de Montereau, conseiller secrétaire du roi, et de Claude Rose (42). Les multiples références qu'apportent à son sujet certains ouvrages ne doivent pas faire illusion : on ne connaît un peu en détail que deux épisodes de son existence, ses démêlés avec le cardinal de Lyon, Alphonse de Richelieu, pour le prieuré de La Charité-sur-Loire, en 1646, et son rôle pendant la Fronde. C'était un ami des lettres, lié avec Boisrobert, Théophile et des Barreaux, avec Vaugelas et Balzac aussi, peut-être avec Racan (43), mais c'est moins sûr. Boisrobert et Balzac ont parlé de Rueil avec enthousiasme, et si Saint-Amant n'est pas aussi lyrique que ses deux confrères, il ne nous laisse pas ignorer que lui aussi est allé

---

(40) N. GOULAS, *Mémoires*, éd. S.H.F., I 14.
(41) F. BLANCHARD, *Les Présidents au mortier du parlement de Paris*, P., 1647, p. 120.
(42) B.N., Cabinet des titres, *Dossiers bleus*, 514, 13344.
(43) ADAM, *Théophile*, p. 366.

rêver « au bord de la fontaine des fées, dont il ne faut que boire une goutte pour devenir poète », ainsi que l'écrit M. de Balzac avec son habituelle simplicité (44). Le domaine de Rueil avait été acheté en 1606 par le financier Jean Moisset. A sa mort, en 1620, Moisset le légua à son ami Pierre Payen, qui le laissa à son tour à notre Payen-Deslandes, filleul de Moisset. Celui-ci n'en jouit du reste pas longtemps : il rejoignit Marie de Médicis à Bruxelles, ses biens furent confisqués en novembre 1631, et Richelieu s'empressa de le racheter (45).

Il est difficile de préciser à quelle époque débutèrent les relations entre Saint-Amant et Payen. Parmi les textes qui les attestent, un seul, la *Chanson à boire,* peut être daté avec quelque certitude, mais il nous ferait certainement descendre trop tard, écrit en 1626 très probablement. Restent une autre œuvre de Saint-Amant, la *Pluye,* et une pièce de Boisrobert.

Du texte de la *Pluye,* il est impossible de tirer quoi que ce soit. Le poète nous transporte dans la propriété de Payen, à qui l'œuvre est dédiée. Il y peint le ciel menaçant, qui fait espérer une averse bienfaisante, pour les vignes en particulier :

> Je voy de loing venir la pluye,
> Le Ciel est noir de bout en bout ;
> Et ses influences benignes
> Vont tant verser d'eau sur les Vignes
> Que nous n'en boirons point du tout.

Il était temps, car

> L'ardeur grilloit toutes les herbes,
> Et tel les voyoit consumer
> Qui n'eust pas creu tirer des gerbes
> Assez de grain pour en semer.   (I 92)

Et le nuage crève, à la grande joie du poète, qui s'empresse de demander une coupe de vin frais, à la grande joie surtout de ceux qui touchent de près à la terre, et que les deux dernières strophes présentent en de pittoresques raccourcis, pris sur le vif.

Assurément la *Pluye* porte la marque d'un vrai poète, certains vers en sont musicaux comme les gouttes elles-mêmes « tombant sur ces fueillages verds ». Elle a de plus l'intérêt de nous rendre sensible une des préoccupations majeures de Saint-Amant, ce désir de réaliser justement une poésie qui soit une musique :

> Et que je charmerois l'oreille,
> Si cette douceur nompareille
> Se pouvoit trouver en mes Vers !   (I 94)

---

(44) *Les Premières Lettres,* éd. cit., II 64.
(45) Cf. mon article sur *Le Domaine de Rueil et ses premiers possesseurs,* à paraître dans la Revue de l'histoire de Versailles et de Seine-et-Oise, tome 55.

Cependant, une averse succédant à une longue période de sécheresse, le fait en lui-même n'a rien que de très banal, et l'on n'en peut tirer aucune indication chronologique. Le seul indice que nous ayons, c'est la place qu'occupe la *Pluye* dans le manuscrit de Conrart dont il a été parlé : elle est la troisième, immédiatement après la *Solitude,* ce qui peut nous amener à remonter plus haut que 1624, date qui figure sur le premier feuillet de garde.

La pièce de Boisrobert, la *Description de Ruel,* parut dans le *Recueil des plus beaux vers* édité par Toussaint du Bray avec un privilège du 2 juin 1626. Ce long poème (il occupe onze pages du recueil) apporte des détails sur les agréments du domaine, et met en scène Saint-Amant dans les termes suivants :

> Je croy, si je voulois descrire
> Toutes ces choses que j'admire
> Dedans un sejour si parfait,
> Que ce ne seroit jamais fait.
> Cette recherche curieuse
> Veut une plume glorieuse ;
> O qu'elle appartient justement
> A ton cher amy sainct Amant !...
> Mais sa triste Muse arrestée
> Au souvenir de tes malheurs,
> Aujourd'huy n'aime que les pleurs... (46) .

Le témoignage a son prix : notre héros est le « cher amy » de Payen, et Boisrobert le considère comme un poète du premier rang, seul capable de chanter dignement le domaine enchanteur. Est-il possible de le dater avec quelque précision ?

On aura remarqué l'allusion à des malheurs qui se sont abattus sur Payen, depuis peu apparemment. Boisrobert les avait évoqués dès le début de son poème. Depuis quatre jours que je séjourne en ce « paradis », déclarait-il à son hôte, rêvant en toute liberté sous les arbres, mollement assis sur l'herbe près d'une belle source, tous mes soucis m'ont quitté ; ces étangs, ces bois, ces fontaines

> Rendent mes esprits transportez
> De leurs belles diversitez,
> Et desrobent à mes pensées
> Le deuil de tes pertes passées (47).

Payen a donc été récemment frappé d'une perte douloureuse : il s'agit certainement de la disparition de son père. Dans les derniers vers en effet Boisrobert écrit :

> Puis que ta gloire en est plus ample,
> Je me console à ton exemple (48).

---

(46) *Recueil des plus beaux vers,* p. 567.
(47) *Ibid.,* p. 557.
(48) *Ibid.,* p. 567.

Le voilà devenu possesseur de Rueil : on conçoit ce qu'une si magnifique propriété attachait de « gloire », de considération, à sa personne. Or, il semble bien que Pierre Payen ait quitté ce monde dans les derniers mois de 1624. Il était encore en vie quand le surintendant La Vieuville essaya de s'approprier Rueil, ce qui eut lieu quelques jours avant sa disgrâce, survenue le 13 août (49). Un an plus tard, lorsqu'écrit Balzac, la situation a changé. Mais on peut préciser davantage. Boisrobert fait allusion à un séjour récent de Marie de Médicis, dont les pas ont « tout fraîchement » foulé les allées du parc. Un tel séjour est attesté précisément à l'époque de la disgrâce de La Vieuville (50) ; la Reine-Mère se trouvait encore à Rueil le 27 août. C'est peu après que survint la mort de Pierre Payen, et que Boisrobert écrivit sa *Description*. Et l'on doit faire remonter plus haut, étant donné les termes qu'il emploie parlant de Saint-Amant, les relations entre celui-ci et le nouveau propriétaire de Rueil.

Ces relations ne semblent pas avoir été du tout celles d'un protégé et de son protecteur ; les deux textes de Saint-Amant s'accordent pour en témoigner avec celui de Boisrobert. « Payen, sauvons-nous dans ta Sale », s'exclame-t-il dans la *Pluye* ; cette invitation serait un peu cavalière s'il ne s'était considéré que comme un obligé. Dans la *Chanson à boire*, Payen figure au milieu d'un groupe de bons et joyeux compagnons, habitués du cabaret, et qui vivent sur un pied d'égalité. Compagnons de « débauche », selon toutes probabilités, en donnant au mot (je le rappelle ici une fois pour toutes) un sens qui n'est nullement péjoratif : Richelet explique encore, à la fin du siècle, par cette définition : « Récréation gaie, et libre qu'on prend, riant, chantant et faisant bonne chère avec ses amis ». Il n'est pas indifférent cependant de pouvoir grouper, autour du Conseiller, Saint-Amant et Boisrobert, Théophile et des Barreaux, Balzac et Vaugelas, sans compter Faret, et d'autres peut-être : c'est bien la preuve qu'il recherchait la société des gens d'esprit.

Nous pouvons maintenant imaginer Saint-Amant mettant un pied dans le monde des parlementaires parisiens ; car, si Payen se plaisait à fréquenter les gens de lettres, il ne négligeait pas pour autant, soyons-en sûrs, la compagnie de ses collègues. Il dut procurer au poète la connaissance de certains d'entre eux, les plus curieux des choses de l'esprit, les plus gais, aussi, ceux qui se retrouvaient volontiers, le verre en main, devant une table bien garnie. On n'a jamais tenté de préciser : hypnotisés sans doute par la phrase de Chevreau rappelée plus haut, les critiques ont sur-

---

(49) Cf. *Requeste présentée au Roy par Christophle Ludot... sur la charge du sieur marquis de la Vieuville...*, P., 1624, p. 12.
(50) HÉROARD, *Journal*, II 296 (27 juillet) et 299 (27 août).

tout voulu voir le poète évoluer parmi les nobles, ce qui était plus flatteur pour lui. De plus, si nous sommes en général renseignés sur les amis de Saint-Amant qui se sont mêlés d'écrire, si nous connaissons les personnages appartenant à la haute noblesse qu'il a fréquentés, il n'en est pas de même pour les autres, bourgeois ou même petits gentilshommes de mince importance. Pourtant, dans l'existence parisienne du poète à ses débuts, il est possible de trouver trace de ses relations avec plus d'un robin.

Dans le premier état de la *Desbauche,* tel que le donne le *Mespris des Muses,* figurent trois noms propres, dont un seul, celui de Gilot, restera en 1629 : Fayet sera remplacé par Boissat, et Revol cédera la place à Faret. Nous retrouverons Revol dans les milieux littéraires ; signalons cependant ici qu'il avait des attaches dans le monde parlementaire : son oncle Ennemond Revol mourut en 1627 doyen du Grand-Conseil. C'est à Fayet que Saint-Amant adresse des réflexions plus ou moins profondes sur

> la mort sous qui tout succombe
> Et qui nous poursuit au galop.

Le nom de Fayet est bien connu : c'est celui d'un famille parlementaire dont on trouve plus d'une fois mention dans les textes de l'époque (51). En l'absence de toute indication complémentaire, il est difficile de préciser quel est celui que fréquentait Saint-Amant ; peut-être faut-il penser à Nicolas, sieur de Groslay, conseiller au parlement en 1625 (52), seul petit-fils, semble-t-il, du premier Fayet connu, Antoine, sieur de Maugarny. Ce qui nous intéresse surtout, c'est que les Fayet étaient de robe.

De robe aussi, je crois, Gilot. Il est nommé dans la *Desbauche,* dans la *Chanson à boire,* et dans la *Vigne,* où Saint-Amant emploie pour lui des termes qui le désignent comme un ami alors très intime. Gilot, ou Gillot, n'était pas un inconnu pour Théophile, ainsi qu'il ressort d'une lettre adressée à Tristan où il écrit :

> Je ne laisse pas en l'état où je suis d'avoir pour le bon vin le même goût que le véritable Gillot (53).

L'expression « véritable Gillot », rapprochée de « vray Gilot » qui se lit dans la *Vigne* (I 169), confirme qu'il s'agit du même personnage, fameux par son amour de la boisson. Il est encore nommé par Balzac (54), par Saint-Pavin (55), et sans doute par Beys (56).

---

(51) Nombreux renseignements au Cabinet des titres de la B.N., *Dossiers bleus,* 263, 6780, et *Pièces originales,* 1118, 48.
(52) BLANCHARD, *op. cit.,* p. 122.
(53) *Lettres meslées du sieur Tristan,* p. 392, in BERNARDIN, *Tristan l'Hermite,* P., 1895, p. 117.
(54) *Entretiens de M. de Balzac,* in BRUNOT, *op. cit.,* III 154.
(55) LACHÈVRE, *Disciples et successeurs de Théophile,* P., 1911, p. 494.
(56) *Œuvres poétiques,* P., 1651, p. 66.

Tout en ne me cachant pas que le nom est répandu, je l'identifierais volontiers soit avec Germain Gillot, conseiller du roi, mort en 1643, lequel apparaît en 1627 parmi les créanciers de « feu M⁰ Pierre Payen » (57), soit avec René Gillot, reçu conseiller-clerc en 1620, et dont un passage de Tallemant laisse soupçonner qu'il fut d'humeur assez libre (58).

Il faut encore compter, parmi ces gens de loi, un certain Grand-Champ, « docteur en bernerie », est-il dit à la fin de la *Berne* (I 161), sur lequel la *Vigne* donne les précisions suivantes :

> Grand-Champ, qui vuides mieux les verres,
> Que dans les chiquaneuses guerres
> Avec les plus heureux succès
> Tu ne vuiderois les procès.   (I 170)

On songerait volontiers à un protestant, de la famille des Addée, sieurs du Petit-Val et de Grand-Champ, mais aucun de ceux qui sont cités ne convient (59). Ne serait-ce pas plutôt un Rouennais, Robert Le Prevost, seigneur de Grandchamp, avocat général à la Cour des Aides en 1642 (60), ou quelqu'un de sa famille ? Ce ne serait alors pas une connaissance parisienne.

Quel qu'il soit en définitive, nous sommes toujours ramenés au même milieu social : des parlementaires, tout au moins des officiers, dont quelques-uns constituent un cercle assez étroit dans lequel la poésie et la bonne chère sont, chez des hommes dont la profession exige une certaine gravité, un dérivatif, et une détente. Saint-Amant devait faire merveille parmi eux. Mais il y a apparence que cela n'a pas duré. Devenu un personnage connu d'abord, puis célèbre, il a pénétré dans un monde différent, et que l'on imagine plus conforme à ses goûts : car les gens de loi, à de rares exceptions près, surtout parvenus à un certain âge, se ressentaient du sérieux de leurs occupations. Pour être agréé d'eux, il avait sans doute fallu que Saint-Amant leur fût recommandé ; il se recommandait lui-même, par son talent, aux gentilshommes, et à ses confrères les écrivains, parmi lesquels nous le trouvons installé en bonne place dès cette époque.

---

(57) TESSEREAU, *Histoire chronologique de la Grande Chancellerie de France*, P., 1710, I 416 ; Cabinet des titres, *Pièces originales*, 2218, 72.
(58) BLANCHARD, *op. cit.*, p. 120 ; TALLEMANT, II 426.
(59) Cf. HAAG, *France protestante*, 2⁰ éd., I 33-35.
(60) FARIN, *op. cit.*, II 276.

CHAPITRE V

LES PREMIERES ANNEES A PARIS (suite).
MILIEUX LITTERAIRES

Pénétrons plus avant dans ces milieux littéraires qui n'ont été qu'entrevus jusqu'ici. Nous avons rencontré Théophile et Molière, Boisrobert, Marolles et son groupe, d'autres encore. En essayant de préciser quelles furent leurs relations avec Saint-Amant, nous ne pourrons éluder un délicat problème : dans les premiers temps de son séjour parisien, alors que, nouveau venu dans le monde des lettres, il en était plus susceptible, a-t-il subi de façon appréciable certaines influences, sur le plan de l'art ou sur celui de la pensée ?

Boisrobert nous arrêtera d'abord, par droit d'ancienneté. Aucun document n'atteste que Saint-Amant et lui fussent de vieilles connaissances, et que leur amitié datât de Rouen. Il est pourtant difficile de ne pas l'admettre. Tous deux étaient de famille protestante ; et le milieu réformé, à Rouen comme ailleurs, formait un petit monde dont les membres étaient unis par quantité de liens. Les garçons, presque du même âge, ont dû se voir dès leur enfance. Ajouter des précisions, montrer, ainsi que le faisait Emile Magne, Boisrobert, dans les faubourgs, rencontrant Saint-Amant sous les traits d'un adolescent « au visage poupin, au gros rire », et que « chatouillent deux pécores », relève de la plus pure fantaisie. Par contre, on peut supposer que les premiers succès du jeune Le Métel dans la capitale (l'écho en est sûrement parvenu à Rouen, où furent du reste imprimés ses vers, dans le *Cabinet des Muses* de 1619) ont contribué à déterminer son compatriote à l'y suivre quelques années plus tard, et qu'ils eurent vite repris un contact dont subsistent plusieurs témoignages.

Du côté de Saint-Amant, il s'agit essentiellement de la *Gazette du Pont-Neuf*, car la collaboration des deux poètes au ballet des *Bacchanales* ne prouve pas grand chose. La *Gazette* est évidemment un peu plus tardive ; Emile Magne lui assignait la date de 1625 (2), et l'on ne peut qu'y souscrire. Saint-Amant annonce en effet à son ami qu'il vient d'arriver de Paris, à Rouen très vrai-

---

(1) E. MAGNE, *Le Plaisant Abbé de Boisrobert*, P., 1909, p. 16.
(2) *Op. cit.*, p. 88.

semblablement, et va lui donner des nouvelles de la capitale, où
Boisrobert ne se trouve donc pas. Or, depuis son retour d'Angoulême, il ne semble pas l'avoir quittée, au moins pour un séjour prolongé qui l'aurait mené ailleurs qu'en Normandie, avant le mariage
d'Henriette de France, qu'il accompagne en Angleterre en juin
1625; il sera de retour sans doute en août 1626, avec les autres
Français de la suite de la reine (3). Cependant le voyage qu'a fait
Saint-Amant s'est effectué dans la mauvaise saison, témoin ces
vers :

> La soutane d'un pauvre Prestre,
> Un Barbet qui cherche son maistre,
> Et cinquante Courriers du Roy
> Ne sont pas si crottez que moy.   (I 161)

La pièce fut donc écrite durant l'hiver 1625-1626. Mais les
termes qu'emploie Saint-Amant indiquent une familiarité qui ne
saurait être l'œuvre de quelques semaines :

> Mon cher Boisrobert, que je prise
> Plus que ma houppelande grise,

ainsi commence-t-il; et il termine :

> J'ay bien d'autres choses à dire,
> Qui nous fourniront dequoy rire
> Pour plus de six mois et demy,
> Quand j'auray l'honneur, cher Amy,
> De voir si tu bois point à gauche,
> Et si tu fais bien la débauche.   (I 166)

Du côté de Boisrobert, c'est la *Description de Ruel* ; nous avons
vu que, publiée en 1626, elle doit remonter à 1624. Rappelons enfin
que, dans sa lettre, Salvaing de Boissieu associe les deux noms de
Saint-Amant et de Boisrobert.

Quelle fut l'influence de celui-ci sur notre poète ? Je la crois
réelle. Du reste son rôle fut sans doute plus important qu'on ne
l'a souvent pensé. Chez lui, on n'a vu la plupart du temps, peut-
être sous l'influence des récits de Tallemant, que le favori et l'amu-
seur de Richelieu, celui que Magne appelait « le plaisant abbé de
Boisrobert ». C'est trop oublier le poète. M. Adam a montré comment sa situation officielle auprès du Cardinal fut désastreuse pour
sa production littéraire, aboutissant à tarir « cette veine si curieuse
de poésie personnelle » que le critique analyse avec autant de
précision que de finesse (4). Si Saint-Amant, venant de sa pro-

---

(3) *Ibid.*, p. 89 n.l.
(4) ADAM, I 349.

vince, a cherché un modèle, ne serait-il pas assez normal qu'il l'eût
trouvé chez lui ?

Cependant, une remarque préliminaire s'impose. Saint-Amant
est un vrai poète, et non un quelconque versificateur comme son
siècle en a tant vu. Lorsqu'il imite, il le fait avec discernement,
d'autant plus que bientôt il se posera en champion de l'originalité.
On se rappelle les fières déclarations qui sonnent dans l'*Avertissement* de 1629; il pouvait difficilement offrir, à qui venait de lire
cette condamnation formelle de toute imitation, des œuvres dans
lesquelles il apparaîtrait avec trop d'évidence qu'il s'était inspiré
de quelque confrère. Il convenait que les choses fussent mainte-
nues dans de justes limites, et c'est précisément ce qui s'est produit. Je suis persuadé que l'imitation chez Saint-Amant, si elle
a existé plus qu'il ne veut bien l'avouer, n'a eu qu'un temps, et que
sa forte personnalité s'en est vite dégagée. En tout cas, dès le
début, elle n'eut rien de servile.

Revenons à Boisrobert. Bien des rapprochements s'imposent;
mais on se heurte à un problème de chronologie, insoluble dans
certains cas. Les poésies de Boisrobert ont paru en deux séries :
quatorze dans le *Cabinet des Muses* de 1619, et quatre-vingt-qua-
torze dans le *Recueil des plus beaux vers* de 1626, tandis que les
Œuvres de Saint-Amant n'ont vu le jour qu'en 1629. Mais ces
dates ne correspondent évidemment qu'à la publication. Si l'on
peut admettre que les pièces du *Cabinet des Muses* sont antérieures à la majeure partie de celles de Saint-Amant, on n'a pas le
droit d'en dire autant pour le *Recueil*. Il faudra se montrer là très
prudent, et se borner souvent à signaler des ressemblances, sans
conclure.

Ouvrons le *Cabinet des Muses*. Il renferme une petite pièce (dix
strophes de six vers) intitulée *Gayeté* (5). On a évoqué à son propos la *Solitude* de Saint-Amant (6) ; je ne vois aucun rapport entre
elles, sinon qu'y apparaît Philomèle (sous la forme Philomène chez
Boisrobert et dans le premier texte de la *Solitude,* celui de 1627).
Par contre, je crois presque certain que la *Gayeté* se trouve à l'origine d'une autre pièce de Saint-Amant, la *Jouyssance.* L'œuvre de
Boisrobert n'a rien, ou presque, d'une « Solitude » ; la nature n'est
là que pour servir de cadre à des ébats amoureux, qui prennent
une place prépondérante : Sylvie ne se fait-elle pas rappeler à
l'ordre quand elle perd son temps à écouter le rossignol, alors que
son amant est prêt à tout autre chose ? Le cadre rustique, on le
rencontre chez Saint-Amant ; c'est

<blockquote>
un Climat où la Nature
Montre à nu toutes ses beautez,
</blockquote>

---

(5) *Le Cabinet des Muses, ou Nouveau Recueil des plus beaux vers de ce
temps,* Rouen, 1619, p. 509.
(6) ADAM, I 95.

> Et nourrit les yeux enchantez
> Des plus doux traits de la peinture.   (I 111)

Ce sont des fleurs sur lesquelles brille la rosée, des « champs émaillez », un bois écarté, un myrte où les amants gravent leurs serments. Chez Boisrobert, les oiseaux se font entendre, mêlant leurs chants aux accents de la lyre; on les retrouve chez Saint-Amant, mais ils y font silence, charmés par les sons de son luth :

> Les Oyseaux, tirez par l'oreille,
> Allongeants le col pour m'ouyr,
> Se laissoient presque esvanouyr
> Tous comblez d'aise et de merveille.   (I 115)

Dans la *Gayeté*, de gracieuses figures mythologiques animent le paysage. C'est « Phœbus aux tresses dorées » qui

> Rend les campagnes colorées,
> Et seche les humides pleurs
> Que venoit d'espancher l'Aurore,

et Saint-Amant reprend, comme en écho :

> Nous voyons briller sur les fleurs
> Plustost des perles que des pleurs
> Qui tomboient des yeux de l'Aurore.   (I 111)

Ce sont Flore et « son Zephire », et l'on retrouve dans la *Jouyssance* « celle à qui Zephire adresse tous ses vœux ». C'est enfin la même peinture ardente du plaisir.

Les ressemblances entre les deux pièces sont certaines. Il n'est que juste toutefois de constater que les différences apparaissent considérables. Saint-Amant a su, tout en empruntant le thème général et, en gros, la façon de le traiter, créer une œuvre bien personnelle. C'est d'abord une question de dimensions : la *Jouyssance* compte exactement trois fois plus de vers que la *Gayeté*. Des éléments nouveaux apparaissent donc, parmi lesquels se fondent, et parfois se cachent les éléments empruntés, eux-mêmes plus développés souvent. La composition d'autre part est différente. Chez Boisrobert, une partie purement descriptive précède l'entrée en scène de Sylvie ; les trois premières strophes ne font nullement présager le rôle primordial que jouera celle-ci, et ne justifient en aucune façon le titre de la pièce. Chez Saint-Amant, tandis que Sylvie apparaît dès la première strophe, les détails du paysage sont épars d'un bout à l'autre, ce qui donne à l'ensemble beaucoup plus d'unité. Parmi les éléments nouveaux, j'en signalerai deux, les plus importants : le thème de la campagne mise au-dessus de la ville et de la cour, et l'introduction, à côté du simple plaisir physique qui règne sans partage dans la *Gayeté,* d'une galanterie se

traduisant par le vocabulaire traditionnel des chaînes, des glaces et des flammes, et par les pointes accoutumées.

Je pense que nous possédons avec la *Jouyssance* une des pièces les plus anciennes de Saint-Amant, et qu'il convient d'y voir la contemporaine de la *Solitude*. Elle présente le second volet du dyptique que Boisrobert, aussi bien que Théophile, ont peint en associant les choses dans une unité un peu factice (c'est surtout sensible chez le second), juxtaposant la peinture d'un paysage écarté du monde et celle d'un duo amoureux. Pourrait-on soutenir que la *Solitude* est sortie des trois premières strophes de la *Gayeté* ? Je ne le crois pas ; en tout cas, on ne devrait plus parler là d'emprunt, tout au plus d'une sorte de choc propice à mettre en branle l'imagination.

Il existe, à côté de la *Jouyssance*, tout un groupe d'œuvres de Saint-Amant que l'on peut rapprocher de celles de Boisrobert. Ce sont les poésies amoureuses, dont on a déjà signalé qu'elles n'ont rien de sincère ni de personnel, ayant été probablement toutes faites sur commande, sans qu'il soit possible en général de préciser pour qui. Ces pièces sont la *Métamorphose de Lyrian et de Sylvie*, au moins en partie, l'*Elégie pour Damon*, la *Plainte sur la mort de Sylvie* (la plus artificielle de toutes, peut-être), l'*Elégie à Damon*, le *Bel Œil malade*, l'*Elégie à une Dame*, et *Sur un départ, à la mesme Dame* (ces deux dernières, écrites pour d'Harcourt, un peu plus tardives) : soit un ensemble de près de sept cents vers, ce qui n'est pas négligeable. Saint-Amant sacrifie à une mode toute de convention, qui paraît être aux antipodes de son vrai talent.

On y a souvent vu la marque de l'hôtel de Rambouillet. Je crois que c'est une erreur, et qu'il faut chercher dans une autre direction. Certes, il y a là une grande part de lieux communs, et les modèles ne manquaient pas. On trouve cependant avec certains vers de Boisrobert des correspondances trop étroites pour être fortuites. Ne serait-ce pas chez lui que Saint-Amant aurait pris le personnage de cet amant (le Lyrian de la *Métamorphose*) pénétré du plus profond respect pour sa maîtresse, et qui, ne pouvant lui dévoiler directement sa flamme, prend la nature pour confidente? Lieu commun encore, assurément ; mais il est tant de façons de traiter les lieux communs ! Que l'on compare avec le début de la *Métamorphose* ce passage de l'*Avanture véritable* de Boisrobert :

> Puisque le sort cruel, de ma gloire jaloux,
> M'oste la liberté de parler devant vous,
> Climène, unique objet de ma triste pensée,
> Source de ma douleur et presente et passée,
> Permettez qu'en ces lieux du silence habitez
> Mon cœur rende en secret hommage à vos beautez,
> Souffrez qu'en l'espesseur de ce bois solitaire
> Où mesme les Zephirs sont contraints de se taire

> Estouffé de respect et bruslé de desirs
> Je soulage ma peine avecque mes souspirs... (7)

On pourrait introduire, sans presque y changer un mot, ces quelques vers dans la *Métamorphose,* tout de même qu'on pourrait glisser dans l'*Avanture veritable* des passages entiers du poème de Saint-Amant. La même fatalité se joue, chez les deux poètes, des pauvres amoureux, et l'on trouve chez l'un comme un écho des doléances de l'autre.

> Depuis le jour fatal qu'un dur arrest des Cieux
> M'oste le doux plaisir de me voir dans vos yeux,

lit-on chez Boisrobert; et, chez Saint-Amant :

> Depuis le jour fatal qu'en l'amoureuse chaisne
> Le ciel me fait souffrir une eternelle gesne...   (I 99)

Ajoutons à cela une grande parenté de style et de langue : c'est la même simplicité, la même souplesse élégante si caractéristiques de la manière de Boisrobert (8), et que l'on chercherait en vain chez la plupart de ses contemporains.

On pourrait multiplier les rapprochements. Même si la majorité d'entre eux met en jeu des pièces du *Recueil des plus beaux vers,* laissant subsister un doute sur la question d'antériorité, je demeure convaincu que, dans ces poésies amoureuses, Boisrobert fut le premier, et que Saint-Amant ne fit que suivre son exemple. Mais plus tard les rôles seront renversés ; et l'imitation, quand elle s'exercera dans le sens contraire, sera infiniment moins discrète et moins habile. En veut-on un exemple frappant ? Il existe d'étranges ressemblances entre l'*Elégie* au duc de Retz du recueil de 1629 et l'*Epistre I. En forme de Preface,* qui ouvre en 1647 l'édition des *Epistres en vers* de Boisrobert. La dette de ce dernier y est indiscutable. Si notre poète a puisé une part de son inspiration chez son compatriote au moment où il se lançait dans la carrière des lettres, celui-ci n'a pas laissé de prendre sa revanche plus tard. Tout cela contribue à prouver un commerce suivi entre les deux Normands, un échange d'idées sans doute, où le plus jeune, d'abord novice et désireux de s'appuyer sur l'expérience de son aîné, partira vite de ses propres ailes, devenu un maître à son tour.

Théophile a-t-il, de son côté, exercé sur Saint-Amant une influence sensible ? Oui, répond M. Adam, qui fait de lui dès 1620 un chef d'école, le coryphée d'une cabale de libres esprits, d'athéis-

---

(7) *Recueil des plus beaux vers,* p. 491.
(8) Adam, I 90.

tes même, où notre poète tient sa place (9). Je ne saurais accepter ces conclusions sans réserves.

Les deux hommes furent assez liés, c'est certain. Leurs premiers contacts, nous l'avons vu, datent sans doute de 1620, et sont concrétisés par l'ode de 1621. Mais comment ont évolué leurs relations ? Il n'existe à ce sujet que peu de témoignages. On ne peut tirer quoi que ce soit du voisinage de leurs deux noms en tête de la *Centaura* d'Andreini : l'auteur avait pu les solliciter chacun de son côté. Ce n'est pas une preuve non plus que de les retrouver collaborant au ballet des *Bacchanales* : là encore chacun peut y être amené tout à fait indépendamment. On ne peut enfin tirer grand chose du fait que Saint-Amant soit nommé dans la *Prière aux poètes de ce temps* (mars 1624), sinon que sa renommée commençait alors à être bien assise : Théophile introduit en effet dans cette pièce Porchères et Gombauld, avec lesquels il ne semble pas avoir entretenu de relations. Néanmoins, le rapprochement de ces faits présente déjà un certain intérêt. Surtout la preuve existe, un peu plus tardive, mais irréfutable : dans la *Vigne* que Saint-Amant composera après la mort de Théophile, il nommera celui-ci pour compléter le trio de ses amis défunts, dont il regrette l'absence un jour de réjouissance :

> Theophile, Bilot, Moliere,
> Qui dedans une triste biere
> Faites encore vos efforts
> De trinquer avecques les morts...   (I 171)

Et Bilot, Molière, ce sont les noms d'amis qui lui furent chers, nous le savons.

Mais *connaissance* ne saurait vouloir dire à priori *influence*. Du point de vue littéraire précisément, l'influence semble nulle. M. Adam se voit forcé de noter, sans dissimuler sa déception, que « si l'ami de Théophile s'est inspiré de ses leçons, aucune trace n'en subsiste », et qu'on ne peut trouver « aucun rapprochement caractérisé » entre leurs deux œuvres (10). Dirai-je que pour moi la chose s'explique sans grande difficulté ? Non pas que je songe à des modifications importantes qu'aurait fait subir à ses poésies Saint-Amant, dans le dessein d'effacer la trace de ses emprunts ; mais c'est que la connaissance de Théophile est intervenue trop tard. N'oublions pas qu'au lieu de faire remonter leur rencontre à 1617, il faut admettre qu'elle n'eut pas lieu avant 1620, et que cette année-là Théophile n'a passé que relativement peu de temps à Paris. C'était suffisant pour que des relations se fussent nouées, mais sans doute pas pour qu'une influence pût valablement

---

(9) Adam, *Théophile*, p. 128.
(10) *Ibid.*, p. 236.

s'exercer. Les mois qui suivirent ne donnèrent pas à Saint-Amant
beaucoup plus d'occasions de fréquenter Théophile : ce dernier
repartit à la fin d'avril 1621, et ne revint que dans les premiers
jours de décembre (11). Au moment donc où le poète restait
encore influençable, cherchait auprès de Boisrobert des recettes
et des thèmes, il pouvait plus difficilement le faire auprès de Théophile ; une influence « livresque » serait évidemment conceva-
ble : mais celle-là même n'apparaît pas.

Il est cependant un problème qu'on ne peut éviter de poser, car,
tranché dans un sens, il entraînerait la conclusion qu'en une occasion Saint-Amant s'est montré le disciple de Théophile : c'est le
problème des *Solitudes* des deux poètes. Il suffit en effet de les lire
pour constater entre elles certaines ressemblances. On n'a jamais,
que je sache, relevé systématiquement leurs points communs (12);
il est cependant indispensable de le faire avant toute chose. Voici
donc les passages caractéristiques :

   1° De ceste source une Naïade
     Tous les soirs ouvre le portail
     De sa demeure de crystal...   (Th., v. 5)

     Où quelque Naïade superbe
     Regne comme en son lict natal
     Dessus un throsne de crystal.   (S.-A., v. 38)

   2° Jadis au pied de ce grand chesne
     Presque aussi vieux que le Soleil...   (Th., v. 13)

     De voir ces Bois qui se trouverent
     A la nativité du Temps.   (S.-A., v. 6)

   3° Un froid et tenebreux silence
     Dort à l'ombre de ses ormeaux...   (Th., v. 17)

     Le Sommeil aux pesans sourcis,
     Enchanté d'un morne silence,
     Y dort, bien loing de tous soucis,
     Dans les bras de la Nonchalence... (S.-A., v. 115)

   4° Où Philomele nuict et jour
     Renouvelle un piteux langage.   (Th., v. 23)

     Philomele au chant langoureux
     Entretient bien ma rêverie.   (S.-A., v. 23)

   5° L'orfraye et le hibou s'y perche...   (Th., v. 25)

(11) *Ibid.*, pp. 257 et 265.
(12) GOURIER, p. 178, a noté les principaux.

> Là se nichent en mille troux
> Les Couleuvres, et les Hyboux.
> L'Orfraye, avec ses cris funebres...   (S.-A., v. 79)

A première vue, cela paraît assez frappant, et l'on aurait quelque scrupule à n'y voir que rencontres fortuites. Cependant, ces rapprochement ne sont-ils pas plus spécieux que réels ? La source ou le ruisseau n'entraînent-ils pas, presque automatiquement, la Naïade ? Et l'eau, fraîche et pure, n'est-elle pas bien souvent un « cristal » ? Nous avons déjà rencontré Philomèle chez Boisrobert. Plus caractéristiques semblent l'orfraie et le hibou : encore faut-il noter que les exemples ne manquent pas, au XVIe siècle, qui rassemblent les noms de ces oiseaux de mauvais augure : un distique de Belleau leur adjoint même les serpents (13). Allons cependant plus loin. On sait que l'ode de Théophile, dans son état actuel, est faite en réalité de trois morceaux juxtaposés, et que la vraie *Solitude* ne devait comprendre qu'une quinzaine de strophes, soixante vers environ (14). Aurions-nous, comme pour la *Jouyssancé,* une amplification de Saint-Amant, développant ici le thème que lui offrait Théophile ?

Il faudrait, pour l'admettre, que fût d'abord prouvée l'antériorité de celui-ci. Or c'est là un problème insoluble : on peut avancer à ce propos toutes les hypothèses imaginables, aucune n'emporte la conviction. Mais cette incertitude est-elle fâcheuse ? Combien les différences l'emportent-elles sur les ressemblances (15) ! En examinant les choses de près, l'on constate que seul le début (sept strophes sur quinze) peut être rapproché de la *Solitude* de Saint-Amant : les strophes 8 à 13 ne sont que des évocations mythologiques (Vénus, Diane et Endymion, Hyacinthe), et les strophes 14 et 15 une transition. Restent donc vingt-huit vers, ce qui est peu. Regardons-les sans parti-pris, sans nous laisser influencer par les parallélismes d'expression : il ne reste presque rien de commun avec le texte de Saint-Amant. Chez Théophile n'est évoqué qu'un val boisé, frais et sombre, où coule, d'une source, un ruisseau ; un cerf, des oiseaux, des Nymphes animent le paysage. Chez Saint-Amant, nous sommes conduits des bois aux collines et aux vallons, d'un marais aux ruines d'une vieux château, d'une falaise à la grève qu'elle surplombe ; l'unité est assurée par la personne de l'auteur que nous suivons dans sa promenade, alors qu'il n'apparaît chez Théophile que tardivement, dans les strophes de transition. La mythologie tient chez lui une place prépondérante, envahissante même : chez Saint-Amant, elle n'intervient, somme toute, que discrètement. Le « climat » des deux œuvres est très différent.

---

(13) *Bergeries*, I 112, cité par LITTRÉ, vº orfraie.
(14) ADAM, *Théophile*, p. 51.
(15) Cf. les remarques pertinentes de GOURIER, *loc. cit.*

La forme rythmique également : aucune commune mesure entre les quatrains un peu grêles de Théophile et les dizains de Saint-Amant, légèrement gauches dans leur structure (la disposition des rimes n'est pas des plus heureuses, et cette erreur ne se répétera pas), mais témoignant d'un souffle qui n'est pas négligeable. Bref, nous avons là deux œuvres difficilement comparables, et dont je crois qu'aucune n'a influencé l'autre. Mais c'est la *Solitude* de Saint-Amant qui va vite s'imposer, c'est elle qui modifiera le thème, et dont l'exemple et la réputation seront durables.

Une influence littéraire de Théophile semble donc exclue. Reste le domaine de la pensée. Faut-il croire qu'entraîné par le chef de file de la cabale des libertins Saint-Amant, élevé dans la religion réformée et converti au catholicisme vers 1625, soit passé entre vingt-cinq et trente ans par une crise religieuse et morale qui, si elle était avérée, permettrait légitimement de douter de la sincérité de sa conversion ? La question est trop importante pour qu'on y réponde sans avoir examiné toutes les données du problème, et, plus particulièrement, passé en revue les autres relations de Saint-Amant entre 1620 et 1623, parmi lesquelles il s'en trouve une particulièrement importante.

Car l'ami de cœur de Saint-Amant, celui dont il pleurera en termes émus la mort prématurée, et qui peut-être ne sera jamais remplacé, c'est François de Molière. Que faut-il penser du personnage ? Il est indispensable d'essayer d'y voir clair à son sujet. Voilà en effet quelqu'un qui nous est présenté comme un franc libertin, un parfait athée ; on peut estimer que, si l'on acceptait ces conclusions, elles pèseraient d'un certain poids dans notre opinion sur Saint-Amant à l'époque de leur amitié. Cependant Molière demeure bien mystérieux, car les renseignements que nous avons sur lui sont difficiles à concilier. Sa mère, Anne Picardet, auteur d'*Odes spirituelles* publiées en 1619, était restée veuve de bonne heure. En relations avec Camus, évêque de Belley, elle lui demanda de veiller sur son fils, et le prélat, qui le regardait « à l'Apostolique comme un petit-fils » apporte sur lui d'intéressantes précisions.

> Un autre gentil Escrivain de nos jours, écrit-il, ...voulant exercer son stil qu'il avoit fort pur et facile, prit si mal ses mesures que..., au lieu de tracer une histoire pleine d'honneur, comme il me dit que c'estoit son premier projet, il fit le portrait d'une passion deshonneste qu'il donna au jour sous le tiltre des Affections (il devoit dire des Infections) d'Hercule.

Cette œuvre, c'est la *Semaine amoureuse,* dont il faut noter qu'elle sortit des réunions de chez Piat Maucors (16), donc d'un

---

(16) Marolles, I 79.

groupe d'inspiration ultramontaine : ne serait-ce pas une des raisons qui rendaient Camus si sévère ? Il sermonna le jeune homme
« assez asprement, bien que cordialement », et celui-ci promit de
s'amender. C'est alors qu'il mit au jour sa traduction du *Mespris
de la cour* et sa *Polyxene,*

> une Narration certes fabuleuse et vaine, mais si pure et si chaste
> qu'il n'y a point de front si tendre, ny de conscience si delicate,
> qui y treuvast un seul mot qui puisse faire froncer le sourcil.

Malheureusement, conclut Camus qui le déplore sincèrement,
Molière mourut prématurément, et tragiquement (17). Pour lui
donc la suite des faits est claire : après une erreur de jeunesse,
sans gravité du reste, et dans laquelle il ne s'obstina pas (effectivement la *Semaine amoureuse* en resta à la *Journée première*),
Molière rentra dans le droit chemin, jusqu'au jour de mars 1624
où il passa de vie à trépas.

D'une autre source nous vient un son de cloche tout différent.
Le père Garasse s'est en effet acharné sur le jeune homme, et l'a
présenté comme « un vrai diable incarné, tant il avançoit de propositions contre la sacrée humanité de Jesus-Christ » (18). Quelle
autorité choisir, Camus ou Garasse ? On ne peut décider, écrit en
dernier lieu M. Adam, « si le Jésuite est aveuglé par le fanatisme,
ou si le bon Camus est naïf » (19). Précédemment, il semblait disposé à suivre Garasse, et présentait Molière, entre 1621 et sa
mort, comme un libertin possédant « un renom bien établi
d'athéiste » (20) ; il est vrai qu'il n'avait pas fait alors le rapprochement avec le texte de Camus, qui remet tout en question. En
fait, entre l'évêque et le Jésuite, il me semble que l'hésitation n'est
guère permise : c'est le premier qu'il faut croire. N'était-il pas
beaucoup plus à même d'être renseigné sur celui que — j'ai cité
sa phrase — il regardait comme un petit-fils ? Quoique résidant
habituellement dans son diocèse, il venait à Paris de temps à autre;
il pouvait ainsi veiller sur son protégé autrement que de loin. De
plus, au besoin, Anne Picardet devait être capable de le renseigner sur son fils. Il aurait fallu que la conduite de Molière fût un
prodige de dissimulation pour que Camus se trompât si grossiè-
rement sur son compte, cependant que la perspicacité surprenante
de Garasse découvrait la réalité sous des apparences capables de
tromper jusqu'à une mère. Cela paraît invraisemblable. Je n'ai pas
besoin d'insister sur le personnage du Jésuite; on connaît assez
son rôle dans le procès de Théophile, et l'on n'ignore pas que parfois les injures suppléaient chez lui aux preuves qui manquaient.

---

(17) *La Cleoreste de Monseigneur de Belley,* Lyon, 1626, II 747.
(18) *Mémoires,* publiés par Ch. Nisard, P., 1860, p. 89.
(19) ADAM, I 160.
(20) ADAM, *Théophile,* p. 240.

Ce n'est assurément pas le fait que Molière était un protégé de Camus qui pouvait lui épargner les foudres de son adversaire.

On voit combien est suspect le témoignage du père Garasse. C'est, de l'aveu de M. Adam, le seul qui fasse mention de l'impiété de Molière. Cependant le critique apporte d'autres indications qui, pour lui, constituent des preuves du libertinage de pensée de Molière. Il distingue d'ailleurs soigneusement celui-ci de l'impiété (21) ; mais le libertinage conduit si facilement au scepticisme et au doute qu'il est indispensable, ici encore, d'examiner la question de près.

Pour M. Adam, après avoir fait partie vers 1620 du groupe de Piat Maucors, Molière se laisse entraîner en 1621 du côté des cercles libertins. La preuve s'en trouve d'abord dans la traduction du *Mespris de la cour* : le choix du sujet est significatif, « Molière méprise la Cour, les grandeurs ; il est devenu libertin ». Il s'est du reste donné un maître, Vauvert, le neveu de Montmorency, et « tout ce qui, vers 1620, sent plus ou moins le libertinage d'esprit vit dans l'entourage du duc et s'appuie sur lui ». Enfin nous avons les sept lettres de Molière que Faret a reproduites dans son *Recueil de lettres nouvelles* de 1627, et celles-ci « constituent sur la psychologie libertine entre 1621 et 1624 un témoignage extrêmement précieux » (22).

Aucun de ces arguments ne me semble suffisant. Que dire, par exemple, du « choix significatif » que constituerait le *Mespris de la cour* ? Si le fait de vanter la vie naturelle opposée à celle que l'on mène à la cour trahit le libertinage, peu d'auteurs d'alors ne risqueront pas d'être rangés parmi les disciples de Théophile. Il s'agit d'un thème traditionnel, qui n'est presque plus qu'un lieu commun. Songerait-on, pour n'apporter qu'un exemple, à taxer Arnauld d'Andilly de libertinage, sous prétexte que, dans une *Ode sur la solitude,* il a écrit :

> Affranchy de l'inquietude
> Et des vains travaux de la Cour,
> Chante, mon ame, ton amour
> Pour ton heureuse Solitude (23) ?

Ne faudrait-il pas savoir dans quelles circonstances Molière a entrepris cette traduction ? Peut-être un hasard nous apprendra-t-il un jour qu'il en a formé le dessein chez Piat Maucors (bien des traductions sont sorties de ce cercle), ou même que c'est Camus qui le lui a suggéré ; il est assez significatif de constater que, pour

---

(21) ADAM, I 161.
(22) ADAM, *Théophile*, pp. 240-242.
(23) *Œuvres chrestiennes*, 7ᵉ éd., P., 1644, p. 62. Cf. les remarques de R. LEBÈGUE, R.H.L.F., 1937, p. 391.

l'évêque, le fait d'y avoir travaillé est le signe d'un retour dans le droit chemin !

Je parlais il y a un instant de lieu commun. C'est précisément à une suite de lieux communs que font penser les lettres de Molière publiées par Faret. Je ne crois pas qu'il y ait là beaucoup plus que des exercices littéraires, soit qu'il console Mme de Termes de la mort de son fils ou son ami Daphnis de la perte d'une maîtresse, soit qu'il entretienne Vauvert « du plaisir dont il jouyt aux champs et du mespris qu'il faict des richesses et des magnificences de la Cour ». On ne peut raisonnablement y chercher les véritables sentiments de leur auteur. Dans la lettre à Daphnis, par exemple, il blâme son correspondant de faire tout ce qu'il peut pour rendre son mal incurable; aussi ne serons-nous pas étonnés de le voir se moquer de ces « fidelitez imaginaires... dont les exemples nous ont plustost esté donnés pour estre fuys, que pour estre imitez » (24). Quand il évoque sa propre expérience, il est clair que son dessein n'est pas d'exprimer avec précision les réactions de sa sensibilité devant l'autre sexe, mais bien de prouver à son ami qu'il a tort d'attribuer autant d'importance à la trahison d'une infidèle. Est-ce vraiment son attitude personnelle devant la mort qu'il expose, lorsqu'il écrit à Thyrsis (c'est-à-dire à Théophile, très probablement) que « la Philosophie ne nous la rend pas plus douce, ny moins difficile » (25) ? Il s'élève contre la coutume de ceux «qui s'opposent aux premiers mouvemens de la douleur » (26); mais pense-t-il alors, comme on l'a écrit, à certains de ses contemporains, tenants d'un stoïcisme chrétien à la morale artificielle ? Il vise bien plutôt le stoïcisme antique, celui de Sénèque entre autres, quand il écrit à Mme de Termes :

> Il y a si longtemps qu'il s'est treuvé des personnes, qui pour se separer du commun, ont enseigné une constance qu'ils n'ont peu pratiquer dans leur mal-heur (27),

ou qu'il invoque pour Thyrsis l'exemple de Caton « qui trouva la mort aussi aigre que Néron ». Il est difficile de voir dans tout cela des preuves d'une attitude d'esprit libertine, à plus forte raison « athéiste », surtout lorsqu'on lit, à côté, quelques phrases que l'on pourrait croire (en les isolant de l'ensemble, évidemment) écrites par un pieux ecclésiastique s'efforçant de raisonner son pénitent ! Qu'on en juge par ce qu'il dit à Thyrsis :

> Dieu s'est servy autant de fois de ces voyes extraordinaires pour esprouver la vertu de ses serviteurs, que pour punir la malice

---

(24) *Recueil de Lettres nouvelles*, P., 1627, p. 292.
(25) *Ibid.*, p. 320.
(26) *Ibid.*, p. 341.
(27) *Ibid.*, p. 343.

des méchants ; et luy-mesme n'a pas espargné sa propre personne, ny craint la honte, ny les tourments pour nous rachepter
des maux, où la desobeissance du premier homme nous avoit
plongez. Nous voulons tirer de la gloire pour avoir suivy l'exemple de ceux qui ne sont pas plus que nous, et nous tremblons
quand il nous faut imiter nostre Maistre (28).

N'insistons pas davantage : la personnalité de Molière ne nous
a que trop longtemps retenus. De ce qui précède, on peut conclure qu'il est aventureux de voir en lui un libertin, bien qu'il ait
été l'ami de Théophile, jusqu'à un point qu'il est d'ailleurs difficile
de préciser, et le protégé de Vauvert, sans que nous puissions dire
ni quand ni comment, leurs relations n'étant attestées, à ma connaissance, que par la lettre qui lui est adressée dans le *Recueil* de
Faret, et dont les termes sont très vagues. Du même coup, on voit
que nous n'avons pas avancé dans la solution du problème posé :
celui de l'influence que Théophile aurait exercé sur la pensée de
Saint-Amant.

D'autres influences pouvaient du reste contrebalancer celle-là.
Saint-Amant fréquentait Michel de Marolles, autour duquel il trouvait un milieu tout différent. J'ai noté ailleurs le rôle qu'a pu jouer
ce milieu pour amener le poète à abjurer le protestantisme (29). Il
y rencontra le Dauphinois Louis de Revol, « l'un des plus beaux
esprits que j'aie connu de ma vie », écrit Marolles (30), qui est
nommé dans le *Mespris des Muses*. Sans doute aussi Guillaume
Colletet, que tant de choses rapprochaient de lui. Leurs relations
ne sont attestées qu'un peu plus tard, et lorsque Colletet énumère
les « Poëtes amis » dans un sonnet de ses *Désespoirs amoureux*,
parus en 1622, Saint-Amant ne figure pas parmi eux, alors qu'il se
trouvera plus tard dans le même sonnet remanié, et daté au titre
de 1625 (31). Faut-il penser qu'en 1621 ou 1622 Colletet ne connaissait pas Saint-Amant ? Probablement, plutôt, ne l'a-t-il pas nommé
parce qu'il n'avait encore rien publié. Toujours dans le même cercle enfin, il faut penser peut-être à Coeffeteau, qui semble avoir
été si accueillant aux jeunes (32).
    Plus importante sera la connaissance de Nicolas Faret, qui inter-
vint certainement ces années-là ; on n'ignore pas quelle place il
tint dans la vie et l'œuvre du poète. Tous deux, qui étaient sensiblement du même âge, arrivèrent à Paris à peu près à la même
époque, l'un de sa Normandie, l'autre de sa Bresse (33). Faret était

----

(28) *Ibid.*, p. 329.
(29) *Protestantisme*, p. 244.
(30) MAROLLES, I 78 ; cf. aussi III 346, et LACHÈVRE, I 293 et IV 176.
(31) *Poésies diverses de Monsieur Colletet*, P., 1656, p. 233.
(32) Ch. URBAIN, *Nicolas Coeffeteau*, P., 1893, p. 126.
(33) Faret naquit sans doute en 1596, et vint à Paris vers 1619 (N.M. BERNAR-
DIN, *Hommes et mœurs au XVIIᵉ siècle*, P., 1900, p. 53).

recommandé à Vaugelas et à Coeffeteau ; est-ce dans l'entourage
de ce dernier qu'ils ont fait connaissance ? Ou par Boisrobert ?
Peu importe. L'essentiel est de noter dès maintenant l'importance
de son rôle ; c'est très probablement lui qui introduisit Saint-
Amant auprès du comte d'Harcourt, ainsi qu'au milieu d'un groupe
d'amis que nous retrouverons ; Brun, Baudoin, Boissat en font
partie. Ce groupe publie en 1620, chez Toussaint du Bray, un petit
recueil, *Les Muses en deuil en faveur du sieur Brun* (34) : rien
d'étonnant qu'à cette date Saint-Amant n'y ait pas collaboré. C'est
également Faret qui représente, pour le poète, le point de contact
avec la réforme malherbienne, à laquelle, quoi qu'on en ait dit, il
ne s'oppose pas (35).

Car rien n'atteste des relations avec les disciples directs de
Malherbe, Mainard ou Racan. Celui-ci donne en 1623 une épigramme en tête de la *Polyxène* de Molière (36) : cela ne suffit évidemment pas à prouver qu'il connaissait son ami Saint-Amant.
Quant à Mainard, notre poète n'était probablement guère bien
disposé à son égard, si Conrart ne s'est pas trompé dans l'identification qu'il propose des deux personnages visés par une féroce épigramme des *Œuvres* de 1629 :

> Thibaut se dit estre Mercure,
> Et l'orgueilleux Colin nous jure
> Qu'il est aussi bien Apollon
> Que Boccan est bon Violon :
> Ces deux Autheurs pour la folie,
> La fraude, la melancholie,
> La sottise, l'impiété,
> L'ignorance et la vanité,
> Ne sont rien qu'une mesme chose ;
> Mais en ce poinct ils sont divers,
> C'est que l'un fait des vers en prose,
> Et l'autre de la prose en vers.   (I 187)

Il s'agirait ici de Balzac et de Mainard, les deux noms figurent
en toutes lettres dans le manuscrit copié pour Julie d'Angennes (37).
En tout cas, les termes employés n'indiquent pas particulièrement
une connaissance directe des deux auteurs. Pour Balzac du reste,
Saint-Amant n'aurait guère pu le rencontrer avant 1625 : en 1619
il est en Charente, ne quitte cette province que pour aller à Rome,
de l'automne 1620 au printemps 1622, et reste jusqu'en 1624 dans
ses terres, faisant seulement une cure à Pougues : c'est à la fin de
l'année qu'il gagne Paris (38).

---

(34) LACHÈVRE, I 83.
(35) Cf. les remarques d'ADAM, I 97.
(36) *Poésies*, éd. Arnould, I 96.
(37) LACHÈVRE, *Glanes*, II 143.
(38) *Les Premières Lettres de Guez de Balzac*, éd. cit., I x-xv.

Univ. of Arizona Library

Des milieux bien divers, donc, des amis de tous les bords : on pourrait dire de Saint-Amant, comme le fait M. Adam de Colletet, qu'on le rencontre dans tous les cercles littéraires, qu'il était « le plus liant des hommes », et que la plupart des gens de lettres étaient ses amis (39). Nous le constaterons encore davantage dans les années qui suivront, lorsque, terminée la période d'adaptation, il verra son autorité s'étendre petit à petit parmi ses confrères. Mais, tel qu'il apparaît dès maintenant, il n'est pas possible de le laisser annexer par un groupe, pas plus celui de Théophile que celui de Marolles. Toute sa vie il restera le même sur ce point.

Et comment pénétrer sa pensée ? A-t-elle évolué, durant ces premières années parisiennes ? Il serait d'autant plus vain de vouloir répondre à cette question, que nous connaissons de la plupart des poésies qu'il écrivit alors une seule version, celle qu'il fit imprimer en 1629. Faut-il donc nous en tenir, pour essayer d'y voir un peu clair, à ce qu'on peut avec certitude assigner à l'époque qui nous occupe — celle pendant laquelle il aurait subi l'influence libertine de Théophile et de son groupe ? L'*Arion*, la *Desbauche* (dans sa première version du *Mespris des Muses*) n'apportent rien, si ce n'est la preuve qu'il possède déjà cette souplesse de talent dont Faret le louera dans sa *Préface*. Reste la *Solitude,* et l'on sait que, parmi les caractéristiques des libertins, on met en bonne place leur amour pour cette solitude tant vantée. J'ai déjà noté les réserves qu'on peut faire à ce sujet. J'ajouterai qu'il m'est impossible de prendre trop au sérieux les déclarations de notre poète, s'écriant :

> Je ne cherche que les deserts...

Il est probablement sincère lorsqu'il y voit une source d'inspiration :

> O que j'ayme la Solitude !
> C'est l'Element des bons Esprits,
> C'est par elle que j'ay compris
> L'Art d'Apollon sans nulle estude.   (I 27)

Qui n'a pas éprouvé le besoin, pour faire œuvre intellectuelle, créatrice à plus forte raison, de s'éloigner du monde et de ses tracas ? Mais je le crois plus sincère encore quand il célèbre les lieux où il se retrouve en bonne société, le « Palais de la volupté », domaine de Retz à Princé, ou, tout simplement, Paris,

> ce petit Monde
> Où tout contentement abonde,

(39) ADAM, I 341 et 350.

dira-t-il bientôt dans les *Cabarets*. Comment ne pas songer à ces vers de la même pièce, si révélateurs :

> Ne cherche point la solitude
> Si ce n'est par-fois dans ces Vers
> Que j'ay donnez à l'Univers ?   (I 143)

Libre à chacun de conclure comme il l'entend. Mais ayons la prudence de ne jamais oublier, dans les déclarations du poète, qu'une part non négligeable peut en revenir à la littérature.

CHAPITRE VI

LE DUC DE RETZ ET LES DEBUTS D'UNE
« DOMESTICITE » (1624-1626)

A partir du printemps 1623, nous perdons la trace de Saint-Amant pendant environ un an. Nous ne le retrouvons, à Paris, que durant l'été 1624 ; il se peint en effet, dans les *Visions,* se promenant par la ville « au plus beau de l'esté », et met cette promenade en relations avec la mort de son ami Molière, lequel fut inhumé à Essertines le 14 mars (1). Il faut assurément ne pas chercher trop de choses dans les *Visions.* On y voit par exemple apparaître « l'Ame de *son* Ayeul », et celui-ci était mort depuis 1616 ; en fait, toute la première partie est remplie de souvenirs littéraires, de Ronsard avant tout (2). Toutefois la dernière partie, dans laquelle intervient le souvenir de Molière, a un autre accent, beaucoup plus personnel et plus sincère, et me semble indiquer que l'événement était récent quand l'œuvre fut écrite.

Etait-il auprès de son ami quand celui-ci mourut ? Je l'ignore. Bien des points restent d'ailleurs obscurs dans cette histoire. Si Camus et Garasse n'étaient pas d'accord sur la vie que menait le jeune homme, ils ne le sont pas davantage sur les circonstances qui entourèrent sa fin. Mort violente, tous deux l'affirment ; mais, tandis que le premier en accuse « la forcenerie des duels », le second assure qu'il fut poignardé dans son lit par un ami. Peu nous importe d'ailleurs ici. Nous aimerions pourtant savoir qui fut le meurtrier, quel était le motif du duel, ou du crime. Vengeance amoureuse, prétend Lachèvre (3) ; mais pourquoi ? Le meurtrier « devait être bien puissant », écrit de son côté Durand-Lapie, et Saint-Amant « sent augmenter sa douleur en voyant qu'il lui est défendu de le châtier » (4). Erreur complète. Le poète précise qu'il lui est défendu « de chercher seulement le bien qu'*il a* perdu », mais cela veut dire que sa perte est définitive. Dans les

---

(1) Révérend du Mesnil, *Les Auteurs du Brionnais. François de Molière, seigneur d'Essertines ; Anne Picardet sa femme, et leur famille,* Charolles, 1888, p. 97.
(2) *Prosopopée de Louis de Ronsard,* éd. Laumonier, VI 40 ; *Elégie à Jean de Brinon, ibid.,* VI 149 ; *Hymne des Daimons, ibid.,* VIII 115.
(3) *Les Recueils collectifs de poésies libres et satiriques,* P., 1914, p. 303.
(4) Durand-Lapie, p. 74.

derniers vers, il se promet au contraire d'inventer les plus terribles tortures

> Pour en punir ce Monstre, et faire un chastiment
> Que l'on puisse esgaler à *son* ressentiment.   (I 91)

Cette mort paraît avoir fait une profonde impression sur lui, et les termes dont il se sert pour exprimer ses sentiments n'ont pas leur équivalent dans son œuvre. Les vers qu'il lui consacre ne sont certes pas exempts de rhétorique. Ce n'est pas sans exagération qu'il écrit :

> Puis quand il me souvient de l'horrible avanture
> Qui mit tout mon bon-heur dedans la sepulture,
> ....
> Je m'abandonne aux pleurs, je trouble tout de plaintes,   (I 89)

ou bien :

> Mes larmes, et mes cris auront un mesme cours.   (I 91)

On est fondé à regretter les pointes d'un goût médiocre, mais caractéristiques d'une certaine mode, qu'il consacre à la *Polyxène,* ce roman resté inachevé dont il fait un éloge dithyrambique :

> Je croy que t'ayant veu tout bon sens doit tenir
> Que la plus belle chose en quoy que l'on souhaitte
> Se pourra desormais appeler imparfaite,
> Si plustost on ne dit que pour estre divin
> O livre nompareil ! tu n'as point eu de fin. (I 90)

Mais, sous ce langage outré, on devine un sentiment sincère. Il déplore la disparition d'un homme dont l'esprit l'a séduit, avec lequel il s'est découvert beaucoup d'affinités. Lorsque Théophile mourra, deux ans plus tard, on ne trouvera rien de tel. Je ne pense pas que la mort tragique de Molière lui ait valu un traitement de faveur. Bilot lui aussi a disparu brutalement, et d'une manière imprévisible ; il suffit de lire les quelques vers qui lui sont consacrés au début du *Poète crotté* pour sentir la différence. Bilot n'était qu'un compagnon de plaisir et de débauche ; pour Molière, on entrevoit quelque chose de beaucoup plus profond.

En même temps qu'il était affligé par cette mort, Saint-Amant se trouvait en butte à des soucis d'un autre ordre. A la fin de 1623 avait commencé devant le Parlement le procès de Théophile, et notre poète avait quelques raisons de s'inquiéter. Non seulement il avait fréquenté l'accusé, il avait signé de ses initiales une ode en tête des œuvres de celui-ci, mais encore, on l'a vu, certains de ses vers allaient être attribués à Théophile — et dans une version

sans doute obscène. Théophile n'avait qu'un nom à prononcer pour
que son confrère, peut-être, se trouvât en fâcheuse posture. Heureusement il n'en fit rien, mais j'imagine que l'alerte fut chaude,
du début de mai où le frère Guérin vint déposer, jusqu'à cet interrogatoire du 15 juin où Théophile se tut « pour ne pas dénoncer
un ami » (5), ou parce qu'il n'aurait pas eu grand intérêt à agir
autrement. On a pris l'habitude d'opposer à la noblesse de son
caractère la pusillanimité (pour ne pas dire plus) de Saint-Amant,
l'abandonnant quand il se trouve en danger ; les dates et l'interprétation des détails peuvent varier, la conclusion reste la même :
il a tourné le dos à Théophile au moment critique. Il ne faut
cependant pas le condamner aussi catégoriquement sans avoir
regardé les choses de près.

Ce qu'on lui reproche ne s'accorde guère avec le fait que Théophile ne l'ait pas dénoncé comme l'auteur de la *Chambre de justice* et de l'*Yvrognerie*, alors qu'il désigna Mainard assez clairement pour que tout le monde pût le reconnaître : « un President
d'Auvergne », dit-il en effet, dont il ignore le nom, mais sur lequel
« un nommé de Bray », imprimeur des *Délices de la poésie françoise*, est mieux renseigné. Celui qui ne l'aurait pas reconnu
n'avait qu'à ouvrir les *Délices* de 1620, où il trouvait, occupant
soixante-dix pages, les œuvres de « Maynard President en Auvergne ». C'est que Mainard a si bien abandonné Théophile, que le
père Garasse lui décernera en 1625, dans sa *Somme théologique*,
un éloquent satisfecit. Pourquoi l'accusé aurait-il fait cette différence si Saint-Amant avait, lui aussi, trahi son amitié ?

Il est vrai que nous ne possédons aucun témoignage d'une intervention de sa part. On ne voit pas qu'il ait répondu à la *Prière*
adressée par Théophile à ses confrères en poésie, et dans laquelle
il était nommé avec éloge. En opposition aux blâmes que lui vaut
cette abstention, on tresse des couronnes à Scudéry, lequel écrivit
une ode pour attaquer violemment les persécuteurs de Théophile,
qu'il n'avait pourtant jamais approché, que l'on sache. Sans vouloir diminuer les mérites de Scudéry, il est permis de formuler
quelques remarques. Nous connaissons cette ode parce qu'elle a
été reproduite, plusieurs années après (en 1628 pour la première
fois), dans des éditions des œuvres de Théophile ; auparavant elle
n'avait sans doute circulé que manuscrite. M. Adam remarque, à
propos d'attaques dont fut l'objet Boisrobert, qu'on est étonné, en
étudiant cette période, du nombre de pièces attestées et qui n'ont
pas été conservées (6). Ne nous hâtons donc pas trop de conclure,
même devant une absence complète de documents, qu'il n'y a
effectivement rien eu. Saint-Amant ne réunira ses œuvres en
volume qu'en 1629, et n'y inclura pas tout ce qu'il avait écrit dès

---

(5) LACHÈVRE, *Procès de Théophile*, I 416.
(6) ADAM, *Théophile*, p. 366.

lors : le manuscrit Conrart de Julie d'Angennes, qui contient plus
d'un inédit, est là pour l'attester. A supposer qu'il eût fait courir
quelques vers en faveur de Théophile, il pouvait juger cinq ou six
ans après qu'il n'avait guère de raisons pour reproduire ces écrits
de circonstance. Le cas de Scudéry, dont l'ode se trouve dans un
recueil d'œuvres de Théophile, est bien différent .

En tout cas, il faut bien le constater, nous n'avons pas gardé
de trace d'attaques de Saint-Amant contre Théophile, comme c'est
le cas pour Mainard ou Balzac. Par contre, je me demande s'il ne
faut pas voir une allusion au sort de l'infortuné, et aux inquiétudes qu'il inspirait à ses amis, dans un passage assez énigmatique
des *Visions* ; ce serait l'indication que Saint-Amant ne s'est nullement désintéressé de lui quand le malheur l'accablait. Voici le
passage :

> Si je vay par la ville aux plus beaux jours de feste,
> Le Sort dont la rigueur pend tousjours sur ma teste,
> Donnant mesme aux plaisirs de noirs évenemens,
> Ne me fait rencontrer partout qu'enterremens,
> Que pasles criminels que l'on traisne au supplice ;
> Et lors m'imaginant quelque énorme injustice,
> Je m'escrie à l'abord, les sens de peur transis,
> Dieux ! seroit-ce point là mon pauvre amy Tirsis ?
> Non, non, ce n'est pas lui, ma veuë est insensée,
> Vostre gloire en sa mort seroit interessée,
> Et l'equité celeste ayme trop l'innocent,
> Pour le payer si mal des peines qu'il ressent.   (I 89)

La preuve décisive manque pour identifier Tirsis avec Théophile ; mais non les présomptions. Je n'insisterai pas sur le fait
que le nom de Tirsis (ou Thyrsis) revient assez fréquemment dans
les pièces publiées pour ou contre le poète : peut-être malgré tout
y a-t-il là une intention. Les *Visions* datent probablement de l'été
1624 ; l'arrêt du Parlement condamnant Théophile au bannisse-
ment n'intervient que le 1ᵉʳ septembre 1625 ; on ne peut savoir,
au moment où le poème est écrit, quel sera le sort de l'accusé, et
s'il échappera au feu. Il était naturel que Saint-Amant, évoquant
un « pasle criminel » que l'on traîne au supplice, pensât à celui
de ses amis que pareil sort menaçait, et qui languissait alors en
prison. Pour beaucoup, c'est un « innocent », au sort duquel est
intéressée la justice céleste, qui ne saurait accepter que son long
et pénible tourment s'achève dramatiquement. Un innocent, protégé par le ciel : l'hommage qui lui serait ainsi rendu vaudrait
celui de Scudéry.

Il ne faut pas perdre de vue, enfin, que Saint-Amant n'a pas
oublié Théophile après sa mort, et que dans la *Vigne* il le compte
encore, quoiqu'il ne soit plus de ce monde, parmi la « troupe
fidèle » de ses meilleurs amis, au même titre que Molière. Serait-

ce le fait de quelqu'un qui l'aurait lâchement renié quelques années auparavant ?

Il n'est donc pas interdit de croire que de 1620, date à laquelle ils ont sans doute fait connaissance, à 1626, quand disparut Théophile, les deux poètes ne cessèrent d'entretenir des relations amicales. Il ne faut en tout cas pas trop se hâter de jeter la pierre à Saint-Amant : qu'on lui laisse, au moins, le bénéfice du doute.

A la fin de 1624, Saint-Amant passe quelques semaines à Rouen. Nous savons déjà que son père y fut inhumé le 18 novembre. Peu après, le 1ᵉʳ décembre, il présentait au baptême une de ses nièces, Marthe d'Azémar (7). Il convenait d'ailleurs de régler la succession du défunt ; voilà pourquoi les héritiers se trouvèrent réunis « le mercredy avant midy huictiesme jour de janvier mil six cent vingt cinq », dans la maison « de la veuve du feu sieur Anthoine Girard » (8). C'étaient d'un côté Anne Girard et son époux Pierre d'Azémar, de l'autre Anne Hatif la veuve, et Antoine Girard (Saint-Amant), ce dernier agissant également comme procureur de son frère Salomon. Sur la demande des D'Azémar, on procéda au partage de la succession « tant mobile que hereditaire », et les premiers mots semblent indiquer que les sujets de discussion ne manquèrent pas.

Cet acte fournit une indication importante : Saint-Amant se pare, au début de 1625, du titre de « commissaire ordinaire de l'artillerie ». On voudrait avoir quelques précisions : il faut malheureusement se contenter de cette unique mention, que rien ne vient compléter. Il serait cependant imprudent de supposer qu'il s'est agi d'un titre purement honorifique, ainsi qu'on l'a fait, non sans vraisemblance, pour un contemporain du poète, et qui touchait à la littérature, Henri Legrand, dit Turlupin (9). Il n'est pas impossible, on l'a vu, que Saint-Amant ait pris part à quelques opérations, ce qui permettrait de rendre compte, au moins en partie, des lacunes que présente sa biographie. Les commissaires de l'artillerie pouvaient remplir les fonctions de contrôleurs et d'inspecteurs, suivre les artilleurs aux armées, parfois résider dans les places fortes, ce dernier emploi me paraissant exclu pour Saint-Amant (10). Que choisir ? Et dans quelles circonstances se serait exercée son activité ? Voilà ce que l'on ne saura probablement jamais, les commissaires de l'artillerie n'étant pas des gens assez importants pour figurer, sous leur nom, dans les relations contemporaines. Bornons-nous à enregistrer le fait, et à noter que, lorsque

---

(7) *Protestantisme*, p. 238 (texte de l'acte de baptême).

(8) *Registres du Tabellionnage, Héritages*, janvier-mars 1625 (gros registre) ; j'ai reproduit le début de la transaction qui fut alors passée, dont une partie est malheureusement presque illisible, *ibid.*, p. 250.

(9) G. MONGRÉDIEN, *Les Grands Comédiens du XVIIᵉ siècle*, P., 1927, p. 11.

(10) L. ANDRÉ, *Michel Le Tellier et l'organisation de l'armée monarchique*, P., 1906, p. 501.

Saint-Amant figurera dans d'autres actes officiels (les plus proches, chronologiquement, datant de l'été 1627) le titre ne reparaîtra pas : ce qui tendrait à prouver qu'il ne le portait plus.

Ne l'aurait-il pas abandonné, par hasard, en entrant dans la domesticité du duc de Retz ? Il semble en effet fort vraisemblable que le fait s'est produit à peu près à l'époque à laquelle nous voici parvenus.

Nous sommes, cette fois, mieux renseignés. Avec Retz, nous avons bien affaire à un véritable protecteur. Tallemant l'affirme expressément : on a vu Saint-Amant « je ne sçay combien d'années domestique du duc de Retz, le bonhomme » (11), et le poète lui-même multiplie les indications. Retz est son « souverain appuy » (I 19), il l'a comblé d'un nombre infini de faveurs (I 5) ; tous les jours il reçoit

> Autant en effets qu'en discours
> Des marques de sa bien-vueillance.   (I 33)

Son sort dépend de lui, et il n'hésite pas à lui faire part de ses ennuis (I 265). Bref, il voit en lui une sorte de divinité tutélaire :

> Cet Esprit que ma Muse adore,
> Qui de son amitié m'honore,
> Et que j'estime comme un Dieu...   (I 120)

Il le suit à Belle-Ile ou dans son duché de Retz, le retrouve dans son hôtel parisien ; il lui dédie naturellement un recueil poétique, le premier, en 1629, et quand il publie deux ans plus tard la suite de ce recueil, qu'il offre à Liancourt, il ne manque pas d'inscrire son nom en tête du *Poète crotté,* la pièce la plus importante du volume, dont elle occupe à elle seule la moitié. Tout atteste l'importance des relations qu'il eut avec son protecteur.

Il s'agit d'Henri de Gondi, fils unique de Charles, marquis de Belle-Ile, et petit-fils d'Albert, premier duc de Retz. Né en 1590, il épousa Jeanne de Scépeaux, demoiselle de Beaupréau, qui le laissa veuf en 1620 avec deux filles. L'aînée, Catherine, épousa en 1633 le cousin germain de son père, Pierre, frère du célèbre Cardinal ; Henri lui fit don de son duché-pairie, ne s'en réservant que l'usufruit. A croire le panégyriste de la famille Gondi, qui est probablement Corbinelli (12), Henri était doué de toutes les qualités. Le beau portrait le représentant est accompagné d'une légende qui proclame : « Il fut un des Seigneurs de son temps les mieux faits, toutes ses manières estoient nobles et elevées ». Dans son

---

(11) TALLEMANT, I 590.
(12) *Histoire généalogique de la maison de Gondi*, P., 1705.

texte, l'auteur affirme « qu'il ne laissa jamais échapper l'occasion de donner des preuves d'un courage intrépide ». Craignons qu'il n'ait malheureusement un peu exagéré ! L'histoire a surtout gardé le souvenir de sa défection à l'affaire des Ponts-de-Cé, laquelle contribua fort à la défaite de la Reine Mère (13). Des quelques renseignements qu'on peut glaner sur lui dans les Mémoires du temps se dégage l'impression qu'il jouait un rôle assez effacé, et passait une bonne partie de son temps dans ses terres.

Les rapports qu'eut avec lui Saint-Amant apparaissent comme un mélange de respect et de familiarité, auxquels il faut ajouter un sentiment d'affectueuse confiance qui ne semble pas avoir son équivalent ailleurs. De son côté, le grand seigneur éprouve pour son « domestique » de l'estime, d'abord (I 20), puis, rapidement, de l'amitié. Rappelons le charmant tableau qui termine l'*Elégie* de la *Seconde Partie* des *Œuvres* ; il est tout à fait révélateur des relations qui existaient entre les deux hommes :

> Devers l'Hostel de Rets à pas forcez je tire,
> Et trouvant mon cher Duc, mon Maistre sans pareil
> Qui fait à son plaisir, mon Sort pasle ou vermeil,
> Je luy dis à l'écart le tourment qui m'oppresse,
> Et comme il semble à voir que par une Maistresse,
> Le doux Tiran des cœurs luy vueille disputer
> Le Sceptre de mon Ame, et sur luy l'emporter.
> Mais, le Courtois qu'il est, tant s'en faut qu'il s'en fasche ;
> Il dit qu'il en est aise, et que sa main le lasche
> Avec condition que regnans à moitié,
> Elle aura mon amour, et luy mon amitié.   (I 265)

Ces quelques vers ne donnent-ils pas une idée bien sympathi-que du duc de Retz « le bonhomme », ainsi que l'appelle Tallemant ? Assurément, pour lui, c'est « le vieux », ce qui le distingue de l'autre duc de Retz, Pierre, son cousin ; mais il me plaît de penser que le mot se disait aussi d'un « vray homme de bien ».

Henri de Gondi ne dédaignait pas la débauche, ce qui explique peut-être en partie la nuance de ses rapports avec le poète. Il entretint un temps, et lança, une courtisane fameuse, la Dalesso (14) ; et Tallemant nous a conservé le souvenir d'une soirée en Bretagne où le noble seigneur but tellement plus que de raison qu'à son lever, le lendemain, il pouvait dire à Le Pailleur : « Ma foy ! vous n'estiez pas si ivre que nous » (15).

Il y a mieux ; il n'était pas dépourvu de curiosités intellectuelles, et paraît avoir été attiré par les sciences. Ce goût le poussait à s'intéresser à Belle-Ile, à sa géographie, à son climat, à sa faune, aux conditions de vie de ses habitants. M. Lebègue a retrouvé dans

---

(13) Cf., par exemple, RICHELIEU, *Mémoires*, éd. S.H.F., III 76.
(14) TALLEMANT, II 132.
(15) *Id.*, II 101.

les papiers de Peiresc une assez longue description qu'il n'avait pas dédaigné de composer. L'érudit aixois, toujours curieux, ayant entendu Saint-Amant et un capucin breton, le père Césarée de Roscoff, l'entretenir de quelques particularités de l'endroit, avait souhaité en apprendre davantage ; Retz prit lui-même la plume, et envoya en Provence une description qui, si elle n'est pas une œuvre d'art, présente l'avantage d'une grande précision (16).

C'était une personnalité assez attachante, en fin de compte, que ce duc de Retz, qui, depuis sa soumission en 1620, après les Ponts-de-Cé, a montré une fidélité à toute épreuve au roi, et qui mérite mieux que les commentaires malveillants de son cousin le Cardinal (17) ; celui-ci ne lui pardonna pas de ne pas l'avoir accueilli à Machecoul après son évasion, ce qui l'aurait fait entrer en rébellion ouverte contre le pouvoir.

Est-il possible de déterminer avec quelque vraisemblance à quelle époque Saint-Amant s'est attaché à lui ? Le problème est de fixer une date entre 1623, l'*Arion* interdisant de remonter au-delà, et 1627, car il est sûr qu'à la fin de cette année-là le poète rejoignit Retz et l'accompagna à Belle-Ile.

Nous avons gardé la trace d'un premier séjour qu'il y avait fait précédemment. Un sonnet, « Voicy le rendez-vous des Enfans sans soucy » (I 182), nous offre en effet le spectacle d'une scène de tabagie dont les acteurs s'appellent Bilot et Sallard, et qui a pour cadre le cabaret d'un certain La Plante. Or celui-ci était établi au bourg de Sauzon : M. Roger l'affirmait à Desforges-Maillard, et, cette fois, nous pouvons le croire. Bruyère de la Plante était, paraît-il, un « brave soldat qui avait perdu un œil à la bataille », et qui, « capitaine de Sauzon, usait du privilège de tenir auberge et de vendre du tabac » (18). Un de ses descendants y fut inhumé le 9 juillet 1761 (19). Saint-Amant s'est donc trouvé à Belle-Ile en même temps que Bilot. Nous sommes peu renseignés sur ce personnage, déjà nommé dans le *Fromage* (il a fourni le brie dont se régalent les compagnons). Peut-être est-ce le même qu'un « Io. Bapt. Bilotius » qui signa, en tête des *Lettres* de Balzac, en 1624, une épigramme de huit vers latins adressée à Boisrobert, éditeur de ces *Lettres*. Nous savons qu'il mourut avant 1627, car la *Vigne*, qui nous reporte à cette année-là, le compte parmi les amis défunts. Il faut donc que Saint-Amant ait séjourné à Belle-Ile en 1626 au plus tard. Ce que nous connaissons de ses activités, rapproché des renseignements que nous avons sur celles

(16) R. LEBÈGUE, *Saint-Amant et l'Homme marin de Belle-Isle*, Annales de Bretagne, LXVIII, 1961, pp. 214-227.
(17) RETZ, *Mémoires*, éd. Mongrédien, IV 70.
(18) L. LE GALLEN, *Belle-Ile. Histoire politique, religieuse et littéraire*, Vannes, 1906, p. 598.
(19) Communication de Mme Vinet.

du duc de Retz (on me pardonnera de ne pas entrer dans des détails qui m'obligeraient à multiplier dates et références), laissent pratiquement le choix, pour ce séjour, entre deux périodes : soit la fin de 1623 (si l'*Arion* a paru au début de l'année) ou le printemps 1624, soit le printemps 1625. Même si l'on admet la seconde, une chose paraît à peu près assurée : c'est au plus tard à la fin de 1624 qu'il fut présenté à son protecteur.

Qui se chargea de la chose ? Encore une question insoluble. On a avancé le nom de Malleville, dont le père avait fait partie de la maison d'Albert de Gondi (20) ; ce n'est certainement pas une raison suffisante, d'autant que les relations entre Saint-Amant et Malleville ne furent nullement aussi étroites qu'on les imaginait quand on faisait des deux poètes des condisciples au collège de la Marche. D'autres noms pourraient être cités, sans qu'aucun entraîne la conviction ; il est donc inutile de les énumérer. Cela ne changerait rien à la seule chose qui soit vraiment intéressante, la nature des relations entre protecteur et protégé. Retz ne donne pas l'impression d'avoir été un maître bien exigeant, ni exclusif, et Saint-Amant sera très loin, ainsi que nous le constaterons rapidement, de rester dans sa dépendance étroite, toujours à ses côtés. Il ne jouera certainement pas auprès de lui, comme Malleville auprès de Bassompierre, ou Sarasin auprès de Conty, un rôle de secrétaire ; nous connaissons du reste le secrétaire du duc, qui se nommait Bertrand de Champflour (21). Le poète reste uniquement, dans la maison de Retz, un « bel esprit », et l'on n'a pas l'impression que cela lui ait imposé de nombreuses obligations. Voilà sans doute ce qui lui permettra, à la grande indignation de Tallemant, de se glorifier de son indépendance. Quels avantages tirait-il de son état de « domestique » ? Il trouvait, quand il résidait à Paris, le gîte et le couvert à l'hôtel de Retz, et, pendant la belle saison, avait la possibilité de séjourner dans le duché, à Princé surtout, dont il a célébré les charmes. Faut-il aller plus loin ? Touchait-il des gages, était-il régulièrement pensionné par le duc ? On peut se le demander, lorsqu'on voit comment il réussit à ne jamais aliéner la liberté de ses mouvements.

Le duc de Retz avait fait bâtir, on ignore quand, une maison de plaisance dans la forêt de Prinçay, ou plutôt, pour lui donner son nom actuel, de Princé, qui lui appartenait (22). Peu éloignée de Machecoul, capitale de son duché, cette maison lui permettait,

---

(20) AUDIBERT et BOUVIER, p. 21.
(21) Le duc de Retz lui fait une donation en 1621 (A. N., Y 162, f° 218), une autre en 1641 (Y 181, f° 280 v°) ; en 1633, il représente François de Gondi, archevêque de Paris, au mariage de Catherine avec Pierre de Gondi (Y 174, f° 282).
(22) Princé, canton de Chéméré, est un petit hameau situé à une trentaine de kilomètres à l'ouest de Nantes.

au terme d'une étape de vingt-cinq kilomètres environ, de se trouver au milieu des bois, libre de tous soucis, avec quelques compagnons choisis. Il n'en reste pratiquement rien — à peine, peut-être, quelques vestiges des jardins. Des « quelques débris » dont parle Livet (I 119), certains remontent au château féodal de Gilles de Retz, d'autres à celui qui fut élevé au XVIIIᵉ siècle, et brûlé pendant les guerres de la Révolution (23). Le « Palais de la volupté », comme l'appelle Saint-Amant, était, à l'en croire, composé d'une « Salle grande et somptueuse », où se retrouvaient les chasseurs, et de quatre pavillons, respectivement consacrés à Mercure, à Minerve, à Bacchus et à Vénus. Espérons ne pas être obligés de prendre au pied de la lettre toutes les allégations du poète, qui nous forceraient à reconnaître en Henri de Gondi un entremetteur de la pire espèce, fournissant à ses hôtes, aussi libéralement que les brocs de vin, de quoi satisfaire tous leurs appétits, «autant les grands que les petits ». Il ne faisait assurément pas fi des plaisirs les plus matériels de l'existence, mais je ne pense pas qu'il ait poussé l'immoralité jusque-là, quelle que fût la liberté des mœurs chez les nobles de ce temps, en province surtout.

La maison de Princé devait être avant tout un rendez-vous de chasse ; mais Retz avait voulu qu'elle ne manquât d'aucun des agréments qui pouvaient y rendre le séjour enchanteur, et, tout au moins Saint-Amant l'affirme-t-il, avait lui-même présidé à son arrangement ; on soupçonne là un peu d'exagération, mais quelle magnifique occasion de proclamer

> Que sa grandeur et sa prudence
> Sont aussi dignes sans mentir
> De regner comme de bastir !   (I 120)

Souvenirs mythologiques, des dieux trônent dans la salle et dans les pavillons, que j'imagine la flanquant deux par deux (24). Leurs images mettent en branle la verve du poète ; cinq développements parallèles, faisant suivre la légende de la réalité, servent à caractériser les cinq parties de la demeure, en une architecture qui ne doit peut-être pas au seul hasard le subtil équilibre de son déroulement. Construction régulière, comme paraît avoir été régulière l'ordonnance du bâtiment, louée par le poète en ces vers, panégyrique assez inattendu chez lui d'un art tout classique :

> Arriere ces masses enormes
> Où s'entre-confondent les formes,

---

(23) Cf. L. Séguineau, *Etude sur les bourgs et les seigneuries des environs de Paimbeuf*, 1914, pp. 110-111.

(24) Un pavillon, explique Richelet, est « un corps de logis qui accompagne la maison principale et qui est au bout de quelque galerie ».

Où l'ordre n'est point observé,
Où l'on ne voit rien d'achevé :
Il n'en est point icy de mesme,
Tout y suit la raison supresme,
Et le dessein en chaque part
S'y rapporte aux reigles de l'Art.   (I 120)

La fin du poème est pleine d'intérêt, par l'énumération qu'y fait Saint-Amant de ceux que, sans pitié, il écarte de ce paradis : les sodomites, les esprits forts, les avares, les politiques raisonneurs, les esprits chagrins et revêches, les « ennemis des sciences », les perfides, les mauvais coucheurs, les scrupuleux. Particulièrement importants sont les huit vers consacrés aux esprits forts, qu'il faut citer intégralement :

...ces Testes extravagantes,
Ces fous aux humeurs arrogantes,
Qui sans reverence des Dieux
Se plaisent à morguer les Cieux,
Pestans avec mille blasphemes
Contre tout, voire contr'eux-mesmes
Seulement pour estre compris
Au nombre de nos forts Esprits.   (I 124)

Ceux qui accusent Saint-Amant d'athéisme en cette partie de son existence, en insistant sur ses fréquentations, en montant en épingle une épigramme qui n'est pas datée, et n'est peut-être qu'une plaisanterie ou une satire des mœurs romaines (25), ne mentionnent pas ce passage, fût-ce pour l'écarter. Il serait évidemment facile de taxer le poète d'hypocrisie, de le peindre, lui loup, se déguisant en innocente brebis au moment où il abjure le protestantisme, et, client des Gondi catholiques, mettant tout en jeu pour se concilier leur faveur. Mais de quel droit le ferions-nous ? Pourquoi mettre en doute, dans ces vers plutôt que dans ceux qui l'entourent, sa sincérité ? Il repousse tous ceux qui tombent dans l'excès, et les gêneurs, quels qu'ils soient. Son idéal est exprimé dans le passage qu'il consacre aux hôtes du troisième pavillon, celui de Bacchus : des débauchés, soit, en ce sens qu'ils aiment prendre la vie du bon côté, sans faire fi des jouissances matérielles ; mais des « débauchés vertueux », sachant, au milieu de leurs beuveries, ne pas oublier qu'ils sont des hommes vivant en société. Ils s'y montreront tels qu'ils sont, « cœurs sans fard », fuiront les querelles, et ne négligeront pas, joignant « l'utile au delectable », de cultiver leur esprit : les contempteurs de la science n'ont pas de place en leur compagnie, tandis qu'ils vivent en bon voisinage avec « Messieurs les Doctes ». Qu'on écarte donc les scandales — scandale

---

(25) Cf. *Protestantisme*, p. 248.

des mœurs, scandale de l'impiété, scandale aussi de la sottise, symbolisée par le « petit Noble rustique » dont la silhouette est caricaturée dans les derniers vers ; moyennant cela, on pourra se livrer sans contrainte aux douceurs de l'existence. Saint-Amant n'a nullement cherché à déguiser sa pensée, mais a précisé ce qu'effectivement il aimait à trouver — ou à ne pas trouver — chez ses compagnons habituels.

Serait-ce par hasard à Princé, ou à Machecoul, qu'il passa de son protestantisme de jeunesse au catholicisme dans lequel il finit ses jours ? On sait qu'il abjura entre les mains de Philippe Cospeau, depuis 1621 évêque de Nantes, et donc proche voisin du duché de Retz. Mais le prélat était plus souvent à Paris que dans son diocèse (26); il est donc impossible de préciser exactement où se déroula la cérémonie, et quand elle eut lieu : peu de temps probablement après la mort d'Antoine Girard, voilà tout ce que l'on peut raisonnablement avancer (27).

Durant l'été 1625, alors que Montmorency passait par Nantes avant d'aller s'embarquer aux Sables-d'Olonne et de courir sus à la flotte de Soubise, qu'il défit le 14 septembre devant l'île de Ré, le duc de Retz se proposa pour l'accompagner (28). Nous ignorons si Saint-Amant en fut, mais cela n'aurait rien d'invraisemblable. Il aurait alors pu voir à l'œuvre Bouteville. Dans l'épigramme qu'il lui consacra après sa mort, le vers

Toy qui dans les combats eusses vaincu les Dieux   (I 133)

ne fait peut-être pas allusion seulement aux rencontres du fameux duelliste.

A la mauvaise saison, que ce soit seul, ou avec son protecteur, Saint-Amant regagna Paris, d'où il s'échappa au moins quelques jours pour aller à Rouen, prenant occasion de l'absence de Boisrobert pour lui adresser, au moins théoriquement, la *Gazette du Pont-Neuf,* dont les nouvelles ne sont qu'un prétexte à tableaux hauts en couleurs, animés par une verve endiablée. Le plus développé, première esquisse du *Poète crotté,* vise probablement Neufgermain, plutôt que Maillet ; on peut le déduire des vers consacrés à sa barbe « en fueille d'artichaut » et à son épée, ou ce qui lui en tient lieu : Tallemant signale la « grande barbasse » du personnage, et l'arme qu'il porte toujours au côté (29). Qui sont les autres,

---

(26) Cf. Chanoine A. BACHELIER, *Philippe Cospeau, Evêque de Nantes,* 1958, p. 5 (Extrait du Bull. archéol. et hist. de Nantes et de la Loire-Atlantique, année 1957).

(27) Cf. *Protestantisme,* p. 238.

(28) S. du CROS, *Histoire de la vie de Henry, dernier duc de Montmorency,* Grenoble, 1665, p. 104.

(29) TALLEMANT, I 541.

ce « Dieu-te-gard-la Rose », un sobriquet, évidemment (30), que l'on rencontre « chez la Picarde au bavolet », ou cette comtesse qui reçoit la beauté plus que mûre au char de laquelle est enchaîné le poète ? Tout cela n'a pas l'air bien sérieux.

Au printemps, Saint-Amant est certainement à Paris. Dans les *Cabarets,* il reproche à Faret d'avoir délaissé la capitale pour Fontainebleau, en termes qui ne laissent aucun doute sur sa présence dans les lieux où se fait regretter son ami. Faret a suivi à la cour son maître, le comte d'Harcourt, « à ce printemps » (I 141) ; c'est en 1626 que la cour y fit un séjour de quelque durée, du 4 avril au 23 mai (31). Faret date du reste du 4 mai une lettre qu'il envoie de Fontainebleau, et par laquelle il semble presque qu'il réponde par avance à la pièce de Saint-Amant, dans le passage suivant par exemple :

> Je sortis de Paris avecques tant de contrainte que je croyois veritablement sortir du monde. Cependant... je suis tout estonné que de tant de raretez qu'on admire dans cette ville incomparable, il ne m'en reste presque plus en la memoire que le souvenir de mes amis... Au milieu de la confusion, je gouste tous les plaisirs de la solitude, et parmy tant de merveilles de la Nature et de l'Art, j'ay choisi un endroit où les Poëtes pourroient feindre la demeure des songes et des refveries agreables (32).

Je crois qu'il s'agit avant tout de sa part d'un exercice littéraire fortement inspiré de lieux communs, et qu'on doit chercher plus de sincérité dans les vers de Saint-Amant que dans la prose de son ami. Certes, le poète est capable de comprendre la nature et de la chanter, non sans quelque maniérisme :

> N'est-ce point un desir champestre
> De visiter à ce Printemps
> Les bois, les rochers, les estangs,
> Y voir nager l'ombre d'un arbre,
> Contempler un Palais de marbre,
> Ou durant un temps chaud et clair
> Regarder les ondes de l'air
> Qui semble trembler sur la terre
> De la peur qu'il a du tonnerre ?	(I 141)

Mais ce qui vaut mieux que tout, c'est Paris, avec ses cabarets et leurs joyeuses compagnies. La conclusion est une invitation déjà citée à ne pas prendre trop au sérieux les belles déclarations de la

(30) C'est un refrain de chanson ; cf. *La Comédie des chansons*, I, 2 (*Ancien Théâtre français*, IX 112). On le retrouve dans l'*Espadon satyrique* de D'Esternod (éd. Fleuret et Perceau, p. 122).
(31) L. Vaunois, *Vie de Louis XIII*, P., 1943, pp. 316-317.
(32) *Recueil de lettres nouvelles*, éd. cit., p. 129, à Brun : « Il luy descrit les plaisirs dont il jouyt à Fontaine-Bleau. »

Solitude, et l'aveu sans ambages que, si la nature n'est pas à dédaigner, on lui doit préférer la vie de société :

> La campagne n'a point d'appas
> Qui puissent attirer tes pas,
> Et de l'air dont tu te gouvernes,
> Les moindres Escots des tavernes
> Te plaisent plus cent mille fois
> Que ne font les Echos des bois.
> ET A MOY AUSSI.   (I 144)

Les bons compagnons qu'il retrouvait dans les cabarets de la capitale, le *Cerf,* auquel présidait Cormier, près de l'Arsenal, la *Fosse au lion* de la Coiffier, au Marais, la *Petite Magdelaine,* au Pont-Neuf, la *Pomme de pin,* au pont Notre-Dame (33) — je ne mentionne que ceux dont lui-même fournit le nom —, Saint-Amant en dresse la liste, incomplète certainement, dans deux pièces : la *Vigne* (écrite un peu plus tard, mais qui évoque un temps révolu, au moins momentanément), et la *Chanson à boire.*

A tout seigneur, tout honneur. Le comte d'Harcourt représente ici la haute noblesse. Fils cadet de Charles de Lorraine, duc d'Elbeuf, et de Marguerite Chabot, Henri de Lorraine, comte d'Harcourt, d'Armagnac et de Brionne, était assurément de fort noble extraction, ce qui ne l'empêchait pas d'être « assez mal à son aise » (34). En 1626, bien qu'âgé de vingt-cinq ans seulement, il s'était déjà distingué par sa bravoure, à Prague notamment. On connaît le passage où Tallemant évoque sa jeunesse, c'est-à-dire l'époque dont nous nous occupons présentement :

> En sa jeunesse, il a fait une espece de vie de filou, ou du moins de goinfre. Il avoit fait une confrerie de Monosyllabes, c'est ainsy qu'ils l'appelloient, où chascun avoit une epithete, comme luy s'appelloit *le Rond* (il est gros et court), Faret *le Vieux,* c'est pourquoy Saint Amant l'appelle tousjours ainsy ; pour luy, il se nommoit *le Gros.* Quand ils estoient trois confreres ensemble, ils pouvoient recevoir qui ils vouloient (35).

La familiarité que fait apparaître Tallemant garde toujours certaines limites, quoi qu'on en ait parfois pensé (36). D'Harcourt était un homme d'un autre monde que le fils d'un marchand bourgeois de Rouen, ou d'un cordonnier de Bourg (telle est l'origine qu'on prête à Faret), voire même qu'un petit gentilhomme comme nous allons en rencontrer. Il avait beau diminuer les distances,

---

(33) Cf. l'*Ode à la louange de tous les cabarets de Paris,* 1627, reproduite par F. Lachèvre, *Les Œuvres libertines de Claude Le Petit,* s.l., 1918, pp. 210 sqq.
(34) Tallemant, II 236.
(35) *Ibid.*
(36) Cf. par exemple N.-M. Bernardin, *Hommes et mœurs au XVIIe siècle,* P., 1900, p. 58.

elles ne pouvaient être abolies ; que si, par hasard, elles semblaient l'être, il ne s'agissait que d'un état momentané, venant d'un pur effet de sa bienveillance :

> Il nous permet qu'en liberté
> Sans aucun compliment on luy porte une santé,

ainsi s'exprime, dans sa *Chanson à boire,* notre poète, qui n'oubie jamais, quand il parle de lui, à qui il a affaire.

Faret, naturellement, est de la partie ; et d'Harcourt est accompagné de deux de ses gentilshommes, Butte et des Granges. Matthieu de Butte (ou Butthe) s'est distingué peu de temps auparavant dans un duel qu'a eu son maître avec Bouteville (37) ; il était « fort adroit », et Saint-Amant ne manque pas de le rappeler :

> Butte, qui d'un cœur de Pompée,
> Ne fais pas mieux à coups d'Espée
> Que dedans maint repas divin
> Je t'ai veu faire à coups de Vin.   (I 170)

Il se maria peu après ; son contrat de mariage avec Madeleine Noël (8 septembre 1628), signé en présence de Gomberville, de Vaugelas et de Faret, le qualifie d'écuyer, l'un des gentilshommes de la suite du comte d'Harcourt (38). Quant à des Granges, il était (ou sera, s'il ne l'est pas encore) premier écuyer du comte (39) ; on le verra cité quelques années plus tard, à côté de Saint-Amant, dans une lettre de Faret (40).

C'est certainement ce dernier qui amena dans ces réunions le franc-comtois Antoine Brun, son ami de longue date (41). Brun avait fait à Paris un premier et court séjour en juillet 1620; il y revint pour ses affaires en décembre 1626, et c'est peut-être alors seulement que Saint-Amant fit sa connaissance. Mentionnons aussi tout de suite (car il était des amis de Faret) Pierre Bardin, l'auteur du *Lycée,* un philosophe à propos duquel sont cités, sans nul respect, Aristote et Pline ; mais Bardin était rouennais, à peine plus âgé que Saint-Amant, et ce dernier avait pu le connaître avant Faret. Il représente en tout cas le clan des Normands, avec de Lâtre :

> Cher compatriote De-Lâtre,
> Humeur que mon ame idolâtre,

---

(37) Arnauld d'Andilly, *op. cit.* (1626), p. 11 (26 février).
(38) A.N., Y 168, f° 408 v°.
(39) J. de Meaulx, *Panegyrique à Mgr le comte de Harcourt,* Aix, 1639, p. 39.
(40) J. Gauthier, *Le Diplomate Antoine Brun au siège de Dôle en 1636,* Bull. hist. et philol., 1902, p. 249 (lettre du 18 mars 1635).
(41) A. de Truchis de Varennes, *Un diplomate franc-comtois au XVIIe siècle. Antoine Brun,* 1599-1654, Besançon, 1932, p. 11.

> Homme à tout faire, Esprit charmant,
> Pour qui j'advoüe estre Normant.   (I 171)

Charles de Lâtre, plusieurs fois lauréat des Palinods de Rouen, est l'auteur de cinq chants royaux et d'une ode qu'on trouve dans le *Cabinet des Muses* de 1619, et qui se signalent par un abus de mythologie rappelant les pires excès des successeurs de Ronsard (42).

L'entourage de Gaston d'Orléans se trouve aussi représenté. Maigrin et Du Four, que cite la *Chanson à boire*, sont deux gentilshommes de sa suite qui feront parler d'eux à Bruxelles, pour s'être battus en duel (mais pas ensemble) (43). Etait aussi à lui Maricourt, « Franc Picard à la rouge trongne », ami de Tristan, qui pleura sa mort au début de la *Mer*, après qu'il eut été tué devant La Rochelle en septembre 1627 (44), de même que La Motte, certainement Antoine de La Mothe-Massas, seigneur de La Madeleine, gentilhomme de sa suite. Ce nom est répandu, mais on peut penser que Saint-Amant a voulu faire allusion à sa deuxième partie dans ces vers :

> La Motte, qui parmy les tasses
> As mille-fois plus fait de masses
> Que ton Pere, en son plus grand feu,
> N'en a jamais fait dans le jeu.   (I 170)

Sa réputation de buveur était bien établie, et l'auteur de l'*Ode à la louange de tous les cabarets de Paris* proclame qu'il représente Bacchus lui-même sur la terre (45). C'était aussi un parfait débauché, selon une épitaphe composée sur lui (46).

Ajoutons à ces noms celui de « Belot », en lequel il faut reconnaître Claude de Chauvigny, baron de Blot-l'Eglise, qui lui aussi, peut-être seulement un peu plus tard, s'attacha à Monsieur. L'orthographe du nom ne peut faire difficulté ; Scarron emploie indifféremment l'une et l'autre forme, et un manuscrit de Tallemant qui conserve deux de ses pièces les fait suivre des indications « Belot de l'Eglise » et « Belot » (47).

Il serait étonnant que fût complètement absent l'entourage du duc de Retz. En dehors de Bilot, dont la *Vigne* rappelle le souvenir, malgré sa disparition, on ne trouve guère cependant à lui rattacher que Saint-Brice. Tallemant consacre quelques lignes au « comte de Saint Brisse » (il était en réalité baron), Jacques de

---

(42) LACHÈVRE, I 214 et IV 139.
(43) *Gazette de France*, 1633, pp. 70 et 410.
(44) N.-M. BERNARDIN, *Tristan l'Hermite*, p. 105.
(45) LACHÈVRE, *Claude Le Petit*, p. 225.
(46) Bibl. de Rouen, ms. 1680, f° 128 v°.
(47) Scarron écrit « De Blot » dans la *Gazette burlesque* du 6 avril 1655, « Belot » dans la *Seconde Légende de Bourbon*. Cf. B.N. fr. 19 145, f°s 41 et 50.

Volvire, fils cadet de Philippe, marquis de Ruffec, « homme de plaisir et grand danseur de ballets » (48). Il avait des terres en Bretagne, et était « cousin germain du duc de Retz », c'est-à-dire de Pierre de Gondi, et non de Henri, pour lequel le mémorialiste ajoute toujours « le bonhomme ». Par Retz aussi, probablement, Saint-Amant a connu Marigny, « Marigny, mon parfait amy », écrit-il dans la *Chambre du Desbauché* qui est dédiée « A M. de Marigny-Mallenoë ». Nous sommes un peu renseignés sur ce gentilhomme breton par une *Historiette* de Tallemant (49) ; il semble avoir été assez bizarre, « espèce de philosophe cynique ». A l'époque qui nous occupe, c'était un bon vivant, et le poète l'apostrophe en ces termes :

> Marigny, rond en toutes sortes,
> Qui parmy les brocs te transportes (50).

Il sera gouverneur de Port-Louis, mais beaucoup plus tard (51).

Il reste, dans la collection de noms qu'offrent la *Vigne* et la *Chanson à boire,* en dehors de Payen, de Gilot, de Grandchamp que nous avons déjà rencontrés, deux personnages dont j'ignore comment et par qui Saint-Amant a fait la connaissance. Chassaingrimont d'abord, dont il dit :

> Toy qui non sans cause fais gloire
> Et crois en payer ton escot,
> D'estre de la Maison de Pot.   (I 169)

Il l'était en effet, mais par les femmes : François d'Aubusson, seigneur de Chassaingrimont, était petit-fils de François, seigneur de La Feuillade, et de Louise Pot. Sa grand-mère maternelle était aussi une Pot, et lui-même en épousa une, sa cousine au troisième degré. Il fut tué en 1635 à Valence, en Italie. En second lieu, Chasteaupers, « gardien des treilles » (I 171), peut-être René Hurault, mort en 1656, neveu de la seconde femme de Sully (52) : un protestant, probablement.

Ce qui précède appelle quelques réflexions. Il ne faut pas, d'abord, se représenter tous ces gens attablés ensemble, en train de vider broc sur broc à la *Pomme de pin* ou chez Cormier. La *Vigne,* qui fournit le plus grand nombre de noms, représente une

---

(48) TALLEMANT, II 102.
(49) *Id.,* II 897.
(50) Sur l'identification erronée du Marigny de la *Vigne* avec Jacques Carpentier de Marigny, cf. ma note du Bull. du Bibl., 1957, p. 161.
(51) Cf. sur lui Abbé GUILLOTIN de CORSON, *Petites Seigneuries du comté de Rennes. Seigneurie de Malenoë en St-Christophe-des-Bois,* Bull. et Mém. de la Soc. arch. d'Ille-et-Vilaine, XXXIII, 1904, pp. 1-13.
(52) Rachel de Cochefilet, épouse en premières noces de François Hurault, seigneur de Chasteaupers.

assemblée idéale, qui réunirait les morts (Théophile, Bilot, Molière) et les vivants, les Parisiens et les autres — Marigny, qui a regagné sa Bretagne, ou Brun

> qui dans la Cité de Dole
> Chez *lui* de raisons tient escole ;   (I 170)

peut-être certains ne se sont-ils jamais rencontrés, ni au cabaret, le verre en main, ni ailleurs. Le dernier nommé, de Lâtre, est-il même venu dans la capitale? On remarquera qu'il est le seul dont le souvenir n'évoque pas directement, dans l'esprit du poète, Bacchus et ses attributs. Dans la *Chanson à boire,* toutefois, le cas est différent. Il faut y voir, à mon sens, groupés autour du comte d'Harcourt, un petit noyau de compagnons qui aimaient effectivement à se retrouver quand ils le pouvaient : les « domestiques » du comte, Faret, Butte et des Granges ; les deux bretteurs, gentilshommes de Monsieur (ou qui le deviendront), Du Four et Maigrin ; Payen, qui comme eux se réfugiera à Bruxelles après 1630 ; Gilot et Chasteaupers enfin.

Il est curieux de constater, ensuite, que, de tous ces noms, ne se retrouvent dans les œuvres postérieures que ceux de Faret et d'Harcourt. Passe pour Maricourt, qui sera mort quand paraîtra la *Vigne,* pour Payen, qui s'attachera de plus en plus à la Reine-Mère et la suivra dans son exil. Mais les autres ? Bardin, par exemple, qui sera son confrère à l'Académie, Brun, à la santé duquel il boira encore en 1635, des Granges, qui sera de l'expédition des îles de Lérins ? Les années venant, ne se serait-il pas détaché de ces compagnons de jeunesse qui n'étaient peut-être que des compagnons de débauche, s'éloignant de certains d'entre eux chez lesquels il ne trouvait pas ce que, de plus en plus, il recherchait, de joyeux compagnons, certes, mais sans excès, et surtout qui fussent capables de lui apporter les joies de l'esprit ? Ajoutons que, le succès et la réputation augmentant, il donne l'impression de rechercher des relations plus haut placées dans l'échelle sociale.

Enfin, il ne faudrait surtout pas s'imaginer que la liste dressée ici fût limitative. Il manque certainement bien des noms, dont on peut rétablir quelques-uns sans risque d'erreur. Boisrobert, naturellement, mais aussi Guillaume Colletet ; en 1625 il met en bonne place, on l'a vu, Saint-Amant parmi les « poètes amis » ; deux ans plus tard, il le peint peut-être sous le nom d'Arcandre, comme le conjecture avec beaucoup de vraisemblance M. Adam, dans ces vers du *Trebuschement de l'Ivrongne :*

> Nostre Arcandre le sçait, qui, pour aymer la vigne,
> Passe desjà partout pour un poète insigne,

Arcandre, qui jamais ne fait rien de divin
S'il n'a dedans le corps quatre pintes de vin (53).

N'oublions pas Pierre de Boissat, nommé dans la *Desbauche*, où son nom remplace celui de Fayet. Sans doute Saint-Amant l'avait-il rencontré dès 1623, lors d'un premier séjour que le jeune homme (il avait vingt ans) avait fait à Paris. Mais c'est un peu plus tard, au moment où Boissat entre au service de Gaston d'Orléans (54), que leurs relations ont pu devenir plus suivies ; c'est après avoir parlé des doctes assemblées qui se tenaient chez Monsieur que Chorier, son biographe, fait mention de notre poète (55).

Il est vraisemblable qu'il faut nommer également Malleville. Traditionnellement, on admet qu'ils se seraient connus dès leur enfance, sur les bancs du collège de la Marche ; on a vu que le passage de Saint-Amant dans cet établissement n'est qu'un mythe. Il reste qu'ils ont pu se rencontrer plus tôt, car Malleville est en relations avec Colletet au plus tard en 1620 (56), et que, chez Mlle de Gournay, il retrouve Marolles, Boisrobert, Revol (57) ; il serait toutefois fort étonnant que Saint-Amant eût fréquenté chez la Demoiselle, qu'il va cruellement ridiculiser dans le *Poète crotté*. Peut-être les deux poètes se sont-ils vraiment connus au moment seulement où Saint-Amant est entré au service de Retz ; Malleville suivait alors Bassompierre, qui paraît avoir été dans les meilleurs termes avec le protecteur de notre héros (58).

Et Tristan ? On s'étonnera peut-être de ne pas l'avoir encore rencontré, alors qu'il a parfois été présenté comme complétant un quatuor dont les trois autres membres étaient Théophile, Boisrobert et Saint-Amant (59). En fait, rien n'atteste de relations entre les deux hommes avant le témoignage de la *Comédie des Académistes*, en 1638, et cela doit incliner à quelque prudence, d'autant que Tristan est un « solitaire », qui n'apparaît dans aucune des coteries de l'époque (60). Il me semble néanmoins impossible de nier tout contact, car il est au service de Monsieur, et ami de Maricourt.

Sans doute faut-il encore citer quelques noms. Celui de Le Pailleur d'abord. « Il fit la desbauche à Paris assez long-temps », écrit

---

(53) V.H.L., III 131. Cf. ADAM, I 351.
(54) Ce serait en 1627 (C. LATREILLE, *op. cit.*, p. 16).
(55) N. CHORIER, *De Petri Boessatii vita amicisque litteratis Libri II*, Grenoble, 1680, p. 32.
(56) M. CAUCHIE, *Documents pour servir à l'histoire littéraire du XVIIᵉ siècle*, P., 1924, p. 54.
(57) MAROLLES, I 111.
(58) En septembre 1621, devant Montauban, Retz couche dans la chambre de Bassompierre (*Mémoires*, II 328) ; il en est de même en novembre 1627 devant La Rochelle (*ibid.*, III 329).
(59) ADAM, *Théophile*, p. 122. M. Adam est moins affirmatif un peu plus loin, p. 128.
(60) ADAM, I 371.

Tallemant, puis, « las de cette vie », partit pour la Bretagne, accompagnant Saint-Brice, en 1626 (61). Avec cette caution de Saint-Brice, on peut le compter dès lors parmi les connaissances de notre poète. Celui de Flotte peut-être, ami de Colletet et buveur fameux ; je n'en suis toutefois pas aussi persuadé que certains, car Flotte était trop inféodé à Mainard pour qu'il pût y avoir grande sympathie. Celui d'un Laval enfin, nommé dans la *Desbauche*, mais difficile à identifier : depuis Livet, on veut que ce soit Guy de Laval-Boisdauphin, second fils de la marquise de Sablé, sans même songer que, né vers 1622, il aurait eu sept ou huit ans quand parut le poème !

Nous avons rencontré Balzac au chapitre précédent. Saint-Amant, on s'en souvient, l'avait attaqué violemment dans une épigramme, dissimulé sous le nom de Thibaut. Mais voici qu'à la fin de 1625 Balzac parle de notre poète en termes élogieux. Un exemplaire d'une des premières éditions de ses *Lettres*, celle de 1627, porte des corrections et additions manuscrites, où l'on a cru, sans doute à tort, reconnaître l'écriture même de l'auteur, mais qui sont en tout cas presque contemporaines de la parution (62). Un passage d'une lettre à Vaugelas, datée du 10 octobre 1625, se trouve ainsi remplacé par un texte plus long, dans lequel l'épistolier, après avoir, comme dans l'imprimé, exprimé son intention de s'arrêter quelques jours chez Racan en venant à la cour, ajoute :

> Advouëz-moy que nous avons deux amis qui sont deux grands ouvrages de la nature, et que celuy-ci et Monsieur de Saint-Amant ont autant d'avantage sur les Docteurs que les vaillans sont au-dessus des maistres d'escrime (63).

Le témoignage est parfaitement clair. Il serait bien facile d'objecter qu'il ne s'agit après tout que d'une addition manuscrite, faite selon les vraisemblances entre 1630 et 1633. Mais la valeur de ces additions ne fait aucun doute, et même si l'on tient compte de l'exagération dont Balzac est coutumier, il reste qu'on peut difficilement nier l'existence de relations entre Saint-Amant et lui, relations qui se sont certainement établies durant le séjour qu'il fit à Paris entre la fin de 1624 et le début de 1625. Par contre, quoi qu'on en ait écrit (64), ce passage n'atteste nullement des relations quelconques entre Racan et Saint-Amant : ils sont simplement mis sur le même plan comme écrivains.

Mais revenons à Balzac. Comment expliquer ce brutal changement ? On pourrait soutenir que l'identification Thibaut-Balzac, qui repose uniquement sur un témoignage manuscrit, est erronée.

---

(61) TALLEMANT, II 99.
(62) BIBAS et BUTLER, *Les Premières Lettres de Balzac*, I xxix sqq.
(63) *Ibid.*, II 65.
(64) ADAM, *Théophile*, p. 366.

Mais de quel droit accuserions-nous Conrart d'être mal renseigné ? Je serais tenté de croire que l'épigramme est à mettre en
relations avec l'attitude de Balzac (et de Mainard, également attaqué) à l'égard de Théophile. De sa Charente, il écrivit en septembre 1623 deux lettres dans lesquelles il s'en prenait violemment à
son ancien ami (65). Il faudrait alors penser qu'il y eut réconcilia-
tion entre Saint-Amant et lui en 1625, ou plutôt qu'ils firent connaissance à ce moment-là, et que Balzac fit des avances auxquelles
le poète ne crut pas devoir se dérober. Cependant (sans oublier
que tout ceci n'est jamais qu'hypothèse) il est difficile de croire
que les relations aient pu jamais avoir quelque caractère d'intimité, malgré les termes chaleureux de la lettre à Vaugelas. Certes,
le nom de Saint-Amant revient à plusieurs reprises dans la correspondance échangée entre Balzac et Chapelain, mais toujours inci-
demment, sans que rien indique des rapports personnels. A une
exception près (66), il ne s'agit que de questions littéraires : Balzac s'intéresse, parce qu'on lui en a parlé, à l'élaboration du
Moyse sauvé, mais je doute, à lire ce que lui écrit son correspondant, qu'il ait beaucoup apprécié ce qu'il en a connu ; d'une pièce
de notre poète, qui doit être l'*Epistre héroï-comique au duc d'Orléans,* il écrit qu'elle est « très mauvaise « (67). Je crois (mais je
peux me tromper) que tous deux étaient trop différents, à la fois
comme hommes et comme écrivains, pour s'entendre.

L'addition manuscrite à la lettre de Balzac ne laisse planer
aucun doute sur les relations de Vaugelas avec Saint-Amant ; elles
ne peuvent surprendre, quand on connaît son amitié avec Faret,
quand on constate aussi (et je ne sais pas si cela a jamais été
signalé) qu'il fut, pendant un certain temps, au service du comte
d'Harcourt. Nous l'apprenons par le contrat de mariage de Matthieu de Butte, cité ci-dessus, dans lequel il est désigné comme
« gentilhomme de la suite dudit comte d'Harcourt ». Ce même
document apporte une autre indication : Gomberville était alors
« un des écuyers » du comte. On pouvait déjà supposer avec quelque vraisemblance que Saint-Amant l'avait rencontré dès cette
époque (il le retrouvera plus tard à l'hôtel de Liancourt), car Gomberville fut condisciple de Marolles au collège de la Marche (68) ;
il avait fait partie du groupe des amis d'Antoine Brun, où l'on rencontre aussi Faret, Boissat, Colletet (69) ; il avait enfin probablement fréquenté Théophile (70). Le fait qu'il ait été attaché au
comte d'Harcourt est plus probant que tout cela. Ni Vaugelas, ni
Gomberville ne sont nommés dans les œuvres de Saint-Amant.

---

(65) *Ed. cit.,* I 38 et 48.
(66) Le 28 avril 1638, Chapelain avise Balzac qu'il a transmis à Saint-Amant
un paquet pour Rome, qui doit être remis à l'abbé de Retz (CHAPELAIN, I 229).
(67) BALZAC, *Lettres à Chapelain,* éd. Tamizey de Larroque, P., 1873, p. 666.
(68) MAROLLES, I 37.
(69) ADAM, I 341.
(70) ADAM, *Théophile,* p. 238.

Est-ce pur hasard ? Est-ce l'indication d'un manque de chaleur dans leurs relations ? Il est impossible de répondre à cette question.

En fin de compte on se trouve devant un cercle étendu de relations, sans exclusives, et qui montrent Saint-Amant incapable de s'enfermer dans une coterie, quelle qu'elle soit. Malgré les insinuations peu bienveillantes de Tallemant, il faut croire le poète lorsqu'il proclame son besoin d'indépendance, même à l'égard des grands, le duc de Retz ou le comte d'Harcourt. Tout en sachant garder ses distances, il ne donne nullement l'impression de tomber dans la servilité. D'autre part, si divers que soient, à cette époque, les personnages qu'il fréquente, deux catégories dominent, incontestablement : les petits gentilshommes, parmi lesquels il est certainement heureux de se sentir admis sur un pied d'égalité, et les écrivains. Chez ces derniers, sa réputation ne fait que s'affirmer, et le voilà maintenant rangé parmi les poètes à la mode : ses vers sont fort appréciés jusqu'à la cour, et nous en avons deux témoignages indiscutables. Le premier date de 1626 : dans la *Satyre XII* des *Exercices de ce temps,* Angot de l'Eperonnière écrit :

> Menard, Gombaut, Hardy, Malerbe, Sainct-Amants (sic)
> Tenus pour demy-Dieux chez tous les Courtisans (71).

Le second, un peu plus tardif il est vrai, puisqu'il est de 1629, émane de Jacques Dupuy, qui parle à Peiresc « d'un de nos poetes modernes dont on fait grand cas en cour, nommé St Amand » (72). Désormais sa réputation est faite, et pendant de longues années il sera mis par ses contemporains au tout premier rang.

---

(71) ANGOT de l'EPERONNIÈRE, *Les Exercices de ce temps,* éd. Lachèvre, P., 1924, p. 120.
(72) PEIRESC, II 685.

CHAPITRE VII

PROCES ET VOYAGES. LES *ŒUVRES* DE 1629 (1627-1629)

Nous avons laissé Saint-Amant séjournant à Paris au printemps de 1626, et célébrant alors les cabarets de la capitale. Nous ne le retrouvons qu'un an plus tard, à l'occasion d'un curieux épisode, au cours duquel il apparaît sous l'aspect inattendu d'un chicaneur procédurier.

Lorsqu'en 1619 Jean et Pierre d'Azémar s'étaient fait céder le privilège de la verrerie, il était encore valable pour six ans. En 1623, sans attendre son expiration, ils le firent renouveler pour six autres années. Puis, ayant obtenu, le 15 mai 1627, de nouvelles lettres patentes, ils demandèrent au Parlement de procéder à leur vérification. Mais, sans doute à la fin de juin, une requête fut présentée à ce même Parlement, faisant opposition à la vérification. L'opposition venait d' « Antoine Girard, sieur de Saint-Amant », qui se prévalait, ainsi que le porte un acte un peu postérieur,

> du don qu'il disoit lui avoir été fait par Sa Majesté du privilège de ladite verrerie par lettres patentes de Sa dite Majesté et du brevet qui lui en avoit été expédié contenant la révocation des lettres obtenues par lesdits d'Azémar (1).

A la requête était jointe une copie du brevet, daté du 10 juin.

Avant d'examiner la suite des événements, il faut tenter de dégager la signification de cette opposition. On doit en tirer (et on l'a déjà fait) une conclusion : les rapports n'étaient pas bons à cette époque entre le poète et le ménage de sa sœur. N'en cherchons pas la raison dans la conversion au catholicisme du poète; j'espère avoir montré qu'il ne s'agissait que de questions d'intérêt (2). Les difficultés, semble-t-il bien, avaient surgi très rapidement. Cependant, aussi longtemps que vécut le père, les choses en restèrent là. On assista même, lors de sa mort, à une tentative de rapprochement : on se souvient que Saint-Amant fut parrain de sa nièce Marthe en décembre 1624, et qu'on essaya, le 8 janvier suivant, de régler la succession. Il faut noter pourtant que

---

(1) Girancourt, p. 119.
(2) *Protestantisme*, p. 249.

sont alors nettement mentionnés deux camps : d'un côté Anne Girard et son mari, de l'autre Anne Hatif et ses deux fils. Surtout, deux formules laissent entendre que les points de friction ne manquaient pas, même si l'on cherchait de bonne foi à faire table rase des discussions du passé. « Pour esvitter un descord et procez », lit-on au début, et plus loin, entre deux lignes (c'est donc quelque chose qui a été rajouté après coup, volontairement), « Pour maintenir paix et amitié entre eulx ».

De bonnes paroles, cependant, ne suffisent pas, surtout quand il reste des problèmes en suspens. Et l'on en devine un d'importance, la verrerie. Que s'est-il passé au juste à la mort d'Antoine Girard — dont on n'a pas oublié qu'il avait été le bailleur de fonds, et l'associé ? La transaction de 1625 ne paraît pas souffler mot de la chose, même dans ses dernières lignes, que je n'ai pu déchiffrer que très fragmentairement. On entrevoit quelques éléments de l'accord qui a dû se faire. Le contrat de mariage stipulait qu'à la mort d'Antoine Girard sa fille serait habilitée à partager sa succession « telle qu'elle se trouvera aprez son deceds esgallement avec ses freres chacun par teste », à charge pour elle d'en déduire ce qu'elle avait reçu en dot (soit mille livres). Il apparaît qu'en 1625 elle s'est vu attribuer pour sa part une somme de six mille livres. Je lis en effet à la deuxième page de l'acte les lignes suivantes :

> C'est assavoir que lesdicts sieur Dazemar et damelle son espouze... ont quicté et delaissé et par ces presentes quictent et delaissent auxdicts Anne Hatif et sieurs ses fils tout le droict mobil et hereditaire que icelle damelle Anne Girard auroit peu pretendre et demander en la succession dudict feu sieur son pere et sans par eulx en faire aucune reserve pour par icelle Anne Hatif et lesdicts Girard en jouir, faire et disposer comme de chose à eulx appartenant...

Dans la suite, on distingue la mention, à plusieurs reprises, de la somme de six mille livres. Celle-ci cependant ne leur fut pas versée toute de suite ; ils n'en tinrent quittes les autres héritiers qu'en 1634, lorsqu'ils leur rachetèrent, moyennant huit mille quatre cents livres, le terrain sur lequel était édifiée la verrerie (3).

Essayons d'y voir un peu clair dans cette histoire que l'insuffisance des documents rend bien obscure. A sa mort, Antoine Girard laissait sa maison du faubourg Saint-Sever, dans laquelle était maintenant installée la verrerie, et probablement une certaine somme d'argent liquide, sans doute insuffisante pour que les six milles livres stipulées pussent être versées à Pierre d'Azémar et sa femme. Mais la maison, et le terrain sur lequel elle était édifiée,

---

(3) Girancourt, p. 84.

restaient à Anne Hatif et à ses fils ; c'est d'ailleurs à Anne que sera vendu, en 1630, un jardin qui constituera un agrandissement de ce terrain (4). La verrerie continuant à fonctionner, qui prit la place d'Antoine Girard ? Comment furent répartis les bénéfices ? On peut se demander si Pierre d'Azémar n'a pas essayé d'évincer purement et simplement ses beaux-frères, ce qui aurait amené, et justifierait en partie au moins les tentatives que fit Saint-Amant pour le déposséder de son privilège. On a porté des jugements sévères sur son rôle dans cet épisode. « Malheureusement, écrit Lachèvre, les documents qui restent ne laissent aucune incertitude sur le rôle peu honorable qu'il a joué un instant vis-à-vis de sa propre famille (5) ». Nous ne connaissons que l'arrêt du Parlement qui mit fin à la contestation ; pour condamner aussi catégoriquement, il faudrait avoir autre chose qu'un document isolé.

Le privilège avait été renouvelé pour six ans en 1623, ce qui le prolongeait en fait jusqu'en 1631, puisqu'il n'expirait qu'en 1625. Je m'explique mal pourquoi les d'Azémar éprouvèrent le besoin de se faire octroyer de nouvelles lettres patentes dès le 15 mai 1627, quatre ans avant que ne se terminât la validité de la prolongation. Serait-ce par hasard parce qu'ils prévoyaient des difficultés de la part des fils Girard, et qu'ils cherchaient à les mettre devant le fait accompli ?

En tout cas, le 10 juin, Saint-Amant obtient un brevet qui révoque leur privilège : pour la première fois il est désigné dans un acte officiel comme sieur de Saint-Amant. Ce brevet est consécutif à l'octroi que lui a fait le roi, par lettres patentes, d'un privilège à son nom. Voilà qui est troublant : comment a-t-il pu l'obtenir, lui qui n'est pas noble ? Ce que n'a pu faire son père, devenir du jour au lendemain gentilhomme-verrier, serait-il sur le point de le réaliser ?

Cependant se pose une question fort embarrassante : quelles étaient donc ses intentions ? Supposons un instant qu'il ait obtenu gain de cause ; qu'aurait-il fait ? Il semble exclu qu'il ait désiré exploiter personnellement la verrerie, s'occuper lui-même de la fabrication : il n'avait certainement pas les compétences nécessaires. Voulait-il simplement, en devenant le responsable officiel de l'affaire, sauvegarder ses droits, tout en laissant les d'Azémar assurer, comme par le passé, la direction technique de la fabrication ? Il aurait fallu que ceux-ci fussent de bonne composition pour se voir dépouiller de leur privilège sans que cela influât sur leurs activités. Avait-il quelqu'un d'autre à mettre à leur place?

En tout cas, le brevet du 10 juin n'est pas un mythe ; l'original en a été présenté au Parlement. Il semble légitime d'en tirer la conclusion que Saint-Amant bénéficie alors à Paris de protec-

---

(4) *Id.*, p. 85.
(5) Note dans Durand-Lapie, p. 96.

tions efficaces. Ajoutons que dès cette époque est accomplie (et peut-être officiellement) l'ascension sociale qui lui permettra de se dire « Antoine de Girard, écuyer, sieur de Saint-Amant ». Le titre d'écuyer correspond sans doute à quelque chose de réel, nous y reviendrons. Quant à la noblesse, c'est une autre histoire, et l'acte qui prouverait qu'il a été effectivement anobli n'a pas encore été retrouvé.

Il a donc obtenu son brevet le 10 juin, se trouvant alors presque certainement à Paris, et s'est empressé d'en transmettre la copie au parlement de Rouen, qui doit enregistrer ses lettres patentes. Et voilà que, pour un temps, il paraît se désintéresser de l'affaire. Le 17 août, il lui est enjoint de communiquer « dans trois jours pour tous délais » l'original de son brevet : rien ne vient. Le 31 août, nouvel arrêt dans les mêmes termes, « autrement et à faute de ce faire seroit declaré absolument forclos et debouté de son opposition ». Le 6 septembre, la pièce n'ayant toujours pas été présentée, notre homme est effectivement débouté avec dépens, tandis que sont communiquées au procureur général les lettres de prolongation accordées aux d'Azémar. Tout paraît donc terminé, lorsque, le 7, Saint-Amant produit enfin son brevet original ; puis il adresse à la Cour deux requêtes, l'une demandant que soit reçue son opposition « attendu la représentation par lui faite dans les 24 heures du jour du dit arrêt de l'original du dit brevet et autres pièces justificatives de sa dite opposition », l'autre que défense soit faite aux d'Azémar de se faire délivrer expédition de l'arrêt du 6 ; mais c'est sans doute trop tard : car le 23 septembre intervient l'arrêt définitif. « Sans avoir égard aux requestes du dit Girard », la Cour ordonne l'enregistrement des lettres patentes accordées aux frères d'Azémar : peut-être simple acte de justice ; peut-être aussi réaction de défense du Parlement contre le brevet qui, lui, n'a pas à être enregistré.

On a remarqué, dans cette histoire, un fait curieux : ni le 17 août, ni le 31, Saint-Amant (ou son représentant) ne paraît en mesure de présenter le brevet, malgré l'importance de l'enjeu. Mais tout d'un coup, à peine une semaine plus tard, changement à vue : il est à la disposition de la Cour, apporté certainement par l'intéressé lui-même, ainsi qu'en font foi les termes de l'arrêt, qui ne parlent pas d'un mandataire. Je ne vois qu'une explication possible : Saint-Amant, absent, et prévenu trop tard, n'a pu se trouver à Rouen en août, mais y est arrivé dans les premiers jours de septembre. S'il avait été tout simplement à Paris, il aurait sans doute pu faire le déplacement en temps voulu : les deux arrêts du 17 et du 31, et surtout l'existence du second, n'indiquent-ils pas qu'on lui laisse un certain délai, parce qu'il est absent ? Il faut qu'il ait été à cette époque de l'année plus éloigné de Rouen : et justement nous avons trace d'un voyage en Bretagne qui se laisse facilement placer durant cet été de 1627.

Relisons la *Vigne;* dès les premiers vers, nous sommes alertés en trouvant :

> Depuis le jour qu'en la Bretagne
> J'erre de vallon en montagne.   (I 167)

Cela ne laisse aucun doute sur la réalité d'une randonnée de quelque durée. Saint-Amant s'était mis en route, affirme-t-il, pour aller voir Marigny,

> dont l'humeur que je cheris
> M'a pu faire quitter Paris.   (I 170)

Il s'arrêta donc dans la terre de Malnoé, non loin de Vitré (6). De là il poussa une centaine de kilomètres plus à l'ouest, et séjourna quelque temps à Coybeau, ou Coëbo, chez M. de Pontmenard — probablement Jean Troussier, seigneur de la Gabetière et de Pontmesnard (7). Par chance, la *Vigne,* qui est dédiée à ce personnage, se laisse dater avec une relative précision. J'ai déjà indiqué qu'elle devait être reportée à 1627. Essayons ici de serrer les choses de plus près.

Elle est tout d'abord postérieure à la mort de Théophile. Faisant l'appel de ses amis, dont il souhaiterait la présence à ses côtés, il leur adjoint trois défunts :

> Theophile, Bilot, Moliere,
> Qui dedans une triste biere
> Faites encore vos efforts
> De trinquer avecques les morts.   (I 171)

Le voyage en Bretagne se place donc après septembre 1626 — mais avant septembre 1627, puisque Maricourt, qui fut tué à cette date, est encore compté au nombre des vivants. Il me paraît peu vraisemblable qu'il ait eu lieu en janvier, comme on l'a prétendu (8), en se fondant sans doute sur les vers suivants :

> Non pas pour ces grandes prairies
> Que la saison qu'aux Canaries
> Mes yeux ont vu regner jadis
> Comme en un second Paradis
> En Janvier mesme rend si vertes,
> Et de tant de troupeaux couvertes,
> Qu'on n'y sçauroit lequel choisir,
> Ou du profit, ou du plaisir.   (I 168)

---

(6) Paroisse de St-Christophe-des-Bois (cf. P. POTIER de COURCY, *Nobiliaire et armorial de Bretagne*, 2ᵉ éd., 1862, II 131).
(7) *Ibid.*, II 459. Coëbo, commune de Plemet, arrondissement de Loudéac.
(8) DURAND-LAPIE, p. 87.

Assurément, on pourrait à première vue le soutenir : du moment que Saint-Amant vante ces prairies, si vertes même en janvier, c'est qu'il les a vues à cette saison. Mais il faut regarder le contexte. Le poète, dans un mouvement oratoire qu'il a peut-être emprunté à Ronsard (9), passe en revue, pour les écarter successivement, tous les attraits qu'offre la propriété de son hôte, avant d'en venir à ce « Costeau de Vigne », qui a donné son titre au poème. Mais, quand il rappelle

> la freacheur de l'ombre
> De ce Bois venerable et sombre,

ou bien

> ces larges campagnes
> Où Ceres, avec ses compagnes,
> Seme et recueille tant de blez
> Que tes greniers en sont comblez,

qu'il mêle le chant des oiseaux au murmure des claires fontaines, qu'il décrit

> ces longues Allées
> Où de branches entremeslées
> De Lauriers, de Charmes, de Buis,
> De Cyprès, de fleurs, et de fruits,
> Se forment des murailles vives,   (*ibid.*)

ou le « divin Parterre » aux cent mille fleurs, dira-t-on que nous sommes toujours en janvier ? En fait, rien dans le texte ne permet d'assurer que Saint-Amant se trouvait chez M. de Pontmenard en une saison plutôt qu'une autre. Cependant, il paraît plus vraisemblable de supposer qu'il n'a pas fait cette excursion en plein hiver; ajoutons à cela — et c'est peut-être un indice — qu'avant la chanson bachique qui clôt le poème il s'adresse à la troupe de ses amis, les invitant à venir le rejoindre

> Dans ces lieux de pampre couvers
> Pour l'aider à chanter ces Vers.   (I 171)

En définitive, voici comment on peut imaginer la suite des événements : le 10 juin, Saint-Amant obtient son brevet, et se hâte d'en transmettre la copie au Parlement avec ses lettres patentes. Puis, ne comptant peut-être pas sur une réaction immédiate de son beau-frère, il part pour la Bretagne. Lorsqu'il est avisé des arrêts de la Cour, il revient à Rouen, mais arrive quelques jours trop

---

(9) Cf. l'Elégie *Au Seigneur Cecille,* dans les *Elégies, Mascarades et Bergeries* (1565), éd. Laumonier, XIII 160.

tard, et se voit débouté de ses prétentions : les d'Azémar reste-
ront maîtres de la verrerie.

Il fit sans doute, à la suite de cela, un bref séjour à Paris, durant
lequel il écrivit deux courtes pièces, l'*Elégie à une Dame,* et *Sur un
départ,* l'une et l'autre pour le comte d'Harcourt, ainsi que l'indique
le sous-titre de la première. Ces pièces, toutes de convention, suite
de lieux communs de la poésie amoureuse (10), comportent en effet
une indication précise : elles sont écrites alors qu'ont commencé
les opérations devant La Rochelle, puisque le poète y fait dire à
d'Harcourt :

> Et combien que la Gloire à toute heure m'appelle
> Pour aller de mon bras effrayer La Rochelle,
> Ou repousser l'effort des orgueilleux Anglois
> Que l'un de mes Ayeux a vaincus autrefois ;
> Je fay la sourde oreille...   (I 117)

Le premier coup de canon fut tiré le 10 septembre : il est donc
fort vraisemblable que ces vers aient été écrits au début du mois
d'octobre.

Quelques jours plus tard, Saint-Amant partit rejoindre l'armée
royale, peut-être avec d'Harcourt, peut-être avec Retz, si celui-ci ne
se trouvait pas déjà dans l'Ouest. Quoi qu'il en soit, il va les retrouver tous deux. De nombreux témoignages attestent en effet leur
présence parmi les volontaires qui se joignirent aux troupes de
Schomberg pour chasser les Anglais de l'île de Ré, au début de
novembre. Monsieur de Saint-Amant n'était malheureusement
qu'un bien mince personnage, et son nom n'est mentionné nulle
part ; il faut nous contenter de ce qu'il affirme plus tard dans
l'*Albion,* quand il écrit du peuple anglais :

> Il n'est rien de moins hardy
> Dans le peril honorable :
> Je l'ay veu moy-mesme en Ré
> Pasle, tremblant et bourré,
> Regagner la plaine bleue...   (II 457)

A-t-il effectivement pris part à l'opération, et poursuivi, l'épée
dans les reins, les soldats britanniques ? Naturellement ses biographes ne le mettent pas en doute un seul instant. J'hésiterais à
me montrer aussi catégorique : on put fort bien assister, de la terre
ferme, au rembarquement des ennemis après leur déroute, sans
pour autant les avoir chargés.

---

(10) Les stances *Sur un départ* méritent cependant quelque attention, par leur
forme, qui n'est pas sans annoncer, de très loin, les stances de Rodrigue dans
le *Cid.*

A son retour au camp, le duc de Retz, en compagnie d'autres (mais Saint-Amant a-t-il assez d'importance pour en avoir été ?), vint souper et coucher au logis de Bassompierre. Le lendemain, 12 novembre, ce dernier le mena visiter les travaux ; et, sans doute peu après, Retz partit pour Belle-Ile, où sa présence devait être nécessaire afin de maintenir les lieux en état de défense, et de parer à un éventuel débarquement ennemi.

> Tantost sur le bruit que l'Anglois
> Une visite nous prépare,
> Nous projettons tous les explois
> Dequoy la Victoire se pare :
> Tenez-vous donc pour assuré
> Que cét Ennemy conjuré
> Qui tant de faux desseins embrasse,
> En ce lieu propre à l'en punir,
> Sera receu de bonne grace,
> S'il nous oblige d'y venir,   (I 37)

écrit Saint-Amant. Car le « domestique » a suivi son maître. Dans le *Contemplateur,* il évoque son long séjour — près d'une année —, ou tout au moins une partie de celui-ci ; car c'est un poème de la belle saison, bien des détails l'attestent. Il médite longuement, assis sur un rocher, et voit passer devant ses yeux

> mainte Nef au gré du vent
> Seillonnant la plaine liquide ;   (I 32)

il se laisse parfois surprendre par la nuit sur la plage, après y avoir lu ou songé une partie de la journée, ce qui lui vaut d'admirer, en rentrant, les vers luisants, miracles de la puissance divine (I 36) ; il observe les astres dans le ciel clair, où tout est calme (*ibid*) ; il se lève, contre sa coutume, avant le jour, afin de voir le soleil sortir des flots (I 38). On y remarque certains caractères qui apparaissaient déjà dans la *Solitude,* attrait de la mer et des paysages pittoresques, en particulier ; mais le *Contemplateur* est plus précis, plus proche de la réalité, moins « jeu d'esprit », en un mot. Il est possible que Saint-Amant se soit souvenu, en quelques endroits, de l'*Epistre à Ambroise de La Porte* de Ronsard (11), où celui-ci énumérait ses occupations à Mareuil-lès-Meaux. Ronsard, lui aussi, se promène, solitaire, en contemplant la nature ; il chasse, il pêche, il joue de son instrument favori :

> Tout égaré je me pers dans les chams,
> A humer l'air, à voir les belles prées,
> A contempler les collines pamprées...

---

(11) Ed. Laumonier, VI 10.

> Ore je sui quelque lievre à la trace,
> Or' la perdris je couvre à la tirace,
> Or' d'une ligne apâtant l'ameçon
> Loin haut de l'eau j'enleve le poisson...
> Or' je me baigne, ou couché sur les bors
> Sans y penser à l'envers je m'endors :
> Puis reveillé ma guiterre je touche (12).

Mais les différences sont considérables, et, finalement, les perspectives dans lesquelles se situent les deux œuvres sont presque opposées. Chez Ronsard, il s'agit de quelques jours de vacances forcées, agréables, remplies de plaisirs simples et attachants, mais qui ne font pas oublier Paris, les amis restés là-bas, et surtout, ajoute le poète,

> mes livres que j'aime
> Beaucoup plus qu'eus, que toi, ne que moimême.

Cependant, la campagne et ses occupations règnent sans partage, et s'il développe un tableau, ce sera celui des vendanges. Chez Saint-Amant, les éléments pittoresques et descriptifs ne manquent pas, mais ils sont intimement liés à la réflexion, qu'ils favorisent par associations d'idées. Par exemple, la vue d'un bateau sur la mer éveille l'idée de la boussole ; le poète reste d'abord sur le terrain scientifique des phénomènes physiques :

> Et mes esprits en ce discort,
> S'embroüillent dans la sympatie
> Du Fer, de l'Aymant et du Nort.   (I 32)

Mais bien vite il passe dans un autre domaine, et médite sur l'amitié. Lui-même d'ailleurs l'affirme,

> Mon esprit changeant de projèt
> Saute de pensée en pensée.   (I 33)

C'est le spectacle du lever du soleil qui le conduit à évoquer le jugement dernier, auquel est consacré plus du quart du poème : voilà bien la preuve que le *Contemplateur* est tout autre chose qu'une pure description, comme le poème de Ronsard (13).

L'image que donne Saint-Amant de la vie qu'il menait à Belle-Ile correspond-elle à la réalité ? Sans doute faut-il penser à une réalité tant soit peu idéalisée, mais dont l'essentiel n'est pas contestable. Il y a, pour commencer, les obligations découlant des

---

(12) Comparer, dans le *Contemplateur*, les strophes XX, XXI, XXII, XXX.
(13) Le *Contemplateur* a été étudié par I. Buffum, *Studies in the Baroque from Montaigne to Rotrou*, New-Haven, 1957, pp. 148-162. Sur le point particulier du jugement dernier, il faut lire les quelques lignes très suggestives de R. Lebègue, *Problèmes de sources et d'influences*, Journal des Savants, janv.-mars 1958, p. 21.

fonctions qu'occupe le poète auprès du duc de Retz. Elles ne semblent pas fort absorbantes ; aucune contrainte, s'il faut en croire ses déclarations, et spécialement ces quelques vers si nets :

> Je contente à plein mon desir
> De voir mon Duc à mon plaisir,
> Sans nul object qui m'importune ;
> Et tasche à le garder d'ennuy,
> Sans songer à d'autre fortune
> Qu'à l'honneur d'estre auprès de luy.   (I 30)

Son rôle essentiel est probablement de distraire un protecteur qui s'est vite transformé en ami ; il évoque ainsi les « propos delectables » dont il l'entretient durant les repas (I 37). Mais il reste du temps pour les promenades solitaires, pour l'étude et la poésie, pour la musique — pour la chasse et la pêche aussi, auxquelles il devait accompagner Retz et ses gentilshommes. Le *Contemplateur* reste muet sur des occupations moins relevées, qui le conduisent au bourg de Sauzon, chez La Plante, où l'on boit et l'on pétune en bonne compagnie — ce qui n'empêche pas quelques accès de mélancolie, si le sonnet célèbre « Assis sur un fagot, une pipe à la main » a vraiment été écrit chez La Plante (nous n'avons en effet, pour l'assurer, que le témoignage assez suspect de M. Roger), et s'il est autre chose qu'un jeu d'esprit. Car je me demande si l'on peut le prendre très au sérieux, lorsqu'on constate qu'il a pris place dans cette partie du recueil de 1629 intitulée *Raillerie à part*. Un autre sonnet, « Voicy le rendez-vous des Enfans sans soucy », que nous avons déjà rencontré, est antérieur au séjour qui nous occupe, mais peu de choses ont dû changer en quelques années, et le petit tableau des deux quatrains reste toujours vrai, malgré la disparition prématurée du pauvre Bilot. Saint-Amant prend soin d'avertir son lecteur qu'il n'est pas un véritable habitué du cabaret :

> Voicy le rendez-vous des Enfans sans soucy,
> Que pour me divertir quelquefois je frequente,   (I 182)

mais il serait difficile d'assurer son absolue sincérité. Retz lui-même, on l'a vu, était fort capable de s'enivrer autant qu'un autre, et les bons buveurs ne manquaient certainement pas dans son entourage. Faut-il rappeler que M. Roger, dont le récit, fort contestable dans les détails, repose cependant sur une tradition familiale, parle du sénéchal son grand-père (Guillaume Ballay presque certainement) comme des plus ardents à faire raison au poète le verre en main ? A côté de lui, Saint-Amant rencontrait quelques autres notables de l'île, comme le gouverneur du fort Pierre Goyon, sieur de Courbuisson, ou le procureur fiscal Allibert Maynet, dont les noms reviennent souvent dans les registres du Palais. Il faut aussi nommer le baron de Castellane, « mon lieutenant, écrit

Retz en 1639, cousin de feue ma femme et qu'il y a vingt-cinq ans qui est aupres de moy » (14). Quant à Sallard, qui est nommé à côté de Bilot, il faisait certainement partie de la suite du duc. Le personnage est peu connu (15); auteur d'un volume de *Lettres meslées,* paru en 1629, il a dû naître peu après 1590, et semble originaire de Poitiers, dont il parle à plusieurs reprises. Sur plus d'un point ses idées sont proches de celles de Saint-Amant; est-ce la trace des conversations qu'ils ont tenues, à Belle-Ile ou ailleurs ? En 1644, Sallard donna deux poésies liminaires aux *Chevilles* d'Adam Billaut, et la seconde consacrait sept strophes à un vibrant hommage de notre poète : les deux hommes ne s'étaient pas perdus de vue.

Saint-Amant n'a pu quitter Belle-Ile avant le début d'octobre 1628, puisqu'il y fut parrain le 1ᵉʳ (16). Retz y resta quelque temps encore après cette date : il ne pouvait quitter son poste avant la reddition de La Rochelle. On voit qu'il fut parrain au mois de novembre, à deux reprises : le 4, sa signature voisine avec celle d'Antoinette Houchoua, qui avait été commère de Saint-Amant un mois plus tôt. Pour celui-ci, je suis persuadé qu'il est rentré à Paris au plus tard en décembre, afin de préparer l'édition de ses œuvres, qui devait voir le jour en février 1629.

Une fois de plus, je me sépare ici de l'opinion commune, impossible à soutenir. Selon Durand-Lapie, Saint-Amant, qui s'était empressé de regagner la capitale à l'issue du siège de La Rochelle, fut l'objet des sollicitations de Guillaume Bautru, que le Cardinal envoyait à Madrid. A cette époque, explique-t-il, « dans une ambassade, le concours d'un bel esprit qui pouvait s'exprimer d'une façon choisie en diverses langues était précieux » (17) : c'est oublier que Bautru, qui avait accompli une première mission en 1627, en était parfaitement capable. Le poète, continue Durand-Lapie, ayant accepté sans enthousiasme, quitta la France avec lui en décembre, et revint en janvier, juste à temps pour rejoindre l'armée royale en route vers le Piémont. Il ne put donc s'occuper de surveiller les typographes, et n'eut que la ressource de laisser ce soin à son ami Marolles — qui n'en souffle mot dans ses *Mémoires.*

Dans la réalité cependant Bautru partit directement de La Rochelle, pour arriver à Madrid le 26 novembre ; il ne quitta cette ville que le 12 février, et revint à Paris au début de mars (18). La belle combinaison, simple construction de l'imagination ne tient

---

(14) A. E., *Mémoires et documents*, France 1504, fᵒ 208.
(15) Il n'existe sur lui qu'une brève et vague notice de Lachèvre, II 463.
(16) *Protestantisme*, p. 239.
(17) Durand-Lapie, p. 111.
(18) G. Mongrédien, *Un Bouffon de cour académicien et agent diplomatique de Richelieu : Guillaume Bautru*, Rev. des Quest. hist., 1931, pp. 289 sqq.

pas contre les faits. Le point de départ en était une strophe du
Passage de Gibraltar, strophe ajoutée en 1643 au texte primitif de
1640 ; si Guzman, c'est-à-dire Olivarès, venait un jour à lire mes
vers, y déclare Saint-Amant,

> Ses bezicles qui m'ont fait rire
> D'effroy luy tomberoient du nez.   (I 295)

Il est tentant de conclure qu'il s'était un jour trouvé devant le
ministre espagnol. Mais, en admettant que cela soit sûr, qu'il n'ait
pas vu ces fameuses besicles sur un portrait seulement, ou n'en
ait pas entendu parler par un tiers, pourquoi dater un voyage à
Madrid de 1628 ? Le biographe de Bautru, M. Mongrédien, ne
nomme pas Saint-Amant. L'imaginer galopant sur les routes pour
rejoindre d'abord l'ambassadeur, puis l'armée royale à la frontière du Piémont, est fort peu vraisemblable.

L'est-il plus de penser qu'il aurait abandonné à des mains
étrangères, bien qu'amicales, les bonnes feuilles de son livre ? Il
se plaindra, dans la préface de son *Moyse sauvé*, de n'avoir pas
eu « le moyen d'en revoir exactement toutes les Espreuves » ; on
le voit intervenir dans les errata de certains volumes, et s'adresser
directement au lecteur. N'est-ce pas trahir, en même temps que le
désir d'offrir un texte aussi correct que possible, la conviction que
l'auteur ne doit pas laisser à d'autres le soin de s'en occuper ? Un
indice de sa présence au moment où paraît le volume se trouve
d'ailleurs dans la formule de cession du privilège, laquelle mentionne un contrat passé entre l'auteur et les libraires devant les
notaires du Châtelet.

J'ai rappelé ailleurs (19) les déclarations, peu concordantes, de
l'*Elégie* au duc de Retz, selon lesquelles une édition subreptice
de la *Solitude* (publiée en 1627 par Claude Morlot, si je ne me suis
pas trompé) aurait déterminé le poète à publier ses vers, et celles
de l'*Avertissement*, mettant la parution au compte de la crainte
des plagiaires. Il est fort possible que tout cela soit simple parade,
et masque un légitime désir de voir ses œuvres répandues. Il ne
s'en cache pas, du reste, et ne prétend nullement rester insensible aux attraits de la gloire :

> Encore que si j'en puis pretendre par mes Vers, je ne suis pas
> si severe à ma reputation que je ne la vueille faire vivre qu'après
> ma mort,

écrit-il; et, un peu plus loin :

> ...de sorte que si l'on fait bien, il est tres-raisonnable qu'on en
> reçoive le salaire durant la vie.   (I 11)

---

(19) Bull. du Bibl., 1955, p. 237.

Si l'on fait mal, ajoute-t-il avec une feinte modestie, « on est encore en estat de s'en corriger ». Peut-être aussi certaines personnes l'ont-elles effectivement poussé à se faire éditer ; il parle dans l'épître de décicace de « la vanité dont *ses* amis *le* flattent que *ses* vers ne mourront pas avec *lui* ». On imagine volontiers que le duc de Retz, désireux d'apparaître en plein jour comme le protecteur de cet écrivain à la mode, ne fut pas des derniers à l'encourager. Il assure qu'en revanche des jaloux tentèrent de le décourager : les deux faits ne s'excluent pas. En dernière analyse, je crois que Saint-Amant a publié son volume à ce moment-là parce qu'il avait en portefeuille largement de quoi le remplir, et qu'il sentait la conjoncture favorable. Il n'était plus tout jeune, ayant dépassé la trentaine, et préférait ne pas attendre indéfiniment pour livrer au public un ouvrage de quelque importance.

Après l'épître dédicatoire au duc de Retz, qui n'a guère que le mérite d'être courte, et de ne pas se perdre, comme tant d'autres, dans des louanges hyperboliques et sans fin, une préface, œuvre de Faret, prodigue l'encens. Elle ne manque pas d'intérêt, par les renseignements qu'elle apporte sur certaines des théories littéraires en honneur dans l'entourage du préfacier, et qui n'y figureraient sans doute pas, si Saint-Amant ne les avait approuvées. Faret est un malherbien ; et, si Saint-Amant reste loin d'accepter toute la réforme malherbienne, le simple fait qu'il lui ait demandé de présenter son œuvre au public suffit à prouver qu'il est loin d'en être l'adversaire (20). Il est vrai que Faret commence par mettre l'accent sur le rôle essentiel de l'inspiration et de la fantaisie, ce qui est peut-être une concession aux idées de son ami. Le génie, l'imagination, qui se remarquent particulièrement

> aux Descriptions, qui sont comme de riches Tableaux où la Nature est représentée, d'où vient que l'on a nommé la Poësie une Peinture parlante,

telle est l'origine de

> ces Graces secrettes qui nous ravissent, sans que nous sçachions la cause de nostre ravissement.

C'est là ce qui mène à la gloire immortelle, et, sur ce point, Saint-Amant n'a rien à envier à personne :

> Il ne faut que voir les Vers de Mr de Saint-Amant, pour connoistre qu'il a pris dans le Ciel plus subtilement que Promethée ce feu divin qui brille dans ses Ouvrages.

---

(20) Cf. les précieuses remarques d'A. ADAM, I 97.

Mais, immédiatement, Faret apporte un correctif, qui souligne le rôle de la raison :

> Neantmoins ceste ardeur d'esprit, et ceste impetuosité de genie qui surprennent nos entendemens, et qui entrainent tout le monde apres elles, ne sont jamais si desreiglées qu'il n'en soit toujours le maistre. Son Jugement et son Imagination font un si juste temperament, et sont d'une si parfaite intelligence, que l'un n'entreprend rien sans le secours de l'autre : Aussi sont-ce deux parties, dont l'union est tellement necessaire, que, quand l'une des deux vient à manquer, ce n'est plus ou que sterilité ou que confusion.   (I 8)

Et c'est une belle image qui matérialise sa pensée :

> Ceux qui produisant beaucoup, font regner l'ordre au milieu des belles matieres, sont comme ces grands Fleuves qui portent la fertilité dans les campagnes, et l'abondance dans les villes.

Après quoi, il entame le los proprement dit de son ami, qui possède « toutes les grandes qualitez requises à un vray poëte », hardiesse de l'invention, clarté de la pensée, vigueur de l'élocution, harmonie du vers, variété de l'inspiration. Il est piquant de le voir, ayant ajouté quelques mots sur « la bonté de ses mœurs », terminer en faisant allusion à sa modestie :

> Je prendrois plaisir à publier qu'il a toutes les Vertus qui accompagnent la generosité. Mais il m'arrache luy mesme la plume de la main, et sa modestie me defend d'en dire davantage.

Dans l'*Avertissement au lecteur* qui suit, Saint-Amant s'explique sur les points qui lui tiennent à cœur. Son attitude à l'égard de l'antiquité, et, par voie de conséquence, ses idées sur l'imitation constituent l'essentiel de ses déclarations. On l'a vu, il se montre résolument moderne, et déclare d'emblée qu'il ignore le grec et le latin, mais que ces langues, après tout, ne sont pas indispensables à un bon esprit, bien qu'on doive reconnaître leur utilité pour un juriste, un grammairien ou un théologien. L'imitation, et tout spécialement l'imitation des anciens, est péremptoirement condamnée. Certes Saint-Amant n'est pas le premier à déclarer que « l'invention » doit être préférée à tout (21) ; mais de là à se vanter de ne lire les œuvres d'autrui que pour éviter de se rencontrer avec elles, à employer le mot « crime » pour qualifier un emprunt, même s'il passe inaperçu du lecteur, il y a loin. Il est absolu et catégorique — dans la théorie. Car, René Bray l'a fait remarquer, « il se vante ». Lui-

---

(21) Cf. R. BRAY, *La Formation de la doctrine classique en France*, P., 1927, p. 163.

même est obligé de reconnaître qu'il a pris chez Ovide le sujet de certains poèmes, et qu'il s'est parfois rencontré avec lui, quand le sujet l'imposait. Nous avons noté plus haut qu'il dissimulait encore une part de la vérité, et que des emprunts littéraux au poète latin se rencontraient dans l'*Andromède* ; dans un autre domaine, on décèle aussi ses dettes envers certains devanciers, Boisrobert, ou Sigogne. Il n'est pas sûr cependant qu'il ne soit pas sincère dans ses déclarations, sur lesquelles il reviendra vingt-cinq ans plus tard, en publiant le *Moyse sauvé*.

Il n'a pas tout dit dans cet *Avertissement*. Entraîné par son ardeur à pourfendre l'imitation, il a laissé pour une autre occasion — ce sera la préface du *Passage de Gibraltar* — des remarques qui cependant lui paraissaient certainement essentielles dès lors : la poésie, dont le premier but doit être de plaire, demande que la simple «naïfveté» soit «entremeslée de quelque chose de vif, de noble et de fort », qui relève ce qu'elle aurait d'insuffisant et de fade ; mais, pour cela, il convient d'être « maistre absolu de la langue », et de n'en négliger aucune richesse. Pour l'instant, il ne fait que montrer par la pratique ce dont il est capable, et comme il sait tirer de son vocabulaire, si riche, toute la force expressive qui y est contenue (22).

Le volume de 1629 comprend plus de quatre mille cinq cents vers, sur lesquels quatre mille cent n'avaient pas encore été imprimés, si toutefois sont venues jusqu'à nous toutes les pièces qui l'ont été isolément avant cette date, ce que personne ne saurait affirmer. Fait curieux, et qu'on a déjà signalé, rien de ce qui voit alors le jour n'avait paru dans les recueils collectifs ; pour trouver quelque chose de Saint-Amant dans un de ces ouvrages, il faudra attendre 1641, et les *Métamorphoses françoises recueillies par M. Regnault*, où se liront l'*Andromède* et *la Métamorphose de Lyrian et de Sylvie*. Le petit nombre de ses pièces qu'on relève dans les recueils dont Lachèvre a fait jadis l'inventaire est d'ailleurs digne de remarque : vingt-trois en tout, dont huit de son vivant, c'est fort peu, si l'on compare ces totaux à ceux qui concernent la plupart de ses contemporains. Je ne vois guère à citer, pour des nombres aussi faibles, en ne tenant compte naturellement que des plus connus, d'autres noms que Chapelain, qui a peu produit, Godeau, et Scudéry; il me semble probable qu'ils l'ont voulu. On peut faire la même remarque au sujet de Furetière. Celui-ci, dans le *Roman bourgeois*, n'a pas laissé passer une occasion de s'attaquer à ce genre de productions, et M. Adam s'est demandé si sa brouille avec Sorel ne viendrait pas de ce que celui-ci l'avait mis dans un de ses recueils sans avoir sollicité son accord (23) : or on

---

(22) Cf. J. BAILBÉ, *La Couleur baroque de la langue et du style dans les premières œuvres de Saint-Amant*, Le Français moderne, 1960, p. 174.
(23) *Romanciers du XVIIᵉ siècle*, P., 1958, p. 1469.

ne trouve que onze pièces de Furetière avant 1688, date de sa mort, en ne tenant pas compte, comme il est normal, du *Recueil des pièces du sieur Furetière et de MM. de l'Académie.*

Le volume est divisé en deux parties, séparées par un faux-titre. La première, la plus étendue, après l'*Elégie* au duc de Retz, s'ouvre par la *Solitude,* dont la présence à cette place est absolument normale, puisqu'elle constitue le « coup d'essay » du poète. Elle est accompagnée du *Contemplateur,* qui offre avec elle bien des affinités : il n'est pas jusqu'à la forme strophique (dizains d'octosyllabes) qui ne les rapproche. Une méditation devant la nature forme l'essentiel de l'une et de l'autre, plus impersonnelle et, disons le mot, plus conventionnelle dans la première, plus morale dans la seconde. Viennent ensuite les trois « petits essais de Poëmes héroïques », qui occupent à eux seuls cinquante-neuf pages, presque le tiers du volume : c'est assez dire leur importance, soulignée par leur place dans l'ensemble. Deux poèmes pleins de fantaisie, les *Visions* et la *Nuict,* encadrent le charmant tableautin de la *Pluye.* C'est ensuite le groupe des poésies amoureuses, œuvres de commande où s'étale l'expression la plus banale des sentiments galants ; mais, par une malice qui nous invite à ne pas prendre au sérieux cette quintessence de préciosité, cet ensemble est coupé par la *Jouyssance,* tout au long de laquelle se trouvent décrites sans ambages les occupations qui n'ont rien de platonique. Enfin, avant les courtes pièces de la fin (vers de ballets, sonnets, épigrammes et épitaphe), un retour au duc de Retz, par le biais de sa maison de Princé qu'évoque le *Palais de la volupté.* On voit que l'architecture de cette première partie, qui renferme des pièces de genres très différents, n'a certainement pas été laissée au hasard.

Les pièces de la deuxième partie sont groupées sous le titre général de *Raillerie à part.* L'expression est évidemment détournée de son sens habituel : Furetière explique qu'elle s'emploie proverbialement pour dire : « Parlons sérieusement ». Saint-Amant le rappelait trente ans plus tard, lorsque, dans le *Dernier Recueil* de 1658 il fit précéder ses *Stances sur la grossesse de la reine de Pologne* d'un avis commençant ainsi :

C'est ycy veritablement le lieu où je dois dire RAILLERIE A-PART, avec bien plus de raison que je ne l'ay dit autresfois, dans le premier Volume de mes Œuvres. Mais la difference qu'il y a, c'est qu'en cestuy-ci, l'enjoüé va devant, et le serieux va derriere.   (II 92)

Nous sommes donc avertis : nous avons eu jusqu'à présent le sérieux — un sérieux souvent fort relatif ; il ne s'agit plus maintenant que de l'enjoué, c'est-à-dire de ce qui est destiné à réjouir le lecteur. Il apparaît plus difficile, ici, de dégager les raisons qui

ont poussé Saint-Amant à ranger ses pièces dans l'ordre qu'elles occupent. On peut toutefois remarquer qu'en tête se présente la *Desbauche*, hymne à la gloire du dieu Bacchus, qui règne presque sans partage d'un bout à l'autre de cette partie. Elle est suivie des pièces les plus longues : celles-ci ne sont nullement rangées par ordre chronologique, puisque la première, les *Cabarets*, date de 1626, alors que la *Gazette du Pont-Neuf* est de quelques mois antérieure, et qu'il faut très probablement faire remonter encore plus haut le *Fromage* et la *Berne*, de même que certaines parties au moins de la *Chambre du Desbauché*. Ce groupe de poèmes s'achève par la *Vigne*, le plus récent, mais aussi celui dont la dernière strophe est, de nouveau, une invocation à Bacchus et une solennelle promesse de l'honorer :

> Pere, aussi tant que je vivray,
> De tout mon cœur je te suivray,
> Je t'en fais icy la promesse ;
> Et jure par ces cervelas,
> Que pour mon baston de vieillesse
> Je ne veux rien qu'un eschalas.   (I 173)

Quelques pièces plus courtes, et de sujets variés, précèdent les sonnets et les épigrammes ou épitaphes (ces dernières fantaisistes) qui ferment le volume, comme d'autres fermaient déjà la première partie. En 1629, contrairement à ce que l'on constate dans l'édition Livet, tous les sonnets se suivent : c'est en 1642 que l'ordre a été fâcheusement modifié, et certainement par erreur, ainsi qu'en fait foi la pagination (24).

Telle qu'elle est, cette *Raillerie à part* présente une unité incontestable. Ce sont là toutes pièces de bonne humeur, dans lesquelles se donne libre cours la verve du poète, et qui lui permettent de mettre en évidence l'exubérante richesse de son vocabulaire. Il faut savoir cependant discerner, derrière chacune d'elles, son sourire malicieux, pour ne pas se laisser entraîner, comme on l'a fait pendant bien longtemps, à les prendre trop au sérieux. Le fauxtitre, où une expression courante est prise volontairement à contre-sens, n'est-il pas déjà le symbole d'un état d'esprit ?

Le recueil de 1629, le plus étendu de ceux que publia Saint-Amant, est aussi le plus riche, et le plus varié, attestant la souplesse de son talent. Il a pleinement atteint le but qu'il assignera à la poésie dans la préface du *Passage de Gibraltar*, et qui est de plaire ; à part peut-être quelques élégies trop conventionnelles, mais qui répondaient à un goût de ses contemporains, il n'est aucune de ces œuvres qui ne se lise avec agrément, même les poèmes comme l'*Andromède* et l'*Arion*, où l'on relève bien des traces

---

(24) Cf. *Bibliographie*, p. 96.

de mauvais goût. Jamais, lorsqu'on ouvre le volume, on n'éprouve une envie irrésistible de le refermer, ou de sauter une dizaine de pages, comme il arrive pour tant de ses contemporains. N'est-ce pas le plus bel éloge que l'on puisse lui adresser ?

Le succès fut certainement très vif. Aucun témoignage contemporain ne l'écrit noir sur blanc, mais il n'est nullement téméraire de l'affirmer, quand ce ne serait qu'à cause de l'influence considérable exercée, et des nombreuses réimpressions — plus de vingt entre 1632 et 1668. Dès 1629 même, parut un in-quarto qui n'est, presque certainement, qu'une contrefaçon (25), mais dont l'existence contribue à prouver l'audience qu'avait obtenue le volume.

(25) *Bibliographie*, n° 54.

CHAPITRE VIII

UNE PERIODE MAL CONNUE (1629-1632)

Les faits et gestes de Saint-Amant, après la publication de son recueil, posent encore de délicats problèmes, souvent impossibles actuellement à résoudre avec certitude. Rappelons d'abord, brièvement, les vues traditionnelles. Il revient à peine de Madrid, le 15 janvier, lorsque le roi part pour l'Italie, sollicite du duc de Retz des lettres pour le maréchal de Créquy (mais pourquoi Créquy, plutôt que Bassompierre, l'autre chef de l'armée ?), et rejoint à la hâte. Il entre dans la compagnie commandée par le comte d'Harcourt, qui se couvre de gloire au Pas de Suse le 6 mars, à la tête de ses volontaires (1). Il suit l'armée en Piémont, se transforme, de guerrier, en poète officiel, pour composer le *Gobbin*, revient en mai avec Richelieu, mais, peu soucieux de combattre les Huguenots, au lieu de le suivre dans les Cévennes, regagne la capitale, où les portes des hôtels et des ruelles s'ouvrent toutes grandes devant lui (2). Il y restera jusqu'en mars 1630.

Une mise au point préalable me paraît indispensable. On l'a souligné plus d'une fois, c'est faire un contre-sens que de ne voir en Saint-Amant qu'un pilier de cabaret, toujours entre deux vins. Mais on déforme autant sa physionomie en faisant de lui un poète-soldat, « le second des grands capitaines dans les belles batailles » (3). Aucun texte actuellement connu ne permet d'affirmer qu'il ait pris une part active à une opération guerrière. Dans le cas de l'île de Ré, où lui-même atteste avoir assisté au rembarquement des Anglais, j'ai cru pouvoir émettre quelques réserves : qu'il se soit trouvé au camp devant La Rochelle, c'est certain ; mais qu'il ait combattu, l'épée ou le mousquet à la main, je n'en jurerais pas. Certains indices laissent à penser qu'il se trouvait auprès du comte d'Harcourt lorsque celui-ci prit pied, en 1637, sur l'île de Sainte-Marguerite ; mais s'y conduisit-il autrement qu'en spectateur ? D'autres que lui se sont trouvés dans des circonstances analogues, sans qu'on ait tenté pour cela de les trans-

---

(1) En fait, d'Harcourt semble avoir participé à la campagne sans exercer aucun commandement. Les volontaires qui donnèrent l'assaut au Pas de Suse avaient à leur tête le duc de Longueville.
(2) DURAND-LAPIE, pp. 113-119.
(3) AUDIBERT et BOUVIER, p. 43.

former en belliqueux guerriers. Pourquoi lui réserver un traitement de faveur ?

Mais revenons à l'expédition de Piémont. Saint-Amant semble
avoir fourni à son sujet une précieuse indication. Publiant en 1658,
dans le *Dernier Recueil*, le *Gobbin*, mordante satire contre Charles-Emmanuel, duc de Savoie, il le fit précéder d'un *Petit Mot
d'avis par précaution*, débutant par ces lignes:

> La pièce suivante me fut expressément commandée de la part
> du feu Roy, par son Altesse feu Monseigneur le Prince, et par
> son Eminence feu Monseigneur le Cardinal Duc de Richelieu,
> au Voyage de S.M. en Piemont, un peu apres la fameuse action
> du Pas de Suse.   (II 83)

A prendre les choses au pied de la lettre, on comprend ceci :
accompagnant l'armée dans son expédition, Saint-Amant s'y vit
commander, entre le 6 mars (journée du Pas de Suse) et la fin
d'avril (Richelieu rejoignit Louis XIII devant Privas en mai), par
le prince de Condé et le Cardinal, une pièce de satire politique
dirigée contre le duc de Savoie. Par malheur, on se heurte d'emblée à une grave difficulté : M. le Prince n'était pas en Piémont
(4). Ecrivant trente ans après les événements, dira-t-on, Saint-
Amant s'est tout simplement trompé. Je crois plutôt que l'expression « au Voyage de S. M. en Piemont » n'était pour lui qu'une
simple façon de dater les choses ; s'il avait été présent, même
simple spectateur, au fait d'armes tant célébré du franchissement
du Pas de Suse, je crois qu'il aurait tenu à le faire savoir sans
ambiguïté. Supposons qu'il se soit alors trouvé à l'armée : non
seulement Condé n'aurait plus rien à faire dans l'histoire, mais
on voit mal quel nom Saint-Amant aurait mis à la place du sien
s'il n'avait pas fait erreur. Que notre homme, au contraire, ait été
en France, il reste possible que Condé ait servi d'intermédiaire ;
j'avoue ne pas en voir la raison — peut-être tout simplement parce
que nous ignorons tout des rapports du poète avec le père de ce
duc d'Enghien qu'il célébrera quelques années plus tard.

Richelieu avait-il au moins quelque motif de s'adresser à Saint-
Amant si celui-ci, ne se trouvant pas sur place, ne lui était pas
imposé par les circonstances ? Qu'il ait cherché une plume acérée
pour s'attaquer au « prince envenimé », comme il l'appelle (5),
« dont la malice et l'industrie surpassent celles de Lucifer » (6),
cela n'a rien d'étonnant : il n'a jamais négligé les moyens d'agir
sur l'opinion publique. Saint-Amant semble avoir cherché à se

---

(4) Duc d'AUMALE, *Histoire des princes de Condé*, III 218.
(5) RICHELIEU, *Mémoires*, éd. S.H.F., IX 136.
(6) *Ibid.*, p. 230.

faîre bien voir du ministre à cette époque. Dans le *Contemplateur,* il lui consacre quelques vers :

> Nous disons que le Cardinal
> Est à la France dans l'orage
> Ce qu'au navire est le fanal.   (I 37)

Peut-être, lors de la parution de ses *Œuvres,* lui en offre-t-il un exemplaire : il en existait en tout cas un, relié à ses armes (7) ; mais l'a-t-il jamais ouvert ? Boisrobert avait pu parler du poète à son maître, et d'Harcourt était là pour lui rafraîchir la mémoire, et prôner cet écrivain dont on faisait « grand cas en cour ». Ceux qui avaient eu le privilège de lire en manuscrit certaines pièces de la *Raillerie à part* étaient à même de certifier qu'il avait toutes les qualités requises. Le choix qui fut fait de lui s'explique donc, en fin de compte, assez naturellement.

Sur les raisons qui motivèrent la parution tardive du *Gobbin,* près de trente ans après qu'il eut été écrit, Saint-Amant s'est expliqué dans les termes suivants :

> Au reste, comme j'envoyois cette Piece en Cour, le Pacquet en fut perdu, et il ne s'en parla plus depuis.

On pourrait conclure de cette phrase à sa présence en Italie, puisqu'il était éloigné de la capitale. Mais il n'est pas exclu qu'il se soit trouvé ailleurs — à Rouen par exemple, où, nous le verrons bientôt, il avait sans doute des raisons de séjourner alors. Mais il n'est même pas certain qu'il ait dit vrai, et que le *Gobbin* ne soit pas simplement resté dans ses papiers. On n'ignore pas ce qu'il advint de l'ode que Mainard, un peu plus tard (sans doute en décembre 1629 ou janvier 1630) écrivit contre Charles-Emmanuel : on ne la trouve que dans de très rares exemplaires du *Recueil des plus beaux vers* de 1630 (8). Drouhet attribuait la disparition de cette ode, remplacée par des cartons, au poète en personne ; comme l'indique Lachèvre, c'est plutôt Richelieu qui la fit supprimer, parce qu'elle n'avait plus sa raison d'être : Charles-Emmanuel étant mort, le Cardinal cherchait à attirer son successeur dans l'alliance française. Le *Gobbin* n'a pu être envisagé que dans les derniers jours de mars, ce qui s'accorde bien avec l'affirmation de Saint-Amant, « un peu après la fameuse action du Pas de Suse ». A ce moment Louis XIII, devant les procédés fuyants de son partenaire, qui promettait tous les jours de venir lui rendre hommage, et ne s'exécutait pas, commençait à perdre patience. On lit dans les *Mémoires* de Richelieu :

---

(7) JAL, *Dictionnaire critique,* 2ᵉ éd., p. 1059.
(8) LACHÈVRE, I 66 et 414 (où l'ode est reproduite).

> Plus de quinze jours se passèrent en tels procédés ; ce qui ne piquoit pas peu l'esprit du Roi, et ne lui donnoit pas peu d'envie d'apprendre à ce duc, à ses dépens, que les grands rois ne doivent pas être traités de la sorte par les princes leurs inférieurs. Pour réduire ce prince à raison et l'humilier comme il le méritoit, le Cardinal proposa une entreprise qui fut jugée infaillible (*sans doute une entreprise sur Veillane*)... Ce dessein devoit être exécuté le lendemain, si le duc, le soir, n'eût satisfait le Roi en beaucoup de choses où auparavant il faisoit le difficile... (9)

Transposons dans un registre légèrement différent : le roi et son ministre cherchent tous les moyens d' « humilier » Charles-Emmanuel : une bonne satire, bien mordante, ne sera pas à dédaigner, et l'on en charge Saint-Amant. Mais, comme s'il sentait qu'il a vraiment dépassé la mesure, et risque gros, le duc de Savoie vient, apparemment, à résipiscence. Il suffit de lire le *Gobbin* pour comprendre que Richelieu ne pouvait dès lors en autoriser la publication. En comparaison, l'ode de Mainard est presque anodine. L'infortuné prince et son infirmité, annoncée dès le titre (10), y servent de cible du début à la fin, avec une verve extraordinaire, mais un cynisme qui laisse mal à l'aise le lecteur moderne. La pauvre bosse de Charles-Emmanuel est successivement comparée à une montagne, à un « tertre de chair et d'os », à une besace, à une hotte, à une voûte ; le duc lui-même est « le petit Rodomont », « un avorton d'Encelade », que n'ont nullement assagi ses mésaventures :

> Ce Monstre, fait en Limaçon,
> Dont l'audace n'eut point de bornes,
> D'une ridicule façon
> Veut encore montrer les cornes...   (II 85)

Impossible, on en conviendra, de laisser publier cela. Ce n'est que bien plus tard, lorsqu'il raclera le fond de ses tiroirs, que Saint-Amant s'y risquera — non sans précaution, le mot est de lui. Pour justifier cette apparition tardive, il met en avant l'excuse d'un courrier qui s'est perdu : excuse bien commode. Quelque chose d'analogue lui a déjà servi, dans sa préface, pour expliquer l'absence du *Samson* qu'il annonçait en 1629, et d'un ouvrage de jeunesse, le *Roman des fleurs,* ou la *Fleur des romans,* dont il assure

> qu'il est demeuré imparfait entre les mains d'une Personne à qui je l'avois prêté, et qui l'est allé lire en l'autre Monde, sans en avoir laissé aucune Copie.   (II 15)

---

(9) *Ed. cit.*, IX 180.
(10) « GOBIN. Se dit dans le stile burlesque d'un homme laid, bossu, mal bâti » (LE ROUX, *Dictionnaire comique*).

Il ne faut donc pas, dans cet *Avis* qui précède le *Gobbin*, chercher trop de précisions, et l'on ne saurait y découvrir la preuve que Saint-Amant eût franchi les Alpes en mars 1629. On ne la découvre pas davantage dans le sonnet *L'Hyver des Alpes*, rapporté généralement à l'épisode du Pas de Suse (11) ; tout ce qu'on peut en dire, c'est qu'il paraît fondé sur des souvenirs personnels, que Saint-Amant a donc très vraisemblablement franchi les Alpes en plein hiver, et ceci avant 1643, date de publication du volume dans lequel ce sonnet se trouve pour la première fois ; il serait d'autant plus téméraire d'aller plus loin qu'on ne peut affirmer, au vrai, que le sonnet n'a pas été écrit simplement après une excursion de quelques jours, au moment par exemple où la flotte de D'Harcourt croisait en Méditerranée, avant la reprise des îles de Lérins.

Il faut noter en passant que Durand-Lapie rapporte à la campagne suivante, celle de 1630, deux pièces qu'il aurait eu tout autant de raisons de joindre à l'*Hyver des Alpes*. Il s'agit d'abord d'un dizain, « Qu'un lasche et maudit flagorneur », dans lequel Saint-Amant prétend qu'une « couchée en Italie » est un châtiment pire que le gibet (I 315). Mais ce dizain se rattache plutôt aux strophes de la *Rome ridicule* consacrées à l'auberge dans laquelle était logé le poète en 1633, et qu'il appelle un « Enfer » ; je le pense composé alors. C'est ensuite le *Mauvais Logement* ; dans cette pièce, qui n'est pas sans rappeler elle aussi la *Rome ridicule*, seuls les deux derniers vers apportent une petite précision, laissant entendre que la scène est placée dans un camp par ces mots :

> Et la diane du tambour
> M'avertit que l'aube est levée.   (I 280)

Mais pourquoi parler nécessairement d'Italie, et non, par exemple, du siège de La Rochelle ? Et que peut-on tirer de ce « caprice », qui n'est qu'une fantaisie, où les oiseaux de nuit, les moustiques et les rats se mêlent aux farfadets, aux chimères et aux incubes ?

Cependant, quoique nous n'ayons pas trouvé la preuve que Saint-Amant fût à l'armée d'Italie, on pourrait soutenir que cela reste du domaine des possibilités, puisque la preuve du contraire n'est pas faite non plus ; qu'après tout l'*Avis* du *Gobbin* peut être interprété dans un sens ou dans l'autre, et que le poète, s'il s'est trompé quand il mentionnait M. le Prince, a dit ailleurs la stricte vérité. Contre cette manière de voir, il existe une objection, et qui me semble décisive.

---

(11) Durand-Lapie, p. 114 ; en dernier lieu, Gourier, p. 43.

L'épître de dédicace au duc de Retz, dans le recueil de 1629, s'achève par les lignes suivantes :

> Je m'en vay en un voyage, où j'auray loisir de mediter des choses que j'espere qui me rendront plus digne que je ne suis à present de l'amitié dont il vous plaist m'obliger ; Et bien que ce soit vers ces Pays où l'on va chercher les Tresors, j'ose me promettre que nos Vaisseaux n'en rapporteront rien de plus precieux, que ce que mes imaginations y auront produit, pourveu que vous m'en donniez le courage...   (I 5)

Une épître de dédicace, que je sache, ne s'écrit pas plusieurs mois avant l'impression du volume ; à lire ces phrases sans parti-pris, on conclut que le poète, revenu de Belle-Ile, envisage un voyage lointain qui ne tardera guère, et dont la perspective l'empêche assurément de prendre part à une campagne décidée seulement dans les derniers jours de décembre. Durand-Lapie, qui tenait au Pas de Suse, arrangeait les choses d'une manière fort cavalière, en avançant de plusieurs années l'expédition dont il s'agit : ce serait celle que Rasilly conduisit en 1616 au Sénégal. Il était alors amené à prétendre que l'épître au duc de Retz avait paru « en tête de la première impression, en plaquette, antérieure à 1626, de la Solitude ». Il est inutile d'insister sur l'invraisemblance de ces affirmations, qui se trouvent pourtant reproduites partout. Mieux vaudrait à la rigueur soutenir que Saint-Amant n'a pas réalisé son projet. Je crois néanmoins que ce serait de mauvaise méthode, puisque rien, actuellement, n'atteste sa présence en France à partir du printemps 1629. Aurait-il du reste laissé son épître telle quelle, dans les éditions postérieures de ses œuvres, s'il n'était pas parti ? J'en doute, malgré l'exemple de Scarron, qui ne fit jamais son fameux voyage en Amérique, et ne modifia pourtant pas l'épître de dédicace au duc de Roquelaure, en tête du septième livre du *Virgile travesty*, où il en était question : il ne semble pas en effet qu'il y ait jamais eu de seconde édition de ce septième livre (12), et de plus Scarron a continué longtemps à parler du voyage auquel il avait effectivement renoncé, pour des raisons qu'Henri Chardon a tenté d'élucider (13).

Les termes de l'épître sont malheureusement très vagues, et ne précisent pas quels sont « ces Pays où l'on va chercher les Tresors ». S'agit-il de l'Orient, de ces routes de l'Inde qui exerçaient sur les esprits une telle attirance ? Ou des terres d'Occident, Pérou et îles du Pérou, qui avaient vu jadis, si mes hypothèses sont exactes, le jeune Antoine Girard faire ses premiers voyages sur mer ? Un

---

(12) L'édition de 1659 in-12°, chez G. de Luyne, copie purement et simplement l'originale in-4° de 1651.
(13) *Scarron inconnu*, P., 1904, I 248.

détail, sans importance en apparence, nous met sur la voie. Saint-Amant emploie le pluriel « nos Vaisseaux » ; il s'agit donc d'une véritable expédition, et non du simple voyage d'un navire isolé parti commercer sur les côtes lointaines. Or on ne trouve aucune mention du départ vers l'océan Indien d'une telle expédition, tandis que deux escadres furent armées en 1629 à destination de l'Amérique.

La première ne dépassa pas les côtes d'Afrique; mais celles-ci n'étaient primitivement qu'une étape. Le chevalier Isaac de Rasilly, à la tête de sept vaisseaux, devait en effet, suivant les instructions qui furent dressées le 18 février, traverser l'Atlantique après avoir accompli une première mission au Maroc. Son départ était prévu pour le 10 mars au plus tard ; il mit à la voile, de Brouage, le 27 juin (14) ; entre temps, de nouvelles instructions, datées du 10 juin, limitèrent le voyage au Maroc. Arrivé en rade de Salé, il en repartit pour la France, chassé par le mauvais temps, le 5 novembre, sans avoir rien pu faire (15).

La deuxième escadre, composée de six vaisseaux de ligne et de quatre bâtiments légers, sous les ordres du sieur de Cahuzac, était uniquement destinée à secourir les colons de l'île de Saint-Christophe. En même temps qu'il envoyait ses instructions à Rasilly, Richelieu en rédigeait à l'intention de Cahuzac ; il était prévu que les deux escadres pourraient se rencontrer, auquel cas leurs chefs commanderaient à tour de rôle. Le 10 mars était également fixé comme date limite pour le départ ; c'est le 5 juin seulement que les vaisseaux quittèrent Le Havre (16). Ils arrivèrent à Saint-Christophe le 28 juillet ; par malheur l'apparition d'une importante flotte espagnole, en septembre, transforma les premiers succès en une catastrophe (17). Cahuzac revint en Europe à la fin de l'année, mais il avait renvoyé en France au moins deux navires avant septembre (18).

Je pense que Saint-Amant fait allusion, dans son épître, à l'une ou l'autre de ces deux expéditions. Il est probable qu'il s'est effectivement embarqué, quoique aucun des récits que j'ai consultés ne le nomme : cela n'est du reste nullement surprenant, puisque, en dehors des capitaines de navires, n'est mentionné qu'exceptionnellement tel ou tel personnage qui a joué un rôle épisodique.

Essayons de préciser, et de choisir entre les deux escadres. Les vraisemblances paraissent en faveur de la seconde, celle de Cahuzac. On peut en effet, sans trop forcer les termes, la qualifier de « normande ». Cahuzac appareille du Havre, tandis que

---

(14) B.N., *Cinq cents Colbert*, 203, f° 37.
(15) LA RONCIÈRE, IV 683-685.
(16) B.N. n. a. fr. 9323, f° 30 (copie faite par P. Margry d'un récit original de l'expédition. A. E., *Mémoires et documents*, Amérique 4, f° 93).
(17) LA RONCIÈRE, IV 654 sqq.
(18) Ms. 9323, f° 40.

Rasilly rassemble son escadre à Brouage. Les Antilles sont du reste alors comme une espèce de fief normand (19), et l'on parlait à Rouen, sans aucun doute, bien avant que Richelieu ne rédigeât ses instructions, des secours qu'il était indispensable d'envoyer aux colons de Saint-Christophe. Quant à chercher les raisons qui poussèrent Saint-Amant à désirer se joindre à l'expédition, c'est difficile : peut-être simplement l'humeur aventureuse, peut-être le désir d'avoir sa part des profits que l'on escomptait, peut-être quelque chose que nous ne soupçonnons pas. J'insiste d'ailleurs encore: nous sommes dans les hypothèses, et, puisqu'on ne saurait être absolument certain que ce voyage fut, pour lui, une réalité, à plus forte raison est-il impossible de connaître les motifs qui l'y ont engagé.

Je mettrais volontiers en rapport avec son départ, s'il s'est effectivement embarqué au Havre au début de juin, quelques vers de la *Vistule sollicitée*, publiés près de trente ans plus tard. J'ai déjà cité ce passage, où, s'adressant au fleuve polonais, il rappelle les dangers que lui ont fait courir les ondes de la Seine. Un des accidents dont il fut victime est raconté en ces termes :

> Si ma voix pathetique, au deffaut du pinceau,
> Offroit à ton oreille un homme en un Vaisseau
> Qui vint pendant la Nuit frayer de sa carene
> Le dos traistre et secret d'une invisible Arene ;
> Qui le timon rompu, les costez entr'ouvers
> D'avoir heurté le fond de battemens divers ;
> Qui sous l'aspre tempeste, et qui vente et qui flote,
> Se vit enfin contraint, malgré l'Art du Pilote,
> D'abandonner sa course aux effroyables pas
> D'un rapide Reflus que tu ne connois pas...   (II 21)

Ce « rapide reflus », c'est le mascaret, auquel Saint-Amant s'est trouvé exposé un jour où il se rendait de Rouen à l'estuaire de la Seine. Il n'est naturellement pas certain que ce soit en 1629. Mais on songe aux mésaventures que subirent vingt-trois ans plus tard, en mai 1652, les colons qui partaient pour la France équinoxiale; l'un des bateaux qui les portaient faillit se briser contre un rocher avant d'arriver au Havre, par la faute cette fois d'un pilote inexpérimenté (20).

Nous ne suivrons pas l'escadre de Cahuzac jusqu'aux Antilles: cela ne présenterait d'intérêt que si nous étions sûrs de la présence de notre héros à bord de l'un des vaisseaux. Il suffira d'indiquer que, dans ce cas, il fut de retour en France à la fin de l'année (21), et de remarquer que, s'il était parti avec Rasilly pour

(19) Cf. La Roncière, IV 649-667 *passim*.
(20) Cf. E. Magne, *Scarron et son milieu*, nlle éd., P., 1924, p. 198.
(21) Au plus tard au début de 1630, cf. La Roncière, IV 657.

les côtes du Maroc, c'est à la même époque qu'il en serait revenu (22).

Si 1629 reste, dans la vie de Saint-Amant, une année obscure, que dire de 1630 ? Nous ne possédons aucun renseignement sur ses activités cette année-là, peut-être simplement parce qu'elles n'ont rien eu que de très banal. C'est à peine s'il est légitime de supposer qu'au mois d'août il ne se trouvait pas à Rouen, car sa mère s'y fit représenter devant notaire par Salomon, le fils cadet (23); encore n'avons-nous là qu'un renseignement négatif, et valable pour quelques semaines tout au plus. On en est donc réduit à énumérer un certain nombre de possibilités, au risque d'oublier précisément la bonne.

Tout d'abord, s'il était parti par hasard en 1629 avec Rasilly, il peut avoir accompagné celui-ci sur les côtes du Maroc l'année suivante : Rasilly appareille à l'île de Ré le 12 juillet, et revient en France à la fin d'octobre (24). Cela me semble d'ailleurs fort peu probable.

Deuxième hypothèse, qui rejoint l'interprétation traditionnelle: l'Italie. Devant les menaces qui pesaient sur le duché de Mantoue, Richelieu se mit en route dans les derniers jours de 1629, franchit les Alpes, s'empara de Pignerol en mars. Son retour en France n'arrêta pas le cours des opérations : victoire de Veillane, remportée le 10 juillet, sac de Mantoue par les Impériaux le 18, siège de Casal et dramatique intervention de Mazarin entre les deux armées prêtes à en venir aux mains, en octobre : telles sont les péripéties de cette campagne, au terme de laquelle le souverain de Mantoue, Charles de Gonzague, duc de Nevers, rentra en possession de ses états (25). J'ignore si Saint-Amant était de la partie, ainsi qu'on l'a affirmé. Ce qui me paraît proprement insoutenable, c'est qu'il ait été personnellement appelé par le maréchal de Créquy, qui aurait jugé sa présence indispensable. A quel titre? Rappelons une fois encore qu'il n'est pas le poète-soldat qu'on nous présente complaisamment, qu'il n'a rien du chantre inspiré, du « chansonnier de l'armée d'Italie » (26). C'est commettre un vrai contre-sens que de faire de la *Crevaille* « un chant d'occupation et de victoire *qui* se scande sous les treilles italiennes » (27). Deux strophes sur quatorze, exactement (la douzième et la treizième), sont consacrées à la campagne qui s'ouvre contre le Savoyard et l'Espagnol. Quant au reste, c'est le type même de la chanson bachique, à laquelle rien ne manque : l'invitation à boire :

---

(22) *Ibid.*, p. 685.
(23) GIRANCOURT, p. 85.
(24) LA RONCIÈRE, IV 685-686.
(25) Pour tous ces événements, cf. HANOTAUX, tome III, livre III, chap. 2.
(26) GOURIER, p. 43.
(27) AUDIBERT et BOUVIER, p. 70.

> Qu'on m'apporte une Bouteille
> Qui d'une liqueur vermeille
> Soit tein'e jusqu'à l'orlet,   (I 237)

la fumée des pipes, l'ordre lancé au valet, « Lacquay, fringue bien
ce verre », évoquant davantage une salle ou de bons compagnons
se sont réunis pour une « débauche » que les treilles de la campagne piémontaise ; des chansons et des cris, un tumulte dont il faut
espérer que le tableau est poussé à la charge :

> Bacchus ayme le desordre ;
> Il se plaist à voir l'un mordre,
> L'autre braire, et grimasser,
> Et l'autre en fureur se tordre,
> Soubs la rage de danser.   (I 238)

Tout cela se passe devant un « Cochon », que l'imagination
transforme en marcassin, descendant direct du sanglier d'Eryman-
the, comme plus tard, dans l'*Epistre au baron de Melay,* un jambon deviendra « l'énorme fesse d'un grand sanglier ». La pièce se
termine, après les deux strophes « patriotiques » qui permettent
de la dater (février-mars 1630), par une explosion de joie, dans
laquelle perce la littérature, ce qui ne laisse pas d'être inquiétant
pour la sincérité des sentiments qui ont été exprimés :

> O que la desbauche est douce !
> Il faut qu'en faisant Carrousse,
> Ma Fluste en sonne le pris ;
> Et que sur Pegase en housse
> Je la monstre aux beaux Esprits.   (I 239)

N'est-ce pas insinuer que la débauche est, en partie, un prétexte, et une source d'inspiration ?
Une dernière remarque. On veut prendre au pied de la lettre
les belliqueuses déclarations lancées contre le duc de Savoie, et
l'on prétend que Saint-Amant, alors qu'il s'écrie :

> Ainsi pour comble de joye,
> Du faux Renard de Savoye
> Puissions-nous venir à bout ;
> Et mieux qu'on ne fist à Troye
> Dans Thurin saccager tout,   (*ibid.*)

se trouve au milieu des régiments qui, l'arme au pied, n'attendent
qu'un signe pour s'élancer sur les ennemis, et en découdre. On
oublie simplement qu'il s'agit d'une comparaison, que son rôle, à
lui, c'est de « choquer le marcassin ». Ne confondons pas les cou-
teaux de table et les épées !
Et pourquoi, après tout, n'affirmerait-on pas aussi bien qu'il
livre le fond de sa pensée dans le sonnet du *Paresseux,* contem-

porain de la *Crevaille,* lorsqu'il déclare, le plus sérieusement du
monde :

> Là sans me soucier des Guerres d'Italie,
> Du Comte Palatin, ny de sa Royauté,
> Je consacre un bel Hymne à cette oisiveté,
> Où mon Ame en langueur est comme ensevelie ?   (I 243)

Loin de moi l'intention de soutenir ce paradoxe, qui conduirait
à imaginer un Saint-Amant dont l'indolence s'accommodât du doux
farniente d'une existence sans histoire. Je veux simplement souligner une fois encore combien on doit être prudent : il ne faut
jamais oublier la part revenant à la littérature dans ses œuvres.

Sa présence en Italie demeure, en définitive, fort probléma-
tique. Peut-être que, des possibilités qui s'offrent, la troisième
est la bonne : n'aurait-il pas passé à Paris une bonne partie de
1630 ? Dans les années qui précèdent, il n'y a probablement fait
aucun séjour de longue durée. Il ne devait pas être fâché de
renouer vraiment contact avec ses amis et connaissances.

Je serais en tout cas disposé à croire que le *Poète crotté* fut
composé (ou tout au moins terminé) à la fin de l'année, et qu'il
atteste un séjour dans la capitale à cette époque ; c'est en effet
une œuvre bien « parisienne », qui n'a pu être écrite ailleurs. Elle
est malheureusement difficile à dater avec précision, d'autant plus
que certains passages ont pu être aisément introduits après coup.
La seule allusion positive est faite à un épisode de la violente polé-
mique soulevée autour de Balzac à partir de 1627. Lorsque le
héros du poème s'écrie :

> L'advanture du Paladin
> Me fait tressaillir de l'espaule,
> Je redoute en Diable la gaule...,   (I 224)

il rappelle très clairement la bastonnade infligée au malheureux
Javerzac, et le récit burlesque qui en fut fait sous le titre de *La
Défaite du Paladin Javersac par les amis, alliés et confédérés du
prince des Feuilles,* opuscule paru en 1628 (28). On peut cependant
tenir compte de l'indication donnée par les vers suivants :

> Allez au Cours, aux Tuilleries,
> Faites-y force drolleries,
> Mais il n'en est pas la saison,
> Ne bougez donc de la maison,   (I 223)

et conclure que le poème, sous sa forme définitive, fut écrit durant
la mauvaise saison, pendant un des hivers 1629-1630 ou 1630-1631.

---

(28) ADAM, I 251.

Saint-Amant assure qu'il a pour but de distraire le duc de
Retz, alors malade, et qu'il sera le meilleur remède à ses maux.
Il ajoute que lui-même est fort mal en point : une jambe « où le
feu Sainct-Antoine flambe » (29), un « pauvre bras démis ». Préciser davantage est impossible. Livet écrivait, en note, qu'il « parle
ici d'une plaie à la jambe qu'il avait rapportée d'Angleterre », ce
qui est certainement faux, car le voyage qu'il fit en Angleterre est
postérieur à la publication du poème.

Celui-ci est plein d'intérêt par les renseignements qu'il apporte,
non pas sur la biographie de Saint-Amant, mais sur ses idées, ses
antipathies, les milieux qu'il a observés, et spécialement les milieux
littéraires. On sait assez qu'il y prenait comme tête de Turc le
pauvre Maillet, cible favorite des écrivains du temps lorsqu'ils
désiraient peindre un poète ridicule. D'Audiguier rompit des lan-
ces contre lui, puis il fut en butte aux attaques de Théophile, de
Sorel, de Mainard, du comte de Cramail ; citons encore, plus tard,
l'abbé Cotin, Furetière, le chevalier de Cailly et l'obscur Gomès.
Nulle part cependant, si l'on excepte les pages dans lesquelles
Sorel dessine le burlesque portrait de son Musidore, l'attaque
n'avait été aussi développée, ni aussi virulente. Pourtant Maillet
n'était plus de ce monde, étant mort en 1628 : son trépas n'empêcha nullement ses peu charitables confrères de se conformer à la
tradition.

Après un rappel plaisant de la mort de son ami Bilot, et les
quelques vers qu'il adresse au duc de Retz, Saint-Amant commence
par une grotesque présentation du personnage, et des raisons qui
l'ont conduit à prendre congé de la capitale. Puis il introduit une
longue description du « ridicule équipage » de son héros, autrement dit de la façon dont il est habillé. On a souligné récemment
ce que doit ce passage à un *capitolo* de Caporali, *Il Pedante* (30) ;
dans le détail, c'est plutôt à des sources françaises qu'il faut songer, à l'*Anatomie du manteau de cour* de Sigogne en particulier (31).

Ce portrait purement satirique est loin de constituer la partie la plus intéressante du *Poète crotté*. Les vers qui suivent (près
de trois cents) sont faits d'un certain nombre de développements,
parfois sans grand lien entre eux, dont plusieurs méritent quelques
commentaires. Ils sont mis dans la bouche d'un poète ridicule, et
Saint-Amant ne prend donc pas à son compte, en principe, ce qu'il
écrit. Mais plus d'une fois on peut être sûr que, sous un voile transparent, il nous a livré le fond de sa pensée. Certains passages ne

(29) « Sorte de mal fâcheux », écrit RICHELET, « très dangereux », précise
FURETIÈRE. On verra plus loin qu'il pourrait s'agir d'une ostéomyélite.
(30) R.A. MAZZARA, *Saint-Amant and the italian Bernesque Poets*, French
Review, XXII, janvier 1959, pp. 236-238.
(31) *Les Œuvres satyriques du sieur de Sigogne*, éd. Fleuret et Perceau, P., 1920,
pp. 1-7.

sont curieux que pour l'histoire des mœurs, par la peinture qu'ils
ébauchent du Paris de 1630 : le Pont-Neuf, avec la statue de
Henri IV, la place Dauphine, les chanteurs de rues, les dames et
demoiselles, celles de la bourgeoisie,

> Autant les laides que les belles,
> Si par fard on peut meriter
> Ce nom de Belle, et le porter,   (I 222)

ou les « Maquerelles et Garces », à qui le poète, prophétiquement,
annonce un embarquement prochain pour le Canada, où les suivront leurs « protecteurs ». Mais d'autres nous éclairent sur les
idées mêmes de Saint-Amant. Un long développement s'attaque à
l'ignorance des courtisans, et Maillet se montre bien clairvoyant, en
avouant :

> Je me souviens qu'au temps passé
> Des plus Grands j'estois caressé :
> Ils me tenoient pour habile homme,
> Peu s'en faut que je ne les nomme,
> Pour montrer qu'ils ne savent rien.   (I 219)

Regrets d'un temps qui n'est plus, un temps où les mauvais
poètes eux-mêmes obtenaient du succès auprès des courtisans, où
ceux-ci (on le lit un peu plus loin) ne juraient que par les *Mar-
guerites françoises,* par Nervèze et des Escuteaux (32). Mais le présent ne vaut guère mieux ; alors que nous nous attendons à voir
déplorer, par Maillet s'entend, que les progrès de leur goût aient
relégué ses élucubrations au magasin des antiquités, c'est un autre
son de cloche qui se fait entendre — et Saint-Amant parle pour son
propre compte maintenant :

> Quand on vous montre ou vers, ou prose,
> Feignans d'y savoir quelque chose
> Vous sousriez, et faites hon,
> Mais à contre-temps, c'est le bon.   (*ibid.*)

Ignorance pitoyable de ces hommes qui réclament «une Satyre»
à la louange de leur maîtresse, quand il ne s'agit pas de « quelque
beau quatrain de six vers », qui sont toujours prêts à applaudir
n'importe quoi, pourvu qu'on l'ait attribué à un écrivain connu,
et ne se complaisent qu'aux équivoques au « sens malautru » :
voilà ce qui indigne le poète, et à juste titre.

Un peu plus loin, il s'élève contre les querelles littéraires dont
certains contemporains irascibles lui offrent le spectacle, et s'en
prend à ces « Gladiateurs du bien-dire » qui se font une guerre

---

(32) Sur la vogue de ces auteurs, cf. ADAM, I 105.

acharnée pour le « Sceptre Eloquential ». Aucun doute n'est permis, Balzac est visé ici, par l'allusion transparente à Javerzac. Dans cette tirade encore on distingue un curieux mélange d'opinions que Saint-Amant prend à son compte, et de remarques plus ou moins grotesques qu'il place dans la bouche de Maillet, telle celle-ci :

> Parbieu cela n'est pas mauvais,
> Ou soit en vers, ou soit en prose,
> Que vous disputiez d'une chose
> Qui sans doutance m'appartient.   (I 224)

Le passage suivant s'en prend aux salons, qui sont appelés « vrais Theatres comiques », et « Belles maisons académiques ». Il est curieux de voir comment Saint-Amant, à une époque où on le présente comme un habitué de tous les salons parisiens, les juge ici. Le tableau n'est pas flatteur ; il rappelle, *mutatis mutandis,* celui que crayonnait Sorel d'une assemblée de poètes chez le libraire (33). Je crois qu'en écrivant ces vers il avait dans l'esprit un salon particulier, celui de la vicomtesse d'Auchy. Certes, la dame qui s'ensevelit loin du jour pendant que ses hôtes sont assis à leur aise dans la ruelle du lit pourrait faire penser à la marquise de Rambouillet (je ne suis pas sûr qu'il n'y ait pas une intention malicieuse à son égard); mais tout le reste convient à la maîtresse de Malherbe, y compris l'âge, « neuf fois sept ans », Madame d'Auchy étant née vers 1570. Chacun sait qu'elle n'était pas belle, et l'on pouvait dire d'elle

> Que son muffle est une monnoye
> Qui n'est plus de mise en ce temps.

Elle est entourée, entre autres,

> De complaisans Applaudisseurs
> Et de raffinez Polisseurs.

Comment ne pas songer, comme type de ces derniers, à Malherbe lui-même, surtout que Saint-Amant revient à la charge, comme s'il désirait qu'il fût bien reconnu :

> Là l'un lit, là l'autre censure,
> Donnant à tout double tonsure ?   (I 225)

Je n'oublie pas que Malherbe était mort en 1628, la même année que Maillet ; ni que, dans les « contre-vérités » qui terminent le *Melon,* on lit :

---

(33) *Romanciers du XVIIe siècle,* éd. Adam, pp. 229 sqq.

Maillet fera des vers aussi bien que Malherbe.   (I 208)

Mais ce n'est pas ce dernier qui est directement mis en cause ici.

Assurément, il ne s'agirait là que d'un seul salon, dont d'autres se sont moqués ; mais l'ensemble du morceau donne l'impression que Saint-Amant n'éprouvait pas alors grand attrait pour les compagnies de ce genre.

Il appréciait davantage le théâtre, le « bel Hostel de Bourgogne », malgré le tableau peu engageant qu'il esquisse de son parterre,

> Dont les horions sont les Fleurs,
> Les divers habits les couleurs,
> Les fueilles, les Badauts qui tremblent,
> Et où tous ses suppots s'assemblent,
> Yvres de Biere et de Petun,
> Pour faire un Sabat importun.   (I 227)

Il y admirait le fameux trio, « Gaultier, Guillaume et Turlupin », alors dans toute sa gloire, dont les plaisanteries, pour lourdes qu'elles fussent, ne lui déplaisaient sans doute pas.

Si l'on ajoute un couplet sur la justice, l'avidité de ses «régents», et la sottise de ceux qui n'ont pas compris « que cil qui plaide est moult peu fin » (I 218), on reconnaîtra que, sous couleur de faire parler un « poète crotté », il livre à son lecteur un certain nombre de remarques de bon sens, et des idées qu'il ne songeait certainement pas à renier.

La troisième partie est le digne pendant de la première. On y retombe en effet dans la pure satire, qui s'attaque maintenant, plus qu'à Maillet, à sa « gente Perrette », c'est-à-dire à Mlle de Gournay. L'identité du modèle ne fait aucun doute, même si plusieurs détails ne s'appliquent nullement à la fille d'alliance de Montaigne. Elle est suffisamment attestée par les contemporains. Au témoignage de Tallemant (34) il est aisé de joindre celui de Chapelain, écrivant à Godeau :

> Nous manquasmes heureusement la Damoiselle de Montagne en la visite que M. Conrart et moy luy fismes il y a huit jours. Je prie Dieu que nous les facions tousjours de mesme chés elle et que, sans nous porter aux insolences de Saint-Amand, nous en soyons aussi bien délivrés que luy (35).

Citons encore celui, moins connu, d'Antoine Gaillard :

> Mais ce n'est pas assez ; la sçavante Gourné
> De tous mes jugemens a tousjours ordonné.

---

(34) Tallemant, I 380.
(35) Chapelain, I 8 (28 nov. 1632).

Il luy faut deferer, c'est une vieille Muse.
S. Amand a grand tort, quand il l'appelle buse (36).

Il est intéressant de noter comme le vocabulaire de cette partie est beaucoup plus archaïque que partout ailleurs : il est probable qu'on retrouverait chez Mlle de Gournay nombre des mots qui y sont mis dans la bouche de Maillet. Tallemant raconte que, Boisrobert ayant mené la demoiselle chez Richelieu, ce dernier « luy fit un compliment tout de vieux mots qu'il avoit pris dans son *Ombre* » (37). La scène a dû avoir lieu en 1634 (38) ; Richelieu avait-il par hasard lu le *Poète crotté* ?

Il est fort possible que l'idée d'associer dans un « commun martyre » ses deux victimes soit venue à Saint-Amant d'un passage des *Jeux de l'Inconnu,* du comte de Cramail, parus en 1630, dans lesquels il pouvait lire :

> Les bottes du sieur Maillet feront un excellent ménage avec les patins de Madamoiselle de Gournay, à la charge que ledit Sieur fournira un doüaire de dix mille vers, et la Dame le seul chapitre des diminutifs (39).

Mais pourquoi s'est-il ainsi acharné contre la demoiselle ? Certaines des idées qu'elle défendait auraient pourtant dû trouver chez lui quelque écho : ne lutte-t-elle pas contre l'appauvrissement du vocabulaire, soutenant que la richesse en fait le plus grand mérite (40) ? Il est vrai qu'elle le fait sans aucune mesure, et souvent, comme l'écrit Brunot, « elle a moins l'air de défendre la liberté en elle-même que de tenter l'apologie du passé, en se couvrant de la liberté ». Cela, Saint-Amant ne pouvait l'accepter, lui qui approuvait toute une part de la réforme malherbienne. Il est, sur plus d'un point, un novateur, et l'on comprend qu'une attardée comme Mlle de Gournay se soit attiré ses sarcasmes. Faut-il ajouter une raison plus personnelle ? N'aurait-il pas trouvé là un moyen, brutal, de couper court à toutes relations avec une personne qui l'ennuyait ? C'est presque ce que semble suggérer la lettre de Chapelain citée plus haut.

Il avait cependant dépassé les bornes, et certains durent le lui faire sentir. En tout cas, deux ans plus tard, lorsque parut une seconde édition, le *Poète crotté* se trouvait amputé d'une trentaine de vers (41). Il n'est plus question de poétesse, ni de traduction de Virgile ; pas davantage de la défense des mots vieillis ou des diminutifs ; dans la chanson que Maillet adresse à sa belle,

---

(36) *Œuvres du sieur Gaillard,* P., 1634, p. 39.
(37) TALLEMANT, *loc. cit.*
(38) *Id.,* I 1048 (note de M. Adam).
(39) *Les Jeux de l'Inconnu,* P., 1630, p. 345.
(40) F. BRUNOT, *Histoire de la langue française,* III 11.
(41) Cf. *Bibliographie,* p. 88.

une strophe a disparu, celle qui faisait allusion à la « doctrine » (c'est-à-dire au savoir) de Perrette. Il est clair qu'il y eut intention délibérée de rendre le portrait moins transparent. Il est regrettable seulement que le poète n'ait pas adouci, ou supprimé les grossières accumulations dans lesquelles il se montre le trop digne émule de Sigogne, quand celui-ci s'acharne sur ses horribles vieilles : nous n'en serions que plus à l'aise pour goûter ce petit chef-d'œuvre qu'est la chanson finale, parfaite réussite d'un délicat pastiche.

On peut supposer que, Mlle de Gournay comptant au nombre de ses amis un certain nombre de ceux que fréquentait et qu'appréciait Saint-Amant, il aura cédé aux instances de l'un ou de l'autre, peut-être de Marolles, qui aura su le convaincre du peu d'élégance de son procédé, et lui montrer qu'il avait tout avantage à se montrer plus charitable. On peut se demander aussi s'il n'y aurait pas eu, par hasard, intervention de Richelieu, favorable à Mlle de Gournay. Car les vers qui disparaissent en 1633 reviennent en 1642, c'est-à-dire quand le Cardinal est à bout de souffle, peut-être même (le volume ne comporte pas d'*Achevé d'imprimer*) après sa mort. La disparition de Richelieu ne serait-elle pas une des raisons qui expliquent ce bizarre changement d'attitude, trois ans avant la mort de la demoiselle (42) ?

Au printemps 1631, Saint-Amant s'occupa de mettre au point le second volume de ses œuvres, qui parut en un mince in-quarto de soixante-huit pages, sous le titre *La Suitte des Œuvres du sieur de Saint-Amant,* avec un *Achevé d'imprimer* daté du 26 août (43). Le succès de son premier recueil l'encourageait à revenir à la charge, et l'éditeur, François Pomeray, ne manqua sans doute pas de l'y pousser.

Le volume est précédé d'une courte épître de dédicace à M. de Liancourt. Roger du Plessis, marquis de Liancourt (il sera duc de la Rocheguyon en 1643), était alors âgé de trente-deux ans. Saint-Amant le connaissait certainement depuis plusieurs années : Liancourt fut un des protecteurs de Théophile, il joua un rôle important lors du procès, et c'est chez lui que fut hébergé le poète à sa sortie de prison (44). Il avait du goût pour les lettres, cherchait à s'entourer d'écrivains ; Alexandre Hardy lui avait dédié le troisième volume de son *Théâtre,* en 1626 ; Corneille, en 1633, lui offrira *Mélite,* Rotrou, en 1637, les *Sosies.* Il menait encore une vie dissipée, qui ne devait prendre fin que six ou sept ans plus tard. Nous le retrouverons, devenu dévot.

Les termes de l'épître sont très vagues. Saint-Amant affirme que Liancourt a goûté ses poésies avant leur impression, et se glo-

---

(42) On trouvera une autre possibilité signalée plus bas, p. 268.
(43) *Bibliographie*, n° 55.
(44) ADAM, *Théophile,* pp. 394 et 405.

rifie d'avoir « quelque part en *son* estime ». Sans assurer qu'il
était dès lors un des familiers de l'hôtel de Liancourt, ainsi qu'il
le deviendra, on peut admettre qu'il en avait franchi le seuil. Le
fait est intéressant, car c'est le premier indice que nous ayons de
contacts probables avec Pierre Corneille, qui remercie le marquis,
en tête de *Mélite*, de l'accueil qu'il a réservé à un jeune provincial inconnu. Il est possible que Saint-Amant ait déjà rencontré, à
Rouen, son cadet ; mais les deux hommes y évoluent dans des
milieux bien différents, et je pencherais plutôt pour qu'ils se fussent connus dans les milieux littéraires, ou qui touchent à la littérature, de la capitale.

L'épître se termine par une phrase très embarrassée, incom-
plètement reproduite dans l'édition Livet :

> Le comble de mon ambition seroit d'en trouver une en l'honneur
> de vos bonnes graces, et de vous pouvoir donner de plus solides
> preuves que celles-cy de l'extrème passion que j'ay à vous hono-
> rer...

Malgré ces belles paroles, jamais plus le nom de Liancourt ne
paraîtra dans les œuvres de Saint-Amant.

On a prétendu que le *Soleil levant,* qui suit immédiatement
cette épître, avait été composé au château de Liancourt ; hypothèse toute gratuite, que rien ne justifie. Le *Soleil levant* est une
œuvre purement littéraire, dans laquelle le poète semble avoir
voulu refaire à sa manière le *Matin* de Théophile, avec lequel on
remarque quelques ressemblances, peut-être fortuites, mais surtout
bien des différences ; la plus importante tient à la place qu'occupent les animaux, remplaçant les humains que Théophile montrait
en train de reprendre leurs activités. L'œuvre est inégale, très conventionnelle par endroits. On y retrouve trop souvent cette affectation, cette recherche des concetti qui caractérisait quelques-unes
des œuvres antérieures. Telle cette strophe, consacrée à la description des ombres :

> Bref, la Nuict devant ses efforts
> En ombres separée
> Se cache derriere les corps
> De peur d'estre esclairée,
> Et diminuë, ou va croissant
> Selon qu'il monte, ou qu'il descent.   (I 195)

Il est regrettable aussi que la mythologie ne tienne pas un peu
moins de place. Mais la peinture de la nature saluant tout entière
le lever du soleil abonde en traits délicats. Quant au thème amoureux que faisait prévoir la première strophe, il passe à l'arrière-
plan, et seuls le rappellent, bien vaguement, les derniers vers.

Le recueil de 1631 n'apporte que fort peu de renseignements sur l'entourage de Saint-Amant au moment de sa publication ; rien de comparable à ce qu'offraient la *Vigne* ou la *Chanson à boire*. En dehors de celui du marquis de Liancourt, un seul nom nouveau apparaît, celui de Baudoin. Ce n'était du reste certainement pas une connaissance toute récente. Baudoin était ami de Brun, il avait collaboré en 1620 aux *Muses en deuil ;* de Boissat, qui le consultait sur des questions de langue française (45) ; de Faret aussi, et je le soupçonne même d'avoir fait partie de la célèbre Confrérie des monosyllabes. Faret mentionne en effet, dans une lettre à Brun (46), un personnage qu'il nomme « l'aymable Bon, c'est-à-dire le cher Tribon », et un peu plus bas « le Bon » ; il l'associe à Boissat et à lui-même en un trio d'amis particulièrement chers à son correspondant, et qui semblent être tous trois de l'Académie (nous sommes en 1635). Ne s'agit-il pas de Baudoin, qui est appelé « le bon Baudoin » dans une lettre de Chapelain (47) et dans la *Requête des dictionnaires* de Ménage ? Tallemant ne cite que trois membres de la Confrérie, mais laisse bien entendre qu'il y en avait d'autres.

Ce n'est pas sans malice que Saint-Amant s'adresse à lui dans le sonnet *Le Paresseux* ; Baudoin fut un écrivain « très laborieux », écrit de lui l'abbé Goujet, un des plus féconds du XVIIᵉ siècle, même si le catalogue de ses ouvrages comprend en grande partie des traductions. Saint-Amant et lui avaient plus d'un point de contact : Baudoin avait voyagé dans sa jeunesse, il connaissait fort bien l'italien et l'espagnol. Leurs relations furent probablement plus suivies que ne le laisse supposer l'unique mention que nous avons de lui, même avant qu'ils n'entrent, ensemble, à l'Académie.

Ne quittons pas le petit volume de 1631 sans souligner son intérêt. Il contient quelques-uns des chefs-d'œuvre de Saint-Amant, tels les deux sonnets de la fin, le *Paresseux* et les *Goinfres*, qui enchantaient Théophile Gautier et Huysmans, tel le *Melon,* que l'on a pu étudier comme un modèle de baroque familier, parsemé d'humour (48), et dont un épisode, le banquet des dieux, doit être considéré comme un des premiers exemples du pur burlesque (49). « *Orphée aux enfers* et *la Belle Hélène* ont là leur source, au style près, qui dans Saint-Amant est de premier ordre » (50) : s'il faut en croire Emile Henriot, la postérité du *Melon* aurait ainsi franchi le cours des siècles... Le *Soleil levant,* le *Poète crotté,* les deux pièces bachiques, la *Crevaille* et l'*Orgye,* sans atteindre

---

(45) CHORIER, *op. cit.,* p. 32.
(46) J. GAUTHIER, *art. cit.,* p. 249.
(47) CHAPELAIN, I 53 (à Boisrobert, 26 oct. 1633).
(48) I. BUFFUM, *op. cit.,* pp. 136-140.
(49) Cf. GOURIER, pp. 136-137.
(50) E. HENRIOT, *De Turold à André Chénier,* Lyon, 1944, p. 111.

au même niveau (bien que les deux dernières soient une vraie réussite en leur genre), ne laissent pas indifférent. Et même la pièce la plus conventionelle de l'ensemble, le *Tombeau de Marmousette,* n'est pas dépourvue d'un certain charme. Saint-Amant s'y est sans doute souvenu des épitaphes que les poètes de la Pléiade avaient consacrées à des animaux familiers : mais les différences sont considérables, il a su renouveler le thème, en insistant moins sur le portrait de l'animal, en supprimant complètement la description de ses ébats et de ses jeux (qui tenait chez du Bellay une place si importante), en développant au contraire d'autres aspects: l'invitation adressée aux frères de race de Marmousette à venir la pleurer, l'évocation du chien des Enfers, de Cerbère, qui leur tiendra compagnie en ouvrant sa triple gueule, de la « noble et divine Catin » qui pleure la pauvre victime qu'elle a envoyée au trépas d'un coup de maillet. Son nom prouve qu'il ne faut pas prendre la pièce trop au sérieux ; qu'en pensaient les belles dames de l'hôtel de Rambouillet, et peut-on vraiment soutenir que la pièce a été écrite pour l'une d'elles (51) ?

C'est après la publication de son volume que Saint-Amant partit pour l'Angleterre. Nous ne connaissons guère de ce voyage qu'une date, 1631, que le poète a mise en marge de son *Ode à leurs serenissimes Majestez de la Grand'Bretagne,* parue en 1643. Quand peut-on placer exactement le séjour qu'il fit dans ce pays ? Combien de temps dura-t-il ? Quelle en fut l'occasion ? Autant de questions auxquelles il est difficile, sinon impossible, de répondre.

On ne sera pas étonné que Durand-Lapie ne soit pas resté court, et qu'il ait apporté toutes les précisions imaginables. Une fois de plus, notre héros aurait joué un rôle important, bien que demeurant cette fois dans la coulisse. Voici l'affaire. Nous sommes en février 1631 ; depuis quelques jours Bassompierre est menacé, les avis ne lui ont pas manqué, mais il n'a pas voulu les écouter. Sur ces entrefaites, le 22 au soir, Boisrobert avertit secrètement Saint-Amant que l'ordre est donné d'arrêter le lendemain le maréchal ; Saint-Amant, reconnaissant à celui-ci dont les largesses ont plus d'une fois rempli sa bourse, court le prévenir ; « l'hôtel était gardé, la fuite impossible » ; aidé de notre poète et de Malleville son secrétaire, Bassompierre passe la nuit à brûler ses lettres d'amour, et le lendemain il est arrêté à Senlis où il est allé trouver le roi, et mené à la Bastille (52). Tout cela fourmille déjà d'inexactitudes, qu'une lecture, même superficielle, des *Mémoires*

---

(51) Cf. Durand-Lapie, p. 139, et Gourier, p. 25.
(52) Durand-Lapie, p. 147. On ne trouve pas un mot du rôle qu'auraient joué Saint-Amant et Malleville dans les études si bien documentées de P.-M. Bondois, *Le Maréchal de Bassompierre,* P., 1925, et M. Cauchie, *Documents pour servir à l'histoire littéraire du XVIIe siècle,* P., 1924, pp. 53-76 (*L'Académicien Claude Malleville*).

du maréchal suffisait à éviter : c'est par exemple le 24 février au matin que Bassompierre brûle ses lettres ; la veille au soir, il a été à la comédie et au bal avant de souper chez Mme de Choisy.

Mais nous ne sommes pas au bout. Bassompierre est à la Bastille. Il a l'idée de s'adresser aux souverains d'Angleterre, auprès desquels il fut en ambassade en 1626, et de leur demander d'intervenir en sa faveur. Qui mieux que Saint-Amant, lequel « s'exprimait en anglais aussi facilement que dans sa langue maternelle », pouvait réussir dans cette mission délicate ? Le poète, toujours prêt à témoigner sa reconnaissance à ses protecteurs, s'embarque au printemps, pour revenir au mois de juin, comblé de bonnes paroles et de promesses : par malheur l'intervention des souverains n'aura aucun succès. Voilà donc Saint-Amant ambassadeur clandestin, reçu avec honneur à la cour d'Angleterre, plaidant avec éloquence et persuasion la cause du pauvre prisonnier; tant pis si, au retour, il s'aperçoit qu'il s'est compromis aux yeux de Richelieu : « Nargue du Cardinal ! Il a la fierté de s'être bien conduit » (53).

Que penser de ces affirmations, souvent reprises ? Simplement ceci, qu'elles ne reposent absolument sur rien, et se heurtent à bien des objections. On ne voit d'abord nulle part mentionner une intervention des souverains anglais ; du reste, pendant les premiers temps de sa captivité, Bassompierre pensait qu'elle serait de courte durée, et le roi lui-même le lui faisait espérer (54) : il n'avait donc aucune raison d'aller chercher du secours outre-Manche. Supposons pourtant qu'il l'ait fait : aurait-il choisi Saint-Amant? La question de la langue ne pouvait jouer aucun rôle, c'est certain. Malleville, son secrétaire, qui lui fut tout dévoué durant sa captivité, et qui l'avait accompagné à Londres en 1626, n'était-il pas plus désigné ?

Rien d'ailleurs dans le texte de l'ode ne permet de penser que Saint-Amant ait vu de ses yeux le couple royal, à plus forte raison qu'il ait été reçu en audience. Quoi de plus conventionnel, de plus contraire à la réalité aussi, que le portrait tracé d'Henriette, laquelle était « maigre, chétive d'apparence, peu jolie » (55) ? Les nymphes de la Tamise s'étendent sur ses attraits, et le poète s'extasie :

> De quel air estoit là dépeint
> Le vif esclat de vostre teint,
> Princesse d'immortelle race ?
> Que n'y disoit-on point de vos yeux nompareils,
> Et de voir comme en vostre face
> La neige se conserve auprez de deux soleils ?   (I 259)

(53) AUDIBERT et BOUVIER, p. 48.
(54) BONDOIS, op. cit., p. 401.
(55) L. BATIFFOL, La Duchesse de Chevreuse, P., 1913, p. 69.

Lorsqu'il évoque les souverains, il n'est pas dans une résidence royale, à White-Hall, ou au parc de Saint-James, mais sous un arbre, à Hotland, c'est-à-dire Holland-House, résidence du comte de ce nom, un des négociateurs du mariage ; il avait séjourné plus d'un an à Paris à cette occasion, et nous pouvons imaginer que Saint-Amant l'y avait connu. Et nous ne sommes pas au printemps. Le poète raconte qu'il est sorti un soir, à la nuit tombée, pour rêver, quand il voit apparaître des jeunes filles qui dansent, et qu'il reconnaît aussitôt pour les Nymphes du fleuve voisin, venues chanter « les sainctes amours » de Charles et d'Henriette. C'est l'heure où brillent les vers luisants (I 258), où les cigales et les grillons sont sortis (I 261) ; les étoiles filantes traversent le ciel (I 260). Devant ces détails si précis, il n'est pas possible de situer la scène ailleurs qu'à la belle saison, plus précisément les mois d'août et septembre.

En saurons-nous jamais davantage ? S'agissait-il d'un voyage d'agrément, ou bien était-il chargé de quelque mission ? Etait-il seul ? Accompagnait-il un grand personnage ? Je crains que le mystère ne reste entier, à moins que les archives d'outre-Manche ne dévoilent un jour le secret que n'ont pas livré les documents français consultés.

De son passage en Angleterre, Saint-Amant n'a rapporté que son ode. Il ne s'y plaint pas de son séjour dans un pays qui semble revenu aux siècles fabuleux de l'âge d'or, et, protégé par son splendide isolement,

> voit toute l'Europe en guerre
> Cependant qu'il joüit d'une eternelle paix.   (I 256)

L'esprit rempli de souvenirs romanesques, il débarque sur la terre des légendes, celle du roi Arthur et de Merlin l'enchanteur. Il admire les grasses prairies de ce pays bienheureux. Il est séduit, comme beaucoup d'autres voyageurs. Il est fâcheux qu'il ne s'attarde pas sur ce sujet, et que dès la cinquième strophe (l'ode en comporte trente) le couple royal fasse son apparition, accompagné de ses « perfections admirables ». La suite des événements devait montrer avec quelles imprudence le poète, qui eût été mieux inspiré de ne rien dire, s'écriait :

> Vueille l'Esprit fatal qui regit les Humains,
> D'un Sceptre sous qui l'Enfer tremble,
> Laisser cent Ans le vostre en vos royales mains.   (I 261)

Douze ans plus tard, il fera en Angleterre un second séjour. Autant, en 1631, il est lyrique et enthousiaste, autant il se montrera acerbe et satirique. La situation politique y sera pour beaucoup. Regrettons qu'il ne nous ait pas laissé un tableau plus précis de ce

pays tel qu'il lui apparut à son premier voyage, alors que plus jeune, plus optimiste, il semblait décidé à en voir les beaux côtés, et que les circonstances s'y prêtaient.

A lire quelques vers du *Caprice,* 1632 fut une année funeste, méritant d'être effacée sans merci de la mémoire des hommes :

> Il ne s'en parlera jamais
> Si l'âge futur m'en veut croire :
> Oste-toy six cens trente-deux,
> Ou ne te montre dans l'Histoire
> Que comme un fantosme hideux.   (I 275)

Cette malédiction ne doit pas être prise au sérieux; si l'indignation du poète éclate avec tant de véhémence, c'est tout simplement parce qu'il pleut trop, que les melons vont pourrir, et qu'il ne pourra pas s'en rassasier. Ne nous moquons pas de lui : dans cet amour immodéré pour ce fruit délicieux, il se trouvait en bonne compagnie, aux côtés de Montaigne et d'Henri IV, sans compter le maréchal de Brézé, qui n'hésita pas à abandonner l'armée qu'il commandait aux Pays-Bas pour retourner en Anjou s'en régaler avant que la saison n'en fût passée (56).

Il me semble difficile de penser que ce *Caprice* ait été écrit ailleurs qu'en France. Après son voyage en Angleterre, et jusqu'à son départ pour l'Italie en 1633, Saint-Amant n'a pas dû entreprendre de longue expédition. Il est légitime de supposer qu'il a passé l'hiver 1631-1632 à Paris, ainsi que l'avance Durand-Lapie. Nous l'imaginerons alors fort bien partageant son temps entre les joyeuses compagnies, mêlant poètes et gentilshommes, et sans doute quelques salons choisis.

Faut-il parler ici de l'hôtel de Rambouillet ? C'est possible, mais avec des réserves. S'il y fut reçu, cela ne fut jamais que très épisodiquement ; autrement, on ne s'expliquerait pas qu'il ne soit nulle part nommé dans la chronique de l'Hôtel, et qu'Emile Magne n'ait trouvé à citer, comme référence, qu'une affirmation plus que suspecte de Durand-Lapie. On relève assurément dans son œuvre un certain nombre de pièces qui sont assez dans le goût de la *Chambre bleue* : mais qu'est-ce que cela prouve ?

On se demandera par contre s'il n'a pas commencé à cette époque à fréquenter assidûment le bonhomme Vauquelin des Yveteaux. Celui-ci, qui avait dès lors dépassé la soixantaine, s'était retiré depuis longtemps dans sa propriété du faubourg Saint-Germain, voisine de l'hôtel de Liancourt, où il menait une vie paisible d'épicurien, sans en sortir, ou très rarement. Les relations entre Saint-Amant et lui ne sont attestées qu'un peu plus tard, à

_____

(56) MONTGLAT, *Mémoires,* éd. Michaud-Poujoulat, p. 68.

partir de 1635 ; mais elles sont dès lors assez amicales pour qu'on puisse les faire remonter sans hésiter un peu plus haut.

Saint-Amant fit sans doute alors également la connaissance d'un personnage qui avait des points communs avec lui, et que put lui amener Le Pailleur, son ami intime. Charles Vion d'Alibray serait né en 1610 ; il avait porté quelque temps les armes avant de se fixer à Paris. Il nomme plusieurs fois Saint-Amant dans ses vers, publiés seulement plus tard, en 1647 et 1653, mais dont beaucoup sont bien antérieurs à la parution en volume. On a souvent cité la fin de ce sonnet, dans lequel il proclamait hautement que Saint-Amant était pour lui un modèle, le verre en main :

> Je me rendray du moins fameux au cabaret,
> On parlera de moy comme on fait de Faret,
> Qu'importe-t-il, Amy, d'où nous vienne la gloire ?
>
> Je la puis acquerir sans beaucoup de tourment,
> Car, grâces à mon Dieu, desja je sçay bien boire,
> Et je bois tous les jours avecques Saint-Amant (57).

On a dit également qu'il s'adressait à lui dans un sonnet des *Vers héroïques,* qui commence ainsi :

> Cher et parfaict Amy qui vis naistre ma Muse
> Et qui de tes conseils la daignas secourir... (58).

Il le désignerait par là comme son maître en poésie. Mais la suite s'applique mal à un écrivain aussi connu, puisqu'on y lit ces mots :

> Je voudrois par mes vers t'empescher de mourir...
> Si je vis, tu pourras revivre avecques moy,
> Si je meurs (et cecy dois-je bien plutost croire)
> Je me consoleray de mourir avec toy.

Ce sonnet suit immédiatement l'*Horreur du desert, Imitation de la Solitude de Monsieur Saint-Amant, A.M.D.S.,* et porte au titre *Pour le mesme.* Je crois impossible que les initiales désignent Saint-Amant, qui vient d'être nommé en toutes lettres. D'Alibray ne s'adresse-t-il pas à son beau-frère, M. de Saintot ? Cela n'empêche pas qu'il ait beaucoup imité son aîné, et ne s'en soit pas caché. En publiant l'*Horreur du desert,* il faisait précéder la pièce des lignes suivantes :

> La meilleure preuve qu'on puisse donner de l'estime qu'on fait
> de quelqu'un, c'est de l'imiter ; et le plus grand tesmoignage de

---

(57) *Œuvres poétiques du sieur de Dalibray publiées par Ad. Van Bever,* P., 1906, p. 97.
(58) *Les Œuvres poétiques du sieur Dalibray,* P., 1653, p. 52 des *Vers héroïques.*

l'eminence de son esprit, c'est quand on n'en sçauroit approcher que de bien loin. Ainsi cet Essay servira du moins à la loüange de celuy, des vers duquel j'ay suivy le subjet et la forme ; mais sans avoir pû exprimer la majesté de son langage, ny la force de ses pensées (59).

Ailleurs, il donnait une sorte de suite au *Cantal ;* en dehors de cela, on trouverait plus d'un trait à glaner dans ses recueils. On peut être assuré que les deux poètes devinrent rapidement assez intimes pour que d'Alibray put appeler son confrère en poésie, et en parties fines,

> Corps admirable, Esprit divin,
> Alcandre, amy rond et fidelle... (60).

Le nom d'Alcandre reparaît dans une autre pièce de la *Musette,* une épigramme qui commence ainsi :

> Alcandre, Telephonte et moy
> Vivons sous une mesme loy ;
> Une fille plus qu'estimable
> A nos cœurs s'est trouvée aimable
> Et l'on juge à voir nos santez
> Que nous en sommes bien traitez (61).

Qu'il s'agisse encore ici de Saint-Amant, cela ne fait guère de doute, encore que nous n'en ayons pas la même confirmation que pour le texte précédent, où il était désigné en toutes lettres dans les *Œuvres poétiques* de 1653. Telephonte, d'après Van Bever, serait Bensserade, auquel cas la pièce serait un peu plus tardive. Mais cette identification me laisse assez sceptique ; si Bensserade avait complété le trio, d'Alibray aurait-il écrit :

> Nos ventres gros comme des tonnes
> Sont le rempart de nos personnes ?

Cela n'empêche évidemment pas que Saint-Amant ait pu le connaître, mais ne permet pas d'affirmer entre eux le degré d'intimité qu'aurait attesté cette épigramme.

S'il a passé l'hiver à Paris, il se pourrait que Saint-Amant, à la belle saison, se fût transporté en Bretagne. Le duc de Retz en effet avait reçu mission d'assister aux Etats de cette province. Une lettre de Richelieu laisse supposer que, malgré le désir manifesté par le Cardinal de l'y envoyer, il craignait que sa présence

---

(59) *Ibid.,* p. 40.
(60) *Ed. Van Bever,* p. 47.
(61) *Ibid.,* p. 85.

ne fût la cause de contestations, querelles de préséance certainement (62). Il y fut cependant, après quoi il se rendit à Machecoul
pour attendre les ordres du roi ; en juillet il écrivit à la cour pour
solliciter un emploi (63). Il est possible que son « domestique »
l'ait suivi dans ces déplacements, mais on ne saurait rien affirmer.
En tout cas ce séjour en province ne se prolongea pas bien longtemps, car la requête du duc fut entendue, et nous savons par
Arnauld d'Andilly qu'au mois d'août il « faict par commission la
charge de General de la cavalerye légère » (64). Participa-t-il, à ce
titre, à quelque opération ? Se trouvait-il avec le roi, qui descen-
dait vers le sud pour mettre à la raison le duc de Montmorency ?
Ou bien avec le comte de Soissons, mis à la tête de l'armée de
Picardie ? Je suppose que cela n'a guère d'importance pour Saint-
Amant, et que celui-ci est tout simplement resté à Paris, ou à
Rouen. Nous aimerions savoir — et ne le saurons jamais — quelles
pensées vinrent l'assaillir à la fin de l'année, lorsqu'il apprit la
défaite, puis l'exécution de son ancien « mécène » Montmorency.
Ce qui est sûr, c'est qu'il ne le renia jamais ; et la seconde édition
de ses œuvres, qui parut l'année suivante, laissait sans changement
notable les vers de l'*Arion* qui s'adressaient à lui. On notera toutefois que, plus prudent qu'en 1629 où il avait mis au jour un quatrain à la louange de Bouteville, il n'a jamais fait nulle allusion à
la mort du duc rebelle.

Au moment où disparaissait ainsi le noble seigneur qui, s'il
avait vécu, aurait peut-être un jour manifesté sa bienveillance
envers lui (bien que l'on n'ait aucun indice de rapports entre eux
depuis 1623), nous voyons Saint-Amant faire des avances à un
autre personnage important, mais d'un tout autre bord, Pierre
Séguier. Une épigramme des *Œuvres* de 1643 lui est adressée, et
semble bien avoir été composée au moment où Séguier reçut les
Sceaux, c'est-à-dire au début de 1633; on ne comprendrait pas
autrement qu'il y parlât de la cire que seuls, maintenant, fabri-
quent les « rois » des abeilles,

> Depuis qu'au merite octroyée
> Elle a l'honneur d'estre employée
> Sous Louis par tes nobles mains.   (I 267)

Sans doute le poète prévoyait-il dès lors qu'il pourrait avoir
besoin du Garde des Sceaux — et futur Chancelier (il le sera deux
ans plus tard). En 1635, il fera appel à lui, devenu entre temps son

---

(62) RICHELIEU, IV 287 (lettre du 24 avril à Condé).
(63) A. E. *Mémoires et Documents*, France 1504, fᵒ 84 (à Richelieu, de Machecoul, 11 juillet) et fᵒ 86 (au roi, même date).
(64) ARNAULD D'ANDILLY, *Journal inédit* (1630 à la fin), p. 282.

confrère à l'Académie. Si Séguier était vraiment, comme l'écrit Tallemant, « l'homme du monde le plus avide de loüanges » (65), l'épigramme servit peut-être à quelque chose.

(65) TALLEMANT, I 611.

CHAPITRE IX

LE SEJOUR A ROME (1633)

Au printemps 1633, Saint-Amant reprit la route. Le voyage qu'il entreprit alors revêt à nos yeux une importance particulière, car il permet de compléter, voire de rectifier sur certains points, les traits de sa physionomie. Nous disposons cette fois de renseignements précis, dus en partie à ce que le voyage présentait un caractère officiel. Notre curiosité ne sera pas toujours entièrement satisfaite, mais les sources contemporaines nous apporteront au moins l'essentiel : elles n'ont pratiquement pas été exploitées jusqu'à présent pour notre héros, ce qui explique bien des erreurs dans ce qu'on a écrit.

Richelieu avait décidé d'envoyer auprès du pape, alors Urbain VIII, une ambassade extraordinaire, et de la confier au maréchal de Créquy, duc de Lesdiguières. La raison n'en était pas, comme on l'a trop souvent répété, le désir d'amener la Curie romaine à se prononcer sur le mariage contracté le 3 janvier 1632, à Nancy, et dans le plus grand secret, par Gaston d'Orléans, source de vives préoccupations pour Louis XIII et son ministre : ceux-ci n'en eurent connaissance qu'au début d'octobre (1), et l'ambassade était décidée depuis le mois de juin : le roi en écrivit à Créquy le 18, et le bruit en courait à Rome dès les premiers jours de juillet (2). L'*Instruction* dressée le 14 février 1633 précisait le but officiel de cette mission extraordinaire : s'acquitter de la cérémonie d'obédience, c'est-à-dire d'hommage pour les fiefs qui relevaient du pape (3). Il était d'usage d'envoyer à cette occasion quelqu'un qui fût vraiment représentatif, et doté de ressources suffisantes, car de semblables solennités coûtaient fort cher : Créquy se vit allouer cent mille livres, mais il se plaignit vivement de l'insuffisance de la somme (4).

En 1632, Urbain VIII occupait depuis près de dix ans le trône pontifical ; il était largement temps de se décider à lui rendre cet hommage. En fait, celui-ci ne fut qu'un prétexte, sous le couvert

---

(1) HANOTAUX, III 382.
(2) A. E. Rome, 45, f° 173 (réponse de Créquy, 24 juillet) et f° 161 v°.
(3) A. E. Rome, 47, f° 35.
(4) A. E. Rome, 45, f° 171.

duquel Créquy devait négocier un certain nombre d'affaires délicates, énumérées dans un mémoire annexé à l'*Instruction* (5). L'ambassadeur ordinaire, M. de Brassac, qui demanda son rappel lorsqu'il apprit la venue prochaine du maréchal, et l'obtint, n'avait pu arracher au pape la moindre réponse à leur sujet. Le Cardinal voulait sans doute essayer un personnage de plus de poids que ce comte de Brassac, brave homme, mais diplomate de second plan.

L'*Instruction,* qui précise à Créquy, parfois jusque dans les moindres détails de cérémonial ou de préséance, le rôle qu'il doit remplir, lui rappelle qu'il devra vivre « avec autant de splendeur et de magnificence qu'il pourra » ; sur ce point, il avait déjà montré ce dont il était capable, s'entendant comme pas un à faire valser les écus en somptueuses toilettes et brillants équipages. Il lui était prescrit d'emprunter la voie de mer ; cette perspective semblait peu lui sourire, et, parmi des questions d'ordre politique qu'il adressait au ministre avant de partir, il glissait celle-ci, plus personnelle :

> Si je me trouvois mal sur la mer, s'il me sera permis de descendre et aller par terre incogneu (*incognito*) jusqu'à Civita Vecchia (6).

On devine le sourire de Richelieu, faisant noter dans la marge par son secrétaire : « Les medecins doivent respondre à cet article ». Le mauvais temps sur une galère, pour qui n'avait pas le pied marin, devait représenter une rude épreuve. Le comte de Noailles allait en faire l'expérience en avril de l'année suivante, et plus de vingt des gens de sa suite préférèrent débarquer à la première relâche, et emprunter la route de terre (7). Pareille mésaventure aurait dû être épargnée à son prédécesseur, car la saison était plus avancée, le départ ayant traîné. La maréchal avait assuré qu'il serait à Marseille le 15 avril, et s'embarquerait aussitôt, si tout son train était arrivé (8) ; en réalité il ne le fit qu'un mois plus tard, le 16 mai, sur la galère la *Guisarde,* toute peinte en rouge et magnifiquement ornée ; une partie de sa suite prenait place sur deux autres galères, la *Maréchale* et la *Vigilante,* tandis que quatre barques étaient chargées de son équipage (9).

Malgré ce retard, Créquy essuya au départ une violente tempête ; la *Gazette* mentionne « les bourrasques (qui) battirent furieusement et escorterent ses galleres depuis le cap de la Bourdiguiere jusques au port de Mourgues » (10), c'est-à-dire de Bor-

---

(5) A. E. Rome, 47, f° 44. Cf. J. HUMBERT, *Le Maréchal de Créquy,* P., 1962, p. 191.
(6) A. E. Rome, 47, f° 53.
(7) A. E. Rome, 48, f° 88.
(8) A. E. Rome, 47, f° 61.
(9) *Mercure françois,* XIX 701.
(10) *Gazette,* 1633, p. 251.

dighera à Monaco, car elles furent contraintes de revenir en
arrière. L'une d'elles fut même en grand péril ; nous l'apprenons
par une lettre de Melchior de Gillier, intendant du maréchal (et
ami de Faret, soit dit en passant) à Pierre d'Hozier, qu'il vaut la
peine de citer, car il est fort possible que Saint-Amant se soit
trouvé sur cette galère :

> Noz Galeres ont esté un peu mal menées entre Vingtemigle et
> Morgues, où la Mareschalle dans laquelle j'estois courut très
> grand hazart, le mas du trinquet s'estant rompu par l'impetuosité
> du vent. Ce qui fut cause qu'au lieu que la Guysarde et la Vigi-
> lante relascherent à Morgues, nous fusmes contraints de relas-
> cher à Villefranche, d'où nous estions partis, qui est trente mil
> plus bas que Morgues. Pour faire ce trajet il nous falut doubler
> deux caps, et essuyer une si furieuse tempeste, pendant quatre
> heures, que le plus rude hiver n'en sçauroit produire une plus
> rigoureuse. Tous tant que nous estions depuis les Matelots jus-
> ques aux moindres hommes de mer de nostre trouppe croyons
> d'estre perdus. Dieu ne l'a pas voulu pour ce coup, ce sera quand
> il luy plaira (11).

La suite du maréchal de Créquy ne comprenait pas moins de
cinq cents personnes, ce qui paraît énorme, mais se trouve attesté
de plusieurs côtés (12). Nous avons peine à nous imaginer le faste
de pareilles ambassades, et les fortunes qui s'y engloutissaient ; il
y allait du prestige de la France, en une époque où les éléments
extérieurs jouaient un rôle si considérable que le succès d'une mission pouvait en dépendre pour une part non négligeable. Créquy
avait un rang à tenir, à la fois comme envoyé du Roi Très Chrétien, qui se devait d'éclipser par la splendeur de ses cortèges son
rival espagnol, et comme chef d'une des plus grandes maisons du
royaume. L'importance de son escorte y serait évidemment pour
beaucoup.

Nous connaissons, entre autres par une relation italienne (13),
certains des gentilshommes qui contribuaient à lui donner grand
éclat : le prince d'Enrichemont, petit-fils de Créquy, futur duc de
Sully à la mort de son grand-père paternel, le ministre de
Henri IV ; le comte de Fiesque, un des fleurons de la jeunesse
dorée du Marais : si l'on en croit les *Mémoires* de Retz, il était loin
d'être sage, ce qui n'empêcha pas le grave Chapelain de corres-
pondre avec lui durant son séjour à Rome ; le jeune marquis de
Lavardin, Henri II de Beaumanoir, qui n'avait guère plus de

---

(11) B. N. fr. 31 798, f° 149.
(12) *Mercure françois*, XIX 702 ; J. J. BOUCHARD, *Lettres inédites écrites de
Rome à Peiresc, publiées par Tamizey de Larroque*, P., 1881, p. 57 ; B. N., *Cinq
cents Colbert* 356, p. 450 (dépêche de Gueffier, qui assure l'interim à Rome),
etc.
(13) *Relatione della Venuta, e solenne entrata dell'Eccellentissimo signor Carlo
sire di Crequy*, Rome, 1633.

quinze ans ; le comte d'Estelan, fils du maréchal de Saint-Luc et neveu de Bassompierre, qui « avoit de l'esprit » et « estoit porté à la satyre » (14), double raison pour s'entendre avec Saint-Amant: il sera très probablement l'un des auteurs de la *Comédie des Académistes,* dans laquelle notre poète est fort ménagé ; le comte de Grignan, père du futur gendre de Mme de Sévigné ; le marquis de Hautefort, frère de la célèbre Mme de Hautefort ; le commandeur de Souvré enfin, frère de Mme de Sablé, fameux gastronome, que ses goûts devaient aussi rapprocher de Saint-Amant. A ces personnages d'importance il faudrait ajouter des gentilshommes dauphinois ou provençaux, des officiers des parlements de Paris ou de Grenoble, et tout l'entourage du maréchal : Melchior de Gillier son intendant, M. de Luzarche son maître de chambre, ses écuyers, Louis Calignon, seigneur de Laffrey, et Barthélémy d'Auby, les secrétaires, parmi lesquels Louis Videl, que nous retrouverons, les aumôniers, dont un certain Hugon, une relation de Peiresc, les médecins etc. Parmi tous ceux-là, le sieur d'Auby mérite davantage qu'une simple mention : écuyer émérite, il avait dû à ses talents d'être appelé à Grenoble par Créquy ; on vantait les qualités de son esprit et de son langage (15). Surtout, le *Recueil des lettres nouvelles* de Faret renferme une lettre de François de Molière qui lui est adressée (16) : quelle meilleure recommandation auprès de Saint-Amant ?

Avec Gillier, ami de Faret, avec d'Auby, avec Videl aussi, le poète se trouvait en pays de connaissance. Il faut ajouter que l'ambassade comportait un personnage très officiel en la personne de Denis Salvaing de Boissieu ; nous avons rencontré, lors de son séjour à Paris en 1623, ce Grenoblois qui fait maintenant une belle carrière de robe dans sa province natale. Il a été désigné par le roi, sur la proposition de Créquy, pour remplir le rôle de l'orateur qui, traditionnellement, prend la parole au cours de la cérémonie solennelle d'obédience (17).

Parmi tous ces gens-là se trouvait Saint-Amant. Dans une semblable compagnie, un homme de lettres comme lui pouvait se créer d'utiles relations, au moins les consolider et les rendre plus efficaces, car il semble exclu qu'il n'ait pas connu déjà, en dehors de Boissieu, certains de ses compagnons de voyage. Il s'embarquait sur l'une des trois galères royales : bien courte navigation, certes, au regard des expéditions qu'il avait derrière lui, mais qu'il n'évoquera pas sans une petite pointe de vanité, quelques années plus tard, rappelant son passage devant les îles de Lérins « en allant à Rome sur les galeres avec feu monsieur le Mareschal de

---

(14) TALLEMANT, II 116.
(15) J. BALTEAU, *Dict. de biogr. franç.,* IV 316.
(16) Ed. 1627, p. 284.
(17) A. E. Rome, 45, f° 174.

Crequi » (I 314). Il tenait sans doute une place modeste, auprès des personnages dont les noms ont été conservés ; c'est dommage, car aucun document officiel ne parle de lui. J'ai peine à croire que Créquy, ayant apprécié ses rares qualités, au Piémont ou ailleurs, l'ait personnellement appelé auprès de lui (18) ; je le soupçonne plutôt d'avoir profité d'une occasion, qu'il ait été recommandé par un de ses protecteurs, introduit par un « domestique » du maréchal, ou patronné par Salvaing de Boissieu.

Saint-Amant dut apprécier Créquy, dont la personnalité avait de quoi le séduire. Je ne saurais mieux faire que d'emprunter à son récent biographe, M. Humbert, les éléments de son portrait. Il nous le montre

> ...de tournure élégante, très affable, ayant l'habitude du monde
> et de la dépense, excellent cavalier, fin bretteur, instruit, sachant
> le latin, fort content de soi d'ailleurs, délibéré d'allure et doué
> d'un grand bagou.

Un peu plus loin, on le voit

> ...brave, galant, affable, disert, prompt à la repartie, pas rancu-
> nier, intraitable sur le point d'honneur, homme de plaisir et de
> dépense mais aussi de parole (19).

Ce sont évidemment là portraits d'un Créquy nettement plus jeune, mais le personnage n'a pas dû changer pour l'essentiel jusqu'à ses derniers jours. Malgré la soixantaine venue, il n'était pas le dernier à participer, à l'occasion, à quelque « honnête débauche ». Rappelons l'anecdote que conte Tallemant : « S'il a trouvé un chambrillon en son chemin, il ne viendra d'aujourd'huy », aurait dit de lui son beau-père le jour même de sa mort, en 1626 (20) ; et tel post-scriptum d'une lettre qu'il écrivit à Noailles en 1635 le montre encore assez gaillard (21).

Voyager ainsi dans une suite officielle était pour Saint-Amant une aubaine à ne pas négliger, qui permettait d'échapper à des désagréments sans nombre. Deux ans et demi avant qu'il ne partît, Jean-Jacques Bouchard s'était embarqué à Toulon, ayant réussi à se glisser au milieu de la « famille » du cardinal Bagni qui regagnait Rome. La relation qu'il a écrite ne laisse rien ignorer des difficultés qui assaillaient les simples voyageurs (22). Il fallait d'abord éviter d'être arraisonné par le prince de Monaco, sous peine

---

(18) Durand-Lapie, p. 180.
(19) J. Humbert, *op. cit.*, pp. 23 et 47.
(20) Tallemant, I 57.
(21) A. E. Rome, 48, f° 463.
(22) *Les Confessions de J. J. Bouchard, parisien, suivies de son voyage de Paris à Rome en 1630*, P., 1881, pp. 207 sqq.

de lui verser des droits exorbitants ; pénibles étaient aussi les vexations que l'on subissait de la part des Espagnols aux escales, et redoutable surtout la quarantaine qu'il convenait d'essuyer à Civita-Vecchia avant de pénétrer dans les Etats Pontificaux — quarantaine accompagnée, si Bouchard n'a pas trop exagéré, de brimades de toutes sortes, d'extorsion de sommes assez considérables, d'un manque de confort et d'hygiène enfin qui, en été, risquait de devenir fatal à des malheureux implacablement minés par des fièvres pernicieuses. Rien à craindre de tout cela quand on avait l'honneur de prendre passage sur les galères aux fleurs de lis.

Suivons dans son voyage l'ambassadeur, que peut-être Saint-Amant n'a rejoint qu'à Marseille, au moment de l'embarquement. Créquy s'éloigne de Paris le 15 mars, fait un crochet par Grenoble, où il passe « recueillir le reste de son train » (23) ; le 6 mai, le voici à Avignon, d'où il écrit à Richelieu (24). Le 16 les galères lèvent l'ancre, et mettent le cap sur Gênes où l'on doit faire escale ; la venue de l'ambassadeur, qui pose de délicats problèmes de protocole, a été préparée, non sans mal, par le résident Melchior de Sabran, qu'il avait eu l'ordre de prévenir suffisamment à temps «. pour être reçu comme il convient » (25). Il débarque le 25, et reste cinq jours dans la ville, si bien reçu que les Espagnols en sont furieux (26). Il ne s'arrête ensuite à Livourne que pour recevoir les compliments du grand-duc de Toscane, sans même accepter ses rafraîchissements « à cause du soupçon de la peste de Florence » (27), et prend terre le 5 juin à Civita-Vecchia, où les cinq cents personnes de sa suite sont hébergées et nourries aux frais du pape. Une première étape conduit ensuite Créquy à Maccarese, où il reçoit la visite de notre chargé d'affaires, le sieur Gueffier, qu'accompagnent des Français résidant à Rome. Le 7, on reprend la Via Aurelia, sur laquelle s'étire la longue file des véhicules. A la rencontre de l'ambassadeur viennent de nombreux carrosses, dont celui du cardinal Barberini, neveu du pape, dans lequel il monte ; un peu plus loin l'attend Bentivoglio, et c'est finalement suivi d'un cortège de plus de soixante carrosses qu'il fait son entrée dans la ville, au milieu d'un tel concours de peuple qu'il doit s'imposer un long détour pour gagner le palais préparé pour le recevoir.

Il s'agissait de l'un des palais de la famille des Orsini, celui des ducs de Santo-Gemini, en plein cœur de Rome, sur la place Navone, au coin duquel s'abritait la vénérable statue de Pasquin. Après s'y être reposé quelques heures, Créquy s'en va le soir même

(23) *Mercure françois*, XIX 51.
(24) A. E. Rome, 47, fº 98.
(25) *Ibid.*, fº 36.
(26) Bibl. de Grenoble, ms. Q 547, p. 3.
(27) Peiresc, IV 312, à Gassendi, 16 juin.

visiter le pape dans sa résidence de Monte-Cavallo, et les jours suivants, tout en recevant les ambassadeurs et leur rendant leurs visites, il se prépare à faire son entrée solennelle, ce qui n'était pas une petite affaire, car il y allait du prestige de la France.

Un somptueux cortège se déroule par les rues de Rome dans la soirée du 19 juin. Créquy s'est auparavant retiré dans une maison de campagne, hors de la Porte Angélique; et dès qu'il a franchi celle-ci, une telle foule se presse sur son itinéraire que la cavalcade a peine à se frayer un passage. Quel magnifique spectacle devait offrir en effet cette longue théorie de personnages à pied ou à cheval, rivalisant d'éclat dans leurs habits de fête aux couleurs éclatantes ! On me dispensera d'entrer dans les détails : ils se trouvent dans l'ouvrage de M. Humbert. Il suffira de signaler que, si Saint-Amant figurait dans l'immense cortège, ce ne pouvait guère être que dans un groupe où voisinaient pêle-mêle gentilshommes français, romains et même espagnols.

Quelques jours plus tard, le 25, un cortège analogue s'ébranlait, partant cette fois du palais Orsini ; notre ambassadeur s'en allait rendre l'obédience au Vatican. Devant lui, dont la parure fut estimée ce jour-là à plus de cent cinquante mille écus, marchait gravement sur une haquenée blanche messire Salvaing de Boissieu, vêtu de satin noir. Il harangua pendant une petite heure, au milieu d'un profond silence, se mettant en vedette par l'élégance de son latin et la superbe assurance de sa diction, et son succès lui valut une flatteuse lettre de Chavigny, qui fut insérée dans le *Mercure*. Créquy était fondé à envoyer au Cardinal un double bulletin de victoire. Le 20 juin, il écrivait :

> On n'a jamais veu à Rome une entrée si solemnelle, une afluence de peuple si grande ny un tel aplaudissement. Il s'est ouy crier Vive France en plusieurs lieux par plus de deux mille voix.

Puis, le jour même de l'obédience :

> Le sr de Boissieux a eu un aplaudissement universel du Pape, de tous les Cardinaux et des assistants apres plusieurs grandes disputes. On a suyvy tout se que les trois derniers Ambassadeurs d'obedience avoient fait, et s'il y a eu de la difference (cela a) esté à l'advantage de S. M. (28).

On pourrait croire ces affirmations trop intéressées pour être rigoureusement exactes : mais le même son de cloche se retrouve chez les contemporains.

Si le maréchal, par le faste déployé dans ses cortèges, avait soulevé l'admiration des Romains, son installation au palais Orsini n'était pas moins magnifique. Sa table était presque tou-

---

(28) A. E. Rome, 47, f° 145 et f° 147.

jours servie pour trente gentilshommes, « outre les survenants »
(29), et la dépense journalière montait à plus de mille livres (30).
Saint-Amant cependant gîtait à l'hôtellerie : on peut croire qu'il
n'en était pas fâché, car il disposait ainsi d'une plus grande liberté.

Essayons de nous faire une idée de la vie qu'il menait dans la
Ville Eternelle. Il est bien regrettable qu'il n'ait pas, comme d'autres (je songe surtout à Mainard), envoyé des nouvelles de son
séjour à des correspondants soigneux de les conserver pour la
postérité. Il n'existe en fait qu'un texte vraiment précis : quelques
lignes d'une lettre adressée par Bouchard aux frères Dupuy, le 18
juin, que voici :

> Il n'y a point de nouvelle plus fraîche que la venüe de M. de
> Crequy, qui a amené avec soi plus de cinq cents François *i quali
> hanno gi'à posta Roma Sotto Sopra...* Parmy touts ces curieux
> il y en a néantmoins quelque demi-douzaine de plus mitigés, et
> qui ne se tenant pas enfermés tout du long du jour dans le caba-
> ret, et dans le bordel comme les autres, paroissent quelquefois
> dans la boutique *del Sole*, où ils font fleurir les espics murs de
> Paris. Videl et S. Amant y president, et m'a-on-dit qu'ils me
> veulent prendre pour leur assesseur, m'ayant desjà erigé en bel
> esprit à mon desceu (31).

Il est très caractéristique que Saint-Amant puisse être mis au
rang des plus sages, de ceux dont les préoccupations ne se bornent
pas au vin et aux courtisanes. Les instructions de Créqui lui enjoi-
gnaient « d'avoir l'art que ceux de sa suitte vivent avec modestie
et bienseance, faisant chastier severement ceux qui se voudroient
comporter autrement » (32). On était probablement loin de compte.
Une lettre de Gaffarel (qui n'est du reste pas témoin oculaire, se
trouvant alors à Venise) présente un curieux tableau des excès
auxquels se seraient livrés les Français. « On n'a jamais veu un
si grand désordre que la suitte de Mr de Crequi fait aux pauvres
Courtisanes », écrit-il à d'Hozier ; et, après avoir énuméré complaisamment tous les dégàts qu'ils causent, et qui vont des portes
enfoncées ou des vitres cassées aux coups de pistolet, aux bala-
fres, aux yeux pochés, il ajoute :

> Bref ces pauvres diablesses confessent que jamais les Huns, les
> Vandalles, Gotz, Vice-Gotz, Ostrogotz, et tout ce que le Septen-
> trion (a quo pendet omne malum) a porté dans Rome n'y ont fait
> une pareille vie. Voilà bien pour nous achever de peindre, desjà

---

(29) *Mercure françois*, XIX 706.
(30) *Lettres de Bouchard*, éd. cit., p. 16.
(31) *Ibid.*, p. 57. Le texte y porte *les espées murs*, ce qui n'a aucun sens. Le
manuscrit de la Méjanes a bien *espics*.
(32) A. E. Rome, 47, f° 39.

par deux fois le pape s'est plaint à Mr de Crequi, et si dans ce pays notre nation n'est poinct bien venue accusons en notre bruttalité et disons Malum ex te Israel (33).

Le tableau est peut-être un peu forcé ; le même Gaffarel nous en administre la preuve lorsque quelques mois plus tard, annonçant l'arrivée prochaine de Créquy à Venise, il écrit :

Les putains de Rome ont pris le deuil pour son depart, et celles de Venise en font des feux de joye. Il y a plus de deux mois qu'elles se fourbissent (34).

Il faut au moins reconnaître, si les Français étaient aussi brutaux qu'il l'affirme, que ces dames italiennes étaient sensibles à l'appât du gain ! Il reste que cette compagnie tapageuse ne semble pas avoir eu les préférences de Saint-Amant, à tout le moins qu'elle les a partagées avec d'autres, moins agitées et moins bruyantes.

Nous aimerions avoir quelques détails sur ces réunions de la boutique *del Sole*. Et d'abord, quelle était-elle ? Une librairie, dit M. Pintard (35) ; cette supposition est fort vraisemblable, encore que le soleil ait été sans aucun doute l'enseigne de plus d'un commerce à Rome, sans même parler de plusieurs auberges de ce nom. Surtout, de qui se composaient les assemblées qui s'y tenaient ? Bouchard ne fournit qu'un nom, celui de Videl ; nous voudrions en connaître d'autres, apprendre si, à la demi-douzaine de Français « plus mitigés » de la suite de Créquy se joignaient seulement des compatriotes vivant à Rome, tel Bouchard, qu'on devine heureux de se retremper dans le bel air de Paris, ou si les Italiens y tenaient aussi leur place. Autre problème : de quoi discutait-on ? La littérature régnait-elle en maîtresse souveraine et incontestée, ou la philosophie la coudoyait-elle ? Bref, faut-il, avec M. Pintard, soupçonner le libertinage d'y avoir eu ses petites entrées ?

Je crains fort que l'historien du « libertinage érudit » ne se soit, comme il arrive, laissé entraîner un peu trop loin, ce qui devient presque fatal dans une enquête de cette ampleur, même conduite avec autant d'exemplaire rigueur. On se laisse accrocher par un fait, par un nom ; ici, le nom, c'est celui de Bouchard, qui suffit assurément, lorsqu'on connaît le personnage, à faire dresser l'oreille. Il est seul à signaler l'existence de ces assemblées ; il y a pris part. Est-ce à dire qu'on puisse en tirer toutes les conclusions qu'en tire M. Pintard ?

---

(33) B. N. fr. 33 239, f° 2 v°.
(34) *Ms. cit.*, f° 7 v°.
(35) R. PINTARD, *Le Libertinage érudit dans la première moitié du XVIIe siècle*, P., 1943, p. 216. Les boutiques de libraires se trouvaient justement du côté de la place Navone ; cf. F. DESEINE, *Description de la ville de Rome en faveur des étrangers*, Lyon, 1690, II 239.

Il faut d'abord signaler combien sa présence y était naturelle. Saint-Amant avait de bonnes raisons d'entrer en contact avec lui, et Videl en avait d'excellentes ; il était allé visiter Bouchard dès son arrivée, muni d'une lettre de recommandation de Peiresc. Boissieu, et le premier aumônier de l'ambassade, Hugon, en avaient fait autant (36). Bouchard d'un autre côté avait connu Chapelain avant de partir en Italie, et Chapelain, qui lui écrit parfois, qui le nomme assez souvent dans sa correspondance, a pu parler de lui à Saint-Amant. Si, comme on l'a avancé, Boisrobert l'avait fréquenté lors de son séjour romain (37), il devient encore plus probable que le poète n'ait pas ignoré son existence.

Or, si tout le monde est d'accord pour voir en notre homme un triste sire, personne, que je sache, n'a sérieusement mis en doute la vivacité de son esprit et l'étendue de sa culture. Le portrait que trace de lui M. Pintard est séduisant, malgré les vices du personnage (38). S'il considéra comme une aubaine la fréquentation d'un poète aussi illustre que M. de Saint-Amant, ce dernier de son côté ne fut probablement pas fâché de trouver en lui quelqu'un dont le commerce sortît de l'ordinaire, et dont l'expérience romaine pût lui être précieuse. Rien ne nous dit que Bouchard ait fait les premiers pas ; au contraire, ce sont Videl et Boissieu qui sont allés le voir au débotté ; et le fragment de lettre que j'ai cité laisse entendre qu'il a été l'objet de sollicitations de la part du premier et de Saint-Amant, qui le « veulent prendre pour leur assesseur ». Tout ce qu'il écrit n'est pas parole d'évangile, mais ce n'est pas une raison pour en prendre systématiquement le contre-pied.

Maintenant, que Bouchard ait nécessairement introduit dans cette compagnie le virus libertin, ou que, puisqu'il s'y trouvait, elle ait professé *ipso facto* des opinions hardies, voilà une conclusion pour le moins aventureuse.

Je sais bien qu'on s'autorise ici du nom de Videl ; nous l'avons assez souvent rencontré déjà pour qu'il vaille la peine de lui consacrer quelques lignes. Sensiblement du même âge que Saint-Amant, puisque né vers 1598, Louis Videl (39) était le fils (ou le petit-fils) d'un médecin de Briançon. Secrétaire du connétable de Lesdiguières, dont il écrivit la vie, puis de Créquy son gendre, il se sentait attiré vers les belles-lettres. En 1624 il publia un « méchant roman » (40), *La Melante*, et en 1631 un recueil de lettres. Il est fort possible qu'il n'ait pas été un inconnu pour Saint-Amant avant le départ pour l'Italie, car plusieurs de ses lettres sont adressées à Faret, et rédigées dans des termes qui laissent supposer un commerce assez étroit, au moins épistolaire ; dans

---

(36) *Lettres de Bouchard*, éd. cit., p. 12. Cf. Peiresc, IV 82.
(37) E. Magne, *Le Plaisant Abbé de Boisrobert*, P., 1909, p. 137.
(38) *Op. cit.*, p. 239.
(39) Cf. sur lui Niceron, XIV 396, et Pintard, *op. cit.*, p. 216.
(40) Tallemant, I 560.

l'une d'elles est déplorée la mort de François de Molière, « ce bel esprit de qui l'on espérait de si belles choses », et dont le trépas est un « rude coup ». Qu'il l'ait effectivement connu ou non, la caution de Faret, le souvenir de Molière suffisaient à créer dans l'esprit de notre poète un préjugé favorable, et à faire naître une amitié qui n'a d'ailleurs peut-être pas survécu à la fin de ce séjour commun.

Que connaissons-nous de la personnalité de ce Videl ? Homme de plaisir dans sa jeunesse, il déclare s'être assagi et « réformé » quelques années avant de partir pour Rome. Pour mettre en doute son affirmation, il faudrait au moins avoir quelque raison valable, un commencement de preuve. « Il est pourtant des hôtes tumultueux de la librairie *Del Sole* », écrit M. Pintard. Pourquoi « tumultueux » ? Ces hôtes ne représentent-ils pas justement, dans la suite de l'ambassadeur, un des éléments les plus pondérés ? Rien n'atteste que leurs réunions n'aient pas été les plus calmes du monde, et que les joutes d'esprit n'aient pas représenté leurs seuls tumultes. Puis il faut toujours en revenir au même point : en quoi le simple fait de s'être assis quelquefois auprès du libertin Bouchard suffirait-il à cataloguer un homme, comme si l'autre était atteint d'une maladie si contagieuse qu'il contaminait infailliblement tout ce qu'il touchait ? « On le verra », continue M. Pintard, parlant toujours de Videl, « à Grenoble ami de l'incrédule Claude de Chaulnes ». Quelle conclusion en tirer ? De Claude de Chaulnes, nous savons qu'il a tenu pendant presque un demi-siècle une place importante dans la société grenobloise, « place qu'il a due beaucoup à son esprit, à sa belle humeur, un peu à la noblesse de sa famille et à sa qualité de président du bureau des Finances du Dauphiné » (41). Il était « le plus aimable homme du monde dans la conversation » (42), « un des plus beaux Esprits de la province » (43). N'est-il pas dès lors absolument normal que Videl, bel esprit, ou qui se pique de l'être, en outre secrétaire du gouverneur, ayant donc ses entrées dans cette société, ait eu l'occasion de le rencontrer ?

Reconnaissons-le, nous ignorons donc si, à côté de la littérature, qui s'y taillait certainement sa bonne part, la compagnie qui se réunissait à la boutique *del Sole* se préoccupait de ces questions plus brûlantes qu'un esprit comme Bouchard dissimulait soigneusement sous une façade de convention. Il faut lire dans l'ouvrage de M. Pintard les pages captivantes consacrées au chef-d'œuvre en son genre que fut la vie de cet homme « opiniâtrement double » dont le masque ne se leva, pour beaucoup, qu'après sa mort (44).

---

(41) F. LACHÈVRE, *Les Derniers Libertins*, P., 1924, p. 269.
(42) ALLARD, *Dictionnaire du Dauphiné, publié par H. Gariel*, Grenoble, 1864, I 270.
(43) CHORIER, *Nobiliaire de la province de Dauphiné*, Grenoble, 1697, I 96.
(44) *Op. cit.*, pp. 236-239.

Quelle désillusion, par exemple, chez le vénérable Christophe Dupuy, prieur de la Chartreuse de Rome, quand il découvre dans les papiers du défunt une correspondance très compromettante avec des hommes suspects par leur moralité ou leurs croyances ! « Je ne sçay comment un homme qui en sa conversation estoit assez retenu, entretenoit amitiez avec telz monstres », écrit-il à son frère d'une plume désenchantée. Bouchard a-t-il soulevé pour Saint-Amant, dont il ne pouvait ignorer qu'il eût été des amis de Théophile, un coin du voile sous lequel il sut si bien cacher sa vraie personnalité ? A-t-il au contraire pris garde de ne pas se confier imprudemment à des gens de passage, même bien introduits ? Je pencherais pour cette seconde hypothèse, qui me paraît plus compatible avec les termes de sa lettre, et surtout avec l'extrême prudence dont il a toujours fait preuve, et que M. Pintard a si bien mise en lumière.

Que faisait, cependant, Salvaing de Boissieu ? Ses biographes, qui parlent du reste pour lui d'un séjour de quatre mois, alors qu'il quitta Rome dès le 4 août (45), le montrent employant son séjour à visiter les savants et les bibliothèques, ajoutant à ces doctes passe-temps de fréquents entretiens avec Urbain VIII qui, se piquant lui-même de poésie, aimait et favorisait les gens de lettres (46). Il est possible que Saint-Amant l'ait, à l'occasion, accompagné au Vatican, où dans le domaine enchanteur des jardins de Monte-Cavallo ; aucune trace n'en est venue jusqu'à nous. S'il nomme les chevaux de Monte-Cavallo dans une strophe de sa *Rome ridicule,* c'est peut-être tout simplement pour les avoir vus devant l'entrée du palais papal, où ils se dressaient. Notre poète n'eut assurément pas avec Urbain VIII les rapports suivis qu'entretint, deux ans plus tard, François Mainard (47) ; il est vrai que celui-ci, comme entrée en matières, lui avait adressé une ode dans laquelle la flatterie ne connaît pas de bornes. De Saint-Amant, tout ce que l'on pourrait trouver concernant le Souverain Pontife serait une épigramme restée manuscrite jusqu'à nos jours, et dont le moins qu'on puisse dire, même si l'on estime qu'il ne faut pas la prendre trop au sérieux, est qu'elle n'est pas fort respectueuse (48).

Par contre, un témoignage presque contemporain atteste ses relations avec un important personnage, le cardinal Bentivoglio, que son rôle de comprotecteur des Français et sa qualité de lettré amenaient tout naturellement à accueillir favorablement un

(45) *Mercure françois,* XIX 731.
(46) NICERON, XXIII 337, et A. de TERREBASSE, *Relation des principaux événements de la vie de Salvaing de Boissieu,* Lyon, 1850, p. 5.
(47) Ch. DROUHET, *op. cit.,* p. 255.
(48) B. N. fr. 19 145, f° 103. Cf. *Protestantisme,* p. 247. J'avais émis à tort des doutes sur son attribution à Saint-Amant ; dans le ms. 4123 de l'Arsenal, elle figure juste après une série de pièces de lui, ce qui, joint au témoignage du ms. 19 145, apporte presque une certitude.

écrivain aussi connu que Saint-Amant, ami au surplus de Colletet et de Chapelain, avec lesquels il entretenait d'excellents rapports. Les manuscrits de Conrart conservent un commentaire de la *Rome ridicule,* qui paraît digne de créance (49) ; il date des environs de 1670, puisque son auteur (qui ne saurait donc être Conrart lui-même, comme on l'a dit, trop goutteux pour faire le voyage à près de soixante-dix ans), se trouvait à Rome en 1667, lors de la mort d'Alexandre VII. Nous y lisons que Saint-Amant vivait « assez familièrement » avec le cardinal, auquel il aurait montré sa satire «après l'avoir faite » ; et nous pouvons, sans faire preuve d'une trop grande hardiesse, imaginer le poète conversant agréablement, devant des rafraîchissements comme il en évoque dans son poème, « l'aigre de cèdre et de jasmin », dans les jardins du splendide palais qu'habitait Bentivoglio, sur l'emplacement d'une partie des Thermes de Constantin, ou bien, dans les faubourgs de Rome, à la « vigne » que ne pouvait manquer d'y posséder le cardinal. Le poète lui lisait quelques strophes qu'il venait de composer ; et peut-être imaginait-il déjà, ainsi que d'autres le faisaient, non sans quelque vraisemblance (je pense à Balzac et Chapelain), son hôte assis sur le trône pontifical, étendant son auguste protection sur les poètes, même satiriques. On sait qu'il n'en fut rien, et que, par un coup du sort, Bentivoglio mourut au cours du conclave dont il avait des chances d'être l'élu ; on peut rêver sur les changements qu'eût entraînés, dans d'autres domaines, son élévation à la place qu'occupa Innocent X ; pour notre poète, il n'est guère possible de se figurer que son existence en eût été profondément modifiée.

Il est difficile de se représenter Saint-Amant, comme Boissieu, furetant, dans les rayons chargés de livres, à la recherche de quelque volume rare ; malgré les retouches qu'a subies à juste titre la physionomie du « Bon Gros », et qui permettent de voir en lui autre chose qu'un simple « biberon », mieux vaut ne pas essayer de le transformer en rat de bibliothèque, ce qui serait trahir la réalité. Mais je serais étonné qu'il ne fût pas entré en contact avec des écrivains du cru ; n'oublions pas qu'il avait une connaissance approfondie de la littérature italienne. Parmi les écrivains qu'il put alors rencontrer, il faut citer Mascardi, l'auteur de cette *Conjuration de Fiesque* dont le sujet fut repris par Retz, « le plus celebre autheur de ce temps là » (50), auprès duquel put l'introduire Bouchard, son confrère à l'Académie des *Umoristi ;* ou ce Bracciolini, bien oublié de nos jours, qui entreprenait un poème épique, la *Bulgaréide,* auquel s'intéressa fort Chapelain (51).

Peut-être eut-il aussi l'honneur d'assister à quelque séance d'une de ces Académies dont les Italiens se montraient si friands.

(49) Arsenal, ms. 5422, pp. 969-976 ; reproduit par Livet, II 426-434.
(50) TALLEMANT, II 760.
(51) CHAPELAIN, I 113 et 227 ; cf. DROUHET, *op. cit.,* p. 265.

On rencontre dans le *Dernier Recueil* de 1658 deux couplets, qui sont à insérer « en certain endroit d'une plus grande Piece », et portent le titre significatif de *A Messieurs les Académiciens de delà les Monts.* Cela n'empêchait pas Livet de les croire dirigés contre l'Académie française, ce qui ne peut se soutenir. La disposition des rimes est du reste exactement celle de la *Rome ridicule,* où ces couplets pourraient fort bien trouver leur place entre les strophes XCIII et XCIV. Saint-Amant accuse ces Messieurs

> de clabauder en Pedants
> Sur des vetilles de Grammaire,   (II 90)

ce qui invite à songer à la fameuse Académie de la *Crusca,* à Florence, gardienne de la pureté de la langue, mais peut aussi s'appliquer à l'une de ses sœurs romaines, celle des *Umoristi* par exemple.

Cependant tout cela n'est encore qu'hypothèses. Nous savons par contre de source certaine que Saint-Amant rendit visite à Campanella. On ne saurait songer à retracer ici, même sommairement, l'existence de ce curieux personnage, moine dominicain, dont l'influence fut assez grande sur la pensée française. Rappelons seulement qu'après être resté vingt-sept ans à Naples dans les prisons espagnoles, à la suite d'une révolte contre le vice-roi dont il avait été le promoteur, il avait passé quelques années dans celles du Saint-Office à Rome, et se trouvait alors dans une liberté plus ou moins surveillée, ayant toujours maille à partir avec l'Inquisition. Déjà quelques vers de la *Rome ridicule* laissaient pressentir que le poète n'était pas sans avoir connaissance du moine calabrais ; déplorant l'ignorance des Romains, il affirme en effet que chez eux

> La Doctrine est si ravalée
> Que ces deux Miracles divers,
> Et Campanelle et Galilée,
> N'y sont lorgnez que de travers.   (str. XCIII)

Campanella et Galilée : les deux noms seront, dans nos documents, presque toujours réunis. Aussi, quoique à Rome Saint-Amant n'ait peut-être vu que le premier cité — le procès de Galilée s'est achevé le 22 juin, et dès le 6 juillet il se mettait en route pour Sienne —, anticipant un peu sur les événements, comme nous y invite la *Rome ridicule,* nous ne les séparerons pas ici, ce qui serait s'exposer à des redites.

La correspondance de Peiresc fournit d'heureuses précisions. Le 14 décembre 1633, il écrit à Gassendi :

J'ay aujourd'huy gouverné quelqu'heure Mr de St Aman revenant de Rome, lequel m'a dict avoir gouverné fort souvent le P. Campanella et le sr Galilei dans Sienne chez l'Archevesque...

Et le 20 il précise :

Nous avons depuis gouverné icy tout dimanche le sr de St Aman revenant de Rome qui y a veu fort particulierement le P. Campanella, et depuis à Sienne le sr Galilei chez l'Archevesque... disant qu'il ne se pouvoit lasser d'admirer ces deux venerables vieillards et d'apprendre les bonnes choses qui leur eschappoient en commun discours (52).

Il ne s'agit, ni dans un cas, ni dans l'autre, d'une visite isolée, qui s'expliquerait par un simple sentiment de curiosité poussant un « touriste » à se faire présenter à deux personnages dont s'occupe l'actualité. On aura noté les précisions « fort souvent », « fort particulièrement » ; si la première s'applique plutôt à Campanella, car Saint-Amant ne dut pas rester longtemps à Sienne, certains détails montrent que les entretiens avec Galilée n'ont pas été moins importants, au contraire.

Quelle est cependant la signification de ces rencontres ? M. Pintard y verrait volontiers « une des stations nécessaires d'un pèlerinage libertin », effectuée sous l'influence de Bouchard par « l'ancien ami de Théophile rendu à ses indépendances d'autrefois» (53). Assurément certains passages de la *Rome ridicule* suggèrent invinciblement, chez l'auteur, un esprit frondeur qu'on ne trouve sans doute nulle part ailleurs dans son œuvre au même degré. Je songe avant tout à ce couplet, sur lequel on n'a jamais attiré l'attention, quelque audacieux qu'il paraisse :

> Qu'on me defende, on me lira,
> Par cœur un chacun me sçaura
> Si le Conclave me censure :
> Le Jeune est un jour de Banquet,
> La Chasteté fait la Luxure,
> Et le Silence le Caquet.   (str. C)

A prendre ces vers au pied de la lettre, on aboutirait rapidement à la négation de toute autorité, voire de tout principe moral. Mais faut-il y chercher autre chose qu'une simple boutade ? Comme le fait très justement remarquer M. Pintard lui-même, parlant des voyageurs « gens de lettres, de caractère léger et d'esprit badin », s'ils ne manquent pas de railler, à l'occasion, « quelques ennuyeuses cérémonies de la Sainte-Eglise », ou bien les cardinaux-neveux, quand ce n'est pas le Souverain Pontife en personne, ils

---

(52) Peiresc, IV 390 et 392.
(53) *Op. cit.*, p. 217.

n'ont jamais songé à se constituer un « credo libertin ». Il faut chercher dans une autre direction, si l'on veut se rendre compte de la nature exacte de cet attrait qu'ont exercé les deux « vieillards » sur l'esprit de Saint-Amant.

En eux, ce sont les savants, bien plus que les philosophes, qui l'ont intéressé ; et quand il parle de la *Doctrine,* qu'il regrette amèrement de voir abandonnée du commun des Romains, il l'entend, ce qui est normal en 1630, dans le sens de *connaissance* ou de *savoir.* Depuis sa jeunesse, Saint-Amant a été attiré par la science et ses problèmes; M. Adam a eu le grand mérite de le souligner, mais en passant seulement, cet aspect du poète étant évidemment en marge de son sujet (54). Qu'on relise le *Contemplateur* dans cette perspective, on sera frappé par cette déclaration significative :

> Nature n'a point de secret
> Que d'un soin libre, mais discret
> Ma curiosité ne sonde ;
> Ses cabinets me sont ouvers,
> Et dans ma recherche profonde
> Je loge en moy tout l'Univers.   (I 32)

Voyez-le songeant au « flus et reflus », qui obsède sa pensée, à tel point que

> Celuy que l'Euripe engloutit (*Aristote*)
> Jamais en son cœur ne sentit
> Un plus ardent desir d'apprendre.   (*ibid.*)

Il réfléchit ensuite aux mystérieuses propriétés de la boussole, admire la merveille du ver luisant, scrute l'aspect du firmament et des étoiles : physique, astronomie, histoire naturelle tiennent une place considérable dans ses préoccupations. Plus tard, en Pologne, sur le trajet de Dantzig à Varsovie, il s'arrêtera à Thorn pour y faire un pèlerinage au tombeau de Copernic, et tiendra à ne pas le laisser ignorer.

Ces remarques faites, ne soyons pas étonnés de constater qu'il semble surtout avoir été frappé par sa visite à Galilée. Sur Campanella, il reste dans les généralités, si l'on se fie aux termes de la lettre de Peiresc ; et celui-ci n'aurait pas manqué, au cas où il aurait entendu d'intéressantes précisions, de les communiquer à son ami Gassendi. Il se borne en fait à constater l'étonnante mémoire du vieillard, et le désir qu'il manifeste de quitter l'Italie pour la France. On peut du reste se demander comment le religieux, que son biographe français le plus autorisé présente comme un esprit confus, dont il affirme que « l'esprit critique, le bon sens et le juge-

---

(54) ADAM, I 94 et II 66.

ment sont les qualités qui lui manquent le plus » (55), a pu produire sur Saint-Amant une forte impression ; ce n'est certainement pas qu'il ait pénétré le fond de sa pensée, si difficile à préciser (56). Il a surtout admiré le défenseur courageux de Galilée, le partisan convaincu du mouvement de la terre, que voyaient en lui ses contemporains (57). Il convient d'ajouter que Saint-Amant trouvait chez son interlocuteur des qualités qu'il appréciait, fierté de caractère, absence de sectarisme (58), sans compter que l'attrait de sa conversation a été soulignée par un contemporain (59).

Concernant Galilée, nous trouvons quelque peu plus de détails; ainsi nous savons qu'à Sienne, chez l'archevêque, il bénéficie d'un « logement paré de damas fort honorable, fort richement emmeublé ». Ce qui est beaucoup plus important, nous apprenons quel fut un des sujets d'entretien du savant et du poète. Dans sa lettre du 14 décembre en effet, Peiresc précise :

> Il luy montra tout plein de pieces de sa façon, depuis mesme sa prison, et entr'aultres de trez belles epistres particulierement à une sienne fille religieuse sur le subject mesme des matieres traitéez en son dernier livre.

Or ce dernier livre, paru à Florence en 1632, n'était autre que le *Dialogo sopra i duo massimi sistemi del mondo,* que Peiresc annonçait en 1631 comme « son livre du flux et reflux de la mer », et que Bouchard appelle *Dialoghi del flusso el reflusso* (60). Le flux et le reflux, c'est justement le problème qui préoccupait tant Saint-Amant en 1627, lorsqu'il écrivait le *Contemplateur*. Quelle magnifique occasion d'en discuter, après avoir probablement parcouru l'ouvrage, et de se faire donner par son auteur tous les éclaircissements désirables ! Il est dommage que nous n'ayons aucun autre renseignement sur les entretiens qu'eurent les deux hommes, que rien, dans les perspectives traditionnelles, ne semblait fait pour rapprocher : d'un côté, l'Italien de soixante-dix ans, austère savant qui ne vit que pour la physique ou l'astronomie, qui vient par surcroît de se voir soumis à une dure épreuve morale ; en face, le Français touchant à peine à la quarantaine, bon vivant, joyeux poète, dont la verve endiablée se donne carrière sur Rome, sans rien respecter, ou presque, ni de l'ancien, ni du moderne. Perspectives traditionnelles, disais-je, mais combien insuffisantes, il faut toujours y revenir. Retenons au moins ici ce fait important : Saint-Amant n'était pas un interlocuteur négligeable, même pour un savant universellement connu comme Galilée, qui n'hésitait pas à

---

(55) L. BLANCHET, *Campanella*, P., 1920, p. 101.
(56) *Ibid.*, p. 528.
(57) *Ibid.*, p. 242.
(58) *Ibid.*, p. 116.
(59) Le P. Baronius Vincentius. cité *ibid.*, p. 119.
(60) PEIRESC, II 284 ; *Lettres de Bouchard, éd. cit.*, p. 58.

lui montrer les dernières productions de son esprit, « quelque nombre de lettres missives fort curieuses sur divers subjets », ainsi que l'écrit Peiresc, non sans peut-être une petite pointe d'envie.

Voilà donc Saint-Amant chez les doctes. Retenons qu'il fréquenta Christophe Dupuy, prieur de la Chartreuse (61). Celui-ci ne pouvait passer assurément que pour un homme sérieux, dont les préoccupations se tournaient davantage vers les livres érudits, rédigés en latin, que vers les œuvres en langue vulgaire des poètes ses contemporains. Nous avons aussi gardé, par chance, un témoignage de première main qui permet d'assurer que la présence de Saint-Amant n'était pas seulement tolérée dans certains cercles savants, mais accueillie avec empressement, et signalée comme une aubaine. C'est ce que fait l'antiquaire (nous dirions l'archéologue) Claude Ménétrier, bibliothécaire du cardinal François Barberini, lequel écrit à Peiresc :

> Je continue tousjours à faire un amas de toutes sortes de pierres extravagantes ; la sepmaine passée le sigr Pietro della Valle fut tout estonné de veoir si grandes varietés de pierres que j'ay mis ensemble. J'eü ce bonheur que Monsieur l'abbé de Thou et Monsieur de Saint-Amant accompagnés de plusieurs messieurs de la nation se retreuvarent presants lesquels discoururent longtemps en mon cabinet avec ledit sieur della Valle (62).

Saint-Amant se trouvait là tout à fait dans son élément. Ce Pietro della Valle était un célèbre voyageur, que son humeur aventureuse avait conduit en Iran, en Inde, dans le golfe Persique. Belle occasion pour notre poète de rappeler les récits qu'il avait entendus de la bouche de son frère Salomon. On peut imaginer que cette rencontre ne fut pas sans influer sur la place tenue par les récits de voyage dans les entretiens qu'il eut, trois mois plus tard, avec Peiresc.

Faut-il ajouter encore un nom, celui du Hambourgeois Luc Holstein, dit Holstenius, que le cardinal Barberini avait, en 1627, amené de Paris où il était bibliothécaire du président de Mesmes ? Peiresc, avec lequel il entretenait comme de juste des relations épistolaires, lui adressa en mai 1633 deux billets d'introduction, l'un pour Hugon et Videl, l'autre pour Boissieu (63). Voilà encore peut-être un savant, et un savant en *us*, auteur de nombreux ouvrages ou commentaires sur des textes grecs et latins, avec lequel Saint-Amant a pu prendre contact.

Mais il devait se trouver plus à son aise dans un autre milieu, celui des artistes. Saluons d'abord le plus grand d'entre eux, Nico-

---

(61) Peiresc, III 697 et IV 92.
(62) *Id.*, V 655 (18 septembre).
(63) *Id.*, V 397 et 398.

las Poussin. Le peintre était normand comme le poète, presque
exactement son contemporain (n'ayant que trois mois et demi de
plus), et ce furent peut-être occasions de rapprochement entre
eux. Evidemment Poussin se tenait, par goût, un peu à l'écart, au
témoignage de Félibien, qui l'a approché de très près — plus tard,
il est vrai. D'autre part, aux réactions qu'il aura devant le *Typhon*
de Scarron, que son auteur lui envoya en 1647, on voit qu'à cette
époque en tout cas il n'était pas le moins du monde amateur de
poésie burlesque, de celle surtout qui jouait irrespectueusement
avec les grands souvenirs de la mythologie ou de l'histoire
ancienne (64). Mais peut-être, plus jeune d'une quinzaine d'années,
était-il enclin à plus d'indulgence ; d'ailleurs il n'eut probablement
pas connaissance dès ce moment-là des couplets de la *Rome ridicule* qui furent composés sur place, et Saint-Amant avait autre
chose dans son bagage litttéraire, ne seraient-ce que ses deux poèmes de la *Solitude* et du *Contemplateur,* bien faits pour plaire à
l'artiste amoureux de tranquillité que peint Félibien. Un fait est
certain : Poussin ne s'est pas tenu entièrement à l'écart des Français de l'ambassade : il peignit pour le maréchal de Créquy un
Bain de femmes, et pour son intendant Gillier « cet excellent
ouvrage où Moïse frappe le rocher », le *Frappement du rocher* du
musée de l'Ermitage (65). Il faut enfin signaler qu'un des amis
particuliers du peintre était l'abbé de Thou, Jacques-Auguste de
Thou, abbé de Bonneval, que nous rencontrions tout à l'heure
accompagnant Saint-Amant dans le cabinet de Claude Ménétrier.
Tout cela rend à peu près certaines des rencontres entre les deux
hommes (66), d'autant plus que Saint-Amant ne nous a pas laissé
ignorer qu'il admirait l'art de Poussin, en écrivant dans le *Moyse :*

> Je doute si Poussin, ce Roy de la Peinture,
> Cet Homme qui dans l'Art fait vivre la Nature,
> Oseroit se promettre, avec tous ses efforts,
> D'en exprimer à l'œil les aymables transports.   (II 241)

A côté de Poussin, mentionnons Claude Mellan, pour lequel posa
le maréchal de Créquy (67). Dans le domaine de la musique, aussi
chère à Saint-Amant que la peinture, il trouvait à qui parler dans
l'entourage même de l'ambassadeur, puisque Pierre de Niert,
chanteur fameux, que Créquy s'était attaché, était du voyage (68).

---

(64) *Lettres de Nicolas Poussin, précédées de sa Vie extraite du Huitième
Entretien de Félibien,* P., 1945, pp. 127 et 140.
(65) *Ibid.,* pp. 25 et 26.
(66) R. A. SAYCE, *Saint-Amant and Poussin,* French Studies, I, 1947, p. 243,
est très prudent à ce sujet — trop peut-être, arrivant à conclure qu'il n'y a probablement eu que des contacts indirects.
(67) Le dessin original est à l'Ermitage. Cf. I. NOVOSSELSKAYA, *Les dessins de
C. Mellan au musée de l'Ermitage,* Gazette des Beaux-Arts, 1962, p. 320.
(68) TALLEMANT, II 521.

Ces compagnies sérieuses, en définitive, paraissent avoir tenu une place assez importante dans le séjour romain de Saint-Amant. Mais il faut constater un fait brutal : aucune preuve n'existe, dans l'état actuel de nos connaissances, que, de retour en France, le poète ait poursuivi la fréquentation de cercles analogues. A-t-il revu Campanella après que celui-ci eut trouvé asile à Paris ? A-t-il été introduit par Jacques de Thou auprès de son frère aîné François, avant la mort tragique de celui-ci ? A-t-il été reçu chez les frères Dupuy, lui qui fréquentait leur aîné Christophe ? Ce n'est pas impossible, mais en dernière analyse n'a dû être qu'exceptionnel, pour plusieurs raisons. Avant tout il n'était jamais, pour les membres de la très sérieuse Académie putéane, qu'un amateur, atteint d'ailleurs d'un vice rédhibitoire : il ne savait pas assez de latin pour prendre part aux discussions que soulèvent les ouvrages d'érudition ; ses voyages même restaient suspects aux yeux du sévère Pierre Dupuy. En outre, la situation est tout à fait différente à Paris de ce qu'elle était à Rome ; Saint-Amant a beaucoup plus le choix de ses relations, et, malgré l'attrait que gardent pour lui les questions scientifiques, l'atmosphère de ces cercles n'est certainement guère son fait. Il trouve plus d'agrément dans la compagnie d'hommes tels que Vion d'Alibray ou Le Pailleur, qui, tout en ne négligeant pas les occupations sérieuses, savent y joindre les charmes de la poésie, de la bonne chère et du cabaret.

CHAPITRE X

LE SEJOUR A ROME (suite). *LA ROME RIDICULE*

Ce serait en effet un singulier paradoxe que d'oublier ce second aspect de la personnalité de Saint-Amant. Sans doute il s'est plu, à Rome, dans la fréquentation de ceux que lui recommandaient leurs lumières ; mais l'artiste curieux de pittoresque — peut-être moins le gourmet, nous le constaterons — a trouvé lui aussi son compte à ce séjour. On en trouve la preuve en lisant la *Rome ridicule*, à condition qu'on se donne la peine de regarder au-delà d'une enveloppe satirique qui masque parfois trop bien une réalité sensiblement différente.

La *Rome ridicule* fut certainement composée pour une bonne part sur les lieux mêmes ; on se rappelle que le cardinal Bentivoglio s'en faisait lire les couplets, et Saint-Amant se peint, quittant ses amis après boire (hélas ! il ne s'agissait pas de vin), pour s'en aller prendre la plume :

> Adieu, Thyrsis, jusqu'à demain,
> Il faut obeïr au Caprice :
> Il faut qu'à ce Demon folet
> Clion, faite en grosse Nourrice,
> Donne de l'encre au lieu de lait.   (str. LXXX)

Le poème circulait manuscrit trois ans plus tard en tout cas, et Peiresc se montrait très désireux d'en avoir une copie (1). J'ignore si son désir fut exaucé ; ce qui est certain, c'est qu'il ne vécut pas assez pour le voir imprimé.

La *Rome ridicule* a souvent scandalisé, et l'on n'est pas embarrassé pour citer sur elle des jugements très durs. Saint-Beuve ne pouvait la souffrir : « Elle me révolte », écrivait-il. Le ton était donné : Faguet parle d'un poème « détestable », Gourmont d'une satire « que le mauvais goût dépare ». Si, de nos jours, on est en général moins catégorique, Léon Vérane, dans son édition des *Œuvres poétiques* (choisies), ne daigne pas en citer une strophe :

---

(1) Peiresc, III 521.

il faut dire qu'il la place, plus bas que le *Moyse sauvé*, parmi les productions « larvaires » dont il convient de soigneusement se détourner « de peur de concevoir pour une partie de l'œuvre de notre poète une définitive mésestime » — charitable et pudique exécution. Emile Henriot, avant d'écrire :

> ...Ce long morceau est d'une verve prodigieuse et d'une force comique irrésistible : on n'a jamais fait rire, en vers mordants et bien frappés, avec tant d'art (2),

parle de « sacrilège pur », et M. Pintard, comme en écho, de « cette sacrilège *Rome ridicule* où l'ordure éclabousse les plus majestueux monuments » (3).

Il semble que les critiques du XIXᵉ et du XXᵉ siècles soient, sur ce chapitre, autrement susceptibles que leurs devanciers. J'ai cité tout à l'heure la requête pressante de Peiresc ; on ne peut pourtant pas accuser celui-ci d'avoir été un contempteur de l'Antiquité, mais c'était un sage qui, pareil à beaucoup de ses contemporains, savait trouver son bien partout, quitte à faire le choix nécessaire. Je ne connais pas un auteur du XVIIᵉ siècle qui ait tenu à se montrer scandalisé ; Boileau lui-même, qui s'acharna sur le *Moyse sauvé,* n'éprouva pas le besoin d'avoir un mot de blâme pour ce qui aurait dû lui paraître, à lui champion des Anciens, comme un tissu de blasphèmes. On a prétendu, il est vrai, que d'Assoucy avait voulu écrire « la contre-partie » de la *Rome ridicule* (4) ; cette affirmation ne repose que sur une phrase mal interprétée, dans laquelle il visait non Saint-Amant, mais les « esprits forts », plus particulièrement les Gassendistes (5). Il est même possible de citer un admirateur enthousiaste (c'était un moderne, du reste, et un exalté), Desmarets de Saint-Sorlin, lequel n'hésita pas à écrire dans la machine de guerre qu'il lança contre Boileau, la *Défense du Poëme héroïque,* que « la *Rome ridicule* vaut mieux toute seule que toutes les *Satires* ensemble » (6).

Le poème eut un grand succès, attesté par le nombre des rééditions qui en furent faites (7). Ce succès ressort aussi des imitations dont il fut l'objet. « Combien la *Rome ridicule* de Saint-Amant a-t-elle pu produire de villes ridicules qu'on ne peut souffrir ? » écrivait Gabriel Guéret en 1671 (8). La plus connue est *La Chronique scandaleuse ou Paris ridicule,* de Claude Le Petit,

---

(2) *De Turold à André Chénier,* Lyon, 1944, p. 111.
(3) BÉDIER-HAZARD, *Littérature française,* nlle éd., P., 1948, I 344.
(4) *Aventures burlesques de Dassoucy,* éd. Colombey, p. XXI.
(5) Cette phrase se trouve p. 108 des *Aventures burlesques.*
(6) *La Defense du Poëme héroïque, avec quelques remarques sur les Œuvres satyriques du Sieur D...,* P., 1675, p. 98.
(7) *Bibliographie,* nᵒˢ 13 à 28.
(8) *La Guerre des auteurs anciens et modernes,* éd. de 1697, p. 211.

publiée en 1668, souvent rééditée elle aussi, et qui s'inspire de très près du texte de Saint-Amant. Le même auteur avait écrit *Venise, Vienne, Londres ridicules* (il aurait été amusant de comparer cette dernière avec l'*Albion*), enfin *Madrid ridicule,* la seule de ces œuvres que nous ayons probablement conservée. Un peu plus tard, vers la fin du siècle, Blaise-Henri de Corte, baron de Walef, composa à son imitation un poème en six chants, *Les Rues de Madrid* — cent vingt strophes, toutes aussi malodorantes (9). Mentionnons pour finir, malgré sa date plus tardive, une *Varsovie ridicule* de 1740, qui débute par une invocation aux Muses de Saint-Amant et de Le Petit (10).

Voilà qui atteste l'existence d'un public appréciant une telle œuvre. Il serait évidemment facile d'affirmer que ce n'était pas un public de bon aloi ; ce serait, à mon sens, commettre une erreur. Il suffit de parcourir un des nombreux recueils poétiques contemporains pour y constater que s'y côtoient sans cesse préciosité et burlesque, sentiments éthérés et grossièreté, sinon même obscénité ; les mêmes lecteurs qui viennent de soupirer avec Thirsis s'ébaudissent à entendre bafouer sans retenue une vieille amoureuse ou porter aux nues les plaisirs de la table et de l'ivrognerie. Excepté quelques esprits chagrins, nos ancêtres y voyaient uniquement matière à se désopiler la rate. C'est ainsi qu'il faut considérer le poème : non machine de guerre, mais simple plaisanterie, irrévérencieuse, mais qu'on ne doit surtout pas prendre trop au sérieux, et derrière laquelle il est permis de chercher autre chose.

Sous une apparence indignée, et parfois scandalisée, c'est une œuvre de bonne humeur. On l'a parfois comparée aux *Regrets* de Du Bellay : c'est ce que faisait Petit de Julleville, qui, tout en rendant une certaine justice à Saint-Amant («cela vaut du bon Scarron »), l'écrasait en le traitant d' « homme d'esprit qui fait des vers » en face du « vrai poète » qu'était du Bellay (11). Il n'est guère douteux que l'Angevin soit ici supérieur au Normand ; mais cette supériorité réside beaucoup plus dans l'inspiration que dans l'exécution. L'inspiration, chez Saint-Amant, ne pouvait être assurément la même que chez son devancier. Il n'a passé que quelques mois à Rome, sans obligations astreignantes, dans une position tout juste assez officielle pour en tirer certains avantages sans en souffrir d'inconvénients ; du Bellay est resté quatre ans, et l'on connaît assez les soucis et les tracas qui l'accablèrent pendant ces longs mois. Outre cela, peut-on imaginer deux hommes plus différents ? L'un, de santé chétive, d'une humeur volontiers morose, qu'avait accentuée certainement sa jeunesse solitaire d'orphelin

---

(9) *Œuvres*, tome V, Liège, 1731.
(10) *Varsovie ridicule, et autres pièces nouvelles... Rédigé par M. L. C. M...,* Londres, 1740.
(11) *Histoire de la langue et de la littérature française,* IV 72.

dont un tuteur (son frère) ne s'était guère occupé ; l'autre, joyeux vivant au caractère optimiste, rarement malade au cours des soixante-sept années de son existence pourtant mouvementée, homme sociable s'il en fut, qui s'est épanoui dès sa jeunesse entre ses parents, deux frères et une sœur au moins. Le premier féru d'Antiquité, familier d'un milieu qui la porte aux nues et la veut intangible ; le second la méprisant, ou feignant de la mépriser, et se proclamant résolument moderne. Entre eux, un seul point commun, l'amour de la poésie. Néanmoins, chose curieuse, ils se sont trouvés d'accord, à quatre-vingts ans de distance, sur certaines peintures de la Rome moderne. Ajoutons que Saint-Amant a tenu à nous faire savoir qu'il avait lu du Bellay, et qu'il l'appréciait, l'associant à Pétrarque dans un vibrant hommage :

> Je le renvoye aux doctes veilles
> Du Toscan et de l'Angevin ;
> Leur Enthouziasme divin
> A la-dessus prôné merveilles.   (str. XCIX)

Saint-Amant n'avait donc pas les mêmes raisons que du Bellay d'exhaler sa mauvaise humeur. D'où vient alors l'attitude qu'il adopte en face de Rome ? Faut-il y voir un accès de chauvinisme, « aussi personnel qu'officiel », et s'imaginer le poète « remâchant sans cesse des hargnes traditionnelles, des injures de circonstance et la certitude de la valeur française », ainsi qu'on l'a écrit (12) ? Il est possible qu'il y ait un peu de cela, et que l'attitude du pape et de certains cardinaux, François Barberini entre autres, dont Créquy se plaint amèrement dans ses dépêches à Richelieu, n'ait pas été sans l'influencer. Les Français se plaçaient volontiers sur un piédestal quand ils se comparaient aux étrangers (lesquels, à l'occasion, le leur rendaient bien). Mais il ne convient pas de pousser les choses trop loin. Saint-Amant était parfaitement capable de voir chez les autres ce qu'il y a de bon, et de leur rendre justice ; il faut, pour que sa critique s'émeuve et se fasse acerbe, qu'entrent en jeu des mobiles particuliers. Ce seront parfois le chauvinisme et la propagande ; dans le cas présent, il doit exister, plus ou moins consciente, une autre raison.

Il faut la chercher dans son parti-pris de modernisme. Il est intéressant de noter la place tenue dans le poème par un « à-côté » comme le burlesque récit de l'enlèvement des Sabines : vingt-deux strophes, à peine moins que l'évocation des monuments et des statues. L'épisode célèbre que, peu d'années après, vers 1638, Poussin peindra en « un prodigieux tumulte de statues » (13), où persiste jusque dans la violence la noblesse des attitudes, où l'architec-

---

(12) AUDIBERT et BOUVIER, p. 81.
(13) J. VERGNET-RUIZ, *Musée du Louvre. Les Peintures de Nicolas Poussin*, P., s.d., p. 17.

ture classique, le groupe que forment, à gauche de la toile, Romulus et ses compagnons, debout dans leur sereine grandeur, contrastent avec la masse, animée sans nulle confusion, du centre, avec la vieille femme de droite, protégeant sa fille sur laquelle se penche un Romain casqué, — cet épisode où la majesté domine, le voici transformé, rabaissé au niveau d'une de ces fêtes paysannes telles qu'en brossait alors Rubens, avec la même verve extraordinaire. Quelle meilleure illustration que la *Kermesse* du Louvre, peinte entre 1635 et 1638, à telle strophe de la *Rome ridicule :*

> A ce beau son, vingt Dodeluës
> Serrent la patte à vingt lourdauts,
> Qui meslent cent gestes badauts
> A cent postures dissoluës :
> L'un va sottement de travers,
> L'autre étourdy tombe à l'envers,
> Quilles à mont sur la pelouze,
> Celle qu'il traisne en fait autant,
> On luy voit jusqu'à la belouze,
> Et l'on en rit en s'éclattant.   (str. XXXIII)

On saisit à plein dans ce travestissement, qui annonce Scarron et son *Virgile,* le désir de ne pas s'en laisser conter, de n'être pas la dupe d'un mirage dont on lui a rebattu les oreilles et qu'il veut réduire à ses justes proportions ; après tout, n'est-il pas ici plus proche de ce que fut la réalité que les nobles récits venus en droite ligne de Tite-Live ? Ce serait aller un peu loin que de soutenir qu'il agit par déception, un peu comme un amoureux trompé, parce qu'à son arrivée rien n'a correspondu à ce que « le Renom qui se paît de vent » lui avait fait attendre. Il faut remarquer toutefois qu'il n'est pas le seul à noter que la réalité ne correspond pas toujours à ce que l'on imagine de Rome, désappointe parfois. Félibien, quelques années plus tard, assurera que la chose est fréquente (14) ; et l'auteur d'un guide de l'époque, qui s'étend complaisamment sur les beautés, tant antiques que modernes, de la Ville Eternelle, écrit pourtant en parlant du Tibre :

> Cette Riviere que la grandeur de Rome a fait aller de pair avec tous les plus fameux fleuves du monde, ne respond pas tout à fait à cette haute renommée, et les étrangers sont fort surpris la première fois qu'ils le voyent s'en étant fait une idée bien plus grande que ce qu'il est en effet (15).

Notre Montaigne lui-même ne trouva-t-il pas que les sept colli-

_____

(14) Cité par le chanoine Y. Delaporte, *André Félibien en Italie* (1647-1649), Gazette des Beaux-Arts, 1958, p. 207.
(15) F. Deseine, *op. cit.,* I 41.

nes tenaient « peu d'espace et de lieu » (16) ? Mais la plupart des
voyageurs ne s'arrêtaient pas à ces détails, ou passaient rapidement
dessus, et se laissaient facilement aller, comme Bouchard par
exemple, à la magie des souvenirs :

> Quand il descouvrit le Tybre, le Castel et Ponte San Angelo, dont
> on lui avoit autrefois tant battu les oreilles, *stupore et horrore
> quodam sacro perculsus est*, et s'imaginoit voir une ville enchan-
> tée (17).

On pourrait encore citer Balzac : « Il est certain, écrit-il, que
je ne monte jamais au mont Palatin, ny au Capitole, que je n'y
change d'esprit » (18). Ce n'était évidemment pas ainsi que Saint-
Amant abordait Rome. J'imagine plutôt un peu d'agacement à
entendre ressasser des lieux communs sur la grandeur de la ville,
sur le souvenir de ces géants que d'aucuns, ainsi que lui, commen-
çaient à trouver encombrants. Il se fait leur porte-parole en écrivant sa *Rome ridicule,* « excellente leçon donnée en plaisantant
aux touristes enthousiastes », selon la formule de Théophile Gautier. Qui sait ? Peut-être existait-il chez lui le désir de répondre
à Balzac, ce Balzac qui avait osé imprimer en 1627, dans une lettre
à Nicolas Bourbon, « Je me déclare pour Rome contre Paris », et
en terminer une autre, adressée au baron d'Ambleville, en l'assurant « qu'y étant une fois vous tiendrez pour bannis tous ceux que
vous aurez laissés en France » (19). Voilà pourquoi tout est
rabaissé, vilipendé, à commencer par le pauvre Tibre.

S'il faut en croire le bruit qu'on fait autour de lui, il l'emporte sur le Gange ; ses cailloux, sa « fange », ne sont-ce pas
diamants et « pur gravier d'or » ? Des navires, qui ne sont sur
ses flots que coques de noix, des saumons « avec des escailles de
nacre », des fleurs ; pour couronner le tout, d'aimable Nymphes,
qui se baignent en compagnie des Amours : voilà, pense-t-on, les
accessoires du décor. Le fleuve lui-même, est-il vraiment tel que
nous le représentent les sculpteurs antiques, dans sa majesté de
vieillard barbu ?
Hélas ! nous sommes loin de compte, et c'est l'apostrophe ven-
geresse qui ouvre le poème :

> Il vous sied bien, Monsieur le Tibre,
> De faire ainsi tant de façon,
> Vous dans qui le moindre Poisson
> A peine a le mouvement libre :
> Il vous sied bien de vous vanter

---

(16) *Journal de voyage,* éd. Dédéyan, P., 1946, p. 212.
(17) *Voyage de Paris à Rome,* éd. cit., p. 247.
(18) *Les Premières Lettres,* éd. cit., II 108.
(19) *Ibid.,* II 107 et I 196.

D'avoir dequoy le disputer
A tous les fleuves de la terre,
Vous, qui comblé de trois moulins,
N'oseriez deffier en guerre
La riviere des Gobelins.   (str. I)

Le contraste est plaisant, entre le tableau majestueux et idyllique, et les sarcasmes injurieux qui lui font suite : « Bain de crapaux, Ruisseau bourbeux », telles sont, pour ne citer que les moins grossières, les épithètes généreusement décernées au pauvre fleuve, auquel le poète va jusqu'à reprocher d'avoir un pont, puisque, malgré sa « bedaine », il le sauterait facilement à cloche-pied !

Je crois voir un symbole dans cette manière d'appuyer sur le Tibre, auquel sont consacrées les huit premières strophes. Quel que fût l'itinéraire choisi, que l'on arrivât par mer, ayant débarqué à Civita-Vecchia, ou par terre, venant de Florence ou de Lorette, on devait nécessairement le traverser pour pénétrer dans la ville antique. C'est donc par lui qu'on aborde Rome, et c'est par lui qu'il convient, sans retard, de dessiller les yeux des nouveaux venus, en leur prouvant qu'une béate admiration n'est nullement de mise. Mais il ne faudra pas s'arrêter en si beau chemin : il faudra montrer que ces monuments, ces objets d'art si renommés ont usurpé la place qu'ils tiennent dans l'esprit des visiteurs étrangers. Valent-ils la peine qu'on s'extasie devant eux, ces quelques restes d'une époque révolue ? Ils occupent d'ailleurs bien peu de surface ! N'est-ce pas Montaigne qui disait « qu'on ne voïoit rien de Rome que le Ciel sous lequel elle avoit esté assise et le plant de son gite » (20) ? Passons cependant en revue ses principaux vestiges. Après tout, le Mausolée d'Hadrien, « forteresse, autrefois tombeau » n'a qu'un mérite, c'est d'être rond, ce qui, pour des raisons diverses, le rend cher à toutes les nations. Le Colisée n'est que ruines, « nid de lézards et d'escargots » ; les thermes

où lavoit sa Carcasse,
Riche de gratelle et de cloux,
Ce vieux fat qui pour quatre choux
Laissa le Trosne et la Cuirasse,   (str. XVIII)

les thermes de Dioclétien, s'ils sont mieux conservés (les Chartreux y ont établi leur couvent et leur église, c'est là que le vénérable père Christophe Dupuy dirige ses moines), n'en sont pas moins dignes de malédiction, car

Qui n'enrageroit dans sa peau
De veoir du fond jusqu'au coupeau
Vos voutes entieres et saines,

---

(20) *Op. cit.*, p. 211.

> Tandis que peut-être en maints lieux
> Celles des caves toutes pleines
> Font le plongeon devant les yeux ?　　(*ibid.*)

Le Panthéon peut bien se glorifier de ne recevoir la lumière du soleil que par le trou de sa voûte, mais

> pour ce beau nom pretendu
> D'un Polypheme entre les Temples,
> Faut-il tant faire l'entendu ?　　(str. XIX)

Quant à vous, Capitole,

> Mote, qui tranchez de l'Olympe,
> Et n'avez pas six pieds de haut,

malgré le souvenir du « faux Jupin »,

> Vous ne devez pour cent raisons
> Si vous futes chery des oyes,
> Estre loüé que des Oysons.　　(str. XX)

Que dire des statues,

> Vieux simulacres effacés,
> Pauvres haires rapetassés ?　　(str. LV)

Qu'il s'agisse des « miracles » du Belvédère, des chevaux de Monte-Cavallo, du Taureau Farnèse, foin de tout cela ; allez au plus vite rejoindre

> Murs démolis, Arcs triomfaux,
> Theatres, Cirques, Echaffaux,
> Monumens de Pompes funestes,

et tout ce qui subsiste encore du temps des empereurs :

> Ma Muse à la fin du souper
> Fait un ragout de tous vos restes,
> Qu'elle baille au temps à friper.　　(str. LVII)

Mais ce n'est là qu'un des aspects de la critique qu'exerce Saint-Amant à l'encontre des monuments de l'ancienne Rome. A plusieurs reprises il fait intervenir un point de vue moral qu'on est un peu surpris, il faut l'avouer, de trouver ici sous sa plume. Devant le « barbare » Colisée, par exemple, il s'indigne de la cruauté des Romains, et de leur goût du sang.

Lui-même, il est vrai, ne laisse pas de s'étonner devant l'âpreté de ses propos : il ne convient assurément pas

De desgainer l'aigre Satyre
A la barbe du grand Pasquin   (str. XIV)

Mais cela ne l'empêche pas de rappeler la triste fin de « cent pauvres veaux massacrez» dans le Panthéon, de stigmatiser l'assassinat commis par Romulus sur la personne de son frère, d'évoquer enfin

les sanglantes fureurs
De tant de cruels Empereurs,   (str. LVII)

sans oublier un coup de griffe, au passage, au « fol prince » Hadrien et à son mignon Antinoüs.

Dans tout cela, le poète est-il sincère ? Trancher la question n'est pas facile. J'ai cependant l'impression que ce n'est pas toujours très sérieux ; un artiste comme lui ne pouvait rester insensible devant les pittoresques vestiges que Rome lui offrait. Seulement, il ne lui était guère facile de le faire sentir, prisonnier qu'il était de son modernisme affiché, prisonnier aussi de l'image qu'il avait volontairement donnée de lui à ses lecteurs, et qui l'empêchait de se montrer trop grave. Sa réputation de joyeux compère l'entraîne, si elle ne l'y oblige pas, à adopter ce genre satirique et irrespectueux qu'on lui a tant reproché.

Ceci posé, de tous les écrivains qui se sont succédé à Rome depuis près d'un siècle, ou vont bientôt s'y succéder, du Bellay, Montaigne, Boisrobert, Scarron, Mainard, aucun ne donne des renseignements aussi précis sur ce qui, dans les vestiges antiques, attirait les visiteurs ; tout bien considéré, il n'omet pas grand chose d'important dans ce que les guides recommandaient à leur clientèle. C'est un indice que, durant son séjour, il n'a rien négligé de ce qu'il fallait voir : est-ce l'attitude de quelqu'un qui méprise autant l'antiquité qu'il voudrait le laisser supposer ? Et n'est-il pas permis de chercher, sous l'apparence railleuse, un fond de pensée plus conformiste ?

Il reste cependant évident que la Rome moderne tient dans le poème la place essentielle. L'évocation qui en est faite donne souvent l'impression d'être moins originale, en partie simplement parce que les prédécesseurs de Saint-Amant s'y sont, eux aussi, plus complaisamment arrêtés. Notre poète est très dur pour la ville pontificale et pour ses habitants ; mais sur de nombreux points les rapprochements que l'on peut faire avec ce qu'ont écrit d'autres voyageurs invitent à penser que, malheureusement, il n'a pas exagéré.

Quel portrait peu flatteur est tracé des Romains ! On se rappelle le sonnet des *Regrets*, dans lequel est esquissée leur silhouette :

Marcher d'un grave pas et d'un grave sourci,
Et d'un grave soubriz à chascun faire feste,
Balancer tous ses mots, respondre de la teste,
Avec un *Messer non,* ou bien un *Messer si...* (21).

Mettons en face l'image pittoresque des « faux Galands en bas de soye » tels qu'on les voit dans les rues en 1633 :

D'un, serviteur, et moy le votre,
Qu'ils se dardent en grimaçant,
Ils semblent vouloir en passant
Jetter leur tête l'un à l'autre :
Le bord flotant et rabatu
Du feutre mince, et sans vertu,
Qui couvre leur vaine cervelle,
Pour être ainsi qu'eux lâche et mol,
Ondoye au trot, et bat de l'aile,
Comme un Choucas qui prend son vol. (str. LXI)

On sent ici l'étonnement d'un Français devant l'agitation exubérante de ces méridionaux ; de même Bouchard, à Naples il est vrai, fut frappé de l'affectation qu'ils mettaient dans leur démarche, leurs attitudes, leur voix et leurs gestes : ils crient et gesticulent plus qu'ils ne parlent, observe-t-il (22). Quant à Mainard, il note à leur sujet : « La liberté Françoise vaut mieux que toutes les gravités contrefaites que nous voyons ici » (23).

Les défauts et les vices défilent devant nous, et d'abord l'hypocrisie :

Ils donnent tout aux apparences ;
Et l'amitié qui regne entr'eux
N'est qu'un fantôme vain et creux
Que l'on repait de reverences.   (str. LXXXV)

Mainard ne semble-t-il pas avoir lu ces vers, quand il s'exclame: « On donne icy tout à l'apparence » (24) ? Et du Bellay disait :

Je n'escris de l'honneur, n'en voyant point icy :
Je n'escris d'amitié, ne trouvant que feintise,
Je n'escris de vertu, n'en trouvant point aussi (25).

---

(21) Sonnet LXXXVI.
(22) *Un Parisien à Rome et à Naples en* 1632 (édition partielle du *Journal* de Bouchard par C. Marcheix), P., 1897, p. 75.
(23) *Les Lettres du président Maynard,* P., 1652, p. 145.
(24) *Ibid.,* p. 129.
(25) Sonnet LXXIX.

L'avidité des Romains — du Bellay disait « leur usure infinie »
— est une autre cible de choix :

> Ces gens cy n'ont point l'humeur franche,
> A tout gain leur arc est bandé :
> Souvent pour m'avoir regardé
> J'ay vû me demander la manche.   (str. LXXXI)

La *mancia*, le pourboire, voilà bien, avec les « racleurs de guiterre » (str. LXXIII), les deux fléaux qui mettent à dure épreuve les
nerfs de notre héros. Les marchands sont sans honneur et sans
foi, et loin que cet « avide soin d'argent » soit l'apanage des « cœurs
vulgaires », les plus grands n'en sont point épargnés (str. LXXXII).
Que s'y ajoute la chicane, dont la cour romaine fait ses délices
(c'est un Normand qui parle !), et le tableau sera des plus enga-
geants (str. XCII). Mais ce n'est pas suffisant : ils sont ignorants.
Du Bellay déjà s'en plaignait :

> Je n'escris de sçavoir, entre les gens d'Eglise...

Les choses ne semblent pas avoir changé depuis :

> Je diray, que hors de la Banque,
> Et d'autres moyens d'en avoir,
> Qu'on cherche icy quelque sçavoir,
> On rencontrera toujours blanque.   (str. XCIII)

Peiresc, lui aussi, déplorait l'abaissement des sciences dans
l'Italie de son temps (26). Ils sont poltrons, jaloux, débauchés surtout, adonnés aux vices les plus condamnables (str. LXXV, XCIV,
XCV). Si l'on ajoute qu'ils ne répugnent pas à supprimer délibérément leur prochain, soudoyant à peu de frais des assassins pro-
fessionnels, et que le boucon (c'est-à-dire le mets ou la boisson
empoisonnés) se débite ouvertement (str. LXXXVI), on conviendra
qu'ils sont peints sous des couleurs vraiment très sombres.

Les femmes non plus ne trouvent aucune indulgence, et les qua-
lificatifs malsonnants ne leur sont point épargnés, dans ces vers par
exemple :

> O que ces Guenuches coiffées,
> Avec leur poil fauve par art,
> Leur taille de vache, et leur fart,
> Sont à mes yeux d'étranges Fées !   (str. LX)

Comment expliquer que les maris soient jaloux ? Ils pourraient
faire l'économie du barbare appareil dont ils chargent leurs com-
pagnes : la laideur « incomparable » de celles-ci suffirait ample-

---

(26) Lettre inédite au cardinal Barberini (communication de M. Lebègue).

ment (str. LXXXVIII-XC). Voilà cependant le galant Français réduit
aux courtisanes. On les rencontre sans cesse d'ailleurs, elles trônent aux fenêtres (str. LXII), où déjà les avait admirées Montaigne (27) ; on s'en va faire un tour chez la Grecque, on passe chez
« la Dorathée aux beaux yeux » (str. LXXVII), de même que du Bellay allait voir la Marthe ou la Victoire (28) : les noms seuls ont
changé, les habitudes restent. Mais assez parlé de ces illustrations
de Rome. Ne quittons pas les femmes cependant sans nous demander ce qu'ont pensé d'elles d'autres voyageurs : par malheur ils
se sont plus souvent occupés des courtisanes que des honnêtes
dames ! Balzac, à son habitude, déborde d'enthousiasme (29) ; mais
n'exagère-t-il pas dans sa pompeuse rhétorique ? Je me fierais
plus volontiers à Montaigne, qui jugeait, sans parti-pris, en ces
termes :

> Au demourant il lui sambloit qu'il n'y avoit nulle particularité
> en la beauté des fames, digne de cette préexcellance que la repu-
> tation donne à cette ville sur toutes les autres du monde ; et au
> demurant que, come à Paris, la beauté plus singuliere se trouvoit
> entre les meins de celles qui la mettent en vante (30).

Devant ce tableau, nous sommes obligés d'accuser le poète
d'avoir délibérément travesti la réalité. L'une des raisons qui l'ont
poussé à si mal parler des dames romaines est peut-être le dépit
qui l'a saisi à voir la façon dont leurs maris les gardaient de près,
ce qu'il déplore en ces termes :

> Car l'entretien chaste et benin
> Du gentil sexe feminin
> Ne s'y permet en nulle sorte,
> Et les hommes sots et jaloux,
> Sous l'avertin qui les transporte,
> Y sont autant de loups garoux. (str. LXXXVII)

Mainard se plaint également, remarquant avec dépit que, même
au temps du carnaval, « on les tient entre les heures et le chape-
let » (31).

Les ecclésiastiques ne sont pas non plus épargnés, quoique
Saint-Amant, dans ce domaine, reste bien loin de Du Bellay. Le
pape n'est même pas nommé. Les cardinaux sont ménagés : ils
sont simplement présentés menant un somptueux cortège dans les
rues de la ville, arrêtant la circulation, attirant sur leur passage,
aux fenêtres, les femmes, et surtout les courtisanes :

(27) *Op. cit.*, p. 234.
(28) Sonnet LXXXIV.
(29) *Op. cit.*, I 194.
(30) *Op. cit.*, p. 203 ; cf. aussi p. 217.
(31) *Op. cit.*, p. 209.

Ferme (*Arrête*), Cocher, de peur du crime
Qui provient d'incivilité ;
Nous devons toute humilité
A la pourpre Eminentissime :
O quel Regiment d'Estafiers !
Que ces chevaux sont gais et fiers
D'avoir des houpes cramoisies !
Rome étincelle sous leurs pas,
Et devant eux les jalousies
Font éclater tous leurs appas.   (str. LXII)

Peut-être faut-il voir quelque malice dans l'emploi du mot *éminentissime* : ce n'est que tout récemment, en 1630, qu'un décret d'Urbain VIII avait accordé ce titre aux membres du Sacré Collège, à la suite, assurait-on, d'un discours de Luc Holstein (32). Mais, en tous les cas, nous sommes bien loin de l'âpreté des propos de Balzac à leur sujet (33). Il est vrai que celui-ci avait assisté à un conclave, et qu'en ces occasions les convoitises et les intrigues de toutes sortes ne gardaient pas toujours la discrétion qui eût été nécessaire ; néanmoins cela ne suffit pas à expliquer, en contraste, la modération dont fait preuve notre poète, qui n'est pas dans ses habitudes. Sans doute ne voulait-il pas risquer de se mettre à dos ceux dont il pouvait un jour avoir besoin, pour quelque bénéfice par exemple. Le cardinal Bentivoglio, s'il est exact que Saint-Amant lui lisait ses vers au fur et à mesure de leur composition, ne pouvait avoir aucun motif de se scandaliser, en écoutant ceux qui étaient consacrés à ses collègues.

Par contre, les subalternes ne sont pas épargnés. C'est le moine qui s'en vient faire le galant sur le Corso (str. LIX), ce sont les « capelans » (*cappellani*, chapelains), « plus mal bâtis que des fagots », dont la gueuserie semble sortir en droite ligne de *Lazarille de Tormes* (str. LXV), c'est le « prestolin » qu'accompagne sa belle, « en équipage masculin » (str. LXXVI). Comment s'étonner que la dévotion ne soit pas fort profonde, et se contente souvent de démonstrations extérieures ? Montaigne notait que « les ceremonies samblent estre plus magnifiques que devotieuses », et que « la pompe de Rome et sa principale grandur, est en apparence de devotion » (34). Saint-Amant ne dit guère autre chose :

D'impertinentes simagrées
Ils fardent la Devotion ;
....
Pourveu qu'un Autel soit orné
De maint, ex voto, griffonné,
Un Saint leur en doit bien de reste...   (str. LXXXIV)

_____

(32) *Menagiana*, éd. 1715, I 373.
(33) Voir, par exemple, *éd. cit.*, I 181 et 216.
(34) *Op. cit.*, pp. 203 et 236.

Ne perçoit-on pas là de lointains souvenirs de l'éducation protestante qu'il avait reçue ?

Sur le cadre de la Rome moderne, il reste assez discret. Néanmoins un certain nombre d'indications éparses confirment ce qu'avait déjà suffisamment montré sa peinture des vestiges de l'antiquité, ou celle des personnages rencontrés dans les rues. Il ne s'est nullement cloîtré, durant son séjour, dans le palais de l'ambassadeur, la boutique *del Sole* ou les tavernes, mais s'est promené par la ville et dans ses environs immédiats. Pourtant la saison n'était guère propice aux longues marches. Les doléances des voyageurs sur la chaleur accablante de ces mois d'été ne sont pas rares. Balzac, en juillet, cherche « tous les remèdes imaginables contre la violence de la chaleur », éventail, neige à tous les repas, pour rafraîchir le vin et les melons, sieste, fraîcheur des fontaines dans les bois d'orangers ; et il conclut :

> Que si un jour de la semaine je suis obligé d'aller plus loin, je ne traverserois pas la ruë sans monter en carrosse, et marcher tousjours à couvert entre le Ciel et la terre (35).

Même son de cloche, avec moins d'exagération et plus de simplicité dans l'expression, chez Mainard, qui se plaint plus d'une fois de cet inconvénient majeur d'un séjour estival. C'est, écrit-il en septembre 1635, « un païs où je croy qu'il n'y fait gueres moins chaud qu'en Purgatoire ». Dès le printemps suivant, instruit par l'expérience, il appréhende vivement « les ardeurs de l'Esté de Rome », que rien, pas même les figues et les melons, ne parvient à rendre supportable, et il évoque, une fois encore, les affres du Purgatoire (36).

Il est certain que le séjour de la ville en été n'était pas agréable ; aussi ceux qui le pouvaient allaient passer à la campagne les jours les plus chauds, à commencer par le pape, qui se retirait à Castel-Gandolfo ; il arrive au maréchal de Créquy de s'en plaindre, cette villégiature étant un prétexte commode pour faire traîner les choses en longueur ! Saint-Amant, comme les autres, n'a pas manqué de rappeler cette excessive chaleur — non pas dans un passage de la *Rome ridicule,* mais dans un sonnet, *L'Esté de Rome,* qui parut en 1643 :

> Quelle estrange chaleur nous vient icy brûler ?
> Sommes-nous transportez sous la Zône torride ?
> Ou quelqu'autre imprudent a-t'il lasché la bride
> Aux lumineux Chevaux qu'on voit estinceler ?

---

(35) *Op. cit.,* I 93.
(36) *Op. cit.,* pp. 155, 243, 254.

La Terre en ce Climat, contrainte à panteler,
Sous l'ardeur des rayons s'entre-fend et se ride,
Et tout le champ romain n'est plus qu'un sable aride
D'où nulle fresche humeur ne se peut exhaler.

Les furieux regars de l'aspre Canicule
Forcent mesme le Tibre à périr comme Hercule,
Dessous l'ombrage sec des joncs, et des roseaux :

Sa qualité de Dieu ne l'en sauroit deffendre ;
Et le Vase natal, d'où s'escoulent ses eaux,
Sera l'Urne funeste, où l'on mettra sa cendre.   (I 392)

Qu'on remarque en passant, dans ce sonnet, la précision de
l'évocation, le pittoresque du tableau, la sûreté dans l'emploi du
vocabulaire, la richesse des rimes : tout concourt à en faire une
manière de petit chef-d'œuvre, malgré la mythologie, trop conforme au goût de l'époque, et, peut-être, la pointe finale, qui pourra
paraître fâcheuse à certains lecteurs. Le ton, cela saute aux yeux,
est totalement différent de celui de la *Rome ridicule ;* le pauvre
Tibre, qu'il a tant brocardé, voilà que maintenant il le juge digne
de compassion : c'est que la description a pris la place de la satire.
On ne peut même pas dire qu'il se plaigne de la chaleur ; sans
doute en avait-il vu bien d'autres au cours de ses voyages. On imagine volontiers qu'il n'était pas fâché de montrer comment un
ancien navigateur comme lui, qui était descendu jusqu'à l'équa-
teur, savait faire fi de ces contingences.

Est-ce pour cela qu'il feint de mépriser les fontaines, parure
de la ville ? Comme il les peint bien, pourtant, en une sorte de
préfiguration des chefs-d'œuvre que le Bernin élèvera quelques années plus tard sur la place Navone, celle du Triton
(1640), celle des Quatre Fleuves (1651) !

Là, des Animaux les vomissent,
Icy, les cornes des Tritons,
Icy, nichez par les cantons,
D'autres les pleurent, ou les pissent :
Là, d'un gosier audacieux,
Les Dragons les crachent aux Cieux
Avec une roideur extrême ;
Mais aussi-tot se reprenant,
Cette eau retombe sur soy même,
Et fume presque en bruïnant.   (str. XLIX)

Il pouvait voir déjà sur la place quelques Tritons, à la fontaine actuelle du More. Sur une autre, qui n'existe plus aujour-
d'hui, et se trouvait en face de l'église S. Pietro in Montorio, des
lions crachaient de l'eau (37) ; et l'on trouvait, semble-t-il, des

_____

(37) M. GUIDI, *Le Fontane barocche di Roma*, Zurich, 1917, p. 23.

dauphins, un aigle, un triton soufflant de la trompette aux deux fontaines élevées en 1629 à la villa Mattei sur le Caelius (38). Est-il téméraire de penser que le poète a aimé ces eaux, qu'il voyait

> d'un saut bruyant
> Se poursuivant, et se fuyant,
> Sortir de quelque laide trogne,
> Ou de quelque horrible museau,
> Qui se boursouffle, ou se refrogne
> Sous le caprice du ciseau ?   (str. XLVIII)

Est-ce par hasard qu'il choisit ici ce mot de caprice, qui lui est cher, qu'il emploie fréquemment et met au titre de tant de pièces ? C'est une manière pour lui de laisser deviner ses véritables sentiments. Car, là encore, il n'était pas libre de les exprimer ouvertement : un poète bachique, l'auteur des *Cabarets*, de la *Vigne*, de la *Crevaille*, se doit à lui-même et doit à son public de ridiculiser l'eau chaque fois qu'il la rencontre, même s'il en prend prétexte pour un des ces tableaux dont il a le secret, où le pittoresque se mêle au burlesque dans une évocation précise, et combien baroque ! jusque dans les jeux colorés de l'eau avec le feu, qui lui permettent de terminer sa strophe en un concetto du plus pur style marinesque :

> Quand je contemple ces Mysteres,
> Je m'imagine en leur dessein,
> Que l'air de Rome etant mal-sain,
> On luy donne aussi des clysteres :
> Ou voyant Iris au travers
> Piaffer d'un lustre divers,
> Composé de rayons humides,
> Je croy que l'arc vert rouge et bleu
> Decoche des fleches liquides
> Pour blesser l'element du feu.   (str. L)

En raillant ainsi les fontaines, il en profite pour lancer une pointe aux sculpteurs modernes, à ceux tout au moins qui travaillent à restaurer tant bien que mal les marbres antiques, à les munir de « bras nouveaux » et de « pieds menteurs » (str. LI), et sans doute n'a-t-il pas tort. Pas un mot, ce qui peut étonner au premier abord, d'un artiste qu'il aimait, Michel-Ange, dont il avait vanté dans le *Contemplateur* « l'immortelle et sçavante main » en évoquant son *Jugement dernier*. Il a certainement profité de son séjour pour aller contempler à loisir les fresques de la Sixtine, et ce silence, à la réflexion, est à lui seul symptomatique d'une admiration sans mélange, et qui ne pouvait s'exprimer dans une œuvre satirique, au milieu des critiques et des railleries.

---

(38) *Ibid.*, p. 42.

Ce sont, en fin de compte, les rues et leurs spectacles qui semblent avoir retenu l'attention du poète. Voici le Corso, la plus belle artère de la ville, s'étendant sur l'emplacement de l'ancienne *Via lata* ; Paul III Farnèse l'a fait tirer au cordeau de la place del Popolo à la place Saint-Marc. Cavaliers et dames s'y promènent le soir en carrosse, passant devant un des seuls édifices modernes dont Saint-Amant fasse mention, l'hôpital Saint-Jacques des Incurables (str. LXXV). Voici la place Navone, en bordure de laquelle s'élevait le palais de l'ambassadeur. D'après les descriptions de l'époque, c'était la plus belle et la plus fréquentée ; chaque mercredi s'y tenait un magnifique marché, et l'animation qu'elle présentait avec ses charlatans (str. LXXXV), ses montreurs de marionnettes, ses astrologues, avait de quoi enchanter la fantaisie du poète. Au coin du palais Orsini, à qui elle a fini par donner son nom, tant elle est célèbre, se niche la statue de Pasquin ; Saint-Amant a dû s'arrêter bien souvent devant ce vénérable personnage, qui n'a plus, hélas ! ni bras ni jambes :

> Il est bien vray qu'en recompense
> Il ne manque point de caquet :
> Il cause comme un Perroquet,
> Et dit sans peut tout ce qu'il pense.   (str. XVI)

Le poète put se régaler des placards où se poursuivait son éternel dialogue avec son compère Marforio. Devaient également l'amuser les rimeurs de carrefours, improvisant de méchants vers (str. LXXIV), au milieu d'une foule bigarrée et bruyante, dont nous avons constaté qu'elle n'était pas épargnée par un visiteur en veine de raillerie.

Aux abords de la ville, ce sont les *vignes* (nous dirions aujourd'hui villas) des cardinaux et autres importants personnages, telle la vigne Borghèse, dont est évoquée la fameuse chaise « qui prend les culs au trébuchet » (str. LXIV) : on ne pouvait s'y asseoir sans qu'en sortissent, de chaque côté, des crampons de fer qui vous saisissaient les cuisses et vous maintenaient solidement. Ces *vignes,* où l'on allait chercher le frais, étaient universellement appréciées ; Mainard y accompagnait fréquemment le maréchal de Toiras, et non sans plaisir (39). Sont-ce elles que vise notre poète quand, jouant sur le double sens du mot, il écrit à la fin de son poème :

> Pour achever en galand homme,
> Je dy, que je fay plus d'état
> Des Vignes de la Cioutat,
> Que de toutes celles de Rome ?   (str. CI)

---

(39) *Op. cit.*, p. 132.

C'était le sentiment du commentateur ancien de la *Rome ridicule,* et je crois qu'il avait raison. Le poète n'a pu résister au plaisir de lancer une plaisanterie qui, une fois de plus, lui permettait de battre en brèche le renom de Rome, en rappelant du même coup qu'on y boit médiocrement.

Car c'est un des griefs, et non des moindres, que nourrit Saint-Amant contre la Ville Eternelle ; bien plus que la chaleur, voilà qui fut assurément capable d'émouvoir sa bile. Vins médiocres, nourriture détestable, confort inexistant, c'est de tout cela qu'il se plaint, et il a probablement raison cette fois. On se rappelle qu'il ne logeait pas au palais Orsini, ce qui se comprend ; la table avait beau être magnifique, elle n'était que de trente couverts, et naturellement il fallait être de bonne naissance, ou proche du maréchal, pour s'y asseoir régulièrement. Saint-Amant logeait donc dans une hostellerie, à l'enseigne de l'Ours, ainsi qu'en font foi ces vers :

> Retournons à l'hostellerie,
> Ou dans l'Enfer, pour dire mieux,
> Enfer dont un Ours grand et vieux
> Est le Cerbere en sa furie.	(str. LXVI)

Ne veut-il pas indiquer qu'un ours en chair et en os, enseigne vivante, se tenait, enchaîné, à la porte de cet établissement ? Il avait été fort renommé; parmi ses clients de marque, s'était trouvé Michel de Montaigne, descendu là en arrivant à Rome (40) ; mais qui s'en souvenait ? Les étrangers y logeaient encore volontiers, mais, selon Bouchard, il avait dès lors perdu une partie de son crédit (41) ; il finira par devenir uniquement une auberge de voituriers, leur quartier général en quelque sorte (42). L'hôtellerie *dell'Orso* offrait cet avantage d'être située, dans la rue du même nom, à proximité immédiate de la place Navone et du palais Orsini.

Que lui reprochait donc Saint-Amant ? La mauvaise qualité de son lit d'abord, « un vray Grabat de l'hostière » (c'est-à-dire de l'hospice), aux matelas pourris (str. LXVIII) ; sans doute ressemble-t-il à ceux dont se plaint Bouchard lorsqu'il est à Naples : « « Meschants lits et durs, ny ayans que deus petits matelas sans paillasse dont l'on n'use point du tout en cette ville » (43). Et ce lit regorge de vermine, de « Grisons secs et mal nourris » ; contre eux l'on doit livrer de rudes combats, renforcés qu'ils sont des scorpions, des « fiers Cousins » et des punaises, sans compter les

---

(40) *Op. cit.,* p. 199.
(41) *Voyage de Paris à Rome, éd. cit.,* p. 248.
(42) *Œuvres diverses du sieur D...,* Amsterdam, 1714, II 211.
(43) *Un Parisien à Rome et à Naples, éd. cit.,* p. 16.

tarentules (en fait, il n'en existe pas à Rome, mais qu'à cela ne tienne, il ne fallait pas manquer la description des effets de leurs piqûres, et de la façon dont on les soignait, paraît-il, en dansant). Tableau peu engageant, et qui permet au poète de s'exclamer :

> Bref, je gite en melon de France
> Sur une couche de fumier.

Mais cela n'est rien à côté de la nourriture. La cuisine italienne, trop différente de la nôtre peut-être, ne plaisait guère à nos ancêtres. Non sans cause, suivant Mainard ; il nous montre en tout cas les Romains les plus huppés, quand ils sont las de faire mauvaise chère, venant « se saouler pour huit jours » à la table de l'ambassadeur Noailles ou à celle d'Alphonse de Richelieu (44). Si l'on mange mal chez eux, que sera-ce à l'hôtellerie ? Voici le poète et ses compagnons qui rentrent affamés :

> Laquay, le souper est-il prest ?
> Apporte vite, tel qu'il est,
> Soit Caujal, Boutarque, ou Sardine (45) :
> Courage, Enfans, nous voyla bien,
> Donnons dessus à la sourdine,
> Grand appetit n'épargne rien.   (str. LXXI)

Las ! au lieu de ces mets chers aux buveurs, car ils excitent la soif, les malheureux en sont réduits

> A n'avoir rien, ny cru, ny cuit
> Que la menestre (*la soupe*) et la salade.   (str. LXVII)

Les jours de festin, c'est autre chose, mais qui ne vaut pas mieux :

> Oüay, l'hoste se met en dépence !
> Une fritate d'œufs couvez,
> Et d'huile puante abbreuvez,
> Se vient offrir à notre pance :
> Un morceau de serpent roty,
> De menthe et d'hyssope assorty,
> L'accompagne avec une rave ;
> Et barrette sur le genoüil,
> Battiste, d'un pas lent et grave,
> Fait marcher trois brins de fenoüil.   (str. LXXII)

Voilà qui n'est guère plus appétissant que le menu du repas ridicule de Boileau, lequel peut-être s'est souvenu de Battiste en

---

(44) *Op. cit.*, p. 205.
(45) Le caujal, ou cavial, c'est notre caviar, mais les œufs d'esturgeon étaient saupoudrés de sel, puis séchés au soleil ; la boutargue était aussi des œufs de poisson salés, souvent confits dans du vinaigre.

dessinant son valet « marchant à pas comptés ». On peut rapprocher le passage où Mainard, indigné de voir combien les cuisi-
niers des cardinaux auraient besoin de leçons, ajoute :

> Ces miserables (*les « tristes cardinaux » d'Italie*) qui ne vivent
> que de Raves et d'un peu de Fenouil, et qui n'usent de cure-dents
> que pour tromper le monde, faisant accroire qu'ils ont disné lors
> qu'ils sont encore à jeun, n'ayment les bonnes viandes que sur
> les tables d'autruy (46).

Comble d'infortune, le vin ne vaut rien, tantôt noir, tantôt
« jaune, doux et fade », capable de faire rechigner jusqu'à l'en-
tonnoir (str. LXVII). De fait, il semble que les Français, quand
ils voulaient boire du vin qui leur fût vraiment agréable, le faisaient venir de France ; c'est ce que fit Alphonse de Richelieu, au
grand plaisir de Mainard (47). Il devait pourtant s'en trouver à
Rome qui ne fût pas à dédaigner ; sans doute ne correspondait-il
pas au goût de nos compatriotes, qui lui préféraient les crus de
notre terroir : les blâmerons-nous d'avoir placé le Bourgogne au-
dessus du Montefiascone ?
   La chaleur, du reste, faisait presque une obligation de se
rabattre sur d'autres boissons, plus désaltérantes,

> L'aigre de Cedre et de Jasmin,
> Où la fraîcheur est en sa gloire,   (str. LXXVIII)

c'est-à-dire une boisson à base de cédrats, ou de citrons, et une
autre parfumée au jasmin : « Je laisse au vulgaire à sentir les
fleurs, j'ay trouvé le moyen de les manger et de les boire », écrit
Balzac (48). Notre poète a beau invoquer le « Roy des Pots » et
s'écrier :

> Qu'y feroit-on ? c'est la coutume :
> On est contraint de vivre ainsi :
> Le plus sain se corromt icy,
> Et tout s'y change en apostume,   (str. LXXIX)

le voilà bien contraint d'avouer qu'à son corps défendant il apprécie, comme un chacun, l'usage de ces boissons glacées :

> Ma raison a bien un bandeau,
> De suivre des plaisirs de neige,
> Et d'aimer un breuvage d'eau.   (str. LXXVIII)

Curieux paradoxe, c'est, à tout prendre, la seule chose qui semble trouver grâce aux yeux de cet impénitent disciple de Bacchus !

----

(46) *Op. cit.*, p. 133.
(47) *Ibid.*, p. 254.
(48) *Premières Lettres*, éd. cit., I 94.

Durant les quelques mois de son séjour, Saint-Amant a donc beaucoup observé, avec intérêt, ne négligeant ni les vestiges de la Rome antique, ni la Rome moderne. Un critique italien l'a fort bien dit récemment : tout âpre et acharnée qu'elle soit, la trame satirique laisse toujours transparaître un fond de vérité (49). Le poète a souvent trouvé à redire ; mais je suis persuadé qu'en son for intérieur il n'a pas fait que critiquer. Il a choisi d'enfermer ses observations dans un cadre satirique, parce que ce genre convenait à son tempérament, qu'il plaisait à ses contemporains, et qu'il lui était difficile de faire autrement. Mais il ne faut surtout pas le prendre trop au sérieux, et s'indigner, sous prétexte qu'il s'attaque à la sacro-sainte Antiquité. Ce n'est pas le lieu de reprendre les pièces de ce procès, ni de montrer que ces travestissements, replacés dans le cadre de l'époque, n'avaient pas les mêmes résonances que plus tard — disons après Boileau, pour schématiser. Je voudrais seulement souligner en terminant que Saint-Amant lui-même invite son lecteur à ne pas se scandaliser, en lui donnant dans les derniers vers ce qui est peut-être la clef du poème. Dans sa conclusion, il propose une leçon de tolérance et d'indulgence, en l'empruntant à cette Rome même qu'il feint de traiter par dessous la jambe, mais qu'en fait il connaît si bien :

> Et d'ailleurs, je ne pense point
> Qu'elle s'échauffe en son pourpoint
> Sur ce titre de, Ridicule,
> Puisqu'on voit encor en ce lieu,
> Qu'au pair d'un Mars, ou d'un Hercule,
> Elle en fit autrefois un Dieu,   (str. CI)

allusion à un petit temple dédié *Deo ridiculo* qui s'élevait jadis près de la porte Capène.

Après cela, il ne reste plus qu'à écrire le mot FIN, non sans malicieusement ajouter en appendice la plus belle collection d'injures, en latin et en italien, qui aient peut-être jamais été adressées à Rome (la Rome moderne s'entend), sous la caution de trois fameux humanistes : Pétrarque, Erasme et Joseph Scaliger.

Nous allons maintenant quitter Rome, comme Saint-Amant lui-même. Son séjour s'était probablement prolongé un peu plus qu'il n'était prévu lorsqu'il s'embarquait à Marseille, si toutefois, ainsi qu'il est vraisemblable, il devait primitivement revenir avec Créquy. Le maréchal en effet n'avait aucun désir de s'attarder à Rome, et dès le 16 juillet il sollicitait de Richelieu l'autorisation de s'en aller. En fait, il demeura plus d'un an, de prolongation en prolongation, et ne quitta Rome pour Florence, puis Venise, que le 8

---

(49) L. JANNATTONI, *La « Rome ridicule » di Saint-Amant*, Almanacco dei Bibliotecari italiani, Rome, 1962, p. 118.

14

juillet 1634 (50). A cette date, Saint-Amant était revenu en France depuis plus de six mois.

Créquy n'avait certainement pas l'intention d'emmener à Venise tous ceux qui l'avaient accompagné à Rome. Aussi, lorsqu'en novembre 1633 il croit vraiment que son départ n'est plus qu'une question de jours, il renvoie en France une partie de son train : Mazarin en profite pour expédier une douzaine de gants, dont il annonce la prochaine arrivée à Servient (51). Le 17 décembre Peiresc écrit à Claude Ménétrier que « le train de M. de Crequy » a été débarqué à Saint-Tropez « il y a plus de huict jours » (52).

C'est alors que Saint-Amant a quitté Rome. Son retour pose cependant un petit problème : comment s'est-il effectué ? La date de sa visite à Peiresc (14 décembre) semble montrer qu'il a débarqué avec le « train » de l'ambassadeur, ce qui expliquerait une confusion de Gassendi, affirmant qu'il était revenu avec lui (53). D'un autre côté, s'il faut prendre au pied de la lettre une indication de Peiresc à Bouchard, le poète serait passé par Sienne, où il a vu Galilée, « en revenant de ce païs », empruntant donc, en partie au moins, la route de terre (54). Il a pu y avoir confusion dans l'esprit de Peiresc, qui écrit un mois après la venue de Saint-Amant, et ce dernier a peut-être, un peu plus tôt, quitté Rome quelques jours pour « excursionner » dans le nord, en profitant pour visiter Galilée. A moins, ce qui concilierait tout, qu'il n'ait rejoint les galères à quelque escale : il aurait alors probablement refait, en sens inverse, la route suivie trois ans auparavant par Boisrobert (55), et, par Empoli et Pise, gagné Livourne, où il se serait embarqué. Dernière possibilité : un retour uniquement par terre, comprenant la traversée des Alpes (et peut-être aurait-il alors écrit son fameux sonnet sur l'hiver dans ces montagnes), et dont le terme aurait à peu près coïncidé avec l'accostage des galères à Saint-Tropez. Dans un cas comme dans l'autre, il est tout à fait exclu qu'il ait alors mis les pieds à Venise : il n'y a donc pas lieu de s'étonner, comme on l'a fait, qu'on ne trouve dans son œuvre aucune trace de son passage dans cette cité.

---

(50) Cf. J. HUMBERT, op. cit., pp. 200-206.
(51) A. E. Rome, 47, f° 261 (28 novembre).
(52) PEIRESC, V 674.
(53) Viri illustris Nicolai Claudii Fabricii de Peiresc Vita, P., 1641, p. 270.
(54) PEIRESC, IV 98.
(55) CAUCHIE, op. cit., p. 34.

CHAPITRE XI

L'ACADEMIE FRANÇAISE.
L'EPISODE D'AMARANTE (1634-1636)

Quelle que fût la route suivie par Saint-Amant pour revenir d'Italie, sa première étape en France le mena visiter Peiresc. C'est dans l'hôtel aixois de celui-ci, et non, comme on l'a dit quelquefois, dans sa maison de campagne aux merveilleux jardins, que les deux hommes se sont entretenus. Selon Gassendi, Saint-Amant serait resté plusieurs jours ; les lettres de Peiresc mentionnent en tout cas deux visites, l'une rapide, « une bonne heure », le 14 décembre (1), l'autre prolongée toute la journée le dimanche 18 (2). La première fut sans doute essentiellement consacrée à transmettre à Peiresc les messages de ses amis « romains », tels Christophe Dupuy et Bouchard, qui avaient engagé le poète à s'arrêter à Aix. Mais dès ce jour-là avait été amorcée la conversation, et Saint-Amant avait fait part à son hôte de ses contacts avec Campanella et Galilée. Ce fut en effet l'un des points sur lesquels roulèrent leurs entretiens ; Peiresc y revient à plusieurs reprises, se montrant aussi intéressé par ce qu'il a appris de leurs travaux en cours que des conditions dans lesquelles est logé Galilée à l'archevêché de Sienne. Nous savons aussi que son hôte lui a parlé de Belle-Ile et de ses curiosités, en particulier du fameux monstre marin, piquant la curiosité de l'érudit qui voulut à la suite de cela se renseigner plus amplement (3). Mais il semble, à le lire, qu'il ait été surtout sensible aux récits de voyages que déroula complaisamment son interlocuteur ; c'est à leur sujet qu'il s'étend le plus longuement. Je n'y reviendrai pas ; il faut cependant signaler qu'un mois après cette visite, Peiresc écrivait à Thomas d'Arcos, à Tunis, l'intérêt qu'il trouverait à être mieux renseigné sur deux faits dont lui avait parlé le poète, les grands singes que son frère avait vus dans les îles de la Sonde, et les forêts d'orangers et de citronniers — sans d'ailleurs nommer Saint-Amant à son correspondant (4).

---

(1) PEIRESC, IV 92 et 390.
(2) *Id.*, II 671 et IV 392.
(3) R. LEBÈGUE, *Saint-Amant et l'homme marin de Belle-Isle*, art. cit., p. 215.
(4) PEIRESC, VII 121 et 123.

La poésie ne perdait pourtant pas ses droits. En un raccourci assez étrange, Peiresc écrivait avec quel plaisir il avait entendu « le recit de ses poemes et de ses peregrinations » (5). Dans une lettre un peu postérieure, il parlera des « excellentes pieces » que Saint-Amant a en mains, dont il voudrait bien « luy avoir desrobé quelques fragments » (6) ; peut-être s'agit-il de la *Rome ridicule*. Peiresc a laissé d'autres témoignages du goût qu'il avait pour ces poésies ; en 1635 il réclamera la *Suitte des Œuvres* de 1631, « et les suyvantes s'il y en a, car j'ayme ce personnage » ; il reviendra à la charge en 1636 (7). S'il lui arrive de faire certaines réserves, à la suite de quelques critiques de ses correspondants, et de reconnaître que « les ouvrages du pauvre St Amand ne sont pas tous egalement bons, et qu'il y a mesme aux meilleurs beaucoup de choses à desirer », il ajoute aussitôt :

> Mais de l'humeur que je suis aymant à cueillir la rose et laisser les espines selon le proverbe commun, je passe tout ce qui ne me satisfaict pas et m'arreste à ce qui se rencontre de mon goust.

Et il précise qu'il a fait transcrire une de ses pièces qu'il apprécie fort, pour se la faire chanter quelquefois, quitte à l'avoir raccourcie de plusieurs couplets qui lui plaisaient moins que les autres (8).

Rapprochons ce passage tiré d'une lettre envoyée à Jacques Dupuy, de celui dans lequel il défendait le poète-voyageur contre les reproches qui lui étaient adressés de même source, et s'inscrivait en faux contre la réputation de hâbleur qu'on lui attribuait : sa prudence l'empêche de heurter de front l'opinion défavorable de ses amis parisiens, qui ne voient en Saint-Amant qu'un profane (il se vante de ne savoir ni latin, ni grec !), désireux de se mettre en vedette par des relations embellies de ses voyages, un poète qui n'est pas digne d'attirer l'attention d'un cercle érudit ; mais il est manifeste que l'homme l'a séduit, et qu'il goûte le poète. Les déclarations qu'il multiplie, aussi bien que le témoignage de Gassendi, particulièrement renseigné, ne laissent aucun doute là-dessus. Nous ignorons malheureusement, en contre-partie, quelle impression Peiresc a produite sur son visiteur. Etant donné la curiosité d'esprit de celui-ci, on imagine volontiers que la sympathie fut réciproque.

Il est probable que Saint-Amant se rendit ensuite tout droit à Paris. Les termes employés par Peiresc dans une lettre du 30

---

(5) *Id.*, II 671.
(6) *Id.*, III 24.
(7) *Id.*, III 259 et 572.
(8) *Id.*, III 571.

janvier paraissent indiquer qu'il s'y trouvait vers le milieu du mois au plus tard. Quand l'érudit écrit, en effet :

> Je me resjouys infiniment d'entendre que Mr Rigault mene son filz avec luy à Metz et que Mr de Valois commance de se rendre à la raison, comme aussy du retour de Mr de St Aman,

ne fait-il pas allusion aux dernières nouvelles reçues de la capitale ? Toutefois le poète pourrait bien n'avoir fait que passer avant d'aller rejoindre à Machecoul le duc de Retz. Un peu plus tard en effet, le 24 mars, il se présentait avec son frère Salomon devant les notaires Pierre de Beaufort et Michel de Beauvais, afin de signer une procuration en faveur de sa mère Anne Hatif (9) ; on y remarque qu'il est désigné comme « demeurant en la duché de Retz en Bretagne, estant de present en ceste ville de Paris ». Une telle formule aurait-elle été employée s'il n'avait pas mis le pied dans le duché depuis son départ pour l'Italie ?

Voici le début de cette procuration :

> Par devant les notaires du Chastelet de Paris soussignez furent presents en leurs personnes Marc Anthoine de Gerard escuyer sieur de St Amand demeurant en la duché de Retz en Bretagne estant de present en ceste ville de Paris logé en l'hostel de Retz rue de la Jussienne, et Salomon de Gerard escuyer Cornette Colonel d'un regiment de Cavallerie en Allemagne estant aussy de present à Paris. Lesquels ont faict et constitué leur procuratrice generalle et specialle damlle Anne Hatif veuve de feu Anthoine de Gerard escuyer, demeurant à Rouen. A laquelle ils ont donné et donnent pouvoir et puissance de gerer et negotier touttes leurs affaires...

On voit qu'à Paris Saint-Amant logeait à l'hôtel de son protecteur. Au début du siècle, l'hôtel de Retz se trouvait tout proche du Louvre : c'est là qu'avait été conduit Ravaillac après son crime. Henri de Gondi l'avait vendu, en 1621 probablement, à M. de Blainville (10), et résidait maintenant rue de la Jussienne (appelée aussi Sainte-Marie-l'Egyptienne), sur la paroisse Saint-Eustache. Saint-Amant fait allusion à cet hôtel dans une élégie publiée en 1643 (I 265). On peut penser que, durant cette période de son existence, il y habitait chaque fois qu'il se trouvait dans la capitale, même en l'absence du duc. Henri de Gondi avait aussi un hôtel à Saint-Germain, dont il fit donation en 1641 à son secrétaire Champflour (11): il serait étonnant que Saint-Amant n'y eût jamais séjourné.

---

(9) J'ai pu voir cet acte aux Archives nationales, *Minutier central*, Etude CXIII, liasse 3, grâce à l'aimable autorisation de Mᵉ C. Levieux, successeur de Mᵉ de Beaufort.

(10) Cf. A. N., Y 162, fᵒ 218.

(11) A. N., Y 181, fᵒ 280 vᵒ.

Pour en terminer avec la procuration du 24 mars, précisons qu'elle servit à Anne Hatif, le 25 avril, pour vendre à Pierre d'Azémar son gendre le terrain sur lequel était édifiée la verrerie de Saint-Sever, moyennant 8.400 livres. Du même coup tous les comptes étaient enfin réglés entre les héritiers Girard; Pierre d'Azémar tenait quittes la mère et le fils « de la somme de 6.000 livres par eux donnée au dit sieur d'Azémar de reste des promesses de son mariage », suivant les termes de la transaction passée entre eux le 8 janvier 1625 (12). On se souvient des prétentions qu'avait émises Saint-Amant en 1627, et des contestations qui s'en étaient suivies devant le Parlement ; tout cela semble bien oublié maintenant, à tel point que, d'ici peu, Pierre d'Azémar aura recours à son beau-frère et aux relations que celui-ci s'est créées jusque parmi les plus hauts personnages du royaume.

Au moment où il apposait sa signature au bas de la procuration, Saint-Amant faisait partie depuis quelques jours de la toute jeune Académie française. Passons très rapidement sur les circonstances qui entourèrent la naissance de celle-ci, et qui sont bien connues. Il suffira de rappeler que ceux qui participaient, depuis quatre ou cinq ans, aux réunions amicales tenues chez Conrart étaient au nombre de neuf ; que Malleville ne sut pas tenir sa langue, et en parla à Faret, qui y vint, et y introduisit Desmarets, puis Boisrobert. Par celui-ci, Richelieu eut connaissance de ces assemblées, et proposa à ces Messieurs d'établir une compagnie qu'il prendrait sous sa protection ; malgré l'opposition de quelques-uns, la proposition du Cardinal fut acceptée. Cela se passait au commencement de 1634, sans doute en février. Quelques jours plus tard, avant le 13 mars en tout cas (date de réception de Servient, qui est postérieure), les premiers membres s'en adjoignirent treize autres, parmi lesquels Saint-Amant, en compagnie, entre autres, de Mainard, Colletet, Gomberville, Baudoin (13) — ce qui ne prouve du reste rien sur sa présence à Paris, puisque Pellisson écrit : «...sans que l'absence de quelques-uns de ces Messieurs les empêchât de recevoir cet honneur ». Saint-Amant fit donc partie de l'Académie française dès ses débuts, s'il n'avait pas été de cette « pré-académie » dont elle était sortie. On ne saurait du reste s'en étonner. Il en était parfaitement digne, tant par son bagage littéraire que par l'agrément de son commerce ; et, parmi ceux qui eurent à décider des premières « élections », se trouvaient deux de ses meilleurs amis, Faret et Boisrobert. Il n'eut certainement pas à solliciter son admission, comme le firent d'autres, avec plus ou moins de succès.

(12) GIRANCOURT, p. 84.
(13) PELLISSON, I 16.

Il ne semble pas qu'il ait été fort assidu aux séances de la Compagnie, on l'a déjà souligné. Il ne fut pas le seul, ainsi que le montre la correspondance de Chapelain ; et il avait l'excuse d'être souvent absent de Paris. Prétendre cependant qu'il s'est désintéressé de ses travaux est une affirmation gratuite. On sait qu'il demanda à être dispensé du discours qu'il aurait dû prononcer à son tour ; mais en l'occurrence il avait fait preuve d'une certaine bonne volonté, puisqu'il proposait en échange de faire « la partie comique du Dictionnaire », en y recueillant les termes *grotesques* ou *burlesques* (14). Ses confrères acceptèrent le marché. Cette exemption, selon l'*Histoire* de Pellisson, ne lui aurait été donnée que le 14 décembre 1637 : c'est évidemment une faute d'impression, il faut lire 1635. Emile Magne a publié une listes de discours (15) dans laquelle son nom figure avec la date du 16 avril (1635) ; et le dernier discours prononcé le fut le 10 mars 1636. On peut penser que le poète avait commencé par faire reculer son tour, comme d'autres, puis avait trouvé un moyen élégant de se faire dispenser quand, à la fin de l'année, il voyait s'approcher le moment où il lui faudrait s'exécuter. Nous ignorons absolument comment il s'acquitta de la tâche qu'il avait assumée. On a souvent cité la strophe des *Pourveus bachiques* dans laquelle il paraît tourner en dérision le travail du dictionnaire :

> Que le Barreau reçoive, ou non,
> Les reigles de l'Academie ;
> Que sur un verbe, ou sur un nom,
> Elle jaze une heure et demie ;
> Qu'on berne adonc, car, et m'amie,
> Nul ne s'en doit estomaquer,
> Pourveu qu'on sauve d'infamie
> Crevaille, piot, et chinquer.   (I 331)

En réalité, une fois replacé dans son contexte, ce couplet ne prouve pas grand chose ; s'il fallait prendre au sérieux toutes les déclarations que fait Saint-Amant dans les *Pourveus bachiques*, ce « caprice », on arriverait à d'étranges conclusions. Ce qu'on peut imaginer, c'est que *crevaille, piot* et *chinquer* faisaient partie de ces termes burlesques qu'il aimait, qu'il désirait voir figurer dans le dictionnaire ; un seul d'entre eux, le second, s'y trouvera en 1694, ce qui ne veut pas dire du tout que Saint-Amant, s'il a effectivement travaillé à l'œuvre commune ainsi qu'il l'avait proposé, n'ait pas soumis les autres à l'agrément de ses confrères : ils ont pu disparaître dans la révision générale qui fut entreprise en 1672.

Dans toute l'œuvre de Saint-Amant, on ne trouve qu'une allusion à son titre d'académicien, dans une épigramme publiée en

---

(14) *Ibid.*, I 79.
(15) *Le Plaisant Abbé de Boisrobert*, p. 229, n. 6.

1658, les *Committimus*. On nommait ainsi le privilège de faire juger
ses procès par la Chambre des Requêtes ; il évitait à ceux qui en
étaient bénéficiaires, comme l'écrivaient les *Lettres patentes* pour
la fondation de l'Académie, « d'aller solliciter sur les lieux les procès qu'ils pouvoient avoir dans les provinces éloignées de notre
bonne ville de Paris ». Les académiciens devaient en jouir « tout
ainsi qu'en jouissent les Officiers domestiques et commensaux de
notre maison ». Il est fort probable que l'épigramme sur les *Committimus* date de l'époque qui nous occupe ; Saint-Amant avertit
son lecteur, dans la préface de son *Dernier Recueil,* que ses épigrammes « sont presque toutes âgées de plus de vingt ou vingt-cinq
ans ». Or, à lire le texte, surtout ses vers 3 et 4, on a bien l'impression que le poète parle de quelque chose de récent, d'un privilège
dont il vient d'être gratifié :

> Ouy, nous en avons à revendre,
> Des bons et beaux Committimus ;
> Les Miens, de joye en sont esmus,
> Et leur amour vient me l'apprendre.
> J'en ay comme Escuyer du Roy ;
> J'en ay, sans m'en tenir sur le haut quant-à-moy,
> Comme estant de l'Academie.
> Mais, voyez de mes maux le trop heureux excès !
> Me plaindray-je, à face blesmie ?
> Pour n'avoir point de bien, je n'ay point de procès.   (II 59)

Ne prenons pas trop au sérieux les trois derniers vers : il fallait
une pointe à l'épigramme. Par contre, il convient de signaler le
problème que pose ce petit texte, et que laissait entrevoir déjà une
phrase de Pellisson. Ce dernier, après avoir reproduit le texte des
Lettres patentes accordées par le roi à la naissante Académie,
ajoute :

> On eût ajouté aux autres privilèges, et en apparence facilement
> obtenu l'exemption des tailles : mais parce que tous les Acadé-
> miciens d'alors en étoient exempts ou par leur noblesse ou
> autrement, personne ne fut d'avis de la demander, de peur qu'il
> ne semblât en avoir besoin pour lui-même, et ils préférèrent un
> honneur assez imaginaire (*je suppose qu'il pense là au droit de
> Committimus*) au solide et véritable intérêt de leurs success-
> seurs (16).

Etaient exempts de taille les nobles, les ecclésiastiques et les
officiers du roi (17) ; Saint-Amant n'étant ni noble, ni ecclésiastique, il faudrait donc admettre qu'il entrait dans la troisième caté-
gorie. Est-ce à cela que fait allusion le vers : « J'en ay comme

---

(16) PELLISSON, I 34.
(17) Cf. FURETIÈRE, v° Taille.

Escuyer du Roy ? » Aurait-il par hasard, au moins un temps, émargé au budget de la Grande ou de la Petite Ecurie — sans exercer de fonctions ? Il aurait eu un illustre devancier, en la personne de Malherbe : mais, pour celui-ci, le fait est bien attesté (18). Dans le cas présent, en l'absence de toute autre indication, je ne me sens que le droit de poser la question, sans même y proposer une réponse.

Au mois d'avril, après avoir signé la procuration devant les notaires du Châtelet, Saint-Amant partit certainement pour le duché de Retz. Depuis le mariage de sa fille Catherine, qui avait eu lieu en août 1633, pendant que le poète était à Rome, Henri de Gondi semble de plus en plus avoir séjourné dans ses terres. En 1639 il écrivit au roi, de Belle-Ile, que depuis quatre ans il s'était fort peu éloigné de cette place (19). Il s'y trouvait pendant l'été de 1634 (20) et, selon toutes vraisemblances, Saint-Amant l'y avait suivi.

A la mauvaise saison, celui-ci se hâta de regagner Paris, où il se trouvait en tout cas au mois de novembre, ainsi que l'atteste une lettre de Chapelain. Ayant fait un pari avec lui sur le nombre de strophes que comporte l'*Adone* de Marino, Chapelain dut s'avouer vaincu ; il termina sa lettre par la phrase suivante :

> Je seray demain à vostre lever pour prendre la loy de mon vainqueur et me mettre en estat de recevoir sa grâce... (21).

Détail intéressant — et amusant : l'enjeu, du côté de Chapelain, était un ouvrage de Galilée, qu'il attendait d'Italie ; mais il espérait bien que Saint-Amant en userait « comme j'avois dessein de faire si j'eusse eu la raison de mon costé », écrit-il, c'est-à-dire lui laisserait son volume !

A son retour (à moins qu'il ne faille remonter plus haut de quelques mois, jusqu'au début de l'année, quand il revint d'Italie), Saint-Amant fit la connaissance d'un gentilhomme avec lequel il fut vite en sympathie, le comte de Brionne, le dédicataire du *Cidre*. On s'est trompé jusqu'ici dans l'identification de ce personnage. Tantôt on en a fait, comme Livet, un gentilhomme normand ; tantôt, comme les éditeurs de Tallemant, on l'a confondu avec Henri de Lorraine, comte d'Harcourt, qui porta lui aussi le titre de comte de Brionne (Brionne en Normandie, département de l'Eure). Pourtant les indications ne manquent pas à son sujet. Nous savons, par

(18) R. Fromilhague, *La Vie de Malherbe, apprentissages et luttes*, P., 1954, p. 185.
(19) A. E., *Mémoires et documents*, France 1504, f° 208 (31 juillet).
(20) *Ibid.*, f° 89 (29 août) et f° 99 (4 septembre).
(21) Chapelain, I 81.

une pièce de Des Yveteaux recueillie par Conrart, *La Louange du
cidre* (22), qu'il était connu et apprécié du bonhomme, qui déclare :

> Car pour moy, je mets en ce compte
> Tout ce qui vient du brave Comte
> Dont la vertu paroît icy,
> Comme sa dépence à Nancy.

C'est donc bien du même personnage que parle Tallemant lorsqu'il écrit :

> J'ay oüy dire au comte de Brionne, grand seigneur de Lorraine,
> que s'estant retiré à Paris, après la prise de Nancy (*septembre
> 1633*), M. des Yveteaux le vouloit loger chez luy, et luy disoit
> pour raison : « Monsieur, vous avez si bien receü autrefois les
> François en Lorraine, qu'il faut bien vous rendre la pareille
> aujourd'huy » (23).

Ce « grand seigneur de Lorraine » était un personnage important de la cour de Nancy ; quand Bassompierre passa par cette
ville en 1626, il fut chargé de le recevoir (24). En effet, Charles-
Joseph de Tornielle, marquis de Gerbéviller, comte de Brionne, était
Grand-maître de la garde-robe et Grand-chambellan du duc de
Lorraine (25). Son père, Charles-Emmanuel, originaire d'Italie,
s'était établi dans la province à la suite de son mariage avec Anne
du Chastelet, dame de Gerbéviller et de Deuilly. Charles-Joseph
s'installa définitivement à Paris ; quelques années plus tard, il
demeurait rue de Vaugirard, sur la paroisse Saint-Sulpice (26). Il
était cousin éloigné — au dixième degré — de Jeanne de Scépeaux,
femme d'Henri de Gondi. Est-ce par ce dernier, ou par des Yveteaux tout simplement, que Saint-Amant fit sa connaissance ? Ou
encore par le baron de Melay, familier du comte d'Harcourt, qui
était aussi son cousin, comme nous l'apprend Saint-Amant dans
l'*Epistre* qu'il lui adresse un peu plus tard ? Peu importe. Notre
poète, en tout cas, ne tarda guère à lui offrir une de ses productions, le *Cidre*, que l'on peut dater de 1635 sans grand risque d'erreur. Un couplet en l'honneur de Séguier va nous en fournir la
preuve.

On se souvient qu'en 1633 Saint-Amant lui avait adressé une
épigramme au moment où il recevait les Sceaux. L'occasion de lui
demander une faveur ne tarda guère, et ce fut à la requête de sa
sœur et de son beau-frère, très probablement, que le poète inter-

---

(22) Arsenal, ms. 4123, p. 599 (à la suite du *Cidre* de Saint-Amant) ; publiée
par LACHÈVRE, II 253, puis par G. MONGRÉDIEN, *Œuvres de Des Yveteaux*, P., 1921,
p. 140.
(23) TALLEMANT, I 142.
(24) BASSOMPIERRE, *Mémoires*, III 235.
(25) MORÉRI, v° Tornielle.
(26) A. N., Y 186, f° 10 v° (14 septembre 1647).

vint auprès de lui. Le privilège dont jouissaient les d'Azémar pour
la verrerie de Saint-Sever, après avoir été prorogé deux fois, arrivait à expiration en 1635 ; il s'agissait donc de le renouveler. Mais,
cette fois, ils n'hésitèrent pas à demander qu'il leur fût concédé à
perpétuité, ce qui ne manqua pas de soulever de vigoureuses oppo-
sitions. Pour appuyer les solliciteurs, Saint-Amant adressa au
Garde des Sceaux un placet, sous la forme d'une petite pièce de
dix-huit vers, publiée en 1658 sous le titre *Placet à Monseigneur le
Chancelier pour un privilège de verrerie.* Bien qu'il y donne l'impression de parler en son nom (et qu'on s'y soit souvent trompé), il
est certain qu'il n'en est rien, et qu'il met seulement ses hautes
relations au service de sa famille. Séguier était depuis peu son confrère à l'Académie, et le poète se targue d'avoir auprès de lui l'appui de son gendre, le marquis de Coislin :

> Il n'est plus de Justice en terre,
> Si pour une affaire de verre
> Tu refuses un Saint-Amant.
> Je ne croy pas que tu le puisses,
> Considerant, lors que je boy,
> Que ton Gendre parle pour moy,
> Et qu'il est General des Suisses.   (II 81)

Coislin, tout jeune encore (il n'avait que vingt-deux ans), était
rempli de qualités, et l'on ne s'étonne pas que Saint-Amant, en
note, l'ait qualifié d' « Illustre des Illustres », Bassompierre avait
accepté en février de lui céder sa charge de Colonel-Général des
Suisses (27) : le *Placet* est donc postérieur à cette date, mais de
fort peu certainement. En effet les d'Azémar obtinrent gain de
cause au mois de mars, où leur furent accordées des lettres de
concession perpétuelle, enregistrées au mois de novembre suivant (28). Je suis convaincu que l'intervention de Saint-Amant fut
décisive. Comment expliquer autrement le véritable cri de triomphe qu'il lance dans le *Cidre :*

> Masse, à l'honneur du grand SEGUIER :
> Je le revere, je l'admire ;
> Il m'a fait avec de la Cire
> Une fortune de cristal,
> Que je feray briller, et lire
> Sur le marbre, et sur le metal.   (I 335)

Il a certainement écrit ces vers peu de temps après l'heureuse
issue de sa requête ; on peut le déduire de ceux qui les suivent,
toujours à la gloire du Garde des Sceaux :

---

(27) P.-M. BONDOIS, *op. cit.*, p. 418.
(28) GIRANCOURT, p. 122.

C'est par Luy que dans ma Province
On voit refleurir, depuis peu,
Cet illustre, et bel art de Prince,
Dont la matiere fresle, et mince
Est le plus noble effort du feu.   (I 336)

Il est faux de prétendre que l'on ait attendu Séguier pour ressusciter en Normandie la production du cristal. Mais c'est d'une nouvelle naissance qu'il s'agit, toute récente (« depuis peu »), et nous pardonnons au poète ses exagérations en faveur de la joie qu'il ressent à voir l'avenir assuré pour sa sœur et ses neveux.

Il nous emmène, dans le *Cidre*, chez Vauquelin des Yveteaux, en sa célèbre demeure de la rue des Marais,

A la table où le Roy des hommes
Nous traitte en chers et francs voisins.   (I 335)

L'*Epistre au baron de Melay* permettra d'évoquer de façon plus précise un de ces repas sans contrainte qu'appréciaient autant notre héros que son hôte, qui, dans son sonnet le plus connu, réclame « une table fort libre et de peu de couverts ». Ici, le tableau reste assez vague. Des Yveteaux, dans sa *Louange du Cidre*, apporte quelques précisions. Chacun des convives a bu une bouteille de cet excellent breuvage, cadeau du comte de Brionne — et cela explique pourquoi Saint-Amant lui a dédié une œuvre dans laquelle est surtout célébré Séguier. Un détail permet de dater le repas avec plus de précision. Au milieu de son éloge du cidre, des Yveteaux entonne celui du melon :

...s'il faloit que les Melons
Vinsent au temps de ce doux boire,
Douteuse en seroit la victoire.

Mais il ajoute qu'il serait impertinent d'associer ces deux « éminences » de la gastronomie, et conclut :

Et quand les Melons auront lieu
Au cidre je veux dire adieu.

C'est là, si je ne m'abuse, indiquer que ces agapes ont eu lieu dans la première moitié de 1635, alors que le cidre de l'année précédente est bon à boire, mais que la saison des melons n'est pas encore commencée.

Nous avons d'ailleurs la certitude que Saint-Amant se trouvait à Paris alors. J'ai déjà cité, à propos de Baudoin, une lettre de Faret à Antoine Brun, datée du 18 mars 1635. On y lit ce passage :

Le *Gros* et moy beuvons à vostre santé, et Boissat et moy prosnons vos louanges et dans ce concert M. de Melay tient sa partie

où Monseigneur nostre Comte tient aussi la sienne sur un fort agreable ton. Des Granges et Du Puys respondent du mieux qu'ils peuvent.

Le Gros, on le sait, c'est Saint-Amant. On retrouve avec lui le comte d'Harcourt et son entourage, son secrétaire Faret, son écuyer des Granges, et le baron de Melay dont il sera parlé plus tard, lorsque nous rencontrerons l'*Epistre* que Saint-Amant lui adressa. Que ce soit chez des Yveteaux, devant une bouteille de cidre, ou bien dans quelque taverne où le vin est frais, malgré l'âge qui vient, celui-ci n'a nullement perdu le goût de festoyer en bonne compagnie. Faret, le « sobre » Faret, paraît ici, de son propre aveu, bien capable de lui donner la réplique. Boissière, dans la *Pauvreté des Muses,* a beau l'appeler le « maigre et sobre Faret », Vion d'Alibray, dans l'*Avertissement* de ses *Vers bachiques,* proclamer qu'il était « un des plus honnêtes hommes et des plus sobres de son temps », lui-même assurer, dans son *Honnête Homme* : « Jamais je n'ai exposé ma raison au hasard d'être surpris d'aucun excès », et déclarer dans la préface qu'il donne aux *Œuvres* de Saint-Amant que celui-ci le fait passer bien injustement dans ses vers pour « vieux et grand Beuveur », il ne reculait certainement pas devant un piot vidé en face de ses amis.

Il est permis de penser que le *Cantal* date de cette époque. Le fromage qui s'y trouve célébré est merveilleusement propre à exciter la soif, et nous vaut un savoureux écho du charivari que mènent, dans les tavernes, les buveurs altérés :

> Au secours Sommelier, j'ay la luëtte en feu.
> Je brusle dans le corps, parbieu ! ce n'est pas jeu ;
> Des brocs, des seaux de vin pour tascher de l'esteindre,
> Verse eternellement, il ne faut point se feindre...   (I 283)

Le *Cantal* est dédié à Monsieur le M.D.M. Jusqu'à présent, sur la foi d'une note de Livet, on voyait derrière ces initiales Marigny-Mallenoë, auquel était déjà adressée la *Chambre du Desbauché.* Le véritable dédicataire, qui n'est pas lui, est aisé à identifier. C'est un marquis, dont le nom comporte trois syllabes, et que le poète présente comme suit :

> Franc et noble Marquis, illustre Desbauché,
> Qui t'es, dans la grandeur, à toi-mesme arraché
> Pour te livrer sans faste aux plaisirs de la vie
> Où parmy les Vertus la Table nous convie ;
> Toy dont la voix unique en traits melodieux
> Rend du Chantre emplumé le siflet odieux...   (I 281)

Il s'agit du marquis de Mortemart, les deux derniers vers suffisent pour apporter une certitude, quand on les rapproche de ce

que disent les contemporains. C'est Tallemant, qui écrit : « Il chante aussi bien que qui que ce soit, et s'en pique... Il compose mesme et fait des airs (29) ». Ou Mme de Motteville, qui le traite de « grand amateur de musique » (30). Saint-Amant lui-même, en 1658, rappelle qu'on fait silence « pour laisser joüir les oreilles de tout ce qu'il y a de plus ravissant et de plus divin dans l'Harmonie quand *il* luy *fait* l'honneur de s'y amuser ». Gabriel de Rochechouart, marquis, puis duc de Mortemart, Premier Gentilhomme de la Chambre depuis 1630, un peu plus jeune que Saint-Amant (il était né en 1600), avait bien des points communs avec lui. Tous deux aimaient la musique et la bonne chère. Le *Cantal* suffirait à montrer que le marquis, sur ce point, n'était pas en reste ; on peut ajouter qu'il fut cité comme un des membres du fameux ordre des Côteaux — par Le Verrier et Brossette dans leurs commentaires de Boileau. Ces témoignages sont assez tardifs, mais il n'y a pas de fumée sans feu : ils attestent au moins que Mortemart avait la réputation d'être un gourmet averti. N'oublions pas enfin que le marquis, « homme aux nigauds fatal », avait ce fameux esprit des Mortemart qu'il transmit à ses enfants.

Le ton qu'emploie Saint-Amant pour s'adresser à lui dans le *Cantal* est vraiment familier. « Escoute, cher marquis, escoute ton Bedon », lui dit-il par exemple. Il lui avait été présenté quelques années plus tôt, avant 1630, semble-t-il. Lorsqu'en 1658 il lui offrira, en termes infiniment plus respecteux, son *Dernier Recueil*, après avoir assuré le noble seigneur qu'il est toujours « la fleur et les delices de la Cour », comme il l'était déjà trente ans auparavant, il ajoute :

> Je vous y reveray, Monseigneur, dès l'heure que vous la vinstes ennoblir de vostre presence. J'eus l'honneur de vous y faire les offres de mon très-humble service peu de jours aprés.   (II 8)

Les termes restent très vagues, peut-être à dessein. Qu'espérait Saint-Amant en faisant à Mortemart ses offres de service ? Cette démarche eut-elle d'autres conséquences que ces rencontres autour d'une table de cabaret dont le *Cantal* est le garant ? Questions insolubles.

C'est à la même époque, très vraisemblablement, que se place un épisode éclairci dans ses grandes lignes par M. Condéescou (31), et qui fut pour Saint-Amant l'occasion de revenir à la poésie amoureuse telle qu'il l'avait pratiquée dans sa jeunesse. Il s'agit de vers qu'il écrivit pour une Amarante. Nous savons maintenant que

---

(29) TALLEMANT, I 144.
(30) *Mémoires*, éd. F. Riaux, I 313.
(31) N.-N. CONDÉESCOU, *Une Muse du XVIIe siècle : Madame de La Lane*, R. H. L. F., 1939, pp. 1-32.

sous ce nom de convention se cache la figure de Marie Galateau de
Roche, future Mme de La Lane. L'*Amarante* et le *Madrigal imité
en partie de l'italien du Cavalier Marin* lui sont en effet adressés,
ainsi que l'atteste un des manuscrits de Conrart (32). A ces deux
pièces, M. Condéescou ajoutait deux *Elégies*, « Que dira-t'on de
moy si je ne dis rien d'elle », et « Amarante est malade et je ne
suis pas mort ». Il est certain que la seconde se rapporte bien à
Mlle de Roche : on y retrouve le nom conventionnel d'Amarante,
et le manuscrit de Conrart, qui groupe toute une série d'œuvres
qui lui sont consacrées, renferme parmi elles un sonnet s'appliquant certainement à la même indisposition de la demoiselle (33).
Par contre, je ne crois pas que la première soit dans le même cas,
et il convient de s'en expliquer avant toute chose.

Saint-Amant raconte comment un jour, tout à fait par hasard,
au détour d'une rue, il aperçut une jeune beauté,

> Qui comme une autre Flore apparoissant couverte
> Des tresors du Printemps, et d'une robe verte,
> Et se monstrant debout sur le pas de son huis
> *Le* combla pour jamais de mille doux ennuis.   (I 263)

Bien que frappé d'une sorte de stupeur, il ne laissa pas de
« remarquer » la maison, de s'informer du nom et du rang de sa
« victorieuse », puis partit à l'aventure, comme un homme ivre,
jusqu'au soir, où il se retrouva comme par enchantement devant
le logis de la belle ; il adressa à celui-ci un discours passionné, puis
regagna l'hôtel de Retz, où il fit confidence à son maître de son
aventure.

S'il s'agissait ici d'Amarante, nous aurions la peinture des premières heures de la passion, succédant au premier regard. Bien
que Saint-Amant, dans ses recueils, se soucie assez peu de l'ordre
chronologique, il serait néanmoins étrange qu'il eût délibérément
placé cette *Elégie* après l'*Amarante,* alors que cette dernière serait
postérieure de plusieurs mois, puisqu'on y lit les vers suivants :

> Depuis sept mois entiers, nombre misterieux,
> Que j'adore captif cet objet glorieux...   (I 252)

Et pourquoi, entre les deux, aurait-il intercalé l'*Ode* aux souverains de Grande-Bretagne ? Outre cela, certains détails s'appliqueraient fort mal à Mlle de Roche. Celle-ci vint de Bordeaux à
Paris, après 1634, en compagnie de sa mère, remariée avec un
M. d'Espineuil, écuyer de Mme de Retz, Catherine de Gondi — et

---

(32) Arsenal, ms. 4123, pp. 583 et 590. Le manuscrit présente un certain nombre de variantes avec le texte imprimé.
(33) *Ms. cit.*, p. 476. *Pour la maladie d'Amarante,* « Amarante est malade, et
si son mal luy dure... »

non, comme on l'écrit, Françoise de Silly, femme de Philippe-Emmanuel de Gondi ; elle vivait donc à l'hôtel de la rue d'Anjou où habitait Pierre de Gondi (34). Comment, dans ces conditions, s'étant informé de la jeune fille, le poète irait-il demander à son logis :

> Ton glorieux accez me sera-t'il facile ?			(I 265)

Que le nom d'Amarante ne se trouve pas dans l'*Elégie* ne saurait par contre constituer un argument bien solide, puisque nous serions reportés tout au début de l'histoire, et que l'héroïne apparaît, en somme, comme une inconnue. Selon M. Condéescou cependant Amarante serait désignée par une allusion transparente, et fréquente, à son véritable nom, dans le vers :

> Beau Rocher, où se voit le plus beau Diamant...			(*ibid.*)

C'est faire un contre-sens, le rocher étant là tout simplement la demeure qui cache, comme une gangue, « l'honneur de la Nature ». Une bonne part de cette *Elégie* ne serait-elle pas un simple exercice littéraire ? Sur plus d'un point, on relève en effet des analogies qui semblent trop frappantes pour être toutes accidentelles avec certains passages d'un poème de Ronsard, le *Discours amoureux de Genèvre*, qui porte le titre d'*Elégie* après 1567 (35). Saint-Amant était libre depuis trois ans de toute chaîne amoureuse, il se glorifiait d'avoir « remis ses sens au train de la raison », quand l'amour, lui « tendant un filet », s'en vint jeter sur lui la main. Et Ronsard se lamentait en ces termes :

> Que me sert d'estre franc du lien qu'alentour
> De mon col je portois, quand Marie et Cassandre
> Aux rets de leurs cheveux captif me sceurent prendre,
> Si meintenant plus meur, plus froid et plus grison,
> Je ne puis me servir de ma sotte raison ?	(vers 46-50)

L'inconnue apparaît à Saint-Amant « debout sur le pas de son huis » ; Ronsard a vu Genèvre une première fois aux bords de la Seine, mais ne sait encore rien d'elle quand, le lendemain soir, en passant, il l'aperçoit à sa porte. Après la rencontre, Saint-Amant erre à l'aventure par la ville :

> En ce resveur estat je fay toute la Ville,
> Heurtant l'un, choquant l'autre, et d'une ame inciville
> Sans saluer Amy, Dame, ny Cordon bleu,
> Sur l'Eau, pour quelque temps, je promène mon feu. (I 264)

---

(34) Cf. A. N., Y 184, f° 229.
(35) Ed. Laumonier, XII 256. Je citerai le texte des éditions posthumes, parfois différent du texte princeps.

On se demande ce que fait ici l'eau ; mais lisons Ronsard :

> Je saute hors du lit, et seul je me promeine
> Loing des gens sur le bord, devisant de ma peine,
>
> (vers 39-40)

et, un peu plus loin :

> Comme le soir passé, je retournay sur l'eau.   (vers 66)

Ajoutons que, lors de sa rencontre avec Genèvre, Ronsard se baignait dans la Seine ; après en être sorti pour lui baiser la main, il s'y replongea,

> Pensant qu'elle esteindroit son premier feu nouveau. (v. 18)

Pourrait-on soutenir, aussi, que le duc de Retz est introduit à la fin de la pièce parce que le poète veut se donner un confident, comme Ronsard en avait un en la personne de Belleau ? Ce serait peut-être aller un peu loin. Les rapprochements qui précèdent, portant sur des éléments très caractéristiques, suffisent ; on pourrait sans doute en ajouter d'autres, mais ils ne sortiraient guère des lieux communs de la poésie amoureuse. On hésitera de toute façon, je pense, à rattacher cette élégie au cycle d'Amarante sans faire au moins quelques réserves.

Revenons à Mlle de Roche. M. Condéescou écrit que Saint-Amant fut « le dernier venu, le plus curieux, mais non le moins entreprenant des soupirants ». Tout cela est fort sujet à caution. Le poète assure, dans l'*Amarante,* qu'il soupire « depuis sept mois entiers ». Or, on le verra bientôt, il appareilla pour la Méditerranée au mois de juin 1636, et non à l'automne, ainsi que le prétend Durand-Lapie, une fois de plus mal informé ; il n'a donc pas vu la jeune fille pour la première fois au printemps de cette année, comme on l'a cru, mais au plus tard en septembre ou octobre 1635. Nous ne connaissons pas la date exacte de l'arrivée à Paris des deux Bordelaises, mais il semble certain que ce ne fut pas avant 1635. Saint-Amant, bien introduit dans la famille de Gondi (n'avait-il pas connu toute jeune Catherine, l'actuelle duchesse de Retz ?), ne fut pas des derniers à venir leur présenter ses hommages.

Qu'il eût été des plus entreprenants, j'en serais étonné. Il devait bien se rendre compte qu'il n'avait aucune chance contre des rivaux plus jeunes, comme Alexandre de Campion, qui courtisait déjà la jeune fille à Bordeaux, et fut probablement son premier amour, et Pierre de La Lane, le futur mari, ou d'un rang beaucoup plus élevé, comme le duc de La Meilleraye et l'abbé de Retz.

Est-il d'ailleurs très sincère dans ses déclarations passionnées ? On hésite à le penser, lorsqu'on le voit accumuler lieu commun sur

lieu commun. Qu'on se rappelle les élégies des *Œuvres* de 1629, ou la *Métamorphose de Lyrian et de Sylvie* : c'est le même ton, ce sont les mêmes pointes bien souvent, les feux et la neige, les yeux qui sont de beaux soleils, les fers où l'amoureux trouve « à la fois *ses* Cieux et *ses* Enfers ». Lyrian a péri parce qu'il avait osé révéler sa flamme à Sylvie ; peut-être une imprudence analogue va-t-elle coûter cher à notre soupirant, qui se demande s'il ne doit pas, volontairement, « expier par *sa* mort les erreurs de *sa* vie ». Un seul passage apporte une note plus personnelle, ce sont les quelques vers dans lesquels il évoque son âge, redoutable handicap devant des rivaux plus jeunes :

> Elle que cent Galands de suite accompagnez,
> Cent Amoureux discrets, jeunes, et bien peignez,
> Trouvent sourde à leurs vœux, oserois-je pretendre
> Qu'en mon poil desja gris elle voulut m'entendre ?   (I 255)

Que l'on compare cette simple indication, jetée en passant, avec ce qu'écrit Corneille dans les pièces adressées à Marquise du Parc ; toute question de génie mise à part, quel abîme entre cette phrase, banale au milieu d'autres banalités, et les vers dans lesquels le tragique vieilli rend sensible sa souffrance ! Et pourtant, même là, on a pu se demander jusqu'à quel point Corneille était sincère... (36).

Ce court passage présente cependant l'intérêt de nous rendre à peu près sûrs que Saint-Amant, dans l'*Amarante,* n'écrit pas pour le compte d'un autre, comme il l'avait fait jadis — l'intérêt aussi de montrer le poète familier du milieu qui entoure le nouveau duc de Retz, Pierre, et son frère le futur cardinal.

Car c'est bien de Pierre de Gondi, et non pas de son cousin et beau-père Henri, qu'il est question dans toute cette histoire. Il ne faut jamais perdre de vue que, depuis le mois d'août 1633, il existe deux ducs de Retz, entre lesquels les confusions sont faciles, et fréquentes. Celui dont parlent Goujet, et Saint-Marc à sa suite (37), c'est le gendre. On ne saurait donc prétendre que La Lane fût souvent à Princé, ni à Belle-Ile, avec Saint-Amant, pas davantage qu'au début de 1639, appelé par Henri de Gondi à Princé, il y emmena sa femme (38) : c'est sans doute plutôt au château de Beaupréau, où avait été célébré le mariage de Pierre de Gondi et de sa cousine Catherine, qu'il faudrait penser pour cet épisode.

Les relations entre Paul de Gondi, le futur cardinal, et Saint-Amant nous sont connues par un passage de Tallemant, mais le

---

(36) G. Couton, *La Vieillesse de Corneille*, P., 1949, p. 29.
(37) Goujet, XVII 316, et *Poésies de Lalane, et du marquis de Montplaisir,* Amsterdam, 1759, Introduction, p. 8.
(38) Condéescou, *art. cit.,* pp. 10 et 23.

témoignage de celui-ci se rapporte à une époque nettement postérieure. Il écrit en effet :

> Il dit insolemment, un jour, qu'il avoit cinquante ans de liberté
> sur la teste, et cela à la table du Coadjuteur, qui l'a veû, je ne
> sçay combien d'années, domestique du duc de Retz, le bon-
> homme (39).

La mention du « Coadjuteur », déjà, nous amènerait à descendre après 1643. Surtout, les « cinquante ans », par lesquels le poète
fait certainement allusion à son âge, repoussent l'anecdote jusque vers 1644 ou 1645. Les pièces écrites en l'honneur d'Amarante
montrent cependant qu'il faut remonter une dizaine d'années plus
tôt, au moins, pour dater le début des relations entre le poète et le
futur cardinal. Quant à préciser davantage, en essayant d'apporter
des détails sur ce qu'elles sont à l'époque qui nous occupe, c'est
assurément difficile.

Saint-Amant séjourna-t-il à Paris pendant toute l'année 1635 ?
Je l'ignore. Le duc de Retz se trouvait à Machecoul au mois de
mai (40) ; peut-être son « domestique » l'y avait-il accompagné.
Dans ce cas cependant, son séjour dans l'Ouest ne se prolongea
pas, en toute hypothèse, au-delà du mois de septembre: n'oublions
pas en effet les « sept mois entiers » de l'*Amarante*, qu'il me semble difficile d'imaginer coupés par un long séjour loin de la capitale. Une fois de plus, il faut insister sur le fait que le poète reste
assez indépendant de son protecteur, auprès duquel il n'a sans
doute jamais eu de fonctions bien définies ; il l'a déjà montré en
partant pour l'Italie, il va nous en administrer une nouvelle preuve
en embarquant sur le vaisseau du comte d'Harcourt.

---

(39) TALLEMANT, I 590.
(40) BASSOMPIERRE, *Mémoires*, IV 177.

CHAPITRE XII

L'EXPEDITION DES ILES DE LERINS (1636-1637)

Au début de l'année 1636, le comte d'Harcourt fut nommé chef de l'armée navale destinée à reprendre aux Espagnols les îles de Lérins. Il adressa à Saint-Amant une invitation fort aimable (c'est celui-ci qui l'assure), le priant instamment d'être de la partie. Sur le vaisseau amiral se retrouvaient les trois principaux membres de la Confrérie des monosyllabes, puisque Faret accompagnait son maître, dans une navigation propice, au moins un temps, aux longues conversations devant les brocs de vin dont, espérons-le, les intendants avaient fait ample provision.

On connaît assez les origines de l'histoire, telles que les raconte Tallemant. D'Harcourt, cadet de grande famille, et qui s'est distingué en maintes occasions, n'est pas très argenté ; il vient d'être fait chevalier du Saint-Esprit, à la promotion de 1633 ; mais ce n'est là qu'un honneur sans profit, il est temps de songer (il va avoir trente-cinq ans) à s'établir de façon stable. Faret le pousse à offrir ses services à Richelieu. Boisrobert s'entremet, n'obtient, une première fois, qu'une réponse évasive, mais revient à la charge, fait un bel éloge de l'intéressé :

> C'est un homme qui sera absolument à vous, c'est un homme de grand cœur. Il a, comme vous sçavez, battu Bouteville, et vous pouvez vous fier à sa parole.

Sur quoi le Cardinal « luy donne employ » en l'envoyant commander l'armée navale (1).

Je n'ai nullement l'intention, on le conçoit, de refaire l'histoire de la campagne au cours de laquelle cette armée finit, après maintes péripéties, par accomplir sa mission. On l'a déjà racontée, et cela nous entraînerait beaucoup trop loin. Je me bornerai donc à l'essentiel, sans m'interdire toutefois, quand l'occasion s'en présentera, d'apporter certains compléments ou rectifications aux récits de mes devanciers, qui, pour ne pas avoir suffisamment tenu compte de certaines sources manuscrites, en particulier des dépêches du comte d'Harcourt, ont vu trop souvent les choses comme Sourdis, l'autre chef de l'expédition, voulait qu'elles le fussent.

_____
(1) TALLEMANT, II 237.

Les Espagnols s'étaient emparés des Iles en 1635, au mois de septembre, et Richelieu n'avait pas l'intention de les y laisser long-temps. Il fit activement préparer une flotte nombreuse, et se préoc-cupa de lui donner un chef. Le 28 mars 1636, il adressait une lettre au roi, lui demandant de « resoudre deffinitivement qui doict com-mander le dict armement » ; il avait certainement, suivant son habitude (et c'est bien ce que suggère Saint-Amant dans la préface de son *Passage de Gibraltar*), habilement dicté au roi, en conser-vant les apparences, la décision que prit celui-ci, et qu'il consigna en marge de la lettre: « M. Darcour ». A ce dernier étaient adjoints deux « chefs du conseil », Henri d'Escoubleau de Sourdis, arche-vêque de Bordeaux, pour l'armement du Ponant, et Gabriel de Beauveau, évêque de Nantes, pour celui du Levant. Les termes de la lettre (2) sont formels : d'Harcourt a le commandement suprême. Il est faux de présenter Sourdis comme « le véritable chef de l'expédition », en reléguant d'Harcourt dans le rôle de simple exécutant, encore plus de prétendre que Richelieu « avait clandes-tinement investi Sourdis du commandement suprême, en lui lais-sant le choix de l'heure pour l'exercer » (3). Sourdis ne devait prendre le commandement que si d'Harcourt, blessé ou malade, devenait incapable de l'assumer.

La flotte du Ponant, qui ne compose qu'une partie, mais la plus importante, de l'armée navale — le reste étant constitué par la flotte du Levant et les galères — se concentre dans la rade de Saint-Martin-de-Ré. D'Harcourt et Sourdis arrivent le 6 mai. Ils trouvent la flotte « en rade, très belle, mais il manque de l'argent et de la poudre » (4). Les préparatifs se continuent, trop lente-ment ; enfin on décide que d'Harcourt partira avec les vaisseaux qui sont prêts. « Nous venons de nous embarquer avec une ale-gresse incroyable et esperons de mettre à la voile dez après demain », écrit-il le 8 juin (5). Mais ce n'est encore que pour aller à Belle-Ile, où Sourdis le rejoint le 16 avec les retardataires.

Rien ne permet de préciser à quel moment Saint-Amant fit son apparition. Est-ce à l'île de Ré ? Ou bien se trouvait-il déjà à Belle-Ile, auprès du duc de Retz, par lequel le chef de l'armée navale est « traitté » le 18 juin (6), et n'a-t-il eu qu'à attendre l'arrivée du vaisseau-amiral pour embarquer ? Nous en sommes réduits à son témoignage, qui n'est guère explicite :

...ayant eu l'honneur d'estre appellé à ce Voyage par Lettres expresses et obligeantes de ce genereux Prince, qui peut tout sur

---

(2) RICHELIEU, V 434.
(3) R. LA BRUYÈRE, *La Marine de Richelieu, Sourdis, archevêque et amiral*, P., 1948. p. 41.
(4) A. E., *Mémoires et documents*, France 1705, f° 86 (lettre du commandeur de La Porte à Richelieu).
(5) *Ibid.*, f° 110.
(6) VILLET, *L'Argonaute françois, ou L'Histoire de l'armée navale commandée par Mgr le Comte de Harcourt*, Aix, 1637, p. 5.

moy, et à qui j'ay voüé tous mes soins et tous mes services. (I
287).

L'essentiel, d'ailleurs, est de savoir qu'il a pris part à l'expédition, et, semble-t-il, jusqu'à son dénouement, la reprise des Iles,
puisqu'il parle de « la descente que nous fismes en l'isle de Sardaigne », et termine en déclarant :

> Voila tout ce que j'avois à dire là-dessus, horsmis qu'ayant esté
> l'un des Argonautes d'un Voyage si celebre, j'en suis aussi fier,
> et m'en estime autant que ce fameux Poëte qui accompagna
> Jason dans le sien.

On peut s'interroger sur les raisons qui poussèrent d'Harcourt
à mander Saint-Amant. Il y eut le désir de s'adjoindre un agréable compagnon, qui saurait rendre moins longues les heures de
navigation. Ce ne fut peut-être pas tout. Le poète était un familier des choses de la mer ; d'Harcourt, novice en ce domaine, et
qui ne pouvait compter sur Faret, aussi peu averti que lui, ne
devait pas être fâché d'avoir à ses côtés, et bien à lui, quelqu'un
qui fût capable de lui glisser un conseil, lui permettant ainsi de
faire meilleure figure. Enfin, il a sans doute vu là une occasion de
rendre service à son ami, en le faisant en somme compter dans
son état-major : il se trouvait ainsi défrayé de tout, et pouvait
prétendre à quelque gratification, voire à une solde régulière. Il
est vrai que d'Harcourt eut du mal à l'obtenir pour ceux qui l'en-
touraient. Le 22 mai 1637, il écrivait à Richelieu, en formulant de
vives plaintes contre Sourdis :

> Je n'ose plus luy parler de mon estat major auquel depuis un
> an il n'a pas voulu donner un seul denier (7).

Heureusement il pouvait lui dire le 27 juin :

> J'ay apris que le sieur Mantin vous ayant parlé de mon estat
> major votre Eminence l'avoit trouvé juste dont je la remercie
> tres humblement (8).

Souhaitons que ces bonnes paroles aient été suivies d'effet !

Saint-Amant s'embarque donc sur le *Saint-Louis*. C'était un
vaisseau magnifique, de 1.000 à 1.100 tonneaux, « esclattant d'or
et d'azur », équipé de trois cent six matelots choisis et de bon nombre de soldats, outre cinquante gentilshommes volontaires (9). Au
sommet des mâts se déploient les pavillons et oriflammes, dont le

---

(7) A. E., *vol. cit.*,, fº 289 vº.
(8) *Ibid.*, fº 422.
(9) *Gazette*, 1636, p. 322.

grand pavillon de France ; la double rangée des sabords laisse passer la gueule de cinquante canons de fonte verte. A la poupe, la chambre du capitaine réunira le conseil de l'armée navale : on y voit régulièrement M. de Poincy, chef de l'escadre de Bretagne, M. de Mantin, ou Manty, chef de celle de Guyenne, et le sieur de Caen, sergent de bataille, dont l'expérience est si précieuse pour ranger en bon ordre les vaisseaux. A ceux-là s'ajoutait, à l'occasion, tel ou tel personnage spécialement mandé ; ce ne fut certainement pas le cas de Saint-Amant.

Par contre, il avait sa place à la table du général, où il retrouvait le bon Faret, quand celui-ci n'était pas en mission, envoyé à Paris par son maître (10), le commandeur des Gouttes, « le père de la mer », ainsi que l'appelait Richelieu, à qui incombait la responsabilité de mener le *Saint-Louis,* et bien d'autres, convives habituels ou occasionnels. Parmi les premiers, l'archevêque de Bordeaux, qui écrivait à Richelieu que jamais d'Harcourt et lui n'avaient eu « deux logis ni deux tables » (11).

Comment se fait-il donc que nulle part cet important personnage ne soit nommé par Saint-Amant ? Pas un mot dans le poème, pas davantage dans la préface, où il eût été bien facile de le mentionner. Je crois qu'il faut en chercher l'explication dans la personnalité du prélat, et dans ses relations avec d'Harcourt. On a toujours souligné, à juste titre, combien les dissensions qui ne cessèrent de se produire entre les chefs de l'expédition ont nui à sa bonne marche. Mais, trop facilement, et parce qu'on s'est fondé presque uniquement sur la correspondance de Sourdis, on a rejeté tout le blâme, ou peu s'en faut, sur ses compagnons. En fait, si les torts de M. de Vitry, gouverneur de Provence, sont indéniables, ainsi que ceux du général des galères, qui se fit du reste rudement réprimander par son oncle le Cardinal, et de l'évêque de Nantes, qui fut rappelé, et joua un peu le rôle de bouc émissaire, les torts de M. de Bordeaux ne me paraissent guère moins grands, et il réussit à indisposer tout le monde contre lui. Il avait beau jeu à écrire :

> Mais quand nous considérons les esprits de MM. d'Harcourt, de Vitry, de Nantes et du général des galères, et qu'il faut que je m'accorde à tout et tâche de les accorder ensemble, vous trouverez qu'il ne me reste guère de temps pour employer au service (12).

Il accusait d'Harcourt d'être fort altier (13), de ne pas maintenir la discipline sur les vaisseaux, « donnant indifféremment congé

---

(10) En octobre 1636 (A. E., *vol. cit.*, f° 147), en novembre (*ibid.*, f° 165), en avril 1637 (*ibid.*, f° 258).
(11) *Correspondance de Sourdis*, éd. E. Sue, P., 1839, I 284.
(12) *Ibid.*, p. 88.
(13) A. E., *vol. cit.*, f° 428.

à tous ceux qui le demandent, et ne pouvant châtier pour quelque faute que ce soit», de s'entendre avec Vitry pour le perdre (14), de bien d'autres choses encore, parfois perfidement glissées dans une phrase anodine en apparence. Mais la sincérité n'était pas toujours son fort : Tallemant, dans l'*Historiette* qu'il lui a consacrée, rapporte certains faits (notamment ses démêlés avec Loynes, trésorier de la marine) qui ne laissent aucun doute à ce sujet (15). Outre cela, il semble avoir voulu trancher de tout, donner des leçons à tout le monde ; il s'est ainsi plus d'une fois trouvé en opposition avec les capitaines des navires (16). Sans aller jusqu'à croire le maréchal de Vitry, quand il prétend que Sourdis est seul responsable de tous les échecs, et qu'il a « saboté » les préparatifs, volontairement, par animosité contre lui-même et contre le général des galères (17), il est certain qu'il ne s'est pas fait faute de rejeter sur les autres des responsabilités qu'il devait, en toute justice, au moins partager.

Les sentiments de D'Harcourt à son égard semblent avoir évolué d'un extrême à l'autre. Au mois d'août, il fait son éloge : il est à ce moment plutôt monté contre Vitry, qui refuse de donner des hommes, puis en offre généreusement quelques centaines, et n'est pas content de le voir suivi de gardes (18). Querelles de préséances avant tout, probablement, et qui, au dire du maréchal, auraient été très facilement réglées si Sourdis ne s'en était pas mêlé. En novembre, le ton change : d'Harcourt se plaint vivement de la mauvaise administration de l'archevêque, qui va laisser les escadres manquer de vivres ; il envoie à Richelieu un courrier exprès et son secrétaire, « au desceu de tous » (19). Toutefois, ce n'est pas encore bien grave, puisque dès le lendemain, optimiste, il écrit :

> M. de Bourdeaux nous fait esperer de nous bailler en bref tout ce qui sera necessaire pour l'attaque des isles, dont les preparatifs sont fort avancés (20).

Et quand survient, à la fin du mois, un malheureux incident qui vaut à Sourdis un coup de canne sur le dos, d'Harcourt en envoie au Cardinal un récit qui lui est entièrement favorable.

C'est ensuite que les choses se gâtèrent, conséquence probable de l'attitude de M. de Bordeaux en Sardaigne et lors du débarquement à l'île de Sainte-Marguerite. En tout cas, juste avant la capitulation des Espagnols, d'Harcourt se voyait contraint d'écrire à

---

(14) *Correspondance de Sourdis*, I 437.
(15) TALLEMANT, I 376 sqq.
(16) A. N., *Marine*, B4, 1, f° 91 ; *Correspondance de Sourdis*, I 168.
(17) *Ibid.*, I 195 sqq.
(18) A. E., *vol. cit.*, f° 125.
(19) *Ibid.*, f° 165.
(20) *Ibid.*, f° 170.

Richelieu pour se justifier, et accuser l'archevêque de lui avoir
rendu de mauvais offices. On relève dans sa lettre ces lignes caractéristiques :

> Je ne diray rien de tant de choses qu'il a tousjours fetes pour
> detruire le peu de credit qu'il est necessaire que j'aye pour servir
> utilement, les lettres qu'il a fet imprimer dans Aix et que j'en-
> voye à vostre Eminence luy feront assez juger quel a esté son
> motif en cete publication (21).

Il n'est donc pas étonnant, même si Henri de Lorraine n'avait
pas entièrement raison, que Saint-Amant ait épousé sa querelle, et
qu'il ait pris le parti de ne pas nommer celui que, pourtant, il avait
approché régulièrement pendant plusieurs mois : toutes les louanges sont allées au « prince en valeur admirable », le Jason de cette
moderne expédition des Argonautes.

Les préparatifs achevés, non sans mal, on appareilla le 20 juin;
ce ne fut qu'un faux départ, le vent contraire obligea la flotte
à regagner la rade. Enfin, le 23, les vaisseaux, toutes voiles dehors,
prirent la route du sud. Saint-Amant présente en ces termes la
navigation dans l'Atlantique :

> De m'amuser à dire icy par le menu nostre depart, quel vent
> favorisa nostre routte et combien de Corsaires Turcs nous pris-
> mes en chemin (*en fait, ces corsaires se réduisirent à la caravelle
> d'un « forban de Salé »*), ce n'est pas de mon dessein. Je diray
> seulement qu'apres avoir costoyé toute la Galice et le Portugal,
> sans avoir rencontré une seule Barque de Pescheurs, tant l'effroy
> de nostre Armée avoit frappé le cœur des Ennemis, nous arri-
> vasmes au Cap de Spartel en Afrique.   (I 287).

En chemin, Sourdis, avait fait plusieurs propositions, toutes
repoussées, entre autres d'une entreprise sur Cadix, où se trouvaient une dizaine de vaisseaux espagnols ; d'Harcourt, appuyé
par les capitaines, avait argué des instructions reçues pour s'y
refuser, et l'archevêque s'en plaignit amèrement en ces termes :

> Je vois jour d'espérer que, comme bons marchands, nous méne-
> rons, avec l'aide de Dieu, notre flotte à Marseille, mais que nous
> n'entreprendrons pas grand chose (22).

Mais on leur demandait, précisément, d'amener une flotte
intacte sur les rivages de Provence ; la sagesse consistait à ne pas
gaspiller les forces, à ne rien risquer avant d'être à pied d'œuvre. Deux strophes de Saint-Amant gardent l'écho des discussions
qui se sont élevées à ce sujet :

---

(21) *Ibid.*, f° 267.
(22) *Correspondance de Sourdis*, I 44.

> Il faut, il faut les mettre à sac
> Ces deux Bicoques adversaires ;
> Allons en diables de Corsaires
> Reduire leur faste au bissac,

s'écrie-t-il « vis-à-vis de Calpe et d'Abile », c'est-à-dire des colonnes d'Hercule. Mais aussitôt il se reprend, laissant parler la voix de la raison :

> Non, gardons pour un digne effort
> Nostre ardeur vaillante et fidelle ;
> Le Jeu n'en vaut pas la chandelle...   (I 312)

Le vent, soufflant de l'est, interdit d'abord le passage, et la flotte reste deux jours à la rade de Spartel, qui n'offre qu'une « plage deserte, espouventable et solitaire, où l'on ne voit que des lyons et des aigles » (I 287). Mais le 17, le vent ayant tourné, les vaisseaux s'ébranlent un peu avant le lever du soleil. Que leur réservent les heures qui vont suivre ? On n'a pas encore aperçu l'ennemi, et d'Harcourt, qui écrivait à Richelieu le 14 :

> Nous nous preparons au combat, et à courageusement servir le roy,

ajoute à la fin de sa lettre, le surlendemain :

> L'on juge que puis qu'ils ne nous ont point visités ayans le vent assuré sur nous, nous ne trouverons pas grand obstacle au passage (23).

Sait-on jamais cependant ? Pendant qu'il en est temps, quelques substantiels réconforts ne seront pas inutiles, estime Saint-Amant. Sur son conseil, on fait apporter « le jambon et la bouteille », et, comme dans un cabaret parisien, les amples rasades font descendre les bons morceaux ; c'est alors que le poète, saisi par l'inspiration, aurait improvisé, « le verre et non la plume à la main », les premiers couplets de son poème. Effectivement, les quatre vers par lesquels il s'ouvre donnent invinciblement l'impression d'être sur le pont du navire qui file, toutes voiles dehors, par bonne brise, traçant rapidement son sillage dans l'allégresse générale, tandis que le grincement des poulies et le craquement des mâts se mêlent aux exclamations des buveurs :

> Matelots, taillons-de-l'avant ;
> Nostre Navire est bon de voile :
> Çà du Vin, pour boire à l'Estoile
> Qui nous va conduire au Levant.   (I 290)

---

(23) A. E., *vol. cit.*, f°s 115 v° et 116.

Ne croirait-on pas un joyeux refrain, tel qu'en présentent maintes chansons de mer ?

Mais le soleil se lève, et l'armée navale se découvre tout entière aux yeux émerveillés du poète. Plusieurs années après, dans la préface de son poème, il essayait de faire revivre ce spectacle extraordinaire :

> Nous avions plus de taffetas au Vent que de toile ; Nous estions nous mesmes tous estonnez de voir nos Vaisseaux si lestes ; la splendeur des broderies d'or et d'argent ébloüissoit la veuë en l'agreable diversité des Enseignes ; tout favorisoit nostre Passage ; un Zephire doux et propice nous souffloit en poupe ; l'Air estoit serain ; la Mer calme ; le Ciel net, pur et lumineux ; et l'on eust dit que la terre de l'Europe et de l'Afrique s'abaissoit en certains endroits autour de nous par respect, et se haussoit en d'autres par curiosité.   (I 287)

Rien ne se montre en fin de compte, et ce n'est pas pour nous étonner, nous qui connaissons les instructions du duc de Fernandina, général des galères d'Espagne : avec ses dix-neuf galères, il n'avait pour mission que d'intercepter les traînards, s'il s'en trouvait (24). Sur le *Saint-Louis,* on a donc tout loisir, en plein milieu du détroit, de boire solennellement à la santé du Cardinal : belle occasion pour promettre monts et merveilles, un poème épique pour le moins, à la gloire du ministre. Si celui-ci avait vécu plus longtemps, Saint-Amant se serait-il exécuté ? Il se peut ; mais quand paraîtra, à la fin d'avril 1643, la *Seconde Partie* de ses *Œuvres,* Richelieu ne sera plus de ce monde, et son nom n'y figurera pas.

Le détroit franchi, les vaisseaux fendent les flots de la Méditerranée. Tout se sera décidément passé sans difficultés, et le poète peut conclure :

> Je voy bien que cette Journée
> En Desbauche se passera.
> Nous n'y combatrons que du Verre ;
> O l'agréable et douce guerre !
> Qu'elle rend les cœurs esjoüys !
> Adieu le Fort, adieu la Terre,
> Et vive le grand Roy Loüys !   (I 313)

Le 2 août, au bout de six semaines de navigation, la flotte du Ponant mouillait aux îles d'Hyères. Elle arrivait en bon ordre, sans avoir subi d'avaries : c'était un résultat dont d'Harcourt et ses capitaines avaient le droit d'être fiers.

La suite de la campagne ne répondit malheureusement pas aux espoirs qu'avait fait naître cette réussite. Querelles de préséances,

---

(24) La Roncière, V 21.

mauvaise volonté des uns ou des autres, heurts de caractères trop entiers, tout contribua à multiplier les obstacles qui retardèrent pendant de longs mois la reprise des Iles. Une bonne partie du temps, le vaisseau amiral resta à l'ancre dans la rade de Toulon ou celle d'Hyères ; Saint-Amant dut passer à terre plusieurs de ces interminables semaines. On peut cependant croire qu'il se trouvait à bord le 9 septembre. Ce jour-là, trente-deux galères ennemies tentèrent de surprendre au mouillage, à Menton, les vaisseaux et douze galères. Il en résulta deux ou trois heures de canonnade, qu'il est difficile de transformer, comme le fait notre poète dans sa préface, en un « combat donné... entre nostre armée navale et les galeres d'Espagne, devant le chasteau de Menton ». Il est plus près de la réalité lorsqu'il écrit, en vers :

> L'Espagnol sur mainte rambade
> Nous voulut donner une aubade,
> A la barbe du beau Menton,
> Mais luy-mesme y fera gambade,
> Rudement payé ton pour ton.

> A peine, ô honte ! aura-t-il veu
> Le fer bruyant en forme ronde
> Faire des ricochets sur l'Onde
> Qu'il sera de cœur despourveu ;
> Au premier rot d'Artillerie,
> Le chaut désir de broüillerie
> Dans la crainte il r'engaisnera,
> Et d'une lasche raillerie
> Le derrière il nous tournera.   (I 304)

Le lendemain a lieu une nouvelle escarmouche, à laquelle ne prennent part que les galères ; puis, jusqu'à la fin du mois, l'armée navale croise dans le golfe de Gênes, avant de sombrer dans la plus désespérante inaction.

En novembre cependant, on peut croire enfin aplanies les plus grosses difficultés. C'est alors que surgit un malheureux incident : M. de Vitry, mécontent d'une observation de l'archevêque de Bordeaux, le frappe de sa canne en présence de plusieurs témoins. Cette affaire, je ne sais pourquoi, est toujours datée du 6 décembre : elle eut lieu le 25 ou le 26 novembre ; la dépêche du comte d'Harcourt qui la raconte est datée du 26, et Sourdis écrit à son sujet le 27 (25). Dans la fin de sa dépêche, d'Harcourt accuse Vitry d'avoir prémédité cet affront, que la victime n'hésite pas à qualifier d'assassinat. A la suite de cela, il fallut renoncer, une fois encore, à rien entreprendre contre les Iles.

----

(25) A. E., *vol. cit.*, f° 182, et f° 186.

Au milieu des dépêches qu'envoyait à cette époque le comte d'Harcourt à Richelieu, se glissaient quelques billets d'un ton plus personnel. Le 1ᵉʳ novembre, il lui demandait de lui envoyer comme maréchal de camp le vicomte d'Arpajon, ajoutant :

> Et je ne celeray point à V.E. que l'amitié qui est entre luy et moy m'oblige à vous fere cete tres humble suplication (26).

La demande ne fut pas suivie d'effet; retenons-là cependant, car elle permet d'imaginer par qui Saint-Amant fut présenté à ce personnage, auquel il offrit en 1649 la *Troisiesme partie* de ses *Œuvres*.

Le 14 décembre, d'Harcourt écrit de nouveau pour solliciter quelques faveurs. Après avoir demandé le commandement du *Saint-Jean* « que le pauvre feu Valin commandoit » pour le chevalier de Poitrincourt, et l'escadre vacante par la mort du commandeur de Rasilly pour le chevalier de Montigny, il poursuit :

> Je vous en demande encore une autre, Monsieur, pour un gentil-homme qui est à moy et de qui le nom est possible si heureux que d'estre conneu de vostre Éminence, c'est pour St Amant. Le sieur d'Arpantigny m'ayant faict demander son congé à cause d'une maladie qui le tourmente il y a longtemps, et m'ayant remis son vaisseau nommé l'Intendant entre les mains, je prens la hardiesse d'importuner vostre Eminence de le luy donner. C'est un tres brave garçon de grand service qui sçait parfaitement le mestier, qui a faict de longs voyages et du cœur (sic) et de la fidelité, de qui je respons comme de moy mesme (27).

Est-ce bien notre héros qui est si chaudement recommandé? Je n'hésite pas à répondre par l'affirmative. La preuve en est donnée par quelques lignes d'une dépêche un peu postérieure de Sourdis à Richelieu ; il y rend compte en ces termes de certain dissentiment qui l'a opposé au comte d'Harcourt :

> De son côté il y a eu quelque mécontentement de moi, de quoi je n'ai pas voulu consentir qu'il disposât des vaisseaux, donnant congé aux capitaines que votre éminence avoit établis, sans m'en parler, pour y en mettre d'autres, comme Saint-Amand, son frère et quelques autres (28).

La mention de ce frère rend l'identification certaine : il s'agit de Salomon, dont Saint-Amant assure, non sans exagération, qu'il commanda « plusieurs campagnes navales » un vaisseau sous l'autorité du comte d'Harcourt. La démarche, pour le poète en tout cas, ne fut pas suivie d'effet. Un « état des vaisseaux qui doivent demeurer en levant », du 23 février suivant, indique en effet que

---

(26) *Ibid.*, f° 164.
(27) *Ibid.*, f° 206.
(28) *Correspondance de Sourdis*, I 284.

l'*Intendant* se trouve sous les ordres de M. de Furant (29) : celui-ci devait avoir plus de titres à en assumer la responsabilité. Mais les lignes chaleureuses du général de l'armée navale méritent d'être tirées de l'oubli : même si l'amitié qu'il portait à Saint-Amant les lui a dictées, elles correspondent certainement à un fond de vérité, et les admirateurs du poète se doivent de lui en demeurer reconnaissants.

Les dernières semaines de 1636 passent, et la terrible armée navale, dont on attendait des prodiges, n'a toujours rien fait. On décide, finalement, de remettre à un autre temps la reprise des Iles (où les Espagnols se sont fortifiés, et renforcés), et d'utiliser la flotte pour embarquer quelques régiments, qui s'en iront secourir le duc de Parme. Richelieu, des Noyers ne cessent de harceler Sourdis, en termes pressants. Mais lorsque, péniblement, les préparatifs sont achevés, d'Harcourt apprend une nouvelle qui remet tout en question : las d'attendre indéfiniment des secours qui n'arrivent pas, le duc de Parme s'est accommodé avec les Espagnols. Tout ce qui sort de cette affaire, c'est un beau certificat donné par le comte Fabio Scotti, résident du duc :

> Je certifie... qu'il est vrai que M. le comte d'Harcourt, général de l'armée navale, étoit embarqué il y a trois jours, et qu'il étoit prêt, pour ce qui dépendoit de lui, pour la conduite de ce secours (30).

Pour ce qui dépendait de lui... Aurions-nous là une allusion à des plaintes venues aux oreilles de l'Italien, et dont le registre des conseils de l'armée navale a conservé la trace ? Le retard dans le payement de leur solde a mis les soldats « à telles extremitez qu'ilz sont la plus part sans abis ny soulliers » (31). Il faut espérer que, quinze jours s'étant écoulés, les malheureux ne sont pas partis ainsi pour effectuer un débarquement en Sardaigne.

Car, en définitive, c'est en direction de la Sardaigne que la flotte mit à la voile le 15 février. « Idée saugrenue », a-t-on écrit (32); peut-être pas tellement, puisque les instructions reçues avant le départ prévoyaient la possibilité d'une descente dans cette île. Il est vrai qu'en plein hiver le moment était mal choisi ; mais il fallait bien faire quelque chose. Voilà pourquoi le courrier qui partit de Paris, le 15 février précisément, apportant l'ordre du roi d'attaquer les Iles par surprise, croisa sur sa route celui que d'Harcourt avait envoyé le 11, et qui, justifiant le départ de la flotte « pour ne pas laisser les armes du Roy infructueuses, pendant que

---

(29) *Ibid.*, p. 293.
(30) *Ibid.*, p. 276.
(31) A. N., *Marine*, B4 1, f° 138 (15 janvier 1637).
(32) LA BRUYÈRE, *op. cit.*, p. 58.

nous avons des vivres et des trouppes embarquées », réclamait des instructions de toute urgence (33), comme s'il ignorait que Louis XIII et Richelieu n'avaient qu'un désir, voir chasser au plus tôt les Espagnols de Sainte-Marguerite et de Saint-Honorat.

Sourdis avait parlé de trois jours pour arriver en Sardaigne. Il en fallut sept pour que la flotte mouillât dans la baie d'Oristan, le 22 au soir. Cinq jours plus tard, les troupes, qui s'étaient emparées de la ville et l'avaient mise au pillage, se rembarquèrent, et la flotte regagna son port d'attache. La relation de Sourdis ne donne nullement l'impression d'un bulletin de victoire. Il tire peu élégamment son épingle du jeu, en écrivant :

> Le conseil de quitter la ville, de la piller, et de se rembarquer, a été résolu sans M. de Bordeaux (34).

Saint-Amant, lui, ne saurait reconnaître que les miliciens sardes et les cavaliers espagnols aient si facilement refoulé vers le port le comte d'Harcourt et ses gens. Seul, prétend-il, le climat fut responsable d'un départ un peu précipité :

> Ses blez, ses vins et ses troupeaux
> Nous passeront entre les lippes ;
> On râflera toutes ses nippes,
> Ses Bombardes et ses Drappeaux :
> Et sans une horreur pestilente
> Qui de cette Place opulente
> Nous deffendra le long sejour,
> Jamais la Castille insolente
> N'y feroit battre le tambour.   (I 306)

D'Harcourt aurait certainement pu se maintenir plus longtemps dans Oristan. J'aime à croire qu'il écouta la voix de la raison, qui lui soufflait qu'il perdait là un temps précieux. Il avait une mission à remplir, et cela traînait vraiment trop : il éprouvait quelque remords à songer qu'il n'avait encore rien tenté, remords dont on pourrait trouver l'écho dans ces vers de Saint-Amant :

> Sainte-Marguerite envahie,
> Sous cette Nation haïe
> Jette maint cry sourt et dolent,
> Et la Pauvrette est esbaïe
> De voir nostre secours si lent.   (*ibid.*)

Deux strophes plus loin, il promet :

> Encore un peu de patience,
> Certes nous faisons conscience

---

(33) A. E., *vol. cit.*, f° 222.
(34) *Correspondance de Sourdis*, I 303.

> De vous laisser patir ainsi,
> Et des jà par la prescience
> Je vous voy franches de soucy.   (I 307)

Pour quelle raison les tergiversations vont-elles enfin cesser ? Pourquoi les derniers ordres du roi, qui n'étaient pas plus comminatoires que les précédents, ont-ils été entendus ? Cela reste un mystère. Peut-être en faudrait-il chercher la clef dans les *Mémoires* de l'ingénieur du Plessis-Besançon. Sourdis remarquait, dans une dépêche d'octobre 1636, que celui-ci « gouvernait » le maréchal de Vitry, et n'avait « guieres de passion » pour l'entreprise (35), ce que confirme l'intéressé lui-même. Or au début de 1637 il vint exposer à Richelieu les raisons qui lui paraissaient à ce moment-là favoriser une attaque des Iles (36). Pourquoi ce brusque revirement, qui doit avoir pour effet de mettre à la disposition de D'Harcourt toutes les ressources de la province, qui lui ont tant manqué jusque-là ? On devine le scénario : les deux compères, qui n'ont fait que mettre des bâtons dans les roues, ont décidé de prendre en mains l'affaire, mais c'est Vitry qui commandera les troupes de débarquement. Du Plessis se rend à la cour, voit le Cardinal, lui dit pis que pendre de l'archevêque de Bordeaux. Pour le comte d'Harcourt, certains indices laissent à penser que, dès cette époque, il s'était réconcilié avec le maréchal ; celui-ci se figure probablement qu'avec un peu de diplomatie, et quelques satisfactions d'amour-propre, il le décidera à lui laisser tenir le premier rôle, et retirer toute la gloire de l'expédition. Mais ils avaient mal pris leurs mesures. Pendant qu'on amusait du Plessis à la cour (il emploie lui-même le terme), Vitry recevait l'ordre de ne pas se mêler de la descente, « et d'y concourir de tous les moyens et de toute l'autorité qu'il avoit en Provence » (37). Du Plessis sent alors que la partie est perdue, et ne voit plus qu'un moyen pour se tirer honorablement de cette histoire : il va s'offrir au comte d'Harcourt, lui proposant de mettre à son service l'influence qu'il possède sur l'esprit du maréchal.

Dans cette phase finale de la reconquête, c'est d'Harcourt qui dirigea tout, en véritable chef, ne laissant à personne le soin de prendre les décisions, et s'attirant ce bel éloge de M. de Bordeaux :

> M. le comte d'Harcourt, auquel seul l'honneur de ce combat est dû, s'étant trouvé infinies difficultés en l'exécution qu'il a surmontées, a fait voir qu'il étoit autant soldat que désireux de servir le roi (38).

---

(35) A. E., *vol. cit.*, f° 160.
(36) Du Plessis-Besançon, *Mémoires*, P., 1892, p. 13.
(37) *Ibid.*
(38) *Correspondance de Sourdis*, I 325.

Dieu sait pourtant si les deux hommes s'étaient opposés les jours précédents ! L'évêque voulut plus d'une fois en remontrer au général, mais celui-ci ne se laissa pas faire, et sut imposer sa volonté ; le succès, finalement, lui donna raison.

Les relations venues jusqu'à nous du débarquement dans l'île de Sainte-Marguerite, qui eut lieu le 28 mars, débordent d'enthousiasme ; s'il ne faut pas prendre pour argent comptant toutes leurs hyperboles, on ne peut non plus leur dénier une grande part de vérité. Nous sommes assurés que le général paya de sa personne, entraînant ses troupes qui, d'un élan irrésistible, refoulèrent les Espagnols, l'épée dans les reins, jusque dans leurs forts, en subissant des pertes plus importantes qu'on ne l'a souvent dit : il y eut une cinquantaine de morts, et trois cents blessés (39). Ne nous étonnons pas de voir, sous la plume de Saint-Amant, Henri de Lorraine comparé à Godefroy de Bouillon, à Roland, à Hercule, en un curieux mélange d'histoire, de légende et de mythologie :

> Des-jà Henry ce brave Prince,
> Contre Miguel qui les dents grince
> Fait voguer la Mort et l'effroy,
> Et jamais la sainte Province
> Ne vit mieux faire à Godefroy.

> Il vaincroit un autre Ilion ;
> C'est un Roland, c'est un Hercule ;
> L'Espagnol devant luy recule
> Comme un Chien devant un Lion...   (I 308)

Mais Saint-Amant lui-même ? Avait-il été laissé à terre pour l'occasion ? Il eût certainement été fort marri qu'on se le figurât, et c'est une des raisons pour lesquelles, alors que théoriquement il chantait le passage du détroit de Gibraltar, il a voulu évoquer la suite des événements « par maniere de prophetie », continuant ainsi de jouer son rôle de témoin oculaire. Il était là quand l'on vit « nostre foudre razer les Forts », mais qu'une terrible tempête empêcha la poursuite des opérations. Ce n'était que partie remise:

> Au second chocq où l'on s'appreste
> Les Veillacques feront le saut.

Effectivement, quatre jours plus tard, le calme revenu, les Français débarquèrent à la pointe de l'île, d'Harcourt en tête :

> Au seul aspect de sa Chalouppe
> Qui le Sel liquide entre-couppe,

---

(39) L.-G. PELLISSIER, *La Reprise des îles de Lérins. Documents inédits*, Revue hist. de Provence, I, 1901, p. 670.

> Je voy trébucher le Fortin,
> Et sur une petite crouppe
> Transir Monterey le mutin.   (*ibid.*)

Monterey, c'est un petit fort dont Sourdis écrira, quelques jours plus tard, qu'il n'est « que de boue et de crachat », exagération manifeste qu'on s'attendrait plutôt à trouver sous la plume d'un poète : il est vrai qu'il s'agit de montrer que d'Harcourt et ses officiers ont eu le tort de se conduire avec trop de prudence !

« Chocq perilleux », « espouvantable descente », en laquelle on entend de toute part « peter le salpestre »... Est-ce bien la place d'un poète, et qui n'est plus de la première jeunesse ? A Dieu ne plaise qu'il reste en arrière : ne voit-il pas, au milieu de la noblesse de Provence, M. de Remoulle qui, faisant fi de ses quatre-vingts ans, a tenu à suivre les autres (40) ? Le combat d'abord, les strophes enthousiastes ensuite, non sans que les aient précédées quelques rasades, pour humecter un gosier échauffé par la poudre et favoriser l'inspiration. Voilà comment Saint-Amant a désiré fixer les choses pour la postérité; même s'il les a légèrement embellies, il est impossible de lui en tenir rigueur, devant l'élan généreux qui soulève ses vers :

> Là, le Rebec je quitteray
> Pour mettre la main à la Serpe (41) ;
> Là, laissant pour Bellonne Euterpe
> Les plus mauvais je frotteray ;
> Puis aprez, comme un Sire Orfée,
> Ayant la cervelle eschauffée
> Du fumet si doux à Bacchus,
> Je celebreray le trofée
> Basty des armes des Vaincus.   (I 309)

Ce qu'on ne saurait affirmer, c'est qu'il soit ensuite resté sur les Iles, attendant les phases successives de la reddition, qui se prolongèrent jusqu'au 15 mai.

D'ailleurs, tombée la noble exaltation des jours de bataille, où l'on oubliait les rivalités et les mesquineries, vengé le beau bois de chênes verts que les Espagnols avaient coupé dans l'île de Saint-Honorat, ce dont le poète leur en voulait tellement qu'il y revient à trois reprises, lui consacrant chaque fois une note émue, n'avait-il pas mieux à faire qu'à rester indéfiniment, témoin des dissensions qui redoublaient entre le comte d'Harcourt et l'archevêque de Bordeaux ?

---

(40) *Ibid.*
(41) *Serpe* était un terme de marine désignant un instrument servant à couper les cordages ennemis (RICHELET).

Je ne pense donc pas, sans être en mesure de l'assurer, que son séjour en Provence se soit prolongé. Une excellente occasion se présenta pour lui d'y mettre fin lorsqu'au mois de juin d'Harcourt reçut l'ordre de se rendre à la cour. Le comte se mit en route, mais alors qu'il se trouvait à Avignon le 27, il rencontra un courrier chargé de lui remettre un contre-ordre (42), et revint sur ses pas, au grand déplaisir de M. de Bordeaux. Faret, qui était, je crois, parti en même temps que lui (43) avait continué sa route, et peut-être bien que Saint-Amant en avait fait autant.

---

(42) A. E., *vol. cit.*, f° 422.
(43) *Correspondance de Sourdis*, I 433.

CHAPITRE XIII

ENTRE DEUX VOYAGES (1638-1643)

Les années que vécut Saint-Amant entre l'expédition des îles de Lérins et le séjour qu'il fit en Angleterre, à la fin de 1643, restent mal connues ; seuls, quelques points de repère sûrs permettent de ne pas les traiter en « terres inconnues », que jalonneraient simplement les pièces dont le texte fournit la date approximative. Il va sans dire que les affirmations péremptoires n'ont pas plus manqué pour cette période que pour les précédentes : comme par une sorte de fatalité, il n'en est pas une qui ne soit erronée, ou contestable pour le moins. On le constatera, non pour toutes assurément, mais pour certaines qu'il faudra bien discuter, ou signaler au passage.

Nous avons laissé notre héros revenant de Provence, peut-être au mois de juin 1637. Il faut avouer notre ignorance complète sur ses faits et gestes durant la fin de cette année. Ce n'est qu'au début de 1638 qu'on le retrouve, à Paris. Il y était au mois d'avril ; dans une lettre de Chapelain à Balzac, datée du 28, figurent en effet ces lignes :

> Aujourd'huy j'ai mis entre les mains du gros Saint-Amand le paquet pour Rome. Il m'a promis et juré sur la bouteille que Mr l'abbé de Retz, qui s'en va à Venize par Florence, le fera partir dans ses coffres jusque là (1).

L'intérêt de ce texte est double, puisqu'il apporte, outre une date précise, un témoignage de première main sur les relations du poète avec l'abbé de Retz, relations dont il a déjà été fait mention.

Quelques semaines auparavant, au moins, Saint-Amant avait reçu la visite de maître Adam Billaut, le menuisier-poète. Lorsque celui-ci vint à Paris, « la premiere connoissance qu'il voulut avoir, fut celle de M. de Saint-Amant », raconte Chevreau (2). Michel de Marolles, qui l'avait rencontré à Nevers en 1636, lui avait certainement chanté les louanges de son ami. Maître Adam fit le voyage

---

(1) Chapelain, I 229.
(2) *Chevraeana*, p. 154.

à l'occasion d'un procès, à la fin de 1637 ou, au plus tard, au début
de 1638 : il repartit en effet dans les premiers jours de mai (3).
Quand parurent en 1644 les *Chevilles* du menuisier de Nevers,
Saint-Amant y occupait une place de choix : non seulement son
épigramme fut imprimée en tête des nombreuses pièces liminaires
composant l'*Approbation du Parnasse,* mais, dans l'épître en vers
au vicomte d'Arpajon qui ouvre le volume, maître Adam n'hésitait pas à affirmer :

> Tu prendras ce petit Ouvrage
> Avec le mesme aggréement
> Que si le fameux Saint-Amant
> T'avoit fait present de ce Livre
> Où sa gloire doit tousjours vivre.

Saint-Amant, de son côté, n'oublia pas son modeste confrère,
et prit prétexte de la parution en 1655 du livre des *Préadamites*
d'Isaac de La Peyrère pour lui envoyer une épigramme, recueillie
dans le *Dernier Recueil* de 1658 (II 70).

En ce même début de l'année 1638, Saint-Amant apprit un beau
jour qu'il était mis en scène, avec un certain nombre de ses confrères, dans une comédie satirique qui circulait manuscrite, la
Comédie des Académistes. Chapelain en parle, mais par ouï-dire
seulement, dans une lettre du 28 avril (4) ; j'imagine qu'à cette
date elle commençait tout juste à se répandre, car, sachant qu'il
était lui-même visé, et qu'on parlait « peu agréablement » des
messieurs de l'Académie, il devait être assez pressé d'en prendre
connaissance. Saint-Amant, quand il parcourut la pièce, n'y
trouva pas grand sujet de se plaindre, car il est fort ménagé. Chapelain, Godeau, Colletet, Boisrobert, et d'autres, sont rudement
étrillés, mais non lui, qui critique au contraire tous ceux-là dans
la première scène. En compagnie de Faret et de Tristan (qui n'était
du reste pas académicien en 1638), il est ainsi nettement dissocié
de ses confrères ; ce trio préfère de beaucoup vider des bouteilles
à discuter du vocabulaire, ce qui lui vaut un blâme sévère du
Chancelier.
Notre poète ne songea d'abord qu'à rire de cette charge amu-
sante. Mais il déchanta bientôt. L'auteur, ou plutôt les auteurs (car
Saint-Evremond, le responsable, avait eu des collaborateurs, parmi
lesquels le comte d'Estelan) réussirent un certain temps à préser-
ver leur incognito. Aussi les suppositions allèrent-elles bon train.
On ne prête qu'aux riches, et certains affirmèrent que le coupable
était Saint-Amant. Chapelain écrivait l'année suivante :

(3) MAROLLES, I 202 et CHAPELAIN, I 233 n. 2.
(4) CHAPELAIN, I 230.

Il n'y a point eu d'homme assés hardy pour l'avouer... Quelques uns l'ont voulu donner à nostre amy Saint-Amand et la pucelle de Gournay l'a asseuré à cent pour cent, mais ny elle ny eux ne l'ont persuadé à personne et il s'en défend comme d'un crime ou d'un sacrilège (5).

Mlle de Gournay était elle-même mise en scène dans la *Comédie,* et certains traits lancés contre elle seraient dignes de figurer dans le *Poète crotté ;* il est vrai qu'elle se défend vigoureusement, et contre-attaque à l'occasion. Ne nous étonnons pas de la voir ainsi désigner Saint-Amant : elle avait encore sur le cœur les sarcasmes dont il l'avait couverte. Certes, Chapelain assure que personne ne la crut ; mais pourquoi, si cela était, le poète aurait-il éprouvé le besoin de protester ainsi ? Il faut dire qu'une menace sérieuse, « un voyage en Bastille », pesait sur « celuy qui s'en assurerait le compositeur » (6), les auteurs ayant eu le front de mettre en scène le Chancelier, auquel la chose n'avait pas plu du tout. D'autre part, Saint-Amant se souvenait peut-être d'une autre alerte, antérieure d'environ deux ans : son nom avait été prononcé lors de l'apparition de la *Miliade,* sanglant pamphlet contre Richelieu, qui valut à plusieurs un emprisonnement (7). Il était urgent de couper court aux on dit, d'autant que ceux-ci risquaient également de brouiller le poète avec certains de ses confrères.

La *Comédie des Académistes* présente l'intérêt de montrer, entre Saint-Amant et Tristan, des relations assez étroites pour que les deux poètes se soient alors tutoyés. J'ai cru devoir faire remonter leur amitié à une dizaine d'années plus tôt, au moins, mais en précisant que le texte qui nous occupe était le premier (et le seul) par lequel elle fût attestée. Avons-nous le droit de l'utiliser dans ses détails ? Je n'oserais l'affirmer. Il est curieux pourtant de constater comment, dès la première scène, Tristan fait figure de disciple, ou presque, en tout cas de cadet en face d'un grand aîné (il n'avait pourtant que quelques années de moins, étant né sans doute en 1601), et d'admirateur. S'agit-il par exemple de mentionner d'excellents auteurs, qui ne trouvent pas grâce devant les Académiciens ? Tristan n'en cite que deux, François de Molière et son interlocuteur, dont il vante la « belle *Solitude* », la *Métamorphose,* la *Jouyssance* et les « belles *Visions* ». L'influence de Saint-Amant sur Tristan a été soulignée plus haut ; on peut penser que certains contemporains l'avaient déjà décelée.

La *Comédie des Académistes* nous fait assister à une belle scène de débauche dans laquelle Saint-Amant joue sa partie avec auto-

(5) Id., I 486 n. 3.
(6) *Id.,* I 258.
(7) Cf. TALLEMANT, I 922.

rité. C'est à la même époque, au plus tard, qu'il convient de placer des scènes analogues, mais réelles, dans lesquelles le poète avait pour compagnon Pierre Tallemant, sieur de Boisneau, demi-frère du mémorialiste, qui nous en a conservé le souvenir. L'anecdote est pittoresque. Mlle Véron, femme d'un porte-manteau du roi, est « cajolée » par Malleville, et son mari, qui n'a pas le moindre soupçon, est si bien accoutumé à voir chez lui le galant qu'il l'appelle « l'homme de chez nous ». « Cela fit un jour une assez plaisante rencontre », écrit Tallemant, qui continue :

> Nous estions voisins ; Saint-Amant estoit couché avec mon frere aisné ; ils estoient amys de desbauche. Le bonhomme Veron luy vint parler et luy demanda : « Qui est là avec vous ? — C'est Saint-Amant ; il dort encore. — Saint-Amant qui fait des vers ? — Oüy. — Dittes-luy en amy qu'il n'en fera jamais bien, si l'homme de chez nous ne luy monstre. » Saint-Amant ne dormoit point, et, sans s'informer qui estoit l'homme de chez nous, car il se tient au-dessus de tout le monde, il disoit tout bas à mon frere : « Qui est cet impertinent-là ? Renvoyez-le, ou je le jetteray par les fenestres (8) ».

On avouera qu'un poète en renom, fût-il plus modeste que ce récit ne le laisse entendre, avait quelque raison de ne pas être content !

La débauche ne tenait probablement pas la première place dans les relations avec Chevreau. « Nous étions presque inséparables », écrit ce dernier, qui ajoute : « M. de l'Isle Chandieu ne nous quittoit presque jamais (9) ». Celui-ci, auteur de deux ou trois poésies, n'est connu que par ce passage ; s'il était vraiment, ainsi que le dit Chevreau, fils d'Antoine de Chandieu, il n'était pas jeune, car le fameux ministre, mort en 1591, s'était marié en 1563. Chevreau lui-même avait alors vingt-cinq ans. On peut se demander s'il n'exagère pas un peu ici : entre le jeune homme qu'il était, s'appliquant à l'étude avec la plus grande ardeur, cherchant à se ménager « un rang distingué parmi les Sçavans » (10), et le poète de vingt ans son aîné, qui fait profession de dédaigner l'érudition, les relations ont-elles été aussi intimes ? N'accusons pas trop vite Chevreau d'avoir donné un coup de pouce à la réalité ; n'oublions pas qu'il se piquait de faire des vers ; il a publié de petits poèmes héroï-comiques, tels *Narcisse* ou *Procris,* qui prouvent qu'il ne dédaignait pas la plaisanterie, ni le burlesque le moins délicat. Faut-il aussi rappeler la façon dont il a peint sa *Vieille amoureuse,* qui ne le cède guère aux affreuses caricatures des satiriques ? Il se pourrait, d'un autre côté, que Saint-Amant

(8) *Id.,* II 630.
(9) *Chevraeana,* pp. 154-155.
(10) NICERON, XI 343.

eût trouvé en lui l'homme susceptible de le guider, ou tout au moins de l'aider dans les lectures savantes que réclamait la grande œuvre à laquelle il travaillait : le *Moyse sauvé*.

A cette époque, en effet, il s'était mis sérieusement à l'ouvrage. Depuis longtemps il s'était senti attiré par la poésie biblique ; il avait entrepris successivement un *Samson*, puis un *Joseph* (11). Du premier, rien n'est resté ; du second, subsiste un long fragment recueilli en 1658 dans le *Dernier Recueil*, sans compter ce qui est passé dans le *Moyse*. Nos renseignements sur la composition de ce dernier poème sont peu nombreux, et peu précis. Peut-être Saint-Amant le mit-il en chantier à son retour des îles de Lérins. Lui-même dit simplement, en 1653 :

> Il y a quelqus années que j'entrepris cét Ouvrage. J'y ay travaillé à diverses reprises ; j'ay esté des sept ou huit ans tout de suitte sans y faire un seul Vers...   (II 139)

Impossible de tirer de ces lignes une indication sur le moment exact où il fut commencé. Voici cependant qui est plus précis ; en 1638 on commence à en parler, et Chapelain écrit à Balzac :

> Le poème épique dont on vous a parlé est un idille que le Gros appelle heroïque, à cause qu'il y veut décrire les actions de Moyse, sous le titre de Moyse sauvé. Il le partage en trois livres de douze ou quinze cens vers chacun : le premier s'appellera le matin, le second le midy et le troisiesme, le soir, et tout l'ouvrage ne doit avoir qu'un seul jour d'estendue. Il m'en a recité trois ou quatre cens vers où il y a force descriptions... Je ne vous puis que dire de l'oeconomie, car il ne me l'a point discourue, mais je crains qu'Aristote n'y soit choqué... (12).

Le poète peut donc, en ce mois de mai 1638, réciter quelques centaines de vers de son poème, et donner des indications, très générales, sur le plan qu'il envisage, et qui changera du reste (13). Mais on a l'impression, en fin de compte, que le travail n'est guère avancé. Il a rédigé quelques passages descriptifs, dans lesquels il se sent particulièrement à son aise ; mais s'il n'a pas entretenu Chapelain de « l'oeconomie » de l'œuvre, c'est-à-dire de la disposition des matières, c'est probablement parce qu'il n'est pas encore très bien fixé à ce sujet.

La première allusion qu'il ait faite au *Moyse* se trouve dans un « caprice », l'*Avant-Satire*. Il s'y plaint très vivement que Pégase, si facile d'humeur et si doux jusque-là, se montre tout à coup rétif, et refuse énergiquement de se laisser monter :

---

(11) *Protestantisme*, pp. 259-261.
(12) CHAPELAIN. I 237 (18 mai 1638).
(13) *Protestantisme*, p. 261 n. 74.

Il tremousse, il regimbe, il se cabre, il tempeste,
Il me tourne la crouppe, il fait enfin la beste,
Et je voy, non sans peur, de mes yeux estonnez
Que de mainte rüade il me frize le nez.   (I 324)

Serait-ce qu'un mauvais poète eut l'audace de le monter ? Ou
bien qu'il a manqué d'exercice ? A moins qu'une troisième explication ne soit la bonne :

Ou-bien fasché de voir que ma Verve sacrée
Ne se sert plus de luy quand elle se recrée ;
Que je quitte Helicon pour Horeb et Sinà,
Où la Loy formidable aux Hebreux se donna ;
Que pour la verité je laisse le mensonge ;
Il me veut tesmoigner le despit qui le ronge,
Et me faire connestre en son fremissement
Les bizarres transports d'un vif ressentiment.   (I 325)

L'*Avant-Satire* est toutefois un plus plus tardive ; on y trouve
une allusion à une « absence » de « cinq ou six Mois », qu'il faut
sans doute placer, nous le verrons, en 1640. Elle renferme une
âpre critique des mauvais poètes, les « rimeurs de balle », qui se
réfugient dans l'énigme (ou dans l'anagramme) parce qu'ils ne
sont pas capables d'autre chose. La pièce qui la précède immédiatement dans le recueil de 1643, la *Petarrade aux rondeaux,* contient les mêmes attaques, parmi d'autres. Prenant prétexte de la
vogue nouvelle du rondeau, Saint-Amant prophétise la renaissance
des genres de l'ancienne rhétorique, la ballade, le triolet, le vire-
lai, « l'Enigme goffe (*mal bâtie*), et l'Emblême pedant », le rébus
ou le coq-à-l'âne. Nous sommes en mesure de dater assez exactement cet engouement pour le rondeau, dont les premiers symp-
tômes remontent à 1636 ou 1637. Le 1er avril 1637, Chapelain écrivait à Balzac que « Mr Voiture perd tousjours son argent, et fait
tousjours de nouveaux rondeaux », et à Godeau au début de l'année suivante que « les rondeaux ont esté desconfits par les énigmes qui tiennent, à cette heure, le dé et divertissent la belle Cour »
(14). La *Petarrade aux rondeaux* peut donc, sans témérité, être
datée de 1638 au plus tard. Les deux pièces sont à rapprocher par
les critiques qu'elles adressent aux versificateurs de bas étage, qui
font fi du « caprice », délaissent l'élégie, les stances, les odes et les
sonnets, remplacent l'épigramme par le rondeau, et se figurent
être poètes pour avoir commis un recueil d'énigmes. L'*Avant-
Satire* s'indigne, traite l' « anagramatiste » de valet d'écurie, parle
de « folie extresme » ; la *Petarrade aux rondeaux* utilise le mode
ironique, mais c'est une ironie cinglante, à laquelle on ne peut se
méprendre, on en jugera par ces vers :

---

(14) CHAPELAIN, I 148 et 198.

> Je vous croyois infames autresfois,
> Et maintenant je vous donne ma vois :
> J'eusse juré qu'au front des seuls Theatres
> Les francs Badauts, des Farces idolastres,
> Les sots Laquais et les vils Crocheteurs
> Se montreroient vos seuls admirateurs :
> Et cependant forcé de m'en desdire,
> Tout le premier j'en estouffe de rire,
> Je vous cheris, je vous approuve en vers...   (I 318)

Le poète rejette les amusements de salon, qui ne sont bons qu'à déconsidérer la poésie, en permettant au premier sot venu de se croire du talent, sinon du génie, parce que, tout comme un autre, il aura réussi à aligner quelques vers de pacotille. Outre ces versificateurs mondains, il vise les attardés, qui n'ont pas compris combien la poésie a évolué depuis un siècle, et qu'il ne faut surtout pas revenir à « Chartier, Cretin, Saint-Gelais et Marot », qu'on perd son temps à feuilleter Tabourot des Accords ou Claude Fauchet

> Pour fagotter quelque gentil Rondeau
> Qui désarçonne et Victor et Brodeau,   (I 323)

et qu'il ne faut surtout pas imiter ceux qui font revivre ces époques révolues, à la manière de « Gilles, Le-blanc, Du-Lot et Vieux-Germain ».

Arrêtons-nous un instant sur ces noms, qui symbolisent les poètes attardés et ridicules. Nous avons déjà rencontré Vieux-Germain, c'est-à-dire Neufgermain, dans la *Gazette du Pont-neuf* ; M. Adam remarque qu'il n'était pas aussi méprisé qu'on l'a dit, ni considéré comme un fou (15) : il reste que ses vers ne valent pas grand chose. Gilles n'est qu'un prénom, ou un nom d'emprunt, remplacé dans un manuscrit par Gomès (16) ; ce Gomès ou Gomez était, paraît-il, un poète fort pauvre qui fit une épigramme contre Maillet, et vivait du temps de Malherbe (17). Le Blanc est-il Jean Le Blanc, auteur de poèmes dans le style du XVIe siècle, recueillis en 1610 dans la *Neotemachie poetique* ? Quant à Dulot, il était bien connu de Saint-Amant. Parlant des sonnets en bouts-rimés dont il était l'inventeur, Guillaume Colletet rapporte qu'il le vit quelquefois, en son logis du faubourg « où nostre illustre amy Saint-Amant l'avoit introduit », en composer plusieurs sur le champ (18). La vogue des bouts-rimés est plus tardive, elle battit son plein en 1647 ; mais, sachant que Dulot était à l'abbé de Retz

---

(15) TALLEMANT, I 1167.
(16) Arsenal, ms. 4123, p. 524.
(17) *Menagiana*, éd. 1715, III 55 et IV 109.
(18) *Traité du sonnet*, P., 1658, p. 114.

au plus tard en 1638 (19), on peut être assuré que Saint-Amant le
connaissait dès cette époque. Tous deux se retrouvèrent quelques
années plus tard auprès de l'évêque de Metz, pour lequel Dulot
quitta le Coadjuteur. Le personnage dut amuser Saint-Amant, qui
dit de lui, dans une épigramme :

> Sa folie excuse ses Vers ;
> Qu'ils soyent de long ou de travers,
> Le Bourru n'en a rien à craindre.   (II 64)

Malgré cela, il n'est pas tendre pour son poème de l'*Epiphanie*
(qui n'a pas été imprimé, et s'est perdu), puisqu'il ne parle de rien
moins que de le jeter au feu.

Chacun sait que le 5 septembre, à Saint-Germain, Anne d'Autriche mit au monde un dauphin. Quand le canon l'eut annoncé à la
ville de Paris, ce ne furent que réjouissances de toutes sortes, Te
Deum, feux de joie et feux d'artifice, processions, cortèges, muids de
vin mis en perce et versant à boire aux passants: chacun rivalisa de
zèle pour célébrer l'événement. Que pouvait faire un poète comme
Saint-Amant, sinon des vers ? On aurait attendu quelque ode
solennelle, un beau sonnet ; nous n'avons qu'une chanson. Encore
n'est-il pas sûr qu'elle soit de lui. On la trouve dans de nombreux
recueils manuscrits, mais elle ne lui est attribuée que par certains
d'entre eux (20). Il ne l'a pas recueillie dans ses œuvres, et n'a pas
eu tort, car elle n'ajoute rien à sa gloire. S'il en est vraiment l'auteur, il faut qu'il ait volontairement contrefait quelque chanteur
de carrefour. Que dire, pour se borner là, de la fin du premier
couplet :

> Car Dieu nous l'a donné par l'entremise
> Des prelats de toute l'Eglise
> Et l'on lui verra la barbe grise ?

Il est regrettable qu'on ne puisse accepter en toute certitude
l'attribution de la chanson à Saint-Amant : elle nous rendrait pratiquement certains de sa présence à Paris en ce mois de septembre, car elle n'a pu être écrite que par un témoin oculaire.

Aucun document n'est là pour nous apprendre ce qu'il avait
fait depuis le printemps. Pas davantage n'avons-nous de points
de repère pour l'année 1639. Etait-il là quand, au début de février,
son protecteur et ami d'Harcourt épousa Marguerite de Camboust,
duchesse de Puylaurens, veuve du favori de Monsieur, et nièce

---

(19) TALLEMANT, II 659 ; cf. la note de M. Adam, p. 1431.
(20) B. N. fr. 865, f° 2 v°. et fr. 13 636 (*Recueil Maurepas*, tome XXI), p. 373 ;
Arsenal, ms. 3120, f° 2 v° ; bibl. de Versailles, coll. Lebaudy, ms. 4° 81, p. 98. Je
ne cite que les manuscrits où la chanson est attribuée, et la liste n'est certainement pas close.

de Richelieu ? Ce mariage consolidait la fortune du comte, et ses protégés pouvaient espérer que, par contre-coup, ils en retireraient quelques avantages. Peu de temps après, à la fin d'avril (21), Henri de Lorraine partit commander l'armée navale du Levant ; il n'est pas exclu que Saint-Amant l'ait accompagné, bien qu'il n'en ait soufflé mot. Il pourrait aussi se faire qu'il fût allé rejoindre Retz, alors à Belle-Ile (22). Mais tout cela n'est jamais qu'hypothèses.

Nous savons, par contre, que durant cette période il était favorablement reçu chez les Liancourt. Roger du Plessis s'était récemment converti, sous l'influence de sa femme, et par les soins d'un Jésuite, le père d'Haraucourt. Mais, si l'hôtel de Liancourt tendait à devenir un milieu dévot, il était encore loin de la rigueur janséniste qu'il affichera plus tard : le jansénisme n'y pénétra du reste qu'après la mort du père d'Haraucourt (1640). La société choisie qui se réunissait dans le château du Beauvaisis ne dédaignait pas les divertissements, ainsi que le montre une poésie attribuée au duc d'Enghien (23). Les écrivains étaient fort bien accueillis ; Gomberville, par exemple, « y avoit de l'accès et même du credit en qualité de bel esprit » (24). Saint-Amant était depuis plusieurs années en rapports avec ce milieu ; l'abandon, au moins théorique, de la poésie profane ne déplut certainement pas, et le *Moyse,* ou plutôt les fragments qui en furent alors lus, récoltèrent les applaudissements. Balzac l'assure, qui écrit à Chapelain :

> J'ay appris du mesme autheur (La Rochefoucauld) que Moïse sauvé estoit la passion de Monsieur et de Madame de Liancourt.

Et Chapelain lui répond :

> Je croy aysement que le Moyse est l'idole de l'hostel de L., car il a les beautez qu'on y admire le plus, et ses defauts sont d'une nature qu'ils n'y sont pas mesme connus de nom. Je croy qu'on y aura fait changer la dédicace qui commençoit Dame de L. (25).

Saint-Amant avait donc eu l'intention d'offrir à Madame de Liancourt la dédicace de son poème, imitant en cela Corneille, qui lui avait offert la *Galerie du Palais* en 1637, après avoir placé le nom de son mari en tête de *Mélite* en 1633. On voit mal, cependant, comment elle aurait pu commencer par les mots que rapporte Chapelain. Quoi qu'il en soit, le projet fut abandonné, mais peut-être plus tard : la phrase de Chapelain, je crois, veut dire simple-

---

(21) *Gazette,* 1639, p. 236.
(22) A. E., *Mémoires et documents,* France, 1504, f° 208.
(23) *Recueil Sercy, Troisième Partie,* p. 347 de l'édition de 1658.
(24) Le P. RAPIN, *Mémoires,* éd. *Aubineau,* P., 1865, I 97.
(25) CHAPELAIN, I 488 (28 août 1639).

ment qu'on a fait changer la forme de cette dédicace — qu'il est d'ailleurs curieux de voir au moins ébauchée, quand il s'en fallait de beaucoup que le poème fût achevé.

Plus tard, Liancourt, tout à fait enrôlé sous la bannière janséniste, n'appréciait plus le *Moyse sauvé*, ainsi que l'attestent quelques lignes d'un recueil manuscrit reproduisant des propos tenus dans son entourage :

> Le Moyse de St Amand. M. de Lyancourt dit qu'il n'a rien trouvé de beau dans le Moyse de St Amand, il luy plaisoit cependant lorsque Lambert luy en lisoit les beaux endroits, le ton de la voix impose (26).

S'agissait-il simplement d'un « ton de voix » ? Les goûts du noble seigneur n'avaient-il pas plutôt évolué ? Peut-être aussi faut-il ajouter que le *Moyse* de 1653, dont il est question ici (le recueil a été composé vers 1670), et celui de 1639 étaient loin d'être identiques.

Bien qu'une lettre de Costar, datant de 1656, prouve qu'il y avait toujours ses entrées (27), il est fort possible que Saint-Amant se soit de lui-même éloigné de l'hôtel de Liancourt après 1640. Il semble en tout cas n'avoir jamais eu d'attaches avec le parti janséniste, ce qui put y contribuer.

Ne quittons pas cette année 1639 sans rappeler qu'elle fut très malheureuse pour la Normandie, agitée par la sédition des Nu-Pieds et la terrible répression qui s'ensuivit. A Rouen, le mois d'août fut marqué par plusieurs émeutes, qui s'attaquaient avant tout aux bureaux et aux maisons des officiers de finances, mais risquaient de s'étendre : on vit mettre au pillage, par exemple, la maison d'un chandelier (28). Ce fut ensuite la répression brutale, l'arrivée du chancelier Séguier et des troupes de Gassion le 2 janvier 1640, les exécutions sommaires, et, ce qui touchait tout le monde, le logement des gens de guerre. Dans les faubourgs, à Saint-Sever par conséquent, fut cantonnée la cavalerie, qui se signala par ses excès (29). S'il ne se trouvait pas dans quelque lieu éloigné, Saint-Amant pouvait-il se désintéresser de ces événements ? On aimerait savoir qu'il s'entremit, comme le fit Boisrobert en faveur de trente de ses amis (30), pour garantir dans la mesure du possible sa sœur et ses neveux, sa mère aussi, toujours en vie, qui n'avaient peut-être auprès d'eux personne pour les protéger : Pierre d'Azémar était en effet parti en 1635 dans le comté d'Eu, seconder son ancien

---

(26) B. N. n. a. fr. 4333, f° 71 v°.
(27) *Lettres de M. Costar*, P., 1658, I 794.
(28) *Diaire ou Journal de voyage du chancelier Séguier en Normandie...* publié par A. Floquet, Rouen, 1842, p. 363.
(29) *Ibid.*, p. 141.
(30) *Ibid.*, p. 40.

ouvrier Henri de Virgille, laissant son frère s'occuper seul de la
verrerie de Rouen ; mais Jean venait justement de mourir, il avait
été enterré le 26 septembre (31) ; Pierre était-il revenu ? Quoi qu'il
en soit, même si Saint-Amant était intervenu auprès du Chancelier, sa famille, de même que tous les autres habitants, sans exception,
eut à subir les conséquences financières de cette affaire, en
versant une part de l'énorme amende imposée à la ville.

Toutefois, il avait peut-être d'autres préoccupations en tête
que de venir en aide aux siens, si, comme nous y invite un document, nous pouvons penser qu'il se trouvait en 1640 sur mer, et
chargé de responsabilités.

Le 30 avril, le chevalier de Montigny (qui n'a rien à voir, je le
rappelle, avec Salomon Girard) recevait les instructions suivantes :

> Ordre au sieur chevalier de Montigny vice admiral de l'armée
> navalle du roy en levant incontinent que sera arrivé avec son
> esquadre à la rade de S Martin d'envoyer ordre aux capitaines
> commandant les dix bruslots et cinq fluttes designez pour
> l'armée du levant de le venir joindre en dilligence à la rade s'ils
> n'y sont deja.
> Commander aux dix neuf vaisseaux de la dite esquadre de se
> preparer et achever l'embarquement de leurs victuailles et equi-
> pages avec telle dilligence qu'ils puissent faire voille huict jours
> apres leur arrivée à la radde.
> Pour s'en aller ledit huictiesme jour tous de conserve recon-
> noistre le cap de Finisterre pour de là passer le destroit de Gibral-
> tar et continuer leur routte jusques aux isles d'Hierre en Pro-
> vence, où estant mouillez envoyeront aux nouvelles à Thoulon
> recevoir l'ordre de ce qu'ilz auront à faire (32).

Or un « ordre d'amathelotage des vaisseaux de l'armée navalle
du Roy », un peu postérieur (27 juillet), fournit la liste des vaisseaux du vice-amiral Montigny. Parmi eux figure le *Griffon*, capitaine Girard St Amant (33).

Le *Griffon* était un petit navire de 200 tonneaux qui, lors de
l'expédition de 1636, faisait partie de l'escadre de Normandie. Il
n'apparaît pas dans les listes de vaisseaux des années précédentes que j'ai pu consulter : peut-être dormait-il dans quelque port,
en attendant de reprendre la mer. En Méditerranée, il se voit
chargé, avec d'autres, de missions de surveillance. Le 22 juillet,
son capitaine reçoit l'ordre de se rendre dans les parages du cap
Corse (34), et deux mois plus tard au large de Gaëte, avec des instructions dont voici l'essentiel :

---

(31) Etat-civil protestant, Registre des mortuaires (1628-1642), f° 163 v°.
(32) A. N., *Marine*, B 4, 1, f° 321.
(33) *Ibid.*, f° 323.
(34) *Ibid.*, f° 322 v°.

Ordonné à..., au sieur Girard commandant le Griffon... de s'en aller vers les isles de Ponce et Palmerolle (35) esborder (?) les passages desdites isles et du mont Cercelle (36) affin qu'aucuns vaisseaux ny felouques ne passe et ne repassent (sic) sur la routte de Naples qui ne soit par eux recogneu. Et pour cet effect se tiendront sur les bords entre les terres fermes et les isles faisant tout le possible de prendre quelques felouques ou barques pour avoir nouvelles des ennemiz.

S'il sort quelque navire de Gaëte, ou s'il en vient de Naples, il faudra leur donner la chasse ; et, si le temps le permet, les capitaines pourront envoyer des chaloupes

jusques vers Terracine pour prendre langue du lieu où pourront estre les ennemiz et de ce qu'ilz font et s'il ne seroit point arrivé quelque nouvelle de la part de M. le maréchal d'Estrée (37).

Je n'ai trouvé qu'une seule mention postérieure du *Griffon*, et peu précise. A la fin d'octobre, Richelieu adresse à l'archevêque de Bordeaux (il avait succédé à d'Harcourt à la tête de la flotte du Levant) les ordres du roi : il fera repasser dans l'Atlantique cinq ou six des meilleurs vaisseaux de sa flotte, en fera transformer certains, trop vieux ou abîmés, en brûlots, en vendra quelques autres. Et le Cardinal ajoute :

Quant aux petits vaisseaux qui vous restent (*suit une liste qui comprend le nom du Griffon*), je laisse à votre choix de retenir de delà ou de les faire repasser en ponant. Cependant comme vous me mandez qu'ils sont inutiles ès mers de delà, ce que je crois comme vous, j'estime qu'il est plus à propos de les faire repasser que de les retenir (38).

Je ne sais quelle décision fut prise en fin de compte.

Il est temps de se poser une question : le capitaine du *Griffon* était-il bien notre héros, comme paraît l'indiquer le nom sous lequel il est désigné ? Ce qui me gêne un peu, et m'empêcherait d'être absolument affirmatif, c'est que le poète n'a fait nulle part allusion à un commandement maritime qu'il aurait exercé, alors qu'il n'a pas négligé d'informer la postérité que son frère Salomon fut, durant plusieurs campagnes, capitaine de navire. Toutefois cette objection ne pèse pas lourd devant la précision du patronyme. Si nous n'avions que « Girard », nous penserions immédiatement à Salomon ; « Saint-Amant » tout seul pourrait désigner un personnage de ce nom, lieutenant de M. de Poitrincourt sur la *Sainte-Anne* en 1636, d'après un état de l'armée navale que Jal avait con-

---

(35) Ponza et Palmarola, dans le groupe nord-ouest des îles Pontines, au large du golfe de Terracine.
(36) Promontoire Circeo, ou Circello, qui ferme ce golfe à l'ouest.
(37) A. N., *vol. cit.*, f° 340 v°. D'Estrées est ambassadeur à Rome.
(38) *Correspondance de Sourdis, éd. cit.*, II 350.

sulté aux Archives de la Guerre (39). Mais « Girard Saint-Amant »,
à ma connaissance, n'a jamais désigné que notre poète. Jusqu'à
preuve du contraire, il faut admettre qu'il s'agit bien de lui.

Je ne crois pas cependant qu'il soit resté longtemps capitaine
du *Griffon*. A la fin de l'année paraît en librairie le *Passage de
Gibraltar*. Le privilège a été accordé à son auteur le 22 octobre ; il
a pu évidemment être sollicité par un autre en son nom. Mais un
mois plus tard, le 17 novembre exactement, il permet à Toussaint Quinet de « vendre et debiter seul » » le petit volume, que
probablement il a lui-même pris le soin de faire imprimer (40). Il est
à peu près certain qu'il était alors de retour, ainsi que l'indique la
mention : « Faict à Paris », qui précède la date du 17 novembre
dans la permission.

Cette conclusion s'accorderait avec l'absence de « cinq ou six
mois » dont fait état l'*Avant-Satire*. Il aurait embarqué en mai,
alors que le chevalier de Montigny préparait son escadre à Ré ; il
aurait quitté son bord en octobre, alors que, de l'aveu de Sourdis,
son « petit vaisseau » était devenu inutile en Méditerranée. Bien
courte campagne, on l'avouera ; les raisons nous échappent, qui
l'auraient ainsi transformé, pour quelques mois seulement, en capitaine de l'armée navale, touchant les trois cents livres tournois qui
représentaient la solde mensuelle de ses pareils (41).

Il n'a pas été question dans les pages qui précèdent des campagnes en Italie du comte d'Harcourt. La tradition veut cependant
que Saint-Amant l'y ait suivi, et s'y soit illustré l'épée à la main.
Parti en octobre 1639, revenu à Paris un an plus tard, il y serait
retourné sans enthousiasme, au printemps 1641, car « le comte
d'Harcourt n'entendait pas se priver des services et surtout de la
compagnie de son fidèle lieutenant » (42). S'il commandait
le *Griffon* en 1640, il ne pouvait, cela va sans dire, être en même
temps devant Casal ou Turin. Si par hasard le capitaine était un
autre, quelles seraient nos conclusions ?

On me permettra de commencer par une constatation qui ne
manque pas de piquant. Durand-Lapie, se fondant sur les œuvres
du poète, le montre durant l'été 1640 devant Turin, souffrant de
la disette et du manque de vin (43). Mais l'abbé Goujet, puisant à
la même source, écrit qu'un « Sonnet sur la prise d'Arras » prouve
que Saint-Amant « avoit été témoin de cet événement » (44). Prise
d'Arras et siège de Turin étant strictement contemporains, l'une

(39) A. JAL, *Abraham du Quesne et la marine de son temps*, P., 1873, I 68.
Noter que, selon un état conservé B. N. fr. 3844, f° 87, le second de la *Sainte-Anne*
s'appelait Savigny.
(40) Cf. *Bibliographie*, p. 15.
(41) A. N., Marine, B 5, 1, f° 25.
(42) DURAND-LAPIE, p. 263.
(43) *Id.*, pp. 250 sqq.
(44) GOUJET, XVI 332.

au moins de ces affirmations est erronée : on doit tirer de là une leçon de prudence.

Ecartons d'emblée l'hypothèse de Goujet. Le sonnet *Arras pris* n'apporte rien, pas même une présomption, en sa faveur. Qui pourrait soutenir qu'il fallait avoir été sur place pour écrire :

> Ces fiers et beaux Rempars ceints de vastes Abimes,
> Ces Tours, de l'art humain les rochers sourcilleux,
> Cedans aux durs effors d'un Siege merveilleux
> Ont enfin reconnu nos Armes legitimes ?   (I 271)

La lecture de la *Gazette* suffisait amplement.

Durand-Lapie aurait-il donc raison ? Pas davantage. Examinons les textes susceptibles d'être allégués : nulle part Saint-Amant ne parle des glorieux exploits d'Henri de Lorraine comme s'il en avait été le témoin direct, et pouvait réclamer sa part de louanges. Lorsque, dans l'épître de dédicace *A Monseigneur le comte de Harcourt,* en tête du recueil de 1643, il écrit :

> Toutesfois, ò mon Prince magnanime, apres tout ce que j'ay dit sur la peine qu'aura la Posterité à croire les grandes choses que vous avez executées, puis que ceux mesmes lesquels ont eu le bon-heur d'en estre les tesmoins dementent presque leurs propres yeux,   (I 249)

il ne dit nullement qu'il ait eu lui-même ce bonheur. Le sonnet sur le secours de Casal (I 270) est aussi vague et conventionnel que **son pendant sur la prise d'Arras.** Reste l'*Epistre au baron de Melay,* dont un passage est plus précis. Saint-Amant y chante, dans le début, les louanges du Comte, rappelant la reprise des Iles, puis continuant en ces termes :

> Tesmoin de Quiers la fameuse retraite
> Qu'avec du sang le Vieux nous a portraite,
> Le rare Vieux, nostre cher et feal,
> Qui point n'en conte en hableur ideal
> Mais en vray Sire, en homme qu'on peut croire...
> Tesmoin, en fin, tant de fieres merveilles,
> Tant de sujets de nos illustres Veilles,
> Qu'ont admirez, et Casal, et Turin...   (I 340)

Ces vers apportent la preuve que Saint-Amant ne participait pas au combat de la Route (20 novembre 1639), qu'il appelle « la fameuse retraite » de Quiers. Son informateur a été Faret — dont nous savons qu'il avait offert à l'église Notre-Dame un tableau accompagné d'un sonnet, conséquence d'un vœu qu'il avait fait en ce combat, où il accompagnait son maître (45). Il l'a « portrait »

---

(45) PELLISSON, I 194.

à son ami et à quelques autres, réunis sans doute autour de bonnes bouteilles : voilà pourquoi le poète insiste ainsi sur sa véracité, et proclame qu'on peut sans crainte le croire sur parole. Lui-même n'étant pas au Piémont en ce début de campagne, pourquoi supposer qu'il aurait rejoint l'armée plus tard ? Voilà encore une histoire qu'il faut reléguer définitivement, je le crains, au magasin des légendes.

Puisque nous parlons de légendes, écartons-en une autre — celle qui voudrait que les deux sonnets dont il vient d'être question, *Cazal secouru* et *Arras pris,* eussent été récités dans le *Ballet de la Prospérité des armes de France,* représenté le 7 février 1641 (46). Cette assertion doit sortir d'une note de Livet, rappelant que ce ballet fut destiné à célébrer les deux glorieux faits d'armes: mais Livet se gardait bien de dire autre chose. Durand-Lapie prétend que Marolles s'extasie dans ses *Mémoires,* entre autres beautés de ce ballet, sur les sonnets de Saint-Amant : rien n'est plus faux.

La publication du *Passage de Gibraltar,* comme on l'a vu, nécessita la présence de Saint-Amant à Paris dans les dernières semaines de 1640. Je ne m'arrêterai pas sur sa préface, qui présente un grand intérêt pour l'étude de la doctrine poétique de notre auteur: elle a été étudiée par M. Adam, et l'on ne peut que renvoyer aux paragraphes qu'il lui a consacrés (47).

Le poète était encore à Paris au début de 1641. C'est à ce moment-là qu'il écrivit les *Pourveus bachiques,* dont le texte se rapporte à des événements de 1640, ou du printemps de 1641 au plus tard. Ils appartiennent à un genre bien déterminé, qui, sous des formes diverses, existait longtemps avant Saint-Amant : le poète écarte, plus ou moins dédaigneusement, le monde qui l'entoure, et son agitation, pour ne se préoccuper que de jouissance immédiate. Thème épicurien, on le sait ; sans remonter jusqu'à Lucrèce et son *Suaue mari magno,* on peut rappeler l'ode d'Horace *Quid bellicosus Cantaber,* laquelle contient en germe l'essentiel du développement de Saint-Amant, mais augmenté d'une idée que celui-ci a laissée de côté, celle de la fuite de la jeunesse. On a très justement rapproché un passage de la *Pantagrueline Prognostication* (48), peut-être source directe de l'espèce de refrain qui termine les couplets, donnant son nom à la pièce. Mais Saint-Amant trouvait chez Boisrobert, dans une *Ode* à M. de Balzac parue en 1626, deux strophes dont les siennes donnent l'impression de sortir en droite ligne :

---

(46) Durand-Lapie, p. 253.
(47) Adam, I 378-379.
(48) Gourier, p. 92.

> Que l'on se bate en Allemagne,
> Qu'aux droits de l'Empire Latin
> On appelle le Palatin,
> Ou Gabor, ou le Roy d'Espagne,
>
> Je ne m'en donne point de peine
> Pouveu que je boive à longs traits
> De ce vin delicat, et frais
> Sur le bord de ceste fontaine (49).

Cela n'enlève rien cependant à son mérite. Il a réussi tout
d'abord à faire de son « caprice » une véritable revue des événements contemporains. On y sent le lecteur assidu de la *Gazette*
(qui du reste est alléguée dès la première strophe), s'intéressant à
l'actualité sous toutes ses formes : nouvelles de la guerre (victoires du comte d'Harcourt en Italie, prise d'Arras, manœuvres en
Allemagne de Baner et de Piccolomini), politique internationale
ou conflits lointains (rébellion de la Catalogne et du Portugal, difficultés de Charles Ier avec les Ecossais, prise de Babylone par le
Sultan, combats au Brésil entre Portugais et Hollandais), politique
intérieure (taxe sur les bénéficiers, édits monétaires).

A cela s'ajoute une partie satirique, dont malheureusement les
allusions, qui devaient être claires pour les contemporains, ne le
sont plus pour nous. Quel est ce « superbe et gros Maltôtier » qui
s'est fait bâtir un palais avec le fruit de ses rapines, mais dont l'hé-
ritier gaspille les millions en joyeuse compagnie, aux dépens de
sa santé ? Cette ostentation d'architecture indignait particulièrement le poète, qui reviendra, quinze ans plus tard, sur les hôtels
somptueux de certains financiers,

> Ces Miracles de Monopole,
> Ces Palais dont la vanité
> Etonne l'un et l'autre Pole.   (II 339)

Quel est cet « endebté », ce « criminel », qui « trompe une bar-
rière en sa Chaise », autrement dit, je pense, réussit à sortir de la
ville à la barbe des sergents qui le recherchent ? Plus générale est
la critique des « petits Oysons de Cour », dont le manque d'esprit
se dissimule sous l'impertinence, gens qu'il faut tenir à distance
d'une honnête compagnie, tout comme le « petit noble rustique »
ne devait sous aucun prétexte se joindre aux commensaux du
« Palais de la volupté ». La sottise, sous toutes ses formes, voilà ce
que ne peut pardonner Saint-Amant.

Les deux dernières strophes apportent une note plus personnelle. C'est d'abord une constatation désabusée, qui reviendra plusieurs fois dans l'œuvre du poète vieillissant et qui se voudrait

(49) *Recueil des plus beaux vers*, p. 472.

assuré des lendemains : les grands de ce monde ne sont pas avares de promesses, mais celles-ci se réalisent rarement; il est obligé de se plaindre, trahissant par là une inquiétude certaine,

> Qu'à leur honte nos Demy-Dieux
> Ne facent rien pour *sa* fortune.   (I 333)

Pourtant, il a passé l'âge de « tracasser » sur terre et sur mer. Il ne ressent plus l'appel de la gloire, et ne demande que le repos :

> Je n'aspire plus aux Lauriers
> Qu'on cueille au bout d'une Conqueste ;
> Bren de ces preux Avanturiers
> Qui dans le Choq se font de feste ;
> Que cent palmes on leur appreste,
> Je m'en mocque à gozier ouvert,
> Pourveu qu'on m'honore la teste
> D'un bouchon fait de pampre vert.   (I 334)

Effectivement, bien que l'ère des voyages ne soit pas close pour lui, tant s'en faut, on ne le verra plus accompagner ses protecteurs en de dangereuses expéditions. S'il n'est pas toujours sincère dans les *Pourveus bachiques,* car je ne puis croire qu'il se soit désintéressé, comme il le prétend, de certains événements d'une extrême importance pour la monarchie française, il paraît bien l'être dans cette déclaration finale.

Passons, sans nous y arrêter, sur la fin de 1641 et le début de 1642 : rien ne permet de savoir ce qu'a fait Saint-Amant durant ce temps, et tout ce qu'on a pu en écrire n'est que pure imagination. En mai-juin 1642, il est possible qu'il ait fait un voyage à Rouen, à l'occasion de la mort, à l'âge de cinquante-trois ans, de son beau-frère Pierre d'Azémar. Celui-ci fut inhumé le 1er juin (50), et peut-être le poète tint-il à venir assister sa sœur et ses neveux — l'aîné des garçons n'avait que douze ans — dans ces tristes circonstances. Mais il ne reste aucune preuve de sa présence là-bas. On peut au contraire affirmer qu'il se trouvait pendant l'été à Paris, où il composa l'*Epistre à Monsieur le baron de Melay.* Celle-ci peut en effet être exactement datée, par le passage suivant :

> Tes yeux vitrez n'apprendront point les choses
> Qui font en Cour tant de metamorphoses,
> Et... ta voix, en voulant estre aussy,
> D'un ton nazard ne lira point icy
> Sous la faveur de tes bezicles vertes,
> Par quel moyen on les a descouvertes ;
> Quel soin il faut à regir les Estats ;

_____

(50) Etat-civil protestant, Registre des mortuaires, 1628-1642, f° 193 v°.

> A les sauver des lasches attentats ;
> Si de Themis la juste diligence
> En un tel fait peut user d'indulgence :
> Ou si la Mort, douce comme un Chardon,
> Doit bien-tost dire, Ingrat, point de pardon.   (I 341)

Il ne peut s'agir là que d'une allusion à la disgrâce de Cinq-Mars. Le changement de fortune subit du favori, c'est bien une « métamorphose » ; sa trahison, un « lâche attentat » ; qui, mieux que lui, pouvait être qualifié d'ingrat ? Il est arrêté maintenant, mais on ignore encore s'il aura la tête tranchée. Ces vers, et l'ensemble de la pièce, écrite d'un seul jet, datent donc de juillet ou août, puisque Cinq-Mars, arrêté le 12 juin, fut condamné à mort au début de septembre.

Je n'ai pas encore réussi à identifier ce baron de Melay, auquel est ainsi adressée la pièce la plus importante du recueil de 1643. Nous l'avons rencontré en 1635, « tenant sa partie » dans le concert de louanges qui, aux dires de Faret, célèbre Antoine Brun. Saint-Amant apporte sur lui quelques maigres précisions : gouverneur du Château-Trompette à Bordeaux, il est cousin du comte de Brionne (I 349), et fut le « Chiron » du comte d'Harcourt, autrement dit son gouverneur (I 340). A la fin de la Fronde, il jouera pour lui le rôle de conseiller et de chargé d'affaires à Paris (51). Il était, à Bordeaux, son représentant ; les registres de la Jurade portent, à la date du 18 mars 1643 :

> M. Demons, jurat, verra de la part de la jurade M. le baron de Meslé pour lui témoigner combien ils désirent rendre à Mgr le Gouverneur tous les respects qui lui sont dus (52).

Il n'exerça pas longtemps sa charge au Château-Trompette, s'il y avait été placé, comme c'est probable, par d'Harcourt, éphémère gouverneur de Guyenne : peut-être était-il déjà sur le point d'être remplacé quand parut en librairie l'épître qui lui était destinée.

Le prétexte de celle-ci est l'envoi d'un jambon, arrivé chez la comtesse d'Harcourt ; il ne peut en effet s'agir que d'elle, bien que le poète ne la nomme pas : il l'appelle « l'auguste Princesse », comme il traite ailleurs son mari de « Prince magnanime ». Cette dame, écrit-il en quatre vers amusants,

> Ayant receu sous un Daiz venerable
> Ce Basque lourd, chose assez admirable,
> Daigna soudain par un Suisse leger
> D'un Normand rond la chambre en obliger.   (I 342)

---

(51) MONTGLAT, *Mémoires*, p. 298. CHÉRUEL, *Histoire de France sous le ministère de Mazarin*, II 131, le confond avec Jacques-Auguste de Thou.
(52) Archives municipales de Bordeaux, *Inventaire sommaire des registres de la Jurade*, VI 423.

C'est là prétexte à une savoureuse scène de comédie, où le Suisse utilise, pour s'acquitter de sa mission, un curieux jargon :

> ... fous mon Tame un Champon
> T'enfoye icy, dasticot, pour ton foire ;
> Ché suis crand chaut, paille à moy rien pour poire (53).

Le poète donne ses ordres avec toute l'autorité d'un gastronome averti :

> Sur ce dessein je commanday qu'en haste
> On fist bastir un grand Palais de paste,
> Pour avec l'Ail, l'Anchoye au teint vermeil,
> Le Poivre blanc, et le Clou nompareil,
> Loger en Roy ce Jambon que je prosne.   (I 345)

La recette, quoi qu'on ait écrit parfois, n'est pas exactement celle du *Cuisinier françois* du sieur de la Varenne, telle que Livet l'a recopiée : celle-ci ne comporte pas d'anchois, ni d'ail : serait-ce une innovation culinaire de Saint-Amant ?

Par un heureux hasard, il a reçu presque en même temps vingt bouteilles de vin de La Ciotat, ce vin qu'il prônait dans la dernière strophe de la *Rome ridicule,* et un roquefort « des plus raffinez », digne pendant du brie et du cantal qu'il a déjà célébrés. Il décide de faire profiter ses amis d'une pareille aubaine, et, pour cela, d'en orner la table « du magnifique et grand Des Yveteaux ».

Des Yveteaux avait alors soixante-quinze ans. Mais l'âge n'avait rien changé à ses goûts ; il continuait à mener son existence paisible, un peu excentrique — moins qu'on ne l'a dit —, tout occupée des lettres, des arts et des jouissances de l'amitié. Ce que Saint-Amant appelle « goûter les fruits de l'estude » et s'abandonner « aux doux excès des plaisirs innocens » (I 346). Le vieillard lui-même, trois ans plus tard, introduisit dans un long factum une déclaration que n'eût pas désavouée notre poète :

> Si c'est vice que d'aymer la Musique, la Poësie, la Peinture et l'Architecture, qui esteignent les passions de l'avarice et de l'envie,... j'avouë que je suis, et veus estre des plus blasmables du monde (54).

Il ne dédaignait cependant pas des plaisirs plus terre à terre, ceux de la table en particulier, que lui permettait sa verte vieillesse ; Saint-Amant s'en porte garant, qui montre le « patron de la case »

---

(53) « Dasticot » est une imprécation traditionnelle, rendant un « Dass dich Gott » cher aux lansquenets (cf. BLOCH et von WARTBURG, *Dictionnaire étymologique,* v° asticoter). « Pour ton foire » voudrait-il dire « pour ta fête » ?

(54) *Œuvres complètes de Nicolas Vauquelin...,* éd. G. Mongrédien, P., 1921, p. 196.

>   dont le Corps, en sa vieillesse auguste,
>   Tesmoigne avoir l'estomac si robuste
>   Que Dieu-mercy, quoy que j'œuvre assez bien,
>   Son appetit a triomfé du mien.   (I 350)

On voit à ses côtés, cela va sans dire, la maîtresse du logis, cette Jeanne Félix, femme d'Adam Du Puy, qu'il avait recueillie vers 1628, et qui avait pris une telle place dans sa vie. Saint-Amant n'était certainement pas le dernier de ses admirateurs, et s'enchantait à l'entendre s'accompagner de la harpe, dont elle jouait «aussi bien que personne » (55). Il constatait outre cela qu'elle savait se tenir à table, et n'était pas uniquement « la belle Iris, la Reine de la Harpe ». La voilà baptisée, et les adversaires de Des Yveteaux, dans le grave différend qui l'opposa à partir de 1644 à son neveu Hercule Vauquelin, se sont emparés du surnom. Un grossier factum en vers l'appelle « la belle Iris », tandis qu'une note marginale explique qu'elle est ainsi nommée dans le deuxième volume des *Œuvres* de Saint-Amant (56). Un autre factum, en prose, contient le curieux passage suivant :

>   Le sieur Desyveteaux ne se soucie point que l'on publie sa vie molle et delicatte : quand il est dedans son jardin habillé en Pasteur avecques sa belle Iris, la Reine de la Harpe, et que pour le divertissement de sa desbauche, il fait porter un jambon à la mesme forme que le pain besnit de l'Eglise, comme il se void dans la description qu'il en a fait faire par le sieur de S. Amant... (57).

Hercule Vauquelin fait ici allusion aux vers :

>   Je fis marcher en pas de Pain benit
>   Ce Don royal que de fleurs on garnit.   (I 347)

Il n'y a pas là de quoi fouetter un chat ! Et, pour transformer ainsi Saint-Amant en poète aux gages de Des Yveteaux, ou presque, il faut être de bien mauvaise foi.

A la table est également assis le comte de Brionne, au double titre d'ami du maître de céans et de cousin du baron de Melay, — d'autres encore, maints « Confreres notables »,

>   Mais entre tous, ce franc cœur, ce bon Pitre
>   Qui de vray Gros me ravira le titre,
>   Et l'effectif, l'aymable Saint-Laurens,
>   Pareils en mœurs, en taille differens,

---

(55) TALLEMANT, I 139.
(56) *Œuvres de Des Yveteaux*, éd. cit., p. 224.
(57) G. MONGRÉDIEN, *Etude sur la vie et l'œuvre de Des Yveteaux*, P., 1921, p. 133.

> Que je cheris, que j'estime, que j'ayme
> Et l'un et l'autre, à l'esgal de moy-mesme.   (I 351)

Quel est ce mystérieux Pitre ? Il ne peut s'agir de Marigny-Mallenoë, comme le supposait Livet, croyant à tort qu'il se prénommait Pierre. Pourquoi Pierre, du reste, serait-il devenu Pitre ? Il faut penser certainement à un nom commun, ainsi que le faisait déjà Littré, citant ce vers et expliquant qu'un bon pitre est un « bon homme ». Le signalement convient parfaitement à Vion d'Alibray, qui met lui-même l'accent plus d'une fois sur son bel embonpoint. Quant à Saint-Laurens, il était conseiller du roi, et trésorier général du clergé. On le voit prendre soin des intérêts de Brébeuf (58), et rendre plus d'un service à Daniel de Cosnac qui, signalant sa mort soudaine, écrit qu'il était « ami généreux et solide » (59). C'était un familier des Guéméné : nous l'apprenons par Costar qui donne sur lui le même son de cloche que Cosnac (60). Tout cela justifie l'épithète d'*effectif* (au sens, donné par Littré, d' « homme qui ne promet rien qu'il ne donne ») que lui attribue Saint-Amant, et qu'il joindra de nouveau à son nom dans l'*Epistre à Villarnoul* ; cette même épître indique qu'il fréquentait les sœurs et la nièce de Saint-Laurens.

Le jambon est accueilli avec enthousiasme, et nous vaut un tableau vivant et coloré d'un de ces repas sans contrainte où de bons amis, brandissant chacun son couteau, ne perdaient pas le moindre coup de dents, tout en chantant les louanges des mets qui leur étaient offerts. Le passage mérite d'être cité, dans lequel le poète essaye de faire dire «aux nerfs fameux de sa grotesque lyre» les transports qui accompagnent la dégustation du jambon :

> L'un proferoit, d'une voix aiguisée,
> Il est parbieu tendre comme rosée ;
> L'autre coulant un long trait de Muscat
> Sur le morceau friand et delicat,
> Faisoit ouyr, ha ! qu'ils sont doux ensemble !
> Que leur vertu s'accorde, et se ressemble !
> Et l'Echo mesme, au grand mot de Jambon,
> De tous costez redisoit bon, bon, bon.   (I 347)

Cet écho, il est capable de parvenir jusqu'à Bordeaux, en attendant que Saint-Amant l'apporte lui-même en cette ville, où il promet à son ami qu'il ira quelque jour lui rendre visite : belle occasion d'esquisser le portrait des Gascons, les « capdebious », matamores traditionnels.

Après une burlesque peinture de l'accueil qu'il souhaite recevoir, où la batterie de cuisine remplacera les mousquets aux sal-

---

(58) *Œuvres de M. de Brebeuf. Première partie,* P., 1664, pp. 99 sqq.
(59) D. de Cosnac, *Mémoires,* P., 1852, I 380.
(60) *Lettres de M. Costar,* II 40.

ves trop dangereuses, un dernier rappel du jambon entraîne un
bien intéressant aveu du poète : sa muse a manqué, sur ce jambon, faire un poème épique, car, ajoute-t-il,

> Car en sa fougue, et qui la pousseroit,
> Sur un Ciron un Livre elle feroit.   (I 352)

Est-ce simplement la déclaration un peu vaniteuse d'un écrivain
qui se sait capable de noircir en moins de rien une page blanche?
Il y a certainement de cela ; il va s'arrêter parce qu'il faut une
fin à toute chose, tout en étant fort capable de continuer sans mal
si on le mettait au défi. Mais cela ne justifierait pas une déclaration aussi catégorique. J'y verrais volontiers l'affirmation, à peine
déguisée, qu'au fond le sujet importe peu, tout est dans la manière
de le traiter ; qu'il s'agisse de Moïse ou d'un vulgaire jambon, la
virtuosité du poète doit trouver matière à s'exercer. C'est sans
doute avec raison qu'on s'est servi de ce passage quand il était
question de caractériser certain aspect de la couleur baroque chez
Saint-Amant ; il ne faut cependant pas n'y voir que le « dédain
de la mesure », qui serait quelque chose de purement négatif (61) ;
sous la formule plaisante, Saint-Amant tient à préciser qu'à son
avis on peut faire de la bonne littérature sur le sujet le plus
minime.

Dans les derniers vers du poème, il charge le baron de Melay
de saluer de sa part deux personnages d'inégale importance. Le
premier est son lieutenant, celui qui l'aide à veiller sur les prisonniers espagnols alors enfermés au Château-Trompette, et qu'il
appelle « le cher et gris Poyane ». Il s'agit d'Henry de Baylens,
baron de Poyanne, sénéchal des Landes de Bordeaux, mort en
1667, petit-fils de cette « extravagante de Mme de Poyane » dont
parle Tallemant, qui battit comme plâtre Mlle du Tillet sur le quai
des Augustins (62). Le second n'est autre que le duc de Saint-Simon,
alors retiré dans son gouvernement de Blaye ; rien ne nous permet
malheureusement de préciser quels furent ses rapports avec Saint-
Amant.

Une dernière remarque sur cette épître. On va partout répétant
qu'elle est écrite en « vieux langage ». Cela pourrait à la rigueur
se soutenir pour les premiers vers, encore que les archaïsmes, au
nombre d'une dizaine, soient uniquement de vocabulaire ;
mais, pour le reste de la pièce, une pareille affirmation ne repose
sur rien, et la couleur archaïque n'y est absolument pas plus pro-
noncée que dans les autres œuvres du poète. Cela n'a rien à voir
avec la mode chère à l'hôtel de Rambouillet ; le début de l'épître

---

(61) Marthe-S. WENCELIUS, *Contribution à l'étude du baroque. Saint-Amant*,
XVIIᵉ siècle, n° 5-6, 1950, p. 157.
(62) TALLEMANT, I 75.

ne serait-il pas même, justement, une discrète raillerie de cette
mode ?

Nous nous trouvions, dans ce qui précède, en un cercle déjà
connu, celui dont Vauquelin des Yveteaux forme le centre. A l'époque où il y dégustait l'énorme jambon qu'avait envoyé le baron de
Melay, Saint-Amant nouait, ou renouait connaissance avec quelques-uns de ceux que l'on retrouve, comme lui-même, dans l'entourage du futur cardinal de Retz. On peut nommer ainsi Jacques
Carpentier de Marigny, dont j'ai rappelé ailleurs qu'il n'avait rien
à voir avec le Marigny de la *Vigne* (63). Selon son plus récent biographe (64), il aurait fait à Rome la connaissance de l'abbé de
Retz, et serait venu en 1642 tenter la fortune littéraire à Paris. Ses
relations avec Saint-Amant, qui me semblent certaines, ne sont
véritablement attestées que beaucoup plus tard. En 1673, année
présumée de sa mort, parut un petit opuscule satirique dont il
était l'auteur, le *Pain béni*, suivi d'une réponse anonyme, dans
laquelle se lisent les vers suivants :

> Cuistre de S. Amand, il suivoit son genie,
> Le débauché fameux illustre par ces vers,
> Sçût former son esprit sur ses talens divers,
> Tout jeune qu'il estoit il suivoit sa fortune ;
> Mais qu'à tous deux, ou non, elle ait esté commune,
> Il importe fort peu que l'on sçache aujourd'huy
> Si Marigny fut moins, ou plus heureux que luy.

On ne peut guère se fier à cette *Réponse,* qui déforme systématiquement les faits. Il y subsiste toutefois certainement un fond
de vérité, et je ne pense pas que le nom de Saint-Amant s'y trouve
uniquement parce qu'il n'était pas rare qu'on se vantât de s'être
assis près de lui au cabaret.

A côté de Marigny, voici Scarron. Celui-ci était revenu du Mans
en 1641, après un séjour de sept ou huit ans dans cette ville. Il
est naturellement fort possible que Saint-Amant l'ait connu avant
ce séjour : aucun indice n'en est resté. Chose curieuse, du reste,
il faut attendre les dernières années de la vie de Scarron pour que
soit vraiment fait allusion à des relations existant entre eux. Du
côté du pauvre estropié, c'est le legs qu'il fait à son aîné, dans le
Testament publié quelques mois avant sa mort, de fromage, et
d'une « tres-favorable Bulle » pour sa *Rome ridicule* (65) ; du côté
de Saint-Amant, une épigramme restée manuscrite, *Au rare et
grand estropié M. Scarron*, à peu près contemporaine du *Testament*, et que nous retrouverons. Jamais Saint-Amant n'a nommé

---

(63) *Sur Jacques Carpentier de Marigny*, Bull. du Bibl., 1957, p. 161.
(64) M. GÉRIN, *Jacques Carpentier de Marigny*, Mémoires de la Soc. académ. du
Nivernais, II 8, 1920, pp. 1-114.
(65) SCARRON, *Poésies diverses*, éd. Cauchie, II 269.

son pitoyable confrère dans ses œuvres imprimées, ce qui n'est
nullement une raison pour s'imaginer que les deux hommes étaient
peu liés : le nom de Vion d'Alibray n'apparaît pas davantage, pour
ne prendre qu'un exemple. La première mention que nous trouvions chez Scarron de notre poète est bien vague, puisqu'il est
confondu avec d'autres. C'est à la fin de l'épître *Aux vermisseaux*,
par laquelle s'ouvre en 1643 le *Recueil de quelques vers burlesques*, qu'on lit :

> ... Vous aurez, dans les ruelles,
> Presque autant d'estime qu'en a
> La Sophonisbe ou le Cinna,
> Ibrahim ou la Mariane,
> Alcionée ou la Roxane,
> Et les œuvres de Saint Amant
> Au stille si rare et charmant (66).

Tout ce qu'on peut remarquer, c'est que Saint-Amant a le privilège de se voir consacrer deux vers entiers, — et d'autre part,
bien que cela ne constitue nullement la preuve d'un contact personnel, que les réminiscences de son œuvre abondent dans celle
de Scarron.

Un *Dizain*, « Sur une Mazette à quintaine » (I 355), nous invite
à joindre aux noms qui précèdent celui de Gilles Ménage. Il vise
en effet Pierre de Montmaur, ce professeur de grec au Collège de
France, à qui fut faite une si belle réputation de goinfre et de
parasite. Ménage attacha le grelot par sa *Vita Gargilii Mamurrae*
qui, selon Tallemant, contribua puissamment à le faire entrer chez
le Coadjuteur (67), ce dernier se trouvant très probablement plus
ou moins engagé dans l'affaire (68) ; d'autres, entraînés par lui,
emboîtèrent le pas, et l'on remarque parmi eux plusieurs familiers
de Retz. M. Adam nomme Sarasin, d'Alibray, Adrien de Valois,
Scarron ; il faut ajouter Saint-Amant. Son dizain permet de reculer le début des attaques contre Montmaur un peu plus haut qu'on
ne le fait parfois, au plus tard au début de 1643, puisque l'*Achevé
d'imprimer* de son volume est daté du 30 avril.

Ajoutons le nom de Charles Beys, qui dédia à l'abbé de Retz
sa comédie du *Jaloux sans sujet*, publiée en 1636. C'était un ami
de Scarron et de Colletet ; on peut assurer qu'il l'était aussi de
Saint-Amant. Une épigramme des *Œuvres* de 1649, *Sur le cher
Thirsis esborgné*, s'exprime ainsi :

> Thirsis, apres sa perte amere,
> Doit bien garder l'autre œil d'un autre coup felon ;

---

(66) *Ibid.*, I 40.
(67) TALLEMANT, II 321.
(68) ADAM, II 99, et TALLEMANT, II 1180.

> Il ne seroit plus qu'un Homere,
> Au lieu qu'en le gardant il est un Appolon.   (I 470)

Thirsis est donc un poète, et qui a perdu un œil. C'est précisément le cas de Beys, comme nous l'apprend François Colletet dans une élégie burlesque, *Beys au tombeau,* parue en 1665 :

> Il sacrifia maints écus
> Dessus les autels de Bacchus,
> Et se plut tant à ce mystère
> Qu'il en perdit un luminaire.

Le nom d'Homère apparaît, comme chez Saint-Amant, dans les vers qui suivent, où Bacchus s'exclame :

> Si Beys a le sort d'Homere,
> Faudra-t-il que je sois reduit
> A le conduire jour et nuit ? (69)

Poète et pilier de cabaret, victime qui plus est de son amour du vin, Beys ne méritait-il pas l'amitié de Saint-Amant ?

Pendant les derniers mois de 1642, celui-ci travaille à recueillir et à mettre au point les pièces qui composeront la *Seconde Partie* de ses œuvres. Mais, avant qu'elle ne paraisse, il va donner une nouvelle édition de la *Première Partie* et de sa *Suitte* (70). Il a certainement revu le texte, comme le montrent quelques variantes, de peu d'importance d'ailleurs. J'ai déjà rappelé que les vers du *Poète crotté* qui désignaient le plus clairement Mlle de Gournay, et qui avaient disparu en 1633 de la deuxième édition, se trouvaient rétablis ; on peut maintenant se demander s'il n'y eut pas là une conséquence de la *Comédie des Académistes,* et de l'acharnement qu'avait mis la Demoiselle à l'attribuer à notre poète.

Le privilège pour la *Seconde Partie* lui fut donné le 27 mars 1643, et l'*Achevé d'imprimer* porte la date du 24 avril. Le mince volume s'ouvre par une pompeuse épître de dédicace au comte d'Harcourt, dans laquelle les exploits bien réels de celui-ci sont encensés sans mesure. Dans un avis *Au Lecteur* (71), le poète sollicite l'indulgence pour n'avoir pas mis plus tôt au jour certaines pièces du recueil, qui risqueront de faire sourire, quand elles traitent de ses amours, ou de tomber vraiment mal à propos, quand elles présentent « l'estat heureux et pacifique de l'Angleterre », maintenant en pleine guerre civile. Il est possible que d'aucuns le lui aient reproché : on le verra en tout cas par la suite multiplier les publications de pièces isolées, exceptionnelles auparavant. Il se

---

(69) Je cite les vers de Colletet d'après GOUJET, XVI 298.
(70) *Bibliographie,* n° 63.
(71) *Ibid.,* n° 77.

justifie ensuite d'avoir exalté le cidre, protestant que ce ne saurait être au préjudice du vin. Il annonce, enfin, l'*Epistre au baron de Melay* qui clôt le volume, et la présente comme « un eschantillon de quelques autres » dont il espère apporter « un juste volume dans quelque temps ». Ce volume, nous ne l'avons pas, et c'est dommage. Car ce dont il donnait le modèle, ce libre bavardage qui ne craint pas les détours, qui multiplie les tableautins pittoresques, les raccourcis plaisants, qui passe sans heurts d'un ton à l'autre, convenait parfaitement à la souplesse de son talent, admirablement servi par le décasyllabe dont il use en virtuose. Heureusement, l'*Epistre au baron de Melay* ne restera pas isolée; cinq pièces analogues verront le jour, et, dans la *Troisiesme Partie* des *Œuvres*, celles qui s'y trouvent occuperont près de la moitié du volume. C'est assez dire leur importance dans la production du poète après 1643.

A certains exemplaires des *Œuvres* de 1643 (un peu plus de la moitié de ceux que je connais) est annexée une petite pièce très libre, intitulée *Caprice* (sa réédition en 1651 portera le titre *Caprice D.C.*), qui serait mieux à sa place dans un recueil comme le *Cabinet satyrique* (72). Sans m'arrêter plus qu'il n'est nécessaire sur ce poème, je voudrais souligner qu'il est fort imprudent d'y chercher, comme on l'a fait, le moindre renseignement biographique. C'est oublier que ce sujet était presque aussi banal chez les poètes dits « satyriques » que la peinture d'une horrible vieille, par exemple. Saint-Amant avait des devanciers ; soyons assez charitables pour penser qu'il a seulement voulu les imiter.

---

(72) *Ibid.*, n° 29.

CHAPITRE XIV

SEJOUR EN ANGLETERRE (1643-1644). *L'ALBION*

On a souvent parlé, à la suite de Livet (I xxij), d'un court séjour qu'aurait fait Saint-Amant à Rome en 1643, accompagnant le comte d'Harcourt. Cette affirmation paraît dénuée de tout fondement. Je n'ai pas trouvé trace d'un départ du comte pour Rome ; la *Gazette* n'en souffle mot, et l'on peut difficilement imaginer une mission tellement confidentielle qu'on ait jugé utile de garder le secret le plus absolu. Livet n'en dit pas plus long sur ce prétendu voyage; je suppose qu'assignant à la publication de la *Rome ridicule* la date de 1643 (ce en quoi il n'avait pas tort), il a voulu mettre le poème en rapport avec un séjour romain plus récent que celui de 1633. Mais rien ne s'oppose à ce que la pièce soit restée dix ans manuscrite.

On sait que sa publication valut quelques ennuis à son imprimeur. L'auteur, pendant ce temps, se trouvait bien loin, ayant suivi d'Harcourt outre-Manche. Au mois de septembre, Henri de Lorraine reçut l'ordre de franchir le détroit, et d'aller proposer la médiation de la France aux deux partis qui se disputaient l'Angleterre. A cette époque, Charles Iᵉʳ, que sa femme Henriette de France a rejoint au début de l'année, a son quartier général à Oxford, tandis que ses adversaires tiennent Londres. La situation du roi, contre qui le Parlement s'est uni avec les Ecossais, paraît peu brillante, et d'Harcourt s'en rendra vite compte. Une semaine après son arrivée, il accusera le sieur de Gressy, qui fait fonction d'ambassadeur ordinaire, de s'être montré beaucoup trop optimiste (1); peu de jours plus tard, ayant pris contact avec les souverains, il écrira cette phrase, qui résume parfaitement son impression première — et définitive :

> Pour (les affaires) de ce pays, elles sont embrouillées à un poinct que les plus sages de l'un et de l'autre party ne croyent pas qu'il s'y puisse trouver jour d'aucun accomodement (2).

Le climat lui est d'ailleurs peu favorable ; les Parlementaires se méfient, et l'on ne peut les en blâmer : ils savent que les Français,

---

(1) A. E. Angleterre, 49, f° 377.
(2) *Ibid.*, f° 390 v°.

dans leur grande majorité, font des vœux pour le succès du parti
royal, et n'ignorent pas que Mazarin, qui pourtant ne veut pas se
compromettre, lui envoie de l'argent. On ne s'étonnera pas qu'un
libelle ait accusé la France de ne feindre de s'entremettre que pour
se rendre maîtresse du pays, et mis en cause le choix même de
l'ambassadeur en ces termes :

> Pourquoy un prince belliqueux qui n'a aucune expérience des
> affaires du royaume d'Angleterre pour traiter une negotiation
> de paix la plus delicatte et la plus intriguée qui soit dans le
> monde ? (3)

D'aucuns redoutaient même que l'ambassadeur ne reçût un
affront avant d'avoir pu rencontrer le roi à Oxford, car les Parlementaires « disent librement qu'il vient pour la guerre, et non pour
la paix » (4). Il n'en fut rien; les deux partis, ayant tout intérêt à se
montrer sous leur meilleur jour à l'envoyé de la France, « rivali-
sèrent de politesse » en cette occasion (5).
Naturellement le fidèle Faret accompagnait son maître ; cependant d'Harcourt le renvoya au début de décembre pour rendre
compte à Mazarin de l'état des affaires. Il en profita pour le recommander chaudement au ministre, en soulignant qu'il avait beaucoup perdu « en la mort de feu M. le Cardinal de Richelieu », et
tout récemment encore lorsque lui-même avait abandonné le gouvernement de Guyenne (6). Je n'ai pas trouvé de renseignements
dignes de foi sur le reste de la suite du comte. Son ambassade
n'avait rien de comparable avec celle de Créquy, et cette suite ne
devait pas être bien nombreuse. Il est vrai que les *Mémoires* de
d'Artagnan prétendent le contraire ; est-il besoin de rappeler qu'ils
sont sujets à caution ? On ne saurait même affirmer que le fameux
mousqutaire figurât au nombre des gentilshommes qui accompa-
gnaient d'Harcourt, comme ces *Mémoires* l'assurent (7). Courtilz
de Sandras nomme parmi eux le sieur de Souscarrière, dont Tallemant a campé la curieuse figure (8) : espérons, s'il en était vraiment, que Saint-Amant ne se laissa pas entraîner à jouer trop souvent avec lui, car c'était « un maistre pippeur ». Mais il possédait
des qualités faites pour plaire à notre poète ; il aimait la musique, avait « des valets de chambre qui jouaient du violon », ne
connaissait pas son pareil pour organiser les réjouissances. Bref,

---

(3) B. N., *Cinq cents Colbert*, 487, f° 87 v°.
(4) A. E., *vol. cit.*, f° 362.
(5) G. ASCOLI, *La Grande-Bretagne devant l'opinion française au XVIIᵉ siècle*,
P., 1930, I 267.
(6) A. E., *vol. cit.*, f° 403.
(7) Cf. Ch. SAMARAN, *D'Artagnan capitaine des mousquetaires du roi*, P., 1912,
p. 93.
(8) TALLEMANT, II 359-365. R. de CRÈVECŒUR, *Montbrun Souscarriere d'après des
documents inédits*, Mém. de la Soc. d'hist. de Paris et de l'Ile-de-France, XVI, 1889,
pp. 57-103, ne souffle mot de ce voyage de son héros.

selon l'expression de M. Adam, « il ne manquait pas d'allure dans son épicurisme » (9).

Saint-Amant n'a pas voulu laisser ignorer qu'il accompagnait l'ambassadeur. Il a pour cela glissé au début du *Barberot,* en 1649, une note ainsi conçue :

> Cette Pièce, et les deux Sonnets precedents, furent faits en Angleterre l'an 1643. Lors que Monseigneur le Comte de Harcourt y étoit en Ambassade extraordinaire.   (I 466)

Il s'était vanté de la même façon d'être monté sur les galères du maréchal de Créquy, d'avoir navigué sur le *Saint-Louis,* vaisseau amiral ; petits mouvements de vanité qui sont précieux, parce que révélateurs d'un trait de caractère. Il tient à ce que ses lecteurs, présents et futurs, sachent bien qu'il s'est trouvé dans des situations fort honorables, et s'est mêlé aux meilleures sociétés. Voilà qui doit nous inciter (il faut toujours y revenir) à nous montrer d'une prudence extrême lorsque nos renseignements ne sont pas assez sûrs.

Le comte d'Harcourt quitta Paris dans les premiers jours d'octobre. Arrivé à Calais le 8, il s'embarqua le lendemain sur un navire anglais, et le 10 il toucha terre à Douvres, « où il fut receu avec grand honneur et réjouïssance » (10). Il s'y trouvait encore, retenu par le manque de chevaux, lorsque lui fut annoncée une fâcheuse nouvelle. A Calais était monté à bord, déguisé, un personnage que la *Gazette* nomme « milord Montaigu » et d'Harcourt « M. Demontegu ». Walter Montagu, second fils du comte de Manchester, avait été banni de son pays pour s'être converti au catholicisme, et s'était réfugié en France, où il jouissait d'une singulière faveur auprès de la reine et de Mazarin. Il traversait la Manche porteur de lettres d'Anne d'Autriche pour sa belle-sœur, grave imprudence, car il était soigneusement espionné (c'est d'Harcourt qui le dit). Aussitôt débarqué, l'ambassadeur le pressa de s'éloigner, craignant que sa présence ne fût signalée ; mais il fut reconnu en chemin, arrêté (11), puis conduit à la Tour de Londres. D'Harcourt se rendait parfaitement compte que cet incident était déplorable. Il prit soin d'écrire au comte de Warwick qu'il ignorait complètement la personnalité de Montagu, et le croyait un simple messager : personne ne fut dupe, je suppose.

A Londres cependant on attendait l'ambassadeur, dont on s'étonnait grandement qu'il lui eût fallu si longtemps pour faire la route (12). Dès son arrivée, il se mit à l'œuvre. Le bon accueil

---

(9) TALLEMANT, II 1218.
(10) *Gazette,* 1643, p. 895.
(11) A. E., *vol. cit.,* f° 367.
(12) *Ibid.,* f° 369 v°.

qu'il reçut laissait concevoir à M. de Gressy de grandes espérances (13), qu'il était loin de partager. Décidé néanmoins à tout
essayer pour trouver un terrain d'entente, il resta quelques jours
à Londres afin de sonder les Parlementaires, puis alla passer à
Oxford la première quinzaine de novembre ; il devait y faire un
second séjour de même durée, en janvier, pour prendre congé.
Nous savons par l'*Albion* que Saint-Amant fut au moins une fois
du déplacement, et qu'il eut l'honneur d'être présenté aux souverains, dont il déplore hautement le sort injuste et malheureux.
Sans doute exagère-t-il un peu, pour les besoins de la cause, le
dénuement auquel ils se trouvent réduits ; on ne peut vraiment
croire que le roi n'ait eu qu'un « pietre vestement » (II 445),
quand on sait le sens très fort qu'avait alors l'adjectif (14). Certes,
une bonne partie des joyaux de la couronne a été mise en gages en
Hollande : rubis, émeraudes, perles, saphirs, Saint-Amant se plaît
à les énumérer, pour déplorer que désormais ils « esclatent chez
des marchands » (II 446). Mais il ne faudrait pas se figurer Charles et Henriette sous l'aspect de miséreux : simplement, l'heure
n'est pas aux vêtements de cour, constellés de pierreries, et c'est
grand dommage pour les yeux, qui cherchent en vain « ces trois
diamans » qui paraient le front des rois, et sont maintenant de
l'autre côté de la mer.

Saint-Amant parle surtout de la reine Henriette ; rien de plus
normal, elle était Française, et femme, double raison pour s'apitoyer sur son sort, surtout lorsqu'elle daignait vous raconter elle-
même sa dangereuse odyssée. A son retour de Hollande elle avait
essuyé une rude tempête et n'avait échappé qu'avec peine à la
poursuite des vaisseaux parlementaires. Elle le rappelait volontiers, sans prendre les choses au tragique, ce qui semblait autoriser notre poète à plaisanter sur la disparition au fond de l'eau de
« ses hardes somptueuses » ou des vêtements de ses suivantes.
Oserait-on lui reprocher de tirer un effet facile des malheurs d'autrui ? Sa réponse est toute prête, les récits d'Henriette l'y autori-
sent :

> Soit dit, sans que nul en gronde ;
> Je ne m'en gausserois pas
> Si sa langue en ses repas
> N'en railloit devant le monde :
> Car comme on tient qu'il est dous
> Lors qu'on s'est sauvé des coups
> D'en dépeindre l'horreur mesme,
> Ainsy d'une grace extrême
> Elle en jaze au nez de tous.   (II 447)

---

(13) *Ibid.*, fº 373.
(14) « On dit que des meubles, des habits sont *pietres* quand ils sont usez,
déchirez, sans éclat » (FURETIÈRE).

Mais il ne veut surtout pas rester confondu dans une foule anonyme ; aussi, rapportant un détail précis, et qui sans doute l'a
frappé, se met-il lui-même en scène :

> Sa bouche royale et franche
> M'a conté tres-volontiers,
> Comme en neuf soleils entiers
> Son dos ne vit toile blanche.   (II 448)

Elle est bien, par son énergie, « la fille du grand Henry », cette
femme qui entend continuer à défendre son trône, en secondant
son mari malgré ses fatigues. On conçoit que Saint-Amant se soit
senti transporté de colère en voyant « sa consomption », qu'il attribue uniquement à ses épreuves. Le voilà fermement décidé à
décharger sa bile sur ce peuple impie et scélérat, en attendant que
la foudre du « terrible Neveu » (un neveu de cinq ans) n'inter-
vienne, irrésistiblement (II 449).

Ainsi, malgré le bon accueil qui fut réservé au comte d'Harcourt, n'était-il pas disposé à l'indulgence. De plus, quelques incident survinrent, qui ne purent que le confirmer dans ses opinions.
Il faut d'abord mentionner — nous sommes assez bien renseignés
à son sujet — le cambriolage dont furent victimes les Français.
Le poète le rappelle en termes plaisants :

> Ils ont pris nostre Vaisselle
> Faitte de beaux Patagons (15),
> Et forçant Portes et gons
> L'ont mise sous leur aisselle.   (II 455)

La *Gazette* permet de préciser les choses. Le comte d'Harcourt,
annonce-t-elle, est revenu d'Oxford le 14 novembre; et elle ajoute:

> Cependant le 19, sur les 2. heures du matin, une grande troupe
> de voleurs, tous Anglois, à la reserve d'un Flamand et d'un
> Walon, ayans rompu une porte de derrière de la maison de la
> Reine d'Angleterre, où est logé ce Comte (16), y entrerent armez,
> et ayans blessé à mort un de ses Officiers, qui seul s'éveilla à
> leur bruit, emportèrent sa vaisselle d'argent (17).

Saint-Amant dut frémir, à la pensée qu'il aurait pu, lui aussi,
se réveiller ! L'enquête fut rondement menée : sans doute aurait-
elle traîné davantage s'il ne s'était agi d'un personnage aussi considérable. La justice fut aussi promptement rendue. Le rédacteur

---

(15) « Monnoye des Flandres faite d'argent » (FURETIÈRE).
(16) Sans doute Somerset House, où s'installaient les reines douairières
(ASCOLI, *op. cit.*, I 312). C'est en tout cas la demeure qui avait été prévue pour
lui (A. E., *vol. cit.*, f° 361).
(17) *Gazette*, 1643, p. 1044.

de la *Gazette* affirme que d'Harcourt, dans sa générosité, demanda, et obtint la grâce des voleurs, bien qu'il n'eût encore récupéré qu'une partie de sa vaisselle (18). Cependant le même rédacteur, quatre jours plus tard, informe ses lecteurs que six voleurs protestants ont été exécutés en même temps qu'un pauvre récollet, et que parmi eux s'en trouvaient deux « de ceux qui ont dérobé la vaisselle d'argent du comte d'Harcourt » (19). Ce dernier, dans une dépêche du 18 décembre, ne donne guère l'impression d'être intervenu en faveur des malfaiteurs, puisqu'il s'exprime ainsi :

> Enfin la meilleure et plus grande partye de ma vaisselle a esté recouverte et huit des volleurs prisonniers contre lesquels ces Mrs agissent extraordinairement, le chef de l'entreprise ayant eu la question ordre et exre et il y en aura d'executez la semaine prochaine pour ce suject (20).

Saint-Amant se montrera-t-il sensible à cette manière expéditive de procéder ? Ce serait trop beau ; il préfère nous faire entendre qu'une fois n'est pas coutume, et que c'est un fait d'autant plus admirable qu'il est exceptionnel. Après quoi, la raillerie ne perdant pas ses droits, il se gausse du « supplice ridicule » qui leur est infligé :

> Six d'entre eux, le Chanvre au cou,
> Pour aller on ne sçait où,
> Ont dancé sur le modelle
> D'une livre de chandelle
> Penduë à quelque vieux clou.   (II 456)

Cependant les exploits de messieurs les voleurs ne se bornaient pas à cette affaire. On croirait, à lire l'*Albion,* que nos malheureux Français sont tombés au milieu de brigands sans foi ni loi, qui les ont mis en coupe réglée : excepté de rares privilégiés, chacun y laisse quelques plumes : couteau, rapière, manteau, « valizes, castors et gans », tout leur est bon. Le poète n'a pas été plus heureux que ses compagnons, et c'est, hélas ! sur sa bourse qu'on a fait main basse, une nuit où il avait un peu trop bu. Il s'en plaint dans le *Vol nocturne :*

> La Nuit derniere, ayant la pance pleine
> Du bon Piot que j'ay tousjours chery,
> Sur mon gousset on a fait la soury,
> Le desenflant de sa gloire mondaine.   (I 464)

Suprême ironie du sort : « Bacchus a trahy Saint-Amant » ! Mais le poète a sa revanche : il tient une belle pointe finale pour

(18) *Ibid.*, p. 1068.
(19) *Id.*, 1644, p. 33.
(20) A. E., *vol. cit.*, f° 413.

son sonnet — pour ses sonnets plutôt, car il en consacre deux à l'événement.

L'accuserons-nous, ici, d'avoir exagéré ? Peut-être pas, puisque d'autres témoignages attestent que les « pickpockets » étaient légion en Angleterre. A ceux qu'a rassemblés G. Ascoli, j'en ajouterai un, bien contemporain de l'*Albion*, celui de Guillaume Coppier, qui écrit :

> Quant à leurs meurs, je trouve que c'est une Nation, laquelle possède des qualités autant naturelles qu'acquises au vice ; ils sont fort enclins à la carnacité, au vin et au larcin, qui leur est comme naturel (21).

Autre aventure du pauvre Saint-Amant, moins grave, celle-là, d'autant plus que je le soupçonne d'avoir fortement grossi les faits : c'est celle qu'il raconte avec indignation dans le *Barberot*, empruntant peut-être ce mot, pour désigner un barbier de bas étage, à Rabelais, qui l'emploie dans la *Pantagrueline Prognostication,* où les Barberotz apparaissent à côté des «Bourreaux, Meurdriers, Adventuriers, Brigans, ...Arracheurs de dens » et autres, parmi les gens soumis à Mars (22). Que reproche le poète à ce maudit barbier ? Rien de moins, dès le début, que de l'avoir mis en péril de mort :

> J'ay mis aujourd'huy ma vie
> Entre les mains d'un Anglois ;
> Et j'ay crû plus de cent fois
> Qu'elle alloit m'estre ravie.
> Un Barberot mal-adroit,
> Me charcutant par l'endroit
> Où s'entonne le breuvage,
> Vers l'Onde au morne rivage
> M'a presque envoyé tout droit.　　(I 466)

Comment ne pas voir, dans cette première strophe qui donne le ton, un jeu ne tirant pas à conséquence ? Nous avons rencontré quelque chose d'analogue dans la *Rome ridicule,* qu'il vaut mieux ne pas prendre trop au sérieux. On pense à elle en lisant le *Barberot* ; on pense aussi à certaines pièces de la *Raillerie à part,* à la *Chambre du Desbauché* en particulier ; ou encore au *Mauvais Logement* — beaucoup plus qu'à l'*Albion.* Parce qu'on groupe ce qui se rapporte au voyage en Angleterre, on a tendance à mettre tout sur le même plan, et c'est une erreur. Il faut faire attention à cette nuance qu'au titre de l'*Albion* apporte le terme d'héroï-comique, et qui rapproche ce poème du *Passage de Gibraltar.* Ces

---

(21) G. COPPIER, *Histoire et voyage des Indes occidentales, Et de plusieurs autres regions maritimes,* Lyon, 1645, p. 163. Cf. ASCOLI, *op. cit.,* I 393.
(22) Ed. Plattard, P., 1929, p. 209.

Caprices héroï-comiques, qu'ils soient inspirés par l'enthousiasme, comme celui-ci, ou par l'indignation, comme celui-là, sont beaucoup plus proches de la réalité que la plupart des autres.

Il ne faut donc pas prendre pour argent comptant ce que contient le *Barberot.* Quand il peint la saleté de l'opérateur, son mépris de toute hygiène, sa maladresse insigne, on peut supposer un fond de vérité ; mais l'imagination du poète a brodé là-dessus. Sa verve en fait, dans le genre, un de ses meilleurs morceaux. Je m'étonne que Gourmont ne l'ait pas fait figurer parmi ses « meilleures pages » ; Maurice Fombeure, un poète, ne s'y est pas trompé, et l'a choisi pour représenter le genre du « caprice » dans les poèmes qui sont en appendice à son volume (23).

Faute d'avoir replacé le *Barberot* dans sa véritable perspective, on en a parfois tiré des conclusions aventureuses. L'avant-dernière strophe, élargissant le tableau et sortant du cadre étroit de l'échoppe nauséabonde, semble à première vue autoriser ces conclusions, puisqu'on y lit :

> Je pers tout en Angleterre,
> Poil, nippes, et liberté ;
> J'y pers et temps, et santé
> Qui vaut tout l'Or de la terre :
> J'y perdis mon cœur que prit
> Un Bel Œil dont il s'éprit,
> Sans espoir d'aucun remede ;
> Et je croy, si Dieu ne m'ayde,
> Qu'enfin j'y perdray l'esprit.   (I 469)

Ainsi donc, il aurait perdu la santé en Angleterre. Qu'est-ce à dire ? Certains ont voulu à toute force préciser, et, remarquant avec quel âpre accent il parle dans l'*Albion* des femmes de Londres et de ses bouges, se sont demandé si le poète n'aurait pas rapporté en France « une incommodité dont on parle peu mais qui demande beaucoup de mercure » (24). Et d'alléguer le *Caprice D.C.,* qui n'est, au vrai, qu'un exercice littéraire. On pourrait aussi bien soutenir qu'il a rapporté d'Angleterre un rhume de cerveau, ou une bronchite chronique. N'écrit-il pas en effet dans un sonnet :

> C'est un vray Pays à Catherre ?   (I 465)

Et G. Ascoli cite cette phrase inquiétante du voyageur Henri Misson :

> Un rhume qui s'invétère en Angleterre est un commencement de maladie mortelle, particulièrement pour les étrangers (25).

---

(23) M. Fombeure, *La Vie aventureuse de Monsieur de Saint-Amant,* P., 1947, p. 217

(24) Audibert et Bouvier, p. 53.

(25) *Op. cit.,* I 294.

Soyons honnête, cependant. On aura beau multiplier les témoignages montrant que les Français supportent mal, à Londres surtout, le climat britannique, rien ne permettra jamais de savoir
quelle fut la maladie dont Saint-Amant se vit atteint, à supposer
que nous puissions prendre au sérieux ce qu'il affirme ici de son
état de santé précaire qui, en tout état de cause, ne saurait avoir
été qu'une chose passagère.

Mais ce « bel œil » qui lui aurait dérobé son cœur dans la
violence d'une passion sans remède, que faut-il en penser ?
Devons-nous, comme Durand-Lapie, reprocher à notre héros
d'avoir, en l'occurrence, oublié son âge — quarante-neuf ans —, et
refuser de le plaindre (26) ? Je serais plutôt tenté de reléguer cet
amour insulaire au rang des légendes, et d'y voir, au plus, une
aventure sans lendemain, telle que nous en font deviner quelques
poésies de la jeunesse : rappelons-nous « la Beauté qui me traisne
en lesse », de la *Gazette du Pont-Neuf,* ou « la Nymphe qui prit
mon Ame au trebuchet », d'un *Sonnet* de 1629 (I 188). D'ailleurs,
si vraiment une demoiselle britannique s'était emparée de son
cœur, quelle ingratitude aurait été la sienne ! Car les femmes d'outre-Manche ne sont pas épargnées dans ses vers. Il ne va pas jusqu'à dire, noir sur blanc, qu'elles sont toutes laides ; il irait trop
à contre-courant, les voyageurs étant presque unanimes à vanter,
au contraire, l'agréable physique de la majorité d'entre elles. Il
se venge sur leurs dents, transformées, sous sa plume, en « rate-
lier d'ébène », et leur haleine fâcheuse, dont « l'air mesme est
infecté » ; elles sont en effet très portées sur le vin, tout frelaté
qu'il soit en leur pays, et Saint-Amant constate, en une phrase plus
pittoresque que délicate, que

les plus agreables groins
Y rottent à l'ombre du Verre,   (I 465)

ajoutant à cet endroit (mais ailleurs il paraît avoir changé d'avis)
que ce n'est pas pour lui déplaire.

Il accuse également les femmes de montrer une lubricité sans
bornes, et, pour couronner le tout, de rendre leurs maris ridicules
tant ils se montrent dociles ; leurs façons impérieuses ne laissent
même pas aux malheureux, véritables esclaves, l'envie de leur
répliquer ou de les contredire. Le tableau est moins engageant
encore, s'il se peut, que celui qu'il traçait jadis des Romaines.
Allons-nous en conclure « qu'il n'a guère vu que femmes du commun et surtout courtisanes » (27) ? Ce serait très hasardeux,
attendu sa position auprès de l'ambassadeur. Disons plutôt qu'il
a généralisé, en ne présentant, volontairement, que les mauvais
côtés.

---

(26) P. 281.
(27) Ascoli, *op. cit.,* I 362.

La strophe du *Barberot* nous laisse malgré tout sur une impression de désenchantement. Peut-être faut-il en rapprocher un passage de l'*Albion* qui reste, par son imprécision, assez énigmatique. Il se trouve à la fin d'un développement curieux, dans lequel Saint-Amant rapporte certains bruits qui couraient alors : la malveillance accuse les souverains anglais d'être, écrit-il, plus « Castillans » que les riverains même du Tage, et de s'être laissé corrompre par des conseillers mal inspirés, qui les auraient rapprochés des Espagnols, au détriment naturellement des Français. La *Gazette* a mentionné ces bruits, en janvier 1644. Il semble que, sur place, on pouvait soupçonner qu'ils n'étaient pas sans fondement, puisque le poète déclare :

> Non non, je ne le puis croire,
> Quoy que mon œil m'en ayt dit.   (II 451)

N'ont-ils pas cependant, continue-t-il, promis et juré d'être toujours des nôtres ? C'est à ce propos qu'il conclut :

> Tous les héritiers d'Adam
> N'observent pas ce qu'ils jurent ;
> Je ne le sçay que trop bien :
> Un Prince qui me croit sien
> Et qu'ont exalté mes veilles,
> M'a promis monts et merveilles,
> Et cependant, niffle, rien.   (*ibid.*)

Quel est ce prince ? Ce ne peut-être Gaston d'Orléans ; Saint-Amant ne l'a pas célébré depuis l'*Andromède,* et c'est au contraire quelques mois plus tard qu'il écrira pour lui l'*Epistre héroï-comique.* Inutile de songer au duc de Retz : il n'est pas « prince », et nulle part le poète ne lui décerne ce titre, même abusivement. Je ne vois plus qu'une possibilité : Saint-Amant vise celui qu'il n'a cessé de porter aux nues depuis quinze ans, le comte d'Harcourt lui-même, « ce Prince lorrain », ainsi qu'il l'appelle dans la *Chanson à boire.* Aurait-il eu connaissance par hasard de cette lettre de son « patron » dans laquelle était recommandé à Mazarin Faret, ainsi que le baron de Melay (28), sans que lui-même y fût nommé, et s'en serait-il vexé ? Si ce que raconte Tallemant est exact, d'Harcourt n'aurait pas été exempt du défaut d'ingratitude, et l'aurait montré plus tard envers Faret (29). Il est frappant de constater que son nom va disparaître à peu près complètement des œuvres du poète après la parution du recueil de 1643, qui lui était dédié. Seule l'épître au comte d'Arpajon, en tête des *Œuvres* de

(28) A. E., *vol. cit.,* f° 403.
(29) TALLEMANT, II 238.

1649, le nomme encore, avec éloge, « cet invincible Heros, Monseigneur le Comte de Harcourt », ajoutant, et ceci explique peut-être cela, qu'il est lié d'une amitié parfaite avec le dédicataire. Est-ce pur hasard ? Ce serait étonnant. N'aurait-il pas été normal, en particulier, qu'il fût au moins nommé dans l'*Albion,* dont on imagine même qu'il aurait pu lui être adressé ?

En fait, Saint-Amant choisit Bassompierre, donnant comme raison qu'il connaissait les Anglais mieux que personne, pour les avoir vus à l'œuvre « sous Bellonne et sous Minerve », à la guerre et dans ses ambassades. Les quatre premières strophes lui sont consacrées, et les louanges y sont prodiguées sans retenue. Avouerai-je que je préférerais les lire dans une pièce qui fût antérieure de quelques années ? Maintenant, Bassompierre est sorti de la Bastille, revenu à la cour ; la régente lui est très favorable (30). Il est redevenu un protecteur possible, une relation à cultiver. On peut regretter que le poète ait attendu ce moment, lui qui, pendant les douze années qu'a duré la captivité du maréchal, n'a pas écrit un mot en son honneur. Il est difficile de dire quel profit il escomptait en écrivant l'*Albion* pour lui. Mais on peut supposer qu'il s'est rendu compte assez vite qu'il faisait fausse route ; sans cela, le poème serait-il resté manuscrit ? On nous dit que Saint-Amant n'osa le faire paraître, mais qu'il courut sous le manteau (31), que peut-être aussi les imprimeurs avaient été rendus prudents par l'affaire de la *Rome ridicule* (32). Tout cela ne repose sur rien. L'imprimeur de la *Rome ridicule* fut très probablement poursuivi non pour le poème lui-même, mais pour les sonnets de Pétrarque dont il l'avait fait suivre ; l'œuvre, débarrassée de cet appendice, ne sera plus censurée (33). Dès 1643, elle promettait d'être un succès de librairie. Je suis persuadé que, si un imprimeur avait pu mettre la main sur l'*Albion,* il l'aurait publiée sans aucun scrupule.

Car, j'ai beau la relire, je n'arrive pas à trouver ce qui, dans son texte, aurait fait craindre des poursuites. Il ne pourrait s'agir de religion. Les attaques lancées contre les sectes non-conformistes, que les réformés français eux-mêmes condamnaient à l'occasion, ne pouvaient être vues d'un mauvais œil. En dehors de cela, on trouve des railleries sur le mariage des gens d'église, qui s'arrangent toujours pour mettre le grappin sur les femmes les plus séduisantes, mais s'en voient punis, puisque

> Leurs belles et propres Fames
> Leur font payer en infames
> Le mespris du Celibat ;   (II 453)

---

(30) P.-M. Bondois, *op. cit.,* p. 457.
(31) Ascoli, *op. cit.,* I 63.
(32) Durand-Lapie, p. 305.
(33) Cf. *Supplément* à ma *Bibliographie,* à paraître.

un couplet sur les évêques anglicans, relégués dans les campagnes, exposés, dans le cas le plus favorable, à perdre « leur train superbe », et à vérifier le proverbe « il est devenu d'évêque meunier » ; des regrets sur le silence auquel sont réduits les orgues, et sur la disparition des « bruyantes liturgies »; un peu plus loin, un rappel des martyrs de la foi catholique, et des dégâts commis dans les églises, le tout terminé par ces vers :

> Laissons là les Choses saintes
> De peur de les profaner. (II 470)

Je ne vois pas ce que les plus dévots auraient voulu lui reprocher.

Reste ce qui touche aux matières de gouvernement. Il est inutile de s'attarder sur les passages où Saint-Amant déplore les épreuves qui s'abattent sur les souverains, critique les Parlementaires, leur promet (ou leur souhaite) un châtiment digne de leur déloyauté. On n'est pas encore à l'époque où Mazarin, par politique, se rapprochera de Cromwell, et la très grande majorité des Français, à commencer par la régente, partage les sentiments qu'exprime le poète. Ne parlons pas des strophes qui se font l'écho des bruits qui courent sur les sentiments pro-espagnols des souverains : nous avons constaté que la très officielle *Gazette* les mentionne. Par contre, il faut s'arrêter sur des déclarations plus théoriques, ayant trait à la forme même de la royauté. Elles sont fort intéressantes, parce qu'elles contribuent à nous faire entrevoir les idées de Saint-Amant en la matière.

Nous rencontrons d'abord quelques réflexions sur le pouvoir royal, et ce qu'il représente. Saint-Amant constate qu'il en existe bien des variétés :

> Quelques-uns me pourront dire
> Que chaque Terre a ses lois,
> Et qu'en tous Lieux tous les Rois
> N'ont pas un esgal Empire :
> On sçait ce que l'aune en vaut ;
> L'un siffle bas, l'autre haut,
> L'un vole en Duc, l'autre en Aigle,
> Et l'autre pris dans la reigle
> N'ose chanter, Il le faut. (II 445)

On reconnaît là un écho, bien affaibli du reste, des discussions qui se font jour alors sur la légitimité du pouvoir absolu, et sur les limites qu'il faut lui fixer : la majorité des théoriciens en arrivent à cette idée que le monarque ne doit trouver d'autres bornes à sa volonté que celles découlant des lois divines et naturelles, d'autres estiment au contraire qu'il est tenu de respecter les lois en vigueur,

et de maintenir le statu quo (34). Saint-Amant se borne à constater : l'évolution qui mène à la première de ces conceptions n'est pas même amorcée dans certains pays, elle ne fait que commencer dans d'autres. Lui-même me semble adopter une position assez nuancée : tout est fonction des circonstances. Il reconnaît que l'absolutisme impose aux sujets des contraintes, insupportables à certains :

> Je confesse qu'à cet ordre
> De, Tel est nostre Plaisir,
> Tous, au gré de leur desir,
> N'ont pas le pouvoir de mordre.

Toutefois, et là il est formel, on ne doit en aucun cas, sous ce prétexte, employer la violence pour résister à un prince légitime :

> Mais je n'approuveray point
> Que pour debatre ce point
> Par la seule violence,
> On en vienne à l'insolence
> De mettre un Prince en pourpoint (35).   (*ibid.*)

Je ne pense vraiment pas que rien de tout cela pût être dangereux à imprimer. D'autant qu'il exprimait nettement sa pensée un peu plus loin, se posant en champion de la royauté, prêt à combattre pour elle si c'était nécessaire :

> Quelque chose qu'on m'en die,
> J'estime la Royauté ;
> J'y remarque une beauté
> Qui rend toute autre enlaidie :
> Ouy, sans aucun interest,
> A la servir je suis prest
> Ou de la plume, ou du glaive,
> Et jusqu'aux Roys de la fêve
> Le carractere m'en plaist.   (II 469)

La fin de la strophe manque légèrement de déférence, c'est certain. Mais il faut bien que le caprice reprenne ses droits, et nul ne songera à s'en formaliser.

Quelle conclusion tirer de tout cela ? D'abord, que les idées sur la politique n'ont certainement pas empêché la parution de l'*Albion* ; bien autrement compromettant sera l'éloge de la monarchie élective dans laquelle, un peu plus tard, Saint-Amant se lancera inconsidérément : or il n'hésitera pas à le laisser imprimer noir sur blanc. Puis que ces idées restent, somme toute, assez vagues. Saint-Amant ne conçoit, comme mode de gouvernement,

---

(34) Cf. F. E. SUTCLIFFE, *Guez de Balzac et son temps*, P., 1959, pp. 195-196.
(35) « On dit qu'on met un homme en pourpoint, quand on l'a dépouillé de son bien » (FURETIÈRE).

que la royauté, et les sujets sont tenus de s'accommoder à celle-ci; mais sa forme ne peut pas être fixée une fois pour toutes, et l'on doit essayer de comprendre les avantages et les inconvénients des différents systèmes.

Si l'*Albion* ne vit pas le jour, ce n'est donc pas à cause de son contenu. Supposons que Bassompierre ait agréé l'hommage qui lui en était fait : le poète se serait empressé de publier une pièce montrant que le vieux maréchal, dont on pouvait penser qu'il jouerait encore son rôle à la cour, l'accueillait favorablement. Fut-il, au contraire, rebuté ? Une autre hypothèse serait toutefois assez plausible. Tallemant ne nous laisse pas ignorer que ce survivant d'un autre âge, après sa longue éclipse, ne retrouva plus les succès auxquels il avait été habitué, loin de là. « Monsieur le Prince et ses petits-maistres en faisoient des railleries », écrit-il (36). De plus, bien qu'il fût rentré en possession de sa charge de colonel des Suisses, sa situation financière était loin de se montrer brillante, et ne le mettait guère en état de faire des largesses (37). Saint-Amant s'en serait rendu compte en revenant d'Angleterre. Il aurait alors préféré garder dans ses papiers son poème, se réservant de l'en faire sortir si l'occasion se présentait, quitte à changer la dédicace.

Il me paraît en tout cas difficile de parler d'une œuvre qui courut sous le manteau. L'*Albion* ne nous est connue que par une seule copie, et, qui plus est, une copie de la main même de son auteur (38) ; Livet le laisse entendre ; j'ai pu comparer le manuscrit avec des photographies de dédicaces autographes sur des exemplaires du *Moyse sauvé*, et le doute n'est pas permis : c'est bien l'écriture caractéristique, si lisible, du poète. Quelle différence avec la *Rome ridicule,* dont on parlait avant sa parution, parce que des copies en circulaient : plusieurs nous sont restées, parfois assez différentes du texte imprimé (39). Saint-Amant, j'en suis persuadé, n'a pas voulu que son poème se répandît dans le public, même confidentiellement, et l'a gardé par devers lui, soigneusement, pour plus tard.

Mais peut-être attendit-il trop longtemps : il est évident qu'après la victoire des Parlementaires il devenait impossible de publier l'œuvre telle qu'elle était : il aurait fallu la remanier complètement, lui ôtant ce caractère d'actualité qui fait une partie de son intérêt. Il y renonça.

Quand il eut achevé d'écrire son poème, ou de le mettre au net, avant de le faire suivre de la date, « De Londres, ce 12e de febvrier 1644 », il mit au bas de la dernière strophe : « C'est fait ».

---

(36) TALLEMANT, I 603.
(37) BONDOIS, *op. cit.,* p. 458.
(38) B. N. fr. 1725.
(39) Cf. *Bibliographie,* p. 21 n. 3.

Livet y voyait une exclamation énergique « qui témoigne du plaisir avec lequel l'auteur a terminé son ouvrage, ou du moins le
manuscrit ». Il n'y a qu'un malheur : le point d'exclamation qui
ponctue ces trois mots dans son édition n'existe nullement dans
la réalité. Pour moi, il s'agit tout simplement d'une formule plaisante remplaçant le mot usuel « Fin », celui que l'on trouve à la
dernière page du *Passage de Gibraltar,* de la *Rome ridicule,* ou de
l'*Epistre héroï-comique.* N'allons pas lui chercher une signification
particulière : nous ferions presque certainement fausse route.

S'il éprouvait alors quelque soulagement, c'est beaucoup plutôt
en pensant que son séjour en Angleterre ne se prolongerait plus
longtemps. Le comte d'Harcourt avait vite compris que ses efforts
de conciliation resteraient vains. Dès le 17 décembre 1643, il
demanda un congé, qui lui permît de partir, sans attendre, lorsqu'il verrait que décidément il ne pouvait rien faire (40) ; huit jours
après, il revint à la charge (41). Mazarin se rendait si bien compte
qu'il voyait juste, qu'au début de janvier il lui fit envoyer la permission souhaitée (42). Aussi, le 10, l'ambassadeur se rendit-il à
Oxford, afin de prendre congé (43). Il y resta jusqu'au début de
février, et, le 18, écrivit à Mazarin, de Londres : « J'espère partir
lundi prochain (22 février) pour repasser en France» (44). Quelques
jous plus tard, les lecteurs de la *Gazette* y lisaient ces phrases, aussi
réconfortantes que mensongères :

> Le Comte d'Harcourt Grand Escuyer de France, est ici de retour
> de son ambassade extraordinaire d'Angleterre : où il a laissé
> les esprits de l'un et l'autre parti dans la disposition d'un bon
> accommodement (45).

Ce voyage, en fin de compte, eut son importance pour Saint-
Amant. Dans son œuvre d'abord ; ce qu'il en rapporta n'est en
effet nullement négligeable. Il manquerait quelque chose à son
recueil de 1649 si l'on en supprimait le *Barberot* et les deux sonnets sur le *Vol nocturne* : un aspect de son talent, et non des moins
intéressants, n'y serait pas représenté. Quant au poème de l'*Albion,*
sans parler de ses qualités littéraires, il constitue, ainsi que l'a souligné G. Ascoli, qui l'exploite et le cite abondamment, un document de premier ordre, à condition de tenir compte des exagérations inhérentes au genre satirique. Sans y insister, il faut remarquer que, tout en critiquant âprement, Saint-Amant donne la
preuve de l'intérêt qu'il a porté aux monuments de Londres, à la
vie de ses habitants, aux spectacles de la rue. Nous avons fait des

(40) A. E. Angleterre, 49, f° 412 v°.
(41) *Ibid.,* f° 452.
(42) *Lettres de Mazarin,* I 539.
(43) A. E. Angleterre, 51, f° 2.
(44) *Ibid.,* f° 17.
(45) *Gazette,* 1644, p. 180 (du 19 mars).

constatations analogues à propos de la *Rome ridicule*. Quelques strophes — celles qu'il consacre au théâtre — méritent que nous nous y arrêtions : elles présentent un intérêt certain, malgré le parti-pris évident de dénigrement.

Elles attestent d'abord le goût des Anglais pour ce divertissement, en faveur duquel ils abandonnent toute autre occupation :

> Mere, Fille, Tante, Niece,
> Bourgeois, Nobles, Artisans,
> Voudroyent que de deux cens ans
> Ne s'achevast une Piece.   (I 465)

Leur enthousiasme ne s'est pas communiqué au poète. Il critique les pièces, celles où apparaissent Arthur et ses chevaliers, ou l'enchanteur Merlin, aussi bien que les tragédies où « le Tambour sonne », où les meurtres et les combats remplissent la scène de sang et de clameurs. Il aurait pourtant dû se souvenir que, récemment encore, on représentait en France de sombres drames qui atteignaient au même paroxysme ; il parle des théâtres londoniens « qui font la figue à Bandel », et nous savons qu'une pièce représentant sur la scène l'épouvantable vengeance d'un More avait été tirée d'une nouvelle de ce même Bandello (46). Pour les acteurs, ils sont à son avis détestables : disgraciés physiquement, gauches dans leurs gestes, coutumiers de grossiers lapsus, incapables de régler comme il convient leurs mouvements, faisant trop tôt leur entrée ou se heurtant par maladresse, n'épargnant pas aux spectateurs les spectacles incongrus — « Un Roy petune en sa chaise » —, ils n'arrivent pas à la cheville de nos joueurs de farces. Pendant les entr'actes, des intermèdes ridicules mêlent une musique de dernière qualité à de « sottes pirouettes ». Faut-il penser que, ne comprenant pas les paroles, il a été choqué par des mimiques trop expressives, par des spectacles trop cruels ? Ou peut-être qu'il n'a vu qu'une troupe de troisième ordre, dont la médiocrité l'a détourné d'autres expériences ? En lisant la *Rome ridicule*, nous avons constaté que des témoignages contemporains étayaient en général ses affirmations. Rien de tel ici : « chez aucun de nos autres voyageurs nous ne retrouvons semblable sévérité » (47). Entraîné par ses rancœurs, il nous a sans doute, pour une fois, présenté un tableau dont le fond de vérité se trouve systématiquement travesti.

Dans la vie du poète, il me semble que ce séjour eut plus d'importance qu'on ne pourrait le supposer au premier abord. Il a maintenant l'expérience de ce qu'est un pays en proie à la guerre civile. Cinq ans plus tard éclatera la Fronde, il vivra le blocus de

---

(46) Cf. R. LEBÈGUE, *Du baroque au classicisme. La Tragédie*, XVIIe siècle, n° 20, 1953, p. 254.
(47) ASCOLI, *op. cit.*, II 145.

Paris, et des rapprochements s'imposeront à son esprit, qui transparaîtront dans ses vers. Est-ce pur hasard s'il quitte alors, précisément, la France, et part sans appréhensions pour la lointaine Pologne, rejoindre la reine Louise-Marie, qui l'a fait gentilhomme de sa chambre quelques années plus tôt ?

CHAPITRE XV

A LA RECHERCHE D'UN PROTECTEUR (1644-1645)

De retour à Paris, Saint-Amant ne donne pas l'impression d'avoir envie d'en repartir. A moins que certains déplacements ne nous échappent, il n'a pas quitté la ville pendant de longs mois; dans l'*Epistre à Villarnoul,* qui date de l'été 1646, il laisse échapper un aveu caractéristique : il est resté près d'un an « en *son* logis comme en un Cimetiere ». Il n'est certainement plus disposé à se mettre en route sous le moindre prétexte : il l'avait du reste laissé entendre dans les *Pourveus bachiques.* La vie de la capitale a d'indéniables attraits, et c'est un des seuls endroits au monde, ainsi qu'il l'écrira dans l'épître de dédicace du *Moyse,* où les Muses de la Seine, si délicates, se sentent à leur aise. Il est alors sans doute plongé dans le travail de son poème, qui seul pourrait expliquer la semi-réclusion dont il s'accuse, si tant est qu'il ne s'agisse pas seulement de se faire pardonner des visites qu'il n'a pas faites.

Dans quels milieux évolue-t-il durant ces quelques années ? Toujours les mêmes, probablement. On le voit à la table du Coadjuteur, où Tallemant l'a rencontré, à l'hôtel de Liancourt ; certainement aussi à l'hôtel de Nevers, et chez les Choisy. N'oublions pas ses confrères en littérature, et ces Messieurs de l'Académie. Plusieurs d'entre eux sont nommés dans l'*Albion,* ce qui laisse supposer des relations alors assez suivies. Le poète s'est indigné, dans les strophes précédentes, du goût déplorable des Anglais, qui vantent leurs « rimailleurs », les placent au-dessus de Virgile et d'Horace, et prétendent que leur « Janson » (traduisons Ben Jonson) relègue dans la médiocrité Sénèque et le fameux Euripide : remarquons qu'il se fait ici le champion un peu inattendu de l'antiquité gréco-latine. Quelle impertinence est la leur! Apollon ne saurait la supporter, et la France ne manquera pas de champions pour apprendre à vivre à ces insulaires malappris :

> Nostre admirable Corneille,
> Et mon rare Colletet,
> Mettront au jour un motet
> Qui t'estrillera l'oreille ;
> Les chers L'Estoile et Baro
> Feront ensemble un haro
> Sur tes plattes Comedies ;

> Et cent autres Voix hardies
> T'accoustreront en zero.   (II 462)

Corneille, en 1644, ne fait pas encore partie de l'Académie. Il est toujours rouennais, avocat du roi dans cette ville. Il y passe la plus grande partie de l'année, ce qui, au mois d'août, l'empêchera d'être élu ; il ne transportera son domicile à Paris qu'en 1662, après la mort de Saint-Amant. Les deux hommes ne se voyaient donc qu'au hasard de leurs déplacements respectifs, et leurs relations n'eurent sans doute jamais un grand caractère d'intimité. Mais il était impossible à Saint-Amant de ne pas citer le nom de cette gloire de Normandie.

Il en va tout différemment avec Colletet. Ils s'étaient appréciés dès leur jeunesse, et semblent s'être encore rapprochés durant leur âge mûr et leur vieillesse. On remarquera du reste la formule « mon rare Colletet », bien différente de celle qui est employée pour Corneille : on dirait que celui-ci en a toujours un peu imposé à son compatriote, pourtant son aîné ; avec l'autre, il se sent de plain-pied. Le bon Guillaume, dont la première femme était morte en 1641, vivait alors maritalement avec Michelle Soyer, sa servante, dans sa maison du faubourg Saint-Marcel, demeure toute chargée des souvenirs de Ronsard, ce qui ne laissait pas indifférent notre poète. Aux beaux jours, Colletet se transportait en sa maison des champs, au hameau de Val-joyeux, près de Villepreux (1). Ne serait-ce pas là, par hasard, que Saint-Amant trouva l'inspiration de son sonnet *Le Printemps des environs de Paris* ? Simple hypothèse, je m'empresse de l'ajouter, car les termes de ce sonnet sont assez vagues pour convenir à tout endroit fertile, boisé, au moins médiocrement, où l'on peut voir le soleil se refléter dans de l'eau — qui serait ici le ruisseau dont parle Frénicle en décrivant les lieux dans l'*Entretien des illustres bergers,* ou le Rû de Gally, qui passe à Villepreux. Quelques années plus tard, nommant Colletet dans la préface de son *Dernier Recueil,* Saint-Amant l'appellera « mon tres-cher et tres-singulier Amy », tandis que l'autre, à la même époque, parlera de « nostre amy Gerard de St Amant », « mon illustre Amy » (2). Des réunions libres et joyeuses que nous ont permis d'évoquer, chez des Yveteaux, au faubourg Saint-Germain, le *Cidre* ou l'*Epistre au baron de Melay,* nous pouvons imaginer le pendant au faubourg Saint-Marcel.

L'Estoile et Baro ne sont pas nommés ailleurs dans l'œuvre du poète : aussi est-il difficile de se faire une idée de ce que furent leurs rapports avec lui. Claude de l'Estoile rejoignit en même temps que Saint-Amant le petit groupe des premiers académiciens, mais cela ne signifie rien. Colletet fut un de ses amis les plus inti-

---

(1) Cf. la note de M. Adam, TALLEMANT, II 1473.
(2) *Discours du poème bucolique,* P., 1657, pp. 39 et 45.

mes (3), et contribua peut-être à le rapprocher de Saint-Amant. Il avait du reste quelques points communs avec lui : beaucoup de vertu et d'honneur (4), mais aussi « plus de génie que d'étude, et de savoir » (5). Ce qu'en ont dit ses contemporains laisse l'impression qu'il fut une personnalité sortant de l'ordinaire. J'ajoute un détail, que je ne trouve signalé par aucun de ses biographes, et qui le montre s'intéressant à la Normandie : il sollicita, et obtint l'autorisation d'établir un passage régulier, par mer, entre Honfleur et Le Havre (6). L'Estoile apparaît dans la *Comédie des Académistes* ; c'est lui qui propose Saint-Amant à ses confrères, cherchant un champion pour défendre l'Académie, en déclarant :

> Au moins, pour la satire il fait excellemment.

Sa proposition est d'ailleurs immédiatement repoussée, car, s'écrie Habert, « c'est un esprit à se moquer de nous » (7). Saint-Amant, dans la même comédie, se montre moins indulgent pour lui, puisqu'il le juge en ces termes :

> Il fait de l'esprit doux, mais il est plat un peu (8).

Mais le couplet dans lequel est inséré ce vers, et qui renferme des jugements à l'emporte-pièce sur Chapelain, Godeau, Gombauld et autres, reflète uniquement les idées de l'auteur (ou des auteurs) de la *Comédie* : nous n'avons pas à en tenir compte.

Saint-Amant rencontrait-il L'Estoile en dehors de l'Académie ? Nous savons que son médiocre état de fortune le contraignit, après son mariage, à se retirer à la campagne, où il passa presque tout le reste de sa vie (9). Où était-ce ? Quand cette retraite eut-elle lieu ? Je n'ai trouvé de renseignements nulle part. « En ses dernières années », telle est la seule précision que nous ayons; comme il mourut en 1652, il est fort possible qu'il y fût déjà en 1644.

Que dire de Baro ? Il était de l'Académie lui aussi, mais on ne sait pas exactement depuis quand. Le personnage est mal connu, son éloge tient en quelques lignes dans l'ouvrage de Pellisson, et je ne crois pas qu'on y ait beaucoup ajouté. Comment, dans ces conditions, vouloir préciser ?

Une des grandes préoccupations de Saint-Amant, à cette épo-

---

(3) R. A. PARKER, *Claude de l'Estoille poet and dramatist*, Baltimore, 1930, p 23.
(4) PELLISSON, I 248.
(5) *Id.*, I 246. Tallemant dit, plus crûment : « Il ne savoit quasi rien » (II 269).
(6) Ch. BRÉARD. *Les Archives de la ville de Honfleur*, P., 1885, pp. 300 sqq. (entre 1636 et 1649).
(7) SAINT-EVREMOND, *La Comédie des Académistes*, éd. G. L. Van Roosbroeck, New-York, 1931, p. 40.
(8) *Ibid.*, p. 28.
(9) PELLISSON, I 248.

que, fut de se ménager des protecteurs. Nous avons rencontré ses
doléances : il s'est plaint, dans les *Pourveus bachiques,* que « nos
demy-dieux » ne fassent rien pour sa fortune ; dans l'*Albion,* il
accuse plus précisément un « Prince », qu'il ne nomme pas, mais
qui pourrait bien être d'Harcourt. Il est temps pour lui de songer
sérieusement à assurer ses vieux jours. Il a vécu jusqu'ici, et paraît
l'avoir fait sans difficultés ; comment, c'est ce que nous ne voyons
pas clairement, ignorant en particulier ce que faisait pour lui le
duc de Retz, et quelles ressources, aussi, il tirait de son propre
chef. Mais maintenant ? Retz vit de plus en plus retiré, à Machecoul ou à Princé ; depuis le mariage de sa fille, il n'est plus que
« le duc de Retz le bonhomme » ; il serait étonnant qu'il n'eût pas
abandonné à son gendre une part de ses possessions et de ses revenus. A Rouen d'autre part Anne Girard reste seule, chargée de
famille : ne faut-il pas, à l'occasion, lui venir en aide ?

Une excellente occasion se présente justement de relancer un
très haut personnage, le duc d'Orléans, lieutenant-général du
royaume. Celui-ci, généralissime de l'armée de Flandre, a quitté
Paris le 15 mai pour aller mettre le siège devant Gravelines. Saint-
Amant lui adresse (ou feint de lui adresser) au moment même où
il se trouve devant la place une *Epistre héroï-comique* de plus de
cinq cents vers. Gravelines capitula le 28 juillet, le privilège de
l'épître est daté du 15 septembre : je soupçonne le poète d'en avoir
écrit au moins la seconde moitié, dans laquelle il joue au prophète,
après le retour triomphal du vainqueur à Paris.

L'*Epistre* est en effet divisée en deux parties bien distinctes.
La première constitue un éloge de Gaston, précédé d'un assez long
développement sur les dangers qu'il court dans cette campagne :
amplification d'un lieu commun, déplorant les méfaits de l'artillerie, « par laquelle un bras infâme et couard peut ôter la vie à
un vaillant chevalier », comme le disait Don Quichotte (10). Saint-
Amant énumère les éminentes qualités dont fait preuve Son
Altesse : activité que ne rebutent pas les fatigues et les veilles, courage, vigilance, courtoisie — tout cela confirmé par les témoignages contemporains (11). Il en est une sur laquelle il insiste particulièrement, non sans arrière-pensée : la générosité. Dès les premiers vers il y fait allusion, présentant le prince comme la source
d'un vrai Pactole :

> . . . . de ta large bource
> Tu fais couler ainsi que d'une Source,
> Un long Ruisseau de qui les flots dorez
> Charment la soif des Drilles alterez. (I 356)

---

(10) Ed. de la Pléiade, p. 313. Peut-être Saint-Amant s'est-il souvenu de ce
passage ; peut-être plutôt d'un passage analogue de *Francion* de Sorel (éd. Adam,
p. 258).
(11) Cf. G. DETHAN, *Gaston d'Orléans*, P., 1959, pp. 299 sqq.

Faut-il s'étonner que Paris retentisse des louanges de Gaston, et que le Pont-Neuf ne parle d'autre chose ? Philippot le Savoyard, le chantre aveugle, en fait le sujet de ses chansons, qu'il lance de toute sa voix, secondé par sa «moitié», aveugle elle aussi. La fameuse statue de bronze du roi Henri, elle-même, « s'en esmeut d'aise, en sousrit doucement », et le bon roi, ravi des prouesses de son rejeton, lui tient un long discours : il l'y encourage à persévérer dans la voie qu'il a choisie, et lui dicte son devoir. Un fils de roi, cela va de soi, est tenu de se distinguer sur les champs de bataille :

> Estre à Cheval jour et nuit comme moy,
> Coucher armé, tenir un si bel ordre
> Que les Jaloux n'y trouvent rien à mordre,
> Gagner les Cœurs, secourir les Blessez,
> Voir par ton soin les Bons recompensez,
> Prendre Conseil, executer toy-mesme,
> Avoir recours à l'Arbitre suprême,
> Et de l'honneur suivre le beau sentier,
> En peu de mots c'est faire son Mestier (12).   (I 363)

Mais Gaston ne doit pas être uniquement un chef militaire. D'une façon plus inattendue, Saint-Amant va s'élever à des considérations politiques d'une certaine portée, sinon peut-être d'un parfait à-propos, étant donné la personnalité de celui auquel il s'adressait. On y trouve en effet un éloquent appel à la concorde et à la fidélité, dans lequel certains vers pouvaient paraître une critique, au moins indirecte, du comportement de Monsieur durant le règne précédent. Après en avoir appelé à son « cœur loyal », qui doit être le meilleur support du roi-enfant, le poète poursuit :

> Aide à sa Mere, à cette auguste Reine,
> A soustenir la Charge souveraine ;
> Seconde-la dans ses nobles Projets ;
> Que ses Vertus te soient autant d'objets
> A t'enflâmer au bien de cet Empire ;
> Jamais ton ame autre ardeur ne respire,
> Jamais soucy, jamais autre dessein
> N'entre en ta teste, et ne vive en ton sein.
> Tu sçais assez ce que peut la Concorde
> Sans qu'en ce lieu je touche cette corde ;
> Tu sçais assez qu'elle est dans les Estats
> Le seul Bouclier contre les attentats ;
> Voylà pourquoy je te la recommande ;
> C'est un Sujet digne de ma demande,
> Et qui fera que comblé de bon-heur
> Du cher Lovys tu maintiendras l'honneur.   (I 364)

Etait-il, ici, le simple écho de quelque coterie ? Je ne le crois pas. Il désirait profondément que soient respectées la personne du

---

(12) On reconnaît dans ce passage le souvenir d'un célèbre passage du *Cid* (I 3).

roi et son autorité ; son expérience britannique avait dû contribuer à l'affermir dans cette idée, qu'il résuma un peu plus tard
en un frappant raccourci dans ce vers des *Nobles Triolets* : « Il
faut que le Roy soit le Maistre ». Comment Louis XIV, qui n'a pas
encore six ans, pourrait-il l'être, si le deuxième personnage du
royaume ne soutient pas les efforts de la régente ?

En veine de moraliser, Saint-Amant ne s'en tient pas là. La
seconde partie de l'épître est consacrée à la peinture de l'accueil
triomphal que la ville de Paris réservera au prince vainqueur. Au
beau milieu d'un développement souvent burlesque, après que
nous ont été présentées les grotesques réceptions des petites villes
traversées par Gaston à son retour, le lecteur n'est pas peu surpris
de trouver un nouveau discours, tenu, cette fois, par « quelque
ami sage », et qui s'adresse aux nobles, les exhortant à la vertu :

> Si tous les Grands, à la vertu dociles,
> Sçavoient au vray combien leur sont faciles
> Tous les moyens de se faire admirer
> Que d'avantage ils en pourroient tirer !...
> Pour peu de soin qu'ils ayent de leur devoir,
> Pour peu d'honneur qu'ils tesmoignent avoir,
> Leur dignité, leur esclat, leur puissance,
> Les nobles dons d'une haute naissance,
> Leur font en terre aisément acquerir
> Les rares biens que l'homme doit cherir.   (I 368)

Cette fois, il a pris une précaution : une petite parenthèse, « à
ta gloire s'entend », a pour objet de montrer que ces exhortations
à la vertu ne s'adressent pas à Gaston : celui-ci ne peut être, pour
les autres, qu'un modèle. Que pense, au fond de lui-même, notre
poète ? Est-il inquiet de voir « un prince aussi léger devenir...
Lieutenant du Royaume » (13) ? Résistons à la tentation de juger
de ces choses avec notre optique d'hommes du XXᵉ siècle ; Gaston
d'Orléans, qui s'était rebellé contre l'autorité de Richelieu, ne
s'était pas pour cela déclaré contre le roi ; du reste, depuis la mort
de son frère, il s'était montré le meilleur soutien de sa belle-sœur.
Malgré tout, il est curieux de constater comment, dans la première
pièce qu'il publie depuis la mort de Louis XIII, Saint-Amant insiste
à deux reprises sur la nécessité où se trouvent les Grands, y compris l'oncle du roi, de faire leur devoir. J'écrivais il y a un instant
qu'il n'était sans doute ici l'écho d'aucune coterie ; en fait, ses
paroles ne reflètent-elles pas les idées mêmes, et les désirs, du pouvoir ? Ce qui ne veut pas dire, assurément, qu'il nous faille considérer Saint-Amant, dans l'*Epistre héroï-comique,* comme étant un
poète à gages.

---

(13) GOURIER, p. 55.

Nous ne nous attarderons pas sur la description des réjouissances accompagnant d'abord l'annonce de la prise de Gravelines,
puis le retour de Gaston. On les retrouve fort aisément dans la
Gazette : Te Deum, feu d'artifice tiré dans la cour du Luxem-
bourg, dont les fusées se terminent parfois au beau milieu de la
foule, à la grande joie des badauds qui leur voient, dit Saint-
Amant, « empaumer » le chapeau du voisin, salves de canons et
feux de joie. Saint-Amant était à Paris en ces mois d'été, car il
se présente bien en témoin oculaire. Il est là quand le bon peuple,
avide de nouvelles, ne peut voir passer un cavalier éperonnant sa
monture sans s'écrier :

> viste qu'on psalmodie,
> GASTON, sans doute, est Maistre du rempart,
> Et ce Nazin (14) vient icy de sa part. (I 365)

Il sera là aussi quand les bourgeois fêteront le retour du prince
vainqueur :

> Dans les transports de tant de testes yvres
> Je feray tout, je brusleray mes Livres,
> Ou mes Cottrets pleins d'une gaye ardeur,
> Feront en Ruë esclater ta Grandeur. (I 369)

Les cinquante derniers vers, d'un ton tout personnel, sont fort
précieux pour nous. Ils montrent d'abord que le *Moyse*, depuis
l'époque où Chapelain en entendait quelques épisodes, a bien
avancé. Ce sont maintenant des « cayers », soigneusement serrés
dans un coffre, qui le contiennent ; il peut être qualifié d' « ouvrage » ; il paraît même s'être répandu hors d'un petit cercle d'intimes, ainsi qu'en font foi ces vers :

> Les Entendus n'en font pas peu de conte ;
> Ils disent tous qu'enfin c'est une honte
> Qu'un tel Ouvrage apres un si grand bruit,
> Au gros Autheur ne rapporte aucun fruit. (I 370)

Après avoir destiné le poème à Madame de Liancourt, Saint-
Amant s'orienterait-il maintenant vers Gaston d'Orléans ? Il lui
lance, en tout cas, une invite mal déguisée :

> Et si mes soins en Coffre les conservent
> C'est seulement pour plaire à ton desir,
> Quand de les voir tu prendras le loisir. (*ibid.*)

Que souhaitait-il donc obtenir ? On a souvent cité la phrase de
Tallemant :

---

(14) Italianisme, *nasino* est un homme au petit nez.

Il avoit pretendu pour son *Moyse* une abbaye ou mesme un evesché, luy qui n'entendoit pas son breviaire ; et ce fut pour punir l'ingratitude du siecle qu'il ne le fit point imprimer (15).

Ces affirmations sortent en droite ligne de notre *Epistre,* que du reste Tallemant cite quelques lignes plus loin ; c'est dire qu'il est inutile de les discuter, et qu'il faut simplement regarder ce qu'écrit l'intéressé lui-même.

Que lisons-nous ? Ses amis s'indignent de voir les bénéfices aller à d'autres, sans qu'il participe à leur distribution ; ils en sont tout dépités :

> Leur front s'allume, et qui les-en croiroit,
> Bien-tost la Crosse à mon poin s'offriroit.

Lui-même fait d'abord le modeste :

> Je ne dis pas que ma main le merite,
> Quoy que par elle ait esté l'Œuvre escrite,
> Et qu'un Vers saint sembleroit inferer
> Qu'au Bien d'Eglise on eust droit d'aspirer.

Mais il remarque qu'il possède pour le moins autant de titres que beaucoup d'autres :

> Mais, ô bon Dieu ! combien en voit on d'autres
> Pourveus de Mitre et d'amples Patenostres,
> Vivre entre nous avec authorité,
> Qui l'ont peut-estre aussi peu merité !

En conclusion, chacun disant « qu'un long habit de sarge ou d'estamine » lui conviendrait parfaitement, il déclare :

> Soit faux, soit vray, je suis de tous accors.   (*ibid.*)

Je suis persuadé que l'histoire de la mitre et de la crosse est simple plaisanterie ; nous sommes dans un poème héroï-comique, et les règles du genre doivent être respectées. « Il faut sçavoir mettre le sel, le poivre et l'ail à propos en cette sauce », ainsi s'exprimait-il dans la préface du *Passage de Gibraltar* ; ces condiments, ce sont les traits de raillerie et les exagérations que la fantaisie du poète brode sur un fond de vérité. Il n'a jamais prétendu à un évêché ; il n'avait d'ailleurs pas reçu les ordres, et n'était pas assez grand personnage pour en obtenir en simple commende, comme un Bourbon ou un Guise. Le cas des bénéfices de moindre importance était différent ; il voyait autour de lui assez d'écrivains qui en avaient été pourvus : ne le méritait-il pas autant qu'un autre ?

_____

(15) I 590. Tallemant ajoute : « Depuis, il l'a donné ».

Toutefois, que Gaston ne s'y trompe pas : il ne s'est nullement adressé à lui pour cela, il tient à le souligner en une fière déclaration :

> Ce que j'en dy n'est pas que je caymande,
> J'ai trop de cœur, je ne gueuzay jamais.

Il ajoute, il est vrai, avec une apparence de détachement dont il est difficile de savoir jusqu'à quel point elle est sincère, et si vraiment il laisse faire les autres, sans rien demander lui-même :

> Et m'en rapporte au grand Prelat de Mets (16).

Nous allons retrouver, dans un instant, ce prélat. Il importe auparavant d'en terminer avec le duc d'Orléans. La fin de l'épître contient quelques indications dont la précision, par malheur, laisse à désirer. Tout tient en quatre ou cinq vers. Pour le moment, déclare le poète à Gaston, je ne te demande qu'une faveur : venger la poésie des plats rimeurs qui t'importuneront, à ton retour, de leurs « carmes ridicules », en les faisant couvrir de soufflets, ou tout au moins de « croquignoles » :

> Et j'en seray mille fois plus content
> Que d'un Brevet, ou d'un Acquit-patent (17),
> Ou de l'Affaire au bon Goulas commise,
> Lors qu'un matin, en prenant ta chemise
> Tu luy crias, expediez le Gros,
> Je l'ayme bien, car il ayme les Bros.   (I 371)

Léonard Goulas, seigneur de Fremoy, est secrétaire des commandements du Prince. Qu'est-ce donc que cette affaire dont il doit s'occuper ? Je crains que nous ne le sachions jamais, à moins d'un hasard providentiel. Selon toute vraisemblance, il s'agit d'une gratification ; mais de quel ordre ? date-t-elle de 1644, ou serait-elle antérieure ? Une chose est presque certaine : Saint-Amant n'a jamais compté officiellement dans la maison de Gaston d'Orléans, comme Tristan, Patris ou Blot ; il serait impensable, si cela avait été, qu'il n'eût pas davantage parlé de lui : depuis l'*Andromède* jusqu'à l'*Epistre*, c'est le silence le plus complet. De plus, Tallemant aurait-il négligé de le mentionner, lui qui se montre si bien informé des protecteurs de Saint-Amant ? Toutefois, l'*Epistre* montre entre les deux hommes, pourtant de condition si différente, une certaine familiarité, qui n'a du reste rien d'invraisemblable, étant donné la personnalité du Prince. On a plus d'une fois relevé

---

(16) Il ne s'agit pas, comme l'écrit Durand-Lapie, p. 312, d'invoquer en sa faveur le témoignage de l'évêque de Metz : il lui confie ses intérêts.
(17) « Acquitpatent, est un ordre ou mandement du Roi pour faire payer comptant par ses Tresoriers une certaine somme » (Furetière).

(Tallemant le faisait déjà) l'expression « ton gros Virgile » qu'emploie, pour se qualifier lui-même, Saint-Amant au début du poème. Le dernier vers en fait foi : le duc d'Orléans appréciait en lui un bon compagnon de beuverie, en même temps qu'un homme d'agréable commerce. Peut-être est-ce le verre en main qu'il lui a promis quelque avantage, en argent ou autrement ; peut-être est-ce au lendemain d'une joyeuse partie qu'à son lever, encore sous l'impression de la manière dont le poète sacrifiait à Bacchus, il s'est écrié : « Expédiez le Gros ! » Mais ce n'est pas lui qui se chargera d'assurer la sécurité matérielle des dernières années de notre héros.

Il semble bien que ce rôle, pendant un certain temps, ait incombé à l'évêque de Metz. Le peu que nous en apprend Saint-Amant est heureusement confirmé par Tallemant. Ayant rappelé qu'on a vu le poète « je ne sçay combien d'années » domestique du duc de Retz, il ajoute :

> Depuis, il s'attacha à M. de Metz, et enfin, ne sçachant plus que faire, il s'en alla en Pologne (18).

« M. de Metz », c'est Henri de Bourbon, fils légitimé d'Henri IV et de la marquise de Verneuil — et non Georges d'Aubusson de la Feuillade, comme l'écrit Livet, qui ne fut évêque de Metz qu'en 1668. Elu par le chapitre dès 1608 (il avait sept ans), titulaire en 1612, il administrait son diocèse par l'intermédiaire de suffragants, et ne s'en démit qu'après 1660. Il possédait, entre autres bénéfices, l'abbaye de Saint-Germain-des-Prés. C'était donc un de ces prélats grands seigneurs, pourvus d'énormes revenus, et qui pouvaient se permettre d'entretenir quelques poètes à leurs gages. En dehors de Saint-Amant, nous n'en connaissons qu'un pour avoir été son domestique, si toutefois on peut le qualifier de poète : c'est le fameux Dulot, qui laissa le Coadjuteur pour lui (19). Son secrétaire, Etienne Pellault, était un homme fort cultivé, familier des milieux humanistes, par ailleurs riche et obligeant, et capable de faire d'assez bons vers (20) : un homme qu'il devait être agréable de fréquenter.

Ceci dit, constatons une fois de plus que nous restons sur notre faim, et que les précisions manquent. La phrase de Tallemant semble imposer un schéma très précis : Saint-Amant a longtemps bénéficié de la protection du duc de Retz ; puis il s'est attaché à l'évêque de Metz ; enfin il a gagné la Pologne lorsque, pour une raison qui n'est pas précisée, Henri de Bourbon lui a manqué. Cette manière de présenter les choses ne doit pas être absolument

---

(18) TALLEMANT, I 590.
(19) Id., II 660.
(20) Id., II 899, et la note de M. Adam, p. 1581.

exacte ; il est vraisemblable que Saint-Amant ne resta pas longtemps au service de l'évêque, et qu'il le quitta, plusieurs années
avant de partir pour la Pologne, dès qu'il fut nommé gentilhomme
de la reine. En tout cas, du recueil qui parut en 1649, dans lequel
celle-ci occupe une place importante, M. de Metz sera complètement absent. On peut y voir l'indice que Saint-Amant fut déçu par
le traitement qu'il en reçut. Ne serait-ce pas lui que vise une épigramme du *Dernier Recueil, A Cleonte,* qui commence ainsi :

> Tu dis, Cleonte, en m'exaltant,
> Que ce Prelat qu'on prise tant
> A mal reconnu mon merite...   (II 57)

Le dernier vers ne contredit pas cette hypothèse ; nous sommes
quittes, conclut en effet le poète, « S'il n'a rien fait pour moy, je
n'ay rien fait pour luy ». La réalité ne répondit donc pas aux
espérances qu'il concevait en 1644, et, sans doute dès l'année suivante, il fut contraint d'orienter ses recherches dans une autre
direction.

Il est probable qu'il ne quitta pas la capitale pendant l'hiver ;
il est certain qu'il s'y trouvait au mois de juin ou de juillet 1645.
Il y écrivit son *Ode heroï-comique pour Monseigneur le Prince
lors Duc d'Anguien,* dont le titre interminable se poursuit par cette
indication : *Son Altesse S'en retournant commander l'Armée
d'Allemagne l'An 1645.* De la même époque date un sonnet, également adressé au duc d'Enghien, qui la suit. Rappelons en quelques mots la suite des événements, qui permet de situer ces pièces avec précision. Le 5 mai 1645, l'armée de Turenne subit un
lourd échec à Mariendal. A la suite de cela, le duc d'Enghien reçut
l'ordre de marcher vers le Rhin avec ses troupes. Il franchit le
fleuve au début de juillet, opéra sa jonction avec Turenne, et, le
3 août, livra aux Bavarois du général Mercy la sanglante bataille
de Nordlingen (21).

La longue pièce (soixante-huit strophes de quatre vers) qui
célèbre le duc d'Enghien est une des deux seules, dans toute l'œuvre de Saint-Amant, à porter le titre d'ode ; l'autre, celle qui fut
adressée aux souverains d'Angleterre, n'y ajoutait pas le qualificatif d'héroï-comique. Est-ce le genre qui impose au poète une construction rigoureuse, beaucoup plus nette, par exemple, que celle
de l'épître adressée l'année précédente au duc d'Orléans ? La plus
grande partie de l'ode est consacrée à chanter les victoires passées
du héros, Rocroy, Thionville, Fribourg, et la suite de la campagne
de 1644, qui a porté au plus haut point sa renommée. Les onze
dernières strophes annoncent les prochains succès du jeune guer-

(21) Cf. A. CHÉRUEL, *Histoire de France pendant la minorité de Louis XIV,* P.,
1879, II 33-50.

rier, dont les exploits ont déjà effacé « l'antique honneur de Ceri-soles », et rendus jaloux en l'autre monde « les Gustaves et les Weimars ». Puis elles formulent un souhait : que le duc d'Enghien commence par se rendre maître d'Heidelberg, dont le célèbre ton-neau est, en quelque sorte, le Palladium de l'empire germanique. Il est remarquable qu'Heidelberg ait été justement une des deux villes (l'autre étant Heilbronn) que Mazarin désirait voir conqui-ses : je n'irais cependant pas jusqu'à prétendre que Saint-Amant fût dans le secret des opérations projetées.

La description du combat de Fribourg est la partie la plus remarquable de l'ode. On y admire une précision et une vie qui ne laissent rien à désirer : un témoin oculaire de cette mêlée san-glante n'aurait pas mieux fait. Les récits qu'il a entendus, aidés de son imagination et, peut-être, de ses quelques expériences guer-rières (encore qu'à mon avis il ne se soit jamais trouvé dans une affaire comparable) ont permis au poète de peindre cet héroïque tableau, où le comique n'est plus représenté que par quelques expressions familières, un peu perdues dans l'ensemble. Le duc d'Enghien dut être content de son portrait, qui correspond si bien à ce que rapportent les témoins oculaires de ses prouesses ; payant d'exemple,

> Ce fameux Prince estoit par tout,
> A droit, à gauche, en queuë, en teste,
> Et sa Valeur, tousjours debout,
> Portoit la foudre et la tempeste.

> Un seul trait de ses yeux brillans
> Mettoit l'adversaire en desordre,
> Faisoit trembler les plus vaillans,
> Et ranimoit les Siens à mordre...   (I 400)

L'art de la guerre chez le jeune prince est particulièrement mis en valeur : rapidité de la conception et de l'exécution, ne laissant à l'adversaire aucun répit, tels sont les secrets de ce grand capi-taine :

> Battre le fer tant qu'il est chaut,
> Est un des points de sa Science ;
> Et son courage noble et haut,
> Brusle tousjours d'impatience.

> Il connoist qu'un moment perdù
> Ruïne toute une entreprise ;
> Et qu'au seul temps est souvent dù
> L'honneur de mainte belle Prise.   (I 396)

On adressait parfois au duc d'Enghien le reproche de ne pas se montrer assez ménager du sang de ses soldats ; après la bataille

de Fribourg notamment les critiques allèrent bon train, et Saint-Amant n'a pu les ignorer. Lui-même insiste sur l'acharnement du combat, et se voit contraint de reconnaître que les pertes françaises furent lourdes. Mais, bien loin d'en blâmer son héros, ce qui serait de mauvais goût, il tourne habilement la difficulté, en présentant cette prodigalité comme un calcul, amenant, en fin de compte, une économie sérieuse de vies humaines :

> Il en fut occis plus de trois ;
> Mais toute Ame aux Combats experte
> Dira qu'en guerre quelquesfois
> C'est une espargne qu'une perte.
>
> Un homme à propos hazardé
> Souvent en sauve une centaine ;
> Et qui n'entend ce coup de Dé
> Ignore l'Art de Capitaine. (I 401)

Il y a bien là quelque peu de mauvaise foi. Mais le moyen de faire autrement ? Saint-Amant n'a pas affaire à l'un de ces chefs qui s'efforcent de limiter le plus possible les pertes dans leurs troupes : on ne saurait faire que le duc d'Enghien devienne, sur ce point, un Turenne, ou un d'Harcourt.

Mais d'Harcourt, maintenant, paraît oublié. Saint-Amant est entré dans un autre monde. On ne s'est jamais demandé pourquoi, tout d'un coup, il consacrait deux pièces à célébrer le duc d'Enghien. Presque en même temps allait commencer de voir le jour l'importante série des œuvres adressées à Marie de Gonzague ou à son entourage. Les deux faits me paraissent étroitement liés. On sait quelle amitié rapprochait le vainqueur de Rocroy et la future reine de Pologne, qui, de longue date, était une familière de l'hôtel de Condé. Depuis le début du nouveau règne, la princesse, après une retraite de quelques mois, conséquence de la fâcheuse affaire Cinq-Mars, a rouvert son salon, qui partage avec celui de Mme de Rambouillet le privilège d'être le rendez-vous de la bonne société et des beaux esprits. On ne saurait dire si Saint-Amant l'a fréquenté avant l'époque à laquelle nous voici arrivés. Il est infiniment probable que son ami Marolles l'y avait introduit, et qu'il n'était pas un inconnu pour les filles du duc de Nevers; mais il n'avait jamais dû s'y montrer bien assidu. En tout cas, aucune trace n'en est restée.

Tout va changer en 1645. On parle beaucoup du mariage de Marie de Gonzague avec le roi de Pologne Ladislas IV, dont la première femme est morte en mars 1644. Il a déjà été question de ce parti en 1635, mais elle s'est alors vu préférer une autre. Cette fois, les espoirs se précisent. On peut penser que Saint-Amant, tenu au courant par Marolles, voit là une occasion de sortir, enfin,

d'une situation qui risque de devenir difficile. Retz s'est éloigné, d'Harcourt l'a déçu ; il ne peut compter sur Gaston d'Orléans, dont, au surplus, les finances sont en fort mauvais état : c'est le moment de se tourner vers la princesse. Sans aller jusqu'à dire que Saint-Amant n'eût pas, sans cela, écrit l'*Ode héroï-comique,* je crois qu'on peut y voir une conséquence de cette détermination. Elle expliquerait également la présence, dans le recueil de 1649, d'un sonnet *Sur le tombeau du marquis de Gesvres* : ce dernier, avant de se faire tuer le 4 août 1643 devant Thionville, avait brûlé d'une ardente passion pour la princesse, que sa mort ne put laisser indifférente (22).

En même temps, Saint-Amant s'est peut-être rapproché de l'hôtel de Rambouillet. Marie de Gonzague était une amie de longue date de Julie d'Angennes ; elle avait eu recours à elle en un moment critique, quand Cinq-Mars fut arrêté ; le jour de son mariage, elle tint à venir faire ses adieux à la marquise « avec sa couronne sur la teste » (23). Qui fréquentait l'hôtel de Nevers se devait de ne pas bouder l'hôtel de Rambouillet. Ne serait-ce pas alors qu'il faudrait voir le poète, sous les traits du fameux Sapurnius de Somaize (24), filant quelques métaphores comme celles qui lui sont attribuées dans le *Dictionnaire des Précieuses,* et dont la plus étrange, « J'ay l'âme roide au soucy », vient d'un vers du *Moyse* (II 161) ?

De cette époque aussi daterait une certaine intimité avec Voiture,

> ce Voiture à grosse panse
> Avec qui devant son trespas
> La sienne a fait maints bons repas,

ainsi que l'écrit le neveu Pinchesne (25). Il est toutefois bien délicat de décider si, dans l'esprit de Pinchesne, l'expression « devant son trespas » est prise dans un sens assez restreint, désignant les quelques années qui se sont écoulées juste avant la mort de Voiture (laquelle survint en 1648), ou, dans un sens plus général, signifie simplement « durant sa vie ».

Cependant les derniers obstacles s'opposant encore à l'établissement de la princesse Marie furent levés, et le traité de mariage signé à Fontainebleau le 26 septembre. Un mois plus tard arrivaient les ambassadeurs polonais, qui firent une entrée pittores-

---

(22) Cf. M.-L. PLOURIN, *Marie de Gonzague,* P., 1946, p. 82.
(23) TALLEMANT, I 585.
(24) ADAM, II 23, précise bien qu'on ne doit surtout pas penser que les personnages figurant dans le *Dictionnaire des Précieuses* aient porté réellement les pseudonymes dont ils y sont affublés.
(25) *Chronique des chapons et des gelinottes du Mans,* publiée par F. Lachèvre, P., 1907, p. 42.

que et fort remarquée ; la cérémonie de mariage eut lieu le 5 novembre au Palais-Royal, et Marie de Gonzague, devenue Louise-Marie, reine de Pologne, quitta Paris le 27 pour entreprendre, en pleine mauvaise saison, le long voyage qui devait la conduire dans son nouveau pays.

Avant son départ, s'il faut ajouter foi au récit de Marolles, elle avait désigné sur sa recommandation Saint-Amant pour une charge de Gentilhomme de la Chambre :

> Elle mit en considération l'estime que je lui avois toujours faite des Vers de M. de Saint Amant, qu'elle avoit oui quelquefois (réciter ?) de ses Poèmes sérieux avec beaucoup de plaisir, et le retint au nombre des Gentilshommes de sa Maison, avec une pension de trois mille livres, qu'elle lui octroïa par Brevet qu'elle en fit expédier exprès (26).

Marolles se donne le beau rôle, mais son intervention fut-elle aussi décisive qu'il veut le faire entendre ? Il prétend, au même endroit, que Voiture lui dut l'honneur de servir la reine comme maître d'hôtel jusqu'à la frontière, mais il se vante très probablement (27). Peut-être s'est-il vanté aussi pour Saint-Amant.

Celui-ci ne perdit pas de temps pour célébrer sa nouvelle protectrice. Il écrivit d'abord un sonnet *Pour la Serenissime Reine de Pologne, devant son Mariage l'An 1645,* type même de l'œuvre de circonstance, où la flatterie le dispute à la banalité. Le dernier tercet mérite néanmoins d'être cité :

> O qu'en ce digne estat ses esprits sont contens !
> Et qu'en elle aujourd'huy, d'une agreable usure,
> Le temps, par sa main propre, est bien payé du temps !
>
> (I 406)

Ces trois vers ne sont ni très clairs, ni très habiles. Ils signifient en effet que, si la princesse a longtemps attendu la bonne fortune qui lui échoit, celle-ci dépasse ce qu'elle aurait pu obtenir auparavant. Ce rappel d'échecs antérieurs, dont certains fort pénibles, n'était pas des plus heureux : le brave Saint-Amant ne fut pas toujours un excellent diplomate !

Le sonnet fut publié en tête d'une plaquette dans laquelle il précède une *Epistre à l'Hyver, sur le voyage de Sa Serenissime Majesté en Pologne* (28). Le poète adresse une requête pressante à l'hiver pour qu'il se montre clément et suspende ses rigueurs, car « une Déesse » va parcourir son empire. La nouvelle reine est

(26) MAROLLES, I 312.
(27) E. MAGNE, *Voiture et l'hôtel de Rambouillet, les années de gloire,* P., 1930, p. 269, écrit « certainement ».
(28) *Bibliographie,* n° 33.

déjà partie, par la route de terre. Toute la cour et tout Paris, partagés entre la joie de voir la fortune lui sourire, et le désespoir de penser qu'on ne la reverra plus sur les rives de la Seine, s'inquiètent de lui voir entreprendre un si pénible voyage. Que l'hiver prenne garde, et qu'il y mette de la bonne volonté ; aux prières succède en effet la menace :

> Ce beau Soleil pour qui ton Roy souspire
> D'un seul rayon destruira ton Empire ;
> Te montrera combien tu luy desplus ;
> Et de l'Hyver on ne parlera plus.   (I 412)

La pièce se termine par l'éloge obligé de la reine, de ses attraits et de ses vertus, et par une dernière requête adressée à l'hiver : qu'il se tienne à l'écart, et ne craigne pas de montrer « la Courtoisie en l'Incivilité ».

Cette rapide analyse risque de trahir une œuvre qui ne manque ni d'ingéniosité, ni de qualités, dans les passages, il faut le dire, où Louise reste au second plan. Saint-Amant, un peu trop glorieusement, rappelle qu'il a déjà célébré la saison en ses vers,

> Vers qu'autrefois en un Passage estrange
> Ma chere Muse a faits à ta loüange ;
> Vers qu'on estime, et qui sans vanité,
> Meritent bien que je sois escouté.   (I 409)

Mais il a évoqué auparavant « l'Hymne du grand Ronsard ». Il est regrettable qu'il n'en ait pas composé un lui-même, développant les quelques passages qui, dans l'épître, contiennent en germe une description de l'hiver. Voici, par exemple, une évocation pittoresque, dans laquelle apparaît le « grand peintre des choses qui tombent sous les sens » que voyait en lui Chapelain :

> Quand tu fais voir ta plus rude vigueur,
> Quand les Forests, sous tes froides bruines,
> De leurs beautez deplorent les ruines ;
> Quand tu transis l'Onde, la Terre et l'Air ;
> Quand le feu mesme, estincelant et clair,
> Fremit, petille, et ne semble qu'à peine
> Se garantir de ta cruelle haleine ;
> Et quand, enfin, tous tes bruyans Suppos
> De l'Univers banissent le repos.   (I 412)

L'année 1645 marque une étape importante dans l'existence de notre poète. Le voilà désormais rassuré ; il peut envisager une vieillesse à l'abri du besoin, si toutefois sa pension lui est payée avec régularité. Mais il a confiance ; il fera d'ailleurs tout ce qu'il faudra pour ne pas se faire oublier, célébrant les événements qui touchent sa protectrice, ne laissant passer aucune occasion de pro-

clamer ses louanges, entretenant avec son secrétaire une correspondance régulière, en attendant de se rendre en personne sur les
bords de la Vistule. Retz, d'Harcourt, Gaston d'Orléans disparaissent de ses vers ; le *Moyse* a enfin trouvé sa dédicataire. On peut
vraiment dire qu'une page est tournée au moment où il aborde
gaillardement sa cinquante-deuxième année.

CHAPITRE XVI

EN ATTENDANT LE DEPART POUR VARSOVIE. COLLIOURE. LA FRONDE (1646-1649)

Les jours coulent maintenant paisibles, occupés à polir les rimes du *Moyse*, dont sans doute quelques passages sont lus ici ou là, chez Chapelain, chez Marolles, à l'hôtel de Liancourt, voire à l'Académie. Saint-Amant ne bouge guère de chez lui, il le dit du moins. Il loge probablement toujours à l'hôtel de Retz, n'ayant nullement rompu ses attaches avec le duc, puisqu'il séjournera encore à Princé en 1648.

Le travail de longue haleine que représente le *Moyse* ne l'empêche pas, le cas échéant, d'écrire au courant de la plume une de ces pièces qui coulent de source, et prouvent que son esprit ne vieillit pas. C'est ainsi qu'en 1646 il compose l'*Epistre à Monsieur le baron de Villarnoul*. Lui-même l'a datée dans une de ces précieuses notes, trop rares à notre gré, qu'il lui arrivait de placer en marge de ses vers. On est en plein été, la chaleur est extrême, l'air brûlant ; pourquoi, seul, Villarnoul montre-t-il tant de froideur ? Pourquoi est-il arrivé à Paris sans être venu voir son ami, sa « chère moitié », car tel est le surnom qu'ils se donnent entre eux, leur « mot d'alliance » ?

Quel était donc l'ami assez intime pour mériter cet affectueux qualificatif, qui se retrouve dans la dédicace manuscrite d'un exemplaire du *Moyse sauvé*, aujourd'hui à la bibliothèque de Niort ? Il se nommait Philippe de Jaucourt, sieur de Villarnoul, et appartenait à une vieille famille de Bourgogne, mais résidait en Poitou (1). Son père, Jean de Jaucourt, avait épousé en 1599 la fille de l'illustre Du Plessis-Mornay. Lui-même était fort attaché à la foi réformée. Un *Mémoire concernant l'Etat du Poitou*, dressé en 1664, le qualifie d' « homme d'esprit et d'érudition, fort sage et fort posé, bon capitaine, qui avait longtemps et fort bien servi... Il est aimé de tout le monde, ajoute-t-il, surtout de la noblesse, peut beaucoup dans sa religion, à laquelle il est un peu trop zélé ; il est fort charitable aux pauvres et surtout aux passants ». Bref, une belle figure, et dont l'amitié honorait Saint-Amant.

Celui-ci le connaissait depuis une dizaine d'années. Il le rap-

---

(1) Cf. HAAG, *France protestante*, VI 46.

pelle dans ces vers, qui, sous une apparence badine, laissent percer la mélancolie de l'homme qui vieillit :

> Et l'on me rend ainsi que l'on me prit :
> Non pas ainsi, non pas, de par le Diable ;
> Dix ans de plus me font moins agreable.   (I 386)

Dix ans, cela reporte à l'été 1636, et l'on en a tiré la conclusion que Villarnoul se trouvait sur le vaisseau du comte d'Harcourt lorsqu'il franchit le détroit de Gibraltar. Conclusion hasardeuse : rien ne prouve que ce nombre soit d'une scrupuleuse exactitude, et nous ignorons les états de service de Philippe de Jaucourt. Saint-Amant a pu le rencontrer à Paris, dans ces milieux réformés qu'il n'a jamais cessé de fréquenter, chez Conrart par exemple, que notre homme venait visiter quand il passait dans la capitale (2). Il était devenu très cher au poète, qui n'a jamais parlé de l'amitié plus délicatement qu'en s'adressant à lui. Durand-Lapie évoquait la prose de Montaigne parlant de La Boétie, et il n'avait pas tort. Le ton, assurément, n'est pas le même; mais la sincérité paraît aussi grande. Saint-Amant apporte un témoignage précieux sur la façon dont il concevait « les saints respects qu'on doit à l'amitié », lorsqu'on « n'ayme point à demy », ainsi qu'il s'en fait gloire. Le vrai ami est incapable de songer même à trahir son ami, de dire le moindre mot contre lui :

> Plustost mourir, tous les Dieux j'en atteste ;
> Plustost me vienne et le Cancre et la Peste
> Que d'un venin emprunté des Serpens,
> On vist ma langue agir à tes despens.   (I 385)

Les qualités physiques ne sont pour rien dans ce sentiment; l'amitié ne repose que sur des qualités morales, dont on est toujours prêt à faire l'éloge :

> Je t'ay fait grand, j'ay relevé ta mine,
> J'ay dit qu'en foy ton ame est une hermine,
> J'ay celebré tes gentilles humeurs,
> Ton bel esprit, ton courage, tes mœurs,
> Et n'ay menty qu'en parlant de ta taille ;
> Le reste est vray : je donneroy bataille
> A coups de poing, voire à coups de Canon,
> Contre l'Enfer s'il me disoit que non.   (ibid.)

Seul un ami constant est digne de ce nom. L'amitié, enfin, de même que l'amour, ne se commande pas, et résiste parfois même aux abandons :

---

(2) Voir les lettres de Conrart à Rivet, publiées par KERVILER et ce BARTHÉLEMY, *Valentin Conrart*, P., 1881, pp. 529, 534, 545.

> Mais, sçais-tu bien si je me reprendray ;
> Et si de moy moy-mesme je voudray ;
> Crois-tu Cruel, que de nos deux Genies
> Dont on voyoit les volontez unies,
> Et dont chacun prisoit l'affection
> J'aille signer la separation ?
> L'esperes-tu ? penses-tu que par force
> Ma loyauté consente à ce divorce ?
> Tu perds ton temps ; non, je n'en feray rien ;
> Et malgré toy je seray tousjours tien.   (I 386)

Saint-Amant cependant feint d'entrer dans le jeu. D'où vient cet inexplicable refroidissement ? Quel crime a-t-il commis pour que son ami l'ait ainsi négligé ? Il a beau s'éplucher, mettre son esprit à la torture, il ne trouve rien. Il faut donc s'en remettre à un tribunal, devant lequel s'expliqueront les deux parties. On y retrouvera, à côté des parents du baron, « nostre effectif, nostre cher Sainct-Laurens », accompagné de ses sœurs et de sa jolie nièce (sur lesquelles je n'ai trouvé aucun renseignement), et ces dames ne seront peut-être pas les moins acharnées contre le pauvre poète, coupable de ne pas leur avoir rendu visite pendant presque une année, et qui mérite bien pour cela de se voir condamné « à ne trinquer de six mois que de l'eau ». En attendant de comparaître, il va du moins esquisser sa défense. Nous apprenons par là-même que son ami était descendu chez Monglas, ce qui n'a rien d'étonnant, puisque celui-ci était protestant. Tallemant, parlant de la maison qu'il tenait rue de Seine, *A la ville de Brisach,* écrit :

> L'hoste et l'hostesse sont huguenots et estoient assez exacts ; c'est une honneste auberge, tout est plein de gens de la Religion là autour (3).

Nous avons déjà rencontré Antoine Harpin, sieur de Monglas, chez lequel Saint-Amant a peut-être logé avant d'avoir un pied-à-terre à l'hôtel de Retz ; il y mourra, huit jours après son hôte, en 1661. On a même prétendu qu'il y habitait dès l'époque où nous sommes (4); il suffit de lire l'*Epistre à Villarnoul* pour être sûr du contraire. Comment pouvais-je prévoir, s'exclame-t-il en effet, que tu débarquerais à Paris ? Et il poursuit :

> Il est bien vray que si quelque bon Ange
> M'eust adverty par un moyen estrange
> Que tu devois arriver chés Monglas...
> J'aurois esté des premiers à sa porte
> Pour t'embrasser ....

---

(3) Tallemant, II 420.
(4) Durand-Lapie, p. 344.

> Et tant s'en faut que dans cette Demeure
> J'eusse manqué de te rendre à toute heure
> Ce que l'Amour exige d'un Amy
> Qui comme moy n'ayme point à demy.   (I 383)

Aurait-il parlé ainsi, s'il avait habité la maison même où logeait Villarnoul ?

La meilleure preuve de ma fidélité, continue-t-il, c'est que j'étais sur le point d'aller te voir en ta province. Faut-il le croire ? Ce n'est pas sûr. Mais cela nous vaut un charmant tableau de la vie qu'y menait Philippe de Jaucourt. Ses goûts, nous dit-on, le portaient vers la retraite et l'étude ; il ne leur faisait violence que s'il s'agissait du service de ses coreligionnaires. Tel est bien le gentilhomme campagnard que nous peint Saint-Amant, partageant son temps entre la culture de ses terres et la lecture des bons livres. Villarnoul n'avait certainement rien d'un libertin ; et pourtant ce que nous lisons de sa calme existence en Poitou a plus d'un trait commun — goût de la solitude et de la philosophie, mépris de la cour — avec ce qui fut l'idéal de ces libertins vers 1625. Combien faut-il être prudent sur ces questions !

Saint-Amant se souvient tout à coup qu'un charme de plus attache désormais Villarnoul à sa maison, en même temps qu'il est la cause de son propre malheur : son ami s'est marié (avec Marguerite de Guéribalde, qui lui donna douze enfants, dont cinq fils); une « moitié » lui a fait oublier l'autre, et, dans son désir de postérité, il n'a pas pensé que le plus capable de lui en assurer une était encore le poète, par les productions de son esprit. Belle occasion d'insérer un magnifique éloge de ses vers (on n'est jamais mieux servi que par soi-même), dont il faut détacher les déclarations suivantes :

> Du sot Vulgaire ils detestent l'erreur ;
> Ils ont sur tout la bassesse en horreur ;
> Pour leur fortune aucun Grand ils ne prient ;
> Ils ne sont point de ces Oiseaux qui crient
> Fay-moy du bien et j'en diray de toy ;
> Tous Gueux qu'ils sont ils ont un cœur de Roy. (I 387)

Ce n'est pas la première fois que nous rencontrons des affirmations de ce genre. Elles vont amener le poète à reprendre un thème bien souvent exploité depuis Pindare ou Horace : l'écrivain seul, par ses œuvres, est capable de conférer l'immortalité :

> Quoy que le Temps toute chose corrompe,
> Mon Villarnoul en mes Vers brillera,
> Tant que la Terre, ou le Ciel tournera,
> Ou que tous deux ils tourneront ensemble.   (I 388)

Il ne serait plus lui-même s'il négligeait cette occasion de rappeler avec quelle attention il s'intéresse aux problèmes scientifiques qui se discutent parmi ses contemporains (5). Il le fait sous une forme plaisante, après avoir déploré qu'ait disparu celui qui, mieux que tout autre, aurait pu l'aider à les résoudre, « nostre cher du Maurier ».

Ce n'est nullement par hasard qu'est nommé ce personnage. Il ne s'agit pas, comme on le dit partout, de Benjamin Aubery, sieur du Maurier, qui fut ambassadeur en Hollande, mais de son troisième fils, Daniel ; né en 1612, aide de camp dans l'armée du duc d'Enghien, il fut tué « dans une aspre meslée », comme l'écrit Saint-Amant, à la bataille de Nordlingen. Il passait pour excellent mathématicien (6). Il était bien normal qu'il fût nommé ici, car son père avait épousé en secondes noces Renée de Jaucourt, la propre tante de Villarnoul.

Durand-Lapie affirmait (7) que l'*Epistre à Villarnoul* fut écrite à la fin de l'été, en septembre. Je crois, au contraire, que le baron vint au mois de juillet. En septembre, Saint-Amant aurait-il eu le cœur de plaisanter comme il le fait ? Il fut en effet frappé d'un deuil cruel au mois d'août, puisqu'il perdit sa mère, Anne Hatif, alors âgée de soixante-seize ans ; elle fut inhumée le 12 au cimetière Saint-Sever (8). Je me refuse à croire que cette disparition ait pu le laisser indifférent. Jamais, sans doute, il n'a parlé de sa mère dans son œuvre ; aurait-il été de son temps s'il l'avait fait ? Nous l'avons vu, par contre, auprès d'elle en certaines circonstances. Et puis, il n'était nullement un monstre ou un insensible ; lui qui venait de si bien parler sur l'amitié devait ressentir aussi fortement l'amour filial, et comprendre l'amour maternel. Il a su d'ailleurs le peindre, dans le personnage de Jocabel, la mère de Moïse, et surtout dans celui de Rébecca. Qu'on relise, dans la *Seconde partie* du *Moyse,* les vers consacrés à l'amour de celle-ci pour Jacob, son préféré, et aux attentions qu'a le fils pour sa mère ; je peux me tromper, mais j'y crois voir une expérience vécue, et non une simple amplification de la courte phrase biblique : « Mais Rébecca aimait Jacob ». Jacob ne revient jamais sans apporter quelque présent à sa mère,

>   Et tout, de cette Mere, avec un doux sousris,
>   Pour l'amour de ses doigts doucement estoit pris.

Elle s'inquiète, à la moindre apparence de danger :

---

(5) Cf. B. S. Ridgely, *Saint-Amant and the « new astronomy »*, Mod. Lang. Rev., LIII, janv. 1958, pp. 26-37.
(6) Haag, *France protestante,* 2ᵉ éd., I 455.
(7) P. 341.
(8) Etat-civil protestant, Registre des Mortuaires, 1643-1659, fᵒ 52.

> Si l'Air se noircissoit dessous le moindre Orage
> Lors que son cher Jacob estoit au Pasturage,
> Il tonnoit dans son ame, et l'obscure vapeur
> Un Spectre du Deluge y formoit à sa peur :
> Si de la moindre épine il avoit quelque atteinte
> Son cœur estoit percé du couteau de la crainte ;
> Et si la fièvre au Lit le tenoit un moment,
> Elle estoit déjà morte, et dans le Monument.   (II 171)

Est-ce là pure rhétorique ? Encore une fois, je ne le pense pas ; notre Antoine, l'aîné, fut peut-être dans une certaine mesure le Jacob d'Anne Hatif !

Quoi qu'il en soit, il était certainement à Rouen pour l'inhumation ; sans doute existait-il aussi certaines questions à régler. Nous ignorons s'il était rentré dans la capitale au début de septembre. A cette époque, c'était un de ses plus vieux amis parisiens qui disparaissait, en la personne de Nicolas Faret, emporté par une fièvre maligne (9). Même si, comme je le crois, les relations entre Saint-Amant et le comte d'Harcourt s'étaient considérablement refroidies, cela n'avait pas dû influer sur celles qu'il entretenait avec son secrétaire, lequel avait d'ailleurs eu, lui aussi, à se plaindre d'un maître trop influençable et qui ne tenait pas toujours ses promesses (10). Il continuait en tout cas à le rencontrer à l'Académie ; et j'aime à supposer qu'il suivait, parmi les représentants de cet illustre corps, le convoi qui conduisit de l'hôtel du comte d'Harcourt, devant les Tuileries, à l'église Saint-Germain-l'Auxerrois, la dépouille du pauvre « Vieux », se remémorant en quels termes le défunt s'était exprimé dans la belle préface qu'il lui avait donnée, en 1629, pour introduire ses Œuvres.

S'il était cependant resté quelques mois à Rouen, ce qui n'a rien d'impossible, il avait pu être témoin de certains faits qui ne pouvaient manquer de l'intéresser. C'est à partir d'octobre ou novembre en effet que s'y déroulèrent les expériences de Pascal sur le vide, dans lesquelles la Verrerie joua son rôle. Une relation envoyée un peu plus tard par le savant Roberval à des Noyers (nous allons retrouver ce dernier) témoigne de la réputation qu'avait acquise cet établissement. Mersenne, n'ayant pu réussir à répéter les expériences de Torricelli, rendit responsables de son échec les verriers parisiens, et finit par écrire à Rouen, à ses amis, car il s'y trouvait, écrit Roberval, une fabrique très renommée de verre et de cristal, « celeberrima vitri et Crystalli officina » (11). Pascal fit une première expérience avec l'ingénieur Pierre Petit, de passage à Rouen. Ils se rendirent ensemble à la Verrerie, pour faire

---

(9) N. M. BERNARDIN, *Hommes et mœurs au XVIIe siècle*, P., 1900, p. 71.
(10) TALLEMANT, II 238.
(11) PASCAL, *Œuvres*, coll. des Grands Ecrivains, II 22.

fabriquer une « sarbatane » de quatre pieds de longueur (12) ; mais il ne semble pas que la première expérience se soit déroulée là. Par contre, il s'en fit d'autres au début de 1647, lesquelles, ainsi que le précise Roberval, eurent lieu dans la cour de l'établissement, car elles furent publiques, et c'était un vaste espace. Il est certain que Saint-Amant, s'il se trouvait à Rouen, ne manqua pas ces expériences. Elles avaient lieu chez lui. Il lui était facile, si ce n'était déjà fait, d'être introduit auprès de Pascal : Vion d'Alibray et Le Pailleur n'étaient-ils pas là pour le cautionner ? Il s'agissait enfin de questions qui l'avaient toujours vivement intéressé, et que peut-être il avait déjà abordées dans ses conversations avec ses amis parisiens.

Pendant tout ce temps, la composition du *Moyse* avançait. En 1647, il en envoya une partie à la reine de Pologne, accompagnée d'un sonnet (I 416). Résignons-nous à le reconnaître, nous ignorons la date exacte de l'envoi, aussi bien que son importance. Le sonnet reparut en tête du poème : mis à part le titre, modifié comme il se doit, les différences étaient purement orthographiques.

En cette même année 1647, Saint-Amant fit un séjour à Collioure, dans le Roussillon, comme il nous l'apprend dans une note de l'*Epistre diversifiée à M. Des Noyers*. Pierre des Noyers, auquel Roberval adressa sa relation, et qui s'intéressait de près aux questions de physique, était secrétaire de la princesse Marie avant son mariage (13), et la suivit en Pologne comme secrétaire des commandements. Ses relations avec le poète, à lire l'épître, sont excellentes, et assez intimes ; il est juste de remarquer que nous avons seulement un son de cloche, et que Saint-Amant avait grand intérêt à cultiver l'amitié d'un homme dont dépendait, pour une bonne part, le paiement régulier de sa pension. Mais les précisions qu'il apporte attestent suffisamment que des Noyers était bien disposé à son égard. En « aymable et franc Amy », il est toujours prêt à intervenir en sa faveur ; il se fait, en quelque sorte, son « impresario » auprès de la reine de Pologne, il lui parle « tous les jours » de ses vers, et d'abord du « grand Moyse à sa gloire dédié ». Surtout, il entretient avec le poète une correspondance régulière, qui montre bien, dit celui-ci, que l'absence n'a nullement altéré l'amitié « perdurable » qu'ils se sont promise au moment où le secrétaire partait à la suite de sa maîtresse : belle occasion pour présenter un émouvant tableau du départ de celle-ci, et prôner le bonheur sans mélange du noble couple qu'elle forme avec son « grand Roy du Nord » (I 418).

Rien, dans l'*Epistre diversifiée*, ne nous fixe sur la durée du séjour de Saint-Amant à Collioure, ni sur les circonstances qui l'y

---

(12) *Ibid.*, p. 332.
(13) Duc d'AUMALE, *op. cit.*, V 421.

ont conduit. Essayons néanmoins d'y voir un peu clair, en nous aidant des événements qui se déroulèrent, à l'époque, dans la Catalogne voisine.

Il est indispensable, avant toute chose, de préciser la chronologie. Le comte d'Harcourt est arrivé en Catalogne en janvier 1645 (14); en mai 1646 il met le siège devant Lérida ; à la fin de novembre, il lève précipitamment ce siège : il a complètement échoué (15). Aussi le duc d'Enghien, devenu tout récemment prince de Condé par la mort de son père (26 décembre 1646), est-il nommé vice-roi à sa place, au mois de février ; dès cette date le lieutenant-général Marchin (ou Marsin) arrive sur place, chargé de prendre le commandement. Condé fait son entrée à Barcelone le 11 avril (16), tandis que d'Harcourt, ayant quitté cette ville quelques jours plus tôt, se présente à la cour pendant la Semaine Sainte (17).

Il ressort de cette série de dates que, si l'on veut à tout prix faire de Saint-Amant, encore à cette époque, une sorte d'homme lige du comte d'Harcourt, et rapprocher son séjour à Collioure de la vice-royauté de celui-ci à Barcelone, il est indispensable de placer son départ au début de l'automne 1646. C'est du reste ce que faisait Durand-Lapie ; il imaginait qu'apprenant devant Lérida la mort de son fidèle Faret, le prince lorrain, très affecté de cette nouvelle, avait mandé sans tarder Saint-Amant — pour pleurer avec lui le défunt, je pense. Pur roman, est-il besoin de le souligner ? mais qui permettait d'expliquer pourquoi d'Harcourt avait attendu si longtemps pour faire venir son poète. Il ajoutait qu'après son cuisant échec, ayant pris les mesures nécessaires à la sécurité du pays, d'Harcourt partit en hâte pour Paris; comptant revenir avec de puissants renforts, il laissa Saint-Amant à Collioure pour l'y attendre (18). C'est ne pas voir que d'Harcourt revint seulement lorsque le prince de Condé eut été désigné pour le remplacer, et que son représentant Marchin fut arrivé. Pourquoi d'autre part, dans cette hypothèse, le poète fût-il resté, comme il le suppose, jusqu'en septembre 1647, attendant six mois pour s'éloigner après l'arrivée de Condé ?

Faudrait-il songer à mettre le voyage en relations avec la mission confiée à celui-ci ? Nous avons vu Saint-Amant se rapprocher de lui, et la seule date que nous ayons, 1647, n'y contredit pas. Mais aucune indication ne permet de penser qu'il ait poussé jusqu'à Barcelone. Quand il brosse un rapide tableau des Catalans, « ces terribles poulets », il songe à ceux du Roussillon : il n'est

---

(14) CHÉRUEL, *op. cit.*, II 72.
(15) *Ibid.*, pp. 301-305.
(16) *Ibid.*, pp. 347-348, et duc d'AUMALE, *op. cit.*, V 140.
(17) Mme de MOTTEVILLE, *Mémoires*, éd. Riaux, I 331. Pâques était cette année-là le 22 avril.
(18) DURAND-LAPIE, p. 362.

aucunement nécessaire de supposer qu'il ait franchi les Pyrénées.
On peut fort légitimement croire qu'il est venu à Collioure autrement qu'en passant, et que ce port était le but de son voyage. Il
paraît bien y faire un séjour d'agrément, quelque chose comme
une « villégiature ». Or il avait une bonne raison pour s'y rendre:
la présence, comme gouverneur, de M. de Tilly.

Pomponne Le Roux, sieur de Tilly, appartenait à une ancienne
famille de Normandie, la famille Roux d'Esneval. De père en fils,
les aînés étaient conseillers au parlement de Rouen, tandis que les
cadets portaient l'épée. De dix ans plus jeune que Saint-Amant,
Pomponne avait fait campagne sur campagne ; quand il mourut en janvier 1656 il était lieutenant-général, et la ville de Rouen
fit alors célébrer pour le repos de son âme un service solennel en
l'église des Célestins (19). Il avait obtenu le gouvernement de Collioure le jour même de la prise de cette ville, en 1642, et, sauf
quand il était à l'armée, il ne cessa pas d'y résider (20). Son frère
le conseiller possédait un beau jardin de plaisance dans le faubourg Saint-Sever (21), et l'on peut imaginer des relations de voisinage avec les Girard.

Saint-Amant parle de lui en termes très chaleureux, puisqu'il
s'exprime ainsi :

> .... cet Illustre que j'ayme
> Jusqu'au degré fraternel et supreme,
> Ce cher Tilly, ce noble Gouverneur...   (I 421)

L'année suivante, dans une lettre qu'il écrivit à M. de Grémonville, cousin — assez éloigné — du gouverneur, il rappelait le souvenir des bons moments passés auprès du « tres cher Monsieur
de Tilly » ; et lorsqu'en 1651 il lui adressa la *Rade*, il le nommait
« cher Frere d'amitié ». Tout cela donne l'impression que le personnage était un ami pour le moins aussi intime que le baron de
Villarnoul. Saint-Amant était tout prêt, il l'affirme, à faire le
voyage du Poitou pour aller visiter ce dernier dans sa gentilhommière ; Collioure est plus loin, certes, mais la distance était-elle
capable de le faire reculer ? Qui sait ? peut-être après les deuils
qui venaient de le frapper, après la mort de sa mère surtout,
a-t-il éprouvé le besoin de se dépayser, en saisissant une occasion
de découvrir une région qui lui était encore inconnue ?

Il en a vivement goûté le pittoresque. On doit s'inscrire en faux
contre l'affirmation qu'il ne se trouvait pas trop satisfait de son
séjour (22). Ses plaintes, car plaintes il y a, effectivement, ne sont

---

(19) *Gazette*, 1656, p. 142.
(20) PINARD, *Chronologie historique militaire*, tome IV, P., 1761, p. 135.
(21) Chanoine FARCY, *Histoire ancienne et moderne de la paroisse Saint-Sever*,
Rouen, 1933, p. 33.
(22) DURAND-LAPIE, p. 355.

nullement sincères. Il déplore son exil en ce pays lointain, alors que des Noyers a le bonheur de vivre dans l'ombre d'une souveraine douée de toutes les qualités : il en eût dit autant s'il se fût trouvé à Paris, à Rome ou à Londres. La façon même dont il décrit ce qui l'entoure est une preuve de l'intérêt qu'il y prend : les Pyrénées avec leur tête couverte de neige, leurs pins et leurs chênesverts, la mer et ses aspects changeants, la curieuse pêche nocturne aux sardines, l'arrivée des galères, tout, jusqu'à la longue description finale d'une belle volière et à l'évocation

> Des doux Muscats, des Figues, des Melons
> Qui font icy la gloire des Valons,

tout indique surabondamment qu'il n'a rien perdu de sa curiosité d'esprit, et qu'il s'est plus à découvrir les aspects grandioses ou imprévus de ce pays. Mais il ne peut se proclamer satisfait, car, ainsi qu'il le dit à peu près, il n'est jamais qu'au milieu d'amis, alors qu'il aimerait se trouver, comme des Noyers, parmi les dieux (I 434).

Il convient de remarquer la place que prend, dans l'ensemble de la pièce, la description d'une galère ; elle en occupe un cinquième, exactement. Ce n'était pas la première fois que Saint-Amant en voyait une de près ; il en avait eu l'occasion en 1633 et en 1636, mais pas dans les mêmes conditions. Il est maintenant l'hôte de Monsieur le Gouverneur ; aussi tient-il à faire connaître à ceux qui les ignoreraient quels sont les honneurs réglementaires, minutieusement prescrits par les instructions navales (23), qui sont rendus à M. de Tilly, et rejaillissent par conséquent sur sa propre personne.

Le passage n'est pas seulement intéressant parce qu'il est descriptif, on l'a déjà souligné : l'attitude de Saint-Amant devant le spectacle de la chiourme mérite aussi notre attention. J'avoue qu'elle me laisse une impression assez mélangée. Il déplore, c'est incontestable, le traitement rigoureux infligé aux malheureux forçats qu'il observe en la galère

> Où dans l'horreur d'un devoir inhumain
> On voit agir et la corde et la main ;
> Où le plus foible abbat le plus robuste ;
> Où la Justice enfin devient injuste,
> Et par l'excés d'un severe tourment
> Fait voir un Crime au lieu d'un Chastiment.   (I 423)

Mais c'est pour en tirer uniquement la conclusion suivante : l'habitude est une chose merveilleuse, qui convertit « l'amertume en douceur ».

---

(23) Cf. par exemple A. E., *Mémoires et documents*, France, 824, f° 155.

> Par ce moyen un homme sous les Chaisnes
> Semble en ce Lieu triomfer de ses gesnes ;
> Bref par cét aide il souffre sans gemir,
> Vit sans manger, travaille sans dormir,
> Rit, chante, jouë, et dans son Banc endure
> Le Vent, le chaud, la pluye, et la froidure,
> Sans que la honte, ou la rigueur du Sort
> Excite en luy le souhait de la Mort. (*ibid.*)

Aussi frappants me paraissent les vers évoquant le repas offert aux visiteurs. On festoie, sans aucun « complexe », en présence des forçats rivés à leurs bancs, et la vue de ces misérables qui regardent avidement les convives se régaler des plats servis sur une nappe blanche ne parvient pas à leur couper l'appétit. Simplement, comme à un chien, on jettera de temps en temps un os à l'un de ces spectateurs involontaires, et affamés :

> Ainsy quelqu'un d'entre l'esclave Trouppe
> Qui nous observe, et jeusne quand on souppe,
> Reçoit quelque os par l'un de nous jetté,
> Et le savoure en grande volupté.   (I 422)

Saint-Amant s'indigne, nous dit-on, « saisi de colère devant l'indifférence de ceux qui jettent machinalement un os aux prisonniers sans comprendre la cruauté de leur conduite » (24) ; et l'on compare ces vers aux plus virulents passages des *Tragiques* de D'Aubigné (25). C'est, je crois, une erreur. Ils n'excluent pas du tout qu'il ait été lui-même un de ceux qui jetaient aux galériens les restes des morceaux dont ils s'étaient régalés. On remarquera qu'à deux reprises il compare les malheureux à des animaux : le « morne Dogue » obtenant quelque chose à ronger, ou nos « bestes domestiques » que l'habitude amène à vivre en bonne intelligence. Ne serait-ce pas un signe que pour lui, comme pour beaucoup de ses contemporains, qui ne possédaient pas notre sensibilité moderne, il ne convenait pas de s'apitoyer outre mesure sur ceux qu'une faute avait conduits en ce sinistre lieu ? Qu'il regrette certaines duretés, c'est certain ; mais c'est un sujet sur lequel il est inutile (et contraire aux bienséances) de longuement s'appesantir, risquant d'indisposer son correspondant :

> C'est trop parlé d'une matiere infame ;
> Et je craindrois de meriter la rame
> Si plus long temps j'entretenois tes yeux
> Sur un Sujet à moy-mesme ennuyeux.   (I 424)

Le dernier vers apporte heureusement un correctif à ce qui semblerait témoigner d'une réelle dureté de cœur : c'est un sujet

---

(24) GOURIER, p. 107.
(25) DURAND-LAPIE, p. 358.

affligeant — tel est en effet le sens qu'il faut donner à l'adjectif ennuyeux. S'il vivait de nos jours, n'en doutons pas, Saint-Amant serait tout prêt à se dévouer pour une cause analogue; en 1647, il ne faut pas lui demander autre chose que quelques paroles de pitié, où je ne suis pas même sûr qu'il faille voir une véritable critique.

Ne quittons pas le bord de la galère sans saluer son capitaine, Chastelus, « un des braves de Malte ». Philipppe de Malbesce, dit Chastelus, gentilhomme de la Marche, était entré dans l'ordre de Malte en 1604 (26). Il commandait en 1636, dans l'escadre de Normandie qui franchit le détroit de Gibraltar, un vaisseau de 200 tonneaux, la *Marguerite* ; c'était donc une ancienne connaissance pour Saint-Amant, et peut-être avons-nous en lui l'une des raisons qui nous ont valu ce long développement, si intéressant à tous égards.

Rien, dans ce que nous avons vu jusqu'à présent de l'épître (près de la moitié cependant), ne justifie l'épithète de *diversifiée* que lui attribue son auteur. Ce dernier écrit en Pologne, il ne peut manquer d'évoquer le couple royal de Varsovie, et, pour le reste, il entretient tout naturellement des Noyers de ses occupations dans un port de la Méditerranée. Mais il va, brusquement, changer de méthode ; après s'être laissé entraîner sur le propos des galères, il s'abandonne maintenant à sa verve, et traite d'un certain nombre de sujets qui, à première vue, n'ont guère de rapports avec son séjour à Collioure, ni entre eux. Cela ne veut pas dire pourtant que la pièce réponde à l'idée du coq-à-l'âne, la satire du XVIe siècle, comme on l'a déclaré ; elle n'a pas grand chose de satirique, n'est nullement obscure, et, s'il est vrai que ses développements touchent à des sujets variés, ils ont chacun une certaine étendue, et sont le plus souvent liés l'un à l'autre.

Une rapide description des Catalans, de leur costume, de leurs mœurs, de leurs « lits infects » et de leur table dépourvue d'attraits, est suivie d'un piquant tableau des « petits maîtres » à la mode : perruques poudrées, miroir et peigne, canons et dentelles, démarche ridicule, chapeaux, pourpoints et rubans, tout y passe, sous le fallacieux prétexte de montrer

> Que peu de chose au Monde est à reprendre,
> Et que l'usage en chaque Nation
> Porte avec soy son Approbation.   (I 425)

Voilà pourquoi, lorsque sa bonne fortune aura mené le poète jusqu'à la Vistule, lui-même se vêtira « en fier Sarmate », suivant en tout « la Polonaise mode », et se fera nommer « le gros Saint-Amansky ».

---

(26) VERTOT, *Histoire des Chevaliers Hospitaliers...*, éd. cit., VII 125.

Devant cette alléchante perspective, il attend avec impatience le signal qui l'appellera là-bas. Alors il volera jusqu'à Paris, et se rendra chez le « rare Abbé » qui, comme lui, pleure l'absence de Louise-Marie — son ami Marolles, l'abbé de Villeloin. Puis, sans tarder, il ira voir « la Nymphe d'Issy », qui lui parlera de la Pologne, et lui montrera la dernière lettre arrivée de là-bas.

Cette « aimable Nymphe » est facile à identifier : c'est Mme de Choisy, Jeanne Hurault de l'Hospital, amie de cœur de la reine de Pologne ; depuis que celle-ci s'était éloignée de France, une correspondance régulière s'était établie entre les deux femmes. Son beau-père, Jean de Choisy, qui mourut en 1652 à plus de quatre-vingt-dix ans, avait acheté en 1622 l'ancienne maison de plaisance de la reine Marguerite, connue sous le nom du Petit Olympe d'Issy (27), dont l'avocat Bouteroue donna, en 1609, une description enthousiaste (28). Le vieillard, impotent, nous assure Saint-Amant, qui parle de lui sous le nom de Lisis, y vivait alors retiré. Après que le poète aura été saluer Mme de Choisy dans sa demeure parisienne, l'hôtel de Blainville, près de Saint-Germain-l'Auxerrois (29), celle-ci le conduira, dans un carrosse à six chevaux, en sa maison des champs. Saint-Amant lui attribue toutes les perfections, vante sa sagesse et sa vertu. Cela s'accorde avec le portrait qu'en trace Tallemant (30), et dont il ressort qu'elle avait beaucoup d'esprit, le don de répartie, de la gaîté, une extrême franchise de langage, poussée parfois jusqu'à l'impertinence ; mais « on trouve tout bon d'elle ». Ajoutons qu'elle était sérieuse ; en tout cas, « on n'en a jamais mesdit ». Saint-Amant a été séduit, comme les autres.

Il connaissait certainement déjà le chemin d'Issy. Il en parle même, je crois, dans une autre pièce, le *Sonnet sur la moisson d'un lieu proche de Paris,* qui commence ainsi :

> Plaisirs d'un noble Amy qui sçait cherir ma Veine ;
> Meslanges gracieux de prez et de guerets ;
> Rustique Amphitheatre, où de sombres forests
> S'eslevent chef-sur-chef pour voir couler la Seine... (I 415)

Il semble que nous avons là comme un écho d'une strophe de Bouteroue, qui écrit :

> D'un costé le fleuve de Seine,
> Roy des rivieres et des eaux,
> Borde les champs de cette plaine
> De prés, de saules et roseaux...,

---

(27) Cf. J. Naud, *Le Château d'Issy et ses hôtes,* P., 1928, p. 55 ; cet ouvrage ne cite pas Saint-Amant parmi les hôtes d'Issy.
(28) Reproduite par E. Tricotel, *Variétés bibliographiques,* P., 1863, pp. 158 sqq.
(29) Tallemant, II 402.
(30) Tallemant, II 399-402.

et, un peu plus loin, ce qui rappelle le « rustique amphithéatre » de notre poète :

> Ce jardin d'une douce pente,
> Peu à peu s'en va devallant (31).

Ce n'est pas une certitude, assurément, mais au moins une probabilité. Le « noble Amy » serait sans doute alors Jean de Choisy le fils, personnage assez remarquable, « plume habile, homme d'expérience et de bon conseil » (32).

J'ai laissé de côté, dans ce qui précède, une question qui touche à la Catalogne, et dont il faut bien dire un mot. Saint-Amant est-il l'auteur d'une méchante chanson sur la levée du siège de Lérida, qui se trouve, sous des formes extrêmement variées, dans un certain nombre de manuscrits, et lui est parfois attribuée ? Livet, en la publiant d'après un recueil aujourd'hui disparu, puisqu'il était à la bibliothèque du Louvre, ne le faisait qu'avec d'expresses réserves ; sa prudence n'a malheureusement pas toujours été imitée. Car plus d'un argument s'oppose à cette attribution. Le texte même de la note que reproduit Livet est éminemment suspect. « C'est Saint-Amant, ce poète que M. le prince de Condé fit assassiner sur le Pont-Neuf », y lit-on. Il est bien inutile d'insister. De plus, la chanson se trouve reproduite dans un des manuscrits de Tallemant des Réaux, et sans attribution (33) : si vraiment Saint-Amant en était l'auteur, Tallemant n'aurait pas manqué de le mentionner. Notons que le duc d'Aumale, citant un des couplets, écrit en note : « Vaudeville attribué à Voiture » (34), mais il n'indique pas sa source ; s'il s'agit d'un manuscrit contemporain, on pourrait en tirer un argument supplémentaire.

Il faut aussi penser que les couplets satiriques lancés contre le prince de Condé, et qui furent nombreux, prirent naissance à Paris dès la levée du siège, à la fin de juin 1647 (35) ; or, à cette époque, Saint-Amant était vraisemblablement encore à Collioure. Enfin, et ce n'est pas à mes yeux le moindre argument, comment notre poète, alors inféodé à la reine de Pologne, grande amie de Condé, aurait-il osé l'attaquer de la sorte, au risque de déplaire à sa protectrice ? La maladresse et l'imprudence auraient été de taille. N'insistons pas davantage, et rayons définitivement ces quelques strophes des œuvres de Saint-Amant.

Nous ignorons à quelle date il quitta Collioure. Il est possible qu'il se soit rendu directement à Princé, pour rejoindre le duc

---

(31) *Loc. cit.*, pp. 159 et 161.
(32) Duc d'AUMALE, *op. cit.*, IV 12.
(33) Bibl. de la Rochelle, ms. 672, f° 138 v°. J'en dois la copie à l'obligeance de Mlle de Saint-Affrique, Conservateur de la bibliothèque.
(34) *Op. cit.*, V 163.
(35) CHÉRUEL, *op. cit.*, II 356-358.

de Retz, auprès duquel il se trouvait au printemps de 1648. Le
1ᵉʳ avril, il écrivit de là à un important personnage, Nicolas Bretel, sieur de Grémonville, ambassadeur à Venise, et sa lettre nous
a été conservée (36). J'ignore où se trouve actuellement l'original,
particulièrement précieux, puisque c'est la seule lettre autographe
de Saint-Amant qui ait jamais été signalée. Compatriote de Saint-
Amant, étant né à Rouen en 1608, Grémonville avait occupé
durant quelques années les fonctions d'intendant ; entre autres missions, il avait en cette qualité suivi le comte d'Harcourt en Piémont. Au moment où le poète lui écrivait, il était rentré en France,
ayant demandé son congé au milieu de 1647 (37). Saint-Amant le
connaissait personnellement : « Vous me faites tousjours la grace
de m'aymer », lui écrit-il. Nicolas Bretel était cousin de M. de
Tilly; nous nous trouvons là dans un milieu de Rouennais, sur
lequel par malheur nous sommes mal renseignés ; les relations des
Girard devaient y être plus étendues que nous ne le soupçonnons.

Le poète envoie sa lettre à Grémonville afin de le remercier
de lui avoir annoncé une triste nouvelle, la mort de son frère Salomon. Salomon combattait à Candie aux côtés de Jacques Bretel,
frère cadet de Nicolas, qui conduisait, comme colonel de cavalerie, les troupes envoyées par les Vénitiens. Survenant peu de
temps après la disparition d'Anne Hatif, celle de Salomon fut
sans aucun doute particulièrement pénible au poète, resté toujours en excellents termes avec lui. Petit à petit le vide se faisait
autour de lui, puisque, de toute sa famille, il ne restait plus que
sa sœur, Anne, et ses neveux...

Il apparaît que le poète attendait de Nicolas Bretel certains
services, car il lui écrit :

> Pour ce qui est de mes petits interests, dont je n'espere rien
> sans vostre assistance, je remets à vous en parler quand je seray
> à Paris, et m'asseure Monsieur que vous ne m'y desnierez pas
> vostre faveur, ny vostre credit, et que vous me pardonnerez bien
> la liberté dont j'en use avecques vous.   (II 491)

Je suppose que ces « petits intérêts » étaient en relations avec
la mort de Salomon, et qu'il s'agissait de comptes à régler par la
Sérénissime République ; l'ambassadeur pouvait y avoir gardé
d'utiles relations. Dans la suite de sa lettre, Saint-Amant annonçait sa visite pour la fin du mois, et promettait d'apporter son
Moyse, qu'il était en train d'achever dans le calme de Princé ; il
eut sans doute le temps de le faire, mais son correspondant fut-il
à même de lui rendre les services qu'il attendait de lui ? Quelques
mois plus tard, le 26 novembre, Nicolas Bretel mourait prématurément, ayant à peine dépassé la quarantaine.

---

(36) Publiée par Chéruel en 1847, dans la Revue de Rouen, elle est reproduite,
avec les notes de celui-ci, par Livet.
(37) Cf. sur lui M. PRÉVOST, *Dict. de biogr. franç.,* VII 234.

S'il ne changea pas d'avis, Saint-Amant rentra donc à Paris à la fin du mois d'avril 1648. Peu de jours après, le 13 mai, le Parlement rendit son fameux Arrêt d'union ; et le 30 juin, après quelques semaines de conflit, la régente accepta, bien à contre-cœur, que les quatre compagnies s'assemblassent pour délibérer en commun : c'était le début de la Fronde (38).

Quels furent, en cette crise, les sentiments et l'attitude de Saint-Amant ? Il est difficile de s'en faire une idée exacte. Les événements ne le laissèrent certainement pas indifférent : la preuve en est qu'il leur consacra un ensemble de pièces non négligeable. Mais, en fin de compte, pouvons-nous déterminer de quel côté il pencha ?

Il semble qu'il ait vu, au moins dans les premiers temps, l'action du Parlement avec une certaine faveur. Il ne faut point comparer, écrit-il dans un sonnet *Sur les mouvemens de Paris,* probablement pendant le séjour de la cour à Rueil, en septembre ou octobre, « les troubles de la Seine à ceux de la Tamise », idée qui du reste ne lui est pas particulière : les Frondeurs surtout s'attachent à rejeter toute comparaison entre leur action et celle des rebelles anglais (39). En Angleterre, l'orgueil est à l'origine de tout, en France, c'est la raison. La Tamise

> est un fleuve brutal, qui sans cause mugit,
> Mais l'autre avec raison murmure en voix humaine.

D'ailleurs, ajoute-t-il,

> Paris ayme le Roy, Paris ayme la Reyne :
> Son auguste Senat pour leur bien le regit. (I 438)

Il ne faut pas s'imaginer que puissent ressusciter les désordres du siècle précédent. Le Parlement ne fait que défendre ses droits, et, pour cela, use de modération et de prudence. Il est dommage seulement (c'est le sonnet *A Monsieur l'abbé de Villeloin* qui le dit) de voir s'effectuer tant de changements

> Sans qu'il arrive enfin quelque vicissitude
> Favorable aux besoins des grands Forgeurs de Vers. (I 463)

De ce dernier sonnet, on a voulu tirer autre chose, une critique de la politique de Mazarin, qui y serait qualifiée de «perverse» (40) ; en fait, la critique irait même plus loin, car Saint-Amant parle de « ce regne pervers ». Aurait-il été imprudent à ce point ? Il vaut la peine de relire le contexte, et de citer intégralement le premier quatrain, que termine le vers incriminé :

_____

(38) P. G. LORRIS, *La Fronde,* P., 1961, p. 40.
(39) ASCOLI, *op. cit.,* I 96.
(40) DURAND-LAPIE, p. 374.

> Rare et fameux Abbé, qui sur tout l'Univers
> Avec un soin moral exerces ton estude,
> Et dont l'Ame heroïque, et la franche habitude
> Reparent les deffauts de ce regne pervers...

Aucun doute possible : le « regne pervers », c'est l'univers tout entier, sur lequel s'exerce la réflexion de l'abbé de Villeloin. Michel de Marolles vit retiré dans son logis du faubourg Saint-Germain, tout entier livré à l'étude (41) ; il traduit Virgile et le *Nouveau Testament*, et se tient certainement à l'écart des luttes politiques, en ces temps qu'il juge « calamiteux » (42). C'est au moraliste uniquement que s'adresse Saint-Amant.

Dans la nuit du 5 au 6 janvier 1649, le jeune roi et la régente sortent furtivement de la capitale pour s'installer à Saint-Germain, et le blocus de Paris est décidé. A son corps défendant, Saint-Amant se trouve pris au piège, n'ayant pas prévu les événements. S'il avait su, déclare-t-il dans une strophe des *Nobles Triolets*, il serait parti bien loin :

> Si j'avois esté bon Devin
> J'eusse bien-tost plié bagage ;
> Je humerois l'Air Poitevin
> Si j'avois esté bon Devin.   (I 448)

Où serait-il allé, et chez qui ? Si « l'air poitevin » doit être vraiment pris au pied de la lettre, et n'est pas là surtout pour la rime, on pense à Villarnoul et à sa gentilhommière. Mais, somme toute, le duché de Retz jouxte le Poitou, et c'est plutôt à Machecoul qu'il aurait été se réfugier. L'important, du reste, est de savoir qu'il aurait préféré rester à l'écart, et laisser les deux partis se débrouiller sans lui. Du moins, il le dit ; mais est-il vraiment sincère dans ses déclarations ?

Pendant le siège de Paris, il a composé au moins deux pièces, d'importance très inégale : un sonnet *A Monsieur de Bruslon-Deageant*, et les *Nobles Triolets*, dont quelques vers viennent d'être cités. Jean Deageant, sieur de Bruslon, fils de Gaspard Deageant, était un ami de Claude de Chaulnes (43) ; il mourut peu après la composition du sonnet qui lui était adressé, en 1650, et sa mort affecta Marolles, qui le qualifie d' « homme de savoir et d'agréable conversation », ayant « un grand goût pour les lettres » (44). Du sonnet, nous retiendrons que Saint-Amant passa une partie au moins du siège à la chambre, sinon au lit, probablement à la *Ville de Brisach* chez les Monglas, puisqu'on voit apparaître son hôte

---

(41) Abbé BOSSEBŒUF, *Michel de Marolles*, Tours, 1912, p. 111.
(42) MAROLLES, I 326.
(43) LACHÈVRE, *Les Derniers Libertins*, P., 1924, p. 288.
(44) MAROLLES, I 353.

et sa femme dans une strophe des *Nobles Triolets*. Il souffrait d'un mal dont il se plaint en ces termes :

> ...je languis d'un mal qui l'os me cauterise,
> Et pourrois triompher aux Portes d'une Eglise,
> Montrant en pauvre Diable une Jambe-de-Dieu.   (I 464)

Une *jambe de Dieu*, terme de l'argot des gueux, c'est une jambe gangrenée, ou rongée de fistules (45). Dans le *Poète crotté* déjà Saint-Amant avait fait mention du « feu Sainct-Antoine » qui flambait en sa jambe ; à près de vingt années de distance, il ressent une seconde atteinte du même mal. S'agirait-il d'une ostéomyélite, dont les résurgences à intervalles éloignés sont classiques ? Le voilà contraint de renoncer à toute activité, réduit à une « neutralité » forcée, écrit-il ailleurs, dans la ville en état de siège où règne une activité fiévreuse. Aurait-il, sans cela, tenu sa partie dans le concert ? Il semble vouloir l'insinuer, quand il écrit: « Encor si j'estois sain je prendrois quelque Espieu », mais avons-nous le droit de prendre au sérieux cette déclaration ? A supposer que ses sentiments frondeurs fussent réels, aurait-il laissé imprimer juste avant le retour de la cour à Paris ce vers qui risquait d'indisposer le pouvoir à son égard ? A moins que nous n'en trouvions confirmation par ailleurs, il est légitime de ne voir dans ces mots qu'une boutade, soulignée peut-être par le mot épieu, qui désigne, suivant le *Dictionnaire* de Richelet, une sorte d'arme hors d'usage, bonne tout au plus pour la chasse au sanglier.

Les *Nobles Triolets* sont une pièce importante, comptant soixante-quatre strophes. Ce fut une mode que d'en composer, durant la Fronde. Ceux de Saint-Amant ne sont pas antérieurs au mois de mars, sous leur forme complète en tout cas, puisque toute la fin roule sur les négociations en cours à Saint-Germain. Il avait eu plus d'un devancier : les *Triolets de la cour*, auxquels collabora Scarron, écrits probablement avant le 15 janvier, commencent par ces deux vers :

> Ça, ça ! faisons des Triolets
> Puisqu'aussi bien c'en est la mode (46).

Les triolets s'étalent sur près de trois cent cinquante pages dans un des volumes du *Chansonnier Maurepas* (47). Saint-Amant lui-même fait l'éloge de « ceux d'Albiran », qui l'ont distrait de son ennui ; Albiran, à une lettre près, c'est l'anagramme d'Alibray : mais je ne connais pas de triolets de cet auteur, et le nom doit être

---

(45) Cf. HUGUET, v° Dieu.
(46) SCARRON, *Poésies diverses*, éd. cit., I 421.
(47) Tome XXII, B. N. fr. 12637, f°ˢ 221-366 et f°ˢ 380-407.

purement de fantaisie. Les *Nobles Triolets* sont précédés d'un avis *Au lecteur,* dont les dernières lignes sont bien intéressantes :

> Au reste, dans cette Histoire Trioletique, de ce qui s'est passé à Paris, durant ces Mouvemens, où l'indisposition m'avoit reduit à une Neutralité forcée ; tantost c'est moy qui parle : tantost c'est le tiers et le quart : tantost c'est le Bourgeois qui dit de bons mots à sa mode : tantost il y a quelque suitte : et tantost il n'y en a point du tout. Que si, contre mon dessein, il s'y estoit glissé quelque heresie d'Estat, je la desavouë ; je suis tout prest de m'en retracter ; et me sousmets ingenument à la censure de ceux qui en sont les justes et veritables Correcteurs.   (I 442)

Nous voilà dûment avertis : le poète ne prend pas à son compte (tout au moins il ne veut surtout pas qu'on le pense) tout le contenu de ses vers. Bien mieux, il acceptera de chanter la palinodie, sans discuter, pour peu qu'il y soit invité, et paraît presque insinuer qu'il n'est pas trop ferré sur ces matières, et qu'il ne faudrait vraiment pas lui en vouloir s'il s'était trompé. Prudence normande, qui en dit long, mais rend particulièrement délicate la recherche de sa véritable pensée.

Du texte lui-même, je laisserai de côté presque tout ce qui a trait à la vie quotidienne dans la ville assiégée, où les difficultés du ravitaillement tiennent une place considérable. Quelques strophes méritent un peu plus d'attention. Certaines d'entre elles, à la lecture, donnent l'impression d'être écrites par un vrai Frondeur. Il déplore le trépas de « nos bons Soudars », préjudiciable, ajoute-t-il, à « nostre Party » ; il se réjouit en constatant que

> Les braves Normans sont pour nous,   (I 455)

ou que

> Tous les grans Semeurs de billets
> Ont mal espandu leur semence.   (I 458)

Car il ne s'agit pas, comme le voulait Livet, de billets contre le cardinal Mazarin, mais de libelles en sa faveur qu'il faisait répandre dans Paris ; le chevalier de La Vallette avait été arrêté, et maltraité, pour en avoir semé dans les rues la nuit du 11 au 12 février (48). Cependant, il nous a prévenus qu'il lui arrivait de faire parler le tiers ou le quart. Ne serait-ce pas justement ce qu'il fait ici ? Qu'on regarde, par exemple, le premier de ces passages. Après avoir écrit :

> Par la mort de nos bons Soudars
> Nostre Party souffre une injure ;

---

(48) Retz, *Mémoires,* éd. Mongrédien, I 212.

> Nous replions nos Estendars
> Par la mort de nos bons Soudars, (I 451)

Saint-Amant consacre une strophe à la mort du marquis de Clanleu, ce qui n'a rien d'étonnant, puisqu'il commandait pour le Parlement la garnison de Charenton ; mais, comme pour faire équilibre, la strophe suivante rappelle la seconde victime de marque de ce combat du 8 février, mais du parti royal cette fois, le duc de Châtillon :

> La fin du brave Chastillon
> A mon grand regret nous en paye...

Et, comme si ce n'était pas suffisant, il lui faut encore une strophe pour commenter les pleurs de la belle veuve, Isabelle-Angélique de Montmorency.

Ne nous hâtons pas cependant de conclure qu'il veut à tout prix tenir la balance égale, et que dans la réalité il n'a pas choisi, se contentant de blâmer impartialement les fautes et les excès des deux partis. Il est évident qu'il ne pouvait s'exprimer avec la même liberté qu'un de ces pamphlétaires qui, soigneusement dissimulés par leur anonymat, ne risquaient pratiquement pas grand chose, et conservaient toujours la ressource de désavouer hautement les écrits qu'on leur attribuait. Puisque Saint-Amant avoue ses vers, ces précautions constituent le seul moyen de se ménager une éventuelle échappatoire. Mais cela n'empêche pas, je crois, qu'il laisse par endroit découvrir ses véritables sentiments.

On ne trouvera pas sous sa plume d'attaque, même déguisée, contre le cardinal Mazarin. Il est possible cependant qu'il ait laissé entrevoir une hostilité envers lui, mais dans une pièce postérieure d'un an, et publiée en 1658 seulement, la *Polonoise*. Encore serait-elle si discrètement exprimée qu'il aurait été facile au poète de se défendre. Parlant de la Pologne, il s'exprime ainsi :

> Cerés avec majesté
> En ces Plaines luit l'Esté :
> On n'y voit nulle eminence
> Comme on voit en d'autres lieux ;
> Cela me charme, et je pense
> Qu'on en peut dire tant-mieux. (II 28)

Peut-être a-t-il voulu jouer là sur le mot « éminence » : il me semble que la strophe se comprendrait beaucoup mieux dans ce cas. Il est évident toutefois que cela restera toujours une simple hypothèse. Saint-Amant n'est pas un violent, et ne tient nullement à couper les ponts — mais peut-être le regrette-t-il au fond. On peut se demander en effet si les deux vers :

> Je suis sage en despit de moy
> Au beau milieu de ma folie,   (I 453)

ne seraient pas à double entente, et s'il ne songe pas à une
« sagesse » qui ne lui permet pas de dévoiler le fond de sa pensée,
en même temps qu'il se reproche, ainsi qu'il le dit dans la strophe
précédente, de « pécher contre ses règles » en écrivant des vers
qui « sentent le grave Autheur ».

Ceux qu'il consacre au Coadjuteur sont très révélateurs. Voici
ce qu'il dit du prélat chez lequel il fréquente depuis un certain
nombre d'années :

> Qu'un chascun l'imite en ses pas
> Le digne Prelat de Corinthe ;
> Bien que chez luy, plus de Repas,
> Qu'un chascun l'imite en ses pas ;
> Son fil ne nous manquera pas
> Pour sortir de ce Labyrinthe... (I 453)

Parle-t-il en son propre nom, ou ne fait-il que rapporter les
propos des « bourgeois » ? Par chance, il nous a cette fois, sauf
erreur, livré la clef de l'énigme. Le lecteur non prévenu se pose
une question : que viennent donc faire les repas mentionnés dans
le troisième vers ? Tout s'éclaire si l'on se souvient que le poète a
eu, au moins épisodiquement, sa place à la table du Coadjuteur,
où l'a rencontré Tallemant. Ces repas ne sont plus maintenant qu'un
souvenir, mais leur rappel est un indice : Saint-Amant prend à son
propre compte ce qu'il écrit là. Retz est le guide qu'il convient de
suivre, lui seul saura trouver le moyen de sortir d'une situation
inextricable.

Mais, objectera-t-on, il fait montre en plus d'un passage de
sentiments fort éloignés de ceux de Gondi. Il traite de « faux
Draule » le courrier espagnol qui s'est présenté le 19 février devant
le Parlement, et constate avec tristesse comment

> Aux bons François des deux costez
> La propre Palme est une Ortie.   (I 458)

Il se demande ce que diront les étrangers « de nostre horrible
tripotage » (I 451), et supplie le Parlement de donner suite aux
ouvertures de paix. Au contraire, Gondi fit tout son possible pour
retarder les négociations, en attendant l'arrivée de secours espagnols (49). Mais il était habile à cacher son jeu. Saint-Amant,
comme d'autres, a pu s'y laisser tromper. Relisons d'ailleurs un
libelle dont l'origine frondeuse ne fait aucun doute, les *Triolets du
temps* : les mêmes idées y sont exprimées, sous une forme qui
n'est pas tellement éloignée :

---

(49) Cf. P.-G. LORRIS, *Le Cardinal de Retz*, P., 1956, p. 80.

> Des François contre des François !
> O cieux ! l'abominable rage !
> L'Espagnol rit bien cette fois (50),

y lisons-nous par exemple ; et, un peu plus loin :

> Il n'aura pas ce qu'il pretend,
> L'Espagnol qui cherche ses villes ;
> C'est en vain qu'il est si content,
> Il n'aura pas ce qu'il pretend (51).

L'auteur de ces triolets annonce aussi la paix, qu'il appelle de tous ses vœux :

> Courage ! l'accord s'en va fait,
> Je viens de l'apprendre des astres.
> François, tout nous vient à souhait ;
> Courage ! l'accord s'en va fait.
> Vous en verrez bientost l'effet
> Par la fin de tous nos desastres (52).

Il est vrai, et c'est là que les deux pièces se séparent, cette paix se présentera comme une victoire du Parlement, elle aura pour corollaires le départ de Mazarin et la ruine de sa famille, tandis que seront glorifiés Conty, Longueville, Beaufort et tutti quanti. D'autre part, si les *Triolets du temps* se bornent à applaudir au prochain retour du roi, Saint-Amant va beaucoup plus loin, en proclamant qu'il reviendra en maître :

> Autant qu'un autre en sa Maison,
> Lovys en la sienne doit estre :
> Il veut Paris, il a raison,

écrit-il, ajoutant ce vers que j'ai déjà cité : « Il faut que le Roy soit le Maistre » (I 459). Puisque « Saint-Germain parle doucement », le Parlement doit s'incliner, et les Parisiens se rendre à ce roi qu'ils adorent, sinon leur situation ne fera qu'empirer. En fin de compte, la pensée profonde du poète me semble s'exprimer en ces deux vers :

> Les bons Frondeurs sont bien traitez.

et, dans la strophe suivante :

> Adieu le fol Avanturier.   (I 461)

---

(50) V. H. L., V 17.
(51) *Ibid.*, p. 22.
(52) *Ibid.*

Si la Fronde était légitime aussi longtemps qu'elle restait cantonnée dans certaines limites, il serait criminel de la prolonger, le pouvoir royal se montrant conciliant; il ne faut pas écouter ceux qui voudraient entraîner Paris dans une aventure sans issue, lourde de conséquences fâcheuses. Ces sentiments modérés expliquent certaines strophes à propos des libelles et des chansons du Pont-Neuf. Paris, dit le poète, souffre pour « maintenir sa liberté », et, ajoute-t-il,

> Et respectant la Majesté
> A sa bouche il lasche les resnes.

Mais on ne doit pas s'en formaliser, c'est un exutoire qui empêche des maux cent fois pires :

> Par ce juste et sage moyen
> Aux Masaniels on fait la nique.　　(I 456)

On évite donc les mouvements populaires et les émeutes, comme ceux dont Masaniello avait été le promoteur à Naples en 1647 ; on évite aussi que les événements ne prennent la tournure tragique qu'ils viennent de connaître en Angleterre.

Il est fort possible que les nouvelles de ce pays aient amené Saint-Amant à voir les choses dans une perspective différente. La mort de Charles Ier, décapité le 9 février, fut connue à Paris une dizaine de jours plus tard ; le fait que le poète lui ait consacré trois sonnets montre quelle impression elle a faite sur son esprit. Connaissant l'*Albion*, et les strophes qui y sont consacrées aux souverains britanniques, nous ne saurions nous en étonner. Mais nous sommes sensibles à la vigueur de son indignation, à l'éloquence de ses protestations, à la sincérité qui se dégage de ses vers éloquents, par exemple dans ce tercet terminant le deuxième sonnet :

> Ne pardonnez à rien ; il n'est point d'innocent,
> Il n'est point de cœur juste en toute l'Angleterre :
> On commet le Peché lors que l'on y consent,　　(I 440)

dont l'écho aurait pu trouver son application dans des temps beaucoup plus proches de nous. Sous l'outrance des termes, qui choque, il faut le dire, se cache un sentiment profond. Saint-Amant est monarchiste dans l'âme ; il voit bien autre chose dans la mort de Charles Ier qu'un « vulgaire assassinat », comme on l'a écrit (53) ; c'est un défi lancé à toute royauté, une chose incroyable : « Un Roy

---

(53) ADAM, II 65.

se voir jugé par ses propres Sujets ! » La raison humaine est impuissante à le comprendre :

> Mon Esprit suspendu se confond en ce lieu ;
> Et toute la raison que tu m'en sçaurois rendre
> C'est qu'on ne peut sonder les Abysmes de Dieu.   (I 439)

Ce n'est pas seulement une « horreur », une « atrocité », mais une « impiété » qui ne peut rester impunie. Le grand coupable, Fairfax, qui, suivant une tradition peu authentique, mais combien frappante, n'aurait pas hésité à remplir lui-même l'office de bourreau, masqué, bien entendu (54), devrait être le premier frappé ; s'il est encore de ce monde, c'est qu'il inspire à Pluton lui-même une salutaire frayeur, car il serait capable de transformer en république le royaume des Enfers : voilà du moins ce que prétend l'*Epigramme endiablée* qui lui est consacrée (55).

Tout cela ne donne-t-il pas à réfléchir aux Français loyaux, même quand ils rejetaient, quelques mois plus tôt, toute comparaison entre les affaires d'Angleterre et celles de leur pays ? Un Fairfax ne risque-t-il pas à la longue, si les troubles continuent, de se dresser parmi les opposants ? Il est donc urgent de faire la paix, et de recevoir le roi dans sa bonne ville de Paris, aux applaudissements de tous ceux qui ne veulent pas assister au triomphe des extrémistes.

De ce qui précède, il ressortira, je l'espère, que l'on n'a pas le droit d'accuser Saint-Amant de n'avoir été sensible, durant ces quelques mois, qu'aux difficultés du ravitaillement. Il serait injuste, une fois de plus, de le juger superficiellement sur certaines apparences. N'allons pas chercher dans les *Nobles Triolets* de profondes pensées et de graves développements qu'il n'a pas voulu y mettre ; mais ne négligeons pas pour autant les indices, nombreux en fin de compte, qui nous montrent qu'il a réfléchi sur la situation politique ; en toute connaissance de cause il s'est arrêté à une position de sagesse et de bon sens, qu'il a masquée sous la forme qui lui était habituelle, où la plaisanterie ne perd pas ses droits. Il est indispensable, écrit-il dans son avis *Au lecteur,* qu'il y ait dans les triolets « gentillesse et esprit » ; ces qualités, précisément, font passer les choses plus sérieuses, mais elles ne peuvent les faire oublier.

Ne laissons pas les *Nobles Triolets* sans relever quelques précieuses indications que nous donne Saint-Amant sur lui-même. Il a durant le siège de Paris un laquais, qui apprécie les libelles et

---

(54) Ascoli, *op. cit.,* I 74.
(55) S'il connut l'épigramme, Fairfax se montra beau joueur, puisqu'il traduisit plus tard quelques vers de la *Solitude* (cf. G. Woledge, *Saint-Amand, Fairfax and Marwell,* Mod. Language Review, XXV, 1930, p. 481).

les chansons (I 455) — c'est sans doute le même que le valet
« nommé Bidon », apprenti-poète sans succès, héros d'une épigramme (II 52) —, et deux chevaux au moins, que le manque de
foin, de paille et d'avoine fait cruellement souffrir (I 446). Si le
Rondeau couppé qui se trouve à la fin du recueil de 1649 présente
la stricte réalité, il semble que ces privations aient été fatales à
l'un des pauvres animaux (I 475). Ces détails nous assurent que le
poète se trouvait, à cette époque de son existence, dans une situation matérielle confortable.

Signalons, pour terminer, une strophe très énigmatique. La
voici :

> Pour m'eriger en Amiral,
> J'entends en Amiral d'Eau-douce,
> L'ordre a bien esté liberal
> Pour m'eriger en Amiral ;
> J'en rendrois grace au General,
> Mais on n'a pas joüé du pouce (56),
> Pour m'eriger en Amiral,
> J'entens en Amiral d'Eau-douce.   (I 450)

Faut-il essayer d'en tirer quelque indication ? Se vit-il confier par
le Parlement (ou par Conty, généralissime des troupes parisiennes)
une fonction, honorable, mais mal rétribuée, ou gratuite, ayant
trait à la navigation sur la Seine ? Cela s'accorderait bien mal avec
la « neutralité forcée » à laquelle, nous dit-il, l'a réduit l'état de
sa jambe. Serait-ce pure fantaisie ? Mais pourquoi ? La seule attitude raisonnable, c'est d'avouer notre ignorance.

La paix, que Saint-Amant appelait de tous ses vœux, fut
approuvée par le Parlement le 1er avril, après bien des péripéties.
C'est le moment qu'il choisit pour recueillir en un volume les pièces qu'il avait composées depuis 1643. Au dernier moment, il lui
fallut modifier le titre d'un sonnet consacré, j'ignore à quelle date,
à célébrer les charmes du jardin de Des Yveteaux ; ce dernier était
en effet mort le 9 mars, à quatre-vingts ans passés. Nous l'avons
rencontré plusieurs fois; dès qu'il est question de lui, les termes
employés témoignent d'une profonde sympathie ; ce n'est certainement pas sans un réel serrement de cœur que notre poète écrivit, en tête du sonnet, la dédicace *A feu Monsieur Des Yveteaux*
(I 414)).

Egalement au dernier moment, fut composée une œuvre de circonstance, le *Sonnet à la Santé pour le second mariage de la Serenissime Reine de Pologne* (I 438). Le roi Ladislas étant mort le 20
mai 1648, la Diète élut pour lui succéder, après de laborieuses négo-

---

(56) « *Joüer du pouce.* Mots fort bas, pour dire compter de l'argent » (RICHE-
LET).

ciations, son frère Jean-Casimir, dont la vie avait été mouvementée et les avatars multiples, puisqu'on l'avait vu successivement soldat, jésuite, cardinal, et qu'il avait passé deux ans prisonnier au château de Vincennes et à la Bastille. Pour être choisi, il avait promis, entre autres choses, qu'il épouserait sa belle-sœur, ce qui du reste ne lui déplaisait pas. Mais il fallut attendre la dispense du pape, le mariage n'eut lieu que le 30 mai 1649. Il est possible que le sonnet soit antérieur : il me semble difficile qu'il le soit de beaucoup. La reine de Pologne avait été gravement malade durant l'interrègne, on avait même redouté une issue fatale ; le vicomte d'Arpajon écrivait par exemple à Mazarin, de Varsovie, le 23 août : « La Reyne de Pologne fut hier abandonnée, à cette heure on en espere beaucoup (57) ». Mais elle ne se remettait que lentement. Son « domestique » ne pouvait évidemment garder le silence en de telles circonstances.

Le 29 avril, Saint-Amant obtint un privilège de sept ans pour son volume ; il en fit le transfert à son éditeur habituel Toussaint Quinet, et l'impression fut achevée le 10 juillet (58). En tête du volume se lisait une épître de dédicace au comte d'Arpajon (en fait, il était vicomte), déjà citée plus d'une fois dans ce qui précède, car elle est fort utile par les renseignements qu'elle apporte sur la famille du poète. Celui-ci assure qu'il a « toute sa vie » honoré le dédicataire. Il devait sans doute sa connaissance au comte d'Harcourt, son intime ami, ce qui suffit à expliquer la mention du prince lorrain faite dans l'épître (même si ses relations avec Saint-Amant ont perdu de leur chaleur), dans les termes suivants :

...cet invincible Heros, Monseigneur le Comte de Harcourt, avec qui vous estes lié d'une amitié si parfaite.

Saint-Amant lui avait, écrit-il, de « puissantes obligations » ; il ne s'agit peut-être là que d'une banalité, conséquence des lois du genre. Il fait de lui un grand éloge, si bien qu'on l'a accusé de l'avoir « outrageusement flatté » (59). Cette accusation est bien injuste ; compte tenu, comme il se doit, des effets de style que réclamait à cette époque une épître dédicatoire, ce qu'il en dit correspond le plus souvent à la réalité (60). D'Arpajon n'avait pas cessé de servir avec honneur, sur tous les fronts, depuis 1617 ; il était lieutenant-général depuis 1637 : il est tout naturel qu'il soit « mort d'envie » de recevoir le bâton de maréchal, comme le dit Tallemant, qui ne lui est pas favorable (61), et que Saint-Amant ait fait allusion à ce désir. Cinq ans plus tôt, en lui offrant ses Chevilles,

(57) A. E. Pologne, 10, f° 113.
(58) Bibliographie, n° 78.
(59) M. Adam, dans TALLEMANT, II 1534.
(60) La notice détaillée que lui consacre PINARD, op. cit., IV 14-18, est fort élogieuse.
(61) TALLEMANT, I 588.

Adam Billaut mentionnait bien ce « baston » qu'il lui offrirait s'il
était porteur de diadème au lieu de faiseur de buffets.

Quand Saint-Amant écrivit son épître, d'Arpajon était de retour
d'une ambassade extraordinaire en Pologne. Chargé de porter le
collier de l'Ordre au roi Ladislas, il était arrivé à Dantzig pour
apprendre la mort du souverain, mais avait cependant été jusqu'à
Varsovie. Avait-il sollicité cette ambassade, comme l'écrit Tallemant, pensant qu'elle lui faciliterait l'obtention du maréchalat ?
Le roi Ladislas avait-il au contraire laissé entendre qu'il serait
heureux de le recevoir, comme l'assure Saint-Amant, suggérant
qu'ayant conçu le projet de se lancer dans une campagne contre
les Turcs, il était bien aise qu'on lui envoyât un homme de bon
conseil, et qui avait vaillamment combattu contre les Infidèles à
Malte, en 1645 ? N'y aurait-il pas également, par hasard, quelque
raison à chercher du côté de Louise-Marie ? Il est frappant de voir
Adam Billaut dédier au vicomte ses *Chevilles* ; le menuisier recevait de lui une pension, de menus cadeaux. Comment, si ce n'est
par l'intermédiaire de la princesse Marie, avait-il acquis sa protection ?

Saint-Amant le choisit pour dédicataire alors précisément qu'il
revenait de Pologne. Ce n'est peut-être pas une simple coïncidence. Je me demande si l'ambassadeur ne rapportait pas ce que
le poète attendait, une invitation de la reine à se rendre sur les
bords de la Vistule. On aurait alors l'explication de ces « puissantes obligations » dont Saint-Amant se sent redevable, et l'on comprendrait ce qui l'amène à inscrire le nom du vicomte d'Arpajon
en tête d'un recueil où, comme il le dit en débutant, « il n'y *a*
rien à *sa* gloire ».

CHAPITRE XVII

LE VOYAGE EN POLOGNE ET EN SUEDE (1649-1651)

Voilà donc Saint-Amant partant pour son dernier voyage hors de France, qui ne sera pas le plus court, ni le moins pénible. Son désir de se rendre à la cour de Pologne devait être bien vif, ou quelque raison qui nous échappe bien impérieuse, pour l'amener à braver, en plein hiver, les rigueurs d'un climat dont le voyage de Louise-Marie avait montré les inconvénients. Dans son *Epistre diversifiée,* le poète écrivait que les zéphirs, sur le chemin de la souveraine, faisaient croître l'œillet, la rose et le jasmin : fiction dont il était le premier à savoir combien elle s'éloignait de la réalité. La relation publiée en 1647 par Le Laboureur (1) ne lui laissait aucun doute sur ce qu'il devrait affronter.

Il se mit en route probablement au mois d'octobre, car il se trouvait à Amsterdam au début de novembre. Avant de le suivre en son itinéraire, il convient de dissiper une légende, forgée de toutes pièces, et que l'on a prise trop souvent pour argent comptant. Au mois de juin 1649, le comte d'Harcourt alla mettre le siège devant Cambrai, sans succès ; il franchit ensuite l'Escaut, prit Condé, à la fin d'août ; de là, il envoya des partis qui ravagèrent le Hainaut et parurent aux portes de Bruxelles (2). Durand-Lapie prétend que d'Harcourt avait emmené Saint-Amant dans sa suite ; mais la campagne vint à manquer d'intérêt pour le poète, qu'elle fatiguait beaucoup ; aussi quitta-t-il l'armée au mois de novembre, et « se trouvant déjà sur la route, mit à exécution son projet de voyage en Pologne » (3). Tout cela est fort invraisemblable. Il faudrait commencer par admettre qu'à son âge, à peine remis du mal qui s'était attaqué à sa jambe, il avait accepté, sans que rien l'y obligeât, de partager les aléas d'une campagne — en emportant dans ses bagages, notons-le, le manuscrit de son *Moyse.* Et puis, regardons une carte : Condé, et le Hainaut, se trouvent à plus de cent kilomètres à vol d'oiseau de Saint-Omer ; or, on va le voir, notre héros eut maille à partir avec la garnison de cette

---

(1) J. Le Laboureur, *Relation du voyage de la Reyne de Pologne et du retour de Mme la mareschale de Guebriant,* P., 1647.

(2) Cf. Chéruel, *op. cit.,* III 263-272.

(3) Durand-Lapie, p. 400. Ce chapitre de l'ouvrage de Durand-Lapie est jalonné de dates précises qui peuvent faire illusion, mais dont la plupart sont erronées.

ville ; que diable aurait-il été faire par là ? Outre cela, je le vois assez mal quittant un beau matin l'état-major du comte d'Harcourt pour s'en aller tout droit à travers les terres espagnoles, dans la région même des hostilités. On peut être sûr, au contraire, qu'il a soigneusement évité la zône des opérations.

Voilà d'ailleurs pourquoi, au lieu de suivre la route directe qu'avait empruntée la reine de Pologne, et qui, par Péronne et Cambrai, conduisait à Bruxelles, il est passé beaucoup plus à l'ouest. Il ne me paraît pas exclu, au demeurant, qu'avant d'entreprendre un si long voyage, dont il ne pouvait être certain qu'il reviendrait, il soit allé jusqu'à Rouen mettre ordre à ses affaires. De Rouen, il aurait emprunté tout naturellement la route qui, par Neufchâtel et Abbeville, le menait en Flandre, et précisément dans la région de Saint-Omer.

Il était évidemment muni, puisqu'il risquait fort de rencontrer les Espagnols sur son chemin, d'un sauf-conduit qu'il s'était procuré comme gentilhomme de la reine de Pologne. Cela ne l'empêcha pas d'être arrêté par les coureurs de la garnison de Saint-Omer, et conduit dans cette ville, ainsi qu'il le raconte dans l'épître de dédicace en tête du *Moyse*. Il ne dut la vie sauve — pourquoi ne pas l'en croire ? — qu'à son titre, aussitôt claironné, de gentilhomme de la chambre : traduisons au sauf-conduit qui le lui donnait, car ce n'est pas seulement en voyant « luire comme un bel astre » le nom de Louise-Marie à la première page d'un manuscrit que les Espagnols le laissèrent aller. Il poursuivit son voyage, peut-être retardé de quelques jours, soit par Gand et Anvers, où il rejoignait l'itinéraire qu'avait suivi, quatre ans plus tôt, sa protectrice, soit par mer, s'il alla s'embarquer à Dunkerque, comme le fit quelques jours plus tard l'ambassadeur Chanut rejoignant son poste (4).

Nous avons trace de son passage en Hollande. Le 3 novembre, de La Haye, le chargé d'affaires de France, Brasset, écrivait au comte d'Estrades :

> J'ay esté bien ayse d'apprendre par M. Chanut que M. le Comte de Palluau fust hors de danger. Le bon St Amant m'en avoit mis en peine. Cettuy-cy est à Amstredam avec Verpré et autres qui, à mon advis, ne lairront point aigrir le vin dans les bouteilles, en attendant compagnie pour mener le premier par terre à Hambourg. M. Chanut rencontrera bien à propos cette société ; quoy qu'il ne boyve d'ordinaire que de la petite biere, il ne laissa pas hier de faire vostre santé avec de mauvais vin (5).

------

(4) B. N. fr. 17965 (*Négociations de M. Chanut en Suède, année 1649*), fº 264.
(5) B. N. fr. 17901, fº 761 ; cf. fº 764.

Saint-Amant s'arrêta donc à La Haye, apportant les dernières nouvelles de la cour, puis séjourna quelque temps à Amsterdam. La ville en valait certainement la peine ; bien qu'elle ne fût pas sur son chemin, la reine de Pologne n'avait pas voulu manquer de la visiter, et, laissant sa suite à Utrecht, était partie presque incognito y passer quatre jours (6). Notre poète retira une forte impression de

> ce Miracle du Monde,
> Ce fameux Amsterdam, ce petit Univers.   (II 40)

La richesse de la ville et ses superbes maisons, ses canaux, ses digues, la multitude des vaisseaux qui se pressaient dans ses ports, déchargeant les marchandises d'Orient, tout lui plut. Il faut ajouter que, « par un bon heur extraordinaire », il y fit la connaissance de Chanut.

Les termes qu'il emploie sont assez clairs pour qu'il soit interdit de s'y tromper : il n'avait jamais vu celui-ci avant cette halte à Amsterdam. Pierre Chanut, ambassadeur à Stockholm depuis 1645, rejoignait alors son poste après un court séjour en France. Il avait quitté La Haye dans les premiers jours de novembre (7), et se trouvait en tout cas le 10 à Amsterdam, fort pressé d'en repartir, mais obligé d'attendre son équipage, embarqué au Havre (8), appréciant d'ailleurs peu le climat de la ville et l'humeur de ses habitants (9). Contrairement à ce qu'on a écrit (10), à défaut de Descartes, dont il avait su le départ en septembre, mais qu'il était certain de retrouver à la cour de la reine Christine, il dut être enchanté de trouver Saint-Amant. Un esprit de cette qualité représentait une aubaine pour lui, d'autant plus qu'il versifiait à l'occasion (11) Nous avons déjà constaté que Saint-Amant, s'il aimait converser avec ses amis *inter pocula*, et ne pas laisser le vin aigrir dans les bouteilles, suivant la pittoresque expression de Brasset, était pourtant loin de dédaigner les compagnies plus sérieuses. « Quelqu'un pourroit dire en me raillant que Monsieur Chanut n'est pas homme de table, et il auroit raison », écrivit-il en 1658 (II 41). Mais ce n'est pas cela qui put empêcher la sympathie de naître entre eux, et l'amitié de se développer durant les quelques semaines qu'ils vécurent ensemble. Saint-Amant s'exprime sans ambages, et nous devons le croire, lorsqu'il écrit :

---

(6) LE LABOUREUR, *op. cit.*, p. 67.
(7) A. E. Hollande, 48, fᵒ 375 vᵒ.
(8) B. N. fr. 17965, fᵒ 265 vᵒ.
(9) *Ibid.*, fᵒ 273 vᵒ : « Je fais mon possible pour avancer mon depart de cette ville dont le ciel ny les habitanz ne conviennent à mon humeur ».
(10) G. COHEN, *Ecrivains français en Hollande*, P., 1920, p. 680.
(11) LACHÈVRE, III 250, reproduit un sonnet de lui « qu'il fit le jour qu'il fut taillé », qui n'est pas négligeable.

Le seul don de mon cœur me fit gagner le tien,   (II 41)

ou bien :

> J'admire cette arene, où nostre beau Destin
> Bastit une Amitié si ferme, et si durable. (II 42)

Il n'est pas indifférent que, dans le *Dernier Recueil* de 1658, trois pièces soient dédiées à cet ami de fraîche date, les deux sonnets sur Amsterdam et la *Polonoise*. Dans celle-ci, il exprime ses « ennuis » lorsque fut venue l'heure de la séparation, en des formules frappantes, et qui ne peuvent être pure littérature :

> Et je n'estois plus qu'une Ombre
> Qui gemit loin de son Corps...
> Ou plustost mon Corps s'apprit
> A vivre sans son Esprit :
> L'Amitié me servoit d'Ame...   (II 30)

Les deux hommes partirent ensemble d'Amsterdam, et voyagèrent de concert jusqu'à Hambourg. Il est aisé de le déduire de la *Polonoise*.

> Depuis que je te quitay
> Le dueil au cœur je portay,

déclare le poète. Puis il précise :

> L'Elbe sceut par mes regrets
> Mes ennuis les plus secrets,

pour achever enfin par cette confidence :

> Je vins sans ouvrir le bec
> De Hambourg jusqu'à Lubec.

Le trajet entre ces deux villes vit donc Saint-Amant rendu muet par la séparation, qui eut lieu dans la première, au bord de l'Elbe. Ils étaient arrivés dans les premiers jours de novembre, et l'ambassadeur ne s'y était pas attardé, n'ayant déjà passé que trop de temps en route. Le 29, il écrivait à Brienne :

Je n'oserois parler des incommoditez de ce voyage où je me traisne si lentement, si ce n'estoit qu'elles excusent sa longueur. Vous ne trouverez point estrange que je sois encore à Hambourg, s'il vous plaist Monsr de considerer quels peuvent estre les chemins dans tous ces pais marescageux de Holande icy et par cette saison et par une pluye continuelle ; j'espere qu'elle m'ennuyera moins dans les terres legeres du Holstein, et que cette

lune passée la gelée succedera et affermira les fanges de l'Ostro-
gothie. Je ne prends qu'un demy jour de repos (12).

Chanut partit donc droit au nord, Saint-Amant, mélancolique-
ment, prit la route du nord-est. A Lübeck, il resta quelques jours,
se demandant quel parti prendre : confierait-il son sort à la Bal-
tique, dont le chemin est « un peu hazardeux », ou, comme sa
maîtresse, choisirait-il la route de terre, « un peu rustique » ? En
fin de compte, il se décida pour la seconde, la saison n'étant guère
propice à un embarquement. Mais il n'omet pas de dire que la
cause de ses longues réflexions n'était nullement la crainte des
dangers. Il ne fit que passer à Wismar et Rostock, puis, suivant
sans doute les traces de Louise-Marie, parvint à Stettin par Dem-
min, Anklam et Uckermünde. Il y resta juste le temps de se remettre de ses fatigues, après une série d'étapes précipitées :

> Ma haste à grands coups d'estoc
> Perça Vismar, et Rostoc :
> J'enfilay Stetin en suitte,
> Où mieux que je n'eusse crû,
> Autre liqueur que l'Eau cuitte
> Refit l'Appolon recrû.   (II 31)

Il se trouvait alors en Poméranie occidentale, devenue province suédoise depuis les traités de Westphalie ; les officiers de la
reine Christine le reçurent on ne peut mieux, et le convièrent à
boire à la santé des deux souveraines, ce dont il s'acquitta de façon
magistrale, cela va sans dire, quelle que fût la contenance des
pots.

Tout ragaillardi par cette beuverie, « le front en feu », il monta
dans un coche pour franchir les quatre cents kilomètres, ou environ, qui le séparaient de Dantzig, non sans avoir pris la précaution de se munir d'une « corbeille bien garnie », garnie de solides
victuailles, s'entend, qu'il partageait à l'occasion avec un compagnon de voyage dont nous savons seulement qu'il n'était pas français. Cependant le « Vorman » (le cocher) poussait ses bêtes à
travers les marécages et les interminables forêts, peu rassurantes :

> Une taciturne horreur
> En augmente la terreur :
> Et la noire Solitude
> Qui dort en ces Bois espais,
> Fait qu'avec inquietude
> On y voit leur triste paix,   (II 34)

écrit entre autres le poète, ajoutant qu'on y roule « main au pistolet » et l'épée toujours prête à sortir du fourreau. Peut-être

_____

(12) *Ms. cit.*, f° 274.

n'exagérait-il pas, si la situation restait toujours la même depuis le passage en cette région du cortège royal, en janvier 1646. Le Laboureur remarquait en effet :

> Le pays estoit tout couvert de coureurs, qui forçoient jusques aux chasteaux de campagne ; et nous trouvions quelquefois des quinze et vingt corps morts dans les bois (13).

Voilà qui n'est guère engageant ! Mais Saint-Amant paraît surtout avoir été rebuté par les gîtes inconfortables qu'il lui fallait affronter. Ces hostelleries d'Allemagne n'avaient pas fait grand progrès depuis qu'Erasme en traçait, dans ses *Diversoria,* un pittoresque croquis. Inconfort, promiscuité, chaleur excessive, il fallut tout endurer, et faire contre mauvaise fortune bon cœur. Peut-être le tableau est-il légèrement noirci ; il est certain pourtant que, plus d'une fois dans son long voyage, le poète se trouva fort mal hébergé. La reine de Pologne n'avait-elle pas couché une nuit dans « un meschant poële relant, où elle avoit pour anti-chambre une tres-sale escurie pleine de chevaux, de vaches et de pourceaux » (14) ? Il parvint enfin sain et sauf à Dantzig, vers le 21 décembre, puisqu'il précise :

> J'en saluay la Contrée
> Sous le Solstice hyvernal.   (II 34)

Il avait mis trois semaines environ pour venir de Hambourg, ce qui fait une moyenne d'une quarantaine de kilomètres par jour. Cela peut sembler rapide, mais n'a rien d'invraisemblable : Louise-Marie avait mis vingt-deux jours pour faire ce trajet, avec tout son train et les arrêts que lui imposait sa qualité.

Saint-Amant séjourna deux mois à Dantzig, sans que nous puissions deviner les raisons de cet arrêt prolongé. A la veille d'en partir, il vit arriver un grand personnage suédois, le comte Magnus de la Gardie, petit-fils d'un gentilhomme languedocien devenu grand-maréchal des armées de Suède au XVIᵉ siècle ; il était avec son père à la tête du parti français de la cour de Stockholm, et la reine Christine l'avait envoyé en 1646 comme ambassadeur extraordinaire à Paris. Magnus reçut Saint-Amant à sa table, pendant trois jours, dit le poète, peut-être un peu moins, car il ne serait resté que vingt-quatre heures selon la *Gazette* (15) ; et l'on but à la santé de Chanut. Le froid était rigoureux, à tel point, rapporte-t-il, que le pied d'un verre gela entre ses doigts. C'est peut-être alors qu'il écrivit trois épigrammes assez gauloises, sous le même titre *De l'hyver du Nord,* dont la première est adressée à un comte qui pour-

---

(13) *Op. cit.,* p. 119.
(14) *Ibid.,* p. 81.
(15) *Gazette,* 1650, p. 477.

rait bien être Magnus de la Gardie, et la seconde l'est à Chanut, sous ce nom de Theandre que lui donne la *Polonoise*.

Le mercredi 2 mars, il « cendra son poil chenu », autrement dit reçut les Cendres, puis remonta en voiture. Il tint à passer par Thorn (ou Torun), ce qui n'était sans doute pas la route habituelle et directe (Louise-Marie était passée beaucoup plus à l'est) ; mais il avait un pélerinage indispensable à faire : après avoir jadis visité Galilée à Sienne, il tenait à voir le tombeau de Copernic, dans la ville natale de ce « docte Maistre Tourneur », ainsi qu'il l'appelle plaisamment : preuve nouvelle, comme on l'a déjà souligné, de l'intérêt qu'il portait aux questions scientifiques. Quelques jours plus tard, enfin, il parvint à Varsovie, où, précise-t-il, il fut fort bien reçu. Le roi se laissa distraire des soucis du gouvernement en écoutant les vers qui lui étaient adressés ; quant à la reine, les accents de la lyre du poète la remuèrent si profondément, que l'enfant même qu'elle portait en son sein n'y resta pas insensible :

> Il tressaillit d'allegresse
> A l'Oracle de mes Vers,
> Et confirma la Grossesse
> Qui suspendoit l'Univers.   (II 36)

Ces vers aux prodigieux effets n'étaient autres que les *Stances sur la grossesse de la reine de Pologne*, qu'il apportait dans ses bagages, les ayant composés à Dantzig ou sur la route. Au témoignage de l'abbé d'Olivet, ces *Stances*, ou tout au moins une partie d'entre elles (puisqu'il parle de six strophes, et qu'on en compte quatorze dans le *Dernier Recueil*), parurent séparément dès 1650 (16). Cette édition ne s'est pas retrouvée. Contenait-elle déjà le curieux développement sur la monarchie élective, ou du moins l'amorce de ce développement ? Les quatre strophes qui lui sont consacrées sont un éloge sans réserves, on en jugera par celle-ci :

> O que j'ayme cette Coustume !
> Que cette libre Election
> Du joug de la Sujettion
> Oste de pesanteur, et chasse d'amertume !
> Que le Droit successif fait aux yeux des Mortels
> Quelquesfois arroser de Chevets, et d'Autels,
> Dans les ennuys qu'il leur apporte !
> Et que le Throsne occupé de la sorte
> Leur produit de Serpens, qu'ils souffrent, quoy que tels !
> (II 95)

M. Adam taxe Saint-Amant d'imprudence, et ajoute : « Il s'effraya bientôt de son audace, et se hâta de publier une note pour

---

(16) *Bibliographie*, n° 35.

rétracter son erreur » (17). En fait, cette note est de huit ans postérieure. Le poète y fait la déclaration suivante :

> Pour ce qui est de la Piece qui suit, j'y parle comme on doit
> parler dans les Royaumes Electifs, et comme on en parle presque
> dans tous les autres, où l'on n'en sçait pas tous les inconveniens ;
> mais depuis que je les y ay remarquez, et que j'ay sçeu de quelle
> maniere on y procede, j'ay reconnu, qu'apres tout, il en faloit
> revenir aux Estats, où le seul et juste Droit de succession fait
> tomber les Sceptres entre les mains de ceux que la Nature y
> appelle.   (II 92)

« Qui sait s'il n'était pas sincère dans son désaveu ? », écrit
M. Adam. Pour moi, cela ne fait guère de doute. A distance, et
pour un esprit superficiellement informé, le système polonais pouvait paraître fort séduisant ; mais il s'est rendu compte sur place
de la somme de marchandages et d'intrigues que représentait une
Diète élective. A-t-il vraiment craint plus tard que le pouvoir, en
France, ne prît ombrage de ses déclarations ? Il aurait été bien
facile, dans ce cas, de supprimer purement et simplement le passage qui risquait d'être incriminé. Il a pensé plus probablement,
qu'il ne tirait guère à conséquence. Il avait parlé « comme on doit
parler dans les Royaumes Electifs », et n'avait pas de raisons,
biffer ce qui constituait un hommage à ses protecteurs.
même si ces déclaration ne correspondaient plus à sa pensée, de
Nous sommes d'ailleurs en pleine poésie courtisane, et la dernière strophe, très caractéristique, empêche de prendre tout cela
trop au sérieux. Saint-Amant y proclame que, si l'enfant attendu
est un prince, lui-même, poète officiel, fera résonner de ses accents
l'univers tout entier, et que

> Le fier Usurpateur du Sceptre maternel
> Paslira dans Bizance ainsi qu'un Criminel
> Qui prevoit l'heure des supplices.

Il ajoute sans sourciller :

> Il le rendra malgré tous ses Complices,
> Et j'espere chanter cet Acte solennel,   (II 97)

comme si vraiment il voyait déjà le descendant des Paléologue
(dont venait, par les femmes, la maison de Mantoue) assis sur le
trône de ses ancêtres.

Il convenait, c'est évident, que le poète se montrât reconnaissant de l'accueil magnifique qui lui avait été réservé. Magnifique,

---

(17) ADAM, II 65.

il le dit du moins. Nous n'avons en effet qu'un son de cloche, et l'on peut se demander, en constatant que son séjour à Varsovie n'a pas été de longue durée, et qu'il a fait cet énorme trajet pour y demeurer à peine plus de cinq mois, s'il s'y trouvait aussi bien qu'il l'a proclamé. Il était difficile, après les déclarations enflammées de l'*Epistre diversifiée,* de baisser le ton. Aussi faut-il voir avec quel lyrisme il entonne les louanges de la Pologne et celles de sa condition présente :

> Une Reine m'y retient,
> Qui comme un Roy m'entretient :
> Je suis aussi frais qu'un Moine,
> Je nage dans les douceurs. (II 28)

Sa bourse est bien garnie, il fait, ou pourrait faire, si la fantaisie l'en prenait, des ricochets sur la Vistule avec les ducats dont elle regorge ; il ne craint pas le froid, disposant d'une garde-robe abondamment fournie en fourrures diverses ; une aigrette sur la tête, un sabre au côté, fièrement campé sur un coursier qui « tient bien son rang », il parcourt les rues de la ville, se rendant à quelque rendez-vous galant, lorsqu'il ne participe pas aux divertissements de la cour, durant lesquels il danse sur les pavements de marbre. Il ne faut pas oublier qu'en ces lieux « Bacchus est en crédit » ; quoique la vigne n'y pousse pas, on ne laisse pas d'y déguster d'excellent vin de Hongrie. N'en déplaise à Desportes, « ce gentil, ce dameret », ce buveur d'eau, pour tout dire, voilà qui parle en faveur du pays et de ses habitants. Saint-Amant va jusqu'à célébrer la monotonie des plaines polonaises, où Cérès « luit l'esté » (18), et qui le charment par leur absence d' « éminences » : on a vu ce qui se cachait peut-être là-dessous.

L'enfant tant espéré, et célébré dès avant sa naissance, fut une fille. Mais qu'importe ? dira le plus sérieusement du monde notre poète. « Le Frere est en la Sœur », puisque

> Les filles de VAZA, pour qui s'ouvrent les Trônes,
> N'ont rien que de viril, sont autant d'Amazônes. (II 22)

Cette naissance même contribua à raccourcir la durée du séjour de Saint-Amant à Varsovie. L'existence paradisiaque qu'il décrit complaisamment ne dura, je viens de le dire, que cinq mois (et non pas huit, comme on l'écrit jusqu'ici) : vers le 15 septembre, en effet, il s'embarqua sur la Vistule pour descendre le fleuve jus-

---

(18) A. MANSUY, *Le Monde slave et les classiques français aux XVIe-XVIIe siècles,* P., 1912, p. 190, écrit : « S'il faut l'en croire, la Pologne était moins pauvre que ne l'ont prétendu quelques historiens ». J'imagine que ce sont les historiens qui sont dans le vrai.

qu'à Dantzig, et de là passer en Suède, chargé d'y annoncer l'heureux événement.

Avant son départ, il écrivit une assez longue pièce, *La Vistule sollicitée*, dans laquelle il feignait de s'adresser à ce fleuve, et lui demandait de favoriser son voyage. Cette pièce me paraît, dans son ensemble, une des plus faibles qui soient sorties de sa plume. Il a beau parler de « sublimes tons » et de « puissante haleine » (II 20), il ne réussit qu'à se guinder, dans une débauche de lieux communs et d'amplifications difficilement supportables. N'atteint-il pas même au ridicule lorsque, à grand renfort de périphrases et de nobles expressions, il expose longuement que la reine a souffert d'un accès de fièvre, au moment où on lui a fait passer son lait ? Il vaut la peine de citer quelques vers, qui veulent être ingénieux, mais ne parviennent qu'à être comiques, bien involontairement :

> Et quoy qu'un dur meslange et de glace, et de braise,
> Un accès pasle, et rouge, en Louyse enfermé,
> Ait esmû quelques jours son albastre animé,
> Quoy que sous les beaux monts de sa gorge d'yvoire
> Le Lait, dont un Dieu seul seroit digne de boire,
> Le Lait, qui garderoit un Mortel de mourir
> Ait eu bien de la peine à se laisser tarir,
> Et n'ai pû sans douleur, voir ses Sources quittées
> Pour les ruisseaux communs des Pommes empruntées...,

tout danger est écarté car un savant médecin

> Ayant bien reconnu, de penser en penser,
> Que pour guerir Louyse il la falloit blesser,
> Ordonna qu'une playe, et delicate, et saine,
> De son beau bras de marbre ouvrant la noble veine,
> Sous un soin qui paroist avare, et liberal,
> Fist couler dans l'argent le liquide coral.   (II 24)

On songe à La Bruyère : « Vous voulez, M. de Saint-Amant, me dire qu'on l'a saignée ; que ne disiez-vous : « On l'a saignée » ? Certes, il eût été impossible, à ce compte, de remplir quarante vers de cette menue indisposition ! Voilà bien l'écueil d'une telle poésie de thuriféraire. Ici, il fallait faire bonne mesure, puisque l'encens était à répartir entre les souverains de Pologne et leur héritière d'un côté, la reine Christine de l'autre.

Les louanges adressées à cette dernière dépassent toute mesure, et l'on cherche en vain quelle est la qualité qui pourrait manquer à cette merveille,

> Dont le sçavoir divin, dont la prudence exquise,
> La grace naturelle avec la grace acquise,
> La force, la grandeur, la generosité,
> L'Esprit qui perce tout, la douce majesté,

> La justice, la foy, l'estude, la sagesse,
> La noble ambition, l'honorable largesse,
> Et mille autres Vertus, mille autres Dons charmans,
> Forment les vrays Rubis, sont les vrays Diamans,
> Les Perles, les Saphirs, qui d'un lustre suprême
> Peuvent luy faire seuls un digne Diadême.   (II 25)

Le poète s'est vraiment surpassé ; que les trompettes de la renommée portent jusqu'à Stockholm ce dithyrambe, et l'accueil ne pourra qu'être chaleureux.

Quelques déconvenues, pourtant, l'attendaient lorsqu'il arriva le 21 septembre. Nous sommes renseignés là-dessus par une dépêche de Chanut, datée du 24, et dont toute la fin lui est consacrée. Le texte est trop important pour ne pas être cité en entier :

> Monsieur de Sainct Amant, écrit l'ambassadeur, est arrivé de Pologne depuis trois jours. Il m'avoit escrit il y a longtemps que le Roy et la Reine de Pologne dont il est domestique et pensionnaire l'avoient destiné à porter icy un compliment à la Reine de Suede et luy donner part de la naissance de leur fille, me l'ayant confirmé en plusieurs lettres. Je n'avois pas fait difficulté de le dire à la Reine de Suede qui estoit bien aise de voir en sa cour ledit sieur de Sainct Amant renommé pour ses poësies. Cependant il est arrivé sans lettres de creance et chargé seulement de faire tel compliment qu'il verra bon estre. Je luy ay dit qu'il ne pouvoit passer pour envoyé sur sa parolle sans lettre. Enfin il m'a luy mesme advoué qu'il avoit trouvé estrange qu'apres luy avoir fait feste de cet employ on l'avoit laissé venir sur sa bourse. Il est arrivé malade d'une fievre ; cependant que nous le guerirons ceans, nous consulterons comment nous colorerons qu'il ne soit venu que de son chef apres avoir esté destiné à venir de la part de sa Maistresse (19).

On attendait donc, à la cour de Suède, un envoyé des souverains polonais, et ce fut un simple particulier qui se présenta. Le pauvre Saint-Amant se trouvait engagé, bien malgré lui, dans les différends qui opposaient à cette époque les deux couronnes, et se concrétisaient par le titre que s'octroyait Casimir de « roi de Pologne et de Suède ». Depuis plus d'un demi-siècle, les souverains suédois luttaient pour obtenir de leurs cousins polonais une renonciation définitive au trône de leur pays d'origine. Une trêve avait été conclue en 1635, mais la question restait pendante, et Chanut ne voyait pas approcher la solution. Il réussit toutefois à régler la situation du voyageur, pendant que celui-ci guérissait de sa fièvre. La reine était trop heureuse de le recevoir pour lui tenir rigueur des mauvais procédés de ses cousins. Peut-être même

---

(19) B. N. fr. 17966 (*Négociations de M. Chanut*, 1650), fº 576.

essaya-t-elle, en lui réservant un accueil flatteur, de jouer un bon tour à Louise-Marie, et de le retenir à son service. Il semble en tout cas qu'elle lui ait accordé au moins une gratification, à lire les vers que Scarron écrivit, à la fin de 1652, dans son *Epistre chagrine* :

> Par exemple, sans la Suede,
> Saint Amant estoit sans remede,
> Comme son Poëte crotté
> Qu'il a si plaisamment chanté (20).

De même, le sieur du Teil, à la fin d'un sonnet qu'il adressa *A M. de S.Amant sur son voyage de Pologne et de Suede,* constatait :

> Dans la France autrefois les hommes comme toy
> Justement honnorez des caresses du Roy,
> Ne voyoient pas long-temps frustrer leur esperance,
>
> Mais aujourd'huy la Cour favorable à des sots,
> A fait qu'un S. Amant, ô honte de la France,
> A trouvé son bonheur au Royaume des Gots (21).

Il tint donc sa place dans les festivités qui suivirent le couronnement de Christine, mais non pas officiellement, comme il l'avait sans doute espéré. La reine fit son entrée solennelle le 29 octobre, et fut couronnée le lendemain. Les réjouissances se prolongèrent plus d'une semaine ; Chanut parle de trois journées de cérémonies et de festins, suivies de carrousels, de courses de bague, de feux d'artifice, de combats de lions et d'ours, et de « plusieurs differentes choses » (22). On notera que les poésies de Charles Beys contiennent des *Vers du carrousel fait au couronnement de la Reyne de Suede* (23). Saint-Amant l'aurait-il par hasard retrouvé en cette occasion ?

Après avoir dansé « à talons ferrez » dans les salles du palais de Varsovie, notre héros reprit donc ses entrechats. Mais j'aime à penser que ses activités ne se bornèrent pas à des exercices chorégraphiques, et qu'en dehors de ses conversations avec l'ambassadeur, curieux de sciences comme lui, il eut l'honneur d'entretenir de temps à autre la souveraine, peut-être de lui lire quelques chants de son *Moyse,* bien que l'œuvre fût destinée à sa rivale. Comme elle l'avait fait pour Descartes — ce Descartes que Saint-Amant avait manqué de peu en Hollande, et qu'il ne vit pas davantage à Stockholm, où il était mort le 11 février — le reçut-elle dans

---

(20) *Poésies diverses,* éd. Cauchie, II 61.
(21) *Nouveau recueil de diverses poésies du sieur du Teil,* P., 1659, p. 98.
(22) *Ms. cit.,* f° 639.
(23) *Œuvres poétiques,* P., 1651, pp. 215-232.

sa bibliothèque à cinq heures du matin ? Il ne nous a pas fait de confidences à ce sujet, et c'est fort dommage.

A la fin de l'année, eut lieu à la cour un divertissement auquel il a consacré une pièce de vers. Malgré le très long titre de cette pièce, et la note qui s'y trouve jointe, nous ne serions qu'imparfaitement renseignés, si la dépêche qu'envoya Chanut le 24 décembre n'apportait, avec la date exacte de la fête, toutes les précisions souhaitables. J'en extrais les lignes suivantes:

> Je vous donneray pour excuses le recit du divertissement d'où nous sortons, et où nous avons passé douze heures. C'estoit un deguisement general de toute la Cour, on avoit tiré les personnages aux billets pour representer une hostellerie hollandoise, où se rencontroient toutes sortes de gens de toutes conditions, chacun selon l'habit, et de toutes les nations... Entre tous ces gens richement couverts il estoit fort plaisant de voir les plus grands de cet Estat, et les plus jolies de la Cour dans cette hostellerie, mettre les viandes sur la table, et servir les hostes avec grand soin. La Reine estoit une des servantes de la maison vestue comme une paisanne du nort hollandois... Après le souper le Bal commença, il a duré jusqu'au jour... Je vous avoüe que cette derniere gayeté d'environ six vingts personnes deguisées, chacun s'estudiant de bien faire son personnage, meritoit bien qu'on perdit une nuict pour voir cette espece de commedie en la commedie du monde (24).

Que Saint-Amant ait été, ou non, des « six vingts personnes » ainsi déguisées, un fait est certain : il assistait à la fête, et y participait, puisqu'il eut l'honneur d'être servi par les augustes mains de la reine. Des *Stances* qui en gardent le souvenir, et qui sont avant tout consacrées à Christine, à son air « magnifique et suprême », à ses blonds cheveux, à ses yeux « si chastes et si beaux », ne retenons qu'une strophe, l'avant-dernière, que voici :

> Certes, à la divine Troupe
> Jamais la jeune Hebé ne versa rien de tel ;
> Et depuis que vos doits m'ont presenté la coupe
> Je ne croy plus estre mortel.
> Cét honneur sans pareil m'eslevant sur les nües
> M'ouvre toutes les avenuës
> De la double Montagne et du sacré Valon,
> Et par des routes inconnuës
> Me place au trône d'Appolon.   (II 38)

Comme éclate en ces vers la fierté du poète! Il se souvenait peut-être en les écrivant de sa modeste origine, si loin maintenant, puisqu'il frayait avec les rois, et que l'illustre souveraine du Nord ne dédaignait pas de lui verser à boire. Même s'il était depuis long-

_____
(24) *Ms. cit.*, f⁰ˢ 681-683.

temps, comme l'en accuse Tallemant, « fier à un point estrange »,
ne faut-il pas l'excuser ici ? La tête aurait tourné à bien d'autres
que lui. D'ailleurs, Tallemant exagère probablement, comme il
exagère, mal renseigné, lorsque, parlant de ce séjour en Suède, il
écrit : « J'ay ouy dire qu'il y réussit assez mal ». Comme envoyé
de la reine de Pologne, c'est possible ; comme simple particulier,
c'est une autre affaire.

Je n'insisterai pas davantage sur ces *Stances*. Remarquons seulement que, si la flatterie courtisane s'y déploie sans vergogne,
Saint-Amant n'a pourtant pas été jusqu'à vanter la beauté d'une
reine qui n'en avait pas, et le savait. S'il loue ses yeux et ses cheveux, n'est-ce pas justement pour cela ? Il peut sembler paradoxal
qu'il ne parle de beauté, de fraîcheur et de santé que dans un sonnet où il applique ces mots à la reine-mère, Marie-Eléonore de
Brandebourg, alors âgée de cinquante ans. C'est que celle-ci avait
été fort belle, et l'était probablement demeurée. Du reste, en habile
courtisan, Saint-Amant suggère que seul le plaisir de voir sa fille
occuper si magistralement le trône la maintient dans cet heureux
état. Du même coup, il explique, de façon assez inattendue, pourquoi Christine refuse de se marier, en lui disant :

> Toy, tu vis en Diane, et veux l'estre en effet ;
> Ha ! qu'un beau desespoir t'en inspira l'envie !
> Tu ne ferois jamais ce que ta mere a fait.   (II 40)

Il semble que son séjour se prolongea quelques mois encore
après la mémorable soirée du 23 décembre, et qu'il ne quitta
Stockholm qu'en même temps que Chanut. Le *Sonnet sur Amsterdam* qui commence par ce vers : « Je revoy, grand Chanut, ce Mira-
cle du Monde », est en effet dédié *A Monsieur Chanut, Estant alors
Ambassadeur et Plenipotentiaire de France au Traité de Lubec*.
L'indication qu'on peut en tirer est-elle rigoureusement exacte ?
Je ne vois guère de raison d'en douter ; pourquoi donc aurait-il
tenu à se montrer si précis (on aura remarqué l'adverbe *alors*) si
cela n'avait pas correspondu à la réalité ? On peut en conclure
qu'il se trouvait à Amsterdam à l'époque où s'ouvraient les négociations entre la Suède et la Pologne, dans lesquelles Chanut devait
jouer le rôle de médiateur. Or celui-ci reçut l'ordre de se rendre
en Allemagne dans les premiers jours de juin 1651 (25), il prit
congé le 17 (26), et débarqua à Travemunde à la fin du mois (27).
Saint-Amant aurait donc entrepris son voyage de retour au plus
tôt au début de juin, restant ainsi en Suède, en définitive, plus
longtemps qu'en Pologne.

---

(25) B. N. fr. 17967 (*Négociations de M. Chanut*, 1651), f° 188 v·.
(26) *Ibid.*, f° 198.
(27) *Ibid.*, f° 206.

Lorsqu'il quitta Varsovie en septembre 1650, il n'avait peut-être pas l'intention de n'y plus remettre les pieds. Il n'en avait en tout cas soufflé mot à sa protectrice, et il éprouva le besoin de se justifier tant bien que mal, dans son épître en tête du *Moyse,* en mettant cette désertion sur le compte de la poésie :

> ...je reconnus enfin que les Muses de la Seine estoyent si delicates qu'elles ne m'avoyent pû suivre dans une si penible et si longue Course ; que la fatigue du Chemin les avoit estonnées, et qu'absolument il me faloit une Retraite solitaire et naturelle où ces belles Vierges habitassent, pour venir-à-bout de ce que j'avois projetté. C'est ce qui me fit revenir en France, Madame ; et si j'ay commis quelque faute en ce retour, j'espere que V. M. me fera la grace de me la pardonner.

Piètre excuse, on le voit ; heureusement Louise-Marie ne lui en tint pas rigueur. Elle comprit probablement qu'il était las des voyages, qu'il aspirait à retrouver les rives de la Seine, et n'avait pas envie de passer un troisième hiver dans les rudes contrées du Nord ou de l'Est. Peut-être aussi (mais cela, il ne pouvait le dire) l'existence chez les Polonais avait-elle rapidement cessé, la nouveauté disparaissant, de lui paraître merveilleuse. Faudrait-il risquer une dernière hypothèse ? La Pologne n'était pas à cette époque un pays très sûr ; le roi Casimir se trouvait engagé dans d'interminables guerres contre les Cosaques ; les voisins russe et suédois n'étaient guère bien disposés, ils allaient bientôt le montrer en se lançant à l'attaque. Saint-Amant a peut-être prévu l'avenir, aidé des lumières de Chanut, et s'est dit que mieux valait encore les troubles civils en France que la guerre étrangère à Varsovie.

Je ne pense pas qu'il ait accompagné l'ambassadeur jusqu'à Lübeck. A cette époque de l'année, il était plus rapide, moins coûteux et moins fatigant de s'embarquer directement pour Amsterdam. Il revit donc le grand port hollandais, et put y évoquer le souvenir de sa première rencontre avec Chanut en attendant de mettre à la voile sur un navire des Etats, sans doute un de ces navires de commerce qui parfois remontaient la Seine jusqu'à Rouen (28). En chemin, il relâcha douze ou quinze jours, pour attendre un vent favorable, à l'embouchure de la Meuse, « vis-à-vis d'un petit Bourg appelé Helvoutslus, qui veut dire Escluse-pié-d'Enfer, de l'autre côté de la Brille » — aujourd'hui Hellevoetsluis, sur la côte méridionale de l'île de Voorne. Cette escale forcée nous a valu le charmant caprice « marinesque » de *La Rade,* adressé à M. de Tilly.

Saint-Amant nous apprend qu'il est logé sur une « grande nef », réduit à la compagnie du capitaine, un rustre de Hollandais, « un

---

(28) Cf. A. E. Hollande, 48, f° 386 : on envoie du grain de Hollande, un bateau part de l'île de Texel pour Rouen.

petit enragé » qui ne cesse de boire (cela déplairait-il à notre
« biberon » ? il est vrai que peut-être il boit de la bière) que pour
se fourrer dans le bec « le Stockfisch, ou le Haranpec ». Bref, tour-
mentant jour et nuit son malheureux passager, il est digne que l'on
crée pour lui, à la du Bartas, l'épithète de « donne-ennuy ». Ironie
du sort ! sa femme, venue le voir en attendant que le navire puisse
reprendre sa route, est une splendide beauté brune, une Irlandaise, dont les yeux ne peuvent laisser insensible, fût-on d'un âge
avancé.

Il semble qu'il n'y ait pas d'autre passager que lui pour admirer Madame la Capitaine et partager le « grand os de bœuf »
qu'on voit apparaître indéfiniment, le vieux pain bis, le gruau
rouge et le fromage qui composent l'essentiel de l'ordinaire. Une
strophe digne de la *Rome ridicule* achève de donner une piètre
idée de la table du capitaine :

> Un Jambon, maigre, jaune et dur
> Pour boire un vin, dirai-je sur ?
> Est le beau mets dont on m'y leurre :
> Et quatre pommes dans un plat
> Y nagent en de vilain beurre,
> Qui tient du suif tout son éclat.   (II 80)

Enfin le vent tourne, la brune Irlandaise descend à terre, et
l'on appareille, à la grande joie de tous :

> Déja se forme une rumeur
> De l'Equipage en gaye humeur,
> Autour de l'ancre, et de la voile :
> Déja cent mains levent le fer,
> Cent autres abbaissent la toîle,
> Et moy je chante, Adieu l'Enfer !   (II 81)

En conclusion, il promet à M. de Tilly sa visite, une visite
qui restera à l'état de projet.

Nous ignorons tout de la fin du voyage. On peut supposer que
quelques jours de navigation sans histoire conduisirent le navire
jusqu'à l'estuaire de la Seine ; au mois de janvier de cette même
année, l'ambassadeur de Portugal « apres une longue attente fut
porté en quelques heures de la Brille à Dieppe ainsy qu'il l'a escrit
de Roüan le 6ᵉ » (29). Saint-Amant se retrouva, probablement au
début de juillet, dans sa ville natale, après une absence de près
de deux ans. Ce n'est peut-être pas sans une certaine mélancolie
qu'il remit le pied sur la terre ferme, car il devait bien soupçonner
qu'il ne connaîtrait plus jamais la volupté d'arpenter le pont d'un
navire, et de le sentir sous ses pas répondre à la lame, tandis que le

---

(29) B. N. fr. 17903 (*Lettres de Brasset*, 1651-1652), fᵒ 19.

vent creuse les voiles et siffle dans les haubans. Il se sentait pourtant marin dans l'âme, et dans la *Rade* encore il se vantait de ses connaissances en l'art de naviguer, aux dépens du pauvre Ulysse :

> Le sieur d'Ithaque le put bien,
> Quoy qu'au Mestier où le Pin vole,
> A mon regard, il ne sçeust rien.   (II 77)

Mais pour l'instant il avait d'autres soucis en tête. Il importait qu'enfin vît le jour sa grande œuvre, le *Moyse sauvé*, qui devait assurer sa gloire devant les générations futures.

CHAPITRE XVIII

LE *MOYSE SAUVE* (1651-1653)

Les mois qui suivent sont sans histoire. Ils ont été consacrés presque exclusivement à la mise au point définitive du *Moyse sauvé,* pour lequel un privilège fut accordé le 20 octobre 1653. On peut donc compter, si Saint-Amant revint en France au mois de juillet 1651, qu'il lui fallut deux bonnes années pour mettre la dernière main à son poème. Il avait encore du pain sur la planche en débarquant. Il s'explique à ce sujet dans les termes suivants :

> Quand je suis venu à le regarder de pié-ferme pour y donner la dernière main, et que j'en ay bien consideré toutes les parties ; j'ay fait comme celuy qui aprés de longs Voyages, tels qu'ont esté les miens, se retrouvant en sa propre Maison champestre, et venant à revoir son Jardin, en change aussi-tost toute la disposition. Il fait dresser des Allées, où il n'y en avoit point ; il fait arracher un Arbre d'un costé pour le transplanter de l'autre ; change la figure de son Parterre ; tasche à faire venir au milieu quelque Fontaine, qui l'embellisse ; l'orne de quelques Statuës ; racommode ses Espaliers, et les renouvelle : Si bien qu'encore que ce soit toujours le mesme Fonds, et le mesme Enclos, à-peine est-il reconnu de ceux qui l'avoyent veu auparavant. (II 139)

Sous le voile de la comparaison, ce passage indique dans quel esprit s'est fait le travail. Il s'est agi d'additions, symbolisées par les allées nouvelles, de changements dans la disposition des matières, mais avant tout d'embellissements (les fontaines et les statues) et de corrections destinées à mettre l'œuvre au goût du jour : ainsi remplace-t-on les espaliers qui ont fait leur temps. Qu'il ait réussi sur ce point, ou échoué, c'est une autre histoire. Il est certain qu'il s'imaginait avoir travaillé dans ce sens, confondant peut-être, par malheur, ses goûts personnels avec ceux des autres. Il poursuit en effet :

> On n'a pas tousjours les mesmes gousts : Ce qui nous sembloit excellent hier, ne nous semble pas bon aujourd'huy : et tel a admiré une chose en sa jeunesse, qui la trouve mauvaise, quand l'âge vient à meurir son jugement.

Pauvre Saint-Amant, s'il renie sincèrement le *Contemplateur,* la *Rome ridicule* ou l'*Epistre diversifiée* au profit du *Moyse sauvé !*

Il donne, dans l'épître de dédicace, une autre raison des changements introduits dans son poème ; nous ne sommes pas obligés de le croire sur parole, mais elle est intéressante, parce qu'elle laisse deviner l'ampleur de ces changements. Ayant rappelé comment les cahiers de son *Moyse* sont tombés entre les mains des Espagnols de Saint-Omer, il ajoute :

> Cependant le noble dépit que j'eus d'avoir veu en la possession de mains si communes et si indignes, ce qui osoit aspirer au sublime honneur de se voir un jour entre les plus illustres et les plus precieuses mains de la terre ; et la crainte que quelque curiosité profane n'en eust tiré quelque Copie, me firent resoudre deslors d'en changer toute la face et toute la tissure.

Il faut ajouter que l'œuvre n'était probablement pas achevée quand il partit pour la Pologne, comme il semble l'indiquer en déclarant à Louise-Marie, dans cette même épître :

> ...m'en allant en Pologne, pour rendre mes tres-humbles et tres-fidelles devoirs à V.M., et pour luy porter ce que j'avois déjà fait de cette Piece...

Il se livra donc à un travail important, mais dont il est difficile de préciser le détail. On a cherché ce qu'aurait pu lui inspirer le voyage qu'il venait d'accomplir, et surtout la vue des Juifs de Pologne, « des Juifs en groupes nombreux, en foule, presque à l'état de peuple qui a sa langue, ses mœurs spéciales » (1), mais sans pratiquement rien trouver, ce qui ne saurait surprendre, car on ne le voit guère prenant modèle sur ces personnages qui nous sont présentés comme « pleurards et obséquieux, guenilleux, huileux », pour peindre les nobles héros de son poème. On en est réduit à suggérer la division en douze chants imitée de l'*Enéide,* et l'adjonction de certains passages tirés du *Joseph,* entrepris jadis et resté inachevé (2). Joignons à cela naturellement les deux courts morceaux consacrés l'un au roi Casimir (II 185), l'autre à la reine Christine (II 243). C'est peu de chose en définitive.

Il faut se garder cependant de parler de révision hâtive ; il sera plus équitable de dire que nous ignorons ce qu'elle signifia exactement, mais qu'elle fut assez sérieuse pour absorber la majeure partie des loisirs du poète. Ces quelques mois, en effet, apparaissent désespérément vides dans son existence. Certes, l'année 1651 a vu paraître une édition de ses *Œuvres,* chez Toussaint Quinet,

---

(1) MANSUY, *op. cit.,* pp. 193-194.
(2) Cf. R. A. SAYCE, *The French biblical Epic in the seventeenth century,* Oxford, 1955, p. 83.

350   LE POÈTE SAINT-AMANT

en deux volumes in-quarto, mais avant son retour, le premier tout au moins, dont l'*Achevé d'imprimer* est daté du 2 avril. Saint-Amant avait cédé ses privilèges à son libraire habituel ; celui-ci a certainement agi de son propre chef, et s'est contenté de reproduire le texte des éditions précédentes, en l'agrémentant de quelques fautes d'impression (3).

On ne peut inscrire avec certitude au compte de ces années 1651-1653 qu'un sonnet de circonstance, ou peut-être deux. La reine de Pologne ayant donné le jour à un fils, en 1652, son gentilhomme ne pouvait que consacrer à un pareil événement au moins quelques vers, et ce fut le sonnet *Sur la naissance du P.D.P.* (II 98). Il est précédé, dans le *Dernier Recueil,* d'un autre sonnet, *Sur les prochaines couches de S.M.P.,* probablement écrit quelques jours plus tôt. Je n'aurai pas la cruauté d'insister sur ces sonnets : les remarques qui ont été faites au sujet de la *Vistule sollicitée* s'appliqueraient aussi bien à eux. Dans l'*Advis* qui précède les *Stances sur la grossesse,* Saint-Amant reconnaît que ces pièces, au moment où elles paraissent, ne sont plus de saison, puisque les deux enfants royaux n'ont pas vécu. Les eût-il supprimées, que sa gloire n'en eût pas été le moins du monde diminuée. Mais nous serions privés des quelques lignes fort savoureuses par lesquelles il se justifie de ne pas avoir jeté au feu, et condamné à un oubli éternel,

> les Escrits que nostre zele et nostre devoir ont tiré (*sic*) de nostre plume, en un temps legitime, où nos vœux font nos souhaits, et nos souhaits, nos predictions, qui comme purement poëtiques, ne sont pas obligées aux veritez des Prophetes.   (II 93)

C'est dire galamment qu'un poète a le droit de prédire ce qui lui plaît, mais que nul n'a le droit de lui reprocher ses erreurs !

Je n'oserais pas affirmer, bien qu'en 1658 Saint-Amant eût écrit : « Cette Piece a esté faite il y a plus de cinq ou six ans », que la *Galanterie champestre* ait été composée à la même époque, et non pas un peu plus tôt ou un peu plus tard. Elle est charmante, en tout cas ; doucement mélancolique, elle évoque sans mauvaise humeur la décrépitude qui vient avec la vieillesse, mais aussi la sagesse qui devrait toujours l'accompagner :

> Qui dit Vieillard avec Espoux,
> À le bien prendre dit Jaloux,
> Et quelque chose encor de pire :
> L'Homme impuissant peut tout oser :
> Ce seul mot donc te doit suffire,
> Je t'ayme trop pour t'épouser.   (II 73)

---

(3) Cf. *Bibliographie,* p. 121.

Ce refrain, « Je t'ayme trop pour t'épouser », revient à la fin de
chaque strophe, leit-motiv un peu précieux auquel fait écho le
« Je m'ayme assez pour te hayr » de la bergère qui lui répond ;
son « estrange discours », discours d'un « cœur double »,
d'un « parjure », l'a déçue et blessée, mais elle demeure toute
prête, si son vieux soupirant se décide en sens contraire, à s'écrier:
« Je m'ayme trop pour te hayr ». Ce n'est qu'un jeu d'esprit en
définitive, car je me refuse à croire qu'on puisse prendre cela pour
argent comptant, et supposer qu'on a voulu marier sur le tard ce
célibataire endurci (4).

Devrait-on ajouter à ces quelques vers une assez longue pièce
liminaire (huit strophes de onze vers) qui se lit en tête des *Murs
de Troye* des frères Perrault, poème burlesque paru en 1653 avec
un privilège de 1652 ? Elle est signée des initiales S. A., et Lachèvre la donnait sans hésiter à Saint-Amant (5). Je serais beaucoup
moins affirmatif. La lecture de la pièce ne donne nullement l'impression qu'elle ait été écrite par lui : on n'y reconnaît ni son style,
ni son vocabulaire. Assurément certaines des idées qui y sont
exprimées ne lui sont pas étrangères ; l'auteur de ces stances
s'élève contre les rimeurs qui « parlent Phébus », c'est-à-dire
« affectant de parler en termes magnifiques, tombent dans le gali-
mathias et l'obscurité », explique Furetière ; mais Saint-Amant
n'est pas le seul à l'avoir fait. La pensée de l'auteur est du reste
loin d'être précise. Il critique ceux qui pensent que les vers doivent toujours s'élever avec emphase « Sur l'Olympe ou sur le Cau-
case », ou qu'il faut toujours les voir « ajustez et galamment cou-
vers », même s'il ne s'agit que d'un faux clinquant. Mais un peu
plus loin il s'écrie :

> Mon dessein n'est pas toutefois
> De blâmer le stile Héroïque
> Et cette pourpre magnifique
> Qui doit parer les lieux où l'on reçoit les Rois.

Le voilà ensuite qui, après avoir écrit que Phébus quelquefois

> Aymera mieux les humbles toits
> Et le Chaume pourry d'une Case rustique
> Faite de tuileaux et de brique,

attaque violemment (dans ses excès naturellement) cette poésie
même qu'il vient de prôner, en des termes tels qu'on pourrait
croire directement visés Saint-Amant, ou certaines de ses œuvres:

> Ces ouvrages bâtis de boüe et de crachats
> Ne sont que de vrays nids à rats ;

_____

(4) Audibert et Bouvier, p. 165.
(5) Lachèvre, *Glanes*, II 72.

> Lors que l'on veut entrer dedans ces Casemates
> Il se faut mettre à quatre pattes ;
> Et pour ne pas sentir l'odeur du faguenas,
> Qu'au nez des ames delicates
> Les doigts servent de cadenas.

Les premiers vers peuvent être pris pour une allusion à la *Chambre du Desbauché*, dans laquelle un *rat* ne saurait entrer qu'à genoux ; toutes les rêveries sur Don Quichotte y sortent des « crachats » dont sont parsemés les murs. Et les trois derniers ne visent-ils pas le *Cantal*, où le faguenas (« odeur fade, pourrie, corrompue », dit Furetière) apparaît dès le premier vers ?

Si l'on ajoute que Saint-Amant n'a jamais utilisé une strophe qui ressemble, même de loin, à celle que l'on trouve ici (strophe hétérométrique de onze vers bâtie tout entière sur deux rimes), on admettra qu'il est difficile de maintenir sans les plus expresses réserves l'attribution. Resterait à expliquer les initiales S.A. : désigneraient-elles par hasard le comte de Saint-Aignan, dont le nom apparaît plus d'une fois, à partir de 1657, dans l'entourage de Pinchesne, à côté de celui de Charles Perrault ?

Laissons donc ces stances de côté, prudemment. Il reste deux sonnets, une petite pièce d'une centaine de vers ; ajoutons quelques épigrammes, encore qu'on ne puisse compter avec une presque certitude que celle sur l'*Amarillis* de la comtesse de la Suze (II 55) ; supposons même que certaines pièces non datées du *Dernier Recueil*, la *Desbauche hipocratique*, par exemple, ou la *Galanterie, à M.D.B.*, doivent entrer en ligne de compte : tout cela ne fait jamais qu'un bagage poétique assez mince pour une période de trente mois, et composé de pièces courtes uniquement, rapidement troussées. Les préoccupations du poète sont ailleurs.

On pourrait se demander, il est vrai, si quelque activité autre que littéraire n'aurait pas absorbé une partie de son temps. Au printemps de 1652 précisément, un sieur de Saint-Amant est mentionné dans deux lettres du comte d'Harcourt à Mazarin : il sert de messager entre le prince lorrain, alors en Guyenne, et le Cardinal. Dans la première, datée du 30 avril on lit :

> J'envoye encore le sieur de Saint-Amand auprès d'Elle (*Son Eminence*) pour tascher de la persuader de joindre le gouvernement d'une place à la proposition qu'Elle luy a fait pour l'eschange de celuy d'Alsace (6).

Dans la seconde, du 22 juin, nous voyons que le sieur de Saint-Amant (le nom est écrit ainsi cette fois) a rejoint le comte en Guyenne (7).

---

(6) Lettre publiée par le comte de Cosnac, *Souvenirs du règne de Louis XIV*, P., 1872, III 221.
(7) *Ibid.*, p. 374.

Il n'est pas question de passer sous silence ces documents, quoiqu'il me paraisse exclu qu'il s'agisse de notre héros. Je le vois fort mal servant ainsi de messager, parcourant les six cent cinquante kilomètres qui séparent Le Mas-d'Agenais, où se trouve d'Harcourt le 30 avril, de Saint-Germain, où la cour est établie, puis revenant rendre compte de sa mission. S'il avait été le seul à porter le nom de Saint-Amant, il aurait bien fallu se résigner, et reconnaître qu'une fois de plus il s'était laissé entraîner par son tempérament aventureux dans une campagne qui, vraiment, n'était plus de son âge. Mais ce n'est nullement le cas. Il se trouvait précisément dans l'armée du comte d'Harcourt un personnage de ce nom qui contribua, comme maréchal de bataille, à la défaite des troupes du prince de Condé devant Cognac, en novembre 1651 (8) : c'est certainement de lui qu'il s'agit.

Il est donc sage de s'en tenir à l'opinion traditionnelle, qui veut que le poète, à son retour de Stockholm, se soit installé à Rouen pour y polir en paix les vers du *Moyse*. Je ne m'en écarterais volontiers que sur un point ; il ne me paraît pas assuré du tout qu'en débarquant il ait poussé jusqu'à Paris. Qu'aurait-il été y faire ? Instruit par la désagréable expérience du blocus de 1649, et sachant que la situation était loin d'être stabilisée, il a fort vraisemblablement préféré se tenir à l'écart du guêpier, et ne pas risquer de se trouver enfermé de nouveau.

Il y revint sans doute dans le courant de l'année 1653, lorsque tout fut enfin rentré dans l'ordre. Il lui fallait s'occuper de l'impression du volume, et d'abord s'entendre avec un libraire, Quinet étant mort en 1651. Il fit choix d'Augustin Courbé, lequel avait édité, dans les années précédentes, les œuvres de plusieurs de ses amis, Corneille, Scudéry, Tristan, par exemple. L'impression fut probablement faite à frais communs (9), et nécessita un certain temps, d'autant que le volume fut orné de deux planches, un portrait de Louise-Marie et un frontispice représentant la princesse d'Egypte sur son char. Saint-Amant attachait une extrême importance à la correcte exécution typographique de ses ouvrages : que n'aurait-il pas fait pour le *Moyse*, son enfant chéri ? Les tractations avec Courbé, aussi bien que les soins à donner à l'impression, exigeaient donc sa présence à Paris un certain temps avant la sortie du volume.

Il eut la malchance de tomber gravement malade au milieu du travail. Nous n'en savons du reste pas plus à ce sujet qu'il n'a daigné nous en dire, et c'est peu de chose :

> Au reste, écrit-il, comme je suis tombé malade d'une maladie tres-perilleuse, pendant l'Impression de ce Livre, et que je n'en

---

(8) *Gazette*, 1651, p. 1337.
(9) Cf. *Bibliographie*, pp. 48 et 57.

suis pas encore trop bien remis en faisant cette Preface que j'ay brochée à la haste et qui en portera peut-estre les marques ; je n'ay pas eu le moyen d'en revoir exactement toutes les Espreuves ; et par ainsy, il s'y est glissé quantité de fautes, tant en la ponctuation, qu'en l'obmission, ou au changement de quelques lettres ; et plus que tout, en mettant de grandes lettres au lieu de petites, et de petites au lieu de grandes ; ce que j'ay remarqué, lors qu'il ne s'y pouvoit plus donner ordre. Cela se corrigera en une seconde Edition, si l'Ouvrage merite d'estre r'imprimé.

Cela lui fournit l'occasion d'ajouter, avec une feinte modestie :

Cependant je prieray le Lecteur d'estre indulgent à mes fautes propres, et d'espargner une plume qui n'a jamais passé sous la ferule.   (II 147)

Ponctuation, majuscules : vétilles, en somme, et le poète risque d'apparaître exagérément scrupuleux : petit accès de coquetterie dont on ne saurait lui tenir rigueur.

Il revint sur le sujet de cette maladie, et de ses conséquences fâcheuses, dans la lettre qu'il écrivit à Samuel Bochart en réponse aux critiques formulées par celui-ci. Le savant ministre avait attiré son attention sur un hémistiche dans lequel il avait écrit de Moïse: « Il revient voir le Nil », alors que, dans les vers précédents, il se trouvait à Saba, la future Meroé, située précisément sur ce fleuve (II 195). Le poète se défend dans les termes suivants :

La faute vient de ce qu'ayant retranché, pour certaines considérations, quantité de vers entre deux en cet endroit..., la faute, dis-je, vient de ce qu'estant tombé malade pendant l'impression de mon livre, le correcteur n'a pas pris garde à un mot raturé dans la copie à cause de ce retranchement, et je ne m'en suis non plus aperceu depuis ; autrement je l'aurois mis en l'errata. (II 332)

Il est curieux que l'erreur n'ait jamais été corrigée par la suite. Passe pour les contrefaçons ; mais on la retrouve dans l'édition de petit format que donna Sommaville en 1660. L'auteur se serait-il désintéressé de son œuvre ?

Il ne s'en désintéressait en tout cas nullement en 1653, et l'on devine son impatience, alors qu'il se voyait cloué au lit, chez son bon hôte Monglas certainement. Nous l'avons entendu déclarer qu'il avait « broché » tant bien que mal, dans de déplorables conditions, sa préface : on me permettra de n'en rien croire.

Ce long morceau, capital pour qui veut connaître ses idées littéraires, ne donne absolument pas l'impression d'avoir été rédigé à la hâte, et d'être l'œuvre d'un convalescent affaibli par une dangereuse maladie. Il a déjà été étudié, plus cependant sur des points

de détail que dans son ensemble (10). Il ne sera donc pas inutile
d'y revenir, les remarques qu'on a faites à son sujet restant assez
dispersées.

Il ne faut pas y chercher une composition rigoureuse, ni un corps
de doctrine. Même dans ce morceau un peu didactique, le poète
se laisse aller par moment à sa fantaisie ; il a voulu donner à son
lecteur l'impression d'un aimable entretien, dans lequel il répond
aux questions ou aux objections, passant sans le moindre scrupule
d'un thème à un autre. Nous sommes loin de la manière de procéder d'un Chapelain, lequel organise clairement sa matière autour
de quelques idées essentielles, parfois surabondamment dévelop-
pées, à plus forte raison d'un père Le Moyne, qui fait précéder son
poème, à partir de 1658, d'un *Traité du Poëme héroïque* en forme.
Le résultat, c'est qu'on lit sans trop d'ennui la préface du *Moyse*,
plus courte au demeurant, et qu'on n'en saurait dire autant des
autres.

Saint-Amant s'explique tout d'abord sur le titre d'*Idyle héroïque* donné à son œuvre. Celle-ci, dit-il, ne correspondait pas à ce
que réclame l'épopée. Plutôt que de se contenter du simple mot
« Poème », il a préféré faire choix de celui d'Idyle, quoiqu'il fût
« à peine connu en nostre Langue », et ne fût employé d'ordinaire
« qu'à de petites Matieres narratives et fabuleuses » (II 140). Il a
pris soin d'ailleurs de se mettre à couvert, en précisant qu'il avait
consulté là-dessus « nostre illustre Academie ». Nous avons le
témoignage d'un de ses membres, Guillaume Colletet, ami particulier du poète, lequel semble vouloir indiquer qu'il fut responsable
de l'orthographe du mot (11). Il atteste aussi que, malgré les précautions, les critiques ne manquèrent pas, et virent dans le rapprochement des deux termes « Idyle héroïque » une alliance monstrueuse (12). Parmi ces critiques, il faudra compter un peu plus
tard Jacques de Coras, mais il exposera un autre grief, qui ne tend
pas à moins qu'à accuser Saint-Amant, sans le nommer, mais en
le désignant assez clairement, de pédantisme :

> Je n'ay pas voulu, non plus, intituler mon Poëme, *Idile Héroïque*,
> parce qu'encore que je pusse me fonder, en cela, sur quelque
> exemple, et peut-estre sur quelque raison, je n'ay pas creû le
> devoir faire, de peur de donner à mes Lecteurs la peine de recou-
> rir aux Grecs et aux Italiens pour entendre le titre de mon
> Livre (13).

Immédiatement après cette question préliminaire, et comme
s'il voulait s'en débarrasser, Saint-Amant aborde de front le grave

---

(10) R. BRAY, *La Formation de la doctrine classique en France*, P., 1927, *passim* ; R. A. SAYCE, *op. cit., passim* ; GOURIER, pp. 203-206. Cf. aussi ADAM, II 66-67.
(11) G. COLLETET, *Discours du poème bucolique*, P., 1657, p. 45.
(12) *Ibid.*, p. 39.
(13) CORAS, *Jonas, ou Ninive penitente*, P., 1663, f° a vii v°.

problème avec lequel se trouve aux prises tout auteur de poème héroïque, celui que pose la soumission aux règles des Anciens. On connaît son point de vue à ce propos :

> Sans m'arrester tout-à-fait aux regles des Anciens, que je revere toutesfois, et que je n'ignore pas ; m'en faisant de toutes nouvelles à moy-mesme, à cause de la nouveauté de l'invention, j'ay jugé que la seule Raison me seroit une authorité assez puissante pour les soustenir. Car en effet, pourveu qu'une chose soit judicieuse, et qu'elle convienne aux personnes, aux lieux, et aux temps, qu'importe qu'Aristote l'ait, ou ne l'ait pas approuvée ? (II 140)

Position de bon sens, puisqu'il ne rejette pas en bloc ces règles qui ont fait leurs preuves, mais demande qu'elles soient adaptées à une époque différente, et qu'on veuille bien ne pas oublier la primauté de la raison. Le curieux de sciences apparaît dans cette réflexion, qui, pour ne pas être des plus originales, n'en est pas moins judicieuse :

> Il s'est descouvert des Estoilles en ces derniers Siecles, qui luy auroyent fait dire d'autres choses qu'il n'a dittes s'il les avoit veuës.

Viennent ensuite un certain nombre de remarques, sur lesquelles je passerai plus rapidement. Un poète, déclare-t-il, n'est pas un historien, et peut se permettre certaines inventions, même dans une histoire sacrée. De même, il est légitime d'employer les noms de la Fable, afin de rendre les choses plus poétiques. Et de conclure :

> Comme certaines Estoffes, pour avoir esté tissuës par des mains payennes, ne laissent pas d'estre employées à l'embellissement des Autels chrestiens : ainsi se peut-on servir de tout ce que l'Antiquité a laissé de rare et de beau, pour le convertir en un usage sainct et legitime ; et c'est faire du Pantheon, et de tant d'autres Temples dediés aux faux Dieux, des Eglises consacrées au Dieu eternel et veritable.   (II 142)

Mais, avant cette conclusion, il avait inséré un court développement sur les néologismes et les archaïsmes dont il avait usé, indispensables à l'écrivain qui, dans ce genre de poèmes, se trouve toujours devant une langue trop pauvre pour la richesse de ses pensées. Ici encore il allègue le témoignage de l'Académie, en faveur du mot *maint,* « qui est tres-commode, estant tout ensemble singulier, et pluriel », argument que lui emprunta Desmarets dans l'*Advis* qu'il mit en tête de *Clovis.*

Le paragraphe suivant est fort mélangé, puisque, après avoir indiqué comment il a pris dans Josèphe et dans Philon beaucoup d'éléments qui ne sont point dans la Bible, il en profite pour reve-

nir sur les inventions légitimes aux poètes, et sur les règles de
l'épopée, ce qui l'amène à se glorifier d'avoir renfermé son sujet

> non seulement dans les vingt et quatre heures, comme le Poëme
> dramatique est obligé de faire, mais presqu'en la moitié de ce
> temps.   (II 143)

Et ce tour de force n'est nullement préjudiciable, prétend-il, à
la clarté des matières, toutes diverses qu'elles soient. N'aurait-il
donc pas vu ce que ce resserrement poussé à l'extrême apportait
d'artificiel à la composition de son œuvre ?

Revenant ensuite à ses sources, et aux Anciens, il s'explique une
fois de plus sur la question de l'imitation, et s'élève vigoureusement contre ceux qui font des Anciens leurs idoles :

> *Ils* voudroyent que l'on fust servilement attaché à ne rien dire
> que ce qu'ils ont dit, comme si l'Esprit humain n'avoit pas la
> liberté de produire rien de nouveau.

Est-ce une inadvertance de sa part ? Il termine le paragraphe
par une anecdote qui, prise au pied de la lettre, semble aller à
l'encontre de ce qu'il veut prouver. Un homme, raconte-t-il en
effet, traitant un jour ses amis, les pressait de boire d'un vin
médiocre, sous prétexte qu'il était de son cru, quand l'un d'eux
s'écria : « Plust à Dieu qu'il fust de celuy d'un autre, et qu'il fust
meilleur ! »

Il vaudrait la peine de citer intégralement les lignes qui suivent, dans lesquelles Saint-Amant, avec une naïveté désarmante,
s'adresse lui-même les louanges qu'il aimerait recevoir des critiques. Certes, tout le monde sera d'accord avec lui quand il affirme:

> La description des moindres choses est de mon appanage parti-
> culier.

Chapelain l'avait déjà remarqué. Mais on le suivra plus difficilement, et l'on ne pourra s'empêcher de sourire, en lisant de
fières déclarations comme celle-ci :

> Ce n'est pas... que dans une certaine vanité secrète, dont la Muse
> a bien de la peine à se deffendre, il (*son Génie*) ne croye avoir
> produit quelques eschantillons qui peuvent legitimer en quelque
> sorte la bonne opinion qu'il a de luy, et faire voir qu'il n'est
> jamais mieux dans son Element, que lors qu'il s'enfonce dans
> les sujets les plus graves et les plus sublimes : mais c'est une
> flaterie de l'amour propre que je desavoüe tout-à-fait, et que je
> ne veux escouter en aucune des façons du monde.   (II 144)

Il est difficile à la fois de se juger aussi mal, et de s'exposer
avec plus de candeur au reproche de « fierté », que ne lui ménage
pas un Tallemant, par exemple.

Après avoir donné quelques explications portant sur des points
d'histoire, Saint-Amant s'attache à certains faits d'histoire naturelle, et nous retrouvons avec plaisir le curieux des sciences, et
l'observateur avisé des choses de la nature, dans le portrait précis
qu'il fait d'un ichneumon, dont il a soigneusement examiné un spé-
cimen à Paris, ou dans l'évocation « de certains Vers-Luisans qui
volent comme des Mouches », les lucioles qu'il a observées en
Italie. Quel dommage qu'il ne nous ait pas laissé des relations, en
prose, de ses voyages ! Il tient néanmoins à rappeler ses expériences d'homme qui a vu presque toutes les « raretez de la nature »
(II 146), et pense que ses lecteurs lui en sauront gré.

Il s'explique ensuite brièvement sur les allégories, et de telle
façon qu'il nous invite lui-même à ne pas chercher trop loin dans
ce domaine :

> Il y a un sens caché dessous leur escorce, écrit-il en particulier,
> qui donnera dequoy s'exercer à quelques Esprits ; mais dans la
> recherche qu'ils en pourront faire, peut-estre me feront-ils dire
> des choses à quoy je ne pensay jamais (14).   (II 147)

Il formule enfin de très intéressantes remarques sur le style :
nécessité de « rompre la mesure afin de la diversifier », de respecter « la différence qu'il doit y avoir du stile qui narre au stile
qui descrit », possibilité d'employer, dans un grand poème, toutes
sortes de styles, « excepté le bas ». Pour finir, une idée qui lui
est particulièrement chère, l'obligation créée au poète d'avoir des
connaissances plus que superficielles en musique et en peinture,
sans lesquelles « il est presque impossible de faire d'excellens
Vers, ...tant il y a de rapport entre la Poësie et ces deux autres
Sciences » (II 147). Il faut seulement regretter qu'il n'ait pas toujours su mettre en application ses principes (15).

On ne m'en voudra pas de laisser ici de côté le poème lui-
même; son étude déborderait largement le cadre de cet ouvrage, et
surtout elle a déjà été faite, avec autant de précision que de per-
tinence (16) : je n'aurais pu que répéter, en le résumant, ce qu'on
trouvera facilement ailleurs.

Lorsqu'elle fut imprimée à la fin de novembre, Saint-Amant
s'empressa d'offrir son œuvre à ses amis et à ses protecteurs. Nous
avons par bonheur conservé un certain nombre de volumes qui
portent, au faux-titre en général, une dédicace de sa main. Je

---

(14) Contre l'interprétation trop systématique de A. MARNI, *Allegory in the
french heroic poems of the seventeenth century*, Princeton, 1936, pp. 120 sqq.,
voir les remarques de SAYCE, *op. cit.*, p. 190, et de GOURIER, p. 210.

(15) Cf. Y. LE HIR. *La Langue et le style du Moïse sauvé*, Le Français moderne,
XIX. 1951, pp. 107-108.

(16) SAYCE, pp. 84-103, et pp. 147-247 *passim* ; GOURIER, pp. 206-222.

connais actuellement quinze de ces envois, et la liste n'est probablement pas close (17).

On rencontre d'abord un groupe de personnages importants,
remplissant de hautes fonctions, à commencer par le chancelier
Séguier, dont les relations avec le poète ont déjà été signalées.
Il est d'autant plus naturel de le trouver ici qu'à la mort de Richelieu il était devenu protecteur de l'Académie française ; plusieurs
noms avaient été mis en avant, ceux de Mazarin, du duc d'Enghien; mais tous les académiciens qui étaient « dépendants, ou ser-
viteurs de M. le Chancelier » menèrent en sa faveur une vigoureuse
campagne, et c'est lui qui fut choisi dans la séance du 9 décembre 1643 (18). Saint-Amant se trouvait alors en Angleterre, mais il
applaudit certainement à la désignation. Un second exemplaire fut
envoyé à Mme de Laval, Marie Séguier, fille aînée du Chancelier. Celle-ci, veuve en premières noces du marquis de Coislin,
lequel avait été des amis du poète, avait épousé Guy de Laval,
second fils de la marquise de Sablé ; elle était alors veuve pour la
seconde fois, son mari ayant été tué en 1646.

Un troisième exemplaire fut adressé *A Mgr le Premier Président,* c'est-à-dire à Pomponne de Bellièvre, qui portait ce titre
depuis le 22 avril. On le trouve constamment mêlé à la vie intellectuelle de l'époque. Il réunissait chez lui des écrivains, en tête des-
quel était Gilles Boileau, dont il faisait « une sorte d'introducteur
des gens de lettres » (19). Boisrobert lui adressa une de ses *Epistres,* et déplora sa mort, en 1657, dans une autre, envoyée à Boileau ; Scarron, après lui avoir fait parvenir, en 1650, une *Requeste*
relative à ses procès familiaux, lui dédia le recueil de ses *Œuvres*
en 1654; Ménage le célébra également, mais les bonnes relations ne
durèrent pas entre eux ; Costar lui adressa une de ses lettres (20).
Nommons encore, parmi ceux qui gravitaient autour de lui, Furetière, qu'en 1658 Saint-Amant appellera « le très-cher Monsieur de
Furetière », et peut-être Corneille (21). Il faut surtout noter ses
accointances avec le cardinal de Retz, dont témoignent tant de passages des *Mémoires;* après l'emprisonnement de celui-ci, à l'époque
donc qui nous intéresse, il groupa autour de lui les gens de lettres
restés fidèles à l'esprit de la vieille Fronde (22), et il est possible,
bien qu'à notre connaissance il ne lui ait adressé aucun vers, que
Saint-Amant ait compté parmi eux. Enfin, et ce n'est sans doute pas
le moins important, il était le propre cousin germain de M. de
Tilly, dont la mère était Marie de Bellièvre.

(17) Je ne donnerai les références que pour ceux qui ne figurent pas dans
ma *Bibliographie,* p. 45.
(18) PELLISSON, I 132.
(19) ADAM, II 158.
(20) *Lettres de Costar,* I 84 ; cf. TALLEMANT, II 299.
(21) G. COUTON, *La Vieillesse de Corneille,* P., 1949, p. 33.
(22) ADAM, II 100.

Le raprochement des noms qui précèdent marque déjà que le poète ne se laissait enfermer dans aucune coterie. La présence d'un exemplaire qui fut envoyé à Abel Servient le confirme. En effet, Bellièvre nourrissait à son égard une solide animosité (23). Il est du reste possible que l'hommage ne soit dû qu'à sa qualité de confrère à l'Académie, où il avait été reçu dès mars 1634. Mais on sait qu'il se piquait d'honorer les gens de lettres, multipliait les égards envers Balzac, se faisait le protecteur de Ménage après que que celui-ci, en 1652, eut quitté le Coadjuteur. Il déclarait un jour « qu'il se faisoit un plaisir de donner à dîner aux Savans et aux beaux Esprits » (24) ; Saint-Amant fut-il du nombre ?

Non content d'envoyer son volume à Servient, il fit hommage d'un bel exemplaire à un vrai « suppôt » de Mazarin, Isaac de Laffemas. A la mort de Richelieu, celui-ci avait repris sa charge de maître des requêtes (25) ; il ne cessa pas de faire preuve de loyalisme envers le pouvoir, et mit sa plume au service du Cardinal pendant la Fronde ; au Parlement, il soutint courageusement l'autorité royale (26). J'ignore absolument quelles purent être ses relations avec Saint-Amant.

Voici maintenant le groupe des amis, ceux que nous connaissons déjà : « le rare et illustre Monsieur l'Abbé de Villeloin », « mon tres cher et tres rare Amy Monsieur Chevreau », « mon tres cher et tres rare Amy l'Illustre Monsieur Corneille », « ma tres chere et tres illustre moitié Monsieur le Baron de Villarnoul », et Conrart (27). Il faut leur joindre, parmi les hommes de lettres, Costar, que nous retrouverons bientôt, et d'Ablancourt (28). La formule employée pour celui-ci est la même que pour Chevreau, ce qui laisse supposer un certain degré d'intimité. Nicolas Perrot d'Ablancourt était de l'Académie, ayant été reçu en 1637 ; il comptait en outre au nombre des amis particuliers de Des Réaux, et Saint-Amant dut le rencontrer dans la maison des Tallemant ; chez Conrart aussi : ce dernier, quand d'Ablancourt se fut « accoquiné à la province » (29) — et c'était sans doute chose faite en 1653 — lui offrait l'hospitalité durant ses séjours parisiens.

Un autre académicien, Mézeray, reçut aussi le volume. Mais il convient de faire une différence avec les précédents dédicataires: il ne s'agit cette fois que d'un simple envoi, sur la feuille de garde. Le fait aurait de quoi surprendre si l'on admettait, avec les bio-

---

(23) *Ibid.*

(24) *Menagiana*, éd. 1715, I 305.

(25) G. MONGRÉDIEN, *Le Bourreau du cardinal de Richelieu, Isaac de Laffemas*, P., 1929, p. 137.

(26) *Ibid.*, pp. 139 sqq., et p. 147.

(27) B. N., fichier Charavay, tome 156 : *ex-dono* détaché du volume.

(28) Exemplaire de la Bibl. de Fontainebleau, qui m'a été très aimablement signalé par M. G. Gendreau, conservateur.

(29) TALLEMANT, II 244.

graphes de Des Yveteaux, que Mézeray fut l'un des commensaux du bonhomme, son compatriote (30). Mais l'abbé d'Olivet, dont le texte est à l'origine de cette affirmation, écrit simplement que Mézeray, vers 1630, débarqua chez des Yveteaux, qui lui conseilla de ne pas se lancer dans la poésie, mais de s'appliquer à la politique et à l'histoire, et lui procura un emploi dans l'armée des Flandres ; après deux campagnes, il revint à Paris, et s'enferma au collège de Sainte-Barbe durant six ou sept années de suite (31). Rien n'atteste qu'il ait continué à venir fréquemment chez des Yveteaux. Je ne pense du reste pas qu'on puisse soutenir, en sens contraire, que « le milieu galant où les circonstances l'avaient introduit... bientôt ne lui avait inspiré que du dégoût » (32). Plus simplement, tout absorbé par la composition de ses ouvrages, il avait autre chose à faire qu'à se joindre aux joyeuses compagnies qui, le couteau au poing, se lançaient à l'assaut d'un jambon.

Où Saint-Amant connut-il le savant Jean de Launoy, le « dénicheur de saints », qui fut précisément le conseiller de Mézeray pour les matières ecclésiastiques ? S'il est un homme qui semble éloigné de lui, c'est bien celui-là, qui passait son temps à entasser dissertation sur dissertation, et presque toujours en latin. Il existe pourtant un volume qui porte, sur la page de garde, un envoi à son nom. On peut supposer qu'ils furent mis en relations par Marolles, qui fait un très bel éloge de Jean de Launoy (33), et loue « ses écrits et sa conversation ». Il s'attaquait du reste intrépidement aux fausses dévotions et aux superstitions, ce qui ne devait pas déplaire à Saint-Amant.

J'ai parlé ailleurs de M. de l'Angle, Jean-Maximilien de Baux, pasteur de l'Eglise réformée de Rouen, et souligné que la dédicace très amicale à son nom (sous la même forme que pour Chevreau) dénotait autre chose qu'un simple geste de courtoisie (34). Terminons par un autre protestant, Jean-Marie Hervart (ou Herwart). Son nom n'apparaît pas dans les œuvres du poète, et n'a jamais été signalé ; cependant un exemplaire du *Moyse*, sur grand papier, porte une dédicace « Pour mon tres cher et tres veritable frere et Amy, Monsieur Jean-henry Heruart ». Nulle part ailleurs, on l'aura remarqué, ne figure ce terme de «frère», et cela paraît caractéristique de relations qui étaient, ou avaient été fort étroites, bien que n'ayant laissé aucune autre trace. Jean-Henri Hervart, seigneur d'Henningen, était le frère, et l'associé du célèbre financier Barthélémy Hervart, adjoint en 1653 à Servient et Foucquet dans la surintendance des finances. Les deux frères avaient

---

(30) G. MONGRÉDIEN, *La Vie et l'œuvre de Vauquelin des Yveteaux*, p. 123 et pp. 135-136, d'après la *Notice* du baron Pichon (1846).
(31) PELLISSON, II 164-166.
(32) W. H. EVANS, *L'Historien Mézeray*, P., 1930, p. 40.
(33) MAROLLES, I 298.
(34) *Protestantisme*, p. 252.

entrepris en 1642 le desséchement des marais de la région d'Arles, et Jean-Henri y avait établi une seigneurie, dite des Marais, où il se retira après la Fronde, au château appelé depuis Le Fort d'Hervart, délaissant les opérations financières pour les travaux agricoles (35). Il est bien inutile d'épiloguer sur ses relations avec le poète, puisqu'on n'en sait rien de plus que ce que laisse deviner la dédicace.

Certains exemplaires de présent, c'est évident, ont disparu au cours des siècles ; au surplus, il en dort sans doute encore quelques-uns sur les rayons des bibliothèques. Il est certain, par exemple, que Saint-Amant en avait envoyé un à Samuel Bochart. L'ouvrage se trompa même d'adresse, et le poète fit parvenir à son ami une épigramme, *Au fameux et docte Monsieur Bochart, sur une méprise en l'envoy d'un Livre* (II 54) ; elle est reproduite dans les œuvres du ministre, où nous apprenons que le volume avait atterri chez un avocat rouennais nommé Bouchart (36). Je citerai encore Guillaume Colletet. Ce dernier avait célébré le *Moyse* avant son impression, dans une pièce de son recueil d'épigrammes, portant le titre « Le Vray Poète », et qui disait :

> Des que je vis tes Vers, dont le noble Genie
> Avec le jugement, joint la vivacité,
> Je creus, cher Saint-Amant, dans ma joye infinie,
> Que Virgile, ou Le Tasse, estoit ressuscité (37).

A la parution du volume, il chargea sa femme, la belle Claudine, de prendre la plume à son tour ; elle s'en acquitta dans une épigramme de quatre vers, et le poète s'empressa de répondre par un madrigal des plus galants (II 51). On pourrait apporter d'autres noms, Chanut, Tilly, le duc de Retz : mais à quoi bon ?

Quel accueil le public réserva-t-il au *Moyse sauvé* ? On assure souvent que cet accueil fut assez chaleureux, en se basant sur les rééditions qui se succédèrent. C'est là une vue superficielle, et, quand on va au fond des choses, on aboutit à des conclusions sensiblement moins optimistes. Il faut bien constater, d'abord, que l'édition in-quarto partit mal ; quatre ans et demi après sa parution, il en restait huit cent quatre-vingt-dix exemplaires, chiffre considérable, si le tirage avait été, comme il est normal, de douze ou quinze cents. Les contrefaçons en petit format de 1654 se vendirent peut-être un peu mieux, puisqu'elles furent toutes deux réimprimées — une dizaine d'années plus tard, il est vrai ; mais

---

(35) Comte de Dienne, *Histoire du desséchement des lacs et marais en France avant 1789*, P., 1891, p. 43.
(36) *Opera omnia*, éd. de 1712, I 1097.
(37) *Epigrammes du sieur Colletet*, P., 1653, p. 224.

cela reste tout relatif, car une bonne part de celle de Hollande, restée en magasin, ressortit en 1700; et l'on constate que Somma-ville n'éprouva pas avant 1660 le besoin de lutter contre la con-currence de ces contrefaçons par une édition in-douze (38). Des poèmes comme l'*Alaric* de Scudéry, le *Saint-Louys* du père Le Moyne, voire la *Pucelle* de Chapelain, ont eu plus de succès, si l'on se fie au nombre de leurs éditions : peut-être parce qu'ils étaient plus franchement des poèmes épiques de forme tradition-nelle.

M. Adam a fort justement signalé que le *Moyse,* encore tout pénétré de marinisme, ne pouvait être apprécié de lecteurs dont le goût avait changé (39). Faguet notait déjà que l'œuvre aurait eu plus d'audience en 1635, et que ce « mélange d'héroïque et de bur-lesque, de haut style et de précieux » n'était plus à la mode en 1653 (40). Assurément, quelques confrères entonnèrent, un jour ou l'autre, le chœur des louanges ; malheureusement on peut toujours croire qu'ils y furent poussés par l'amitié, à quoi s'ajoutait, pour certains, le fait qu'ils présentaient eux-mêmes au public un poème héroïque, et que jouait dans la préface dont ils le faisaient précé-der une sorte de complicité, ou de solidarité. Guillaume Colletet, en dehors de son épigramme, consacre toute une section de son *Dis-cours du poème bucolique,* en 1657, à un *Jugement de l'Idyle heroï-que de Gerard de sainct Amant* : en fait, il ne parle guère que du titre, comme nous l'avons vu plus haut, et, pour le reste, se retran-che derrière de vagues formules, telles que celle-ci :

Je ne pretens pas icy faire son Apologie, puis que l'ouvrier et l'ouvrage se defendent assez eux-mesmes (41).

La phrase n'est guère compromettante, et pourtant je suis con-vaincu que Colletet, dans son éloge, était parmi les plus sincères. Tout aussi généraux restent les quelques mots que consacre au *Moyse* Chapelain, dans la préface de la *Pucelle,* en tête d'une sorte de « distribution des prix », répartissant équitablement les fleurs à ses émules. Nous connaissons ses véritables sentiments par sa correspondance ; et quand il loue le *Moyse* pour sa « peinture par-lante », nous constatons qu'il n'a pas changé d'opinion depuis que le poète lui en lisait des fragments, et que, dans le particulier, il apporterait toujours les mêmes réserves.

Scudéry, dans la préface de l'*Alaric,* qui parut quelques mois seulement après le *Moyse,* se montre, en apparence, beaucoup plus enthousiaste, quoi qu'il prétende n'avoir presque rien lu de l'œuvre. Cela correspond bien à son tempérament de « matamore

---

(38) Pour tous ces faits, cf. *Bibliographie,* nᵒˢ 37-46.
(39) ADAM, II 66.
(40) *Histoire de la poésie française,* II 287.
(41) *Op. cit.,* p. 41.

des lettres », qui lui faisait naguère rédiger un avertissement fra-
cassant pour les œuvres de Théophile. Après avoir déclaré que
l'argument d'un poème épique doit être pris dans l'histoire chrétienne, mais non pas dans l'histoire sainte, il ajoute :

> Il en faut pourtant excepter le Sujet qu'a pris mon illustre Amy
> Monsieur de Saint Amant : car il est certain que la vie de Moyse
> a tout le merveilleux que l'invention pourroit donner : et comme
> l'Art du Poëte y a sans doute aussi bien mis le vray-semblable,
> son Ouvrage doit estre autant estimé des Sçavans, que j'estime
> son esprit, et que j'ayme sa personne (42).

Il est fâcheux, évidemment, que cet éloge commence par une
condamnation des sujets bibliques, et que Scudéry croie nécessaire
d'ajouter qu'il parle surtout en considération du mérite de l'auteur, et de ce que lui a dit l'abbé de Villeloin, « homme de beaucoup d'érudition, et de qui les inclinations sont aussi nobles
que la naissance » ! Retenons les termes dans lesquels il parle
de Saint-Amant, de son esprit et de sa personne ; je n'ai pas eu
l'occasion jusqu'ici de mentionner Scudéry parmi les amis de notre
poète ; il est pourtant certain qu'ils se connaissaient de longue
date, ne serait-ce que pour s'être rencontrés à l'Académie. Encore
un nom, pourtant, qui n'apparaît nulle part dans les œuvres de
Saint-Amant.

A côté de ces éloges, quelques « éreintements » sont venus jusqu'à nous, dont le plus connu reste le mot de Furetière — un ami,
pourtant — désignant le poème sous le titre de *Moyse noyé* ; Tallemant est trop heureux de rapporter ce mot cruel, après avoir
écrit que « rien au monde n'a si mal réussi » (43). Quelques années
plus tard, Costar paraît bien refléter l'opinion courante en écrivant, dans un *Mémoire des gens de lettres célèbres en France*,
datant de 1655, et destiné à Mazarin :

> Saint Aman. Bon Poëte pour le burlesque, très mauvais pour
> l'héroïque : son Moyse est une chose pitoyable ; il a pourtant
> de belles descriptions (44).

Pourtant, Costar était, lui aussi, un ami, qui se montrait tout
fier, l'année suivante, de recevoir au Mans un poète aussi célèbre que M. de Saint-Amant ! Accordons-lui que ce *Mémoire* n'était
pas destiné à la publicité, et qu'il aurait pu prétendre qu'il ne faisait que répéter ce que tout le monde pensait ; cela n'empêche pas
qu'il ait manqué un peu trop de charité à l'égard d'un homme
vieilli, et qu'il n'avait pas besoin d'accabler sous des termes aussi

---

(42) Ed. de 1659, fº a xi vº.
(43) I 590.
(44) Texte publié par le père DESMOLETS, *Mémoires de littérature et d'histoire*,
Tome second, P., 1749, p. 324.

désobligeants — surtout qu'en même temps il écrivait de Chapelain, dont la *Pucelle* n'avait alors pas meilleure presse que le
Moyse sauvé : « Le premier Poëte du monde pour l'heroïque », le
mettant ainsi sur le même plan que Corneille pour le théâtre.

Depuis Théophile Gautier, les jugements portés sur le *Moyse*
sont en général beaucoup plus nuancés, et les critiques s'accordent,
à quelques exceptions près, pour dire qu'il renferme de vraies
beautés, au milieu cependant de développements fastidieux, et qu'il
est plus lisible que la grande majorité des poèmes ses contemporains. Assurément, on trouve quelques jugements catégoriques,
résolument défavorables, tels ceux de Sainte-Beuve et de Petit
de Julleville ; encore ne peuvent-ils s'empêcher de reconnaître
à l'œuvre quelques qualités, « des détails assez agréables »,
concède le premier (45), « un vrai talent de facture et de singuliers
bonheurs d'expression », accorde le second (46). Et des condamna-
tions aussi virulentes se font de nos jours de plus en plus rares.

---

(45) *Causeries du Lundi*, XII 189.
(46) *Histoire de la langue et de la littérature française*, IV 72.

CHAPITRE XIX

LA VIEILLESSE (1654-1656)

Voilà encore une page tournée dans l'existence de Saint-Amant. Il aborde sa soixantième année avec la conscience du devoir accompli : fort des six mille vers, ou presque, du *Moyse* (bien que ce nombre reste modeste, comparé aux masses pesantes de certains poèmes contemporains), il va pouvoir souffler un peu, et revenir à de moins grandioses entreprises.

Une épigramme date de ce temps-là, qui mérite de nous arrêter quelques instants. Dans les dernières semaines du mois de novembre 1653, un intéressant animal, le perroquet de Mme du Plessis-Bellière, passa de vie à trépas, et la *Gazette* de Loret ne manqua pas de signaler l'événement. Suzanne de Bruc, marquise du Plessis-Bellière, sœur du poète Montplaisir, recevait dans sa maison de Charenton des gens du monde et des littérateurs, tels que Bensserade, Boisrobert, le père Le Moyne, Loret, d'autres plus obscurs (1). Parmi les habitués figurait Nicolas Foucquet. D'après Pellisson, ce fut lui qui, le premier, s'avisa de composer un sonnet en bouts-rimés sur la mort du perroquet (2). On en rencontre effectivement un sous son nom, commençant par ce vers :

> Le pauvre perroquet n'usa point de... chicane (3).

Mais de plus le *Recueil Sercy,* qui en contient vingt-cinq sur ce sujet, fait suivre l'un d'eux des initiales M.L.P.G., c'est-à-dire Monsieur le Procureur général (4), autrement dit le même Foucquet. Il présente, au second quatrain, le vers suivant :

> L'on verra Saint Amant devenir... diafane,

qui n'eut pas l'heur de plaire au poète. Lui-même plaisantait volontiers sur son embonpoint, admettait sans doute que certains en fissent autant. Mais il répliqua vertement à Foucquet sous le titre de *Responce à certain vers d'un Bout-rimé :*

---

(1) Cf. U. V. Chatelain, *Le Surintendant Nicolas Fouquet protecteur des lettres, des arts et des sciences,* P., 1905, pp. 68 sqq.
(2) Sarasin, *Œuvres,* éd. Festugière, P., 1926, I 462.
(3) B. N. fr. 864, p. 51 : *Autre par Mr Fouquet procureur general.*
(4) *Recueil Sercy, Trosième partie,* p. 394 de l'éd. de 1658.

> Il est vray, je l'avouë ycy,
> Saint-Amant, n'est point diaphane.
> Il est gros et gras, Dieu-mercy,
> Et tord la croupe en cu de Cane.
> Mais celuy qui d'un si haut son
> Pour l'Oyseau mort fit la plainte aigre,
> Quoy qu'il ait le garbe assez maigre
> S'engraisse bien d'autre façon.   (II 60)

On se demande quelle mouche l'a piqué, car il n'y avait pas de quoi se fâcher à ce point. On est amené à cette conclusion qu'il a saisi cette occasion pour attaquer, et violemment, quelqu'un qui lui déplaisait. Car, ne nous y trompons pas, l'auteur du sonnet en bouts-rimés est ouvertement accusé de malversations; s'il s'engraisse, c'est avec l'argent des autres, par des manœuvres frauduleuses. On retrouve ici l'aversion que portait Saint-Amant aux gens de finances, avec peut-être quelque chose en plus. Certes, il est impossible d'enfermer le poète dans une coterie quelconque. Il n'est pas indifférent pourtant de relever que Foucquet fut en mauvais termes avec Séguier, qui finit par concevoir contre lui une véritable haine (5) ; qu'il fut un adversaire des Gondi (6) ; qu'il avait contre lui Conrart (7), Furetière, Chapelain (8). Il est vrai que d'un autre côté il estimait fort Chanut, et qu'il protégea Costar : mais c'est probablement un peu plus tard seulement.

Au printemps de 1654, Saint-Amant était installé à Rouen. Pour autant que nous soyons renseignés, ses séjours dans sa ville natale vont se faire plus fréquents durant ses dernières années. Il se peut évidemment que le hasard seul nous ait conservé pour cette période plus que pour les autres les traces de sa présence dans la maison de famille. Mais il ne serait pas invraisemblable que, vieillissant et devenu plus casanier, il se fût rapproché du seul foyer qui lui fût proche, celui de sa sœur et de ses neveux.

Il avait offert, on l'a vu, un exemplaire de son poème à Samuel Bochart, pasteur de l'Eglise de Caen. Bochart lui envoya ses observations, dans une lettre qui est perdue ; la réponse du poète, datée du 5 mars 1654, fut écrite *A la Verrerie à Rouen*. Nous passerons rapidement sur cet échange épistolaire, dont il a été question déjà. Il faut noter pourtant ici l'espèce de coquetterie que met Saint-Amant à se défendre sur des points de détail, tantôt en invoquant ses autorités (parmi lesquelles figure du Bartas, à côté de Josèphe et de Philon) ou le témoignage de ses propres voyages, tantôt en rappelant des précédents, tantôt en se fondant sur les droits de la

---

(5) CHATELAIN, *op. cit.*, p. 489.
(6) *Ibid.*, p. 58.
(7) *Ibid.*, p. 112.
(8) A. ADAM, *Les Premières Satires de Boileau*, Lille, 1941, p. 19.

poésie. N'aurait-il pas mieux fait, au fond, de s'en tenir à cette idée fort sensée :

> Tous les yeux ne sont pas si clairvoyans que les vostres ; tout le monde ne va pas puiser dans la vraye et profonde source des choses, comme vous faites ?   (II 334)

Il se flattait sans doute d'avoir désarmé son redoutable adversaire, auquel il déclarait :

> Mais je m'asseure que toutesfois et quantes que, par un excès de generosité charitable, vous entreprendrez de me défendre contre vous-mesme, vous me ferez triompher d'un des plus grands hommes du siecle.   (*ibid.*)

Il n'en fut rien ; Bochart répliqua, avec une surabondance de citations et de références, latines, grecques ou hébraïques (sa réponse occupe quarante-deux colonnes dans ses œuvres, la lettre de Saint-Amant en tenait quatre !), qui ne put que laisser pantois le pauvre poète, lequel, sagement, s'abstint cette fois de répondre.

Bochart du reste l'y engageait lui-même. Il lui rappelait tout d'abord qu'il avait négligé le meilleur des arguments en sa faveur, celui que lui fournissait le *Quandoque bonus dormitat Homerus* d'Horace. Il ajoutait ces remarques fort justes, destinées à mettre du baume sur les blessures d'amour-propre qu'il lui infligeait :

> Quand vous vous seriez mépris en quelque chose ou de l'histoire, ou de la nature, qu'est-ce qu'on en peut inférer, sinon que vous n'avez pas tout seû ? ce qui se peut aussi dire des Scaligers, et des Saumaises, et des plus savans du siècle. Mais cela ne vous empesche pas de tenir rang entre les poëtes les plus admirables, dont le propre, quoy qu'on en die, n'est pas de rien ignorer (autrement il n'y auroit jamais eû de poëtes) mais de représenter les choses avec grace, et naïveté. En quoy vous excellez tellement, que je puis dire, sans vous flater, que je ne connois personne qui vous égale (9).

Bochart termine sa longue lettre en demandant à son correspondant de lui pardonner ses critiques, qui n'ont qu'une seule raison d'être : lui permettre, dans une seconde édition, de corriger ce qui risquerait de choquer les plus difficiles. Mais, ajoute-t-il, reprenant sous une forme un peu différente ce que Saint-Amant lui avait écrit, les lecteurs ne recherchent pas dans un pareil poème les détails d'histoire naturelle ou d'antiquités judaïques, mais « de quoy se divertir par l'élégance du stile, et la gentillesse des inventions » — choses qui abondent dans le *Moyse sauvé* (10).

---

(9) Bibl. de l'Arsenal, ms. 4116, p. 635. Les *Opera omnia* de Bochart, éd. cit., I 1098, donnent un texte (latin) légèrement différent, dans les détails.
(10) *Ibid.*, p. 739 (Bochart, p. 1139).

En 1654 également (il l'indique dans une note), Saint-Amant écrivit une *Epistre à Monsieur l'Abbé de Villeloin*, son ami Marolles, et la publia en une plaquette in-quarto de treize pages, imprimée à Rouen par Laurens Maurry (11), ce qui veut probablement dire qu'il était encore dans cette ville, à un moment que nous ne pouvons d'ailleurs préciser davantage. Le prétexte en était une lettre de change arrivée de Varsovie, un quartier de sa pension, à moins qu'il ne s'agît d'une gratification particulière pour la dédicace du *Moyse*. Autour de cet événement, retrouvant la manière de l'*Epistre à Villarnoul* ou de l'*Epistre diversifiée*, il brode un certain nombre de développements, qui n'ont parfois que des rapports assez lointains avec ces questions pécuniaires. Celles-ci tiennent pourtant une place non négligeable, et les confidences qui nous sont faites à leur sujet sont fort intéressantes, on l'a souvent relevé, car elles fournissent la preuve que, jusqu'à cette date au moins, le poète n'avait jamais connu les affres de l'impécuniosité. Après avoir décrit, pittoresquement, l'état de sa cassette, qui regorge de pistoles, et qui, comme plus tard le savetier de La Fontaine, tressaille au moindre bruit, et s'alarme « si le Chien, si le Chat la regarde », il déclare :

> Non que du bien se faisant une Idole,
> Jusqu'à l'excés elle ayme la pistole ;
> Ni que son ventre en sa capacité
> Ait jamais veu l'aspre Necessité :
> Graces aux Cieux, depuis que sa peau sombre
> De mes Soleils ceint l'éclat et le nombre,
> Ces beaux Amis n'ont point souffert encor
> D'éclipse entiere en mon petit tresor.   (II 45)

Il est vrai que, s'il n'a jamais connu le besoin, il le doit à une stricte économie :

> Il est bien vray que sans quelque ménage
> J'en eusse enfin joüé le personnage...
> Il m'a falu tout au moins du pain-bis,
> Et les Saisons ont usé mes habits.
> Mais qui l'eust creu ? ma vieille et sage bource
> Dans son épargne a trouvé sa ressource.   (II 46)

Un Saint-Amant « ménager », voilà qui peut paraître paradoxal; n'oublions pas cependant son ascendance normande, et commerçante, qui pourrait y avoir contribué.

A côté de cela, l'épître apporte un certain nombre d'indications d'ordre littéraire. La plus intéressante concerne le burlesque. Saint-Amant fut l'un des initiateurs de ce genre en France;

---

(11) *Bibliographie*, n° 47.

et voici qu'il porte contre lui une condamnation sans appel, lui reprochant d'avoir dégénéré, et de n'être plus que la caricature de lui-même :

> Je n'y vay plus, la Source en est gastée :
> Mille Bouquins de l'infame portée
> S'émancipant, chacun sçait comme quoy,
> D'y voir leur trongne, et d'y boire aprés moy,
> Ont fait enfin, par leur puante haleine,
> De son cristal une onde si vilaine,
> Qu'un Altéré, plutost que d'y courir,
> Prés de ses bords se laisseroit mourir.   (II 44)

Cela correspond à une réalité, que M. Adam a dégagée avec une grande précision (12), mais sans citer ce précieux témoignage de notre poète. Lorsque le burlesque fit son apparition dans notre littérature, note-t-il, nul ne songeait à y voir une menace pour le bon goût ; mais tout changea quand il fut adopté par les pamphlétaires, qui l'utilisèrent pour leurs libelles politiques, et le rendirent méconnaissable. « Les mêmes hommes qui l'avaient introduit en France, ou qui l'avaient encouragé de leurs sympathies, reculèrent épouvantés devant un déluge de grossièreté et de sottise qui atteignit son paroxysme en 1649... Aux gens d'esprit et de goût, il ne resta plus qu'à se dégager ». Scarron le fit dès cette époque, dans la dédicace du *Cinquième livre* de son *Virgile travesty* ; il revint à la charge en 1658, lorsque le père Vavasseur publia son ouvrage, en latin, contre le burlesque, assurant :

> Si j'avois à écrire contre quelque incommodité du genre humain, ce seroit contre les Vers Burlesques... Après les mauvaises haleines et les mauvais plaisans, je ne connois point de plus grande incommodité (13).

Saint-Amant aurait certainement souscrit à ces paroles, lui qui condamne « ces ridicules Chantres » avec « leurs plattes faceties ». Et c'est, je crois, une raison supplémentaire pour lui refuser la paternité de la *Berne Mazarine,* pamphlet écrit en 1651 contre le Cardinal, qu'on a pensé lui attribuer, mais dans laquelle il n'est pour rien, ainsi que je l'ai montré ailleurs (14).

Un peu plus loin, le voici qui réfléchit sur les difficultés qu'affronte un poète quand il se voit contraint de s'adresser aux grands de ce monde. En un charmant passage, qui ferait presque songer à quelque badinage du siècle suivant, il évoque les obligations qu'imposent les usages protocolaires :

---

(12) A. ADAM, *Note sur le burlesque,* XVIIᵉ siècle, nº 4, 1949, pp. 83-84.
(13) *Lettre A..,* que je cite d'après les *Dernières œuvres de Scarron, Tome second,* P., 1752, p. 93.
(14) *Saint-Amant serait-il l'auteur de la Berne Mazarine ?* Bull. du Bibl., 1962, pp. 335-344.

M'a-t'on instruit, sçais-je bien qu'une marge
Doit estre au moins de quatre doigts de large ?
Qu'après Madame il en faut vingt de blanc ?
Qu'en ces Escrits le Vous n'a point de rang ?
Que le Respect parle en tierce personne ?
Qu'à chaque mot Vostre Majesté sonne ?
Bref qu'en tel cas il faut un bon Docteur
Pour bien tomber sur l'humble Serviteur ? (II 46)

Ce n'est pas tout ; lorsqu'est parachevé le remerciement, qu'il est connu, les critiques commencent à pleuvoir, quoi qu'on ait fait. Il faut pourtant s'exécuter, et le poète promet d'entonner une ode à la louange de sa bienfaitrice, « mais sans tous ces misteres ».

Une ode ? Voilà qui l'entraîne à dire son mot, une fois de plus, sur les genres littéraires à la mode. Il ne s'agit pas, précise-t-il d'abord, d'une ode à l'antique, comme en écrivait Ronsard, avec antistrophe et épode : pareille résurrection ferait rire les lecteurs. Et cependant, d'anciennes formes poétiques sont bien revenues en honneur, l'églogue, l'épître, le rondeau, le triolet ; on ne peut toujours faire du nouveau, « De mode en mode on retourne aux premieres ».

Serait-ce donc qu'il se montrât favorable, sans restrictions, à ce retour au passé, symbolisé par « le grand, le superbe Lyrique » et sa « morgue pindarique » ? Certainement pas ; il raille, au contraire, ainsi qu'il le faisait déjà dans la *Petarrade aux Rondeaux,* ceux qui voudraient revenir jusque dans la forme aux genres d'autrefois. Qu'on leur prenne ce qu'ils avaient de bon, c'est normal, et souhaitable : lui-même le fait dans ses épîtres ; mais il est nécessaire de les adapter au goût du jour, sans quoi l'on risque de sombrer dans le plus parfait ridicule.

La promesse qu'il faisait, d'adresser ses remerciements en Pologne, fut-elle tenue ? Nous n'avons aucune trace d'une ode, ni d'une pièce quelconque d'ailleurs ; toutefois il peut fort bien n'avoir expédié qu'un manuscrit, perdu depuis. Il serait d'autant plus étonnant qu'il n'eût rien écrit, que son *Epistre à l'Abbé de Villeloin* fut imprimée séparément, et que les engagements qu'il y prenait se trouvaient ainsi rendus publics. Nous ne connaissons, comme œuvre composée après 1654 à la gloire de la souveraine, que la *Généreuse,* qui date de la fin de 1656 ; encore l'offrit-il, en fin de compte, non pas à la reine de Pologne, mais à sa sœur la Palatine, lorsqu'il la fit imprimer en 1658. N'aurait-il pas passé pour un ingrat aux yeux de Louise-Marie s'il n'y avait pas eu autre chose ?

Le 3 mai 1655, les académiciens choisirent, pour remplacer Germain Habert, abbé de Cerisy, l'abbé Charles Cotin. La même année paraissait son *Traité de l'âme immortelle,* qu'il fit envoyer à Saint-Amant par l'intermédiaire de Marolles. Sans doute le poète

était-il alors à Rouen, sans quoi l'auteur n'avait guère de raisons
de ne pas le lui remettre personnellement. Saint-Amant en écrivit
un court billet à son ami, que Cotin reproduisit plus tard dans ses
Œuvres galantes, après qu'il eut, semble-t-il, couru les salons,
puisqu'une dame lui écrivit :

> On m'a dit que Saint Amant en a écrit une si belle lettre à
> M. l'Abbé de Villeloin en vostre faveur, que je brule d'impatience
> de la voir. Saint Amant n'est pas un homme que je soupçonne
> de flatterie (15).

Le billet est un éloge dithyrambique, rempli de pointes du plus
mauvais goût (II 494). Ne faut-il y voir que formules de politesse ?
Si l'on ne peut évidemment défendre le Cotin bel esprit, dont s'est
gaussé Molière, l'écrivain sérieux n'était pas négligeable, et son
Traité « le situe parmi les bons apologistes de ce temps » (16). Les
louanges qu'il reçoit sont donc au moins partiellement méritées.

Il ne faut pas s'étonner de voir Saint-Amant en relations avec
lui. L'abbé était grand ami de Marolles ; il fréquentait le salon
de Mme de Montbel, alliée de celui-ci, où il retrouvait en particulier Jean de Launoy (17). Il comptait parmi les ennemis de
Foucquet (18), et prononça en 1659, au nom de l'Académie, l'oraison funèbre de Servient. On voit que les points de contact ne manquaient pas. Toutefois, Cotin n'admirait pas sans réserves les œuvres de notre poète. Une dame lui ayant demandé pour étrennes
« les Poésies nouvelles de Saint-Amant », il répondit :

> J'ay regret que le Livre que je vous donne ne vous puisse plaire
> par tout, et que les libertez de son Autheur ne respondent pas
> toûjours à la pureté de son langage. Vous trouverez sans doute
> qu'il se condamne un peu par les sujets qu'il traitte, quand il se
> fait admirer par la maniere dont ils sont traittez (19).

Seule trouve vraiment grâce à ses yeux « l'Elegie où Saint
Amant se plaint de son malheur et de l'absence de Sylvie » (est-ce
la *Plainte sur la mort de Sylvie* ?) ; il est vrai que la lecture de
cette pièce l'a « enchanté », et qu'il « en baise toutes les lignes
autant de fois qu'il les relit » !

En cette année 1655, les préoccupations de Saint-Amant sont
très sérieuses. Il affirme avoir lu deux fois de suite le *Traité de
l'âme immortelle,* et se propose de ne pas en rester là. En même
temps, il entreprend la composition de ses *Stances à Monsieur*

---

(15) *Œuvres galantes de Mr Cotin, seconde édition augmentée,* P., 1665, I 47.
(16) P. SAGE, *Le Préclassicisme français,* P., 1962, p. 189.
(17) MAROLLES, I 325 et III 320.
(18) ADAM, II 97.
(19) *Op. cit., Seconde partie,* p. 348.

Corneille sur son Imitation de Jésus-Christ, qui paraîtront l'année suivante.

A cette époque, Corneille n'avait publié qu'une partie de sa traduction — les deux premiers livres, et trente chapitres du troisième, pas tout à fait les trois cinquièmes de l'œuvre. Avait-il communiqué le reste en manuscrit à son compatriote ? Il est impossible d'en décider. Tout ce que l'on peut dire, c'est que le quatrième livre, consacré à l'Office divin et à la Communion, n'a pas laissé de traces dans les *Stances.* De toute façon, c'était un ouvrage très répandu, un des plus goûtés du XVIIᵉ siècle ; pareil à beaucoup de ses contemporains, Saint-Amant pouvait l'avoir lu, et médité avant que Corneille ne le mît en vers.

Nous touchons ici à un problème d'une grande importance : quelle fut la sincérité de ses convictions religieuses au terme de son existence, et, par là même, celle des vers chrétiens qu'il écrivit alors ? Personne, je crois, ne l'a sérieusement mise en doute ; même un critique comme M. Adam, qui émettait d'expresses réserves sur sa conversion, estimait infiniment probable « qu'avec le temps il finit par adhérer dans le fond de l'âme à la religion du royaume » (20). Cependant, il ne faut pas trop lui demander : l'écrivain, chez lui, reprendra toujours le dessus, quelque résolution qu'il ait prise. Je ne pense pas qu'il se mente à lui-même quand il déclare regretter amèrement ses œuvres de jeunesse ; après avoir affirmé que « Profaner le Talent c'est pis que l'enfoüyr », c'est probablement du fond du cœur qu'il clame son remords. Il va jusqu'à désavouer son œuvre trop profane, dont il rougit maintenant :

> Enfin dans mon regret mon cœur sincere et franc
> Pour en effacer l'encre offriroit tout mon sang. (II 103)

Pourtant, lorsque, deux ou trois ans plus tard, il imprimera son *Dernier Recueil,* à côté de ces *Stances,* d'une si haute inspiration, on y trouvera des pièces bien légères, comme la *Polonoise* ou la *Rade,* et même le *Gobbin* qu'il est allé rechercher dans ses vieux papiers ; bien mieux, deux couplets qui auraient dû figurer dans la *Rome ridicule,* ainsi qu'un *Impromptu* qui les suit, dont le moins qu'on puisse dire est qu'ils frisent l'obscénité. Faudrait-il donc le taxer d'hypocrisie ? Gardons-nous d'aller jusque-là, et voyons seulement en lui un vieillard qui ne peut se déprendre des habitudes de toute une vie, qui sent aussi que sa veine ne jaillit plus comme autrefois, et désire ne rien laisser perdre de ce qu'il a produit.

Remarquons d'ailleurs en quels termes il s'adresse à Corneille. Certes, il approuve pleinement celui-ci d'avoir consacré son temps

---

(20) ADAM, I 94.

à faire passer en vers de « graves leçons » ; le Ciel ne peut manquer de couvrir de ses bénédictions « Ces Fleurs, ces dignes Fleurs dont *ses* Vers sont ornez ». Certes, il lui demande de ne plus les utiliser en « vaines productions ». Mais il ne peut s'empêcher de regretter la retraite du grand tragique, et finit par lui demander de revenir au théâtre. Comment concilier tout cela ? En représentant dans une tragédie la Passion du Christ, « le vray Heros », répond-il d'abord ; mais, ajoute-t-il, si le respect t'interdit d'envisager un tel sujet,

> Empiete sur la Chaire, et trompant le Demon
> Fay qu'en la Comedie on trouve le Sermon.   (II 104)

Il semble qu'en fin de compte on puisse dégager comme suit le fond de sa pensée : si le Ciel nous a donné du talent, ou du génie, il ne faut pas le laisser dormir. Corneille doit continuer à écrire pour le théâtre, pourvu que, ce faisant, il apporte au public de grandes leçons, et contribue à son édification ; Saint-Amant, de son côté, n'abandonnera pas la Muse, mais à la condition de ne plus écrire que des choses sérieuses — et ce seront les *Stances* ou la *Généreuse*. Cependant, il est impossible de revenir en arrière, et Corneille ne saurait pas plus rayer de ses œuvres ses tragédies profanes que Saint-Amant les poésies légères qu'il a composées déjà. Bref, cela reste assez flottant, et le Ciel même semble admettre, aux yeux du poète, certains accommodements dont lui-même ne négligera pas de profiter.

Tout cela, malgré certaines apparences, n'a donc rien de très rigoureux, et Saint-Amant s'y montre plus proche de la morale des Jésuites que de celle de Port-Royal. Aussi, rencontrant quelques strophes dans lesquelles, en passant, il aborde le problème de la grâce, sommes-nous amenés à nous demander si vraiment, comme on l'a soupçonné (21), il se trouverait, dans ce domaine purement théologique, quelque influence du jansénisme. Nous savons en effet que le poète continuait à être accueilli à l'hôtel de Liancourt, lequel en était devenu l'un des foyers dans le monde de l'aristocratie.

En fait, il semble bien qu'il n'en soit rien. Voici les trois strophes les plus caractéristiques :

> Mais, sans le secours de la Grace
> Cét Esprit, quoy que fort, de luy seul agissant,
> N'auroit rien que de languissant
> A soûtenir le poids de cette impure Masse :
> Et qui pour l'estayer, sur Dieu ne s'estayroit,
> Dessous son propre orgueil soudain trébucheroit.

---

(21) GOURIER, p. 196 : « L'influence possible du jansénisme se révèle enfin lorsque Saint-Amant aborde la controverse sur la grâce divine ».

C'est cette mesme Grace encore
Qui de ce grand Travail t'a fait venir-à-bout ;
En toute chose elle peut tout,
Et c'est la seule aussi qu'en tout besoin j'implore :
Le merite n'est rien, et l'Homme est criminel
Qui croit par le Neant s'obliger l'Eternel.

Ce n'est pas que les Œuvres saintes
Ne puissent de Là-haut exciter la faveur ;
Mais dans le pur Sang du Sauveur,
Dans cette vive pourpre il faut qu'elles soyent teintes :
Autrement leur vertu n'en peut rien obtenir
Qui puisse en leur espoir s'assurer l'Avenir.   (II 101)

Un théologien consulté m'assure qu'il n'y a là rien que de strictement orthodoxe ; la phrase un peu absolue « le merite n'est rien » est amplement compensée par la strophe qui la suit. On est même, ajoute-t-il, dans l'admiration de cette précision théologique, les œuvres saintes tirant leur valeur du sang du Christ. Un peu plus loin, Saint-Amant insiste sur la misère de l'homme, écrivant entre autres :

Le masque bas, pour se connestre,
De sa Misere mesme il fera son Miroir ;
En cette Glace il pourra voir
Combien dans son neant est abismé son estre :
Il verra ses deffauts, il verra ses erreurs,
Et n'aura plus pour luy que de saintes horreurs.   (II 104)

Il ne fait que rejoindre des hommes aussi peu suspects de jansénisme que Bérulle et Olier : ce dernier nous invite, par exemple, à nous considérer comme des chiens et des cadavres pourris qui doivent être méprisés par tous (22). Remarquons qu'il n'avait aucune peine à trouver dans l'œuvre de Corneille plus d'un passage appuyant sur cette misère de l'homme. Il lisait dès le chapitre 2 :

Qui se connoist soi-même en a l'ame peu vaine,
Sa propre connoissance en met bien bas le prix,

ou, plus loin :

C'est donc avec raison que l'ame s'humilie,
Se mesestime, se deplaît,
Toutes les fois qu'en soi fortement recueillie
Elle examine ce qu'elle est (23).

_____

(22) *Pietas seminarii*, cap. VII.
(23) Livre I, chap. 22 ; cf. aussi Livre III, chap. 20.

Les remarques qui précèdent laissent donc entrevoir un homme qui réfléchit sur sa religion, et n'est pas incapable d'en parler avec une précision suffisante, montrant ainsi qu'il la pratique autrement que du bout des lèvres.

Il était au courant, cela va de soi, des développements pris alors par les querelles dont Port-Royal était devenu le centre, et qui allaient aboutir, le 23 janvier 1656, à la première *Provinciale*. Il déplore ces disputes entre chrétiens ; il exprime le souhait que les deux partis, éclairés par la lumière d'en-haut, et faisant un retour sur eux-mêmes, cessent les hostilités :

> Plust à Dieu que cette Science
> Des Partis si fameux assoupist les debats !
> Et que châcun, les armes bas,
> En voulust écouter sa propre conscience !
> Elle seule en est juge, et tout cœur en secret
> S'en prononce à soy-mesme un tacite decret (24).   (II 101)

On comprend aisément son désir de voir les adversaires s'accommoder, quand on se souvient qu'il fréquentait à l'hôtel de Liancourt, mais aussi chez le Chancelier, très hostile aux jansénistes. Les deux noms sont rapprochés dans une phrase significative d'une lettre de Costar, remerciant Saint-Amant du bien qu'il dit de lui « chez Monsieur le Chancelier, à l'Académie, à l'Hostel de Liancourt » (25). Il risquait ainsi de se trouver, entre l'arbre et l'écorce, dans une situation peu confortable.

Je me suis longuement attardé sur ces quelques points, mais il ne faut pas se dissimuler que, pour Saint-Amant, l'essentiel des *Stances* n'était probablement pas là. Ce qu'il a développé avec le plus de complaisance, c'est le portrait d'un « dévot » (il emploie le mot), qui, s'appuyant sur les leçons de l'*Imitation*, tente d'approcher de la perfection. Retenons-en, laissant de côté ce qui est peinture purement morale, le tableau d'une vie modeste, où la nourriture sera simple, le lit quelconque, le luxe banni, pour que soit consacré à l'aumône ce qu'il aurait coûté (II 108-109). Portrait idéal, dont on peut se demander si Saint-Amant n'a pas pensé, un moment, prendre le titre de son poème. Urbain Chevreau a conservé dans ses œuvres une lettre qu'il lui écrivit de Loudun, et qu'il date du 15 juillet 1656. On y trouve le passage suivant :

Nôtre Michel de Montagne eût été surpris de voir les dernieres productions de vôtre esprit... Il sort de la chaleur et de la lumiere

---

(24) Une stricte orthodoxie pourrait reprocher ici au poète de faire uniquement appel au jugement de la conscience, sans indiquer le devoir impérieux qu'elle a de s'instruire et de se former.

(25) *Lettres de M. Costar*, I 794.

dont vous avez animé (*sic*) vôtre HOMME DE BIEN : et vous avez peint en deux façons, pour l'Eternité (26).

On a voulu voir dans cet *Homme de bien* un ouvrage aujourd'hui disparu (27) ; mais il s'agit sans aucun doute des *Stances à Corneille*. On peut supposer que Chevreau les désigne ainsi de son propre chef, mais aussi que Saint-Amant lui a envoyé son poème, ou une partie de celui-ci, avant sa parution, et que lui-même avait envisagé de leur donner ce titre. L'œuvre a malheureusement paru sans *Achevé d'imprimer* (28), et l'on ne saura jamais sous quelle forme Chevreau l'avait entre les mains en écrivant.

A propos de cette lettre, signalons au passage une autre erreur, qui remonte à Livet. Saint-Amant aurait entrepris une *Carte du pays de Raison*, perdue également. Il suffit de lire sans parti-pris la lettre pour voir qu'il n'en est rien. « S'il vous prend envie de faire la Carte du Pays de la Raison, écrit Chevreau, ne l'étendez pas généralement au deçà de la riviere de Loire », car « la plupart des Provinciaux... ne connoissent ni les bons mots, ni les belles choses ». On voit qu'il ne s'agit nullement d'un projet dont Saint-Amant aurait entretenu son ami.

Les *Stances à Corneille* se terminent par une sorte d'appendice, les treize dernières strophes étant consacrées à la reine de Pologne, aux épreuves qui l'assaillent et aux consolations que pourrait lui apporter l'œuvre de Corneille. Elles sont assez artificiellement rattachées à ce qui précède, et l'on est enclin à se demander si elles n'ont pas été ajoutées après coup. Divers indices semblent pourtant s'y opposer. En premier lieu, les malheurs de la Pologne ne sont évoqués que rapidement, et dans des termes très vagues. Saint-Amant imagine que la reine a reçu les vers de Corneille, et il s'écrie :

> Déjà, dans les dures alarmes
> Où l'engage le sort de son grand CAZIMIR,
> Tes Vers l'empeschent de fremir,
> Arrestent ses regrets, et suspendent ses larmes. (II 111)

Charles-Gustave, roi de Suède après l'abdication de sa cousine Christine, envahit le territoire polonais en juillet 1655 ; en quelques mois, il occupa la plus grande partie du pays, et Louise-Marie dut bientôt se réfugier en Silésie. Les vers de Saint-Amant ont bien l'air d'être antérieurs à son départ, ou, pour être plus exact, au moment où l'on en eut connaissance en France.

Le poète insiste beaucoup sur des personnes un peu mystérieuses qui tiennent alors une place de choix dans l'entourage de la souveraine. Il cite

(26) *Œuvres meslées de Monsieur Chevreau*, La Haye, 1697, p. 25.
(27) DURAND-LAPIE, p. 470, généralement suivi depuis.
(28) Cf. *Bibliographie*, n⁰ˢ 48 et 49.

tous ces dignes Anges
Qui sous un front mortel sont allez voir le sien,

il les appelle « Ces Sœurs qui d'un vray Pere ont pris leur origine ». Un peu plus loin, il assure que la reine « Répare par des
Sœurs la perte des Enfans », et montre enfin « cette Reine entre
ses Vierges ». Il entend évidemment parler des religieuses de la
Visitation que Louise-Marie avait fait venir du faubourg Saint-
Jacques, et qui, non sans de multiples péripéties, avaient fini par
débarquer à Varsovie le 16 mai 1655 (29). Elles suivirent la reine
en Silésie, fuyant les envahisseurs : il me semble que Saint-Amant
aurait fait allusion à leurs tribulations s'il les avait connues.

Je m'en voudrais de ne pas citer les derniers vers. Saint-Amant,
dans tout le poème, s'est montré le meilleur des confrères, accor-
dant sans marchander à Corneille les plus flatteuses louanges. Il
a bien le droit, après cela, de se souvenir de son œuvre personnelle, et de glisser une allusion au *Moyse* à la fin d'une pièce écrite
à la gloire d'un autre. Elle est du reste discrète, celle allusion, puisqu'il se contente de supposer que Louise-Marie, lorsqu'elle ornera
son « cabinet » de l'*Imitation* cornélienne, pourra réserver une
petite place à son *Idyle héroïque* :

> Et peut-estre, ô JESUS, que comme sur Thabor,
> MOYSE à tes costez s'y verra luire encor.   (II 113)

On assigne généralement à une date rapprochée de celle des
Stances un *Fragment d'une méditation sur le crucifix* qui clôt le
Dernier Recueil de 1658. Il est possible qu'on ait raison, mais rien
ne le prouve. Ne s'agirait-il pas, comme pour le *Joseph* qui précède, d'un fragment plus ancien, correspondant à un projet ébau-
ché, puis abandonné dans un tiroir, et repris en 1658 pour contribuer à former ce que le poète appelle ailleurs un « juste
volume » ? J'ajouterais volontiers, tout en ne méconnaissant pas
la fragilité de ce genre d'indices, que l'écriture m'en paraît celle
d'un Saint-Amant plus jeune, avec un curieux mélange de réa-
lisme et de convention, des antithèses et des pointes souvent très
artificielles, mais qui dégagent, par leur excès même, un charme
singulier (30). Il est regrettable qu'on ne puisse fixer une date précise pour ces quelques strophes, car nulle part le sentiment religieux ne s'est exprimé chez lui avec autant de sincérité.

Il serait fort intéressant, puisqu'il passa sans doute à Rouen
la majeure partie des années 1654-1655, de connaître les milieux

---

(29) On lira le pittoresque récit de leurs mésaventures dans M.-L. PLOURIN, *op.
cit.*, pp. 150-157.
(30) On trouvera d'excellentes remarques sur cette œuvre dans GOURIER, pp. 196-
198.

qu'il y fréquentait, les amis ou les simples relations qu'il avait
dans cette ville où la vie intellectuelle était si active, malgré
l'attrait de la capitale assez proche. Nous sommes malheureusement à ce sujet dans une ignorance à peu près complète.
Aucune certitude, même, sur la nature exacte des relations avec
Corneille. Pour les autres écrivains rouennais — un Louis Petit,
un Coqueteau de la Clairière, un Brébeuf — nous ne savons rien
(31). Seul le dernier est nommé dans les œuvres de Saint-Amant ;
mais peut-on tirer des conclusions d'une épigramme dans laquelle
il se trouve associé à Corneille et à Saint-Amant lui-même en un
trio, celui des champions de l'esprit normand :

> Corneille, Brébeuf, Saint-Amant,
> Font triompher l'éclat Normand ;
> Brébeuf, Saint-Amant, et Corneille,
> Ont une verve sans pareille :
> Saint-Amant, Corneille, et Brébeuf
> Aux plus forts presentent l'esteuf.   (II 72)

Nous avons rencontré, parmi les amis de notre héros, un sieur
de Saint-Laurens, qui l'était aussi de Brébeuf ; cela ne suffit nullement à attester des relations suivies entre les deux poètes.

A la fin de l'année 1655, un nouveau deuil vint toucher Saint-
Amant : Anne Girard mourut à l'âge de cinquante-neuf ans, et fut
inhumée le 19 novembre (32), le laissant désormais seul des six
enfants d'Antoine Girard. Il ne s'était pas toujours bien entendu
avec sa sœur ; mais il s'agissait de vieilles histoires, maintenant
oubliées. Des nombreux enfants du ménage d'Azémar, beaucoup
avaient disparu avant leur mère ; il semble qu'il ne subsistait plus
en 1655 que trois filles, toutes trois mariées (33), et trois fils, Pierre,
né en 1630, désigné en 1655 comme « maître de la verrerie de
Saint-Sever », Philippe, de trois ans plus jeune, alors capitaine
au régiment de la Reine (34), et Jean, qui ne devait pas avoir
vingt ans. On a parfois avancé que l'oncle s'occupait avec ses
neveux de la marche de la verrerie : je n'en crois rien.

Peu après la mort de sa sœur, Saint-Amant fit un séjour au
Mans chez Costar. Ce dernier en parle dans ses lettres, mais, celles-ci n'étant pas datées, on ignorerait le moment où prit place ce
séjour, si Pinchesne, le neveu de Voiture, n'avait apporté certaines
précisions dans sa *Chronique des chapons et des gelinottes du
Mans*. Il reproduit dans cette chronique, qu'il a gardée manuscrite,

(31) Sur les milieux littéraires rouennais, cf. G. COUTON, *op. cit.*, pp. 15-25.
(32) Etat-civil protestant, Registre des Mortuaires, 1643-1659, f° 153.
(33) Marie-Anne (1621-1664), femme de Charles de Guilhem ; Esther (1623-
1680), femme de Jean Pierredon ; Madeleine (1627 ?-?), femme de Charles de
Bourdin.
(34) Bibl. de la Soc. d'hist. du Protest., ms. 1205/7, p. 5.

les missives, souvent mêlées de vers, qui se succédèrent à l'occasion de l'envoi par Costar de volailles mancelles, dont un groupe
d'amis parisiens se délectait, tantôt chez un traiteur à la mode,
tantôt chez l'un ou l'autre des convives. Le premier envoi de ces
volailles eut lieu, selon Frédéric Lachèvre (35), en 1655 ; peut-être
plutôt dans les premiers jours de 1656. Fort peu de temps après,
Costar écrivait, ou plus exactement faisait écrire par son secrétaire Pauquet, ayant la fièvre et la goutte :

> Monsieur de Saint-Amant qui est tousjours icy, se sent fort
> vostre obligé du souvenir que vous avez de luy (36).

Le second repas eut lieu le 22 janvier, chez le fameux cabaretier Guille, comme le premier (37), et la lettre de Pinchesne le
racontant se termine par quelques vers qu'il adresse à Saint-
Amant, sans être sûr du reste qu'il soit encore au Mans. Dans sa
réponse, Costar le renseigne en ces termes :

> Nous boirons demain, Monsieur de Saint-Amant et moy, à vostre
> santé, dans une petite chambre bien chaude où je vous souhaitte-
> rois de tout mon cœur (38).

Il ressort de tout cela que Saint-Amant se trouvait chez Costar
depuis un certain temps, peut-être depuis novembre, quand commença cette correspondance. Il est impossible de préciser ce qui
l'avait attiré au Mans. Risquons une hypothèse, qui n'expliquerait
d'ailleurs nullement qu'il soit allé justement dans cette ville : à la
mort d'Anne Girard, la maison familiale est désorganisée, son
fils Pierre n'étant probablement pas marié (il épousera Marie Ber-
nard en 1672, en premières noces, semble-t-il) ; dans ces conditions, le poète a préféré s'en aller un certain temps. Il fut fort bien
reçu. Costar menait une vie des plus douces, dans laquelle les plaisirs de la table tenaient une place non négligeable, ses propres lettres en sont garantes. Dans celles-ci, il apparaît tout fier d'avoir
hébergé un hôte aussi célèbre. Il dut recommander à son cuisinier
de se surpasser, et Saint-Amant daigna prôner le talent de cet
artiste. Son maître le rappelait encore en 1658, écrivant à Pinchesne :

> ...dans la description que j'ay veuë de vos festins, j'ay trouvé de
> quoy instruire mon *faiseur de sausses*, que je n'oserois appeler
> mon *Cuisinier*, quoique Monsieur de Saint Amant l'ait rendu
> fameux, et qu'il ait entrepris de le faire passer pour *un second
> Guile* (39).

---

(35) *La Chronique des chapons et des gelinottes du Mans, d'Etienne Martin
de Pinchesne*, P., 1907, p. xii.
(36) *Ibid.*, p. 27.
(37) *Ibid.*, p. 35.
(38) *Ibid.*, p. 44.
(39) *Lettres de M. Costar*, II 619.

Saint-Amant ne nous a pas dit ce qu'il pensait de son hôte.
Costar n'a pas bonne presse en général : un pédant ridicule, poussant fort loin l'affectation, atteint d'une démangeaison d'écrire
qui le fit s'attaquer à Godeau, à Chapelain, puis à Balzac, comédien
pleurant à volonté, rampant devant ceux qui pouvaient le servir,
accablant chacun de « puantes flatteries », bref, suivant le mot
de la comtesse de la Suze, « le plus galant des pedans et le plus
pedant des galans » (40). Il ne faudrait pourtant pas exagérer.
Dans la fameuse querelle avec Girac, par exemple, il est certain
que tous les torts ne furent pas de son côté ; et c'est aller trop loin
que d'en faire un homme décrié, dont Saint-Amant aurait pris la
défense (41). Malheureusement pour lui, Tallemant ne l'aimait pas.
Mais que penser, devant le tableau qu'il en trace, de ce qu'un jour
Balzac écrivait à Chapelain, que le cœur de Costar était « un des
plus nobles et des plus fermes » qu'il connût (42) ? Que penser des
relations qu'il entretint avec des femmes aussi intelligentes que
Mme de Sévigné ou Mme de La Fayette ? Et du fait que Scarron
lui soit resté fidèle jusqu'à la fin ? Il recevait tous les gens de quelque importance qui passaient par Le Mans ; et si Saint-Amant fit
chez lui un séjour d'une certaine durée, c'est probablement qu'il
appréciait son hospitalité.

Tallemant dirait peut-être à ce propos ce qu'il a dit des relations de Mme de Sévigné et de Mme de La Fayette avec Ménage
— mais qui, je crois, est faux —, que la vanité les poussait à lui
« faire caresse » (43). Il est vrai, les deux lettres adressées par
Costar à Saint-Amant, en 1656 et 1657, sont remplies de louanges.
On y lit entre autres :

> Vostre esprit, dont on ne peut assez louër la grandeur et la
> beauté ; vostre humeur si egale, si sociale, si accommodante ;
> vostre bonté des temps heroïques ; vostre sincerité, vostre discre-
> tion, et sur tout vostre solide pieté, m'ont charmé de sorte, que
> je sens bien que ce charme durera, et qu'il ne finira qu'avecque
> ma vie (44).

On est tenté, d'abord, de sourire. Puis, en prêtant plus d'attention aux termes de ce portrait, on s'aperçoit qu'il correspond justement à ce qu'on imagine de Saint-Amant, des qualités intellectuelles et morales qui le rendaient si cher à ses amis, et lui permi-
rent d'en acquérir jusque parmi les plus hauts personnages.
Humeur égale et éminemment sociable, bonté foncière, sincérité,
voilà des traits que l'on croit retrouver à chaque page de son existence, et qui contribuent pour une bonne part à créer cette sym-

(40) TALLEMANT, II 301.
(41) ADAM, *Premières satires de Boileau*, p. 141.
(42) Cité par Adam, TALLEMANT, II 1152.
(43) II 327.
(44) *Op. cit.*, I 795.

pathie que l'on ressent pour lui, trois siècles après sa mort. On peut penser que les louanges décochées à l'intéressé lui-même sont trop directes : mais l'illustre M. de Saint-Amant était habitué à des compliments de ce genre, et je suis persuadé que ceux de Costar étaient sincères. Qu'il soit permis, pour compléter le portrait de Saint-Amant vu par lui, de citer encore ces lignes d'une lettre écrite en 1658 à Pinchesne :

> Je ne luy demande point qu'il m'écrive, parce que je say qu'il est aussi paresseux qu'il est bon, qu'il est constant, qu'il est genereux Ami (45).

Peut-on mieux dire ?

Saint-Amant fut certainement sensible à l'atmosphère qui régnait chez Costar, dont a pu dire que le logis était « un vrai pays de Cocagne » (46). Il y trouvait, auprès de son hôte, deux personnages bien dissemblables : Louis Pauquet, le secrétaire, qui ne paraît guère avoir eu d'autre mérite que d'être un bon biberon, et surtout Jean Girault. Ancien secrétaire de Ménage, cet Angevin occupait depuis 1652 le canonicat que Scarron avait résigné en sa faveur ; il avait trouvé chez Costar la table et le logement. Tallemant ne l'aimait guère, et le traite de « petit fat » ; il rapporte cependant que Mme de Sévigné et Mme de La Fayette le trouvaient « plus honneste homme » que son maître Ménage (47). Henri Chardon, qui lui a consacré quelques pages bien documentées, en trace un portrait assez attachant : « Esprit orné, érudit, enjoué, rompu au travail », écrit-il, il avait su « se rendre aussi agréable qu'utile » (48). Saint-Amant le connaissait presque certainement pour l'avoir rencontré au cloître Notre-Dame, lorsqu'il était secrétaire de Ménage, alors attaché au Coadjuteur. Girault avait-il par hasard contribué à l'attirer au Mans ?

N'oublions pas celui que Costar appelle « le petit marquis », et qui nous apparaît à table avec les deux autres :

> Nostre petit Marquis ne se lasse point de churluper la goutte à vostre santé. Il est admirablement secondé par Monsieur Pauquet, et avec un peu moins de force par Monsieur Girault (49).

Le petit marquis, c'est Henri-Charles de Beaumanoir, marquis de Lavardin, alors âgé d'une douzaine d'années, dont la mère avait confié l'éducation à Costar. On constate qu'il ne perdait pas

---

(45) *Ibid.*, I 747.
(46) H. CHARDON, *Scarron inconnu et les types des personnages du Roman comique*, P., 1904, II 302.
(47) TALLEMANT, II 327.
(48) *Loc. cit.*
(49) COSTAR, I 796. « Churluper : boire excessivement » (OUDIN, *Curiositez françoises*).

de temps pour apprendre à boire en bonne compagnie ! Ce n'étaient toutefois, assurait Costar, que « d'innocentes débauches ». Il emploie l'expression dans un passage assez bien venu de sa lettre, et qui fait regretter de ne pas en trouver davantage dans sa correspondance :

> Toutes nos innocentes débauches retentissent de vostre nom. Il ne faut pas que j'oublie une inviolable loy que je fais pratiquer rigoureusement, c'est, Monsieur, que quiconque est si hardy que de prendre la place que vous aviez choisie à ma petite table ronde, est contraint d'en sortir honteusement, ou d'en soustenir la dignité : si ce n'est par de bons mots, et par de belles railleries, au moins par de frequentes brindes, et par des razades reïté-rées (50).

Girault, Pauquet, le jeune marquis, forment ce que Costar appelle « notre petite famille ». Il y avait certainement d'autres personnes à voir au Mans, à commencer par l'évêque, Philibert-Emmanuel de Lavardin, oncle d'Henri-Charles. Costar nous fournit le nom d'une marquise de Cogné, sur laquelle le poète aurait fait une profonde impression ; vous êtes, écrit-il, « le principal sujet des conversations que j'ay avec elle » (51). Un jour, elle lui offrit du tabac ; charmé, il répondit par une épigramme, que Costar s'empressa de copier et d'envoyer à Pinchesne (52).

Les bonnes relations continuèrent entre Costar et Saint-Amant. En 1658 encore, le premier écrivait à son correspondant parisien :

> Quand vous verrez Monsieur de Saint-Amant, dites luy, s'il vous plaist, que je luy demande la continuation de l'honneur de ses bonnes graces, parce que je suis persuadé qu'il n'aura point de peine à me l'accorder (53).

Je ne pense pas que Saint-Amant ait pris parti dans la fameuse querelle qui opposa Gilles Boileau à Ménage, et dans laquelle se trouvaient, derrière le premier, Pomponne de Bellièvre, Chapelain, Conrart, Furetière, alors que Costar soutenait le second avec tout le clan de Pinchesne (54) : ayant conservé des amitiés dans les deux camps, il dut plutôt figurer, s'il s'en mêla, parmi ceux qui, comme Patru et son entourage, essayèrent de s'entremettre.

On ne peut dire en effet qu'il appartînt à la « cabale » de Costar. Ses relations avec Pinchesne et son groupe (Lignières, Charpentier, La Mesnardière, l'abbé Tallemant) ne paraissent pas

---

(50) *Ibid.*
(51) I 794.
(52) *Chronique des chapons*, p. 28. Saint-Amant la recueillit en 1658 sous le titre *A Madame la marquise D.C.* (II 57).
(53) I 747.
(54) ADAM, II 171.

avoir été bien étroites. Nulle part on ne le voit figurer parmi les convives qui se régalent des chapons manceaux. Lorsque Pinchesne, écrivant à Costar, le charge de ses civilités pour lui, il tient à se recommander du souvenir de son oncle Voiture (55). Leurs rencontres ne devaient donc avoir été que très épisodiques. Devinrent-elles plus régulières par la suite ? Nous n'en savons rien ; il n'en est en tout cas resté aucune trace. On ne voit pas que le groupe des « sept sectateurs de Claudine », ainsi qu'ils se nommaient entre eux, ait jamais accueilli notre poète en son sein. S'il le fit, ce ne dut être que très exceptionnellement.

(55) *Chronique des chapons*, p. 42.

CHAPITRE XX

LES DERNIERES ANNEES (1656-1661)

Le séjour de Saint-Amant chez Costar ne dut pas se prolonger outre mesure. A la fin de janvier, Pinchesne n'était pas sûr qu'il fût encore au Mans : il est possible qu'il en soit parti dès février. Il revint tout droit à Paris. La lettre dans laquelle Costar lui rend grâces du bien qu'il y dit de lui a tout l'air de répondre à celle où le poète le remerciait de son hospitalité. C'est en parlant de la capitale qu'il écrit :

> Ce qui soulage le déplaisir de vostre éloignement, c'est, Monsieur, la satisfaction que j'ay de vous savoir en un lieu qui est fait pour vous, et pour qui vous estes fait. Puissiez-vous y vivre longues années, aussi heureux que le merite vostre vertu (1).

Rien ne permet de savoir combien de temps Saint-Amant y resta. La seule précision que nous ayons, pour la fin de l'année 1656, c'est qu'il était là lors de la visite, en septembre, de Christine de Suède. Le 11 elle reçut en audience l'Académie, et Patru la harangua longuement (2) ; mais n'était sans doute présent que le bureau de la compagnie. Par contre, le lendemain, elle se fit présenter à la bibliothèque du roi tout ce qui comptait dans le monde des lettres et des sciences, notamment ces Messieurs de l'Académie, Ménage jouant ce jour-là le rôle d'introducteur. Parmi les académiciens présents, se trouvait notre poète. Mais laissons parler le *Menagiana* :

> Quand M. de S. Amant se présenta, je lui dis que je ne le lui nommerois pas, parce qu'elle devoit le connoître. C'est M. de S. Amant, dit-elle aussitôt. M. de S. Amant avoit été en Suede (3).

Etait-il encore à Paris lorsqu'il composa la *Généreuse* ? Ce long poème à la gloire de la reine de Pologne — c'est elle, la Géné-

---

(1) *Op. cit.*, I 794.
(2) F. U. Wrangel, *Première visite de Christine de Suède à la cour de France*, P., 1930, p. 217.
(3) *Menagiana*, éd. 1715, II 119.

reuse (4) — fut écrit sur la fin de l'année. Saint-Amant l'indique dans l'avis *Au lecteur* qui le précède. Il y ajoute une intéressante déclaration, pour expliquer les raisons qui l'ont amené, à partir de son recueil de 1649, à préciser dans bien des cas les dates de composition de ses œuvres :

> J'estime qu'il est tres-à-propos de marquer le temps où les Ouvrages ont esté faits, sur tout quand il y a quelque chose d'Historique ; car comme tout n'est icy bas que vicissitude perpetuelle, et qu'en un moment toutes les affaires peuvent avoir changé de face, il arrive que ce qui estoit bon à dire en une saison, ne l'estant plus en une autre, l'esprit se trouve d'abord embarrassé à le comprendre, sans l'avertissement que je dis ; à cause du grand intervale qu'il y a quelquesfois entre le temps que les choses ont esté composées, et celuy qu'on les met au jour. (II 354)

Comme il est regrettable pour nous qu'il ne s'en soit pas avisé plus tôt !

Les premières strophes du poème sont consacrées à évoquer le cadre au milieu duquel il a été composé. Saint-Amant se trouve alors dans une maison entourée d'un paysage « doux et morne », à côté d'un bois où il fait son « estude » ; des frênes «hauts et droits » bordent les ruisseaux ; battus parfois des vents, ou menacés par les eaux grossies, ils deviennent le symbole de la résistance offerte par le couple royal de Pologne aux envahisseurs, comme les « tertres » qui accidentent le paysage représentent, aux yeux du poète, les vicissitudes de la fortune.

Voilà des détails précis, mais qui ne suffisent pas à une identification. Ils permettent cependant d'assurer que le poète n'est plus à Paris. Je n'ai pas l'impression qu'il soit davantage à la Verrerie, dans le faubourg Saint-Sever ; celui-ci garde assurément un côté très « campagne », et la forêt de Rouvray le borde : mais on y trouve surtout des jardins de plaisance et des prés où paissent les troupeaux (5). De plus, la maison dont parle Saint-Amant a l'air d'être isolée ; tout concourt à son dessein, dit-il, la retraite solitaire que lui fournit le bois, la saison si changeante ; et il ajoute :

> Elle est rude, elle est belle, et mesme est secondée
> Par l'assiette de la Maison. (II 357)

Il nous invite d'ailleurs lui-même à penser que, dès le mois d'octobre, il avait quitté Paris pour effectuer un séjour prolongé

---

(4) Il ne faut naturellement pas donner au mot son sens moderne, mais celui qui est courant alors, et que Furetière précise ainsi : « Qui a l'ame grande et noble, et qui prefere l'honneur à tout autre interest ». Qu'on se rappelle Corneille et le *Cid*.

(5) Chanoine FARCY, *op. cit.*, pp. 16 et 33.

en un lieu plus éloigné. S'adressant en effet à la princesse Palatine, dans son épître de dédicace, à la fin de 1657, il lui dit :

> Il y a plus d'un an que j'aurois pû m'acquiter de ce devoir, si
> j'avois esté à Paris, ou en quelqu'autre lieu, où l'Impression
> eust pû s'en faire, sinon avec autant de dignité que le merite du
> Sujet le demande... du moins, avec toute l'exactitude, et tout le
> soin qui se puissent apporter en des choses de cette nature.
> (II 347)

A Rouen, la chose eût été facile, et c'est du reste là que fut
imprimée la *Généreuse*. Quelle était donc la province éloignée qui
le retint ainsi de longs mois ? Durand-Lapie émettait l'hypothèse
d'un dernier séjour à Princé auprès du duc de Retz, qui devait y
mourir le 12 août 1659 à près de soixante-dix ans (6) ; l'hypothèse est vraisemblable, et séduisante. Elle permet d'imaginer qu'à
la belle saison les deux vieux amis (car je crois qu'on peut vraiment parler d'amis), en un pèlerinage mélancolique, se rendirent
encore une fois à Belle-Ile, qui l'année suivante allait cesser d'ap-
partenir à la famille de Gondi, achetée qu'elle fut par Foucquet le
5 septembre 1658 (7), et qu'à cette occasion bien des souvenirs furent
remués. Mais, ne le perdons pas de vue, nous ne sommes ici que
dans le domaine des suppositions.

Saint-Amant décida d'écrire la *Généreuse* (c'est du moins ce
qu'il déclare) en apprenant les détails des combats qui se déroulèrent devant Varsovie au cours de l'été 1656. Rappelons brièvement
les faits. On se souvient qu'en 1655 Louise-Marie avait dû se réfugier en Silésie, où Jean-Casimir réussit à la rejoindre, échappant
à l'encerclement dont le menaçaient les armées suédoises. Tous
deux organisèrent la résistance ; la reine engagea ses pierreries,
sollicita des secours à l'étranger, obtint l'appui de l'empereur ; la
France, que paralysait son alliance avec la Suède, resta sourde
à ses appels ; mais la princesse Palatine, faisant taire les griefs
qu'elle conservait contre sa sœur, envoya cent mille livres. En Pologne, le clergé souleva les masses contre les envahisseurs protestants, auxquels s'était jointe la minorité « dissidente », ou réformée : Jean-Casimir réussit à regrouper ses forces, infligea aux
Suédois la défaite de Warka, et la cour put rentrer à Varsovie.

Mais l'électeur de Brandebourg se joignit à Charles-Gustave de
Suède, et, de nouveau, les Polonais reculèrent. A la fin de juillet,
au faubourg de Prag devant Varsovie, se livra une bataille acharnée de trois jours, à l'issue de laquelle les souverains durent une
seconde fois abandonner la ville. Louise-Marie fit preuve à cette
occasion de son énergie habituelle. Le second jour, le 29, elle se
rendit, pour mieux voir le combat, dans un fort situé au-dessous

---

(6) Durand-Lapie, p. 485.
(7) G. Mongrédien, *L'Affaire Foucquet*, P., 1956, p. 35.

de la ville, au bord de la Vistule. Remarquant que les canons qui
s'y trouvaient ne gênaient aucunement les ennemis, à cause de la
largeur du fleuve à cet endroit, elle fit détacher les chevaux de son
carrosse, les fit atteler aux deux plus grosses pièces, et commanda
qu'on les mît en batterie plus bas, sur une pointe avançant dans
l'eau, parmi les saules, obligeant les Suédois qui se trouvaient en
face à faire retraite, ce dont son mari l'envoya remercier. Ensuite,
assise sur un tambour, couverte de la casaque d'un Tartare qui la
garantissait du soleil ardent, elle dîna sur ses genoux, observant
toujours le combat. Dès le soir, elle put constater que celui-ci tour-
nait à l'avantage des ennemis ; il ne lui resta plus qu'à quitter
Varsovie, dans laquelle elle n'était pas demeurée un mois.

Saint-Amant put lire le récit de ces événements dans la *Gazette*.
Il y suivait avec attention les nouvelles de Pologne : on en a la
preuve en trouvant nommés dans la *Généreuse* deux officiers de
Jean-Casimir, « Zarnesque et Sapihà, des plus hauts en ce rang »,
qui sont précisément les deux seuls généraux servant sous les
ordres du roi que la *Gazette* mentionne (8). Dès le 2 septembre, une
dépêche d'origine suédoise lui apprenait la défaite de ses protecteurs (9). Mais il fallut attendre près d'un mois pour qu'une dépêche de Dantzig, envoyée le 9 de cette ville, apportât les détails
de l'héroïque conduite de la reine (10). Elle se lit dans les *Nouvelles ordinaires* du 30 septembre : on peut en conclure que Saint-
Amant était encore à Paris à cette date.

On comprend sans peine l'enthousiasme qui s'empara de lui, et
lui fit décider de célébrer la souveraine en un poème digne d'elle.
« Je ne sçay comme j'ay esté si presomptueux que de l'entreprendre », écrira-t-il quelques mois plus tard, avec une sincérité
qu'on a le droit de mettre en doute. Des critiques modernes ont
souvent paru lui donner raison, écartant dédaigneusement le
poème par quelques mots, ou le passant complètement sous
silence (11). Cependant ce n'est pas une œuvre négligeable, loin de
là, et ses cent quatorze strophes recèlent même d'excellents passages.

On retrouve dans la *Généreuse* bon nombre des événements
rapportés plus haut ; l'histoire et la politique n'y perdent pas
leurs droits. Mais on ne peut demander à un poète une exactitude
rigoureuse, ni dans la présentation, ni dans l'interprétation des
faits. Il s'agit d'un poème écrit pour la plus grande gloire des souverains polonais, et d'un poème épique en miniature, se dissimu-
lant sous cette appellation de *Second Idylle héroïque* qui lui con-

---

(8) *Gazette*, 1656, pp. 783 et 806.
(9) *Ibid.*, p. 885.
(10) *Ibid.*, p. 1078.
(11) Je ne vois guère que Mansuy et Mlle Gourier qui aient essayé de lui
rendre justice.

vient assez mal ; elle n'est sans doute là que pour rappeler le
Moyse, et parce qu'on ne pouvait décemment appeler poème héroïque une œuvre d'un millier de vers écrite en strophes où domine
l'octosyllabe.

Nous assistons au retour des souverains à Varsovie, où ils se
rejoignent après leur séparation, et revoient ce lieu « vulgaire-
ment appelé le Jardin, et où S.M. fait sa plus ordinaire demeure »
(II 354), mais dévasté par la guerre, et présentant un de ces
tableaux sinistres et romantiques auxquels nous avaient accou-
tumés les œuvres de jeunesse du poète, mais qui avaient à peu
près disparu depuis :

> Ils vont revoir ces Parcs, ces lieux jadis si beaux
>   Où tous les celestes Flambeaux
>   Sembloyent sousrire à la Nature,
> Et de qui maintenant, ô sanglante avanture !
>   Les Rossignols sont des Corbeaux.

> Ils en regardent le Parterre
> D'aspres espines herissé ;
> Ils y trouvent tout renversé
> Par les fieres mains de la Guerre.
> Que si quelque Arbre y reste, il ne s'offre à leur œil
>   Que comme en un sombre cercueil,
>   Sous la hauteur de mille Orties... (II 362)

Devant la Vistule tremblante, ils évoquent leurs malheurs, et
discutent de l'opportunité d'appeler les Tartares à la rescousse.
Louise n'augure rien de bon de ce recours aux Infidèles, mais Casimir lui rétorque que la justice de sa cause sera son excuse, que
c'est d'ailleurs le seul moyen d'en sortir. Cependant le Suédois et
son allié brandebourgeois avancent à marches forcées, et la mêlée
s'engage. La reine, restée à contre-cœur à l'abri des murailles,
monte au haut d'une redoute, observe de là les péripéties du combat ; Saint-Amant va jusqu'à la montrer tirant de l'arc, et avec
succès, contre les ennemis :

> Tantost, presqu'en fureur, un grand Arc à la main,
>   D'un bras, d'un effort plus qu'humain,
>   Cent traits à Charles elle envoye ;
> Et malgré la distance, elle leur donne en proye
>   Et Goth, et Vandale, et Germain. (II 373)

Nous savons par malheur que ces derniers se trouvaient hors
de portée des canons de la redoute ! Pardonnons toutefois à la
fiction poétique.

Vient ensuite le fameux épisode des canons avancés. Dans la
réalité, une quarantaine de cavaliers furent tués ; cela suffit pour
que le poète montre l'armée suédoise en désordre, ses bataillons

rompus, le sol jonché de cadavres et de membres épars. Il se permet une autre entorse à la réalité : ce n'est pas assez d'avoir donné
ses ordres, la reine se transforme en artilleur, ne laissant à personne le soin de tirer le canon :

> Elle y court elle-mesme, au sein le cœur luy bat,
> Elle offre le Bronze au combat,
> Le pointe, l'ajuste, le mire,
> Ose y porter la méche, et des coups qu'elle tire,
> Cent et cent testes elle abbat. (*ibid.*)

Ne fallait-il pas qu'une reine fît mieux qu'une princesse, et que
tournât à son avantage, pour qui y songerait, la comparaison avec
Mlle de Montpensier faisant tirer, quatre ans auparavant, les
canons de la Bastille ?

Pendant cela, la bataille fait rage ; les deux rois, au premier
rang des combattants, se cherchent, mais ne peuvent se joindre, et
se voient réduits à semer la mort autour d'eux. Louise-Marie,
spectatrice impuissante de l'horrible mêlée, fait maintenant taire
ses canons, qui risquent de nuire à son propre camp, et regagne le
fort. A genoux sur l'herbe (j'avoue regretter l'épisode du pique-ni-
que sur le tambour), elle s'abîme en de si ferventes prières que la
balance semble pencher en faveur des siens. Au soir, alors qu'elle
a regagné la ville, un courrier lui vient apporter des nouvelles favo-
rables : sans l'approche de la nuit, les ennemis étaient perdus
(faut-il préciser que la *Gazette* ne dit rien de semblable ?); malgré les inquiétudes qui lui restent, elle se met au lit et s'endort.

Un songe se charge de la ramener à la dure réalité. Elle croit
voir son fils, ce fils mort au berceau, qui descend de la part du
Très-Haut ; pour avoir recherché l'aide des Tartares, Casimir sera
vaincu : c'est par ces indignes auxiliaires eux-mêmes que Dieu le
punira d'avoir accepté leur soutien :

> C'est d'eux que tout le mal doit naistre,
> Sa main leur ostera le cœur ;
> Il ne faut point que le Vainqueur
> Plus d'orgueil en fasse paraistre :
> A leur lascheté seule, à leur estonnement,
> A leur confus aveuglement,
> Il devra sa victoire entiere ;
> Sans ce Desordre-là, cette Ame trop altiere
> N'y pretendroit que vainement. (II 379)

Admirons avec quelle habileté Saint-Amant excuse la déroute
des Polonais, que Bossuet, trente ans plus tard, évoquait sans indulgence dans ces phrases célèbres :

> Où sont ces âmes guerrières, ces marteaux d'armes tant vantés,
> et ces arcs qu'on ne vit jamais tendus en vain ? Ni les chevaux

ne sont vites, ni les hommes ne sont adroits que pour fuir devant
le vainqueur (11 b.).

Les hommes sont impuissants devant Dieu : l'évêque ici rejoint
le poète, lorsqu'il rappelle, dans les phrases qui suivent, comment
« sa main puissante ramène en arrière le Suédois indompté, tout
frémissant qu'il était ». Il faut s'incliner, et lui abandonner le châtiment des traîtres. Pour l'instant, la reine ne peut que fuir ; plus
tard, elle retrouvera le roi à Dantzig, en attendant d'occuper au
ciel la place qui lui est déjà destinée.
Elle obéit naturellement à cet avertissement divin, fait de rapi-
des préparatifs, monte sur son « char » et s'en va par les campagnes désolées, ces campagnes dont Saint-Amant avait pu voir
l'équivalent en France, durant les années de guerre civile par
exemple, et dont il trace un tableau frappant :

> En ce Chemin elle traverse
> Des Champs hideux et desolez ;
> Cent corps au desastre immolez
> Y sont pourris à la renverse.
> La Mort de plus en plus y montre sa rigueur ;
> Le Vivant n'y vit qu'en langueur
> Sous la tristesse qui le mine ;
> On y pese à soy-mesme ; et la seule Famine
> Y tesmoigne de la vigueur.
>
> L'Effroi, le Meurtre, le Ravage,
> Le Desordre, et la Cruauté
> Ont fait d'un Pays habité
> Un Pays desert et sauvage.
> Le fertile terroir s'en laisse à-l'abandon ;
> On n'y voit plus croistre aucun don,
> Tous ses beaux guerets sont en friche ;
> Et le noble espy d'or qui le rendoit si riche,
> Y cede à l'indigne chardon.   (II 386)

La reine pleure devant ce triste spectacle, et va confier son des-
tin aux murailles d'un couvent — un couvent près de Cracovie (12),
prête à se réfugier de nouveau dans la Silésie voisine. Elle s'in-
cline sans murmurer devant les épreuves que le Ciel lui envoie ;
et le poème se ferme sur deux strophes qui sont une sorte de méditation, traduisant, note fort justement Mlle Gourier (13), « dans
une belle envolée religieuse, le spiritualisme chrétien du poète » :

> L'Homme n'est point fait pour la Terre ;
> Bien qu'il en soit fait et sorty,

(11 bis) *Oraison funèbre d'Anne de Gonzague*, éd. de la Pléiade, Paris, 1951,
p. 162.
(12) *Gazette*, 1656, p. 1395.
(13) P. 194.

392 LE POÈTE SAINT-AMANT

> Et qu'il doive estre converty
> En cent substances qu'elle enserre.
> Il est né pour les Cieux, il y doit aspirer ;
> Nul vivant ne peut l'ignorer
> S'il sçait d'où son ame dérive ;
> S'il ne le connoist pas, quoy qu'on pense qu'il vive,
> C'est un vray Mort à déplorer.
>
> Dieu ne veut l'Homme que pour l'ame,
> L'ame, que pour la volonté ;
> Il faut que sa seule Bonté
> L'esmeuve, le touche, et l'enflame.
> Enfin, il ne demande, à qui respire au jour,
> La volonté, que pour l'amour,
> L'amour, que pour l'honneur suprême,
> Que tout Ange luy rend, qui n'est dû qu'à Luy-mesme,
> Et qui couronne un si beau tour.   (II 387)

On se demande, à lire ces vers, si Saint-Amant occupe, comme poète chrétien, la place qu'il mérite.

Déjà l'analyse qui précède a fait apparaître dans la *Généreuse* un certain nombre de caractères épiques : le sujet en est illustre, de grands personnages y montrent les plus hautes vertus guerrières ; on y trouve des combats, un songe prophétique, des leçons morales. A cela il faut ajouter d'abord l'emploi de l'allégorie, emploi très discret du reste, puisqu'il se limite à une strophe, où l'on voit rire « le Meurtre affamé de victimes », accompagné de « l'Impunité sa sœur » et du Courroux sanglant, avec l'Outrage, l'Orgueil qui se hausse jusqu'au ciel, et la Rage « qui ne peut parler qu'en beuglant » (II 366). On notera aussi la présence du merveilleux, particulièrement dans le passage où Louise-Marie se voit promettre par son fils une place au Paradis, dont est donnée une évocation précise (II 383). N'oublions pas, enfin, la revue des troupes avant le combat, souvenir peut-être du *Catalogue* homérique, remarquable de pittoresque et d'exactitude (14), qui montrerait à elle seule que l'inspiration n'a pas abandonné le poète, et qu'il sait encore mieux que pas un dérouler un tableau mouvant et coloré lorsque le sujet s'y prête. On ne peut tout citer, et c'est dommage. Voici, au moins, un noble cavalier :

> Icy, le Duc d'une Cohorte
> Se vante, en son geste vainqueur,
> Que d'un Lyon il a le cœur,
> Comme la dépoüille il en porte.
> Son genereux Coursier aux crins et peints et longs,
> Si-tost qu'il branle les talons

---

(14) Cf. Mansuy, *op. cit.*, p. 199.

> Ne trouve aucun champ assez large ;
> Il ronfle, il saute, il fume, et demandant la charge
> Il fait retentir les valons.   (II 367)

Voici, à sa suite, les braves hussards :

> Delà, sous des Lances creusées,
> Les espouvantables Houssars,
> Nommez les Fantosmes de Mars,
> Eslevent leurs testes rasées.
> L'un, s'orne de la peau d'un Tygre moucheté,
> L'autre, en suite a le dos enté
> Des plus grandes ailes des Cygnes ;
> Et tous deux ils font voir en ces marques insignes
> La fureur, et l'agilité (15). (II 368)

Puis c'est la masse de ceux qui vont à pied, armés de haches ou
d'arcs, de mousquets ou de piques, et les Tartares enfin, aux cou-
tumes bizarres ; tout cela dans une débauche de plumets et d'ai-
grettes, d'étendards et d'enseignes, d'or, d'argent, d'azur, de soie,
et, malgré la chaleur extrême, de précieuses fourrures, martres
zibelines ou loups-cerviers. Je ne sais pas si l'on trouverait dans
tous les poèmes contemporains l'équivalent de cette fresque
extraordinaire. Dans son épître de dédicace, Saint-Amant se permettait d'écrire qu'avec toutes ses défectuosités et toutes ses taches
son œuvre, il n'en doutait pas, ne pouvait manquer d'être agréable à la souveraine ; on est prêt à lui donner raison devant un
passage comme celui-là.

Nous avons vu plus haut que, pendant la majeure partie de
l'année 1657, Saint-Amant ne se trouvait ni à Paris, ni à Rouen, et
qu'il avait peut-être rejoint le duc de Retz à Princé. Il repassa par
la capitale, en octobre en tout cas ; un privilège lui fut accordé
le 8 de ce mois pour la *Généreuse* et d'autres poésies inédites ; le
Registre de la communauté des libraires précise qu'en cette occasion il agissait personnellement (16). Après l'avoir obtenu, il en fit,
pour la *Généreuse* seulement, cession à Sommaville, et je pense
qu'il ne tarda guère à s'en aller à Rouen, où le poème fut imprimé
dans les dernières semaines de l'année, précédé, nous l'avons vu,
d'une épître à la princesse Palatine et d'un court avis au lecteur.

L'épître est consacrée avant tout à l'éloge de la reine de Pologne. La Palatine n'est pas oubliée, cela va de soi ; Saint-Amant
prend prétexte, pour lui décerner sa part de louanges et de flatteries, d'une « longue et perilleuse maladie, qui a pensé mettre tant

---

(15) « HUSSART est une milice en Pologne et en Hongrie, qu'on oppose à la
cavalerie Ottomane. Ils ont force plumes et peaux de tigres pour leurs habille-
ments » (FURETIÈRE).
(16) B. N., fr. 21944, f° 173. Cf. *Bibliographie*, p. 68.

de graces, tant de vertus, et tant de charmes au tombeau ». Mais
on garde l'impression, en fin de compte, qu'elle est surtout là pour
servir d'intermédiaire qui daignera faire parvenir le poème entre
les mains de la reine. Le tout se termine par une profession de foi
assez étonnante, sinon absolument sincère :

> Ce n'est point par la bouche de l'Interest que je parle ; ce n'est
> point mon foible, Dieu-mercy : Et j'oseray dire, avec une hono-
> rable fierté, soustenuë d'un aussi honorable dédain, que ceux qui
> me connoissent jusqu'au fond du cœur, me tiennent assez gene-
> reux, et assez détaché de la Fortune, pour n'avoir jamais offert
> l'encens à son Idole ; pour ne luy avoir jamais lâchement sacrifié
> mes soins et mes peines ; et en fin pour n'en avoir jamais voulu
> faire le moindre de mes desirs. Non non, ce n'est point l'amour
> des richesses qui me touche ; elles n'ont point d'appas pour mes
> yeux : c'est la seule gloire qui m'attire, et la seule vertu qui
> me prend.   (II 352)

Qu'il soit désintéressé, au moins jusqu'à un certain point, je
crois qu'on peut le lui accorder. Mais la pension qu'il recevait de
Pologne constituait une bonne part de ses revenus ; il a certainement voulu rappeler à sa protectrice l'existence d' « un de ses
plus vieux et plus fidelles Domestiques », et ce qu'il attendait
d'elle, aussitôt que le rétablissement de ses affaires le permettrait.

Il est à peu près certain qu'il passa tout 1658 et une bonne
partie de 1659 à Rouen. Au mois de juin 1658 il y signa avec le
libraire Sommaville un traité concernant l'impression de son *Dernier Recueil* (17) ; quelques semaines plus tard, le sieur de Monglas le représenta à Paris, devant le notaire Lefranc, pour la
signature du contrat définitif ; or il ne ratifia celui-ci que le 26
septembre 1659, ce qui veut presque certainement dire qu'il n'alla
pas dans la capitale entre ces deux dates.

Quelques rares jalons s'offrent à nous pour cette longue période.
Deux catastrophes, survenues coup sur coup à la fin de l'hiver 1657-
1658, ont laissé leur trace dans son œuvre. Le 1er février d'abord,
un incendie détruisit la prison de la Cour des Aides à Rouen (18) ;
on vit sortir des décombres les cadavres horriblement brûlés de
douze ou quinze malheureux prisonniers, et peut-être en fut-il
témoin oculaire. Il consacra une épigramme à ce « noir spectacle » ; il est regrettable qu'elle se termine par un jeu de mots de
bien mauvais goût :

> Je voy bien qu'aujourd'huy tous les maux ont leur cours,
>   Puisqu'au milieu des Aydes mesmes,
> Tant d'Hommes innocens ont manqué de secours.   (II 69)

---

(17) *Bibliographie*, p. 130.
(18) Farin, *Histoire de Rouen, éd. cit.*, I 509.

Les incendies, décidément, l'inspiraient mal : l'épigramme sur celui qui dévasta le Palais de Justice de Paris quarante ans plus tôt comportait déjà un triste calembour.

La duchesse de Longueville ne dédaigna pas de participer de ses propres mains (Saint-Amant l'assure, tout au moins) à l'ensevelissement des victimes. Anne de Bourbon, ayant obtenu son amnistie à la fin de 1654, avait rejoint son mari en Normandie, et résidait le plus souvent avec lui à Rouen, où son directeur de conscience, « un curé aux vues courtes », lui imposait de sévères mortifications (19). Est-ce lui qui suggéra à sa noble pénitente ce geste de pieuse charité ? Il ne passa pas inaperçu, et fut l'occasion pour Saint-Amant d'une seconde épigramme qu'il se garda bien de confondre au milieu des autres (II 99). Peut-on conclure de cette simple pièce à des relations ayant existé entre le poète et la princesse ? Elles n'auraient rien d'invraisemblable, dans certaines limites naturellement, mais il faudrait autre chose pour que nous en soyons assurés.

Quelques semaines plus tard, ce furent des inondations, qui causèrent de grands ravages dans une partie de la France. La gelée avait pris à la fin de novembre, et duré jusqu'aux derniers jours de février ; le dégel vint brusquement, provoquant la catastrophe. A Paris, l'eau se répandit dans les rues, envahit quantité de maisons ; dans la nuit du 28 février, l'un des ponts de pierre de l'île Notre-Dame, le pont Marie, fut enlevé (20). A Rouen, la Seine monta jusqu'au 5 mars, envahissant les quais, les faubourgs, une bonne partie de la ville. Le faubourg Saint-Sever fut un des plus atteints, ainsi qu'en témoigne le dramatique tableau que trace Farin, dont l'ouvrage parut dix ans seulement plus tard :

> La plus grande partie des maisons d'Emendreville furent détruites par les vagues qui rouloient avec furie dans la ruë de la Pie près de l'Eglise de Saint Sever, ce qui causa tant de misere en ce Fauxbourg, qu'on compta jusqu'à quatre cens pauvres, qui s'étoient réfugiez dans le Prieuré de Bonnes-Nouvelles, où Messieurs du Bureau et d'autres gens charitables leur faisoient porter du pain (21).

Ce fut l'occasion pour Saint-Amant d'écrire la dernière des pièces inspirées par cette veine fantaisiste que nous avons retrouvée tout au long de sa production, dans ses *Caprices* et ses *Epistres*. Bien qu'elle ait été parfois sévèrement jugée — trop sévèrement —, la *Seine extravagante*, à condition de n'y pas chercher ce que le poète n'a pas voulu y mettre, se lit encore avec agrément.

(19) J. DELPECH, *L'Ame de la Fronde, Mme de Longueville*, P., 1957, p. 175.
(20) *Gazette*, 1658, p. 176.
(21) *Op. cit.*, I 503. Emendreville était le nom ancien du faubourg Saint-Sever.

Assurément, dans la première partie surtout, on rencontre des plaisanteries dont on se passerait bien ; mais on pardonne à Saint-Amant en faveur des détails pittoresques qu'il prodigue, sur Paris d'abord, ses îles englouties sous les flots, son cours, « le beau lieu si cher à nos belles », ses riches hôtels, qui sont une occasion de lancer, une fois de plus, une pointe aux financiers qui les ont fait construire, ses églises, ses ponts ; sur Rouen aussi, et c'est là le plus intéressant, parce que pris sur le vif. Le faubourg Saint-Sever, nous venons de le voir, n'a pas été épargné :

> Une horrible confusion
> Regne au Faubourg où je demeure ;
> Et comme ton invasion,
> Elle s'augmente d'heure en heure.
> Tu desesperes tout icy,
> Tout s'abandonne à ta mercy,
> Richesses, meubles, corps et membres ;
> Et chés nous-mesmes prisonniers,
> Nos Cuisines sont dans nos Chambres,
> Et nos Caves dans nos Greniers.　　(II 342)

La Verrerie, comme les maisons voisines, est envahie par les eaux de la Seine :

> Elle ayme tant mon entretien,
> Que de son Lit elle est sortie
> Pour me venir voir jusqu'au mien.　　(II 335)

A Quevilly, le fleuve s'attaque impartialement aux édifices du culte :

> Le Temple du beau Quevilly,
> Comme l'Eglise est assailly
> De ta fureur precipitée ;
> Tu destruis cette region,
> Et persecutes en Athée
> L'une et l'autre Religion.　　(II 340)

Est-ce au temple que s'appliquent quelques vers assez énigmatiques de l'avant-dernière strophe, qui disent :

> Espargne à de mes plus cheris
> Le Sort qui causa dans Paris
> Tant de tristesse, et de tumulte ;
> Et, s'il se peut, en cette horreur,
> Sauvant l'Homme, et noyant le Culte,
> Separe l'Errant de l'Erreur ?　　(II 343)

« De mes plus cheris » désignerait alors les neveux du poète, restés protestants.

Les affluents suivent l'exemple du fleuve, et le Robec lui-même, « petit ruisseau lequel passe au travers d'un bout de la ville de Rouen », bouillonne et fait l'insolent. Les bateaux sont en grand péril. Les heux (vaisseaux à faible tirant d'eau des mers du Nord), qui ont déchargé leurs cargaisons de poisson pour le carême, dansent dangereusement. Par bonheur, un gouverneur prévoyant a fait rompre le pont de bateaux, remplacé par des bacs, peu sûrs et dispendieux, il est vrai. Que la Seine se hâte donc de rentrer dans son lit, ou bien, lui dit le poète, en un plaisant rappel de la *Rome ridicule,*

> Ou je te feray plus petite
> Qu'on n'a fait le Tybre autresfois.   (II 344)

Telle est la conclusion de ce court poème. N'est-elle pas une indication sur les intentions de son auteur, et une invite à ne pas nous en scandaliser ?

La *Seine extravagante* fut, au dernier moment, jointe au recueil déjà sous presse : Saint-Amant déclare même qu'elle n'aurait été composée qu'après l'impression du livre, c'est-à-dire un certain temps après les événements qu'elle rapporte ; je ne pense pas en effet que Laurens Maurry, qui fut chargé cette fois encore du travail, l'ait entrepris avant que Saint-Amant et Sommaville, par leur traité du 10 juin, eussent décidé des modalités de son financement — chacun des deux supportant la moitié des frais (22). Le volume fut achevé d'imprimer le 15 juillet, et se présenta sous la forme d'un bel in-quarto de 228 pages, y compris les deux cahiers contenant la *Seine extravagante,* qui se trouvent reliés tantôt au début, tantôt à la fin du volume. J'ai signalé ailleurs (23) que, pour se permettre la dépense qu'entraînait sa participation aux frais d'impression, il fallait que Saint-Amant disposât alors de quelques ressources : il est vrai qu'en même temps il touchait un peu plus de cinq cents livres pour son *Moyse.*

Le *Dernier Recueil* a rapidement sombré dans un oubli dont il a bien de la peine à se relever. Pellisson ne le mentionne pas ; Goujet et Niceron, à sa suite, l'ignorent. De nos jours, on n'a que trop tendance à le passer sous silence, ou, lorsqu'on le cite, à faire la fine bouche, en considérant que Saint-Amant y entassa sans discernement tout ce qu'il pouvait ramasser dans ses papiers, « un grand nombre de pièces qui n'avaient pas été imprimées jusqu'alors et qui datent de toutes les époques de la vie du poète» (24), « les poésies qu'il avait gardées depuis vingt ans » (25). On écri-

---

(22) Rappelons qu'en même temps Sommaville rachetait, pour 1110 livres payables en deux ans, les 890 exemplaires restant du *Moyse* (*Bibliographie*, p. 57).
(23) *Ibid.*, p. 131.
(24) DURAND-LAPIE, p. 492.
(25) LACHÈVRE, II 446.

vait encore récemment : « Bien qu'il n'ait plus grand chose à dire, il rassemble péniblement la *Dernière partie des Œuvres* », en concluant par ce jugement catégorique : « Pour nous, son dernier recueil n'a plus aucune valeur » (26). Comment pourrait-on souscrire à de telles affirmations, aussi gratuites que péremptoires ?

Le *Dernier Recueil* a paru neuf ans après la *Troisiesme Partie* des *Œuvres*. Saint-Amant avait laissé passer onze ans entre la *Suitte de la première partie* et la *Seconde,* six ans entre cette dernière et la *Troisiesme ;* chaque fois, il avait ainsi recueilli la production d'une longue période. Pour l'essentiel, c'est ce qu'il fait encore ici. On me permettra un peu de statistique. Sur 3356 vers que renferme le volume, 2104 sont certainement postérieurs à 1650; pour 173 autres, on ne peut conclure (car je crois impossible de dater des pièces comme la *Galanterie* ou la *Desbauche hippocratique*) ; il en reste 1078 environ (j'y mets la plupart des épigrammes, sur la foi des déclarations que fait le poète dans sa préface) qui sont antérieures ; encore faut-il remarquer que, là-dessus, le fragment de *Joseph* en occupe 624 à lui tout seul. Ce sont donc les deux-tiers du volume qui sont composés d'œuvres récentes, et le pourcentage est important, surtout quand nous remarquons que ces deux-tiers représentent à peu près le nombre de vers dont se composaient les volumes précédents.

Faut-il plaider pour la qualité ? Le recueil comprend, on en aura jugé dans les pages qui précèdent, plus d'une œuvre qui n'est pas négligeable : la *Polonoise,* la *Rade* valent les caprices des volumes précédents ; l'*Epistre à M. l'abbé de Villeloin* ne ferait pas mauvaise figure à côté de l'*Epistre à Villarnoul* ou de l'*Epistre diversifiée* ; les *Stances à Corneille* et le *Fragment d'une Méditation* représentent de bons échantillons de poésie chrétienne. Quant au fragment de *Joseph,* injustement négligé (27), il comporte de fort beaux passages, et me paraît, dans son ensemble, supérieur au *Moyse,* ce qui provient essentiellement, comme j'ai tenté de le montrer ailleurs, de la fidélité avec laquelle il reste proche du texte biblique (28).

On ne peut nier, à côté de cela, que le recueil ait ses faiblesses; on a vu ce qu'il fallait penser de la *Vistule sollicitée* ou de tel sonnet officiel ; il faut aussi reconnaître qu'il est assez étrange de voir le poète recueillir comme de précieux trésors quelques strophes à insérer dans les *Pourveus bachiques,* la *Crevaille* ou la *Rome ridicule,* à plus forte raison quatre vers destinés au *Melon.* Mais quel recueil de cette importance resterait à l'abri de toute critique? On peut relever ces erreurs, mais n'est-il pas inopportun de

---

(26) AUDIBERT et BOUVIER, pp. 180-182.
(27) Aussi bien M. Sayce, dans sa magistrale étude des poèmes bibliques, que Mlle Gourier, n'en parlent qu'en passant.
(28) *Protestantisme,* pp. 261-265.

monter ici en épingle ce qu'ailleurs on ne signale qu'en passant, ou que l'on tait purement et simplement ?

Le *Dernier Recueil* est précédé d'une épître de dédicace au duc de Mortemart. Gabriel de Rochecouart, auquel nous avons vu dédier le *Cantal* quand il n'était encore que marquis, portait ce titre depuis 1650. Il avait mené sa barque avec une adresse consommée, sachant rester très en faveur auprès de la régente et de Mazarin (29) ; il était « grand courtisan » (30), et, sans vergogne, Saint-Amant le loue de l'habileté dont il a fait preuve, dans les termes suivants :

> ...cette merveilleuse conduite à vous gouverner à la Cour, dont vous sçavez toutes les ruses, tous les destours, et toutes les souplesses, sans les avoir jamais pratiquées, que lors qu'elles sont devenues honorables et legitimes en vostre personne, et que vous les avez purgées de tout ce qu'elles ont de vicieux.   (II 9)

La *Preface* qui suit rend, par endroits, un son assez mélancolique ; on y sent le poète vieilli, qui sait que les goûts des lecteurs sont en train de changer, et qu'il n'occupe plus la place qui fut longtemps la sienne. L'accueil réservé au *Moyse* n'avait certainement pas été celui qu'il attendait. Il essaye de faire bonne figure devant la mauvaise fortune, et soutient que d'autres choses comptent bien davantage dans la réputation d'un homme :

> Il est vray que ce n'est pas une chose de si grande importance qu'il s'en faille desesperer, et que la gloire d'un honneste homme, laquelle consiste en des choses bien plus solides que celles-là, ne doit pas mesme s'en formaliser, ni s'en plaindre.

Nous ne sommes pas dupes, quand nous constatons qu'a disparu cette merveilleuse alacrité qui faisait jadis le charme de ses préfaces, et que nous le voyons écrire, après avoir annoncé l'abandon définitif de son poème de *Samson* :

> Peut-estre a-c'esté autant pour mon bon-heur que pour mon desavantage ; et peu s'en faut que je ne die que je voudrois avoir aussi bien perdu toutes les autres Pieces que j'ay faites en suitte, quand je viens à me representer la difficulté qu'il y a de plaire à tout le monde, et de quelle façon les plus grands et les plus beaux Ouvrages sont traittez aujourd'huy... Ce n'est pas que je n'avoûe que chacun a droit de dire son advis de tout ce qu'il voit, et d'en parler selon son goust ; mais, la pluspart du temps, il est si estrange et si depravé, et ses jugements sont si dépourveus de jugement, qu'on a raison d'en appeler à un Avenir, où, à tout le moins, et comme il est croyable, la préoccupation aveugle, et la jalousie personnelle ne regneront plus.   (II 13)

---

(29) Cf. Mme de MOTTEVILLE, *Mémoires*, II 398.
(30) *Ibid.*, I 313.

Sous ce ton désabusé, et devant cet appel à l'avenir, seul juge équitable, on devine l'écrivain qui souffre des attaques dont il est l'objet, qui déplore sans doute aussi de voir autour de lui tant de jalousies et de querelles, et le Parnasse divisé en deux camps, dans chacun desquels il compte des amis ; de constater également que la génération montante, celle des Boileau, des Furetière, des Lignières, ne respecte plus ce qu'il était accoutumé à mettre au premier rang. Nulle aigreur pourtant chez lui, pas d'attaques personnelles : Furetière lui-même, dont on connaît pourtant la féroce plaisanterie sur le *Moyse noyé* (il est fort possible, toutefois, qu'on ait été discret, et que Saint-Amant l'ait ignorée), est qualifié de « tres-cher », et son ennuyeuse *Nouvelle allégorique,* qui vient de paraître, d' « excellente ». Quand Saint-Amant nomme, ce n'est que pour louer son « tres-cher et tres-singulier amy Monsieur Colletet, un des premiers de nostre Parnasse », ou « le rare Monsieur de Gombauld ». N'est-ce pas un aspect bien sympathique de sa physionomie ?

Passons sans nous y arrêter, par la force des choses, sur la fin de cette année 1658 et le début de la suivante. La présence de Saint-Amant est attestée à Paris, nous l'avons vu, le 26 septembre, par la ratification qu'il fait ce jour-là du traité signé à Rouen avec Sommaville. Le voilà chez Monglas, rue de Seine, où il passera les derniers mois de son existence. L'hôte de la *Ville de Brisach* était pour lui un ami sûr, témoin la procuration qu'il lui avait donnée pour le représenter devant notaire. Selon Chevreau, c'est la pauvreté qui aurait alors amené le poète chez Monglas, « qui l'aimoit, qui le connoissoit de longue date, et qui ne l'avoit jamais pressé de payer » (31). Il semble bien en effet que sa situation financière ait rapidement empiré, depuis ses déclarations optimistes de l'*Epistre à l'abbé de Villeloin.* Les écus dont regorgeait alors sa cassette ont disparu, les tragiques événements de Pologne ayant tari leur source. La publication du *Dernier Recueil,* dont la vente ne répond sans doute pas aux espoirs qu'avait fondés le poète, a contribué à l'épuisement de ses économies. Il faut croire qu'aucun des membres de sa famille n'était en mesure de lui venir en aide — ou n'y était disposé. Le duc de Retz n'était plus là pour l'accueillir à Machecoul ou à Princé. Aussi vint-il à Paris pour tenter encore une fois la fortune, et pour essayer de trouver ailleurs ce qu'il ne recevait plus de Varsovie.

Une tentative fut faite du côté d'Hugues de Lionne. Saint-Amant n'était pas un inconnu pour celui-ci, mais il ne l'avait pas rencontré depuis plusieurs années, sans que nous puissions beaucoup préciser. Voici en effet ce qu'il écrit, et qui reste bien vague:

---

(31) *Chevraeana,* p. 34.

S'il te souvient encor, si j'ose encor te dire
Qu'autresfois tu te plus aux hauts sons de ma Lyre ;
Si tu ressens toûjours quelque amitié pour moy,
Si par de beaux motifs tu m'en gardes la foy ;
Daigne approuver ces vers de ma Muse chenue... (II 483)

« Autrefois » nous ramène vraisemblablement à cette époque où, selon Tallemant, Lionne « qui se divertissoit à faire des bouts-rimez avec luy au cabaret » procura par son crédit quinze cents livres de pension à Bensserade (32), c'est-à-dire vers 1647 (33). Saint-Amant l'avait certainement su, comme il ne pouvait ignorer qu'en 1643 ce même Lionne avait voulu obliger Chapelain (34), qu'il avait fait avoir à Balzac une pension de cinq cents écus (35), à Ménage une prébende, qui lui fut du reste ôtée (36). Lionne, qui rimait à l'occasion (37), se posait donc volontiers en protecteur des gens de lettres. Rien de plus normal que de s'adresser à lui, dont la fortune semblait au plus haut point, après le rôle important qu'il venait de jouer dans les négociations préliminaires au traité des Pyrénées.

Il avait été l'artisan de la suspension d'armes signée le 4 juin 1659. Le poëme que lui offrit Saint-Amant porte précisément le titre de *Poëme fait l'année 1659 sur la suspension d'armes*. Il fut écrit certainement quelques semaines après l'événement, à la fin de juillet, au moment où déjà transpirait dans le public le bruit du voyage qu'allaient entreprendre le jeune roi et sa mère, qui se rendirent à Bordeaux pour y attendre la fin des négociations. Les vers suivants le montrent :

Au lieu des durs apprests d'une fiere campagne,
Deja l'on se dispose à marcher vers l'Espagne,
Mais d'un air pacifique, amoureux et discret,
Qui de l'honneur futur entr'ouvre le secret.
Il se fait deja voir, il s'eschappe, il s'envole,
Il va comme un esclair de l'un à l'autre pole ;
On le veut taire en vain ; la pompe le dement,
Et luy-mesme en son cours se trahit noblement.   (II 477)

Inutile de beaucoup insister sur le contenu du poème, tout conventionnel. Une « adorable Infante » fait soupirer Louis, et l'empêche de prendre le moindre repos ; le Cardinal, « ce demy-dieu, ce merveilleux genie », veille à tout, garantissant une heureuse issue, tandis qu' « Anne, la grande Reine, en fait haster le terme ».

---

(32) TALLEMANT, II 494.
(33) G. MONGRÉDIEN, *Libertins et amoureuses*, P., 1929, p. 269, cite un reçu daté du 15 mars 1647.
(34) TALLEMANT, I 571.
(35) *Id.*, II 48.
(36) *Id.*, II 331.
(37) Cf. LACHÈVRE, *Les Derniers Libertins*, P., 1924, p. 303.

Enyon, la furie de la guerre, proteste avec rage ; le glaive à la main, elle attaque la Paix :

> Mais l'autre, d'un baston pris d'un jeune olivier,
> Pare, donne, et l'estend sur le moite gravier.　(II 480)

Tout finit par une exhortation aux princes enfin réconciliés, où se lisent ces quelques vers bien frappés :

> N'opposez plus, soldats, camp à camp, ville à ville ;
> Entre les vrays Chrestiens toute guerre est civile :
> Car comme ils n'ont qu'un Dieu pour objet de leur foy,
> Sous tant de Roys divers ils n'ont qu'un mesme Roy. (II 481)

Ce qui importe, c'est d'aller combattre les Infidèles, et Venise, justement, fait appel à tous. Signalons encore — elle en vaut la peine — cette idée qu'il est temps de décharger les peuples, accablés d'impôts, et dont les princes font « des miserables » pour entretenir leurs armées. Voilà encore un indice d'un Saint-Amant qui a bien changé ; s'il n'a peut-être pas consacré ses dernières années uniquement « à la pénitence et à la piété », comme l'assure d'Olivet (38), il est au moins certain qu'il mettait au premier plan, dans sa vie et dans ses œuvres, des préoccupations autrement sérieuses qu'auparavant.

Les derniers vers s'adressent directement à Lionne, et se terminent par un appel direct qu'on lui a bien souvent reproché, non sans exagération :

> Daigne approuver ces vers de ma Muse chenue,
> Mais qui de quelque ardeur est encor soustenue,
> Ces vers, dis-je, formez sur la Suspension,
> Sans songer que le mot en rime à pension.　(I 483)

La pension ainsi sollicitée ne fut pas obtenue. Cependant la situation de Saint-Amant n'était pas encore dramatique. Peu de temps après, au début de 1660 probablement, il adressa à son ami Scarron l'épigramme suivante, restée manuscrite jusqu'à nos jours:

Au rare et grand estropié M. Scarron.

> Puisque tout se vend aujourd'huy,
> Quelque charge que ce puisse estre,
> Cher Scarron, des perclus le maistre,
> Dis-m'en un mot en ton ennuy.
> Fais moy sçavoir, j'en suis en peine,
> Sy de malade de la Reyne
> La charge t'a cousté beaucoup :

---

(38) Pellisson, I 268.

Je me treuve en telle posture
Que je pourrois bien de ce coup
L'estre de la Reyne future ;
Ma bource fera quelque effort
Pour m'elever à ce beau grade,
Et je promets, foy de malade,
Que j'en seray bien tost le mort (39).

Une bourse capable de « quelque effort » n'est pas une bourse vide : il se plaint surtout ici de sa santé, qui devient mauvaise.

Dans le derniers vers, il évoquait sa mort prochaine; ce fut le pauvre Scarron qui peu après, dans la nuit du 6 au 7 octobre, vit s'achever sa lamentable destinée. Avant de mourir, il avait composé son burlesque *Testament*, dans lequel notre poète n'était pas oublié ; il lui léguait du fromage,

Et, pour sa Rome ridicule,
Une tres favorable Bulle (40).

C'était encore un confrère, et un ami, qui disparaissait, après Guillaume Colletet, mort l'année précédente, le 10 février 1659. De plus en plus, Saint-Amant devait avoir l'impression de se survivre en un monde où le vide se faisait autour de lui.

Il n'avait lui-même plus guère qu'un an à vivre. Nous voici en effet parvenus à 1661, qui fut sa dernière année. Les détails de sa vie nous échappent toujours ; nous n'avons plus à signaler que la publication, bien peu de jours avant sa mort, de la *Lune parlante*.

On connaît la curieuse fortune posthume de celle-ci. Attestée, et bien attestée, puisqu'elle est mentionnée dès 1661 par le gazetier Loret, un peu plus tard par Chevreau et Brossette, son existence (en tant que texte imprimé, bien sûr) fut pourtant niée par Livet, puis par Durand-Lapie, qui rectifia son erreur un peu plus tard (41). F. Lachèvre en acquit un exemplaire, et se hâta de publier sa découverte, en la montant magistralement en épingle. Il insistait d'abord sur le fait que cet exemplaire était unique, ce qui n'est du reste pas exact, puisque la bibliothèque de Wolfenbüttel en possède un second (42). Il en tirait argument pour supposer que le pouvoir avait fait disparaître l'édition, en échafaudant à ce propos d'étranges hypothèses. Enfin, il lui donnait une importance qu'elle ne possède nullement pour la biographie du poète, en assu-

(39) B. N. fr. 864, p. 56 ; épigramme signalée et reproduite par LACHÈVRE, III 513.
(40) *Poésies diverses*, éd. cit., II 269.
(41) *A la poursuite d'une date. Solution d'un problème biographique*, Montauban, 1901.
(42) Cf. *Bibliographie*, n° 52.

rant qu'elle seule fixe de manière irréfutable la date de sa mort, ce qui, nous le constaterons, est erroné.

En réalité, la *Lune parlante* n'est pas plus rare que d'autres plaquettes de Saint-Amant : il est donc inutile de chercher dans son texte une raison particulière à sa presque complète disparition, qui s'explique peut-être simplement par sa publication tardive.

Regardons-là d'un peu près ; elle en vaut la peine, malgré la sévérité des jugements que, d'un point de vue strictement littéraire, elle mérite incontestablement. Saint-Amant nous avertit qu'il y mêle le blâme et la louange. La louange, c'est celle du roi, comme il se doit, et de la famille royale ; ce sont aussi des vœux pour le dauphin qu'on espère, et qui sera né quand l'œuvre paraîtra. Louis XIV se voit remercié d'avoir pris « le timon de l'empire » d'une main ferme. Il est plein de vertus, de desseins généreux. Il est aussi capable de se vaincre lui-même. Qui ne se réjouirait de le voir

> ...par de vrays Lauriers obtenus contre soy,
> Mettre ses sens au joug, et leur faire la loy ?
> Il se prend, il se lutte, il s'abbat, il se donte,
> Mesle en quelque manière et la gloire et la honte,
> S'honore en sa déroute, et vaincu sans regret,
> En décerne à son cœur le triomphe secret (43).

S'il faut chercher dans ces vers une allusion précise, doit-on par hasard penser aux intrigues qui se nouèrent, pendant le séjour de la cour à Fontainebleau, autour de la jeune Madame, Henriette d'Angleterre, au grand déplaisir de la Reine Mère ? Ou même à l'histoire de Marie Mancini, bien qu'elle soit déjà vieille de deux ans ? Si vraiment, comme l'a déclaré Brossette, le roi « ne put souffrir la lecture du poème », ne serait-ce pas à cause de ces quelques vers ?

Un long passage décrit les divertissements de la cour à Fontainebleau (où elle séjourna du 20 avril à la fin d'août), la chasse, la promenade, le bain. N'ayons pas la cruauté d'insister sur la peinture souvent citée du monarque fendant les eaux d'une nage impeccable ; je ne suis pas sûr qu'on puisse déjà dire « qu'on ne montre pas le Roi-Soleil en posture de nageur, même si sa brasse est magnifique » (44), mais il est évident que le tableau frise le ridicule, et que les courtisans durent en faire des gorges chaudes. En le composant, Saint-Amant songeait probablement au bain de la princesse Termuth, tel qu'il l'avait présenté dans le *Moyse* ; on pourrait s'amuser à faire la comparaison entre les deux passages : elle ne serait nullement à l'avantage du plus récent.

---

(43) LACHÈVRE, II 730.
(44) AUDIBERT et BOUVIER, p. 184.

Les attaques lancées par le poète ne pouvaient assurément pas
indisposer Louis XIV, comme l'imaginait Lachèvre. La première,
la plus développée, vise les financiers. Je crois même qu'on peut
préciser davantage, et prononcer un nom, celui de Foucquet. La
Lune parlante ne fut imprimée qu'au mois de novembre, mais
elle avait été écrite un peu plus tôt, alors que la cour se trouvait
encore à Fontainebleau. C'est quelques jours avant la fin de son
séjour, le 17 août exactement, que le roi fut reçu à Vaux, avec le
faste que l'on sait. Je ne peux m'empêcher de voir une relation
entre cette fête somptueuse, dont les échos défrayèrent la chronique, et quelques vers du poème. Bien sûr, c'est « l'insolente Mal-
tôte » (45) en général qui est visée ; mais, sous les détails précis,
on entrevoit quelque chose de plus personnel. Ce monstre (la « mal-
tôte ») ne se contente pas d'avoir « ravi tout l'Or » ; il le prodigue
dans un luxe effréné :

> ...il luy faut pour ses yeux...
> Tout ce qui suffiroit à la Pompe des Dieux...
> ...les Perles les plus vives,...
> Les plus fins Diamants dont se paroyent ces Rives,
> Les miracles de l'Art en meubles apportez,
> Les Estoffes sans prix, les vaines Raretez,
> Où respire le Faste, où soûrit l'Opulence,
> Enfin, du Monde entier la gloire et l'excellence,
> Ne contentent qu'à peine, avecques leur splendeur,
> D'un Objet si hay l'excessive grandeur.

Bien plus, tout cela ne lui suffirait pas,

> S'il ne se promettoit une condition
> Qui passe la Fortune et la Presomption (46).

Est-ce pur hasard, si ces mots s'appliquent si bien au surintendant, et à ce qu'on lui a reproché ?

Ce n'est en tout cas pas au moment où Louis XIV venait d'abat-
tre son ministre, où Colbert « inaugurait la grande œuvre d'assai-
nissement financier qu'il méditait depuis plus de deux ans » (47),
qu'une aussi virulente charge pouvait déplaire. Saint-Amant se
posait en auxiliaire du pouvoir, en adversaire des mauvais servi-
teurs. Il le dit nettement dans son épître de dédicace :

> Si d'abord elle y paroist un peu en colère, ce n'est que contre ceux
> qui ne servent pas Votre Majesté comme ils doivent, dans les
> secours que la Raison morale et politique, et le Droit legitime
> et souverain, veulent qu'Elle tire nécessairement de ses Peuples.

---

(45) « MALETOSTE. Imposition faite sans fondement, sans nécessité et sans
autorité légitime », écrit Furetière : mais il ajoute : « Le peuple appelle abusivement *maletoutiers*, tous ceux qui lèvent les deniers publics. »

(46) LACHÈVRE, II 728.

(47) G. MONGRÉDIEN, *L'Affaire Foucquet*, p. 94.

Il n'est pas impossible, malgré la belle indépendance dont il a toujours fait preuve jusque-là, qu'il obéisse à un mot d'ordre, et que, derrière cela, se devinent les consignes données par Colbert ou Séguier, qui font flèche de tout bois pour accabler leur ennemi. Nous avons déjà constaté que les gens de finances étaient ses bêtes noires, qu'il ne leur pardonnait pas leur cupidité, leur luxe, leurs somptueuses bâtisses ; mais jamais encore il n'en avait parlé avec une telle violence. Pourquoi, sinon parce que l'occasion lui paraissait favorable ?

Il revient à l'attaque un peu plus loin ; il s'élève contre cette race qui

> sous un Nom de Ferme, et trompeur, et plausible,
> Abusant du Droit mesme, et du Devoir visible,
> Vole Roy, perd Estat, et des meilleurs Sujets
> Fait d'humbles Mendians, et de tristes Objets (48).

Il stigmatise aussi les faux-monnayeurs, les rogneurs de pistoles, tous ceux en somme qui volent l'Etat, et remplissent leurs coffres aux dépens des caisses publiques. Louable indignation, et dont je ne vois pas que le roi, qui cherchait alors, avec l'aide de Colbert, à réduire les tailles, à remettre un peu d'ordre dans le maquis des finances, ait pu se formaliser.

Ce qui déplut dans la *Lune parlante*, ce fut bien plutôt son anachronisme. Qui pouvait alors s'empêcher de sourire, à lire les quelquels vers dans lesquels le poète, par la bouche de la lune, se décernait des éloges qui ne lui convenaient nullement, en se présentant

> Comme un des plus ardents, et des plus curieux
> A chercher des sentiers nouveaux et glorieux (49) ?

Nouveaux peut-être pour lui ; mais il suffit de lire, après la *Lune parlante*, les strophes où le jeune Racine a fait parler la Nymphe de la Seine, pour comprendre aisément comment devait être accueillie la dernière production d'une Muse surannée. Pouvait-il croire qu'on goûterait encore des couplets comme celui-ci, qui sont une caricature de ce qui avait plu quarante ans auparavant :

> La Nature en repos branloit moins qu'une Souche ;
> L'Homme eust paru sans vie étendu dans sa couche,
> S'il n'eust fait remarquer, en respirant trop fort,
> Que son trépas n'estoit qu'une vivante Mort :
> Enfin, s'il se peut dire, une horreur agreable,

---

(48) LACHÈVRE, II 733.
(49) *Ibid.*

Un bruit sourd et muet, un silence effroyable,
Regnoit avec la Nuit sur le bas Element ? (50)

La *Lune parlante* sortit des presses le 19 novembre ; un mois après, presque jour pour jour, le poète s'éteignit à l'âge de soixante-sept ans. La date du 29 décembre, traditionnellement acceptée, n'est pas exacte. On se fiait, pour l'avancer, à la note extraite d'un journal manuscrit de François Colletet, aujourd'hui disparu, publiée par Livet, et souvent reproduite depuis. Durand-Lapie avait eu raison de remarquer qu'elle se conciliait difficilement avec la mention faite par Loret, dans sa lettre du 30 décembre, de la mort du poète, survenue, écrivait-il, « l'autre jour ». En fait, Colletet s'est trompé, comme il s'est trompé sur l'âge de Saint-Amant, auquel il donnait « 74 ou 75 ans ». Rochebilière avait recopié dans les registres de la paroisse Saint-Sulpice ce qui avait trait au décès du poète ; en voici le libellé :

> Le 23ᵉ jour de decembre 1661. Convoy et enterrement de Marc Anthoine de Gerard St Amand poete du Roy pris rue des Eschaudés à la Ville de Brisaque (51).

C'est donc le 23 décembre, en l'absence de renseignements sur le délai qui s'est écoulé entre la mort de Saint-Amant et son inhumation, qu'il convient de retenir. Selon Colletet (et je crois que nous pouvons lui faire confiance sur ce point), il fut assisté de l'abbé de Villeloin, Michel de Marolles, qui lui rendit ces derniers devoirs au terme d'une amitié sans nuages de quarante ans.

On aura remarqué la curieuse mention de « poète du roi » accompagnant le nom de Saint-Amant dans le registre de Saint-Sulpice. Je ne sache pas que ce titre ait officiellement existé en 1661 : c'est très probablement sa qualité d'académicien qui lui a valu semblable appellation.

Reste à se poser une question : est-il possible de préciser quelle fut la cause de sa mort ? Il existe à ce sujet deux traditions; toutes deux l'attribuent aux chagrins qu'il aurait alors éprouvés, mais en donnent deux raisons différentes.

Pour Chevreau, Saint-Amant se trouva brusquement devant une situation qu'il jugea sans issue. Totalement démuni, lorsque sa pension cessa de lui parvenir de Pologne, il vint s'installer chez Monglas ; mais cette dernière possibilité de subsister lui fut retirée :

> L'hôte qui l'aimoit, qui le connoissoit de longue main, et qui ne l'avoit jamais pressé de payer, mourut dans le même temps que

---

(50) *Id.*, II 727.
(51) B.N., n. a. fr. 3618, fiche classée à GÉRARD, tirée du registre 300 de Saint-Sulpice. La *Ville de Brisach* est en général désignée comme se trouvant rue de Seine ; elle faisait le coin de celle-ci et de la rue des Echaudés.

M. de Saint Amant avoit fait un petit Poëme, dont le titre étoit la *Lune parlante,* qui à la Cour, et par tout ailleurs, ne trouva personne qui l'approuvât. La mort de son hôte qui étoit un fort honnête homme, et la necessité où. il se voyoit sans nulle ressource, le consternerent de telle maniere, qu'il se mit au lit, où il mourut quelques jours après (52).

Pour les commentateurs de Boileau, qui ne mettent du reste pas en doute l'extrême pauvreté du poète, affirmée par le satirique, la véritable raison de sa mort fut le mauvais accueil que reçut la *Lune parlante,* et le dépit qu'en conçut son auteur. Ecoutons Le Verrier, corrigé par Boileau :

Il porta ce poème à la Cour où il fut siflé de tout le monde ce qui lui causa tant de dépit que la fievre l'ayant pris au retour, il mourut (53).

Brossette, moins précis, note cependant :

Le Roi ne put souffrir la lecture du Poëme de Saint-Amand ; et l'Autheur ne survecut pas long-temps à cet affront (54).

Il était bien tentant de mettre en relations le mauvais accueil qui fut réservé à la *Lune parlante* (et dont il ne faut pas douter) avec la mort de son auteur, à peu près contemporaine. Beaucoup trop tentant, en vérité : quelle apparence y a-t-il à ce que ce soit autre chose qu'une simple coïncidence ? Imaginera-t-on vraiment Saint-Amant se rendant à la cour, offrant au roi, à quelques courtisans, le volume fraîchement imprimé, et, parce qu'il n'avait reçu que des sarcasmes et des affronts, rentrant au plus vite rue de Seine, pour se mettre au lit grelottant de fièvre, et mourir en quelques jours ? Il aurait du reste attendu longtemps pour s'acquitter de son hommage, le volume ayant paru, ne l'oublions pas, un bon mois avant sa mort.

Il est certain par contre que, dans ses derniers jours, le pauvre Saint-Amant se trouva pratiquement sans ressources. Chevreau l'avait assez bien connu pour qu'on ne puisse l'accuser d'avoir forgé de toutes pièces ses affirmations. Le fameux passage de la *Satire I* de Boileau, qui fut écrit peu après 1661, quelque contestables que soient ses termes, repose sur un fond de vérité : Boileau a seulement eu le tort de généraliser ce qui n'était vrai que pour une courte période. Surtout, un témoignage strictement contemporain, celui de Rosteau, s'exprime sans ambages :

(52) *Chevraeana,* p. 34.
(53) *Les Satires de Boileau commentées par lui-même, et publiées avec des notes par* F. LACHÈVRE, 1906, p. 19. ; Le Verrier avait d'abord écrit : « Ils y furent tous deux huez à outrance ».
(54) BOILEAU-DESPRÉAUX, *Œuvres,* éd. 1716, I 16.

Son esprit le pouvoit rendre digne, *écrit-il*, d'une meilleure fortune que celle qu'il a euë estant mort depuis sept ou huict moys dans une extreme necessité, mais accompagnée d'une grande cognoissance de luy mesme ; nous avons assez d'exemples et en France et parmy les estrangers de personnages de grand merite quy ont finy en pareille angustie (55).

Cependant, si la mort de Monglas et la situation difficile qui en résulta purent fort bien hâter la fin du poète, il faut penser qu'il n'était pas en bonne santé ; il insiste là-dessus dans son épigramme à Scarron. Tout un concours de circonstances contribua ainsi à sa rapide disparition. Voyant partir son hôte, qui était en même temps son ami et son homme de confiance, le poète, désemparé, ne sait plus où se retirer : à son âge, on change difficilement ses habitudes. Le succès de son dernier poème aurait peut-être pu le rattacher à l'existence : il se rend bien compte que l'œuvre est fraîchement accueillie. Peut-être, comme l'écrit François Colletet, ne fut-il alité que deux jours. Il est vraisemblable qu'il ne traîna pas. Ne disons pas, comme certains, que les folies de sa jeunesse, les fatigues de ses voyages, l'avaient usé ; ainsi qu'il arrive à des vieillards restés longtemps vigoureux, il est parti brutalement. J'imagine que, s'il avait pu choisir, il n'aurait pas souhaité autre chose.

(55) Bibl. Ste-Geneviève, ms. 3339, p. 75.

CONCLUSION

Ainsi disparut, à soixante-sept ans, un écrivain qui, pendant plus d'un quart de siècle, occupa le devant de la scène. On ne saurait assez souligner quelle place il a tenue parmi ses contemporains, quelle influence il a exercée sur ses émules. « On le retrouve partout à cette époque », écrit à ce propos M. Adam (1). Il serait facile d'en multiplier les preuves, mais ce serait presque un volume qu'il faudrait pour traiter le sujet. Contentons-nous de rappeler que sa *Solitude* fut une des pièces les plus imitées, parfois de très près, entre 1625 et 1670 — une des plus lues aussi. Mme de Sévigné, par exemple, la savait probablement par cœur ; elle la cite, ou y fait allusion, trois fois au moins (2). Les nombreuses éditions des *Œuvres* qui se sont succédé jusqu'à la mort du poète, et même un peu au-delà, attestent suffisamment le succès : seuls Théophile et Voiture rivalisent avec lui sur ce point. Il est vrai, son œuvre ensuite a subi une longue éclipse : encore celle-ci ne fut-elle pas si complète qu'on l'a dit quelquefois. Il eut de fervents admirateurs au XVIIIᵉ siècle. Faguet cite quelque part une ode épigrammatique de J.B. Rousseau, dans laquelle celui-ci déclare, en s'adressant à lui :

> De grâce, viens, redonne-moi
> Cet heureux ton, mort avec toi.
> Mon siècle, hélas ! te redemande (3).

Il arriva même à ses volumes d'être donnés, comme livres de prix, par les Jésuites (4) ! Un témoignage peu connu montre que, sous l'Empire encore, il n'était pas tout à fait oublié dans sa ville natale. L'auteur d'une notice qui lui est consacrée la conclut en ces termes :

> ...ces citations doivent suffire pour faire voir que l'on peut trouver de fort belles idées et des tournures très-poëtiques dans les poëmes de Saint-Amant (5).

---

(1) ADAM, I 380.
(2) Ed. de la Pléiade, I 333 et 378, III 198.
(3) *Histoire de la poésie française*, tome VI, P., 1932, p. 330.
(4) R. N. SAUVAGE, Revue des livres anciens, II 382.
(5) Ph. J. GUILBERT, *Mémoires biographiques et littéraires... sur les hommes qui se sont fait remarquer dans le département de la Seine-Inférieure*, Rouen, 1812, II 341.

Mais, en fin de compte, on en revenait généralement à cette image inexacte, dont les vers de Boileau sont en partie responsables, et que résument parfaitement quelques lignes du *Longueruana* :

> Si cet ivrogne de Saint-Amant avoit sçu quelque chose et qu'il eût voulu autant travailler que boire, la nature lui avoit donné du genie, et il auroit pû aller loin (6).

Est-ce à dire que, depuis, sa physionomie ait été toujours présentée avec exactitude ? Malheureusement pas. Des progrès ont été réalisés, assurément, depuis Théophile Gautier. Mais, trop souvent encore, on voit surtout en lui le « Bon Gros », un joyeux compagnon qui passa le plus clair de son temps en agréable compagnie, quand il ne suivait pas ses protecteurs dans de glorieuses campagnes ou de délicates missions. Poète avant tout, mais aussi soldat et diplomate. On a vu qu'il faut en rabattre.

Le « Bon Gros ». L'expression traditionnelle rappelle un embonpoint qui reste, hélas ! le seul trait connu de son aspect physique. Nous n'avons conservé aucun portrait de lui ; il faut souhaiter qu'un jour on retrouve celui que peignit Sébastien Bourdon, avant 1650 (7). Il est fort dommage qu'il n'ait pas fait figurer son effigie au frontispice de ses ouvrages, comme tant d'autres ; il faut croire qu'il était, là-dessus, moins « fier » que ne le lui a reproché Tallemant. On a bien souvent reproduit les deux vers d'un sonnet où lui-même se présente

> plus frisé qu'un gros Comte Allemant,
> Le teint frais, les yeux doux, et la bouche vermeille. (I 183)

A supposer qu'ils correspondent à la réalité, que pouvons-nous en tirer ?

Essayons plutôt de préciser sa personnalité, telle qu'elle ressort des pages précédentes. Le trait le plus marquant n'en serait-il pas une extrême sociabilité ? Ce chantre de la « solitude » se plaît au milieu de ses semblables, pourvu qu'ils lui épargnent le spectacle affligeant de la bêtise ou de la médiocrité. Optimiste de tempérament, d'humeur égale, boute-en-train à l'occasion, il attire la sympathie, et sait la conserver ; car il se montre ami fidèle et généreux. Rien n'est plus éloigné de son caractère que l'égoïsme, ou l'envie ; nulle trace de bassesse chez lui, ni d'hypocrisie. Il connaît l'art de tenir sa place dans les milieux les plus divers, avec une faculté d'adaptation qui le met à son aise aussi bien parmi les grands seigneurs, à l'égard desquels il évite toute familiarité de mauvais aloi, que parmi ses pairs, sans nul dédain pour les

---

(6) *Longueruana*, Berlin, 1754, II 138.
(7) *Les Poésies de Salomon de Priézac*, P., 1650, p. 137.

petites gens, dont il a plus d'une fois parlé avec sympathie ; car il est foncièrement bon, prêt à rendre service quand il le peut, compatissant au malheur, bien qu'il ne le montre pas toujours avec sa sensibilité qui n'est pas la nôtre. Une pleine conscience de sa valeur l'entraîne volontiers à quelque suffisance, mais il est difficile de lui en tenir rigueur, tant il y met de candide naïveté. Nous l'avons vu à plusieurs reprises se vanter de son indépendance — indépendance matérielle qui ne peut guère aller sans une certaine indépendance d'esprit ; il n'aurait pas été de son temps s'il n'avait cherché à tirer parti de ses talents, jusqu'à s'attacher « domestiquement » à quelque grand de ce monde, ou prodiguer un encens traditionnel dans les dédicaces de ses volumes. Reconnaissons qu'il a toujours conservé sa liberté d'action, et maintenu la plupart du temps dans la louange une certaine discrétion dont ses contemporains ne lui donnaient pas tous l'exemple. Il ne voudrait en effet rien dire qui ne reposât sur un fond de vérité, car il n'aime pas le mensonge, ni la fausseté : c'est la conséquence d'un courage moral qui va de pair avec ce courage physique dont s'est porté garant le comte d'Harcourt, bon juge en la matière.

Ces qualités de cœur, qui le rendirent particulièrement cher à ses amis, sont mises en valeur par ses qualités d'esprit. Une intelligence pénétrante, vigoureuse, et souple lui permet d'assimiler une large culture, dont les bases ont été acquises, j'espère l'avoir montré, sur les bancs de l'école (même s'il ne s'est pas révélé un élève bien studieux), mais qu'il n'a cessé d'enrichir, satisfaisant ainsi sa curiosité universelle : littérature, sciences, politique, religion, cette curiosité s'exerce dans les domaines les plus variés. Et quel observateur il fut de ses semblables, en France et à l'étranger ! Le *Poète crotté*, la *Rome ridicule*, l'*Albion*, tant d'autres pièces riches en détails précis et pittoresques, sont pour nous une mine incomparable de renseignements.

Sa vie et sa pensée me semblent présenter une unité certaine. Il est resté fidèle jusqu'à la fin aux curiosités de sa jeunesse, à ses goûts, à ses antipathies. Au fur et à mesure que les années passaient, il s'est tourné davantage vers des pensées sérieuses, il a mis sans doute aussi plus de gravité dans son existence, et nul ne songerait à s'en étonner ; mais il a conservé une fraîcheur d'esprit et une bonhomie qui contribuent à le rendre bien sympathique.

Parler de son œuvre, et de son art, déborderait largement le cadre de cette conclusion. On a pu dessiner, à ce propos, la courbe d'une évolution qui l'a conduit du baroque hardi de son premier recueil, rempli de pointes, d'images audacieuses ou lumineuses, dans lesquelles se manifeste parfois jusqu'à l'outrance la liberté de son inspiration, à une matière plus concrète et plus « triviale », dégageant des tableaux les plus vulgaires une truculente poésie ; à ces « caprices » qui lui sont chers, « exercices d'imagination et de plume », à ce burlesque, à ce mélange systématique du

grave et de l'enjoué ; à des œuvres plus discutables aussi, auxquelles font cruellement défaut les qualités de sobriété et de naturel que le public réclamait de plus en plus (8).

Ne peut-on discerner cependant, derrière ce schéma d'apparence
rigoureuse, une certaine continuité? Saint-Amant n'a jamais abandonné tout à fait les errements de sa jeunesse ; il a simplement
voulu, comme tout écrivain digne de ce nom, ne pas scléroser son
talent une fois pour toute dans une manière qui avait fait ses preuves. Son premier recueil déjà présentait une gamme assez étendue
de pièces d'inspirations diverses. Il a cherché à les enrichir, à les
renouveler, à les adapter au goût du jour également. Sa production,
embrassant la période 1620-1660, se trouve ainsi contemporaine
d'une évolution profonde, qui tendait progressivement vers la
mesure et la régularité. Il me paraît en avoir eu nettement conscience, mais son tempérament s'est opposé aux tentatives qu'il a
faites pour la suivre : toujours ont reparu chez lui d'anciennes
tendances. Mais il ne se rendait pas compte que, sa verve se refroi-
dissant, il lui devenait difficile de se maintenir au niveau qu'il avait
atteint, et qu'il risquait d'apparaître aux yeux d'un public en pleine
transformation comme un survivant attardé, et passé de mode, dans
un monde nouveau. Pourtant, quand il s'abandonnait à son naturel,
laissant libre cours à son imagination, servi qu'il était par cette
prodigieuse richesse verbale qui ne lui fit jamais défaut, il était
encore capable de composer des morceaux, voire des pièces entiè-
res, dignes de ses productions antérieures. On peut assurément
regretter qu'il se soit survécu, et n'ait pas cessé d'écrire avant
d'avoir commis le *Poème sur la suspension d'armes* ou la *Lune parlante* : mais il serait aussi peu équitable d'oublier qu'il ne man-
quait pas de circonstances atténuantes, que de le juger sur ces
dernières œuvres, productions manquées de sa Muse vieillie.

Et qui nous force à les relire ? Son œuvre est assez riche pour
qu'on puisse se permettre d'en négliger quelques centaines de vers.
Il est peu de poètes dont la production tout entière soit digne de
passer à la postérité. Tant de réussites presque parfaites feront
toujours de Saint-Amant l'un des premiers de son temps. Au terme
d'une étude qui m'a fait entretenir avec lui, pendant plus de dix
années, un commerce quotidien, où j'ai sans cesse découvert de
nouvelles raisons de l'aimer, je serais heureux si j'avais réussi à
faire partager ma sympathie pour l'homme, désormais mieux
connu, et mon admiration pour l'écrivain.

---

(8) R. PINTARD, in *Littérature française de Bédier et Hazard*, nlle éd., I 343-
344.

INDEX DES ŒUVRES

On ne trouvera ici de renvois qu'aux pages les plus importantes pour la connaissance des œuvres de Saint-Amant.

INDEX DES PRINCIPAUX NOMS DE PERSONNES

On n'a relevé dans cet index que les noms de personnages antérieurs au XIXe siècle, et, malgré la part inévitable d'arbitraire que cela comporte, là où il s'agit d'autre chose que de simples références ou de mentions sans importance. L'astérique renvoie aux notes.

Harcourt (Henri de Lorraine, com-
te d') : 22-23, 99, *114-116*, 122,
130, 142, 144, 217, 221, *228-243*,
251-252, 255-257, 261, *270-275*,
279-280, 284, 290, 299, 309, *311*,
329, 331-332, 352-353, 412.
Harcourt (Marguerite de Camboust,
comtesse d') : 251, 261.
Hardy (Alexandre) : 158.
Hatif (Anne) : 16, *18*, 106, 125, 213-
214, *308-309*.
Hatif (Guillaume I) : 18-19, 27.
Hatif (Guillaume II) : 19, 24, 27.
Hatif (Louis) : 18.
Hatif (Madeleine) : 18*.
Hatif (Marie) : 19*.
Hautefort (Charles, marquis de) :
172.
Hautefort (Mme de) : 172.
Henri IV : 164, 296.
Henriette de France, reine d'An-
gleterre : 86, 162-163, *270-273*.
Henriette d'Angleterre, duchesse
d'Orléans : 404.
Hervart (Barthélémy) : 361.
Hervart (Jean-Henri) : 361-362.
Holland (Harry Rich, comte de) :
163.
Holstein (Luc) : 186, 201.
Horace : 35, 258, 287, 307.
Houchoua (Antoinette) : 134.
Hugon : 172, 178, 186.

Innocent X, pape : 181.

Jaucourt (Jean de) : 304.
Jaucourt (Philippe de), sr de Villar-
noul : *304-308*, 312, 320, 360.
Jaucourt (Renée de): 308.
Javerzac (Nicolas-Bernard de) :
152, 155.
Jean-Casimir V, roi de Pologne :
329, 341, 345, 349, *387-391*.
Jonson (Ben) : 287.
Josèphe (Flavius) : 34-35, 356, 367.

Keruel : 23.

La Boétie (Etienne de) : 305.
La Brosse (Gui de) : 63.
La Bruyère : 340.
La Croix (Guillaume de) : 19.
Ladislas IV, roi de Pologne : 239,
328, 330.
La Fayette (Mme de) : 381, 382.
Laffemas (Isaac de) : 360.
La Fontaine : 79, 369.
La Gardie (Magnus de) : 336-337.
La Lane (Pierre de) : 225-226.

Lambert (Michel ?) : 253.
La Meilleraye (Charles de La Porte,
duc de) : 225.
La Mesnardière (Hippolyte-Jules
Pilet de) : 383.
La Mothe-Massas (Antoine de) : 117.
L'Angle (Jean-Maximilien de Baux,
sr de) : 31, 361.
L'Angle (Samuel de Baux, sr de) :
31.
La Peyrère (Isaac de) : 245.
La Plante (Bruyère de) : 54, 109,
133.
La Rochefoucauld (François VI,
duc de) : 252.
La Suze (Henriette de Coligny,
comtesse de) : 352.
Lâtre (Charles de) : 116-117, 119.
Launoy (Jean de) : 361, 372.
Laval : 121.
Laval (Marie Séguier, comtesse de):
359.
Laval (Gui, comte de) : 121, 359.
La Valette (Jean-Louis, dit le che-
valier de) : 322.
La Valette (Louis, card. de) : 22.
Lavardin (Henri-Charles de Beau-
manoir, marquis de) : 382-383.
Lavardin (Henri II de Beaumanoir,
marquis de) : 171.
Lavardin (Philibert-Emmanuel de),
évêque du Mans : 383.
La Varenne : 262.
La Vieuville (Charles, marquis de):
82.
La Vigne : 20-21.
Le Blanc (Jean) : 250.
Lecœur (Guillaume) : 19, 28.
Lefranc (Me) : 394.
Le Gendre (Lucas) : 16, 49.
Le Mazure (Salomon) : 19.
Lemonnier (Nicolas) : 16.
Le Moyne (le père Pierre) : 355,
363, 366.
Le Pailleur (Jacques) : 108, *120*,
165, 188, 310.
Le Petit (Claude) : 190-191.
Leplantier (Simon) : 16.
Lequesne (David) : 19*.
Lesdiguières (François, connétable
de) : 77, 178.
L'Estoile (Claude de) : 288-289.
Liancourt (Roger du Plessis, sr de):
158-160, 252-253.
Liancourt (Jeanne de Schomberg,
Mme de) : 252, 293.
Liancourt (hôtel de) : 287, 304, 374,
376.

TABLE DES MATIERES

IMPRIMERIE LEMASSON — SAINT-LO (Manche)
DÉPOT LÉGAL : 4ᵉ TRIMESTRE 1964

1660